U0137021

← 前页配图

《草莓小贼》(1883)【英】威廉 · 莫里斯

威廉 · 莫里斯（William Morris, 1834-1896），英国维多利亚时代著名设计师、诗人、画家，拉斐尔前派成员，发起工艺美术运动，引领当时的英国审美潮流。《草莓小贼》是他的织物纹样设计代表作，灵感据说源自他的乡居花园里会偷草莓的可爱鸫鸟们。本书第13章、第29章等处对他有介绍。

维多利亚时代

时代

[英]A.N. 威尔森 著

刘俊池 译　吴影 校译

A.N.Wilson

江苏人民出版社

图书在版编目(CIP)数据

维多利亚时代 /(英)A. N. 威尔森著;刘俊池,吴影译. 一南京:江苏人民出版社,2023.12
书名原文:The Victorians
ISBN 978-7-214-27807-4

Ⅰ. ①维… Ⅱ. ①A… ②刘… ③吴… Ⅲ. ①英国一历史—1837—1901 Ⅳ. ①K561.43

中国版本图书馆 CIP 数据核字(2022)第 248036 号

江苏省版权局著作权合同登记号:图字 10-2018-344 号

书　　　名　维多利亚时代
著　　　者　【英】A. N. 威尔森
译　　　者　刘俊池
校　　　译　吴　影
责 任 编 辑　周晓阳
责 任 监 制　王　娟
装 帧 设 计　soleilevant
封面英文书法　jianghuaizhijian
出 版 发 行　江苏人民出版社
地　　　址　南京市湖南路 1 号 A 楼,邮编:210009
照　　　排　江苏凤凰制版有限公司
印　　　刷　江苏凤凰扬州鑫华印刷有限公司
开　　　本　718 毫米×1000 毫米　1/16
印　　　张　40.75　插页 1
字　　　数　600 千字
版　　　次　2023 年 12 月第 1 版
印　　　次　2023 年 12 月第 1 次印刷
标 准 书 号　ISBN 978-7-214-27807-4
定　　　价　168.00 元

(江苏人民出版社图书凡印装错误可向承印厂调换)

目　　录

作者序 ………………………………………………………………… 1

第 1 部　维多利亚时代早期 ……………………………………… 1

　第 1 章　小老太婆"不列颠尼亚" ………………………………… 3

　第 2 章　维多利亚女王的遗传史 ………………………………… 18

　第 3 章　宪章 ……………………………………………………… 29

　第 4 章　风暴来袭 ………………………………………………… 44

　第 5 章　皮尔的时代 ……………………………………………… 55

　第 6 章　爱尔兰大饥荒 …………………………………………… 71

　第 7 章　维多利亚时代的人在意大利 …………………………… 81

　第 8 章　怀疑 ……………………………………………………… 90

　第 9 章　催眠术 …………………………………………………… 100

　第 10 章　约翰·斯图尔特·密尔的煮蛋 ……………………… 105

　第 11 章　流产的革命 …………………………………………… 110

第 2 部　1850 年代 ……………………………………………… 119

　第 12 章　万国工业博览会 ……………………………………… 121

　第 13 章　马克思—罗斯金—拉斐尔前派 …………………… 146

　第 14 章　克里米亚战争 ………………………………………… 170

　第 15 章　印度：1857—1859 年 ……………………………… 200

　第 16 章　执着于生命 …………………………………………… 224

第 3 部　1860 年代 ……………………………………………… 247

　第 17 章　《我的爱人》—汤姆叔叔—埃尔总督 …………… 249

　第 18 章　学校的世界 …………………………………………… 276

　第 19 章　查尔斯·金斯莱和《水孩子》 …………………… 299

第 20 章 《小妖精集市》和女子的事业 ·············· 308

第 21 章 奇境 ··· 326

第 22 章 若干死亡事件 ································· 336

第 4 部 1870 年代 ······························· 347

第 23 章 格莱斯顿的第一届首相任期 ········· 349

第 24 章 天使的一边 ································· 371

第 25 章 比肯斯菲尔德伯爵政治生涯的落幕 ··· 386

第 26 章 《群魔》—瓦格纳—陀思妥耶夫斯基—吉尔伯特和
沙利文 ······································· 411

第 27 章 乡村教区—基尔沃特—巴恩斯—哈代 ··· 430

第 5 部 1880 年代 ······························· 441

第 28 章 疯狂的十年 ································· 443

第 29 章 穷人的困境 ································· 448

第 30 章 帕内尔的崛起 ···························· 458

第 31 章 第四等级—喀土穆的戈登—"巴比伦的少女献祭" ··· 469

第 32 章 1880 年代末的政治状况 ·············· 488

第 33 章 挺进非洲 ··································· 497

第 34 章 吉卜林的印度 ···························· 505

第 35 章 金禧庆典—文士 ························· 514

第 36 章 码头工人大罢工 ························· 520

第 37 章 谋杀的红线 ································· 531

第 38 章 帕内尔的覆灭 ···························· 541

第 6 部 1890 年代 ······························· 549

第 39 章 维多利亚时代的丧葬习俗 ············ 551

第 40 章 表象与真实 ································· 561

第 41 章 乌托邦:贵族政治的衰落 ·············· 590

第 42 章 布尔战争 ··································· 618

第 43 章 诀别 ··· 635

作者序

维多利亚时代的人仍与我们同在。我这么说,绝非故作怪诞之言,或者暗示假如我们对阿尔伯特亲王或勃朗宁夫人等等人物投入足够多的共情,便依旧可以瞥见他们的幽灵浮荡于夜空之中。相反,所谓维多利亚时代的人仍与我们同在,是因为他们缔造的世界尽管已有诸多变化,但至今犹存。他们那个时代经历过前所未有的巨变。在他们之前,重大工业变革仅在英国寥寥几座城市发生。在他们之后,世界已经铁路纵横,工厂林立,科技的崛起和传播势不可挡,一路延续到今天的硅谷时代。在他们之前,东方与西方泾渭分明,大片地区尤其是非洲,在地图上尚且寻不到踪迹。在他们之后,欧洲列强的触角探入了这块"黑暗大陆",非洲命运从此被改写;18 世纪被东印度公司和印度本土诸王公们瓜分的印度,则成为庞大的大英帝国统治的关键——这个帝国的疆域已然拓展到亚洲、澳大拉西亚①和加拿大。

在大多数英国人的印象中,维多利亚时代是一段太平盛世。然而,对全世界其余许多地区而言,正是因为英国人的缘故,维多利亚时代其实是一个小规模战事绵延不绝的时代。古老的帝国和国家,尤其是奥斯曼帝国,在近代欧洲科技与经济强国——尤其是英法德——面前,轰然崩塌。尔后,为了攫取控制权,这些列强之间掀起争霸狂潮,终于在 20 世纪酿就了两场世界大战,它们自己也几近同归于尽。接着,硝烟散去,20 世纪的欧洲试过又叫停了独裁统治,柏林墙倒塌,超级大国美国主导的世界新秩序确立……然而,维多利亚时代的世界及其诸多未解难题至今犹存。巴尔干半岛依旧是欧洲的"火药桶"——即便它已历经克里米亚战争、"保加利亚暴行"、"欧洲病夫"的衰落

---

① 一般指澳大利亚、新西兰和邻近的太平洋岛屿。本书注释如无特别说明均为译者注。

和萨拉热窝刺杀事件。在某种程度上讲，我们今天所面对的世界，与当年迪斯雷利和格莱斯顿①所面对的世界并无差别；我们仍为与之前类似的问题所困扰——世界上的发达国家是否能够、是否应当干预塞尔维亚、黑塞哥维那和克罗地亚等国的国内事务。格莱斯顿早年便曾发愿完成"绥靖爱尔兰"大业。假如，在查尔斯·斯图尔特·帕内尔②卷入离婚案丑闻之前，格莱斯顿能与这个不幸的人合力说服选民，为爱尔兰地方自治方案投出足够的赞成票，英国也许早就走上了一条完全不同的历史之路。可惜他们没有成功。近半个世纪之后，英爱关系大量问题依然存而未决。

至于亚洲和非洲，它们面对着同样的后殖民问题。当然，自从塞西尔·罗得斯授权那次冒进德兰士瓦并遭受了惨败的"詹姆逊突袭"③以来，我们都进步了不少。如今的我们正以乐观的好奇观望着，看看在曼德拉的精神遗产帮助下，南非能否幸免它那些曾诉诸古老丑陋的暴力之举的"老友们"认定必将发生的冲突。然而，在思考非洲大陆——从埃及到南非——任何一处的状况时，我们难免要再次面对昔日维多利亚时代的人在非洲炮制出来的那些老问题。我们不可沾沾自喜，自以为比维多利亚时代的人高明：我们固然心怀"虔诚的冲动"去支持那些乐施会、互援会等援助组织的举措，其实维多利亚时代的许多人，最初也正是在同样冲动的驱使下侵入了非洲，并坚信若想解决非洲问题，就得输入西方价值观来换取当地的矿产或土地。希望西方政府或世界银行增加对非洲的援助的人，也许多少都是那种抱着殖民主义教条不放的人。不过同时，作为英国人的我们，固然该对"借王室之名、行残暴之实"的那些行径感到羞耻——比如卢加德在乌干达大搞殖民征服④，或者英国镇压印度兵变事件⑤等等；然而，说到图图大主教的仁慈圣公会精神，或巴基斯坦人和印度人的板球技艺之类与恐怖无关的后殖民遗产，作为正常的英国人，倒也没必要对此一味否定。

---

① 这两位都是维多利亚时代英国著名首相，详见本书中的多处阐释。
② 爱尔兰著名政治家，因为离婚案而被迫退出政坛，参见本书第 38 章。
③ 英国与南非的殖民争端问题，详见本书第 42 章。
④ 参见本书第 33 章论述。
⑤ 参见本书第 15 章对此事件的详述。

虽说我们觉得依旧生活在由维多利亚时代的人所缔造的世界里,但在另一种意义上,这些人已消逝得无影无踪了。我们英国人对此感受最深。我生于1950年,二三十岁时遇到的不少老人都经历过维多利亚时代或记得其父辈对它的回忆。我这一代人,是最后一批有幸聆听查尔斯·丁尼生爵士不朽的公开演说的人,他追忆着自己的祖父——维多利亚时代的桂冠诗人①。1969年我上了牛津大学,当时那里起码有两对未婚老姊妹——巴特勒姐妹和德内克姐妹——还能依稀忆起跟刘易斯·卡罗尔②一起参加茶会的往事。认识红衣主教纽曼③的老人我倒不曾见过,但年长些的教授都认识奥利尔学院的费尔普斯,纽曼离开学院40年后重返母校时,此人正是时任院长。一位牛津大学的教员该怎样向"教会的亲王"表达敬意呢?是屈膝跪拜,去吻他的戒指吗?只见纽曼红袍加身,走进奥利尔学院的公共休息室,突然间,他心情激动,失声痛哭起来。这时费尔普斯抢步上前,紧紧攥住老爷子的手,动情地安慰道:"这就对了!纽曼,这就对了!"

我这一代人是最后一批有幸亲耳听到这类口口相传的往事的人。我这一代人,也是最后一批还能依稀记得维多利亚时代延续下来的生活细节的人。1950年代,英国火车站的候车室仍用煤气灯照明。我小时候,老太太们出门时,手里仍旧习惯紧攥着网状小手袋;她们仍用那种略显俗气的小珠绣布盖在奶油罐上。我的大姑,19世纪生人,看过维多利亚时代名角表演的莎翁剧;我父亲生于20世纪初,现场聆听过玛丽·劳埃德④的音乐剧。一战前,我的那位尚在襁褓中的小叔不幸夭折,葬礼依旧采用的是维多利亚时代的风格——黑纱、职业送葬人和马匹,一应俱全,随之而来的表达丧亲之痛和丧失信心之苦的举止,也都饱含着维多利亚时代的风情。英格兰中北部的工业重镇当时依旧浓烟滚滚,生产着老百姓们要买的各种物件。这些城镇仍以保持独立以及地方特色为荣,广场上伫立着当地大人物的雕像,城里的图书馆和艺术馆全是这些从事实业的大人物捐造的,其英名业绩依然让人津津乐道。

---

① 指英国维多利亚时代著名诗人阿尔弗雷德·丁尼生,详见本书中对他的引用和论述。
② 《爱丽丝漫游奇境记》的作者。本书第21章等处对他有详细介绍。
③ 英国维多利亚时代著名宗教人士,本书中对他有多处提及。
④ 维多利亚时代著名女歌唱家,参见本书第37章介绍。

住在布拉德福德、利兹或斯托克等城市的老人们，还能对工业大佬们跟工人们混住在一起的往日时光如数家珍。他们也会回忆起从前生活的诸多艰难困苦，而在我们这代人眼里，这类苦难已经几乎无法想象了。

21世纪到来之际，维多利亚女王的新传记想必会层出不穷，对其统治时期的各种著述也会纷纷涌现。我并非什么学院派历史学家，自知担负不起那种写作的重任。本书将要呈上的，只能说是上一辈人中的大作家乔治·马尔科姆·扬，在他对维多利亚时代的精彩描述中提到的那种"时代的肖像"。我这本书写得实在太厚，弄得我自己都吃惊不小。我敢说，要是再厚点，一定会让读者们断了翻看它的想法，所以我也就趁机为省略了一些内容而找到理由了。我尽可能地描绘出一幅对我们这代人有意义的、维多利亚时代的人及其时代的全景图，尽力重述某些重大事件，描述某些杰出人物。不过，各人的观念千差万别。图书总免不了遇到这种矛盾问题：既然是综述类历史，也许某个值得大写特写的主题便不得不让位于某个更"重要"的主题。比如在我看来，克里米亚战争并不比铁路发展更"重要"，但我还是不得不给前者留出了更长的篇幅。当然，对于一些我觉得被误解或低估的历史事件和人物，我还是设法多费了一些工夫和文字去阐释。

本书很大程度上仰赖于他人的研究成果和著作。不过我还算幸运的，就住在大英图书馆附近，可以便利地查阅其数量可观的馆藏手稿。有时，比如说，弗洛伦斯·南丁格尔或奥古斯塔·斯坦利夫人的一封信，在我看来，要比一架子的二手资料更能生动呈现出维多利亚时代生活的某一侧面。一切史书都是具有选择性的，即便并未明言，也在不露声色地做着判断。我本人以及当代人所关注的东西，也必然会在本书中有所反映。与80多年前利顿·斯特雷奇那部充斥着嬉笑怒骂的揭露性力作《维多利亚时代名人传》相比，如果说本书中出现了一些变化，那也许只是因为评判者与被评判者的角色发生了颠倒。斯特雷奇和他那一代人能够信心满满地评判、谴责维多利亚时代的人；而我们这一代人，固然意识到维多利亚时代社会的诸多弊端，但更多时候我们会觉得，倒是维多利亚时代的人在观望、在评判着我们。

第 1 部
维多利亚时代早期

托马斯·马尔萨斯　　查尔斯·狄更斯　　维多利亚女王　　杰里米·边沁　　罗伯特·皮尔　　查尔斯·达尔文　　勃朗宁夫人

第 1 章　小老太婆"不列颠尼亚"

1834 年 10 月 16 日,威斯敏斯特宫迎来了两位请求参观上议院议事厅的访客。当时正值议会的休会期。负责议会大厦的管理和安保的诸位官员——上议院议长、议会书记官、黑杖传令官和下议院侍卫长——都在乡下度假。当班的只有一位:管家赖特夫人。

当天下午 4 时,两位访客在赖特夫人引领下,步入上议院议事厅。四下里烟雾滚滚,墙上华美的挂毯隐没在浓烟中。两位访客颇有微词,抱怨石地板滚烫,把鞋底烤得都有点承受不住了。原本堂皇地伫立于议事厅正中央的君主御座此时也被浓烟遮挡,根本不见踪影。赖特夫人表示同意,承认整座议会大厦里确实"浓烟缭绕,令人窒息"。

事实上,当时正发生着一场大火。引起火灾的是教堂地下室的杂役们。趁着主事议员们不在,这些杂役们便烧起了账板。数个世纪以来,财政部都用木账板计税。到了现代,木账板被纸账本取而代之。有人向王室建筑工程主事理查德·惠布利提议,木账板堆积如山,不如给穷人当壁炉引柴算了。(当时和现在一样,有不少穷苦人蜗居在议会大厦周边。)

账板多如牛毛,贮存于威斯敏斯特宫,但凡长点脑子的人都不难想到,周边栖居着一大群可怜的生灵,让他们把账板拿走当柴烧,问题便迎刃而解。然而,对于这些从未派上过什么用场的账板,公事公办的官老爷决定,坚决不让它们派上任何用场。于是,上面有令,把它们私下里一烧了事。它们被抬到上议院,投入火炉。塞满这些古怪账板的火炉引燃了镶板;镶板引燃了上议院;上议院引燃了下议院;上下两院由此化为灰烬;建筑师们被召入宫,奉命重建两座新议院;于是乎,我们如今又得破费百万英镑之巨财了；我们的"国民小猪"想要跳过栅栏，还有得等呢；今晚，"不列颠尼亚"①这个小老婆算是回不了家啦②。

没错，瞧这熟悉的插科打诨腔调，这番话正是出自查尔斯·狄更斯（1812—1870）之口。他在上述大火发生数年之后发出了这段评论。这场火灾，正如他含糊其词地暗示的，来得恰逢其时。1832 年《改革法案》③勉为其难地开创了一个新时代；听闻威斯敏斯特宫突发大火，俄国沙皇认为，正是因为辉格党人④废除了"腐败选区"——这类选区里选民寥寥，却掌握着推选议员的大权——英国才遭此天惩。沙皇认为《改革法案》相当于英国政治制度走向现代化的开端，是对老派等级制和遵从制的首度拆解，政治权力从贵族阶级向资产阶级过渡的滥觞。其实，当时的实际情况可谓大相径庭。辉格党贵族虽然改革了议会制，但他们中相信民主制的其实没有几个。他们一概强烈反对普选。令顽固派们摇头叹息的所谓选举权扩大，其实对象也只限于有产者。所谓伟大的《改革法案》"前所未有地、举世无双地明确规定，国家政治机构的准入资格完全取决于是否手握财产，以及固定收入的多寡"。

其实，即便废除了"腐败选区"，新议会也代表不了人民。新议会志不在此。在这个所谓的"改革时代"，政治阶层如果说有什么新的特点，那就是一种控制普罗大众的渴望，而且他们成功了。19 世纪三四十年代，英国议会里并不存在什么我们现代人眼中的"左派"和"右派"。当时跟现在差不多，左派的骚动事件全都发生在议会之外。所有政治阶层——无论是老辉格党贵族还是托利党⑤乡绅，还是首登政治舞台、将导致政坛气候剧烈变化的、新崛起的制造业和工业大亨们——他们都面对着同一个难题：如何控制数量暴增的人口，如何实其腹，如何驱使其不停劳作；对爱尔兰人或苏格兰人，如何令其

---

① 英国的拟人化称呼，以头戴钢盔、手持盾牌及三叉戟的女子形象为象征。
② 戏仿英国童话《小老婆和她的小猪》，讲的是有个小老婆买了头小猪，回家路上遇到栅栏，小猪不肯跳过去，由此引发了一连串越来越麻烦的问题。小老婆好不容易将这些问题一一解决，终于让小猪跳过栅栏，一起回了家。
③ 英国在 1832 年通过的关于扩大下议院选民基础的法案。该议案改变了下议院由保守派独占的状态，加入了中产阶级的势力，是英国议会史上的一次重大改革。
④ 辉格党，英国历史党派名称，产生于 17 世纪末，19 世纪中叶演变为英国自由党。
⑤ 托利党，产生于 17 世纪末的英国政党，19 世纪中叶演变为英国保守党。

保持克制,不至于滑入明目张胆的叛乱;对穷人及不满现状之徒,如何打消其闹事邪念;对法国人,如何严防其侵入大不列颠;对牙买加人或加拿大人,如何阻止其脱离英王的掌心。于是,在这个时代,第一支警察部队建立起来,贫民被加以严密控制,收容无力养家糊口者的济贫院也开始创办。

上述方面得到了议员们不谋而合的一致赞同,虽说托利党人和激进派出于各自的目的,同时也纷纷大声疾呼,反对议会出台的新措施侵犯英国公民的个人自由。

统计数字足以说明一切。此前 80 年里,英格兰、威尔士和苏格兰的人口翻了一番——1751 年为 725 万,1801 年为 1 094.3 万,1821 年为 1 439.2 万;1831 年,达到 1 653.9 万——爱尔兰人口也从 400 万激增到 800 万。

从人口增长的视角去思考经济和政治,是人类思想史发展的必然路径。即便托马斯·马尔萨斯牧师[①]不曾出生,也一定会有另外一个人写出《人口论》;1798 年,这部力作首度出版并不断再版。其实到了 21 世纪,马尔萨斯提出的人口问题依然存在。最近一篇颇具末日启示意味的文章提醒道,"到1990 年代,世界人口每年的增长量将相当于斯里兰卡、英国、海地和索马里的人口总和……到 2050 年,世界人口预计将高达 100 亿。"

这些数字证实了托马斯·马尔萨斯牧师最担心的事。1890 年代,他跟父亲就人口问题有过一次温和的争论。跟孔多塞、让-雅克·卢梭和威廉·戈德温等诸先哲类似,老马尔萨斯认为,社会正日趋完善。托马斯·马尔萨斯则认为,人口将呈"几何"级数倍增,生活资料却仍只能以"算术"级数递增。这种状况会带来苦难、争斗和社会动乱,最终将导致饥荒。

马尔萨斯很快被视为怪物——雪莱将其斥为"阉人加暴君",狄更斯借小说人物斯克鲁奇[②]之口,提出了一个仿马尔萨斯的问题:穷人咋不去死呢,"正好可以削减多余的人口"。然而,马尔萨斯写《人口论》时,其实是满怀着至高

---

① 托马斯·罗伯特·马尔萨斯(Thomas Robert Malthus,1766—1834),英国教士、人口学家、政治经济学家,以其人口理论闻名于世。他在《人口论》(1798)中指出:人口按几何级数增长而生活资源只能按算术级数增长,所以不可避免要导致饥馑、战争和疾病。他呼吁采取果断措施,遏制人口出生率。

② 查尔斯·狄更斯小说《圣诞颂歌》中的主角,一位守财奴,后来变为乐善好施之人。

无上的利他精神的。他希望贫者不再贫穷，至少能填饱肚子。不过，他觉得现行的《济贫法》其实反倒助长了穷人一味依赖救助的不良风气。旧《济贫法》规定教区可以自行选择救助对象，而上届议会在 1834 年火灾之前颁布的新《济贫法》则要求统一管理救济。济贫法委员会开始在全国各地建起一家家济贫院，不再允许穷人在家里接受救助。穷人不一定非得进济贫院，不过，眼睁睁看着孩子们挨饿时，他们便无路可走了，只能到那个令人厌恶至极的地方去。大家都知道那些地方是怎样的。亨利·哈特·米尔曼牧师①给埃德温·查德威克②的信中形容了自己心目中的理想济贫院："济贫院理应是磨难之地、粗茶淡饭之地、苦行与谦卑之地；理应实施严格管理——严加管理；理应是令人憎恶之所，这才符合人性。"

难怪被送进济贫院的人憎恨马尔萨斯——他还主张对下层阶级施行"限制"，视此为当时唯一可以允许的节育政策。

托马斯·马尔萨斯

1840 年代，斯塔福德郡一个生来便超出了该地需求的"多余人口"回忆道：

> 大家穿过田间小路去切尔③，尽量不被撞见。我们中有个孩子实在太小了，走不了路，只好被抱着。清晨阴沉而清冷。曾几何时，我走过那些田间小路，阳光普照，鸟儿欢叫，周遭美景秀丽怡人。可如今，痛苦的啜泣声打破了宁静。是什么力量残忍地驱使大家不停地朝前走，爬过那座山，走向济贫院（绰号"巴士底狱"）呢？那是两个严厉可怕的身影——"暴虐"和"饥饿"……对我们这些孩子而言，"巨大空旷"的济贫院令人毛骨悚然。里面的冷遇更让人心寒……绝无什么"柔光"降临到我们身上。我们就是马尔萨斯所谓的"多余人口"，我们的存在只会加剧贫困。"仁慈，"他说，"在目光短浅的人类那里，只会促成最严重的过失，瞬间就会将文明社会那种公正而有教养的土壤化为贫困而混乱的凄凉。"

---

① 亨利·哈特·米尔曼（Henry Hart Milman，1791—1868），英国历史学家、牧师。

② 埃德温·查德威克（Edwin Chadwick，1800—1890），英国社会改革家、公共卫生领袖。

③ 斯塔福德郡特伦特河畔斯托克市的郊区。

该文作者查尔斯·肖痛斥道,正是"英国治国之术"那种"粗鄙的自私、无可名状的蠢行"造就了如此苦难。

所有这些——还有更多——或许可以部分解释狄更斯在描述威斯敏斯特宫大火时的戏谑口吻,虽说下院议员和对藏有浩瀚典籍的恢宏古建筑感兴趣的人都把这场大火视为"可悲的灾难"。根据下议院议长查尔斯·曼纳斯-萨顿①估算,大火灾给他造成的财产损失高达 9 000 英镑,其中包括一座价值不菲的图书馆。

现在,我们回头说说 10 月 16 日那个大灾之夜。5 点整,管家赖特夫人锁上议会大厦大门。她向那帮杂役抱怨,地下室的浓烟热浪让人受不了,然后自觉已尽到责任,便安心下班了。大约一小时后,看门人的妻子穆伦坎普太太看见上议院大门门槛处蹿出火苗,几分钟不到,整座建筑便陷入了火海。直到晚上 7 点,伦敦消防队队长詹姆斯·布雷德伍德②才接到火情通报,随即调派了 12 辆手摇消防车,外加 64 名消防员,风风火火赶来。7 点半,第一近卫步兵团的 50 位大兵到达,在新组建的、颇遭忌恨的伦敦警察厅的警察们的大力支援下,在上下两院前开辟出一条防火隔离带。

此时,约瑟夫·透纳③也挤进了围观大火的人群,那一夜他彻夜未眠,画了无数铅笔速写,随即赶回位于安妮女王街的家中,凭记忆画出一堆水彩草图,画得太多太快,以至于速写本的纸页都黏到了一起。起初,他是站在萨里一侧的岸边往对面眺望的。大火渐渐熄灭后,他走到对岸,和成千上万看客一起涌入议会大厦前面的旧宫院。

"这辈子我从不错过观察任何事故,"透纳如此自夸。这场特别的事故,这片映红泰晤士河夜晚漆黑河水的橙金火焰,在透

约瑟夫·透纳

---

① 查尔斯·曼纳斯-萨顿(Charles Manners-Sutton,1780—1845),英国保守党政治家,第 1 代坎特伯雷子爵,1817 至 1835 年任下议院议长。

② 詹姆斯·布雷德伍德(James Braidwood,1800—1861),苏格兰消防员,1824 年在爱丁堡建立世界最早的市政消防队之一,后升任伦敦消防局局长。

③ 约瑟夫·马洛德·威廉·透纳(Joseph Mallord William Turner,1775—1851),19世纪上半叶英国学院派画家的代表,善于描绘光与空气的微妙关系。

纳看来,想必分明就是自己亲手绘制的一幅油画。上议院大厦楼顶轰然塌陷,"伴随而来的是一团巨大的火焰和浓烟","火花四散"。一位看客形容道,那声音听上去像重炮轰鸣,又像爆炸。透纳喜欢将可视之物当作象征,这场大火大概也被他理解为废止、清洗、毁灭旧世界的象征了吧。而且,这么想的估计不止他一个人。众人都默默凝望着这一幕奇观。大火越烧越旺,有个汉子突然喝起了彩,随即遭到逮捕。

首相墨尔本子爵①亲自指挥灭火,力保威斯敏斯特大厅免遭大火吞噬。五辆消防车被调入人厅朝屋顶喷水,这个屋顶是杰弗里·乔叟担任王室建筑工程主事的年代添加到威廉·鲁弗斯②时期的原建筑上的。最后,整个精美繁杂的中世纪建筑中,唯有这一部分在大火中幸存下来。自从1547年以来一直是下议院所在地的圣史蒂芬礼拜堂也遭焚毁。不过,从残存的雕刻可以看出,假如当时不那样强调重建的话,它本可以得到修复。

不过我们必须看到一个事实:这一时期,遭到毁灭的远非只是这样一组古建筑。大英帝国本身正在蜕变,比世界上任何别的国家的蜕变都更迅猛,也更具创造力。威斯敏斯特宫毁灭后的三年内,首相墨尔本子爵还将见证老王威廉四世的驾崩和维多利亚女王的登基。墨尔本子爵是维多利亚女王的导师,扮演着女王父亲一般的角色。这对搭档有点奇特:一位悲观厌世、愤世嫉俗的辉格党贵族,和一位相貌平平、体态娇小的少女君王,共同迎接着这个人口更稠密、竞争更激烈、变化更多端的新世界,一个超出了托马斯·马尔萨斯牧师哪怕最恐怖噩梦的新世界。说到马尔萨斯本人,就在新《济贫法》颁布、威斯敏斯特宫爆发大火的当年,他颇具象征性地在巴斯去世了。

即便用"算数级数"对"几何级数"理论,马尔萨斯也没能预测到,在这个被后世称为维多利亚时代的时期,英国财富将迎来的爆炸式增长。人口越多,创造财富的人就越多。自然,这是一个贫民的时代,一个贫困、饥馑和疾

---

① 威廉·兰姆(William Lamb,1779—1848),第2代墨尔本子爵,英国辉格党政治家,1834年以及1835—1841年出任英国首相,曾任维多利亚女王的老师。

② 威廉·鲁弗斯(William Rufus)即威廉二世(约1056—1100),诺曼王朝第二位英格兰国王,号称"胡佛"及"红脸威廉"。

病横行的时代。就此而言,在新君登基后的最初十年,马尔萨斯的预言无疑得到了印证。然而,这也是一个蕴涵着巨大潜能,发展和扩张的时代。外国观察家们吃惊地发现,1830 年,大英帝国钢铁日产量为 2 000 吨——换句话说,钢铁年产量为 65 万到 70 万吨。到 1855 年,钢铁年产量飙升到 100 万吨。煤炭、船舶和机织棉毛制品的产量也达到了相当水准。这些财富全部是工业城市创造出来的。不过,尽管从数字上看起来成就斐然,实际上穷人的生活举步维艰,他们为经济增长付出了过高的代价。苦难的人们因为资本主义而遭受压迫、挣扎求生,却一无所获,回顾这一切,我们每每心如刀割。在维多利亚时代,富豪、工厂主、矿主、企业管理者和投机商们聚敛的财富,无一不是建立在他人的苦难之上。这种苦难并非偶然。这场斗争是弱者与强者之间永恒的战争,冷酷无情的适者生存法则被视为"自然"法则,残忍地取代了相信爱主宰着太阳与一切星辰的更古老信念。

起码,在一位观察者——且极具影响力的一位——看来,这种新法则是不争的事实。1834 年 10 月,议会大厦噼啪爆响、熊熊燃烧之际,"贝格尔号"军舰,一艘配备十门大炮的双桅帆船,在王家海军罗伯特·菲茨罗伊船长的指挥下驶往火地岛。船上有一位博物学家,名叫查尔斯·达尔文,时年 25 岁。在这次航程中,他在考察加拉帕戈斯群岛的鸟类时,首次想到了这个星球上生命的演化过程。多年后,孤立的观察被整合成一个整体构想,直觉转化成了理论。据达尔文本人透露,这种转变直到 1838 年后才初露端倪。他说,其思维发展的关口,并非在观察鸟类、鸽子或猿类之时,而是在阅读马尔萨斯《人口论》的时候。"1838 年 10 月,"查尔斯·达尔文在《自传》里写道,"也就是在我着手作系统研究的 15 个月后,纯粹出于消遣,我碰巧读到马尔萨斯的《人口论》,正当我满怀期待、准备欣赏无处不在的生存竞争之时……灵光一闪,我突然想到,在这种情况下,有利的变异会易于保持,不利的变异则易遭破坏。由此便是新物种的诞生。从而,我最终建构起了一种可行的理论。"

时光流逝,如今一切昭然若揭:这是一种极具创造力,同时也极具破坏力的理论。

不过,达尔文的时代尚未到来。伫立于维多利亚时代开端的是两位大作家——托马斯·卡莱尔①和查尔斯·狄更斯,他们好似戏剧合唱团里的演员一样,一位戴着悲剧面具,一位戴着喜剧面具。卡莱尔的《法国大革命》历经诸多劫难(第一卷的唯一一份手稿被约翰·斯图尔特·密尔②的女佣不慎烧毁),才于1837年,即女王登基之年,首度出版。同年,狄更斯的《匹克威克外传》完成了最后一期连载。

当我们对19世纪早期数十年英国政体的非民主本质倍感震惊时,当我们痛惜巨大的贫富差距时,当我们检视大英帝国境内的济贫院、雇佣童工的煤矿,以及城乡陷入极度贫困甚至饥饿的惨况时,也许我们会对这一事实分外惊讶:这个时代的两个最独特的声音,两个最有学问、最富想象力的人物,竟然都并非出身于特权阶层。狄更斯的父亲当过政府小职员,后因负债被捕,羁押于马夏尔西监狱。狄更斯本人只受过一点初等教育,几近身无分文,年纪轻轻便开始为《每月杂志》撰稿,报道议会辩论的情况。卡莱尔生于邓弗里

托马斯·卡莱尔

斯郡埃克尔费亨村,按照现代标准衡量的话,他一家人的生活仅略高于温饱水平,孩子们直到上学才有鞋穿,一家人平时吃的只有燕麦、牛奶和土豆。不过卡莱尔的父母勤劳简朴,与别的苏格兰农民家庭相比,他们家还算富裕。苏格兰的教育制度确实可圈可点,即便出身贫寒之家,只要聪慧,子弟们仍可出人头地,卡莱尔便是这种教育的获益者,得以上了爱丁堡大学,潜心研究当代欧洲文学、语言和哲学,成为英语世界里德国诗歌和哲学的杰出阐释者。

29岁时,卡莱尔去了法国,这次访问至关重要。拿破仑兵败后,英国人对法国从此充满怀疑和恐惧。在英国,军方和许多政客始终相信,政治稳定的最大威胁来自法国(直到克里米亚战

---

① 托马斯·卡莱尔(Thomas Carlyle,1795—1881),苏格兰哲学家、评论家、讽刺作家、历史学家、教师,被视为维多利亚时代重要的社会评论员,发表了很多著名演讲,在当时颇具影响力;代表作《法国大革命》。参见本书第22章等处对他的介绍。

② 约翰·斯图尔特·密尔(John Stuart Mill,1806—1873),19世纪英国哲学家、经济学家、逻辑学家,实证主义和功利主义的代表,对西方自由主义思潮影响甚广;代表作《论自由》。参见本书第10章等处对他的介绍。

争期间英法成了盟军时也是如此);即便法国不再可能入侵英国,长期以来帕麦斯顿和惠灵顿仍对此提心吊胆;不仅如此,在英国人看来,法国还是个鲜活的实例,表明了社会如果土崩瓦解,将会陷入怎样的深渊。在老牌托利党党徒们看来,教训一目了然:一旦放纵了宗教自由思想家们或质疑了贵族制度,没多久,你就会发现,前方竖起了断头台;你就会发现,国王的脑袋搬了家;你就会发现"恐怖统治"来了,如影随形的还有罗伯斯庇尔。

对于卡莱尔来说,事情可没有这么简单。在这位出身农门的苏格兰天才眼里,法国大革命这出大戏有一种魔力,令其内心激荡不已。种瓜得瓜,种豆得豆,这是主宰个体和社会的因果律。卡莱尔的著作《法国大革命》传递出的这种要义简洁明快,令人信服。我觉得这也是至今为止英语语言中最动人心魄、最具可读性的历史著作。

旧制度何以注定走向覆灭,残忍自私的贵族和王室何以注定要迎来一场毁灭性的大灾变?卡莱尔不留丝毫情面地作出了简明论证。然而,他绝非在鼓吹恐怖统治,他笔下的"海绿色双眸的罗伯斯庇尔"已演变成文学史上的一大巨怪。卡莱尔在这部著作中流露出的极度痛苦,正是他那代人在政治、宗教和哲学上也将会感受到的痛苦,而这正是他成为英语世界里最伟大先知的原因。卡莱尔不信基督教,但他也不会像伏尔泰那样因为破除了古老迷信而兴奋不已。他痛惜基督的缺席,为一个在伟大的神秘面前缺乏敬畏和崇敬之心的社会而惴惴不安。令他最忧心的是,假如寡头特权制在道德和政治上分明已然无法维系,那么社会将极易滑入更糟糕的局面——无政府状态、混乱和屠杀。他认为下述信念纯属荒谬:这个时代的精神和政治的痼疾,可以通过议会改革、扩大选举权,抑或给予每年缴纳房租 10 英镑以上的房客以选举权来解决,借助这些手段,便可以将"天国"带至"凡间"。

或许,某些思想家是这样的:描述消极面时,表现得最强劲;若要他提出替代方案,便变得孱弱不已了,卡莱尔便属于此类。卡莱尔剖析了贵族政府的每种替代方案的弊端,对该制度本身的不稳定性也毫不讳言,令同时代人震惊不已。卡莱尔绝非超然世外的学院派历史学家。他是一位卓越的记者,察觉到"英国的当前状况",看到了可怖的贫困、不公、低效以及人们的精神饥渴。对于英国的前景,卡莱尔不同于同代人,他并不乐观地觉得英国能够避免一场甚至比法国大革命更恐怖的革命。然而,在卡莱尔看来,更糟的事实在于,资产阶级工业革命对于成千上万人的生活造成了令人毛骨悚然的影响,使众多人沦为经济奴隶,沦为白痴,甚至不如他的生活在前工业社会时期的家人和亲朋好友们,后者固然同样一贫如洗,却尚能领略到智识和精神方面的真理。

卡莱尔是一位极有力度的讽刺作家,也是一位作品和交谈中都展现出非凡智慧的人,然而其人生观和世界观的内核却是悲观的。比起这种性格,写作《匹克威克外传》的狄更斯却可谓完全是另一种人。

一部超绝的名著竟然因为一堆散乱的原因才得以被写出,实在是举世少见之事。一位叫罗伯特·西摩的漫画家,靠着一部嘲讽新崛起的商人自命不凡嘴脸的《幽默画集》出了点小名。这位西摩是一个私生子,天生性格抑郁。趁着《幽默画集》的成功,西摩又给查普曼-霍尔出版公司画了一套连环画,描摹"宁录猎迷"俱乐部,也就是伦敦东区一群冒险家的荒诞历险记。此时,狄更斯也因为关于伦敦日常生活的特写集《博兹札记》颇受欢迎。出版公司向狄更斯提议,不妨也写些类似"宁录猎迷"俱乐部冒险故事的妙文。时年 24 岁的狄更斯便应承了下来。

在《匹克威克外传》第一期和第二期连载的间隙,抑郁的西摩走进伊斯灵顿小镇利物浦路的自家花园,饮弹自尽。有人说西摩自杀是因为忌恨狄更斯,《匹克威克外传》的重要灵感原本是西摩的原创,到头来却是狄更斯笑纳了一切赞誉。其实该小说第一期问津者寥寥,只售出区区 400 本。西摩自杀是因为罹患精神病,与狄更斯无关。不过,小说的连载还得继续,西摩留下的活儿总得有人接着干,这份差事最终落到了罗伯特·威廉·巴斯[1]头上,作家和插画家由此展开合作。

《匹克威克外传》以连载方式出版于 1836 年至 1837 年间。这是一部散漫无章的流浪汉小说,不过,第一批读者便被主人公那种"双面人"的双重魅力吸引了。一方面,小说构想出的这个形象跟狄更斯本人类似,出身下中产阶

---

① 罗伯特·威廉·巴斯(Robert William Buss,1804—1875),英国艺术家、蚀刻师、插图画家。

级,趾高气扬,尽享着一种度假般的自由。在此意义上说,它绝对堪称现代小说。另一方面,小说中又弥漫着怀旧情绪,呈现出一个即将被工业和铁路彻底改变的英国。

《匹克威克外传》的出版,引出了(或者甚至可以说是创造出了)一群新型的读者。这部小说出版前,各类读者之间泾渭分明。一份报纸卖 7 便士。一部 3 卷本小说售价为 1 英镑 11 先令 6 便士。买得起所谓的大报或精装小说的都是货真价实的中产、中上产和上层阶级。而在这些阶层之下,还有一个差不多 5 万人的读者群,他们读的通俗小说并非以正式图书形式出现,而是来自推销员挨家挨户兜售或者街头市场上售卖的那种廉价通俗期刊或廉价平装书。民谣单页、讽刺诗和通俗言情小说也一样由小商贩们四处兜售,小说《我们共同的朋友》里的塞拉斯·魏格干的就是这种活儿。跟狄更斯同时代的一些作家,比如广受青睐的威廉·哈里森·安斯沃思①——沃尔特·司各特爵士(1771—1832)的模仿者——认为,这位年轻记者正犯下一个大错,竟然用分期连载这种流行的下等之法出小说;他认为迄今为止只有垃圾读物才会这么干。然而,短短几个月内,《匹克威克外传》的销量一路飙升,高达上万册。从此之后,各种小说巨著,不管是狄更斯、萨克雷、特罗洛普、乔治·艾略特,抑或其他小说家的作品,都开始采用在当时各种期刊上连载的方式出版了。

《匹克威克外传》在英国掀起了阅读热,随后更风靡到外国(尤受俄国读者青睐)。匹克威克印花棉布开始在布店里售卖。为满足消费者的渴求,马裤制造商们开始依照匹克威克先生的忠仆的裤形,仿制出同款马裤。小说中的主要人物形象被用来制成了啤酒杯。出了一种叫"匹克威克斯"的糕点,还有配套的糖果。在我们今天,出版商们也会大搞此类"营销"把戏,靠电影和书籍里讨喜的角色开发周边产品。然而,当年的匹克威克热可是自发的,查普曼-霍尔出版公司开拓出的市场——一个新兴的市场,代表着一个全新的阶层——在一定程度上,正是因为狄更斯的这部作品而产生的。

---

① 威廉·哈里森·安斯沃思(William Harrison Ainsworth,1805—1882),英国历史小说家。

《匹克威克外传》的政治学徒们也将汲取这一重要阶层——小资产阶级——的大部分精神特征。在接下来的岁月里，这些人将异口同声地采取如下政治姿态：大力拥护自由贸易，为废除《谷物法》摇旗呐喊，相信这些举措将催生出一个泛世和平的时代；不过八年后，英国在克里米亚对俄国发动一场本可避免的战争时，这一阶层也将为大英帝国加油打气。跟《匹克威克外传》里的玛格尔顿市选民们相仿，这一阶层"在不同时期提交了不下 1 420 份请愿书，对外反对继续推行黑奴制；对内反对政府干涉工厂制"。也是这一阶层，一方面为帕麦斯顿勋爵下令炮轰巴西贩奴转运港口而欢呼雀跃，坚称恪守解放黑奴的崇高信念，一方面又在英国镇压 1857 年印度兵变时，抱有最血腥的复仇观。这一阶层乐于见到选举权被扩大，赞同年收入 10 镑以上的住户均可参加选举，也支持 1870 年自由党人出台的教育措施。然而，也是这一阶层，继续拥戴着议会的寡头统治——主要是贵族统治。这一阶层支持议会的《改革法案》（1832 年和 1867 年法案），所以当然是不乏进步性的，然而，这一阶层却又是死不悔改的反社会主义者。这一阶层虽说对 19 世纪初利物浦勋爵①的托利主义政策并不赞同，却一如既往地偏爱迪斯雷利，并一次一次地投票支持索尔兹伯里勋爵上台执政。

匹克威克逍遥自在。他是一个不入流的小商人，并未像狄更斯后来小说中的许多人物那样，不得不承受各种奴役的枷锁——高耸的办公台、签字大笔、工厂大门、压抑的真情。匹克威克获得了经济独立，这是一切有进取心的维多利亚时代人的追求目标。匹克威克和同伴们，在 1827 年——在《匹克威克外传》出版十年前，维多利亚时代刚开始时——启程出发，展开了一系列荒唐冒险。值得注意的是，匹克威克的出发地，正是狄更斯本人年幼时，在父亲尚未破产、伊甸园大门尚未关上的时候，开始人生历险的起点——罗切斯特②附近。

　　天空晴朗宜人，空气温煦醇和，四周，每个景物都呈露出美丽的容颜，此刻，匹克威克先生正凭倚在罗切斯特大桥的栏杆上，凝眸远眺这片

---

① 罗伯特·詹金森（Robert Jenkinson，1770—1828），第 2 代利物浦伯爵，英国托利党政治家，1812—1827 年任首相。

② 罗切斯特是肯特郡一城镇，位于梅德威河附近。

自然的美景,等着吃早餐……梅德威河河岸两旁,尽是农田和牧场,时而一架风车,时而一座教堂映入眼帘;远方绵延,一望无垠,一派富丽多姿景象,纤云丝丝缕缕,在晨光里拂过,闪逝而过的变幻云影为这片风景染上愈加瑰丽的色彩。

翻开《匹克威克外传》,读者们便会立刻陷入怀旧之情。在小说出版当年,伦敦首座火车站——尤斯顿站——修建完工。在驿站马车的旧时代,每辆马车都有专属的名号,然而这些马车终将被同样拥有名字的蒸汽火车取而代之,新时代的男孩们将对这些蒸汽火车充满好奇,就像旧日的男孩们迷恋马车一样。

《匹克威克外传》的魅力多半得益于它散逸出的怀旧之情,这种情绪也正是维多利亚时代集体意识的一个显著特征。也就是说,固然维多利亚时代的人跟前几代人有着天壤之别,而且乐于如此,但他们也同样留恋昔日。狄更斯在盖德山庄乡间别墅安顿下来之后,请人拿"仿制书脊"打造了一扇书房门,仿佛一排皮面精装书的模样。这些书的书脊上印着一系列书名,现如今,在这间成了学校办公室的房间里,我们还能看到这些书名:"我们先辈的智慧:一、无知。二、迷信。三、阻塞。四、炮烙。五、拷问台。六、污秽。七、疾病。"与同时代大多数人相仿,狄更斯渴望将充斥着不公、无知和疾病的旧世界关在门外,但同时他也和他们一样对往昔心怀感伤,相信工业化正一步步摧毁世界。读过《匹克威克外传》的人,想必都能体悟到这种矛盾情绪,这也是 19 世纪社会政治辩论的主要特征。比如,正是这一情绪定义了约翰·罗斯金①,他被相当贴切地称为"英国社会主义之父",以及老托利党人中的最悲观者。

查尔斯·狄更斯

《匹克威克外传》还有一个令读者动容的显著特征,它也是该书作者的所有品质中,大概最强劲却也最难解释的一种:仁慈。说到这种品质时,你如何才能做到不带着那种多少有点沾

---

　　① 约翰·罗斯金(John Ruskin,1819—1900),英国作家、艺术家、艺术评论家,维多利亚时代艺术趣味的代言人,高度赞扬威廉·透纳的绘画创作,也是拉斐尔前派成员。

沾沾自喜、矫揉造作的态度呢？1838 年，论及狄更斯时，《爱丁堡评论》评述道：

> 有一种品质最令人钦佩，那便是他的普世仁爱精神。在其著作里有一种倾向，敦促着我们切实怀有仁慈心——激起我们的同情心，关怀一切阶层的冤屈疾苦，尤其是那些默默无闻的人们……

狄更斯塑造了众多"仁慈"的人物，有些人可能会觉得他们被塑造得颇为拙劣，却又催人泪下。比如，读者们会想到柴里布尔兄弟①，或布朗劳先生②，或匹克威克本人。以下这句评论说得在理："他们的善举虽略显轻率，但绝不应遭受苛责；因为他们忙于快乐，无暇思索。"每次我们读《圣诞颂歌》，都会被它打动。吝啬鬼斯克鲁奇奉行的（也是亚当·斯密和杰里米·边沁奉行的，也是许多创造了维多利亚时代英国财富的工厂主们奉行的）做法，流露出一种极简化的基督教慈善精神。

狄更斯推崇仁爱思想，并推动其发展，无论是身体力行，抑或在小说创作中，他都坚持了这一点，以至于在维多利亚时代的英国，他被视为一股磅礴的仁慈力量。对于这种引人注目的慈善精神，他本人可谓既是它的促进者，又是它的一种展现。

在接下来的篇幅里，读者们领略到维多利亚时代人的更多史实之后，也许会像狄更斯对待"我们先辈的智慧"一样，一心只想将这些旧日糟粕关在门外了。比如，这些维多利亚时代人，他们没能改善工厂作坊里"城市工资奴隶"的生活，他们对于近乎导致种族灭绝的爱尔兰大饥荒视若无睹，他们在印度和非洲犯下了不容忽视的暴行。可以说，许多这些弊端，日后只是迫于时代变迁的压力才消失了：两场世界大战使英国陷入贫困，国力日渐式微，海外帝国才脱离了它的掌控；也正是在同样的时期、出于同样的原因，英国在北欧式温和社会主义的施压下，被迫进入了一段为期 5 到 10 年的纠正期。不过，就在所有这些弊端得以维持的同时，也有相当一部分人时刻践行着仁爱精神。整个 19 世纪，仁慈怜恤之举似乎无时不在、无处不在。就连爱尔兰的地主们，其实也并未任由佃农们饿死而全然不伸出援手。并非一切工厂主都是

---

① 《尼古拉斯·尼克尔贝》里两位好心的先生。
② 《雾都孤儿》里一位善良的老先生。

残暴的恶魔。虽说直到(包括)20 世纪中叶,英国的许多贫民窟里,卫生和居住条件都糟糕透顶,但总的来说,其他领域的状况还是有所改善的。而且有人确实也流露出了一定的负罪感。

我们切不可因这些改善之举而沾沾自喜,因为在此我们探讨的是规模空前的人类苦难——它们发生在济贫院里、工厂里、贫民窟里、殖民地中、军营里以及舰船上。不过狄更斯先生,部分因为他是一位一贯风趣又实在的大作家,提醒我们:同时也存在着"另一个英国",那里,生活的严酷有"仁慈"来加以缓和。他坚信仁心必将战胜邪恶;他这份信心未必追求政治上的体现,更多时候是针对个人品格而言的。狄更斯眼中的世界,正如维多利亚时代的英国世界一样,并非马克思所谓的"大众"世界,而是一面充斥着欢闹人物的移动屏幕。从某种意义上讲,狄更斯是所有伟大天才里最脱离现实的一位了。他前所未有地缔造出一方自说自话的世界。然而,他大获成功,以至于我们可以说,19 世纪初的英国是狄更斯的英国。那些出自当时的出版物和漫画里的奇怪人物,跟狄更斯笔下的人物如此相似,我们几乎可以说,他们似乎就是他创造出来的,口中说的全是他帮他们炮制的台词。

第2章 维多利亚女王的遗传史

1837 年 6 月 20 日,滑铁卢战役纪念日两天后,水肿病缠身、整日酩酊大醉、昏头昏脑的老王威廉四世①驾崩。过去这几周,他已日渐衰弱。一周前,惠灵顿公爵提议取消原定 6 月 18 日为纪念 22 年前战胜法皇而举行的年度宴会。威廉四世却表示大可不必。最后,咽气前他大嚷着"教会,教会!",让在场众人颇为困惑。(在世时,他从未对教会表现出什么特别兴趣。)

威廉四世跟著名喜剧女演员多萝西娅·乔丹(1762—1816)总共生了 10 个孩子;不过,这些孩子并非合法婚姻的结果,所以都没有王位继承权。威廉四世的侄女夏洛特公主——英国国王乔治四世②的唯一婚生后代——于 1817 年去世后,一场王位争夺战便拉开了序幕。乔治三世③依然健在的子女中,谁能生下个把继承人,谁就有望当上下一任王朝的太上皇。可是,已故国王的所有女儿和儿媳都过了生育期。还有三位王子则是未婚:威廉(克拉伦斯公爵)④、肯特公爵⑤和剑桥公爵⑥。威廉四世娶了萨克森-迈宁根的阿德莱德公主⑦,先后生了几个孩子,都未能幸存。到头来,是肯特公爵——乔治三世的第四子——赢得了这场争夺战。

---

① 威廉四世(William IV,1765—1837),大不列颠及爱尔兰联合王国和汉诺威国王(1830—1837 年在位)。

② 乔治四世(King George IV,1762—1830),大不列颠及爱尔兰联合王国及汉诺威国王(1820—1830 年在位)。

③ 乔治三世(George III,1738—1820),英国汉诺威王朝第三位君主,1811 年后经常精神错乱,由长子乔治四世代为处理朝政。

④ 即威廉四世,1789 年受封克拉伦斯公爵和圣安德鲁公爵。

⑤ 爱德华王子(1767—1820),维多利亚女王的父亲。

⑥ 阿道弗斯·弗雷德里克王子(1774—1850)。

⑦ 萨克森-迈宁根的阿德莱德公主(Princess Adelaide of Saxe-Meiningen,1792—1849)。

肯特公爵生于 1767 年,曾经忠贞不贰地跟法国情妇圣·洛朗夫人同居了27 年。两人没有生下一男半女,不免让人忧心男方恐怕不具备生育能力。年过半百时,大腹便便,染过的头发正渐渐变秃的肯特公爵迎娶了 32 岁的莱宁根的维多利亚公主①。两人并非因爱成婚,更谈不上有思想共鸣。女方不会说英语,男方也不会说德语。(他们的女儿,日后的维多利亚女王,直到 3 岁才开始说英语。)这位维多利亚公主,也就是肯特公爵夫人,其弟弟利奥波德②便是已故英国夏洛特公主③的丈夫;同时,肯特公爵夫人的哥哥是萨克森-科堡公爵恩斯特④,这位公爵的儿子,也就是肯特公爵夫人的侄儿阿尔伯特亲王,日后将成为肯特公爵夫人的女婿、维多利亚女王的丈夫。如此一来,肯特公爵夫人的娘家,巴伐利亚北部科堡的公爵家族,其后裔中将产生出墨西哥马西米连诺一世皇帝、巴西伊莎贝拉女王、葡萄牙佩德罗国王、俄国末代沙皇及皇后、西班牙国王、保加利亚国王以及普鲁士国王。

关于英国王室,有两个公认的医学和遗传学事实。一是乔治三世患有卟啉病——几乎可以确定这便是致使他发疯的病因,这种病还伴有尿液变色(呈红褐色)、腹胀、腹痛、皮肤瘙痒和便秘等症状。没有证据表明维多利亚女王遗传了该病或将其传给了后代。卟啉病在英国王室传了很多代,到维多利亚女王这里却突然消失。(这是一种"显性"基因遗传病,所有该基因的携带者均会出现相应症状,不管有多么轻微。)

第二个可证实的遗传事实是,维多利亚女王是血友病的基因携带者。由威廉·布洛克和保罗·菲尔德斯共同撰写、保存于伦敦王家医学院的一份文稿追溯了肯特公爵夫人往上 17 代的病史。结果发现,其中根本不存在血友病的病例。因此可以肯定:维多利亚女王的母亲,也就是肯特公爵夫人,并非血友病的基因携带者。

---

① 玛丽·路易丝·维多利亚(Marie Luise Victoire,1786—1861),维多利亚女王的母亲,萨克森-科堡-萨尔费尔德的维多利亚公主,肯特和斯特拉森公爵夫人。

② 利奥波德一世(Leopold I,1790—1865),萨克森-科堡-萨尔费尔德公爵;1831 年成为比利时第一位国王,开创了比利时萨克森-科堡-哥达王朝。

③ 威尔士的夏洛特公主(1796—1817),英国王位法定继承人威尔士亲王乔治(乔治四世)与妻子卡罗琳·阿米莉亚·伊丽莎白所生的唯一后代。

④ 恩斯特一世(Ernest I,1784—1844),萨克森-科堡-萨尔费尔德公爵。

关于维多利亚女王的基因中为何会有血友病成分，有两种不同解释。或许是因为发生了基因突变——每一代人中，突变概率在十万分之一至两万五千分之一之间。不过到目前为止更合理的解释——尤其是，结合了其后代中没有任何卟啉病患者这个事实——乃是，维多利亚女王并非肯特公爵亲生。

维多利亚女王非常憎恶其母肯特公爵夫人的私人秘书约翰·康罗伊爵士①，母女关系也一向颇为紧张，惠灵顿公爵"认为"，这是因为康罗伊其实是肯特公爵夫人的情人。"维多利亚早就看出母亲跟康罗伊之间有点暧昧。她不止一次把看到的一切告诉了施佩特男爵夫人②，后者没管住自己的舌头，还特地向肯特公爵夫人提出抗议。结果，他们两人（康罗伊和肯特公爵夫人）把施佩特男爵夫人扫地出门了，而且，"惠灵顿透露道，"他俩本打算把莱岑③也赶走，"——后者是维多利亚女王幼时心爱的家庭女教师——"幸好没成功。"

不管康罗伊是不是维多利亚女王的生父，总之极有可能的是，肯特公爵夫人因为不确定丈夫的生育能力，于是找了情人，生了孩子，以确保科堡王朝的后裔可以继承英国王位。弟弟利奥波德没能当上某位英国君王的父亲，这反倒令肯特公爵夫人野心勃勃，想要完成此愿了。她若是不这样做，继承权便会落入坎伯兰公爵④之手。而人们普遍认为坎伯兰公爵跟亲妹妹（索菲娅公主）存在着乱伦关系，还生有一个私生子，此外，他还犯有对上议院大法官的妻子林德赫斯特夫人的强奸未遂之罪。最终，他当上了汉诺威国王。倘若是这个家伙继承了英国王位，君主立宪制想必不可能维系如此长时间吧。而且，委婉一点说吧，假如他爬上了王位，19世纪英国的政治生活局面将会完全是另一番景象了。

结果是，威廉四世把王位传给了侄女维多利亚。"教会！教会！"的化身、小个子大主教威廉·豪利⑤头戴假发、身披白色法衣和长袍，第二天一人早跪

---

① 约翰·康罗伊（John Conroy，1786—1854），肯特公爵夫人的宫廷审计长。
② 曾任肯特公爵夫人的侍女多年。
③ 约翰娜·莱岑（Johanna Lehzen，1784—1870），维多利亚女王的家庭教师及密友。
④ 恩斯特·奥古斯特一世（1771—1851），乔治三世第五子，汉诺威国王，1799年封坎伯兰公爵。
⑤ 威廉·豪利（William Howley，1766—1848），英国国教牧师，1828至1848年间任坎特伯雷大主教。

在了肯辛顿宫，禀告这位 18 岁的女孩：此刻，她已是女王。陪同的还有宫务大臣。这一历史时刻自然不乏独特的戏剧色彩。维多利亚自幼在宫中长大，过着半隐居式生活，几乎没有玩伴，然而，她将展现出达尔文式的适者生存力和塞缪尔·斯迈尔斯①式的"自助"力，成效卓著地将专横跋扈的母亲肯特公爵夫人和阴险狡诈的约翰·康罗伊爵士予以驱逐。这对搭档长久以来酝酿着有朝一日当上摄政王，到头来却像童话故事里的魔族一般被赶走了。

维多利亚女王

当天上午 9 时，女王召见了首相，"当然是单独召见，以后我都将这样召见我的大臣们，"从此，娇小丰满、相貌平平的 18 岁女孩跟慢条斯理、仪表堂堂的 58 岁辉格党党徒之间开启了一段紧张而又彼此相悦的"友谊之爱"，墨尔本子爵的传记作者将这种关系比作"其他女孩会试图与某位富于同情心的男教师或某位仁慈的牧师建立起来的那种"。

在枢密院会议上，经年累月把控着英国的老朽们，辉格党人也好，托利党人也罢，全都被这位新君主给迷住了。"她不光占满了御座，"惠灵顿公爵说，"而且占满了整个枢密院。"

当时最超卓的日记作家查尔斯·格雷维尔②，因为枢密院书记员的职务而得到了瞻仰女王真人的宝贵机会。他记述道，"对于她而言，一切新奇无比而又令人欢愉。她被周遭最激动人心、最饶有趣味的乐事包围着，她的工作、她的娱乐、她的事务、她的宫廷，一切的一切都带来一轮又一轮的满足感。"

不过，正如下面的对话记录清晰地表明的，虽然你可能因为她的活跃而倍感喜悦，但你不一定会认为她是一个有趣的人物。

> 女王：格雷维尔先生，今天你骑马了吗？
>
> 格雷维尔：没有，女王陛下，我没骑马。
>
> 女王：天气很好。

---

① 塞缪尔·斯迈尔斯（Samuel Smiles，1812—1904），苏格兰作家、政府改革家，1859 年出版《自助》一书，提倡节俭，认为贫困的祸根乃是恶习，攻击唯物主义和自由放任政府。

② 查尔斯·格雷维尔（Charles Greville，1794—1865），英国枢密院书记员。

> 格雷维尔：是的，陛下，非常好。
>
> 女王：不过，很冷。
>
> 格雷维尔：很冷，陛下。
>
> 女王：你妹妹，莱·弗朗西斯·埃格顿，我想她常骑马，是吧？
>
> 格雷维尔：她确实经常骑马，陛下。
>
> （停顿一下，我先开口了，不过话题还是同一个。）
>
> 格雷维尔：陛下您今天骑马了吧？
>
> 女王：（兴奋地）哦，是的，骑了好一会儿。
>
> 格雷维尔：陛下的马一定是匹好马吧？
>
> 女王：嗯，相当好的一匹马。
>
> ——女王优雅地一笑，微微颔首，回应我鞠下的深深一躬。

有趣的在于，即便算不上一模一样，类似的交谈在 21 世纪大有可能依然在枢密院委员和英国国家元首之间展开。愤世嫉俗且老于世故的墨尔本子爵让诸如格雷维尔之类朝臣感到震惊，因为他居然喜悦不已地陪着新登基的女君主，一边阐释着宪法，一边陪她玩西洋跳棋。在过去 10 年里，墨尔本子爵跟一位名叫卡罗琳·诺顿的有夫之妇公开交往，闹得整个伦敦满城风雨。小说家艾米莉·伊登①曾评论墨尔本道，"他总让我摸不着头脑，让我心生恐惧，他就爱起誓发愿的。"现在这位墨尔本伴随在年轻女王的左右，似乎已然找回了连他本人都不知晓自己拥有的纯真。

然而，当你读到他们两人——维多利亚及其心爱的墨尔本子爵——聊天的内容时，最先想到的问题往往肯定是：为什么 1830 年代末与 1840 年代英国没有爆发革命？1848 年可谓"革命之年"，革命浪潮席卷欧陆，国王贵族统治纷纷垮台。为什么维多利业女王能够熬过 1848 年的困局，此后岁月里的道道难关也都能一一顺利通过？到驾崩之时，维多利亚女王已成为当时世界上最庞大、最富有、最具侵略性的强大帝国的名义元首，她手下的索尔兹伯里勋爵也成为无可挑剔的贵族首相。在女王手下任首相的人当中，非贵族出身的只

---

① 埃米莉·伊登(Emily Eden，1797—1869)，英国诗人、小说家、业余艺术家，以诙谐幽默笔触描写 19 世纪初的英国人生活。

有三位——罗伯特·皮尔爵士①、威廉·尤尔特·格莱斯顿和本杰明·迪斯雷利。格莱斯顿是个大富翁，其父和哥哥在苏格兰坐拥庞大的家族财富；迪斯雷利则得到了册封的贵族头衔。为何这三个人非但没有被押入囚车、送上断头台，反倒在普选最终被引入后依然坐拥高位？许多读者，尤其是英国读者，读到此处时，大概都会认为，原因自然是维多利亚时代的政治制度颇具优越性——不光擅长自我调整，还能维持着受欢迎度，从而逃脱被某种彻底的民主制取代的命运。不过政治史上没有一件事是偶然的。各种事件及后果自有其必然性。

女王询问墨尔本子爵是否有意将受教育机会扩大到穷人，后者援引沃尔特·司各特爵士（1771—1832）的话说，"何必烦扰穷人呢？由他们去吧！"就是这个男人，曾亲自下令镇压"托尔普德尔蒙难者"——1834 年春，多塞特郡一些贫困潦倒的农场工人胆大妄为，创立了互助会，并声称仅靠一周 9 先令的微薄薪酬根本活不下去。结果，乔治·洛夫莱斯②及其伙伴们被剃光头，手铐脚镣加身，拖到多尔切斯特巡回法庭受审，依照晦涩难解的"反秘密宣誓法"③，因为建立非法团体而被判有罪。还有人叫嚣应当以煽动叛乱罪判处这伙人死刑。最终，6 位劳工被处以 7 年流放的刑罚。

当维多利亚女王询问墨尔本子爵是否能跟她讲讲近来名声大噪的新出版小说《雾都孤儿》（1837 年至 1838 年间连载）时，后者答道，不希望她读这个。"里面到处都是济贫院、棺材匠和扒手……我不喜欢这类东西；我希望避开这些；说实话，我真不喜欢这些，也不希望看到有人把这类东西写出来。"墨尔本子爵这番话要是出自那个时代其他的有钱贵族之口，其不愿面对当代生活中更令人不快一面的不以为然态度，或许可以被理解为只是一种自我保护的本能反应罢了。然而，这番话却是出自这位推行了 1834 年新《济贫法》，实际上直接掌控着规模庞大且数

墨尔本子爵

---

① 罗伯特·皮尔（Peel, Sir Robert, 1788—1850），英国首相（1834—1835、1841—1846），被视为英国保守党的创建人。参见本书第 5 章等处对他的介绍。

② 乔治·洛夫莱斯（George Loveless, 1797—1874），英国卫理公会牧师、工会领袖。

③ 即《非法宣誓法》，1797 年英国议会通过的一项法案。

量众多的济贫院的首相之口,就让人觉得实在是无良、冷血了。

1837 至 1844 年间,英国遭受了有史以来空前严重的经济萧条,老百姓深受其苦。据估算——这还是在爱尔兰大饥荒爆发前的岁月——因为失业而忍饥挨饿的贫民高达 100 多万。全国大量企业停工停产。令墨尔本厌恶无比的那些济贫院根本无法收容如此多的贫民。《雾都孤儿》震惊了公众,闹得民怨沸腾。受过教育的中产阶级并不欢迎墨尔本政府的《济贫法》修正案。重印了《雾都孤儿》的《泰晤士报》尤其特地大量刊载有关济贫院的生活报道,内容令人毛骨悚然。1839 年至 1842 年间,几乎每期《泰晤士报》都会刊登此类内容。这许多都是要么捕风捉影,要么危言耸听之作。不过已有足够多的此类故事沉淀在公众心中,令他们再也无法忍受墨尔本的鸵鸟态度。

1840 年圣诞节当天,在伊顿济贫院,一位叫伊丽莎白·怀斯的妇人得到千载难逢的许可,去探视两岁半大、生了冻疮的女儿。(济贫院有个不成文的规定,实施残忍的"骨肉分离"政策,即使办得好一点的济贫院里也是如此。)怀斯太太被允许陪孩子过一晚,她央求着多陪一晚,却遭到济贫院院长(跟当时许多济贫院一样,伊顿济贫院的院长也是一位退役军士长)的断然拒绝。次日,这位退役军士长约瑟夫·豪发现怀斯太太还在婴儿室里逗留,在给孩子洗脚、包扎,便命令她滚出去。她没挪地方。于是,豪先生将她拖下楼,关进济贫院禁闭室,单独囚禁,没有外套,没有草褥,没有便壶,华氏 20 度的严寒里一关就是 24 小时。第二天一早,有人领她去吃饭,只是"狱友"吃剩的残羹冷炙;饭后她再次被关入囚笼,被命令去清洗地板——污秽不堪自不必说了,连一把清洗用具也不给她。

如果认为此类"机构性苦难"仅限于济贫院,或者只有穷人才会遭遇痛苦的童年,那就错了。对于当时的年幼者来说,童年都是一段真正的"艰难时世"。距离伊丽莎白·怀斯及其幼女遭受非人折磨的伊顿济贫院不远,坐落着圣玛丽学院和伊顿公学。1840 年代初,未来的首相①正给父亲第 2 代索尔

---

① 此处写信者为罗伯特·塞西尔,第 3 代索尔兹伯里侯爵(Marquis of Salisbury,1830—1903),日后的英国保守党领袖,三度出任英国首相(1885—1886,1886—1892,1895—1902)。曾反对 1867 年议会改革法案和爱尔兰自治法案。在首相任期内积极扩张英国海外殖民地,发起南非战争;对内推行改革,提供免费教育、发放工人补偿金等。

兹伯里侯爵写信,报告说有个叫"大特劳顿"的男孩狂饮了 10 品脱啤酒后,醉醺醺操起一支点着的蜡烛,硬生生往他嘴里塞。"我知道,您不爱听诉苦,"小男孩写道,"我也想过忍着不说,忘掉这一切,可我只有在您这里才可以安全地吐露一点秘密。现在的伊顿公学真让人受不了。"他说,自己遭到拳打脚踢,还被吐口水。"他们拿脚踹我,扯我头发,挥拳拼命揍我,往死里打,足足打了 20 分钟;到现在我浑身上下关节还疼着,连写这封信都很费劲。"侯爵父亲又拖了 18 个月,直到儿子的情绪和身体都濒临崩溃,才将儿子接出学校。

并非贵族们会遭此命运,有位副主教的儿子詹姆斯·安东尼·弗劳德①——未来的伟大史学家——1830 年代初在威斯敏斯特公学也遭受了同样可怖的苦难。"公学校规是:吾等必历经苦难而致知;于是,我不得不带着满身刺痛爬上床……"这个可怜的孩子——刚进威斯敏斯特公学时才 11岁——放假回家,又遭到父亲一顿毒打,还发现校园恶霸们偷了他的衬衫并弄坏了仅剩的几样东西。

然而,苦难并非穷人的专利这一点并不重要。让维多利亚时代早期的人震惊的,是贫富之间的巨大差距,这种不公有目共睹,在铁路便利了大工业城市之间的往来时更是如此。铁路时代尚未到来时的农业时代,许多富裕阶层的人还可以避免跟穷人打交道。1840 年代,富裕阶层的人越来越多,贫富差距也显得愈加突出了。有人可能会问,慈善之举是否可以解决此类严重而显著的不公呢? 还是说,这种不公和竞争,其实是整个社会都被卷入其中的资本主义成功史所无法根除的顽疾?

在汉普郡费勒姆,当地济贫院办有一所大型学校;三个小男孩——威瑟斯、库克和沃伦——全是捣蛋鬼,年龄在 3 岁半到 5 岁之间,从"主教沃尔瑟姆济贫院"被遣送到这所学校接受"特殊训导"。八周后,他们被送回"主教沃尔瑟姆济贫院",患上了腹泻,还染上了别的病,身体虚弱,几乎无法站立。究竟发生了什么? 一到费勒姆,三个男孩便被安排住在一起。他们焦躁不安,其中一个还尿了床。三个孩子所受的惩罚是:每周食物配给量减半,当时一周

---

① 詹姆斯·安东尼·弗劳德(James Anthony Froude,1818—1894),英国古典时代的著名历史学家、传记作家,托马斯·卡莱尔的好友与追随者。

供应量为 2 磅 1 盎司面包,5 盎司羊肉,1 磅土豆,3.5 盎司奶酪以及 12 盎司布丁。然而,"饥饿疗法"并未治好尿床。孩子们随后被赶上一个特制的木架上坐着——究竟是怎样的人才会发明这种可怕的"儿童座架"?——让三个孩子眼睁睁瞅着别的小孩吃饭。由于身上臭味熏天,三个孩子大冬天里被赶出屋子,睡在院子里一个无取暖设施的棚子里。

对于《泰晤士报》的读者来说,报上连篇累牍的都是这类报道。起码在维多利亚女王统治的最初 10 年,惨况依旧,直到一桩臭名昭著的丑闻被曝光后,伦敦济贫法委员会才宣布解散,并最终被废止。这就是安多弗济贫院丑闻。

位于汉普郡的安多弗是一座经济繁荣的小集镇,当时想必像是人间天堂一般。使得英国全境处处通达的"铁路热",在女王加冕日时才刚刚起步。为庆祝女王加冕日,"公地"上举办了盛大的宴会:组织者为来宾们备好烤牛肉和布丁,专门为到场的千名儿童打造了各类游乐活动,旨在"为正在崛起之年轻一代留下与我们年轻、贤良、备受爱戴的维多利亚女王同代共欢的永生难忘印象"。如果有从 21 世纪穿越过去的时空旅行者,他会发现这天英国大部分地区宛若美好的伊甸园。1830 年代,几乎所有公共用地都被圈起,只有一小块区域留作"公地"或乡村公用绿地,整个国家看起来好似一座悉心打理的大花园。跟欧陆国家尤为不同的是,英国原生林地被破坏殆尽,遍布国土的都是杂树林、公园、庄园、齐整的篱笆和精心侍弄的农田。1831 年人口普查显示,有 96.11 万个家庭或占总人口 28% 的人从事农业生产。而且事实上起码一半人口——乡下小贩、铁匠、木匠、车匠、鞋匠、泥瓦匠、磨坊主、小店主——都在农村干着营生。这一时期,许多工业企业都位于农村——比如,煤矿便尚未占据城镇中心区,而是在丘陵田野里开挖。"此时的典型英国人还不是城市居民,虽然很快便将是了。"

回顾 1837 年安多弗的加冕庆典,我们想必会发出如下感慨:一切的贞洁美丽,哪怕远在汉普郡乡间,也终将被农机、沥青路和铁路摧毁——最终那令人诅咒的内燃机车也将到来,彻底完成对英国的破坏和毁灭。

不过,此时的安多弗——简·奥斯汀的汉普郡老家——也已远远不是 10 年前奥斯汀小姐熟悉的那片乡村了。它也有了安多弗版的"巴士底狱",后者正充任着政府的"马尔萨斯军械库"里一件不可或缺的武器。来自 21 世纪的时空旅行者固然对这一片未被玷污的 1837 年英格兰乡村美景赞叹不已,但他很快便将嗅到贫穷的恶臭。一切取决于观察者的脚迈向哪里。科贝特在 1830 年游记《骑马乡行记》里写道,莱斯特郡的居民蜗居在泥棚子里;1828 年一位德国旅行家却记录道,"除了北部工业区和伦敦贫民区以外,在英国,很少能够撞见破败不堪的景象,破残的玻璃窗或疏于照看的破农舍也很少见。"不过真实的农业工人们很穷。《谷物法》——它规定为英国地主发放补贴,对进口的廉价粮食征收关税——即便在谷物价格上扬的年份,也未能令农业工人涨工资,倒把面包的价格抬高了不少。(小麦价以夸脱为计,1835 年价格为 38 先令 1 便士半,1836 年到 1839 年涨到 81 先令 6 便士,到 1846 年,又有了波动,为 47 先令 5 便士和 56 先令 3 便士。)1840 年代,英国中部和北部的新兴工业城市里,人们生活举步维艰,不过仍有钱可赚。(比较一下,1847 年,一位命好的北方人周薪为 11 先令 6 便士,远高于最低工资,而格洛斯特郡、威尔特郡或萨福克郡的农业工人薪金可能还达不到 7 先令的最低工资标准。)

因此,在田园诗般的安多弗,依然有大量穷人去济贫院求助,超出了济贫院的既定配额。从 1834 年新《济贫法》最初实施开始,当地的济贫法委员会主席查尔斯·多德森便伙同掌管济贫院的科林·麦克杜格尔夫妇收紧管控,实施了可怖的《禁令》①。这个教区禁止穷人在自家得到救济。抚养私生子女的单身母亲若想有口饭吃,只能套上济贫院统一配发的缝着黄色条纹的粗布灰袍。男孩和男人们被派去干臭气熏天的活儿——把死去耕畜的骨头碾碎制肥料。他们实在饥饿难当,会俯身去啃食从屠宰场运来的朽烂骨头和腐败马肉。

济贫院院长科林·麦克杜格尔 1793 年出生,是个粗野的苏格兰人,参加过滑铁卢战役。1836 年退役时,他是一位陆军上士。此人是酒鬼,老婆也是脾气暴躁,两口子隔三岔五干上一架。在济贫院里,才 3 岁大的孩子万一尿床,都会招来科林一顿狠揍;此外,他克扣济贫院里的口粮,有些人只好啃蜡烛充饥。来自韦希尔村的查尔斯·刘易斯记得,自家孩子实在饿极了,就去捡地上的土豆皮吃,这些原本是麦克杜格尔先生喂鸡吃的。1845 年,该丑闻

---

① 即《户外救济禁令》。

被曝光;在下议院,安多弗议员拉尔夫·埃特沃尔①站起身,要求彻查安多弗济贫院的管理状况,并暗示要调查济贫法委员会。1847年7月,该委员会终于解散,就在同一周里,曾为取消济贫法委员会而不遗余力奔走呼号的《泰晤士报》编辑约翰·沃尔特(1776—1847)也与世长辞。不过,尽管济贫法委员会解散了,议会也通过了改善济贫院状况的决议,但是在未来的几十年里,这些机构里的景况依旧堪忧。

---

① 拉尔夫·埃特沃尔(Ralph Etwall,1804—1882),英国辉格党、自由党政治家,1831—1847年在下议院任职。

第3章 宪 章

在饥饿、肮脏和贫困之后,疾病每每随之而来。1837 年 11 月 7 日,在伦敦东区一贫如洗的莱姆豪斯区,一位医生记录了对艾伦·格林的诊断,后者是一位爱尔兰血统的 7 岁女孩,跟父母住在莱姆豪斯区罗普梅克绿野的韦尔巷一幢小房子二楼的一间简陋公寓房间里。这一带地势低洼,污秽不堪,几乎与世隔绝。同一间屋子里,挤着她的父母,还有父母生的另外两个孩子,外加一对爱尔兰夫妻和他们尚未断奶的独生孩子。

查尔斯·约翰斯顿医生看到,这间肮脏透顶的公寓紧挨着猪圈,屋里地面上,粪便污物成堆,"来自这屋子和猪圈的排泄物"。10 月 26 日,小艾伦开始呕吐不止,伴有腹泻,随后大小腿发生痉挛。没过几天,面部已消瘦不堪,眼窝深陷,眼结膜下出血,嘴唇青紫,舌苔发白。这些都是典型的霍乱症状,大约一天后她死了。

一个社会对待疾病的态度,展现出的并不只是它医学水平的高低。维多利亚时代的英国,注定要成为一个人口稠密、征服世界的政治强国,一个富足又肮脏的国度,而它把大部分恐惧心理和拜金主义的矛盾之情,都倾注到对霍乱的态度上。

霍乱始于印度,那里堪称大英帝国的大量财富和罪恶的一大策源地。19 世纪以前,印度次大陆没有大规模爆发过霍乱。第一次霍乱大流行发生于 1817 年。贸易,以及在孟加拉经商的欧洲人(主要是英国人)跟派驻那里为其保驾护航的军队之间的频繁往来,成为疫病流行的最直接原因。1817 年,黑斯廷斯侯爵①统领的军队驻扎在加尔各答附近本德尔坎德地区,5 000 名士兵

---

① 弗朗西斯·黑斯廷斯(Francis Hastings,1754—1826),第 1 代黑斯廷斯侯爵,英国军人、殖民地官员,1813—1823 年任印度总督。

因为霍乱丧命。1818 年,霍乱横扫整个印度次大陆。1819 年,已蔓延至毛里求斯;1824 年,南亚和东南亚全部沦陷。1829 年,在阿富汗和波斯登陆。1831 年,传到莫斯科、彼得堡及波罗的海港口地区。"在这个时代,我们目睹了一场新瘟疫的横空出世,短短 14 年内,瘟疫过处,人世间的最美之地一片荒芜,被褫夺生命的同胞起码有 5 000 万。"

就贸易的货物是否有传染性的问题,伦敦枢密院随即展开辩论。因此,从一开始,霍乱就成了"拜金主义传染病"的象征。这个完全以攫取贸易利润为宗旨的社会,将会硬生生造出些复杂的等级制和成规戒律,其中,"做买卖"是红线,谁也碰不得。关于进口商品是否有传染性的问题,也蕴涵着对外国和外国人的恐惧心理。人们注意到,码头周边多为霍乱的集中爆发区——小艾伦·格林便是其中一个病例,更糟的是,她还是个爱尔兰佬。

对于政府创建"防疫封锁线"的方案,托马斯·瓦克利①嘲讽道:"立法老爷们贤明睿智,固然无法阻止霍乱越洋而来,不过,倒是有本事不让它钻过树篱、穿过田野。"

托马斯·瓦克利

瓦克利本人也是个令人颇为困惑的人物,他是个激进派,和那个时代声名显赫的"愤怒者"之一科贝特②有点相似。1823 年,他在 28 岁时创立了医学杂志《柳叶刀》,因为曝光伦敦教学医院的内部腐败,并发表了教学讲稿(外科医生们认为这些属于私人版权)而惹了许多麻烦。他利用法医身份揭露了不少不合理的做法——比如在 1846 年的一个案例中便是如此。有个叫弗雷德里克·约翰·怀特的大兵死了,瓦克利负责调查。验尸结果是死于鞭刑。尸检结果公布后,引起了强烈关注,没过几天鞭刑便被废止。此外,他还参加议员角逐,几番受挫后,1835 年 1 月 10 日,在威斯敏斯特宫大火灾后议会举行的首次会议上,终于当选为芬斯伯里的(激进派)议员,随后便为"托尔普德尔蒙

---

① 托马斯·瓦克利(Thomas Wakley,1795—1862),医学期刊《柳叶刀》杂志创始人,曾为医学发展与革新作出重要贡献。

② 威廉·科贝特(William Cobbett,1762—1835),英国散文作家、记者、政治活动家、政论家,小资产阶级激进派代表人物,曾为英国政治制度民主化而斗争。

难者"仗义执言。

如今,瓦克利让人念念不忘,主要是因为《柳叶刀》杂志。时至今日,它仍不失为一份伟大的医学杂志。不过在当时,这份医学期刊被视为一种基于社会政治观察的致命武器。《柳叶刀》因为关于霍乱疫情的文章而屡遭政客们围攻。瓦克利知道当局希望自己篡改医学报告,阻止人们对霍乱的恐慌心理。然而,身为法医,他自觉这份工作的重要责任便在于澄清死因。政府就像不愿承认大兵死于鞭刑一样不愿承认正暴发霍乱。其实,1837 年令小艾伦·格林病亡的那场霍乱不算严重。《柳叶刀》提醒读者,海员医院船"无畏号"上出现了 21 例亚洲霍乱病例,疫情已传到莱姆豪斯周边地区。据政府出具的"死亡率报告",1837 年 10 月至 12 月间,额外死亡数出现了相当的增长;然而正如瓦克利痛斥的,"报告中,一例霍乱病例也未提及。"

1832 年后,英国有过三次霍乱大流行:1848 到 1849 年、1853 到 1854 年,以及 1866 年。第一次大流行期间,英格兰和威尔士的死亡人数为 5.3 万人,苏格兰为 8 000 人;第二次大流行中 2.6 万人丧命——不过其中仅伦敦一地便有 1 万;1866 年大流行,死亡 1.7 万人——其中伦敦 6 000 人。这倒不是说英国政府丝毫不顾后果,竟然拿疫情当政治武器来用。当时,穷人和富人一样陷入恐慌,不过,就对霍乱的反应而言,英国跟欧陆的其他国家差不多,不同阶层之间可谓态度迥异。有产者一方面视这种外来的瘟疫为他们刚刚聚敛起的财富之上甩不掉的牛虻,一方面又觉得它是社会划分导致的贫民窟里的密集传染的外在、可见结果。至于对穷人们,要是在从前,没准还能像老托利党人沃尔特·司各特爵士主张的,不妨让他们"自生自灭",不去"搅之扰之"即可。在前资本主义、前工业化时期,在人口及进出口商品激增前,英国曾经好似伊甸园一样,以至于地道的托利党天真派如桂冠诗人威廉·华兹华斯①之流,甚至能在贫困中发现美感呢。华兹华斯的《坎伯兰的老乞丐》一诗,讲述了寻访佃农过程中生出的慈善冲动,全然一派感恩之情,绝无什么疾病的影踪。不过,像小艾伦·格林这种两家人跟几头猪挤在一间小破屋里的莱

---

① 威廉·华兹华斯(William Wordsworth,1770—1850),英国浪漫主义诗人,桂冠诗人,推动了英国诗歌的革新和浪漫主义运动的发展。参见本书第 12 章等处对他的介绍。

姆豪斯地区穷人，他们的悲惨状态一定程度上是人祸所致。19 世纪三四十年代的当权派开始不安地意识到，他们应当为这些人的贫困负责，因为当局正是这种贫穷的始作俑者，也是应当对此担责者。"有德行的"议员、记者、公务员以及自以为是的人们勘察一圈穷人的生活状况后，自感"有责任"为穷人办一点善事：强行清洗、强行整饬、强行改进。这些都是与保守的托利党截然不同的思路，穷人们对此非常憎恨。正因为这个原因，在欧陆许多地方，穷人们把医生治疗霍乱的善举视为一场大屠杀。在圣彼得堡，医生们试图给霍乱病人疗病，结果，一位德国医生被杀，六位遭殴打。在普鲁士，穷人们甚至拒绝相信有霍乱病这回事；他们看出一个"门道"，前脚疾病刚到贫民窟，后脚医生们也跑来了，于是得出貌似合理的结论：是医生给他们下的毒。

在维多利亚时代早期的穷人们眼里，医生跟警察一样，都是该死的当局的走狗，他们赶过来，就是为了阻挠穷人，不许他们干在当时看来合情合理的事情：骚乱、造反、抢劫、破坏——倒不一定非得有什么特定或明确的政治目标，只是一种政治呐喊而已。1829 年，伦敦警察厅成立。类似的宪兵队也在欧陆国家如雨后春笋般冒出，充任一种应对激增人口的简便措施。他们的主要职责有两个，一是捍卫财产权（外加生命权），二是限制自由。警察部队建立伊始便被视为一种边沁主义的社会控制机构。埃德温·查德威克等激进派认为，加强警察部队建设能够预防犯罪——他的论文《预防性警务》（1829）赢得了其哲学激进派密友们——詹姆斯·斯图尔特·密尔和约翰·斯图尔特·密

威廉·华兹华斯

尔父子等人——的极度推崇，就连老杰里米·边沁①本人也对它赞不绝口。

从外表上看，杰里米·边沁并不大像是英国或别的哪个国家的教父的模样。插一句，说到他这个外表，我们今天依然能够看到它。身为一位狂热的理性主义者，他决定死后不以宗教仪式下葬，而是将遗体保存在玻璃柜子里，以此来时刻提醒 19 世纪的人们：肉体和生命永远不可能复活，它们并非永恒，

---

① 杰里米·边沁（Jeremy Bentham，1748—1832），英国法理学家、哲学家、经济学家和社会改革者。他在伦敦大学学院历史上有重要地位，出于其意愿，他的遗体陈列于伦敦大学学院主建筑的北部回廊（又移至新学生中心一层），向公众开放。

而是建基于事实和经验的凡物。因此,我们至今仍可以看到他端坐在高尔街伦敦大学学院的回廊里,头戴宽檐帽,身穿燕尾服和淡黄色裤子。他安坐在那里,好似一尊古怪男仆的蜡像,长发沿帽檐耷拉下来,而他95%的同胞都已经说不上来这具干尸是谁,叫什么名字了。

杰里米·边沁

边沁从高托利派绝对论者到激进派宠儿,从牧师到不信教者的精神变迁之旅,全程由超凡智力和独行思想驱动,并由他继承的巨额家产(来源于当铺)所资助。他有的是闲暇、工夫、健康和金钱,得以长时间地思考揣摩社会的本质、社会运转的动力、革命时期社会瓦解的动因等问题。他的"功利主义"学说——由他最狂热的信徒詹姆斯·斯图尔特的儿子约翰·斯图尔特推广普及开来——即"最大多数人的最大幸福"理论,一方面造就了激进自由主义,一方面造就了严格控制的观念。把监狱和济贫院打造为"全景监狱"的提议,实际上折射出的是他的政治观——必须对持有不同政见者或顽固分子予以密切监视,从中心掌控他们。尽管边沁本人其实对政客们毫无兴趣,但他在社会学和经济学领域的渊博的专业知识,恰好被政客们拿去当了参考。罗伯特·皮尔曾致函边沁,就筹建警察部队事宜征询他的意见。亨利·布鲁厄姆[①]所推行的司法改革,从禁止特别辩护到创建地方法庭,都严格秉承着边沁思想。边沁思想的影响越来越大,1820年代,东印度公司甚嚣尘上时,边沁关于治理印度的思想听起来还有点貌似天方夜谭,但到了1860年代帝国扩张时期,它们一一被付诸实施。

因此,在现实和精神两个层面,边沁都可被视为维多利亚时代的现实政治之父。"最大多数人的最大幸福"理论建立在这个冷酷却现实的观点上:想令所有人满意是绝无可能的。稳定社会的诀窍在于孤立并"阉割"穷人。

18世纪贵族统治、等级森严的英国,生命和财产权主要由法律来保障,基层法官或高等法官负责严苛法律的具体实施;然而到了改革时代,惩戒性的

---

① 亨利·布鲁厄姆(Henry Brougham,1778—1868),英国律师、辉格党政治家、改革家、大法官兼上院议长。

法律概念被预防性警务概念取而代之。英国在没有警察部队的时候也安然度过了 18 世纪,部分原因在于人口不多;部分原因则在于到了 1820 年代,死刑罪名已超过了 200 种。英国曾经拥有全欧洲最严苛的刑法。不过,到了 1841 年,法典里可判处绞刑的罪名只剩 8 项,实际上只有谋杀罪才会被处死。自由派们乐于见到这些改革措施,对于能够摆脱《乞丐喜剧》①中描述的那种"绞刑架下的国度"而欣喜不已。然而,工人阶级却极力反对创建警察部队。在一定意义上,自由主义把某些政治权利扩展到了更广泛的有产人群,但与此同时,它也大大限制了个人自由。废止传统的地方"监控"——自都铎王朝以来一直担负着维护社会治安职责的"道勃雷们"②和"爱尔博们"③——建立中央集权的警察部队的做法,令国家的控制力得到强化。

顺便提一句,伦敦警察厅成立后,侵财类案件的发案率并未显著下降。伦敦警察厅成立的头 20 年,皮尔的 3 000 警力大军主要发挥的是政治功能。极富时代特征的一点在于,这些警察本是农业工人,因为贫困才揽了这个工作谋生,他们与要由他们来管控的城市无产阶级毫无关系。("警长和巡官这类活儿,我是不会给绅士干的,"皮尔解释说,"因为我相信这些工作对他们的身份来说太低贱了。")伦敦警察厅建立伊始,人们讨论的都是它将如何有效地避免可能因为盗抢犯罪而造成的高达 90 万英镑的财产损失等等,然而没过多久,这些警察实际上都被打发出去镇压日益发展的宪章运动了。

我们可以把宪章运动视为 20 世纪左派的早期先驱,不过,两者之间其实关系不太密切,而且留存下来的宪章派团体或个人,和早期工党党徒之间,往往并没有什么使徒式的传承。或许,更合适的做法是把宪章运动视为它那个时代的一种特有现象。它的抱负,它在持不同观念的民众中激起的希望和恐惧,它的近在咫尺的胜利,它的悄无声息的失败,都构成了维多利亚女王统治

---

① 即三幕讽刺民谣歌剧《乞丐歌剧》(*Beggar's Opera*),作者为约翰·盖伊(John Gay,1685—1732),英国诗人、剧作家,"涂鸦社"俱乐部成员,配曲者为约翰·克里斯托弗·佩普施(Johann Christoph Pepusch)。

② 道勃雷,莎士比亚喜剧《无事生非》里一狱吏。

③ 爱尔博,莎士比亚喜剧《一报还一报》里一糊涂老警官。

头十年的一道令人始终津津乐道的有趣背景。

那些指望格雷勋爵(1764—1845)和约翰·罗素勋爵(1792—1878)的《改革法案》能够开创一个民主时代,甚至一个资产阶级政府时代的人,难免要失望了。格雷的内阁几乎清一色贵族;端坐在下议院的四位内阁大人分别是帕麦斯顿勋爵——爱尔兰子爵;奥尔索普子爵——斯宾塞伯爵爵位的继承者①;格兰特——苏格兰大地主,晋封为格莱内尔格男爵②;格雷厄姆——英格兰从男爵,拥有庞大的地产③。《改革法案》通过后,格雷内阁出台的首项措施是说服国王册封了两个公爵。15 年后的 1847 年,北方激进派分子约翰·布莱特(1811—1889)在谈到改革后新议会里的中产阶级成员时,对诸位议员大人们宣布"目前的政府基本上属于中产阶级政府",引得下议院里笑声四起。1832年的《改革法案》或许把选举权扩大到一些之前被排除在外的有产者,不过,许多陈规旧矩依然如初,比如"保护人选区"——议会的席位实际上掌控在一位保护人手中的做法就丝毫未变。威尔特郡卡恩选区掌控在兰斯顿侯爵④的手里。1832 年,兰斯顿侯爵的长子克里伯爵⑤重返威斯敏斯特宫,当上卡恩选区的议员;他 1836 年去世后,接任者是兰斯顿侯爵的妹夫约翰·查尔斯·福克斯-斯特兰韦斯⑥。1837 年,该议席传给了兰斯顿侯爵依然健在的儿子——谢尔本伯爵⑦,他在 1841 年、1847 年和 1852 年的议会选举中都重返议会。我们也不应当以为 1832 年选举权的扩大影响了多少民众。就实际的投票状况而言,在许多地区,《改革法案》毫无实效。在哈里奇,推选出了 2 位议员;该选区共有 214 位选民,其中 156 人参加了 1832 年选举;而在 1835 年,参

---

① 约翰·斯宾塞(John Spencer,1782—1845),第 3 代斯宾塞伯爵,1783 至 1834 年间称奥尔索普子爵,英国政治家;1830—1834 年在格雷勋爵和墨尔本勋爵手下任财政大臣。

② 查尔斯·格兰特(Charles Grant,1778—1866),第 1 代格莱内尔格男爵,苏格兰政治家、殖民地行政官。

③ 詹姆斯·格雷厄姆(James Graham,1792—1861),英国政治家。

④ 亨利·菲茨莫里斯(Henry FitzMaurice,1780—1863),英国政治家,第 3 代兰斯顿侯爵。

⑤ 威廉·菲茨莫里斯(William FitzMaurice,1811—1836),英国辉格党政治家。

⑥ 约翰·查尔斯·福克斯-斯特兰韦斯(John Charles Fox-Strangways,1803—1859),英国外交家、辉格党政治家、朝臣。

⑦ 亨利·佩蒂-菲茨莫里斯(Henry Petty-FitzMaurice,1816—1866),英国政治家,1836 至 1863 年称谢尔本伯爵。

加选举的只有 123 人。托特尼斯有 179 位选民，共选出 2 位议员；利物浦有 8 000 位新选民，也只选出 2 位议员。许多无关紧要的议席，尤其是贵族把控的议席，在选举中根本没有竞争者；而且贿选已成为选举程序里的潜规则——它不仅得到默许，而且少了它还不行，很多合格的选民都要靠这个办法才能被督促去投票。至于无记名投票，或许许多人会赞同帕麦斯顿勋爵的说法，"偷偷溜到投票箱边，塞入一张选票，环顾四周，生怕有人瞧见选票上的名字；这种行径违反了宪法，也配不上英国人正直诚实的品格。"

在维多利亚女王参加的首次议会会议上，我们的老朋友、来自芬斯伯里的激进派议员托马斯·瓦克利提议，进一步扩大选举权，引入无记名投票，力保选举舞弊不会轻易发生。这一提议激怒了被公认为《改革法案》的塑造大师的约翰·罗素勋爵，引发了他在下议院作的那场著名的"最后"演说。约翰勋爵表示，将来的某一天进一步推行改革的可能性并非不存在，但如果"英国人民不喜欢约翰勋爵所实施的温和改革，他们可以抵制我。他们可以阻止我加入立法机构，或阻止我参加政务委员会；他们可以把视野更宽、更有远见、见解更广泛、思想更开明的人放在这里。但他们绝不能指望我来迎合这些观点"。

当时经济正处于前所未有的困难时期，自由党创立的济贫院和警察部队又使情况雪上添霜。几乎正是作为对辉格党人的顽固思想的一种回应，"宪章运动"①应运而生。

"的确有'人权'存在，这一点毋庸置疑。权利的理想人人皆有，存在于一切人的一切筹划、行动和过程之中：正是为了权利理想，人类社会才不断地发展和奋斗，越多地发展自身，就越接近这种理想。"该论断出自伟大的卡莱尔。其他人想必也嗅到了空气中所弥漫的世界末日气息。改变是势必发生的了：贫富如此悬殊，且大多数人依旧缺乏政治上的代表这一事实在根本上便是错误的。

1837 年，宪章派的机关报《北极星报》在利兹创刊，采用从伦敦引进的印

---

① 1836—1848 年英国工人为争取普选权、提高自身经济地位而掀起的运动，他们把自己的要求以《人民宪章》的形式发表，因此得名"宪章运动"。英国宪章运动和德国西里西亚纺织工人起义、法国里昂工人起义并称为欧洲三大工人运动。

刷机和铅字印刷。印刷报纸成本低廉、速度快，新建成的铁路也更易于思想传播，这些有利条件都成为宪章运动的重要特征。安多弗三餐不继的劳工跟伦敦斯皮塔佛德的激进织工、斯塔福德郡几近窒息于陶土中的陶工、诺丁汉郡疲惫不堪的矿工、约克郡的手工织工、兰开夏郡的棉纺工、南威尔士的钢铁工人以及哈里奇的码头工人都串联上了，在前几代人的时候，这种事情完全是不可思议的。工人阶级第一次具有了团结意识。尽管宪章派领导人并非工人阶级出身，但宪章运动从一开始本质上就是一场工人运动，因为下议院仅有的"激进派"所代表的也只是工厂主和工业家的利益，他们反对基督教保守派阿什利勋爵①——自从 1851 年起称第 7 代沙夫茨伯里伯爵——提出的诸如保护妇女儿童、禁止每天工作超过十小时以及禁止在危险环境下工作等等改革措施。宪章派相信，新《济贫法》将工人阶级"置于富有的杀手们的脚下，他们掠夺、虐待并奴役民众……从本质上讲，中间阶层的处境肯定比社会的其他阶层更糟糕"。

卡莱尔认为工人运动若想取得成功，需要的"并非一种混乱的管理，而是名副其实的管理"，需要的并非民主或"哗啦作响的投票箱"，而是强有力的领导。"从本质上讲，以下便是人心所向、心之所祈的，便是无处不在、无时不在的呼告：'赐予我一位领袖，一位当之无愧的领袖，而不是虚伪的冒牌货；一位当之无愧的领袖，指引我踏上正途。'"恰恰由于没有这种"人民之王"的崛起，宪章运动才最终功亏一篑。詹姆士·布隆泰尔·奥布莱恩（1805—1864）——爱尔兰酒商之子，时年 32 岁，曾在伦敦攻读法律——在 1837 年向议会递交了第一份请愿书——"下议院应当举行法庭听证会，听取英国穷人们的呼声，以制止新近颁布的被误称为《济贫法修正案》的这个残暴的非人道法案。"他的这个举动，实际上等于将宪章运动的领导权——就议会而言——交给了科克郡议员费格斯·奥康纳②。

不过从一开始宪章派内部就存在分歧，一派过于仰赖奥康纳，他往往言

---

① 安东尼·阿什利·库珀，第 7 代沙夫茨伯里伯爵（Anthony Ashley Cooper, 7th Earl of Shaftesbury, 1801—1885），英国托利党政治家、慈善家、社会改革家。

② 费格斯·奥康纳（Feargus O'Connor, 1794? —1855），爱尔兰地主、律师、激进改革倡导者，宪章运动领袖。

辞过激,号召工人奋起反抗压迫者,还说若有必要诉诸暴力也无妨;另一派则支持威廉·洛维特①,相信他们的优势就在于拥有"道义的力量"。费格斯·奥康纳在科克郡丹根城堡的庄园里长大,在都柏林大学三一学院接受教育,取得律师资格,是那种传统的激进派爱尔兰绅士,活跃、喧闹——虽然在议会中他占据的是科贝特去世后空出的英格兰奥尔德姆的议席。洛维特则是一位穷困潦倒的木匠,在伦敦干过糕点师,开过小店,创建了伦敦工人协会,"旨在把城乡工人阶级中有才智、有影响力的人团结起来,诉诸一切法律手段,谋求社会各阶层享有平等的政治和社会权利。"

无论他们寄希望于被称为"英国的马拉②"的奥康纳,还是温和的洛维特,宪章派都抱有同样的信念(来自罗伯特·欧文的空想社会主义思想):劳动是价值的源泉,是财富的一种形式。因此,跟有产者一样,劳动者有权参与国家的政治生活。他们并不像卡莱尔认为的那样急于寻找一位能给他们带来正义的、活力四射的领袖。相反,他们相信,若是人人享有选举权,而不只是利物浦仅有的 8 000 位,或托特尼斯仅有的 179 位有产者,那么,公正与平等的利益便会自动从议会政体中流出,配发给大家。然而事实上,即便实现了普选权,选举制的设计初衷仍是为了安抚桀骜不驯的大多数人(如果说不是为了挫败他们的话),以便让从过去到现在一直把持着这个国家的小寡头政治集团保持原状,岿然不动。在维多利亚时代,英国基本上属于贵族寡头政治,日后它渐渐演变为一种由首相职位授予权、内阁政府以及管理严格的文职机构等构成的制度。这种制度直到现在仍在延续,所以我们无法知道,假如宪章派的理想得到实现,它是会给英国带来普遍幸福,还是会使其陷入无政府主义的深渊。

威廉·洛维特支持真正的普选,也就是不仅扩大到成年男子,也同样扩大到妇女的选举权。其他如约翰·拉蒙特和威廉·詹姆斯·林顿等宪章派人物也抱有这一理想,不过这一条并未写进《宪章》——这场运动的大名正是

---

① 威廉·洛维特(William Lovett,1800—1877),英国活动家、宪章运动领袖。
② 让-保尔·马拉(Jean-Paul Marat,1743—1793),法国政治家、医生,法国大革命时期民主派革命家,要求建立民主制度,消灭贫富悬殊的社会状况,反对富有者的统治,尊重穷苦人的地位,被誉为"人民之友"。

发端于它——因为他们不相信时代的精神,关于妇女享有选举权的提议太"极端"了。这可以说是他们犯的又一个错误。或许这不会改变这场运动的结果,然而,准备支持费格斯·奥康纳、洛维特和其他宪章派分子的妇女其实不乏其人。请看下面这段简短的对话,一方是曼彻斯特的人口登记员理查德·韦伯,另一方是一位姓金的夫人,1841年3月,金夫人来给出生没几天的儿子办理户口登记。

> 韦伯:孩子姓名?
>
> 金夫人:詹姆斯·费格斯·奥康纳·金。
>
> 韦伯:您家的先生是宪章派人士吗?
>
> 金夫人:我不知道,可他的妻子是。
>
> 韦伯:您是孩子的母亲吧?
>
> 金夫人:没错。
>
> 韦伯:最好您先回去再想想;您看,您的孩子起的是别人的名字,那人要是犯了叛国罪并被绞死的话,那可不大妙啊。
>
> 金夫人:要是那样的话,我会把孩子能叫他的名字视为一种光荣。因为我想费格斯·奥康纳要比惩办他的人不知道正直多少倍。
>
> 韦伯:那好吧,要是您非要用他的名字给孩子起名的话,我就按这个登记了;可像您这样固执的夫人,以前我可从来没见过。

费格斯·奥康纳

(摘自[英]多萝西·汤普森著,《宪章派人士》,Aldershot,1984年版)

《宪章》本身——《人民宪章》和《全国请愿书》——于1838年5月公布。《宪章》诉求共有六项:议会每年改选一次,成年男子有普选权,平均分配选区(消除托特尼斯和利物浦之间的不平等待遇),废除议会候选人的财产资格限制,无记名投票,议员支薪。颇为引人注目的是,《宪章》采用纯正的政治语言撰写。这意味着,宪章运动自始至终采用着政治术语来表达诉求,追求的也只是一些政治目标。尽管宪章运动也秉承着支持弱势群体的目标,并为穷人们大声疾呼,然而它并非实至名归的工会组织。它并未要求提高工资、缩短工时或改善居住条件。它只是要求得到它所认为的公正合理的政治代表,相信其他实惠也会顺理成章地由此产生。"宪章只是达到目的之手段——手段是争取政治权利,目标是实现平等。"

重要的是要认识到,宪章运动主要只是对辉格党—激进派联盟(正是这一联盟引入了《改革法案》、新《济贫法》、警察部队等等自由经济必需的控制手段)的一种政治回应。因此,从某些方面讲,宪章派算不上革命派,更算不上日后那些意在解决社会问题的集体主义思想的先驱,他们只是老式的自由派而已。对于社会底层的人而言,选举权可谓对抗辉格党人的、类似于政变的唯一武器了。在维多利亚女王统治的头十年里,宪章派在全国各地挑起不少动荡,示威者往往专挑在政治观上惹他们发烦的当地名流发起攻击。比如在瓷都斯托克城爆发的骚乱中,遭到围攻的与其说是雇主和陶瓷工厂,还不如说是《济贫法》委员会的委员们、不得人心的地方官以及济贫院。朗顿小镇有一位教区牧师,因为家里有一座出色的酒窖而闻名,他曾大言不惭地建议说,穷人买不起咖啡,不妨摘些羊蹄叶泡水来替代。等骚乱结束时,他家的窗玻璃几乎全被砸碎了。这次暴动是奥康纳一手煽动起来的,他发起巡回演讲,煽动起疯狂的回应。约有 350 名手举白杖的妇女前去迎接他。从斯托克城赶来 1 000 人加入了"瓷都工人政治同盟"——宪章派协会的斯塔福德郡地方分会。这天,奥康纳在演讲中提议道,"你们当中大约有制陶大师 130 位,每年共有约 100 万英镑的劳动成果。现在,25 万英镑做风险投资绰绰有余,其余 75 万英镑足以让你们不再遭受萨默塞特宫三大魔王(也就是济贫法委员会的委员们)的欺压"。

乔舒亚·韦奇伍德

顺便提一下,当时最著名的陶瓷大师非乔舒亚·韦奇伍德(1730—1795)莫属。这位 18 世纪最超卓的英国商人并不愿意依照奥康纳建议的比例分出大部分收益给工人;因此,他的外孙查尔斯·达尔文才得以有大把的闲暇作研究,将马尔萨斯的人口论原理应用于整个自然界。19 世纪初,韦奇伍德的伊特鲁里亚陶瓷厂雇佣了 100 多名工人,这在当时是超乎寻常的,因为大多数竞争对手的工厂规模都很小。1835 年,工厂督察员们发现,即使在严重摧毁了家庭小手工作坊的约克郡纺织厂,每家工厂的平均雇佣人数也只有 44.6 人。在服装得以大规模生产以前,英国约有 7.4 万名男裁缝(实际从事该行业的人数还应该再翻一番,因为缝扣子的活儿几乎都是女人承担的,她们手指更纤巧,缝制马甲的工作也经常由她们完成)。当时,英国主要产煤区达勒姆和诺森伯兰,成年工人和童工达 20 954 人。其实,宪章运动并非第一个吹响社会主义—集体主义号角的;它是吉尔伯特·基思·切斯特顿①在另一个语境里描述的那些"神秘人"发出的呐喊:

> 有人给我们大谈新法,说它强劲有力且甜蜜无比,
>
> 然而,没一个人能讲出我们在街头巷尾讲的那类言语······
>
> 也许,我们注定应当用骚乱和停工来表明上帝
>
> 对一切当权派的鄙夷。也许,啤酒才是最最美妙。
>
> 可我们是英格兰的人民;我们尚未开口言语呐。
>
> 微笑着,付我们薪水,扬长而去吧。可别忘了,我们存在。

宪章派偶尔也很暴力——比如那些拥护奥康纳而不是相信洛维特的人——不过,即便组成了和平联盟或形成了暴民群体,他们依然坚信着个人主义,相信工业城市的发展便是对这种个人主义的破坏。一位研究宪章运动的现代历史学家说,宪章运动需要"小规模群体、宽松的宗教道德监督、无警察管控的街道和集会场所。这些小规模群体能对小店主、警员、教员、地方传教士,甚或《济贫法》维护者们施加超过城市和农村任何其他力量的控制"。

因此,宪章派真正的敌人是大资本家。1838 年,《北极星报》谈到《谷物法》(人为地刻意保护大地主和贵族的财产)以及可怖的工厂制。"一切的一切,目的仅有一个,即让工人阶级沦为役畜——劈柴担水的苦工——沦为'贵族统治''珠宝商统治''财阀统治''店主统治'以及其他任何以人类生命为食的'统治'的苦力。"

敌人锁定了,也就不奇怪托利党宪章派分子人数也不少了——比如曼彻

---

① 吉尔伯特·基思·切斯特顿(Gilbert Keith Chesterton,1874—1936),英国作家、文学评论家,散文风格多样,文笔轻盈,著有《文学中的维多利亚时代》(1913)等,亦是英国著名推理小说《布朗神父探案》的作者,首开以犯罪心理学方式推理案情之先河。

斯特附近肯萨尔绿野的新教牧师约瑟夫·雷纳·斯蒂芬斯①，他认为，"能够穿一件体面的外套，戴一顶体面的帽子，有一个遮风避雨的体面容身处，吃一顿满桌子的体面晚餐"，乃是英国人的天赋人权。

然而，托利党—宪章派联盟，或托利党—激进派联盟并没有多少真正实现的可能，尽管它"对理想主义者和浪漫主义者特别有吸引力，这类人总是喜欢追忆一个基本上是想象出来的前工业黄金时代，都对工业革命造成的愈加残酷的现实以及杰里米·边沁在功利主义哲学中阐释出的凄凉前景充满厌恶和恐惧"。在接下来的 60 年里，我们将会见识到这类理想主义和浪漫主义的五花八门表现——青年英格兰运动、牛津运动、约翰·罗斯金的社会思考、拉斐尔前派艺术、哥特复兴运动、威廉·莫里斯的小说《乌有乡消息》，一直到20 世纪初切斯特顿的时代。宪章运动的表现形式，一些是"右"倾的，一些是"左"倾的，还有一些是不问政治的。1839 年把《宪章》作为公开请愿书递交给议会的那些人，想必谈不上有多少"快乐"的感受，不过，宪章运动本身难免总带着一丝"快乐英格兰"的理想主义色彩。

到 1838 年底，奥康纳威胁要诉诸暴力的那类公众集会的次数猛增，以至于下议院不再可能为宪章派举行什么公平的听证会了。7 月 12 日，下议院以235 票对 46 票的压倒性多数通过决议，拒绝审议有 120 万人签名的全国请愿书。议会任命查尔斯·纳皮尔爵士（1782—1853）为英国北方区的指挥官。巡视过诺丁汉、利兹、纽卡斯尔和曼彻斯特之后，纳皮尔立即把宪章派的领袖们召集起来警告道，一旦发现暴力的苗头，他们就"等着挨炮轰，挨枪子儿吧"。

动荡频频的 1839 年，伯明翰爆发了骚乱，洛维特和奥康纳锒铛入狱，政府铁了心要平定宪章派叛乱，而这一年最暴力的一次事件发生在南威尔士的纽波特。数千名矿工从威尔士山谷的采矿冶炼区杀了出来，朝纽波特城进发，企图控制该市。领袖中有一位名叫约翰·弗罗斯特②，是一位亚麻布商，还当过纽波特治安官和市长。"入侵者们"遭到埋伏在西门饭店的大兵们的迎头

---

①　约瑟夫·雷纳·斯蒂芬斯（Joseph Rayner Stephens，1805—1879），英国卫理公会牧师，支持工厂改革、反对新《济贫法》，曾支持过宪章暴力派。

②　约翰·弗罗斯特（John Frost，1784—1877），宪章运动领袖，纽波特起义领导人之一；起义失败后被判死刑，后全国工人声援，当局被迫将其减刑为流放。

痛击,四散奔逃,至少 22 人丧生;驱散了工人武装之后,军方随即展开了大搜捕。弗罗斯特和其余头目因为叛国罪被判处死刑。

读过关于纽波特或伯明翰事件的新闻报道的人,一定不会再去怀疑有产者捍卫自身利益的决心。这种决心将会继续存在,即便 1839 年墨尔本子爵在大选中失败、被赶下台之后也是如此;不过,这种决心将会被投诸另一个领域,它同样关乎人权,更充任着维多利亚时代成功史中的关键内容:殖民地问题。

第 4 章　风暴来袭

　　大英帝国的兴盛究竟出于偶然,还是出于精心谋划,还是经济发展的水到渠成之果? 这个问题,到维多利亚时代结束时,本书读者自会找到答案。帝国殖民的全盛时期还要稍晚一些,在下一代人那里才会出现。就我们目前讨论的维多利亚时代伊始十年而言,掌管"英属印度"事务的还是东印度公司,而不是威斯敏斯特宫政府。在帝国版图上,广袤的非洲大陆尚未成为标红的区域。跟 19 世纪末相比,19 世纪初的这个时期,伦敦对殖民地的态度仍显得既不在意又宽松。

　　在英属西印度群岛当中,当属牙买加面积最大,该岛不光具有重大的象征意义,商业价值也不小。自 1655 年克伦威尔的海军在佩恩和维纳布尔斯两位将军统帅下,从西班牙人的手中夺取该岛控制权以来,这里一直是英国殖民地。牙买加有着一段血雨腥风的历史。该岛世代栖息着性情温和的土著居民阿拉瓦克族印第安人,1509 年,他们惨遭西班牙征服者种族灭绝式的大屠杀。此后,从西非贩卖到此的大批黑奴种植大量经济作物,该岛成为蔗糖的主要产区,还盛产咖啡、可可、甜椒、生姜等等。因此,从英国介入这座加勒比海岛伊始,此地就成为大英帝国从被压迫者手中榨取财富的一个重要所在。

　　在拿破仑战争结束后的岁月中,英国人普遍相信一个事实:他们光荣地废除了奴隶贸易。在威廉·威尔伯福斯等活动家的慈善事业的推动下,维也纳会议(1814—1815)的国际条约共同签署国一致同意在本国境内禁止奴隶贸易,然而,事实上在牙买加等英国殖民地,奴隶制继续存在了 18 年之久。1832 年,伦敦通过了《改革法案》,喜讯传到牙买加奴隶耳中,后者相信自由终于到来了,于是揭竿而起。然而又过了两年,所谓的解放才真正到来。

　　对殖民地问题,墨尔本子爵政府以拖延来应对。1833 年,议会上下两院就解放奴隶问题展开辩论,后座议员演讲时,居然没有一个内阁成员出席。辉格党政府对于奴隶贸易虽被禁止,奴隶制却依然存在的反常现象有点不安。托利党贵族温福德勋爵则大谈奴隶制存在的合理性,宣布早期基督教使徒早已认可了奴隶制,"据他猜想,他们"——墨尔本子爵的内阁——"并未打算自命为比使徒更出色的基督徒"。不过这没能说服辉格党政府。奴隶制必须废除。对于德梅拉拉甘蔗种植园的现状,前殖民地部次官豪伊克勋爵①进行了有力的抨击——"为了改善奴隶的境况,我们已经采取诸多善意的措施,然而,实际上依旧没能给奴隶们带去福祉;与别的殖民地相比,在德梅拉拉,奴隶死亡率之高前所未有……奴隶们被强逼劳作,如若不然,必遭严惩。庄园主以恐怖为激励手段……"

这番言论激怒了一位时年 23 岁、雄心勃勃的纽瓦克托利党议员,此人随即起身驳斥豪伊克勋爵的指控,发表了其议会生涯里的第一次重要演说。他宣布,在他父亲的弗里登胡普种植园,虽说曾发生过奴隶大批死亡事件,然而那些不过是自然死亡罢了,实际上,庄园管家,一位叫麦克莱恩的先生,"宅心仁厚",享誉牙买加全岛。这位年轻人的演讲颇为令人困惑——他先是否认了针对西印度群岛种植园主的指控,认为那些"纯属无稽之谈",随即却"怀着又羞愧又沉痛的心情"承认"曾经发生过一些肆无忌惮的暴行"。这位自负的年轻人甚至勉强表示,"必须为废除奴隶制设定一个明确的期限,如今,是时候了",然而对于废奴法案他还是投了反对票。

这位年轻人就是威廉·尤尔特·格莱斯顿,日后他将以自由党首相身份登临这个"国家政坛风云变幻的世纪"的巅峰。不过,在其政治命运的这个初始阶段,他却被托马斯·巴宾顿·麦考莱(1800—1859)嘲讽为古板死硬的托利党党徒中的一颗冉冉升起的希望之星。晚年格莱斯顿有所悔悟,60 年后他曾表示,"此刻我才清楚地看到了那些可悲的缺陷,当时我的观点确实不

威廉·尤尔特·格莱斯顿

---

① 亨利·格雷(Henry Grey,1802—1894),英国辉格党政治家,格雷首相之子,第 3 代格雷伯爵,1807—1845 年被称为豪伊克子爵,主张自由贸易,任殖民地大臣期间,推行殖民地自治政策。

是自由主义的。不过跟那个时代的观念比起来,已不算太顽固啦。"的确,正如他忠实的传记作者约翰·莫利回忆的,皮特①、福克斯②、格伦维尔③和格雷④等人都曾渴望废除奴隶贸易,不过,对于解放现存奴隶的主张却都一概拒绝。威尔伯福斯本人也曾打击过废除奴隶制的想法,仅表示支持废除奴隶贸易。皮尔⑤甚至反对用"渐进主义"方式解决这个问题。不过,这并不一定意味着当时的年轻人都像格莱斯顿一样,也抱有此等愚昧落后的观念。真相是,格莱斯顿,这个爷爷是来自利斯的谷物零售商、父亲是小镇磨坊主兼商人的人,正是仰仗着从德梅拉拉种植园攫取的财富,才得以一步步荣升为坐拥大片土地的显贵,成为利物浦的巨贾,凭借大量苏格兰地产得以跟贵族们平起平坐的。

威廉·尤尔特·格莱斯顿拥有大把闲暇去搞学问,钻研荷马和但丁,能够跟威尔士贵族格林家族联姻、攀上高枝挤入上流社会,早年能够进伊顿公学及牛津大学基督教堂学院念书,这一切,都是奴隶拿汗水换来的。在这一点上,他心知肚明。这种自知有罪感成了他大半辈子的人生基调,他同时代的许多人也是如此,拉斯切利斯家族,即未来的哈伍德伯爵家族,就是在西印度群岛的商业王朝中最风生水起的一家。北威尔士巨大的彭林城堡采用新诺曼风格,由托马斯·霍珀⑥设计;城堡里,寥寥几幅牙买加水彩画供出了线索,使人们得以一窥这座耗资巨大的城堡的资金来源——通过榨取西印度群岛奴隶的劳动,彭南特家族"白手起家",聚敛了巨额财富,得以在威尔士购买了巨大的地产,将家族财富又翻了一番。那些蓄养奴隶的家族,没有几个能

---

① 小威廉·皮特(William Pitt the Younger,1759—1806),英国托利党政治家,1783—1801 年、1804—1806 年两度出任英国首相。

② 查尔斯·詹姆斯·福克斯(Charles James Fox,1749—1806),英国辉格党政治家,长期担任下议院议员。

③ 威廉·格伦维尔(William Grenville,1759—1834),英国辉格党政治家,1806—1807年任首相。

④ 查尔斯·格雷(Charles Grey,1764—1845),第 2 代格雷伯爵,英国辉格党政治家,1830—1834 年任首相。

⑤ 罗伯特·皮尔(Robert Peel,1788—1850),英国保守党政治家,1834—1835 年、1841—1846 年任首相。

⑥ 托马斯·霍珀(Thomas Hopper,1776—1856),英国建筑师,尤以乡村住宅设计而闻名。

像理查德·瓦特①一样坦诚的，这位 1795 年修复了斯皮克堂的利物浦商人，设计家族盾形纹章时，特意在上面加上了三位非洲黑人的头像，表示新近获取的财富和地位全部从奴隶的劳动而来。（与此类似，在利物浦市政厅的飞檐雕带上也嵌有一位非洲黑人的头像。）而大多数这类家族都像彭南特家族、格莱斯顿家族和拉斯切利斯家族一样，选择将不光彩的财富来源一概抛诸脑后。

相比之下，查尔斯·达尔文的外公，在英国大规模生产精美瓷器而起家的"老木腿"乔舒亚·韦奇伍德，却属于完全不同的传统。韦奇伍德是一位废奴派先锋，烧制过一枚雕有一位戴镣铐跪奴的徽章，刻着铭文"我岂非人，岂非你之手足？"。45 年后格莱斯顿提出的，所谓"时代观念"曾认可奴隶制的说法，纯属子虚乌有。"老木腿"的外孙在"贝格尔"号军舰上，见证了南美奴隶市场的惨状。就在格莱斯顿在下议院发表那一番狡辩之辞 3 年后，达尔文在即将离开巴西海岸之际，在军舰上写下了整部《航海日记》里最精彩的一段：

> 感谢上帝，我意已决，再也不会踏足蓄奴国家了。时至今日，听到远处传来的尖叫声，就会瞬间勾起我痛苦的回忆，那种苦境历历在目，当时我路过伯南布哥附近的一栋房子，听到一阵阵呻吟声，我不由得猜想，某个可怜奴隶正在遭受折磨，不过，我心里清楚我甚至无力抗议，像个无助的孩子……在里约热内卢附近，我对门住了个老太太，她竟然用拇指夹使劲夹她那位女奴的手指头。还有一所我住过的房子，里面有一个住户，是个年轻的黑白混血儿，成天无时无刻不挨着骂、遭着打、受着残害，惨不可言，哪怕是一头最卑贱的动物，也足以因此陷入精神崩溃……

达尔文接着写道，在西班牙的一个殖民地，这类暴行也在发生，而且据说那个地方的奴隶所受的待遇，已经比葡萄牙或英国殖民地的稍好了。"我们英国人和我们的美洲后裔，过去和现在，一直罪孽深重，反倒自吹自擂宣扬自由，一想到这些，我们便血脉偾张，内心战栗；不过为了赎罪，我们践行了很多奉献和善举，这是任何别的国家望尘莫及的，一想到这个，我们心中又涌出些许慰藉。"

---

　① 理查德·瓦特（Richard Watt, 1724—1796），英国商人，在牙买加做过奴隶贸易及担任当地农场管理人。

"我岂非人，岂非你之手足？"

说到奴隶问题，英国人那点沾沾自喜的情绪很快就被商业上的唯利是图思想取而代之。甚至在德梅拉拉种植园的奴隶被解放之前，废除奴隶制的后果便已显现，世界各国的糖价出现了极大悬殊。大英帝国糖价每磅 7 便士，而在蓄奴制盛行的古巴或巴西，糖的质量更优，价格却更低廉，糖的外销价每磅为 4 便士。照理说，一个正在转型为完全自由贸易制的国家，应当坦然接受这种自然竞争的结果。然而事实是，南美人一直在压低糖价，抢走英国种植园主和商人的生意，这也加剧了英国人对巴西贩奴船所萌生的道德义愤。比如，外交大臣帕麦斯顿勋爵，虽说在自家经营的爱尔兰庄园里从未以"人权斗士"身份出现，在派遣英军战舰进驻巴西港口这方面却一点也不含糊，凡是疑似贩奴船只，一经发现，统统驱离。此举有力打击了巴西人的嚣张气焰，重创了其食糖和咖啡贸易，捎带还捍卫了英国人的高尚道德情操，且对鼓舞斗志也大有裨益。

此等半开化的政府……都喜欢自取其辱，隔个十年八载，不教训他们一通，他们就得寸进尺。他们头脑浅陋之极，无法记得任何持续印象，警告也无济于事。谆谆教诲全被这帮人当成耳旁风，他们得亲眼瞧见这根大棒，还得亲身感受到它落在肩上，方能屈服于这个唯一能令其信服的观点——"诉诸武力"。

日后在古稀之年才捞到了首相一职的帕麦斯顿①，在某些英国人那里颇受欢迎。他对于英国干涉全球事务（在埃及、在中国）有一种武断庸俗的信心，主要目的是为了商业："欧陆制造商的竞争力超强，不日便会将我国产品逐出欧陆市场，我们必须不懈努力，在世界其他诸地为我国的工业产品寻到新的销售渠道。"海外拓展与国内工业齐头并进，迅猛发展，并在 1850 年代中期开始演变为帝国扩张。

与此同时，英国人披上了地地道道的道德外衣，遮掩住商业利益至上的唯利是图，扮演起世界警察角色。王家海军紧紧咬住贩奴船不放，部分原因

---

① 亨利·约翰·坦普尔·帕麦斯顿（Henry John Temple Palmerston，1784—1865），帝国主义者，英国首相（1855—1858，1859—1865），奉行内部保守、对外扩张政策。

无疑是想充当道德解放者的那股子激情在作祟,部分原因则是能从"解放"出来的奴隶当中抽取"人头税"。至于奴隶贩子,他们可以为海运途中失踪的"货物",也就是奴隶,索要保险理赔金,但奴隶要是死在了船上是不算数的。到头来便会出现这种情况:假如王家海军军舰紧紧咬住贩奴船只不放,后者就会把镣铐在身的"货物"扔进大海,任由鲨鱼们享用人肉大餐。1840 年,透纳的画作《黑奴贩子把死奴与病奴抛入大海——风暴来袭》在王家美术学院展出,描绘的便是这种恐怖至极的场景。巨大的落日余晖映红了波涛汹涌的大海。但见,近景中是形体扭曲的奴隶们,也可能是海蛇。它们是大自然残暴本性的一部分。破烂不堪帆船的老旧桅杆后面,炽热的落日余晖讲述着自身的结局,整幅油画渗透着一种荷马式的冷静无情。"我相信,"约翰·罗斯金写道,"假如非得要我决定哪一件杰作能够彰显透纳的不朽声名,那么我必会选择此幅画作。"在旧世界里,太阳在愤怒中猛烈地沉落。行将到来的风暴像达尔文的愤怒一般咆哮着,攻击着这艘破船和这片大海所蕴含的恐怖之象。在某种意义上,这幅油画成了透纳那幅描绘议会大厦大火之作的姊妹画。

弗洛伦斯·南丁格尔总结帕麦斯顿的外交政策时说,"他就是个骗子,他自己一清二楚。""骗子"的恶名,也可视为一种"拒绝承认出了问题"的天赋,三四代的大不列颠人都拥有这种天赋,并以此来应对在我们今天 21 世纪的观察者们眼中完全应该加以道德谴责的一些问题。社会和个人,都既可能是哈姆雷特式人物——自我质疑、真诚自省,反思自身目标和本性的矛盾之处;也可能沦为厚颜无耻之徒,从不过多犹豫,只求谋利。颇富象征意义的一点在于,维多利亚女王厌恶《哈姆雷特》。

对个体、团体、整个社会而言,自然是有大量"质疑"的:关于"英国的状况问题"(卡莱尔在《过去和现在》里的提法),关于英国跟世界各国的关系,关于宗教和科学,关于社会正义。不过,我们这些生活在支离破碎的社会中的现代人,几乎都已经成了对精神分析上瘾之人,习惯跟自身的不确定性作斗争,对自身的美德和恶习吹毛求疵。维多利亚时代的人却有本领不这样做,而是活在双重标准中,这就是为什么他们中许多人——不论个体还是集体——看起来像是骗子、伪君子的缘故。

1839 年,墨尔本子爵发现自己面对着不肯妥协的牙买加议会,一切终于在貌似平静的外表下沸腾起来。1838 年 8 月 1 日,牙买加岛共有 80 万黑人全部无条件地获得了自由。种植园主得到 1 500 万英镑补偿。英国政府试图采取进一步行动,要求牙买加政府改善当地的监狱状况。该建议遭到金斯敦牙买加议会(白人种植园主占绝大多数,也有几位成员是"有色人种")拒绝。实际上,这也成了关乎信心的大问题。墨尔本子爵将其提交议会表决,结果托利党以五票优势击败了辉格党。墨尔本最终下野了。

这一时期的历史学家跟新闻媒体一样,乐于暂时抛开加勒比海地区获得解放的 80 万男女奴隶不足挂齿的命运问题——他们该如何找工作、获取食物,他们的旧主子在竞争日益激烈的国际市场上又该如何苟活,等等——转而研究起另一出"寝宫危机"大戏。就历史进程而言,牙买加还可以再被遗忘 25 年,直到埃尔总督①残酷镇压了一场黑人叛乱,令英国国内的舆论出现巨大分歧之时,牙买加才将再度进入公众视野。

1839 年,维多利亚女王因为墨尔本子爵即将卸任首相,不能再陪她玩西洋跳棋而烦心不已。跟墨尔本比,罗伯特·皮尔爵士简直就是个异类。行将就任的首相推荐一些新成员来替换女王先前的随从,这是一种惯例做法。皮尔其实无非想试探一下女王是否信任自己,便提议把寝宫内一些辉格党女侍换成托利党贵族的夫人们。女王拒绝了。于是,皮尔拒绝就任首相。这样一来,墨尔本子爵政府继续执政到 1841 年,才终于在大选中遭遇惨败——此时,维多利亚竟然诬告手下一位侍女弗洛拉·黑斯廷斯女士怀了孕,进一步损毁了王室的声誉。(弗洛拉之所以腹部隆起,其实是因为患了癌症。)于是,女王选择萨克森-科堡公国的阿尔伯特王子做夫婿时,下议院,尤其是托利党一方,马上跳出来表示反对。不过,婚期依然定在 1840 年 2 月 10 日,维多利亚希望议会加封阿尔伯特为贵族,并给他划拨一笔可观的津贴,以示臣子们对夫妇两人的敬服。

----

① 爱德华·埃尔(Edward Eyre,1815—1901),英国政治家,澳大利亚大陆探险家,殖民地行政官,富有争议的牙买加总督。参见本书第 17 章等处论述。

阿尔伯特亲王的美德"毫无瑕疵,令人瞠目结舌"。他的到
来为英国公众生活带来了可谓无与伦比的严肃和智慧的品质。
不过,部分是为了让墨尔本子爵和辉格党难堪,部分是因为愚蠢
的仇外心理,对于女王下嫁阿尔伯特的想法,托利党大加阻挠。
必须承认,对于托利党党徒有利的是,以前跟科堡公国的交往并
不算太愉快。萨克森-科堡公国的利奥波德一世攀上了夏洛特
公主这个高枝,娶了当时还是威尔士公主的她,不过女方随后就
在 1817 年病逝了。因为去希腊当国王不太有把握,利奥波德婉
拒了希腊的邀请,转而接受了另一个较为稳妥的选择——当上
了比利时国王。不过,他仍然享受着 5 万英镑的英国王室年俸,
这是英国纳税人的钱。西布索普上校提请下议院注意,利奥波

维多利亚女王

德继续保有这个收入颇丰的闲职的前提,是他不得放弃新教信仰——然而,
他再娶了奥尔良王朝的路易丝·玛丽,皈依了天主教。另一个前提条件是,
克莱尔蒙特庄园的维护费得由他出。然而他一毛不拔,截至 1840 年已从英国
拿走了超过 100 万英镑的津贴。利奥波德的姐姐、维多利亚女王的母亲肯
特公爵夫人,几乎算不上是受欢迎的人,不过,她倒不像她哥哥萨克逊-科
堡公爵恩斯特那样放荡——这位兄长不光滥交不说,还非常愚蠢。他的
夫人露易丝才 16 岁便嫁给了他,她去世时——有人说是死于子宫癌,有
人说是死于流产大出血——她的小儿子阿尔伯特才 12 岁。此时夫妻两
人早已分居了。露易丝本人——生下阿尔伯特时,她才 18 岁——也有过
不少风流韵事。

正如前文所述,遗传学数据表明,维多利亚女王的父亲不大可能是肯特
公爵。同样,她的那位科堡宫廷的表弟阿尔伯特王子的父亲究竟是谁,也是
个千古之谜。在他的德国老家,一直有传言称,他的生父其实是科堡宫廷的
犹太裔管家冯·梅耶恩男爵。当然,跟兄长恩斯特二世不同,阿尔伯特似乎
并未从他所谓的父亲萨克森-科堡公爵恩斯特一世那里遗传到梅毒。他
的长相也跟兄长一点也不像。令阿尔伯特的身世传闻雪上加霜的,是在
他年幼时母亲和某位朝臣的风流韵事谣言。如果对维多利亚和阿尔伯特
出身的怀疑证据确凿,那就意味着,欧洲各国的许多君主都是一位寡廉鲜

耻的爱尔兰大兵跟一个德国犹太人的后裔。鉴于此，令人吃惊的是，这些家族的成员却很少展现出爱尔兰人和犹太人身上那种特有的天赋，如睿智和美貌。不过，阿尔伯特本人虽说个头不算高，却有着梦幻般的英俊相貌。他忠于家庭，深爱家人，对智慧孜孜以求，拥有超凡的音乐鉴赏力，这一切品质，都跟他的那一帮所谓科堡公国的亲戚，抑或他的新娘那头的那些骄奢淫逸，基本上算是蠢不可言的家族成员，有着霄壤之别。有着像利奥波德、恩斯特和肯特公爵夫人这类前辈和亲戚，阿尔伯特根本没指望让不了解他的英国人对他有什么好感。维多利亚女王的私交好友、帕麦斯顿勋爵的继女婿阿什利勋爵，跟支持西布索普的那帮人一道，在下议院为给予阿尔伯特5万英镑年俸的提议作表决时，投了反对票。于是，阿尔伯特的年俸减为3万英镑。

现在看来，虽说有点后知后觉，不过，我们可以说女王确实缔结了一桩美满的婚姻。自然她对托利党人大为光火——没过几年就跟阿什利勋爵彻底断交。阿什利勋爵当时并未意识到，他对女王性格的微词恰好说明了为什么阿尔伯特正是一位非凡的、极合适的上门女婿。阿什利勋爵说，维多利亚"有一颗幼稚的少女心，在处理政府事务方面一点也不在行，连日常生活也搞得一塌糊涂"。她所受的教育比伊丽莎白二世女王就高那么一点点，但也好不到哪去，但所肩负的责任却比后者要大得多。

结婚时，阿尔伯特才20岁零6个月，然而，他极富教养，智力超群，在许多方面都表现出令人钦佩的天赋和趣味。对此，斯托克马男爵不吝溢美之词："他对政治毫无兴趣……他认为奥格斯堡《总汇报》是唯一一份让人还想看看或值得一看的报纸，不过他自己甚至都没看过它。"漠不关心政治，让阿尔伯特成为君主立宪制国家君王的理想配偶。但从更广泛的意义上讲，他又对政治了如指掌，敏锐地认识到法国大革命的后果，以及工业化给现代社会所带来的巨大变化。他跟哥哥都毕业于波恩大学。上学后没有多久，这位"老贝多芬"就开始穿街走巷去了——阿尔伯特是一位令人钦佩的音乐家，和许多小作曲家相比，他创作的《民谣曲》毫不逊色。他的文学老师是奥古斯都·威廉·冯·施莱格尔①。他也常光顾费希特②的哲学讲座课堂。或许正是因为他对唯心主义(就哲学意义而言)的认可,唯心主义成为后一代英国知识界的一大特色。在艺术史方面,他涉猎广泛、训练有素,还在念书时就开始用不大宽裕的学费购买画作了。(他遍访莱茵河沿岸城镇的艺术品交易商,找到了一幅丢勒的素描画和一幅范戴克的肖像画。)对于维多利亚及其脑满肠肥而又无半点天赋的叔叔辈而言,你就是把丢勒的这幅画作撂在他们的眼皮底下,他们也认不出来。

于是乎,英国人及其王室只花每年3万英镑就换来了阿尔伯特,真是捡了一个天大的便宜——他们君主的这位配偶,虽说算不上大天才,却是令人钦佩不已的德国教育制度的结晶,按照英国的标准衡量,他堪称女王夫君的不二人选。他还——由于在可怖的情感混乱的家境里长大——对家庭生活始终秉承着忠贞不渝的理念。他精力充沛,极其热衷行善。难怪他花了很长一段时间才在英国适应了下来。

至今,展示阿尔伯特诸多才华的遗迹依然历历在目:首先是怀特岛上那座富丽堂皇的意大利式宫殿——奥斯本宫,里面有着蔚为壮观的雕塑画廊,藏有包括温特哈尔特的作品在内的大批杰出画作。(在维多利亚孀居的漫长岁月里,宫殿被她弄得凌乱不堪、满目疮痍。)此外,还有气势恢宏的哥特式建筑巴尔莫勒尔堡,它象征着阿尔伯特长大于斯的、他心爱的玫瑰宫。这两处府邸美轮美奂,本身便是对阿尔伯特兼容并蓄、睿智无比品位的礼赞,也体现了他对现代君主立宪制的英明态度。他认为,他跟女王两人不仅应当在这些官邸里展现自身的风采,还应当一如既往地听从政治活动的安排,着意于涵养其私人生活和个人美德。

阿尔伯特对温莎城堡作了改进,调整庄园和农庄布局,优化管理,创建了一座至今仍在使用的、漂亮又高效的牛奶场,进一步展现出他出色的品位。他的那座肯宁顿宫里的府邸就建在宪章派举行最后一次示威的原址上,肯辛

① 奥古斯都·威廉·冯·施莱格尔(August Wilhelm von Schlegel,1767—1845),德国早期浪漫主义的奠基人。

② 约翰·戈特利布·费希特(Johann Gottlieb Fichte,1762—1814),德国作家、哲学家、古典主义哲学的主要代表人之一。

顿宫里还建有一座巨大的博物馆综合楼,被誉为"阿尔伯特城",它进一步提醒我们,他对于英国公众生活作出的贡献是多么广大、深远。

他给英国人带来的头两件礼物更具个人色彩。首要的也是最重要的是,他让维多利亚成为一位幸福的女人。她非常崇拜夫君。她曾向墨尔本子爵描述初夜的感受,"销魂摄魄,令人不知所措",打这以后,女王就对阿尔伯特着了迷。"你无法想象婚后的生活有多么让人心醉神迷。我做梦也想不到这世上还有人能够像我这样幸福,"在写给表妹维克托(维多利亚·奥古斯塔·安托瓦内特)的信中,她用的全是大写字母,孩子气极了。

维多利亚和阿尔伯特

阿尔伯特让维多利亚更加看重私生活。尽管维多利亚确实对插手政治事务颇有兴致,但在 19 世纪大部分时间里,阿尔伯特都确保她待在家里,主要关注自己的私生活——阿尔伯特去世前,她一直是家庭生活的核心,丈夫死后,她则离群索居数十年。君主立宪制正是在这种低调姿态下才得以兴盛。

在婚姻生活的早期,维多利亚确实对政治很感兴趣,阿尔伯特——这是他为这个国家提前奉上的第二份大礼——促使她放弃了对辉格党那种幼稚的偏爱,并使她相信,到目前为止,他们时代最重要、最睿智的政治人物,并非有着迷人的"客厅风度"的墨尔本子爵,而是罗伯特·皮尔爵士。

第 5 章　皮尔的时代

　　罗伯特·皮尔爵士①是最后一位没有照片存世的英国首相。就连老惠灵顿公爵都曾经光顾过银版照相馆。跟其他许多现代现象一样，当时，摄影艺术发展迅猛，不过，罗伯特·皮尔爵士在担任首相的 5 年里，却小心翼翼地盘桓于旧日的阴影中。这倒颇富个人特色。皮尔向来为人低调，明智通达，才华横溢。皮尔属于至关重要的过渡性人物。尽管从滑铁卢战役以来英国正在发生林林总总的变迁，但在他出任首相之初，英国仍属于旧世界，而到他对《谷物法》的态度发生戏剧性逆转，继而离任时，新世界已经到来，英国已彻底成为一个自由贸易国家。部分原因在于英国取消了关税，资本主义获得了完全自由；部分原因是，无论如何，英国的经济周期正步入前所未有的超级稳定阶段，即将迎来五六十年的货币稳健期。私人投资者把资金投给倡导工业扩张的资本家，不仅攫取了空前的财富，也赢得了空前的闲暇。约翰·凯恩斯对 19 世纪文明给出的定义相当经典：

　　　　整个欧洲，这一体制取得了非凡的成功，促进了财富史无前例的规模增长。储蓄和投资随即成为一个庞大阶层的责任和乐事。很少有人动用存款，而且通过利滚利的积累，储蓄使物质成功变成可能，如今我们已将这种成功视为理所当然。在这个时代，道德、政治、文学和宗教一道融入这场推动储蓄的"伟大的共谋"运动。上帝和财神摒弃前嫌，握手言欢。人间的平安归于富翁。富人终归是可以进入天国的——只要他能够存钱。

---

　　① 罗伯特·皮尔爵士（Sir Robert Peel，1788—1850），英国首相（1834—1835、1841—1846），英国保守党创建人，"维多利亚时代中期稳定与繁荣的总工程师"。

在这个关键而又激动人心的时间节点上,皮尔充当了一位双面人物。一方面,如果仅从他的代表身份来看,还有什么比他的议会生涯更具有旧政权色彩的呢? 从 1830 年起,他当上家乡小镇塔姆沃思的议员,早些年,他父亲也曾担任该镇议员。1832 年,该镇选民只有 528 人。20 年后,老皮尔去世时,该镇选民人数跌至 307 人。然而,许多推动了 19 世纪政治进步的革新政策——1829 年《天主教解放法》,1846 年"自由贸易"政策——都与皮尔可谓直接相关,得益于他对事物的独到见解。英国的政治史存在一种悖论:最激进的变革往往是保守党引发的。皮尔这位双面人物,这位非常富有的从男爵,他所领导的政党其实只是一个联盟(将在"自由贸易"问题上陷入最富戏剧性的四分五裂惨境),而身为财产的继承者,他的财富是仰仗着资本运营获得的,而非几代人收取地租一点点积攒起来的那种。其生财之道便是开设棉花加工厂。皮尔属于达尔文式蒸蒸日上、前途无量的新阶级。他爷爷在布莱克本首创了棉布印花工艺;他父亲成为家族首位从男爵,用这家北方大工业企业赚得的利润买下了塔姆沃思附近的斯塔福德郡德雷顿庄园。

> 总是这样,皮尔先是抛出一个问题,最后来上那一句——"忒好"或"忒好了"。他总是小心翼翼地注意发音。我听到过他的口误。他会刻意纠正这类错误发音。他小心翼翼地发音,就跟控制着自己的脾气一样:两者原本都不大好。

本杰明·迪斯雷利①,这位皮尔的眼中钉如此讥讽道。不过,迪斯雷利对皮尔带有兰开夏郡乡音痕迹的口音的讥讽,本身就是一种新鲜的做法。许多人把阶级制度和贵族等级制度混为一谈,实质上两者是不同的。当皮尔的父亲在兰丌夏郡依靠棉花加工厂起家时,贵族寡头政治正把控着英国,统治阶级内部呈三足鼎立之势——皮尔本人将其称为"混合君主制",或许我们该叫它君主立宪制。维多利亚时代政治家以其卓绝天赋——虽说变化、改革、动荡和

---

① 本杰明·迪斯雷利,第 1 代比肯斯菲尔德伯爵(Benjamin Disraeli, 1st Earl of Beaconsfield,1804—1881),英国保守党领袖、三届内阁财政大臣,两度出任英国首相(1868、1874—1880)。他在把托利党改造为保守党的过程中起了重大作用。任首相期间,大力推行对外侵略和殖民扩张政策。此外他还是一位颇为成功的小说家。

欺诈之事层出不穷——确保了寡头政治屹立不倒，一直延续到 20 世纪。这种阶级制度——其中上层阶级只是资本主义大厦里的一层而已——是一种新生事物。那些过去和现在一直憎恨阶级制度的人，将阶级制度视为压迫下层人的工具，认为它怂恿上层阶级瞧不起下层阶级，又令下层阶级憎恨上层阶级。但维多利亚时代的人或许并不是这样看待这个问题的。崭新的经济环境令最卑微的手工业者也可能靠干劲或进取心而崛起。两代之内，皮尔之父，这位棉布印花厂老板、印花工艺大师，便被晋封为从男爵，成了人物。

于是，新的阶级结构中，便出现了以口音之类细枝末节来划分等级的做法。简·奥斯汀操着浓重的汉普郡乡音，却不失为上流社会淑女，倘若她晚生 50 年，那一口乡间发音想必非得被演讲艺术班的老师或"有教养的"家庭女教师给逮住，被呕心沥血地加以"净化"了。在滑铁卢战役中，惠灵顿手下的军官清一色是绅士或贵族，全都满口乡野土话。新鲜的不是口音本身，而是迪斯雷利对皮尔口音的那种俗不可耐的讥讽态度。（令人好奇的是，这位幸灾乐祸地研究着皮尔口音的迪斯雷利，对于满口诺福克郡农夫土语的英国首任首相罗伯特·沃波尔爵士，又会做何评价？）

罗伯特·皮尔

基督教托利党慈善家阿什利勋爵曾做了大量工作改善穷苦工人的工作条件。他非常痛恨工厂里的竞争氛围。1841 年 6 月 29 日，拜访他家的祖传选区多塞特郡圣吉尔斯时，他在日记里写道，"跟一座工厂厂区相比，这里情景多么不同。在这处庄园里，居民彼此了解、互相关怀，生于斯、长于斯，对于世袭庄园主既满怀依从和赞同之情，又满怀深情的崇敬，请求得到庇护，并乐意尽职尽责地回报这种庇护。"换了北方的工厂主，这种以恩人自居、屈尊俯就的态度只会被视为发疯之举吧。阿什利勋爵钟爱的社会是没有运动、没有斗争的。而杰出的《谷物法》改革家科布登①，对阿什利企图给雇主们的权力——对于工人工作时长或受雇者年龄的决定权——设限之举深恶痛绝。

---

① 理查德·科布登（Richard Cobden，1804—1865），英国政治家，被称为"自由贸易之使徒"，英国自由贸易政策的主要推动者，领导一群商人成立反谷物法联盟（1839），最终成功促使议会在 1846 年废除《谷物法》。

"我的慈善是有男子汉气概的慈善,这种慈善观念让我向工人阶级反复灌输如下理念:热爱独立,谋求自尊,蔑视庇护和恩宠,渴望积累财富,追求崛起于世。"

亨利·阿什沃思——来自兰开夏郡罗奇代尔的贵格派工厂主——也有类似的反贵族政治观。他创办了学校并投入大量资金,为的是让他工厂里的每位工人都享有受教育的机会——教诲他们心怀"不断开拓视野的渴望,勿安于出身,要渴望变化,力求超越父辈"。

这是极富达尔文特征的思想了。在阿什利的托利党贵族观和科布登与阿什沃思(建立在自由经济基础上)的自由党激进主义之间,实在可谓有着天壤之别。不过,对于幸运又不乏天才的维多利亚时代人而言,英国生活的这两个要素珠联璧合了,非但没有彼此撕裂,反倒像达尔文生物进化过程里的获胜基因一样,着实学会了共存,甚至合二为一。关于这种新秩序,可以这么讲:罗伯特·皮尔爵士正是它的总设计师之一。他恪守原则,导致他所领导的政党陷入四分五裂,在野时间长达 20 年,然而,他的政治遗产和影响正在于此。若皮尔向保守党内的右翼"极端派"妥协,让自由贸易政策成为独属于自由党的政策,那他的影响反而不会这么大——这个悖论哪怕从事后之见的今日角度来看依然如此。废除了《谷物法》,他所领导的政党也分崩离析,四年后皮尔便去世了。然而,维多利亚女王治下的英国,这个既弘扬自由贸易,又坚持贵族政治的英国,应该说正是皮尔一手打造出的英国。

卡尔·马克思(1818—1883)这回尽管准确地观察了政治形势,结论却略显片面了。在 1855 年 3 月 6 日《新奥得报》上,他发文指出,不列颠政体,事实上只是两方的陈旧过时的妥协:一方是非正式执政但实际上统治着资产阶级社会一切重大领域的资产阶级,另一方是正式执政的土地贵族。

马克思忽略了这两种所谓不同的方面——资产阶级和贵族阶级——之间交互渗透的复杂程度。马克思本性里有点浪漫的自命不凡,所以他写的文字总让人感觉好像英国贵族(他的夫人便来自这个阶层)是另一种泾渭分明的种族似的。欧陆有些种姓制度确实都是万年岿然不动的。然而,英国的制度却有着极大的可流动性,这正是工业革命大获成功的关键条件。贵族的后代除了长子,都不是从父辈们那里继承土地所有权或爵位的:他们被打发到外面的世界从事各种职业,自谋生路,跟社会地位不断上升的那些人竞争。"或经商,或从事法律工作,或缔结一桩好婚姻,或在女王治下的政府里当差,这些都能赚来购买地产所需的大量财富;成为地主阶级之后,只要拥有足够财富,加官晋爵、步步高升便都接踵而至了。"

这就是罗伯特·皮尔治下的英国社会,在一定意义上,他本人也正是这个社会的缩影。不过,对皮尔,对大不列颠,成功之路依然不乏障碍。这些障碍让皮尔的执政时期沦为多事之秋,各种危机事件差不多每月都有。这里面,主要有四个要素。一是,笼统地讲,"英国的状况问题":穷人们民怨沸腾,宪章运动则颇为成功,备受瞩目,令统治阶层惶恐不安。二是爱尔兰问题,这个悬而未决的政治问题在各个时期都令英国政府头疼不已,但皮尔的时代,爱尔兰大饥荒尤其令它雪上加霜。三是所谓的"自由贸易"问题,特别是《谷物法》问题,这个问题跟前面两个问题、跟英国的全球地位以及跟我们一直探讨的所有社会变迁都息息相关。第四个问题则与上述三个问题直接关联:"议会两院"的政治构成问题——两者取得议席的方式截然不同,上议院是通过继承,下议院则通过独特的选举制。因为决定罗伯特·皮尔爵士的雄心壮志能否实现的,归根结蒂是议会里那些政党。下面我们来倒着逐一考察这四个问题,不过请记住,它们之间是彼此密切相关的。

这一时期,新的议会大厦尚在建设中,进度堪比蜗牛。这幢大厦成为将这一时期诸多主题融为一体的一个令人满意的象征物。伦敦大火过后,上议院只能挤在侥幸逃过一劫的威斯敏斯特宫绘厅开会,下议院则去了上诉法院。这两幢富丽堂皇的建筑,在查尔斯·巴里(1795—1860)的新威斯敏斯特宫的获奖设计方案被采纳之际,都迎来了被拆毁的厄运。作为忏悔者爱德华的驾崩地,也是查理一世死刑令签署地的绘厅,行将被一幢新都铎-哥特风格的、簇新犹如舞台布景的新大楼取而代之。

巴里是一位才华横溢的建筑师,他父亲曾是一个普通的文具商,店面就在威斯敏斯特宫前方的大桥街上。巴里在文具店里长大,日日看着街对面的古老议会大厦和西敏寺教堂。巴里很大程度上是自学成才的,从 22 岁到 25 岁,他在希腊、土耳其、法国和意大利游历,绘制建筑图。33 岁时,他的建筑设计处女作"伦敦旅行者俱乐部"建成,这是一幢坐落于蓓尔美街的意大利宫殿风格建筑,具备成为他设计特色之一的宏伟宽敞特质。他的设计兼收并蓄——三年欧陆之旅的结晶。没过几年,他已成为颇具古希腊文艺复兴风格的曼彻斯特美术馆以及都铎-哥特风格的伯明翰爱德华国王学校的设计师。这些出自巴里之手的建筑,将实用与梦幻融为一体,每一座都让用户们有得偿所愿之感。加入"伦敦旅行者俱乐部"的绅士名流会感觉自己仍身处"大旅游"中——从蓓尔美街的尘埃里走出,步入了某座古罗马贵族世家建有回音大厅和高耸屋顶的府邸。而把子弟们送进伯明翰爱德华国王学校的商贾和职业人士——包括维多利亚女王手下精力最旺盛的坎特伯雷大主教和当时一些最杰出的希腊圣经学者——会发觉这所出类拔萃的日间文法学校散发出庄严古老的魅力,堪与伊顿公学或威斯敏斯特公学媲美。

新议会大厦的设计评选委员会规定建筑设计应当采用哥特或伊丽莎白时代风格。而巴里,这位婴儿时起就看着威斯敏斯特教堂的哥特式窗饰,对中世纪威斯敏斯特教堂从小就烂熟于心的人,显然会选择哥特风格。

1836 年,巴里斩获该建筑的设计权,不过新大厦动工前就面临着一系列难题。首先,下议院议员中有人跳出来反对他做的成本预算(工期 6 年,斥资超过 80 万英镑)。那些在设计竞标中输给巴里的设计师们则递交了一份请愿书,恳请将建筑改为希腊或罗马式风格。

毫无疑问,假如英国新议会大厦建成巴黎国民议会大厦或华盛顿特区国会大厦的模样,英国人对自我的认识将会大有不同。幸而,巴里用他坚实的都铎-哥特式风格,加上奥古斯都·威尔比·诺斯摩尔·普金(1812—1852)华丽的内饰设计,为英国人的自我认知一锤定音。一方面,这些建筑仿佛在说,我们焕然一新、信心满满,要将大火灾中逃过一劫的古老厅室更新换代。另一方面,它们又好像在说,就像莱斯特·戴德洛爵士①的家世血统一样,我们如群山般古老,比群山更可敬。

众所周知,这位普金后来皈依了罗马天主教。他并非内心沉静地皈依,而是将它当作一种狂暴的自我标榜。他的著作《反差》——虽说是建筑学杰

---

① 《荒凉山庄》里一顽固守旧爵士,荒凉山庄的主人。

作,不过也预示了他最终进入贝德拉姆疯人院的结局——是一份对 18 世纪、启蒙运动和古典主义充满深仇大恨的长篇檄文。他宣称,哥特式,哥特式,哥特式——他所理解的这种天主教哥特式——乃是基督教国家唯一可以采用的风格。普金是一位富于灵感的内饰设计大师——他设计的上议院议厅,尤其在议会开幕大典上,挤满了猩红长袍加身的贵族、王冠高耸的君主、穿短袖制服的传令官及其他各色人等,令观者简直瞠目结舌。若是他一个人自作主张——比如斯塔福德郡奇德尔那座圣吉尔斯的多彩小教堂——普金会作出类似玩糖果的小娃娃一样的设计,足以很快就让他自己和旁观者都觉得腻烦。普金如果要作出最出色的设计,就一定得有巴里娴熟的空间布局观的辅助才行。

不过,选用晚期哥特式风格,又加上大量都铎风格元素的做法,已经不仅仅是一种审美上的表达了。大多数议员,或许还有皮尔时代的大多数英国人都认为,身为英国人,必然意味着是个新教徒。(这正是英爱悲剧中始终未能求得共识的症结之一。)堪称哥特风格之美的最雄辩、最博学鼓吹者的约翰·罗斯金①,父母都是新教徒,正统到虽然热爱国外旅行,却会设法不在信仰天主教的瑞士诸州做过多逗留。罗斯金本人,虽然日后也有所改变,不过在维多利亚时代早期,他也认同当时的流行观念,相信罗马天主教与民族精神格格不入。正如爱德华·怀特·本森②在伯明翰念中学时对那位学霸同窗莱特福特不无助益地解释的:"你可得记住,罗马天主教在意大利倒是名正言顺的,但在英国,它不仅是错误的,而且还是异端的、搞分裂的。"安东尼·弗劳德宣称宗教改革是英国历史中具有决定性意义的关键事件,可谓道出了那个时代绝大多数英国同胞的心声。丁尼生则把宗教改革视为"一个新时代的曙光;在教士统治的时代终结后,个人自由的时代终于到来"。

因此,巴里设计的议会大厦所喻示的,将不再是什么中世纪的修院历史,

---

① 约翰·罗斯金(John Ruskin,1819—1900),英国作家、艺术家、艺术评论家,高度赞扬威廉·透纳的画作,推崇拉斐尔前派,被视为维多利亚时代艺术趣味的代言人。参见本书第 13 章等处介绍。

② 爱德华·怀特·本森(Edward White Benson,1829—1896),英国坎特伯雷大主教(1883—1896)。

查尔斯·巴里

而是一个新崛起家族的世界——霍纳家族、塞西尔家族——他们将土地从古老的修道院地基上攫取到自己手中。这是一个全新的世界,在这个世界上,由年轻女王统领、独立于欧陆的大不列颠派出冒险家去海外探索新的领地,同时蓄势待发,准备迎接商业财产、宗教自由和文学繁荣的黄金时代的到来。巴里所不得不以建筑来象征的,正是这样一个半神秘、半真实的世界。此外,他还得设法唤起一种中世纪的传统元素,也是为他调拨建筑预算经费的议会委员会所由衷赞同的一种元素——中世纪的贵族阶级统治。因此,他所设计的新威斯敏斯特宫意在唤起一种被清除了其核心成分——天主教——的中世纪。如此一来,1689 年后的寡头政体,即辉格党,借以维持立宪君主制的贵族统治思想,得以披上了普金和巴里营造的美丽外衣,设法表示出对封建时代的延续。

在 21 世纪的读者看来,这种观念可能会显得古怪甚至荒谬吧。巴里同时代人中那些较为大胆者也是这么认为的。然而,这种观念正折射了当时的政治现实。在那片巴里选来营造他的政治布道场的沼地正对面,在威斯敏斯特桥的另一侧,便是著名的"阿斯特利圆形露天剧场",它部分用作马戏团表演,部分用作历史宗教剧演出,观众场场爆满。除了像《攻陷塞林伽巴丹及蒂普·萨希布之死》或《征服墨西哥》这类令人血脉偾张的剧目以外,还有关于中世纪历史的盛大表演——《阿金库尔战役》,或出自沃尔特·司各特爵士的历史巨著《艾凡赫》里的比武大赛。维多利亚女王统治初期,伦敦塔里新开放的博物馆也广受青睐,那里有伊丽莎白一世女王时代的军械展,20 位熠熠闪光的披盔挂甲骑士,依照朝代序列一字排开,从 1450 年亨利六世时期一直延续到 1685 年詹姆士二世时期。这个展览令一群年轻贵族兴奋不已,以至于1839 年,埃格林顿勋爵决定在他的埃尔郡城堡举办一场比武大赛。为了演好这一出披着正宗中世纪盔甲的闹剧,这一大群少壮派蠢驴们砸了不少钱,到头来被理查德·多伊尔画成了讽刺漫画,成为大不列颠王国的笑柄;比武大赛也宣告失败了:老天不给面子,大雨滂沱,大水不光淹了大看台,也淹了大比武场,身披重甲的坐骑一股脑陷入淤泥、动弹不得。不过在遭遇了大惨败后，他们依然举办了舞会，各色人等套上花里胡哨的舞服，表现出对中世纪时光的真心怀旧。同样，这种怀旧之情，也反映在皮尔议会里的"青年英格兰运动"①中。

这个运动的参与者主要都是源于剑桥一脉的贵族：乔治·斯迈思，后来的第 7 代斯特兰福德子爵；约翰·曼纳斯勋爵，后来的第 6 代拉特兰公爵；亚历山大·科克伦-贝利，后来被尊称为雷明顿爵士。这些人本身不是什么特别重要的人物，不过他们充任了本杰明·迪斯雷利的知己和盟友。迪斯雷利时年 35 岁，雄心勃勃，可惜运气不如格莱斯顿——后者由皮尔任命了一个次大臣的位置。迪斯雷利给皮尔写信，低三下四地伸手要官，却遭到毫不留情的拒绝。于是，迪斯雷利下决心一雪前耻，开始在下议院频频拆皮尔的台，而且聚拢起一个令首相们最为忌惮的反对派——来自自己阵营内部的反对派。

那是一个怎样的议会啊！阿伯丁伯爵任外交大臣，斯坦利勋爵任殖民大臣，少壮派格莱斯顿任贸易委员会副主席兼管造币厂——也就是说，三位未来的英国首相全都在皮尔的内阁中任职，而老惠灵顿公爵此时仍活跃于上议院，为托利党效劳。再看看下议院！有自由党激进派代表，比如"自由贸易"的伟大倡导者理查德·科布登，或后来让人们对英国国教及其在议会中的地位看法产生重大影响的亨利·拉布谢尔（跟查尔斯·布拉德洛并肩作战）等形形色色、令人钦佩的大人物；有光彩照人的怪人兼托利党"极端"分子西布索普上校——穿着白土布裤，头戴大白帽，脚蹬高筒靴，怒吼着反对内阁实施的从铁路修建一直到王夫遴选的每一项改革措施；还有《柳叶刀》创始人托马斯·瓦克利医生，爱丁堡议员托马斯·巴宾顿·麦考莱以及理查德·蒙克顿·米尔恩斯——史文朋的好友、济慈诗歌圣火的守

本杰明·迪斯雷利

护者；外加帕麦斯顿子爵；穷人的守护神兼托利党人阿什利勋爵（以第 7 代沙夫茨伯里伯爵之称号闻名于世）！不必说，还有兼任米斯和科克两郡议席的丹尼尔·奥康纳；此外，还有亚历山大·普林格尔和查尔斯·纳皮尔爵士。

---

① 1840 年代英国托利党内反对皮尔派的运动。

皮尔的内阁可谓群星璀璨（相形之下，我们今天的现代议会真是黯淡无光了）。在这届议会里，迪斯雷利用"青年英格兰"来联合"乡下顽固派"反对皮尔，甚至希望靠它来吸引一批激进派。据他估计，在皮尔占多数的 90 个议席里，有"40 到 50 议席为从事农业的不满者"——全是"乡下托利党"，他们甚至早在皮尔对《谷物法》的态度发生大逆转之前就不信任他了，而且无一例外全是信仰新教的偏执狂，或许早已准备在许多问题上与皮尔作对，甚至把他拽下首相宝座。

迪斯雷利对"青年英格兰"——其成员比他年轻得多，也高贵得多——的情感带有些许浪漫主义色彩，甚至也许（尽管他早年有过不少风流韵事，并与年长他许多的寡妇玛丽·安妮·温德姆·刘易斯维持着忠贞不渝的婚姻）还有一丝同性恋意味。他在三部曲小说《康宁斯比（年轻的一代）》《西比尔（两个国家）》以及《坦克雷德（新十字军征伐）》里，倾吐了这种情感。三部曲中的名句如今已成为英国保守主义的政治宣言：

> "嗯，社会八成尚处于婴儿期，"艾格蒙特微笑着说道；"随您怎么说，不过，我们的女王却统治着历史上最伟大的国家。"
>
> "哪个国家？"年纪小些的陌生人问，"因为她统治的国家可不止一个。"
>
> 陌生人停顿了一下，艾格蒙特也陷入了沉默，但依然带着探寻的目光瞧着他。
>
> "有两个国家；彼此老死不相往来，彼此老死不会交心；双方对彼此的习惯、思想和情感一无所知，仿佛彼此是生活在不同地区的住户，抑或生活在不同星球的居民；他们被培育的方式不同，被喂养的食物不同，被要求遵从的礼仪不同，所受约束的法律不同。"
>
> "你说的是……"艾格蒙特迟疑片刻道。
>
> "富人跟穷人。"

一直以来，托利党都指责辉格党在玩弄权术，把不信国教的败兴之徒和大地主鼓捣在一块儿，结成烦人的同盟。迪斯雷利小说里所期许的愿景跟他写的政治小册子《英国政制辩护》的观点基本一致，在后者中他写道，"英国托利党是国家政党，是地地道道的英国民主党。它为国家机构提供支持，是因为这些机构建立的初衷就是为了实现共同利益,而且因为这些机构保障着公民的平等权利;没有这些,无论什么党执政,都不会有自由的政府,而任何政府只要是基于上述原则建立,无论构成方式如何,都是名副其实的民主政府。"

浪漫主义的贵族观所面临的最大难题在于宗教。或许,巴里借助高超的建筑艺术手法可以设法表明,天主教在英国并不存在。或许,1840 年代的英国仍旧可以如此自夸。然而,一碰上爱尔兰问题,可就没这么容易了。尽管在下议院召开的早期会议上,迪斯雷利还可以设法说服那帮年轻的好友们,以至能够操纵选举("最高机密"——斯迈思于 1842 年给曼纳斯写信道,"如今,迪斯雷利在议会里大权在握,超乎我的想象……"),然而,到 1845 年,"青年英格兰"联盟在政府向罗马天主教梅努斯神学院拨款这一出乎意料又令人费解的问题上四分五裂了。"青年英格兰"幻想重现中世纪,而且甚至对两个教会——罗马天主教会和坎特伯雷基督教会——实现统一的计划(挺乐观,但行不通)赞不绝口,然而,在"梅努斯补助金事件"上,他们出现了极大分歧,从此,作为一个政治实体的"青年英格兰"宣告终结。

关于"梅努斯补助金事件"的争论,堪称英国政治阶级史上最典型的实例之一,证明他们会为了一件之后看来微不足道的小事而陷入怎样的无知和偏见的狂怒。梅努斯学院,或全称为梅努斯圣帕特里克王家学院,是在皮特担任首相时建立的。在乔治三世的特别指示下,它被称为"王家学院"。它过去是——现在仍是——爱尔兰首屈一指的天主教神父培训学院。爱尔兰议会在 1795 年开始每年向学院提供 9 000 英镑资助。之后由威斯敏斯特议会接手,每年都会提供资助。不过,到了 1845 年,拨款额度已经明显不足。学院的神父和学生们举步维艰。皮尔考虑到这些年轻人毕业后会当上神父或主教,在爱尔兰会有一定影响力,所以相信亏待这些神学院学生并非改善英爱关系的良策。正如一位睿智的政治小册子作者指出的:

> 假如英国教会的神职人员在大学生活期间的教育费用和日常花销由国家买单,假如在大学里他们被迫忍受着各种不适、不便和肉体煎熬,假如当他们开始履行其精神职责时,他们频频遭受当权派和大人物的误解和近乎轻蔑的无礼对待——在青壮年时期遭受如此虐待——那么,他

们会成为充满激情的效忠者吗？我想，他们不会。

正是出于这种考虑，以及简单的公正考量，皮尔向议会提出爱尔兰学校改革计划，也就是《学术机构（爱尔兰）法案》，许诺提供更多资金，向梅努斯学院发放额度可观的资助金——每年 26 360 英镑，另外追加 3 万英镑的建筑维修费，并承诺拨款将会稳步持续。梅努斯学院不必每年前来威斯敏斯特议会卑躬屈膝地讨要资助了。

皮尔的提案虽最终通过，却是在激烈的斗争后才通过的。皮尔承认，他对强烈的敌意感到震惊。反对者们在梅努斯学院成立以来的 50 年里从未关注过或反对过它，如今却表现得好像皮尔侵犯了什么原则性问题似的。公众中兴起了尖酸刻薄的反天主教偏见。曼彻斯特公爵对贵族同僚们宣布，"在我们看来，爱尔兰天主教的主教们似乎成了一个政治团体，他们纠集起来反对英国统治，另外有一位神父也告诉我们，还有 3 000 名爱尔兰的神父也心怀同样的想法，正团结起来准备实施分裂我大英帝国之计划。"这位公爵将爱尔兰人，尤其爱尔兰的天主教徒视为对英国的威胁，实际上道出了许多人的心声。在梅努斯学院成立后的 50 年里，欧陆曾经发生过一场战争，随后的 30 年里，通过加增贸易关税，英国将自身与欧陆隔绝开来。爱尔兰人和大多数欧洲人一样信仰天主教，似乎也正符合英格兰人的想象。1840 年代，焦虑满怀的老惠灵顿公爵赶去视察英吉利海峡，确信法国入侵迫在眉睫，公众也热衷于传阅哈里森·安斯沃斯关于简·格雷女王和其他新教女英雄的小说，在此种形势中，罗马天主教愈发显得充满威胁。难道天主教的主教和神父们不是正在极力怂恿各种犯罪吗？曼彻斯特公爵对此深信不疑。

皮尔的"梅努斯资助法案"恰好唤醒了英格兰人对天主教的那种返祖性的憎恶。1845 年 4 月 29 日，麦克尼尔牧师给《泰晤士报》写信，道出了许多读者颇为认同的一种观点：

> 正如明令禁止偷盗和通奸，上帝之道也明令禁止膜拜偶像——因此，正如我们不能故意违抗上帝的神威去同意资助一所教导偷窃或通奸的大学，我们绝不同意资助一所教导人们膜拜异教偶像的大学。

在英格兰，"废除天主教"的观念深入人心，不过，正如许多偏见一样，这种偏见也是有选择性的。1794 年,英国人吞并了科西嘉岛,宣布"罗马天主教是科西嘉岛上的唯一国教"。乔治三世居然执意要岛民信奉天主教。在马耳他、毛里求斯和加拿大法语区,英国王室也为天主教会提供过资金。

"梅努斯补助金事件之争"暴露出的,其实是英格兰人对爱尔兰人的偏见。认可爱尔兰人主要信奉一种不同教派的事实,就必然会削弱大不列颠及其教会的信心。满怀着对高教会派的狂热激情,格莱斯顿写了一本题为《国家与教会的关系》的大作,它于 1839 年首次出版,言辞激烈地指出,传播英国国教乃是大不列颠政府的使命。托马斯·巴宾顿·麦考莱在一篇发人深省的评论中,把这位年轻的伊顿公学毕业生兼偏执狂的论点驳得一文不值。比如麦考莱表示,倘若把用于证明在爱尔兰必须有英国国教教会的理由用于印度,那么"它势必会摧毁我们大英帝国"。英国的正统信仰"似乎怕的只是天主教神父,而非迦梨女神①的众祭司……格莱斯顿不曾提议让印度的所有印度教教徒都皈依英国国教。格莱斯顿先生给予印度教教徒以特权,却断然拒绝给予爱尔兰人这种特权,为何如此?"。

令人啼笑皆非的是,格莱斯顿针对"梅努斯补助金事件",出于一种无人明白的奇怪原则,辞去了皮尔内阁里的职务。在 1839—1845 年之间,他已认识到《国家与教会的关系》里的错误。1845 年,他对于增加梅努斯神学院资助一事已表示赞成。不过,因为他所写的东西于 1839 年遭到过麦考莱的嘲讽,所以在 1845 年他自觉必须辞职。

向一所培养神父的爱尔兰神学院拨款一事,凸显了爱尔兰问题的本质,也就是双方彼此严重的不信任;同时它也凸显出英格兰蓬勃发展的工业与爱尔兰赤贫的农业经济之间日益扩大的重大差异。西德尼·史密斯牧师②采用活泼的辉格式语言,将一切爱尔兰民族主义表现都解释为经济贫困的结果。早在"梅努斯补助金事件之争"发生前,史密斯便已提出主张,建议爱尔兰的天主教神职人员与新教同行实现同工同酬。他相信,这一措施可以减少爱尔兰神职人员从贫穷的农民教众身上揩油的恶行,也有助于减

---

① 印度教的女神。
② 西德尼·史密斯(Sydney Smith,1771—1845),英国国教牧师,作家,被视为他那个年代的睿智之人。

少爱尔兰民众的反英情绪。

"一切政府的目标是什么?"他追问道。"一切政府的目标就是烤羊肉、土豆、红葡萄酒、健硕的警察、正直的法官、畅通的公路、自由的礼拜堂。在大街上扯着嗓子大喊'绿岛'①呀、'大洋岛'②呀那些废话顶啥用!高唱英勇无畏的赞歌《爱尔兰万岁!》顶啥用!真想唱赞歌,倒不如唱唱'爱尔兰面包和奶酪万岁','爱尔兰遮风挡雨的小屋万岁','爱尔兰没有破洞的裤子万岁!'"在梅努斯神学院补助金获得批准的那年秋天,爱尔兰人正深陷黑暗,此时涌现的这番肺腑之言,与其说是半开玩笑地道出了常识,不如说更像是一段沉痛的墓志铭。

罗伯特·皮尔爵士不乏常识的保守主义思想,正是基于西德尼·史密斯的这种信念——一个好政府的目标就在于使民众有满足感,丰衣足食、品行端正。正是出于这种简明的信念,皮尔不惜为了《谷物法》在议会中跟自己领导的政党较量,而且不惜一举毁掉保守党接下来整整20年的选举运势。在支持者眼中,皮尔是个正派、明智、有原则的人,或许是在索尔兹伯里崛起前最后一位真正明智的英国首相了。不过在皮尔的那些高托利派政敌眼中,他却是个"极端的机会主义者",为了保住首相宝座,不惜篡改了党内的一条基本原则。凡是时事评论家都会想到,这种政治斗争跟今天的现代政治斗争不乏相似之处,比如,20世纪最后10年和21世纪头10年里,保守党在欧盟成员国身份问题上的痛苦纠结。正如布莱克勋爵③——保守党最杰出的历史学家——指出的,这是英国历史上的非凡时刻,像爱德华八世退位或慕尼黑危机时期一样,整个国家都陷入四分五裂的争论,家庭也分崩离析,朋友们分道扬镳。一旦皮尔作出关于《谷物法》的决定,托利党——"皮特、珀西瓦尔、利物浦勋爵、坎宁、惠灵顿和皮尔的政党——便顿告灰飞烟灭了"。随后政党展开重组。皮尔派的保守党党徒们,要么从此漂泊,要么加入由辉格党和激进派组建起来的自由党。曾经坚持要求人为保持面包价格高位运行的顽固派

---

① 绿岛(Green Isle)似指绿宝石岛(Emerald Isle),爱尔兰岛别名。
② 大洋岛(the Isle of the Ocean),指爱尔兰。
③ 罗伯特·布莱克(Robert Blake,1916—2003),英国历史学家。

们则在上议院接受了斯坦利勋爵的领导，在下议院接受了乔治·本廷克勋爵的领导，后者还找了本杰明·迪斯雷利来做副手。

起码十年以来，一直有人在积极反对旨在补贴英国农村经济、禁止进口廉价外国谷物的贸易保护法。这场运动以曼彻斯特为中心，领导人之一是罗奇代尔的纺织品制造商约翰·布莱特，另一位是曼彻斯特议员理查德·科布登，他也是该市的首批市议员之一。从一开始，他们创建的"反谷物法同盟"就把目标瞄准了贵族政权。就这个目的而言，废除《谷物法》要比 1842 年的选举改革重要得多。在一次演讲中，科布登说，"这个国家的权力越早从滥用此权力的土地寡头手里转移出来，并被绝对地置于聪慧勤劳的中产阶级手中，对于这个国家就越有利。"科布登认为战争是贵族才会玩的游戏，而自由贸易不仅会给英国带来财富，还会给世界带去和平。

理查德·科布登

并非人人都同意他的观点。宪章派便倾向于认为，英国农业需要政府的援助和补贴，需要通过人为提高小麦价格来提高面包的价格。他们怀疑"自由贸易主义者"的动机，认为布莱特这类北方资本家只不过想要便宜的面包，以便降低工人的工资而已。

跟他那些极端托利派后座议员一样，皮尔也曾在 1841 年大选中反对废除《谷物法》，不过他从来就不是反自由贸易的狂徒；他出台的财政预算全部流向了自由贸易。各方的观点渐渐统一，变得有利于废除《谷物法》了。乔治·本廷克勋爵对此倒是不太认同——"我在三个郡都养了马，他们告诉我，自由贸易能让我每年省下 1 500 英镑。我不在乎那个；我最不能忍受的是被人给骗了。"

在 1840 年代中期的英国社会、经济和政治形势中，保护主义被丢弃，自由贸易会获胜，已是不可避免的了，市场规律决定了一切。就在《谷物法》的存废讨论正酣之际，生产力和制造业突飞猛进，正一步步改变着英国的性质。"铁路热"已经来临。到 1848 年，联合王国的铁路运营总里程已达到约 5 000 英里——其中，爱尔兰只有 400 英里，堪称一种不祥之兆。五家铁路公司修建了通往布莱顿的铁路线，通往诺里奇的铁路线则由三家铁路公司承建。私人投资,加之生产和运输手段的改善,为一场惊人的大繁荣作好了准备,这种繁荣将不可避免地产生一种长期影响,即提高了除农业劳动者和仅靠本土作物为生的人以外所有人的生活成本。即便在农业内部也显现出某种经济活力,新肥料——硝酸钠和海鸟粪——如今已经普遍使用,还有新作物:芜菁甘蓝和饲料甜菜的种植呈上升之势,它们是极为有效的饲料,也比别的根茎作物更耐寒。至于小麦的收成,虽然并不好,但是 1842 年、1843 年和 1844 年,谷价下跌了 14 先令,使得政府暂时叫停了免除关税和以更低价格进口国外谷物的措施。

不过,1845 年,天灾来了,夏季雨水连绵不绝,人们调侃说,大雨把《谷物法》给冲走了。最终,皮尔铤而走险——对自己领导的政党开刀了。他没有通过辞职把废除《谷物法》这个"烫手的山芋"抛给自由党党魁约翰·罗素勋爵,而是不乏英勇地以保守党首相的身份提出废除该法。于是,《谷物法》被废止了。"极端主义者",乡下托利党党徒们,在迪斯雷利的煽风点火下展开报复,投了《爱尔兰高压法案》的反对票,把皮尔赶下了台。惠灵顿将"反皮尔联盟"——那些不顾原则地达成共识的辉格党党徒和极端贸易保护主义者们——贬作"流氓黑帮"。老托利党,以及该党历史上最出色的领袖皮尔,就此结束了政治生涯。

不过,这时的政府正面临着一个远比威斯敏斯特议会大厦中各种政治联盟的破裂和重组更宏大也更险恶的难题。这个世纪里,欧洲大陆即将面临一场空前的人类大劫难,此刻它已然初露端倪。

第 6 章 爱尔兰大饥荒

当欧洲、亚洲——最终是美洲——的人们在"霍乱王"的入侵面前土崩瓦解之际，另一场浩劫正朝欧洲奔袭而来：真菌病，或曰马铃薯晚疫病。该疫病首先侵入荷兰，又蔓延到比利时和苏格兰，这些国家都是不光有贫穷的农业工人群体，也有不断扩大的工业生活，还有较为完善的公路或铁路网，更不缺抗灾救灾的意志和能力。当然，这些国家遭受了饥饿和苦难，苏格兰尤其如此。然而，无论受灾大小、规模还是严重程度，它们都无法跟遭受大饥荒的爱尔兰同日而语。除了规模巨大的饥荒本身，这场爱尔兰大饥荒还带来了猜忌和仇恨的政治后果，时至今日，这个后果依然影响着我们。

詹姆斯·安东尼·弗劳德①，这位并未总是被爱尔兰人视为朋友的人，在其不朽著作《18 世纪在爱尔兰的英格兰人》(1881)接近结尾处，记录了跟一位爱尔兰天主教主教的对话，后者悲愤地告诉这位英格兰历史学家，"在爱尔兰，每个人的死亡都是英国造成的。"似乎，英国曾被寄予厚望，仿佛恨不能要它创造神迹似的。不过，弗劳德这位理论上是卡莱尔式反爱尔兰者的历史学者补充道，"主教所言甚是。这场灾难的始作俑者，从根本上讲，是担负了治理爱尔兰的责任，却任其自生自灭的那一帮人。这一认知在大西洋两岸的爱尔兰人民心中已然根深蒂固；它深深扎根，难以改变了。"

这一观点基本上得到了现代历史学家的认可。没人怀疑这场大灾难规模空前。也没人怀疑历届英国政府碌碌无能或者麻木不仁的事实。不过，从1845 年爱尔兰的本质状况，从当时的物质、社会和政治形势来看，我们也很难说爱尔兰还能有什么办法来避免这场大饥荒的爆发。对于不断披露出来的

---

① 英国古典时代的著名历史学家、传记作家，参见本书第 2 章对他的介绍。

各种关于大饥荒的记录，现代读者想必都会感到震惊无比。然而，在当时的情势中，很难看出如果换个什么政府，或者哪怕都柏林自己成立了政府，是否就能力挽危局。没错，善良的地主（这类人太少了）多少能帮助自己庄园里的农民减少一点苦难。没错，饥荒闹得最凶时，原本可以暂停那些让现代读者们看得心痛不已，让当时眼睁睁看着谷物从科克郡及其他诸地出口至国外的爱尔兰饥民更是不堪忍受的谷物贸易。不过，在当时的社会等级制现状下，以及已使英爱关系蒙上阴影的紧张政治局势中，我们不可能指望会出现什么现代风格的饥荒救援，就像不可能指望当时的约翰·罗素伯爵政府会派遣直升机把玉米空运到凯里郡一样。现代历史学家卡尔·西奥多·霍本指出，"尽管政府的反应极其低效、勉强而有限，然而，若要取得更卓著的成就，或许非得有一个不惜一切代价致力于为穷人谋福利的威权国家才行。"

因此，大饥荒的历史确实非常悲惨，而且，一旦想到——正如历史学家暗示的——自由党在不列颠本土竭力争取到的一些善举，反而相当于给爱尔兰这副棺材铆上了更多的钉子，这个事实便让我们更加哀叹不已了。维多利亚时代早期的自由主义者们主张，国家应当少干预，而非相反。诸如自由党党徒科布登和布莱特之流，其实是出于好心地，把保守党人阿什利勋爵改善工人工作条件的措施视为是国家在施行暴政，相当于以不当途径搞社会主义。对于信奉自由放任政策的经济学家来说，"国家应当肩负起为公民谋福利的职责"的观点是可怖的。而自由放任主义和马尔萨斯理论结合起来的结果，正如我们所见，便是涌现出专为激发穷人的"奋斗和自助精神"而打造的一座座可怕的济贫院。

在推动社会全面富裕方面，在工业化的北方诸地，经济效益正一步步彰显出来。到1845年，边沁主义已影响了整整一代人的政治观。他们对于国家援助的想法天生感到怀疑。他们相信，如果创建出那种日后被称为"依赖性文化"的东西，那么国家迟早要破产。在这种思想感召下，虽然渐渐得知了大饥荒的严重程度，但是国家方面本能地觉得不必采取什么措施——不要说提供福利了，就连更低层次的一点点经济保护也不要提供。为了取消谷物保护政策，他们不是刚刚才辛辛苦苦争取了整整十年吗？难道就因为爱尔兰人正在挨饿，就要放弃好不容易争取到的胜利吗？

正是在这一点上,英格兰人那种阴沉的、难以否认的反爱尔兰偏见开始发挥作用了。之前的"梅努斯补助金事件"激起的返祖式的非理性情绪,并不会因为 1845 年夏末开始传到英国本土的饥荒消息而自动消失。事实上,"梅努斯补助金事件"暴露出的宗教偏见,恰好证明许多英格兰新教徒都相信自己的马尔萨斯式直觉:"另一座岛上"的居民们全都是些不知节俭、愚昧迷信之徒。

> 且看全能者如何践踏列国的骄傲,真是恐怖至极。刀剑、瘟疫、饥荒都是他表示不悦的手段;神言说,尺蠖和蝗虫是他的军团:于是一卷圣书便被啃毁;我们看见一国扑倒,伸手求饼。这些全都是庄严的警告,使我心生敬畏;它们发出不容置疑的宣告:"无疑,上帝在审判大地!"

这段话既非出自某位街角布道的阿尔斯特省①煽动家之口,亦非出自某位福音派主教之口。它出自内政大臣詹姆斯·格雷厄姆爵士写给罗伯特·皮尔爵士的信函。首相与格雷厄姆的宗教观大体相似。这些便是当时的温和派的典型态度。他们许多人认为饥荒爆发乃是爱尔兰人因为崇拜邪神而遭到的天惩。一些新教徒甚至认为,正如一本小册子所言,饥荒降临是一份"别致的'恩惠'",是为了呼吁罪人们接受福音派真理,并消除一切人为障碍,走向"神圣的精神和经济秩序"。

所谓的大饥荒,其实是持续数年的一系列灾难。基本情况是这样的:1845 年夏,真菌病在爱尔兰首度爆发,马铃薯作物产量遭受重创。爱尔兰部分地区侥幸逃过了这场灭顶之灾,然而马铃薯总产量损失了近三分之一。到 1846 年,马铃薯枯萎病进一步加剧,产量损失高达四分之三。到 1847 年,产量虽有所回升,但绝望的饥民几乎把种薯都吃光了,马铃薯的播种面积严重缩水。到 1848 年,马铃薯的产量才恢复到正常年份的三分之二左右,不过,直到 1850 年,最糟糕的时期才宣告结束。

在此期间,政府也发生了变化。在《爱尔兰高压法案》上,皮尔在下议院遭遇了惨败,但正如我们看到的,他其实在废除《谷物法》期间便跟自己领导的政党"兵戎相见"了。闻听 1845 年爱尔兰马铃薯歉收的噩耗之后,他的第一

---

① 阿尔斯特省(Ulster)是爱尔兰古代四省份之一,用于指代爱尔兰。

反应便是：制定公共工程计划。如此一来，便创造出14万个就业岗位。他还调拨了10万英镑救济款，外购美国玉米，低价卖给嗷嗷待哺的饥民们。这些措施确实缓解了部分压力，不过，想使救济行动真正奏效，必须将粮食送到真正急需者手里才行。现实是，爱尔兰的铁路总里程只有400英里，西海岸一个港口都没有，几乎找不到可供运粮船停靠的港口。

1846年夏天，约翰·罗素勋爵①领导的自由党上台，对于皮尔此前采取的相对慷慨的援助措施，他们并没有多大的跟进热情。爱尔兰历经了一整年无可名状的苦难之后，1847年，英国本土爆发了与此毫不相干的银行业危机。至此，爱尔兰人饱受饥荒之苦已经两年，数十万人丧命，苟活下来的人也纷纷背井离乡，漂泊海外。在写给爱尔兰总督克拉伦登伯爵的信中，财政大臣查尔斯·伍德爵士道出了对此事的看法——"目前，从经济上讲，我的做法再简单不过了。我们手头也不宽裕，所以什么也不会给他们……那里的人既然拒绝工作、不肯播种，那就挨饿好了，我恐怕那里许多地方都是如此。"英国政府确实向爱尔兰饥民提供了救济——大概划拨了700万英镑的救济款，政府相信铺张浪费乃是犯罪，况且它还自感手头太紧。值得注意的是，7年后，为了克里米亚战争，英国政府筹措了高达7 000万英镑的战争经费。

有多少人丧命？又是为何而死？第二个问题其实为第一个问题给出了令人毛骨悚然的答案。事实上，就爱尔兰爆发饥荒的原因，我们需要从两个层面来阐述。问题并不仅仅在于某种真菌病毒毁掉了某块根茎，尽管一开始确实是如此。

1845年，爱尔兰人口已经达到大约830万。确实，多年来爱尔兰跟欧陆其他地区一样，人口急剧增加；不过除了收成不好的年头发生的个别饥荒以外（在当地的地主或其他人的援助下，这些饥荒通常都得到了解决），并没有理由表明该岛上的居民养活不了自己。"没有证据表明：在饥荒爆发之前，爱尔兰的人口过多。"

不过，依后见之明来看，这群人的谋生方式可谓充满隐患。耕种20英亩

---

① 约翰·罗素，第1代罗素伯爵（John Russell，1st Earl Russell，1792—1878），英国首相（1846—1852，1865—1866）。其孙伯特兰·罗素是著名的哲学家、1950年诺贝尔文学奖得主。

或更多土地的佃农，如果不幸摊上了马铃薯枯萎病，也许会有点麻烦，或者比麻烦更严重点。有证据表明，这类耕种一定面积土地的小农们没有一个饿死的（更不必说那些大地主了）。爱尔兰社会的鸿沟与其说在于地主和佃户之间，不如说在于拥有起码 20 英亩土地的人和土地不到 20 英亩或根本没有土地的人之间。在爱尔兰，绝大多数农民只有一小块可耕地，唯一作物就是马铃薯。其内陆水域不乏鱼类资源，但是捕鱼者寥寥无几；他们也不像威尔士人、苏格兰人和康沃尔人那样出海捕鱼。爱尔兰属于农耕社会，之前英格兰农村发生的重大变革，对于爱尔兰农业没有产生丝毫影响。对于爱尔兰的小农经济来说，马铃薯作物可谓理想至极。它们基本无须侍弄，简简单单往地里一栽，它便自己生长，最后挖出来吃掉便可。一年中有好几个月，农夫尽可以拉拉小提琴，唱唱歌，无须干什么农活。在爱尔兰，直到 18 世纪《刑法》废除之前，天主教子弟们一般都去"篱笆学校"念书——教士们为了绕开法律禁令而开办的露天学校。埃德蒙·伯克显然上了一所好学校，然而对大多数爱尔兰人来说，受教育的机会微乎其微。这样的爱尔兰怎么可能产生什么卡莱尔式的、受过良好教育的农人呢？在爱尔兰，"新教优越阶级"优势明显，以至于《天主教徒解放法》颁布四年之后，整个爱尔兰依然没有一位信仰天主教的法官。

大地主坐拥一方，富裕的佃农也在这种体制中生活无忧。这种类型的经济不可避免地催生出比英国本土还要多的窃贼，因此这一时期爱尔兰的犯罪率居高不下，远超英格兰。对同时代的英国人来说，这只能说明爱尔兰人品格不端，喜好暴力。事实上，假如你无中生有地创建一个像爱尔兰一样的新教占绝对优势的社会，该社会底层的 400 万人（总人口 800 多万）毫无教育或经济机会，接收不到任何激励，那这个人群到头来必定也会像爱尔兰的小农阶层一样，一辈子只耕种一小块田地，此外啥也干不了。这个贫穷、为数众多的人群实在可谓不幸，只靠马铃薯块茎苟活，而这种作物自从 17 世纪从国外引进爱尔兰之后，没有任何迹象表明它有朝一日会遭受可怖的惨败。土豆稳产可靠，易于种植，因此成为爱尔兰农民的首选食物。在爱尔兰，马铃薯的种植面积达到 200 万英亩。300 万人只吃马铃薯为生。（成年男子马铃薯的日消耗量达 12—14 磅。）

在大饥荒爆发前，凡是来爱尔兰观光的游客，无不对农民的贫困震惊不已。1841 年，在戈尔韦，弗劳德目睹了如下一幕："孩子衣不遮体，12 岁大的男孩子光着身子四处乱跑……居民们——除了那些找个警察差事干的之外——瞧上去更像是肮脏的猿人部落，而不是人类社会。"一位法国观察家说，"在爱尔兰，映入眼帘的，要么是堂皇富丽的大城堡，要么是破败不堪的小木屋。"记录者都注意到贫苦农民的居住状况糟糕至极，地面是裸露的泥地，屋顶糊着泥炭，居室里污秽不堪。

类似的景况在英格兰也一样存在，农业工人的收入不断下滑，已大大低于工厂工人的工资。然而，英格兰的经济建立在工业和食利阶层投资的基础上，所以远比爱尔兰富裕强大得多。爱尔兰地主阶层内部存在着巨大差异。在地主们富于同理心的地区，人们往往能顺利熬过饥荒。不过许多地区的地主们要么冷血无情，要么根本就不在场。"外居地主"的庄园里的农民，根本无法指望得到富裕小佃农或庄园管家的同情或帮助。在饥荒肆虐的年月，饥民们若跑到富农家里偷粮吃，后者会毫不留情地逮住这些小偷并予以严厉惩罚。由于"租用"小块土地耕种的佃农拿不出缴地租预付金的钱，富农们在付薪酬时便不给现金。（他们相信靠着租种的半英亩小块土地所产，这些佃农便足以养活一大家子人。）因此，许多人根本掏不出购买廉价进口玉米的现钱。"租用小块土地"所缴的地租，每英亩为 12—14 英镑，无须现金支付，而是靠出卖劳力。当时，在韦斯特米斯郡，普普通通的一个 4 至 7 口之家，要想糊口，一天的花销为 10 便士。就为了赚取这区区 10 便士，佃农们只得去政府为"创造就业"而开设的工厂做工，上工走 3.5 英里，收工走 3.5 英里，一天只吃一顿饭——一小份燕麦粥。饥民们一旦有点体力就揭竿而起，掀起暴力事件，便不足为奇了。

到 1846 年 9 月底，在沃特福德郡的克拉什莫尔村，饥民们只仰仗着吃黑莓苟活，在科克郡的拉斯科马克小镇，饥民只能吃白菜叶。在利特里姆郡的克卢恩村教区，2.2 万居民无面包可吃，也没有面包师给他们做，然而，与此同时，邻近农场里种植的玉米却被收割、装袋后出口。科克郡附近的约尔港，"愤怒的"群众试图拦截一艘满载出口燕麦的船只，引发了骚乱。沃特福德郡的邓加文小镇，一群饥肠辘辘的失业者闯入镇内，洗劫商店，威胁杂货店商和店主不准出口谷物。警方的清剿行动失败，政府出动了王家龙骑兵团。群众捡起石头还击。在宣读完《取缔暴动法》条款之后，大兵们随即开火，致使数人受伤,两人丧命。

　　"万能者诚然会让马铃薯枯萎,然而,英格兰人却是饥荒的罪魁。"约翰·米切尔在《对爱尔兰的最后一次征服(或许是最后一次):1860》里如是说道,不难理解,这也成了爱尔兰人——尤其是那些因饥饿而被迫流亡者——坚定不移的认知。现代历史学家与其说倾向于把责任归咎于个人如英国财政部常务大臣查尔斯·爱德华·特里维廉,不如说倾向于指责整个统治阶级的心态以及那些当时被视若无睹,按现代标准来看却是令人发指的不平等现象。统治阶级几乎所有成员都持有跟特里维廉类似的态度。

　　然而,约翰·米切尔这句著名的断言(几乎可谓"战争宣言"了)并非只是一句妙论而已。对于饥荒的恐惧在爱尔兰农业社会整体结构中根深蒂固,这一结构将爱尔兰土地和财富置于英格兰贵族(抑或其实就是英国本土)的掌控之下。像约翰·罗素勋爵等奉行自由放任经济政策的人认为,应当为爱尔兰饥民负责的不是政府,而是爱尔兰地主。在英国史册上,你再也找不到比这个更冷酷无情地被贯彻到底的政治信条了。不过约翰·罗素勋爵政府在考虑爱尔兰问题时,面对的并不是一座与他们无甚关系的遥远岛屿。在上议院,四分之一贵族与爱尔兰有经济利益关系。

约翰·罗素勋爵

　　1848 年的内阁,在三位辉格党首辅大臣当中,只有罗素本人在爱尔兰没有直接资产。在英国议会里,许多议员在爱尔兰都有地产。罗素内阁的外交大臣帕麦斯顿勋爵在斯莱戈郡拥有大片土地。跟许多地主一样,佃农们忍饥挨饿时,他跑得远远的,至于伸出援手更谈不上了,而是宁愿把他庄园里成百上千的饥民拿轮船运到加拿大了事。1847 年 11 月,"埃俄罗斯"号轮船满载着 428 名饿民抵达加拿大圣约翰港,船上的乘客几乎全是帕麦斯顿子爵的佃农。对于当时船上的状况,媒体报道如下:

　　　　船上载有众多的上了年纪的老人,男女都有,还有大批妇女儿童,全部处于赤贫的惨境,衣衫褴褛,衣不遮体……有个小男孩,十来岁的模样,被人带到甲板上,居然一丝不挂。

一到圣约翰港才发现,船上的乘客死了八个。加拿大港口的居民觉得没有多余地方安置如此多难民,强烈要求官方给"埃俄罗斯"号上的乘客寻找免费搭乘的船只,将他们送回老家。该事件成为丑闻,备受关注,因此帕麦斯顿被召至下议院,勒令发表声明,谴责他的爱尔兰庄园管家们。这些庄园管家反过来诱逼帕麦斯顿的佃农们给圣约翰新闻报社写了一大堆毫无可信度的感谢信,表达对大恩人帕麦斯顿勋爵将自己从大饥荒危难里拯救出来的感激涕零之情。这些难民被迫滞留于码头边的贫民窟里,苦苦挣扎,朝不保夕。是年冬,圣约翰大街上挤满"成群的哀民,沿街四处游荡,伸手向每一位过路人讨乞,妇女儿童呆呆地伫立在雪中,无鞋无袜,几近衣不遮体"。更多难民去了纽约。有些则来到英国,冒着英国工人阶级反爱尔兰情绪频频高涨的风险,通常只能充当挖土工之类最卑微的苦力,被迫跟家人分离。这些人还算幸运,捡了条命。在饥荒肆虐的五年里,爱尔兰人口从 800 多万锐减到 600 多万。其中约 100 万人死于自然灾害或者(通常是强制性的)土地清理。

这就使爱尔兰在 1845 年至 1850 年饿死的人口总数达到 110 万,这一数字将永远钉在英国历史的耻辱柱上。在此期间,端坐于都柏林城堡里的爱尔兰总督继续领着 2 万英镑的年俸。(首相年俸为 5 000 英镑。)当韦斯特米斯郡的劳工们每天往返 7 英里、为了挣得 10 便士的活命钱而苦苦挣扎之际,当 100 多万人因为缺食少粮、无物可食而暴毙之际,爱尔兰总督照旧过着穷奢极欲的宫廷生活。1848 年,克拉伦登勋爵一家的家庭总收支账目表明,酒类消费为 1 297 英镑,肉类为 1 868 英镑,禽类为 619 英镑,鱼类为 352 英镑,奶油为 562 英镑。克拉伦登勋爵身为爱尔兰总督,支持着仰仗大拉自由贸易选票而上台的政府,却在打击饥荒最严重地区的投机倒把事件上毫无作为。1846 年底到 1847 年春,一整冬玉米价格飞涨,投机商们靠出售进口玉米大发国难财——"据说,科克郡的商人们从中大赚了一笔,高达 4 万至 80 万英镑,"那个时代的一位心情沮丧者写道。

政府出动了防暴警察和军队镇压愤怒的暴民,还心怀不轨地作出承诺,将给军警追加后勤保障物资。为了平息这场"粮食骚乱",特里维廉为 2 000 名防暴队员筹集了牛肉、猪肉和饼干,以便他们接到指令后能够第一时间被动员起来。

这一切已经足够恐怖,对于饥民的苦难和统治者的冷酷程度,我们无须也没必要予以夸大了。不过我们也不应由此得出偏见的看法,即在圣乔治海峡的英方一侧,没有人对正在发生的事感到震惊,或者一切有钱有势者全是(借用贝克莱主教①描述爱尔兰地主的说法)"铁石心肠的秃鹫"。1846 年底,伦敦金融城的一群"商业巨头",在莱昂内尔·德·罗斯柴尔德男爵和托马斯·巴林先生②领导下成立了"英国救济爱尔兰及苏格兰偏远教区极度贫困协会"。特里维廉认为这个救济协会根本派不上用场,不过,事实上维多利亚女王捐出 2 000 英镑,罗斯柴尔德家族捐了 1 000 英镑,德文郡公爵(除了在英国拥有各类宫殿以外,爱尔兰沃特福德郡的利斯莫尔城堡也是他的产业)捐了 2 000 英镑,查尔斯·伍德爵士捐了 200 英镑。救济协会任命波兰裔英国人斯切莱茨基伯爵管理救济金的发放。福音派基督徒和贵格会教徒们则协助救济协会的日常运作。

然而,英方的这些友好举措,无疑是在一股偏见和怨恨的浪潮中逆流而行的。涌入英格兰贫民窟的爱尔兰穷人,激起的不是英格兰人的同情心,恰恰相反,却是恐惧和蔑视。英国辉格党自由派的喉舌《曼彻斯特卫报》认为,饥荒暴发的根本原因在于爱尔兰人对农业、家庭和生活普遍持有的不负责态度。这家报纸自以为是地指出,英格兰小农绝对不会像爱尔兰人那么干,把只够养活一家人的农场一分为四。(爱尔兰人之所以如此,自然也是出于经济上的无奈,这一点却被《曼彻斯特卫报》随随便便给忽略了:在达尔文主义物竞天择的丛林中,经济疲软无疑与"罪恶"同义。)英格兰人怎么就不挨饿呢? 诀窍就在于:"他们教导有方,孩子们打小就养成了勤俭持家的好品质——使他们个个都有自食其力的能耐——之后,被送出家门闯世界,自己找活儿干。"

在大饥荒引发的骚乱中,涉及暴力问题时,英格兰采纳双重标准的实例比比皆是。英国本土为了保障自己自私的生活方式,不惜动用庞大的军警,时刻准备对饥民开火,却宣称是为了捍卫法律、维护秩序。而爱尔兰人若想复仇,便沦为恐怖分子。自由贸易主义者兼反《谷物法》运动的大英雄约翰·

---

① 即哲学家乔治·贝克莱。
② 托马斯·巴林(Thomas Baring,1826—1904),英国自由党政治家。

布莱特,把爱尔兰人深陷饥饿惨境的原因解释为他们生性懒惰——"我相信如果展开调查,会发现跟不列颠相比,爱尔兰人每周工作的时间不超过两天。"1846年到1847年,爱尔兰杀人案件显著飙升,令英国自由党惶惶不可终日。据报道,1846年爱尔兰共发生了68起谋杀案,55起枪击案,1847年飙升到96起谋杀案,126起枪击案。这位来自罗奇代尔的纺织品制造商①并未将这些重大案件置于每年数十万人死于饥饿的大背景下来考量,反而将忍饥挨饿的凯尔特人的一切暴力行为归咎于其天生的懒惰。"一个民族,不勤劳、不工作,不承受犯罪和暴力风险才怪呢。爱尔兰人游手好闲,于是就忍饥挨饿;又因为饥饿难当,于是就造反。"

其实,这句话中逻辑可谓混乱之至。最令人吃惊的是,爱尔兰人并未在饥荒暴发期间或刚一结束就立即大搞叛乱;而且正如我们已经充分提及的,虽说1845年前存在着贫困或者极度贫困现象,然而,许多爱尔兰家庭只靠吃马铃薯,依然设法艰苦卓绝地活了下来。爱尔兰的社会经济结构——在此经济结构中,爱尔兰贫民只租得起四分之一英亩或半英亩土地去种土豆,而单单一个德文郡公爵便拥有利斯莫尔城堡、博尔顿城堡(占半个约克郡)、查特斯沃思庄园(占半个德比郡)以及整个伊斯特本镇,外加伦敦一座规模宏大的宫殿——绝非爱尔兰农民之过。

到了1848年和1849年,约翰·罗素勋爵政府的态度已变为极端的马尔萨斯主义(更不用说达尔文式的了)。饥荒过后,疾病来袭。1848年,霍乱疫情席卷了贝尔法斯特和梅奥郡,并蔓延到其他地区。济贫院人满为患,痢疾、热病、眼炎大肆流行——1849年罹患眼炎病的有13 812例,1850年飙升到27 200例。克莱伦登和特里维廉开始采用委婉说法——"天灾"——来指代因为饥饿造成的死亡。温和的柏拉图主义者兼黑格尔派哲学家本杰明·乔伊特曾经指出,"那些政治经济学家总是让我心怀恐惧,比如一位仁兄跟我说,他倒很担心1848年的爱尔兰饥荒造成不了超过100万人的死亡,因为那样一来就用处不大了。"西德尼·史密斯总能一语中的:"一提到爱尔兰这个名字,英格兰便似乎立刻抛开了同理心、谨慎和常识,突然之间变得行为如暴君,愚蠢如白痴。"

---

① 指约翰·布莱特。

第 7 章　维多利亚时代的人在意大利

维多利亚时代的人面对爱尔兰时,表现出其性格中最黑暗、最悲观、最专制的一面,面对意大利,却展现出他们性格里的光明、乐观和对于自由主义未来的信心。格莱斯顿对于意大利的态度就是一个典型的范例,它不仅折射出他自己的,也反映出了他同代人的心路历程。此人维持非凡而持久的政治生涯的一个诀窍,便在于虽说性情古怪,但其实是一位不折不扣的黑格尔派,身体力行着他那个时代的精神。正如他那位自由派传记作者兼"英雄崇拜者"约翰·莫利看到的,"在缓慢而几近茫然地卸下了所肩负的旧保守主义传统重担的同时,格莱斯顿先生起初仅仅中规中矩地执行着自由主义,未曾有所超越。"然而,1850 年秋他造访意大利,从此"无可选择地投入了欧陆自由主义大潮"。

1832 年,格莱斯顿初访意大利时正值青春年少,同行者中还有哥哥约翰。打那以后,意大利便成了他心中的要冲,这里是但丁的国度,在格莱斯顿看来,这位大作家仅次于他最推崇的荷马。此外自不必说,在他心中,这里也是一片放浪的乐土;1849 年,他开启了一段近乎荒唐的旅程,去"解救"一位林肯女士——她是格莱斯顿在伊顿公学念书时一位老友的夫人,跟沃波尔勋爵一同私奔到意大利。在追踪俩人之余,格莱斯顿抽空去看了歌剧《拉美莫尔的露琪亚》以及威尔第的早期歌剧《强盗》。他一路狂追,从那不勒斯追到米兰再追到莱科,沿途顺便领略了壮美绝伦的异域风情——可惜,还是没能把这位女士如愿带回英国老家,当发现她身怀六甲时,格莱斯顿大惊失色。其实,正是他这番笨手笨脚的追踪才使她陷入了困境。

次年,即 1850 年秋,为了给一个女儿治疗眼疾,他又开启了意大利南部之旅。他们原本是去不了那不勒斯的,因为当时意大利时局不稳,统一和独立的希望渺茫不定。此前,为了反抗奥地利占领意大利北方,朱塞佩·马志尼曾密谋暴动,计划泄露后被迫流亡到伦敦。卡米洛·奔索·加富尔——宪政革命的总设计师和意大利王国的缔造者——也在海外流亡。在 1848 年革命的感召下,那不勒斯王国人民拼死抵抗;格莱斯顿在英国驻意大利公使馆蜗居了三个月,大开了眼界,深刻了解了波旁王朝的统治本质。当时,英国公使馆的当班大臣(大使)是帕麦斯顿勋爵的胞弟威廉·坦普尔。英裔意大利人约瑟夫·拉卡伊塔时任公使馆秘书,后来当上了伦敦玛丽王后学院的教授,并成了格莱斯顿政府驻意大利和希腊的欧洲事务顾问。通过拉卡伊塔,格莱斯顿得以去参观了那不勒斯监狱,见到了卡洛·波埃里奥男爵,后者曾短暂担任过那不勒斯自由派政府的部长,后来经过公审,被判处 24 年监禁。目睹了那不勒斯监狱的惨况和囚犯的遭遇后,格莱斯顿认识到"严厉而毫不妥协的"宗教专制主义所能酿就的可怕恶果。许多政治犯未经审判便被投入大牢,跟普通的暴力犯羁押在一起。卫生状况之恶劣令格莱斯顿闻所未闻。这里,"我们先辈的智慧"暴露无遗——中世纪的统治和镇压体制令这位宗教古

威廉·尤尔特·格莱斯顿

板派、托利党党徒都畏惧不已。"无知—迷信—阻塞—炮烙—拷问台—污秽—疾病"——狄更斯曾打趣地用来装饰他的小图书馆的这组"先辈的智慧"——在 1840 年代的那不勒斯依然活生生地上演着。

格莱斯顿将这些教训铭记于心。他自己所持的英国国教的偏执,跟波旁王朝统治者和那不勒斯天主教会的偏执之间,究竟有何不同?为什么他本能地相信意大利人的自治渴望既令人钦佩又充满正义,而转回头对于爱尔兰人的那些期盼——哪怕无法自治,至少也给点宗教和经济上的自治和独立——却置若罔闻?就格莱斯顿而言,从英格兰本土主义托利党人到"人民的威廉"的转变,此刻已然开始,而其为之献身、注定要"遭遇惨败的政治大业"——"绥靖爱尔兰的使命"——确实可以说正是由那不勒斯监狱之行发端的。

而狄更斯的意大利之行——那是在 1844 年——则是证明了这位大作家走到哪儿都活在自己想象世界中的本领。狄更斯妙笔生花地描述了热那亚

的药店,但它们要是坐落在伦敦赞善里①也一样成立——而他笔下的"大法官巷",罗马的公开处决(断头台)场所,挪到巴黎也不会显得突兀。他在游记《意大利风光》结尾,还令人失望地重申了那种维多利亚时代自由派的人类进步观察的老调。"我们不要持无关痛痒的态度而把意大利抛诸脑后,因为在它倾圮的庙宇里的每一块残片上,在它荒弃的宫阙和监牢的每一块石头上,都向世人时时刻刻地昭示出如是训诫:时光之轮滚滚向前,奔向终点,而就一切伟大的本质而言,世界滚滚向前,将会变得更美妙、更温良、更宽容、更充满希冀!"书里最生动鲜活的部分不是关于什么意大利的文化、宗教或历史的,而是对维苏威火山的描写。在狄更斯一行人脚下,维苏威火山闷燃的硫热和能量沸腾涌动,恰好呼应着他心中那口沸腾的想象热锅。他以独特的"狄更斯风格"描述这一切,从皑皑白雪的峰巅宛若"一块太古时代的主显节糕饼",到他为向导起的绰号——"波蒂奇城的泡菜先生"。

跟上述二人相比,约翰·罗斯金则是一位严肃的亲意大利者。18世纪的意大利成了贵族收藏家和业余收藏爱好者眼中的大目标。富于维多利亚时代特色地,两位意大利文化的杰出英国阐释者,一位是身为酒商之子的罗斯金,另一位是银行职员之子罗伯特·布朗宁。若论从意大利汲取的教训,罗斯金的所得要比格莱斯顿或狄更斯丰富复杂得多。

查尔斯·狄更斯

对于格莱斯顿对于在那不勒斯所见的恐惧反应,罗斯金表示不敢苟同,认为它们还欠点火候:

> 一位英国的普通旅行者,倘若能够亲手采摘一串黑葡萄,并幸得一位黑眼睛的女郎为他奉上一瓶费乐纳斯白葡萄酒,便会萌生此生来世夫复何求之感;他就会向世人宣告:那不勒斯便是天堂。然而,自从我的双脚在火山灰上留下一道道足迹的那一刹那开始,我便晓得,一切均由火山渣构成,在山势和山色方面,人世间没有哪一座山是完美无缺的;与此同时,我也晓得,倘若碧蓝的海浪在黑色的沙滩上被击得粉碎,那蓝色之海也没有什么值得夸耀的。

---

① 赞善里,又译为大法官巷。

确实,对于格莱斯顿先生在那不勒斯监狱里所见的那种天意对惨况的袖手旁观,我也同样心怀明智的愤懑!不过,据我所知,除了拜伦和我之外,不管是格莱斯顿,还是其他英国人都未曾意识到,它更使亚平宁山脉沦为一堵监牢的高墙,使整个意大利的现代生活陷入了耻辱和罪恶的深渊,与意大利人祖先的荣耀以及上帝的仁慈理念背道而驰。

作为来自英国的游客,罗斯金的头号目标便是在意大利被无知、被战争、被现代工业摧毁之前,尽可能多地将它记录在精确的素描中。他相信——事实证明也是如此——在浓烟滚滚的烟囱和铁路永久性地毁掉古老欧洲之前,他将是有幸目睹古老欧洲的最后一代人。他见到的古罗马广场废墟仍和当年历史学家爱德华·吉本看到的一样,这是后代子孙们再也无法领略到的美景了。

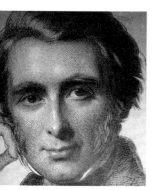

罗斯金对于意大利共和运动恨之入骨,认为该运动具有极大的破坏力。1845 年,他给父亲的信中写道:

> 我确实觉得,魔鬼已经降临人间,怒气冲天,因为他知道自己时日不多了。如果他照此速度继续下去,他确实时日不多了,因为再过 10 年,世上就只剩餐馆、赌场和更龌龊之所了……法国人谴责圣马可修道院,而我正要去那里,并且弗拉·安吉利科的所有画作被他们扫地出门之后才得以保存下来。

约翰·罗斯金

同时,对于罗斯金而言,意大利又是引发一系列精神启示的圣地。比萨城圣坎普公墓的壁画描绘了基督教的救赎故事,再度唤起他对于基督教传统本质的理解。他曾从母亲尊奉的极端福音派教义里挣脱出来,成了一个隐秘而枯寂的无信仰之人,如今又开始沉迷于一种富有想象力的天主教信仰,接受了曾构建并形塑了欧洲想象力的天主教神话故事。在佛罗伦萨,众多英美中产阶级游客和外国侨民蜂拥而至,"我当然对于伦敦纽盖特监狱模样的宫殿深恶痛绝;而古老的店铺和市集街才能够叫我兴趣益然;佛罗伦萨大教堂的内部阴森恐怖,而它的外面却充斥着难解之谜。"

然而,意大利有一座城市将与罗斯金的名字永远连在一起:威尼斯。从某种程度上讲,要是读者们对于他的妻子埃菲·格雷不表达点同情的话,那简直是太不人道了，因为实际情况是，陪新婚妻子在威尼斯游玩时，他时常把她晾在一边，自己揣着速写本，着魔似的一头扎进要察看的古建筑里。不过还有一个更紧要的事实，读者们不宜忽略：埃菲从来不是罗斯金一生的最爱，威尼斯才是。曾几何时，最让罗斯金忧心的是，意大利人跟奥地利人于1848年打的那场战争可能会毁掉他最心仪的古建筑。《威尼斯的石头》第一卷完成于1850年，这部著作远非一本纯粹的建筑手册那么简单。它试图描绘出一方文明的灵魂。多年以后，当被美国画家詹姆斯·惠斯勒告上法庭时，罗斯金要求自己的辩护律师把他于1864年以1 000英镑购得的一幅画拿给证人席看。① 该画的主角是威尼斯总督安德烈·古利提，在诽谤案的审理期间，伯恩-琼斯作证说，此画才是"一幅完美画作该有的模样"。（该画跟惠斯勒的那幅截然不同，罗斯金称后者②为"把颜料罐打翻在了画布上给观众们瞧"。）罗斯金认为，威尼斯总督画像出自提香之手（不过现代专家们却不认同这个）。然而，他之所以买下这幅画像，原因之一在于它散逸出的美感并不止于画作本身。对于罗斯金来说，以贸易和航海业为主的城邦和帝国正象征着大不列颠。良善的总督跟罗斯金的老爹约翰·詹姆斯一样是商人。在威尼斯，人人都在"搞贸易"。事实上，"商人为王"是罗斯金自身阶层的象征，该阶层如今已经在英国崛起。维多利亚时代的英国将会克服道德挑战，变得像建造出那些成为罗斯金灵魂一部分的菲拉纳教堂、总督府和圣马可大教堂之类圣物的，处于道德、政治和商业的全盛期（哥特时代）的威尼斯一样吗？抑或，它是否会像威尼斯一样，陷入道德"沦丧"的深渊呢？——对于罗斯金来说，接受了"后中世纪"的世俗观点，建出巴洛克式和帕拉第奥式风格的教堂，便是这种"沦丧"的象征。

　　这个问题也可以用一首关于威尼斯最著名的英国诗歌来提出，作者是罗斯金的同胞、居住在坎伯威尔的罗伯特·勃朗宁：

　　　　他们曾经生活在商人为王的威尼斯，那是何等情景？

---

　　① 画家惠斯勒因不满罗斯金对自己画作的批评，对后者提出起诉，结果是判决惠斯勒获胜，罗斯金公开道歉和支付象征性赔款。参见本书第26章对这一事件的介绍。
　　② 也就是惠斯勒的画作《泰晤士河上散落的烟火：黑和金的小夜曲》。

那里圣马可教堂依然矗立,那里总督们曾经奉上指环与大海成婚?

呜呼,因为那里大海便是长街;它被……筑成拱形,你将它称作

……其上附有宅邸的夏洛克桥,那里他们曾经庆祝狂欢节:

我从未踏出英格兰半步——但似乎我已瞥见了这一切。

这首名为《加卢皮的托卡塔曲》的诗,就像罗斯金的《威尼斯的石头》一样,凝视着日渐式微的威尼斯城——"尘埃落定,灰飞烟灭,威尼斯败光了威尼斯挣来的万贯家财。"这首诗究竟是披露出世间万物转瞬即逝的真相呢,还是一首关于花光了所有积蓄的荒唐行为(这些积蓄本应当以购买"统一公债"的形式攒起来)的资本主义式歌谣?

朱塞佩·马志尼曾给一同流亡的同胞读过勃朗宁的诗《意大利人在英国》,以向他们阐明英国人也能体恤他们这些身处困境的流亡者。从本质上讲,这首诗相当于一部精缩版的间谍小说,讲述了一位意大利自由战士(显然指马志尼)被战友出卖、被迫流亡异国他乡的故事,尽管奥地利人依旧控制着意大利,但马志尼始终坚信,有朝一日,祖国必将赢得独立。

在那些把意大利视为祖国的英国流亡者中,最著名的当属罗伯特·勃朗宁及其妻子①了。两人曾经演绎了一场惊世骇俗的爱情故事。伊丽莎白·芭蕾特·勃朗宁身材娇小、长期瘫痪在床,是一位残疾女子;父亲属于破落绅士,20 岁时有了这个女儿。在伊丽莎白的母亲芭蕾特夫人(她一共生育了 12个孩子)于 1828 年过世后,父女之间的关系更亲密了。伊丽莎白自幼体弱多病,父亲让她整日待在家中,处于半囚居状态(她有肺结核病),同时某种程度上她也充任了家中的女主人。情势所迫,她不得不选择逃离,而爱情为这种逃离给出了最佳理由。在勃朗宁写给伊丽莎白的第一封情书里(1846 年 6 月16 日),他激情四溢地表白道:"我全心全意地爱你的诗,亲爱的芭蕾特小姐……我也爱你这个人……"如此美妙的开场白之后,俩人难免要深深沉陷

---

① 罗伯特·勃朗宁(Robert Browning,1812—1889),维多利亚时代与丁尼生齐名的诗人之一;其妻伊丽莎白·芭蕾特·勃朗宁(Elizabeth Barrett Browning,1806—1861),又称勃朗宁夫人,著名女诗人,15 岁时骑马跌损脊椎,后与小其 6 岁的罗伯特·勃朗宁结婚,享受了美好的爱情和人生。她的作品对艾米丽·狄金森、艾伦·坡等人都有影响。

于彼此的戏剧性生活而不能自拔了。吉尔伯特·基思·切斯特顿明智地提醒我们，切勿指望这些信件给"多愁善感的凡夫俗子"带来欢愉。信中的内容并无明目张胆的情色意味，甚至理解起来还挺费脑子。

　　两人于 1845 年 5 月 20 日相识。1846 年 9 月 12 日，一封密谋信和数次幽会后，他们在圣马里波恩教堂神不知鬼不觉地举办了婚礼，勃朗宁的表兄弟（詹姆斯·西尔弗索恩）和伊丽莎白·芭蕾特的女仆威尔逊小姐担任见证人。婚礼结束后，芭蕾特小姐返回坐落于温坡街的老爹家里，一副若无其事模样。9月 20 日，罗伯特·勃朗宁和伊丽莎白·芭蕾特·勃朗宁在忠仆威尔逊小姐陪同下，牵上爱犬弗卢什，从南安普敦登船出发，在法国勒阿弗尔登岸。自然，他们一路前往意大利：先去比萨，又于 1847 年 4 月 20 日去了佛罗伦萨，在那里，他们将断断续续地度过接下来的 15 年。

罗伯特·勃朗宁

　　两人结婚时，勃朗宁 34 岁，伊丽莎白·芭蕾特 40 岁，还患有肺结核。夫妇俩谁都没料到她竟然能活那么长时间，更没想到在两次流产后她竟然给勃朗宁生下了一个"漂亮而又健壮的男孩"——罗伯特·威德曼·芭蕾特·勃朗宁，小名佩恩。

　　在英国同胞眼里，勃朗宁是仅次于罗斯金的意大利文化阐释者。但丁·加百利·罗塞蒂跟勃朗宁同游卢浮宫时，发现后者对意大利早期艺术的了解要比罗塞蒂所遇到的包括罗斯金在内的所有人都更胜一筹。不过，虽说勃朗宁对于意大利如痴如醉，爱它的文学艺术，爱它的品位、色彩和味道，不过，他一直到死（1889 年在威尼斯大运河边的雷佐尼可宫去世）也不过是一位游客而已。他和伊丽莎白都说意大利语（威尔逊小姐也能说得很溜，不过有不少自创的用法），然而，他们从没跟任何意大利人真正交上朋友。

　　虽说伊丽莎白·芭蕾特在诗歌《加萨古伊迪之窗》里表露出激进的同情心，但实际上除了一点泛泛的自由主义情绪，他们两人并未过多地介入意大利为之陷入巨大动荡的政治变革洪流。当然佛罗伦萨的政治氛围也比罗马或那不勒斯温和得多。利奥波德二世大公（奥地利人）举办招待会的皮蒂宫就坐落在勃朗宁夫妇所居住的加萨古伊迪①对过，这些招待会的门槛并不高，许多人都可以参加。差不多每个人都可能有幸被引荐给大公认识。

勃朗宁夫人

至于佛罗伦萨的激进主义传统，1849 年，该城的激进分子举行了一场示威游行，高喊口号——"去死吧，奥地利人！"可是，当一位奥地利士兵摔落马下时，示威者们却满怀同情地围拢过去察看，在确认他没有摔伤后，将他再次扶上马，随后又欢欣鼓舞地接着大喊起来——"去死吧，奥地利人！去死吧，奥地利人！"和几乎所有英国人一样，奥地利士兵最终撤离意大利时，勃朗宁也为之欣喜不已，而且他早就盼着这一天的到来了。然而，跟英国的大多数亲意分子们一样，他并未真的介入意大利内政。

勃朗宁创作的大部分以意大利为背景的伟大诗歌——《比芭走过》《我的前公爵夫人》《利波·利比兄弟》《安德烈亚·德尔·萨尔托》《加卢皮的托卡塔曲》《圣普拉西德教堂的主教吩咐后事》以及杰作《指环与书》——都把场景设置在过去的时代。然而在很多方面，勃朗宁其实堪称第一位现代作家——这一点是埃兹拉·庞德等早期现代主义诗人所承认的。从创作伊始，他便从不迎合读者。他的诗歌主题大都晦涩难懂、用词怪异、令人费解。丁尼生曾经坦言，对于长诗《索尔德罗》(1840)，自己只理解得了第一行：

何人将或许会听到所讲述的索尔德罗的故事。

以及最后一行：

何人将已然听过所讲述的索尔德罗的故事。

索尔德罗——这位《炼狱》里在黑暗中迎接曼图亚同胞维吉尔的 13 世纪诗人——因为使用多种体裁和方言创作而为但丁所称颂。勃朗宁也是如此，他成为现代型艺术家，靠的不是华兹华斯式的内省，而是凭借多重面具。勃朗宁的全部作品都充斥着令人叹为观止、眼花缭乱的独白、戏剧性的场面和印象，允许作品中人物自说自话——谋杀者、通奸者、暴君、老色鬼、少妇或音

---

① 加萨古伊迪是勃朗宁夫妇在佛罗伦萨的寓所名。

乐家——表达之生动，除了莎士比亚，别的英国剧作家无人能及。正是这种戏剧天赋使他成为驾驭宗教题材的最出色作家之一，在《葬身沙漠》（一位耄耋老翁死去，令人联想起《第四福音书》的作者之死）这类杰作里，在《布劳格拉姆主教的辩白》里，以及或者在他的最佳诗作《凯列班的塞梯波斯，或自然神学》里，折磨着勃朗宁一代人的怀疑与信仰问题，被记录进一场永恒的辩论，坚持信仰或失去信仰的人类角色为之纠结不已。勃朗宁是一位描写人类复杂性的伟大诗人，擅长将成功故事写得读来仿佛是一则失败故事，又将失败故事写得比成功更令人兴趣盎然，将怀疑写得比信仰更虔诚。

> 不，当人的内心斗争开端之际，
> 他便有了价值。

勃朗宁不是英国国教教徒，所以上不了牛津大学。对于在 19 世纪希望对宗教持有开放态度的人，这算得上一次幸运的逃脱。在高尔街伦敦大学学院的求学经历丝毫没有损害勃朗宁固有的独立观念：对于他所处时代的宗教冲突，他得以展开隔岸观火又不乏洞见的观察。

第 8 章　怀　疑

　　维多利亚时代的一大特色就在于新设立了动物园，为普罗大众提供了科学探索、娱乐和集体性自我陶醉的契机。1849 年，《休闲时刻》杂志刊登了一篇题为《星期六午后在动物园》的文章，指出，"当一座拥挤不堪的大都市将它的部分精力和空间用于保护和善待动物时，彰显出的是高度的文明，在野蛮人眼里，动物只是上帝为了满足人类的狩猎和屠戮目的而专造之物而已。"关于创立动物园是否仁慈和人道，人们莫衷一是。1836 年，《评论季刊》发现，强逼着动物们迁出自然栖息地、进入笼子围栏的想法存在一定道德问题。（19年后，对于类似观点，该刊又旧事重提——"为什么要将这些高贵的动物关入狭促不堪的牢笼呢？眼睁睁地看着它们在盒箱状的兽穴里往复游走，你不觉得惨不忍睹吗？"）园中动物的死亡率很高。然而，自从创建伊始，伦敦摄政公园内的动物园就大受欢迎。1828 年，伦敦动物学会首次搬迁到德西默斯·伯顿①在这里设计的围场和场地中。最初，这里总共饲养了 430 只动物和鸟类，统统来自王家动物园的捐赠。在伦敦动物园创立的头 20 年里，这里俨然成了一方专属的旅游胜地，只对伦敦动物学会会员和来宾以及心甘情愿自掏腰包购买 1 先令门票的游园人士开放。然而，仅仅在向公众开放的头 7 个月里，伦敦动物园接待的游客总数便高达 3 万人。

　　最初的几十年，那些编写指南手册和搞杂志的人们始终在冥思苦想这个问题：伦敦动物园的魅力究竟从何而来。一方面，动物园创造了机缘，使人们得以一瞥颇具异国情调的玩意儿。"在他［游客］的脑海中，兴许会浮现出一幕人迹罕至的沙漠和片片沙荒的奇景；他兴许会想象着自己置身于惊险的荒

---

①　德西默斯·伯顿（Decimus Burton，1800—1881），英国建筑师、城市设计师之一。

僻之地、直插云霄的峰巅，抑或在更狂野的喜马拉雅山悬崖峭壁之间攀缘而上，也兴许还想象着自己正漫步于某一座巍峨山脉脚下的碧谷中，而那座高山的最低处都比欧洲的最高峰还要高出许多。"

毫无疑问，刺激感也是伦敦动物园魅力的一部分——"呈现在我们眼前的是成百上千凶猛狡猾的动物以及黏糊糊的爬行动物；它们在囚笼里焦躁不安地来回游走，发出野蛮的低吼，意欲冲破牢笼、扑向逗弄它们的游客。地上蠕动的、癞蛤蟆模样的东西，蜷缩于某一孔被茂密枝叶覆盖的藏身之洞内；盘缠着身躯、嘶嘶吐着信子的致命巨蟒，虽然难得一遇，依然令人胆战心惊；一想到听任这么一大群喋喋不休、充满恶意的猿类任意摆布，我们就会毛骨悚然……"不过，人们也认识到，走近别的物种，可以为惆怅者带去慰藉，为抑郁者带去抚慰（直至今天也是如此）。游动物园的快乐不止来自那里欢乐的气氛、乐队的伴奏。"假如某个礼拜一去动物园里逛一逛——这天门票只售 6 便士——你就会发现，三五成群的淳朴敦厚的人们打量着以前只能从画册上看到，如今变得近在咫尺的动物们，由此在心中刻下远超任何插图或文字描述——无论有多么精准——所能带来的印象。"

伦敦动物学会基本上属于科研机构，在伦敦动物园里待上一整天的乐趣，部分也来自这样的认识：这是一个受教育的过程。"伦敦动物学会的成立开创了英国科学史上的一个新时代，从此，生机勃勃的大自然便有了一个上级主管部门。"不过，当园内的乐队大奏其乐、穿绸裹缎的征服者们直勾勾地盯着囚笼里的同类时，渐渐浮现于公众脑海里的，或许是某些令人不安的闪念——在天地万物的格局里，人性的本质究竟为何？有的年轻姑娘一想到万一自己得"听任这么一大群喋喋不休、充满恶意的猿类任意摆布"，便会毛骨悚然。在更深层次的潜意识里，打量着猿类的手指和双手，它们心无旁骛、让人情不自禁联想起爱沉思冥想的牧师们的神情，它们毫无幽默感的勉强咧嘴一笑，还有它们对于幼崽们事无巨细的殷勤关爱，人们难免会产生更为令人窘迫的疑问：它们，果真和我们如此相异吗？

进步是这个时代的口号：前进、改善、奋斗、攀登。在《势利者集》里，萨克雷以精妙绝伦的笔触记述了一心往上爬的势利小人们对于一脚踢开自己脚下梯子的渴望——那些财运亨通或身怀一技之长的人们，是多么痛恨那些会让他们想起过去的事情啊：仅仅一两代人之前，这些显贵的先辈们还只是沿街叫卖的小贩或在土里刨食的小农。想想他们的社会进阶之旅吧——我们从社会阶梯的不同梯级随机抽取几个样本看看：帕特里克·勃朗特牧师①（生于寒酸不堪的陋室）、赫伯特·斯宾塞、格莱斯顿家族……例子可谓不胜枚举。"我们人类"跟"低等"物种也同样有所关联，这种想法是否也带来了同样的集体羞辱感呢？这就是这个想法在这十年里——维多利亚女王的统治之初——突然兴起，并广为流传的原因吗？

1844 年，罗伯特·钱伯斯匿名出版的《自然创造史的遗迹》畅销一时，表明大众对这些话题已经无比沉迷，同时也更促成了对这些话题的关注。这是一部"人人"必读之书。范妮·肯布尔对伊拉斯谟斯·达尔文讲，"那本书搞出的结论真是令人作呕，不过，兴许是对的"——2.4 万名购买了此书的人估计都是这么想的。（至于读过此书的人数，估计还得再乘以 5。）②

《遗迹》的作者并非什么科学家——这一点令科研机构颇为蔑视，不过，作者究竟何许人也，他们也不得而知。（抑或是"她"：亚当·塞奇威克③认为，这书写得实在是太糟糕了，兴许出自一位女人之手。）"假如这本书里的观点是对的，那么，结论将会是这样的：沉着冷静、兢兢业业的归纳法纯属徒劳无益，宗教成了谎言，法律就是一堆充斥着荒唐和卑鄙不公的杂碎，道德就是胡言乱语，我们为非洲黑人所付出的一切努力都是疯狂之举，人世间的男男女女不过是略胜一筹的野兽而已！"

这部饱受争议的著作出自罗伯特·钱伯斯之手，此人生于 1802 年 7 月 10 日，父亲是皮布尔斯镇的棉布制造商。动力织布机出现后，父亲詹姆斯破

---

① 1777 年出生于北爱尔兰的贫困农家，自学成才考上剑桥大学圣约翰学院攻读神学，成为家族第一代移居英国者，培养了几位聪慧的儿女，其中包括两位著名英国女小说家：《简·爱》作者夏洛特·勃朗特和《呼啸山庄》作者艾米莉·勃朗特。

② 读者包括维多利亚女王、伊丽莎白·芭蕾特·勃朗宁、亚伯拉罕·林肯、威廉·尤尔特·格莱斯顿、亚瑟·叔本华、弗朗西斯·纽曼、约翰·斯图尔特·密尔、威廉·斯坦利·杰文斯和弗洛伦斯·南丁格尔。自然选择理论共同发现者阿尔弗雷德·拉塞尔·华莱士在 1845 年读完《遗迹》后，便着手寻找物种演变的合理解释。该著作也对文学创作产生深远影响，最突出的当属阿尔弗雷德·丁尼生、拉尔夫·沃尔多·爱默生和乔治·艾略特。——作者注

③ 亚当·塞奇威克(Adam Sedgwick，1785—1873)，英国地质学家，于 1835 年将寒武纪这个名称引入地质文献，著有《英国古生代岩层划分概要》(1855)。

产了，家道中落，钱伯斯和哥哥威廉只好自谋生路。16 岁那年，罗伯特做起书商。威廉也干起这个行当，创办了《钱伯斯爱丁堡杂志》，当时，诸如此类的新期刊多如牛毛，都是为了满足日益壮大的探究型读者群而打造的。从前，研究学术、大啃书本以及钻研自然史之类，或许属于阳春白雪，参与者寥寥无几。不过，到了 19 世纪，各阶层的自主学习之风一时兴起。在大学理科系尚未横空出世，也没有电影和电视上的"自然历史节目"的年代，男男女女、孺子稚童仍旧可以一睹周遭大自然的风采，自行展开研究。这是一个业余植物研究兴旺发达的伟大时代，不光闲适的牧师住宅里如此（显然乡村牧师那种温文尔雅的生活方式正是孕育博物学家的理想温床），社会的各个阶层也都着迷于此。当时，专门吸纳手艺人的植物学会也纷纷建立。约翰·霍斯菲尔德回忆道，为了把 24 种植物的拉丁名一一牢记在心，他把这些名称贴在了自家的织布机机架上，一边织布，一边温习。在他创立并任会长的普雷斯特威克植物学会，人们会将植物标本带到酒馆。这位会长"常常拿起饭桌上的一个标本递给左手边的人，告诉他该标本的属名和种名，然后传给下一个人，如此，那件标本就在房间里传了一圈。至于所有其他植物标本也是一样……"。可以想象这些人在嘈杂不堪的酒馆里努力想听清记住拉丁文学名的景象。当时这样的团体如雨后春笋般涌现。

　　并不奇怪的是，《遗迹》这样的作品又比早期的科学小团体吸引了更多的人。钱伯斯算不上什么职业科学家。查尔斯·达尔文认为，"钱氏的'地质学'够糟糕了，他的'动物学'更糟。"该书漏洞百出，其中一大谬误便是：竟然声称鸟类是鸭嘴兽和晚期出现的哺乳动物的共同祖先。此外，钱伯斯还相信关于植物的臆想，比如燕麦可以转变成黑麦。然而，这些不过是微不足道的细枝末节罢了。作为一名痴迷科学的门外汉，钱伯斯所做的是读遍所有能找到的进化论文献。他读过布封、拉普拉斯、蒙博杜、伊拉斯谟斯·达尔文和拉马克。他向自己的读者们灌输了这个观点：在此星球上，一切生命都来自同一起源，我们所能见到的生命以及地质现象，均是某种可辨识、可推断的进化规律的结果。伟大的地质学家查尔斯·莱尔指出，《遗迹》的"贡献在于，对英国公众普及了拉马克关于演变和进化的主要观点。不过当然，在该作品中，既没有支撑这些观点的新事实，也谈不上什么有独创性的论证方法"。

钱伯斯强烈地反对无神论,虽然我们可能会以为他选择匿名出版是担心该著作会遭到教会的猛烈攻击。"我们从规律推进到规律的起因,然后追问规律又是什么,这些美妙的规律究竟出自何处。在此,科学将重托交付给了我们,我们只能依据其他的理由得出结论,一定存在着'第一推动力',而一切其他动因都是次要的、辅助性的……"《遗迹》持有泛自然神论,认为"万能的设计者"已经为我们制定好规律,担负着解释这种规律的使命的是科学家而不是神学家。

此前,进化论已在科学界流布了起码 100 年。伯努瓦·德·马耶(Benoît de Maillet)选择在自己去世后的 1748 年出版了他关于物种之间相互演化的理论——鱼类演化为鸟类,如此等等。该观念遭到神学界的谴责(正是因为担忧此事,他才等到自己去世之后才发表理论,而且还用了化名,将自己的姓氏倒写成"特雷阿米德"[Telliamed]),也遭到哲学界的嘲讽。伏尔泰写道,倘若该猜想为真,一个物种演变成为另一个,"呵呵,如此一来,奥维德的《变形记》简直可以称得上是历史上空前绝后的科学教科书了。"狄德罗和莫佩尔蒂则演绎道:曾经只有一种原始动物,后来根据需要,"大自然将它的某些器官拉长、缩短、改造、增加或者消除。"布封研究了驴和马的亲缘关系,指出如果能够为它们找到一个共同的马祖,那么,在逻辑上就没有理由怀疑人与猿之间存在着一个共同祖先。

查尔斯·达尔文的祖父伊拉斯谟斯[①]在《动物学,或有机生命法则》(1794—1796)里得出了"物种可变"的结论,不过画出生物谱系树的重任是由拉马克完成的,后者所创立的进化学说建立在如今被普遍认为是谬论的基础上——后天习得的特性可以遗传给后代。(关于钱伯斯充当了拉马克理论的普及者这一点,莱尔基本上没说错,不过对于"后天习得的特性可以遗传给后代"的观点,《遗迹》事实上是持否认态度的。)

《遗迹》不但普及了动物学,也促进了其发展。它也向读者介绍了卓越的地质学家们,尤其是苏格兰的现代地质学先驱——詹姆斯·赫顿和约翰·普

---

① 伊拉斯谟斯·达尔文(Erasmus Darwin,1731—1802),英国医学家、诗人、发明家、植物学家与生理学家,查尔斯·罗伯特·达尔文的祖父,早期提出类似演化观念的学者之一,对达尔文影响很大。

莱费尔,特别是查尔斯·莱尔——他的著作《地质学原理》于 1830 年至 1833 年间出版,又经过不断的修订和更新,为摧毁英美和北欧的"神创论"思想奠定了基础。莱尔在著作中进行了复杂的论证,表明了他渊博的学识,使人们根本无法对他的结论作任何简单化和概括性总结。莱尔既非无宗教信仰之徒,亦非好与他人争长论短之辈,然而,来自地质学的证据却使他确信,地球这颗行星以及宇宙古老至极,大大超乎头脑简单的《创世纪》读者们的想象。

莱尔家境殷实,有钱有地,绝对属于维多利亚早期科学机构的核心圈。这个圈子的人对大获成功的《遗迹》还算是欣然接受的:它为他们的研究扫清了障碍。不过他们中也有些人颇为担忧,为激烈的宗教反对而不安,或许也害怕无神论思想像在法国一样在英国也蔓延开来的话,早晚要爆发革命。

《遗迹》出版时,查尔斯·达尔文《论通过自然选择方式的物种起源》的论文提纲已经完成。正如一位现代传记作家发现的,"有一本书抢先了一步,他只得设法完全剔除《遗迹》里那种流行的进步主义科学风格,否则势必会削弱自己的逻辑论证的可信度。"

然而,乔舒亚·韦奇伍德的外孙子可不是白当的,商业敏感性让达尔文早就注意到钱伯斯《遗迹》和莱尔《地质学原理》的巨大销量。他明智地请好友莱尔帮忙联系他自己的出版商约翰·默里——默里是一位热心的业余科学家——看看《贝格尔号航海日记》能否再出一版。达尔文补充道,"销量应当会很可观,"可见在"流行科学"方面,他也没能完全免俗。

查尔斯·达尔文

历史学家应当回答的问题,与其说是这些科学观念对错与否,倒不如说是它们在 1840 年代中叶何以能够引起公众如此强烈的兴趣。伏尔泰的那种打趣说法——"进化论"若是对的,那么奥维德的《变形记》就成了科学教科书了——有效地阻止了 1748 年的非科学阅读圈内的读者们对"特雷阿米德"的构想的接受。不过,到了 1840 年代,情形就大不相同了。迪斯雷利在他的小说里曾以戏谑口吻谈及进化问题,恰好表明这已是他这一代人刻骨铭心的一种理论——"你知道,一切都在发展。原则就是没完没了地发展。一开始啥也没有,然后有了什么,再后来,我忘了下一个叫什么来着。是贝类吧,之后是鱼类;最后,我们来了,让我想想接下来到来的那个是我们吗? 不管了,反正我们最后还是来了。"

阿尔弗雷德·丁尼生

这一代人有别于从前,他们的成就,他们的形而上学的自我理解,都使其有别于以往的任何时代,之所以如此的原因,可以归功于工业革命所带来的经济环境的变化,也可以归功于市场经济的卓越力量,它驱使着男男女女们涌入城市,摧毁了某些人的生活,也使更多人的生活得到改善;技术进步规模空前,令人叹为观止。在维多利亚女王登基第一年,丁尼生①写了《洛克斯利田庄》:

在我身后往昔的多少个世纪宛若一片富饶的土地在那里静卧;

当我的双手紧握住当下的一切,满怀渴望,它能被我牢牢把握……

作为诗人,丁尼生可谓空前绝后地直面了自己所处时代的情绪,抹去它的焦虑、躁动和狂傲,将其升华为令人魂牵梦萦的抒情诗;同时,他也被前所未有的烦忧所困扰:

在轮船里,在铁轨里,在震撼人类的
思想里

在他的诗歌里,没有哪一首比组诗《悼念》更能体现出他对同代人的全心关切的了。"这是全人类的呼声,而不单单是我本人的。"促使丁尼生创作这一抒情组诗的是挚友亚瑟·哈勒姆的突然离世。哈勒姆是一位刚刚崭露头角的历史学家,也是格莱斯顿的好友,是那一代人当中的一颗冉冉升起的希望之星。这部抒情组诗断断续续写了 17 年。1850 年,该组诗终于匿名发表,诗中哀叹道:

我的亚瑟啊,唯有我那鳏寡孤独的同胞种族

---

① 阿尔弗雷德·丁尼生(Alfred Tennyson,1809—1892),英国维多利亚时代著名诗人,1850 年继华兹华斯之后成为桂冠诗人。

　　——消逝后,我方能与你重逢。

并不奇怪的是,有人认为诗的作者是个女人。这首挽歌之所以风靡一时,也
许正在于它以一个个人的死去,引发了对来世的怀疑,它令人们忧心忡忡,担
忧宇宙本身极可能只是一台盲目的机器。丁尼生读过莱尔的著作和钱伯斯
的《遗迹》,跟其他许多(虽未受过科学教育的)有识之士一样感到深深的震
撼。当他背负着忧虑的重荷跌倒在——

　　这伟大世界的祭坛之阶上,

　　梯级穿越黑暗朝上帝倾斜而去,

他冷静地认识到钱伯斯和莱尔所揭示的"自然"的残忍无情:

　　身在被劈开的峭壁和被采下的岩石中,

　　她呼号着:"千种类型已消失殆尽:

　　我无动于衷,一切终将消逝。"

　　人们目睹自己的友人或儿女们撒手人寰,世世代代如此。人们不知道在
莱尔之前那些世纪里究竟有多少代人奔赴同样的命运,不过令人惊异的在
于,大自然对于人类苦难的视若无睹,在从卢克莱修到丁尼生之间的漫长岁
月中,并没有催生出多少思想家来追问这个问题——"那么,上帝和自然之间
是否一直冲突不断?"这确实就是 19 世纪的人对造物主的质疑的核心问题:
《圣经》里的上帝和从自然中可辨识的上帝之间存在着严重的分歧。地质学
直到不久前才上升为一门独立的学科。为了争取独立,它必须跟基督教基要
主义者作斗争,后者通过追溯《旧约》里的系谱进行推算,判定"太初,神创造
天地"重大奇迹出现于公元前 4004 年。

　　在当今 21 世纪,除了疯子,谁都不会否认这些 19 世纪中早期的地质学家
们所得出的结论,它们就算不乏瑕疵,大体上都是正确的。独立的科学探究
取代了对《圣经》的盲目解读,成为判断真理的标准。假如达尔文在进化论问
题上尚未得出定论——该理论直到《遗迹》出版 15 年后才发表——我们可以
看到,那是因为他的著作在反映那个时代方面极具典型性,地球和史前时代
的古老历史都能够根据可观察、真实可感的现象——地质标本、地层和化石

等等——进行探讨和确定,然而直到大约一个世纪之后,随着电子显微镜技术和整个分子生物学的发展,物种进化理论才找到了类似的验证和测试方法。

因此,对于历史学家来说,《遗迹》及其描绘的现象,最首要、最直接的价值,并不在于它是否正确,而在于它恰如其分地反映了一代人自身。罗伯特·钱伯斯读了拉马克、布封、莱尔和其他人的著作后,提出如下观点:"从最简单、最古老,到最高级、最晚近出现的整个生物链……被认为是一系列*物种演变进化的结果*"。

许多人已经注意到,在钱伯斯用这一奇想解释可见世界现象的几个月里,约翰·亨利·纽曼[①]完成了专著《论基督教教义的发展》。"发展、抵制、改革、革命以及林林总总的变化,在各国实际的历史进程中混杂呈现,与哲学派别相似,任何科学分析都难以将它们完全地呈现出来。"极端一点说,这可能会引发以下观点,即,最好是从社会学视角去理解宗教本身,将宗教视为不同

约翰·亨利·纽曼

世代人的愿望的表达。从表面上看,纽曼在著作里并没有得出这个结论,不过,正如很多人也许会想到的,既然提出了这个前提,他又怎能得出不同于此的结论呢。

纽曼在 1844 年前的牧师生涯中,基本上都在琢磨那些不时令他的牛津同行们头昏目眩的晦涩教义争论。所谓的"牛津运动"[②]战斗口号,原本肇始于那位圣洁的诗歌教授约翰·基布尔[③]所进行的一场题为《举国叛教》的布道。基布尔及其思想保守的追随者们认为,在爱尔兰问题上,历届政府——无论辉格党政府,还是皮尔派政府——所施行的政策都令人遗憾至极。在那片以信仰天主教为主的土地上,新教主教辖区的数量正逐渐

---

① 约翰·亨利·纽曼(John Henry Newman,1801—1890),英国基督教圣公会内部牛津运动领袖,后改奉天主教。
② 牛津运动(Oxford Movement),19 世纪中期一些拥有英国牛津大学教职的神职人员发起的国教的天主教复兴运动,主张恢复教会昔日的荣光和早期传统,保留罗马天主教的礼仪等。
③ 约翰·基布尔(John Keble,1792—1866),英国圣公会教士、诗人,1831—1841 年任牛津大学教授,讲授诗歌。1833 年作著名布道《举国叛教》,号召恢复英国国教的独立地位和权力,被视为牛津运动的导火线。

减少，让"册页派"们（因为捍卫高教会派①教义而撰写出《时论书册》之后得名）感到，这要比异端更可怖。格莱斯顿是该观点的典型代表，在《国家及其与教会的关系》里，他曾指出，任何真正的英国国教信徒都必须坚信其是绝对真理。议会的职责就是捍卫英国国教会，将王国的一部分交到主张分裂的错误教派如罗马天主教手中的做法，实属"叛教"之举。

历史上，似乎极少有英国国教徒认同牛津运动发起者们所主张的那种天主教，不过这一事实并未动摇那些牛津梦想家们的决心，他们想让新教国教会变成对中世纪天主教经过纯化的延续。布莱克勋爵把"青年英格兰运动"视为牛津运动的翻版。其实，反过来说或许更准确，不妨把格莱斯顿、纽曼、基布尔及其支持者们的智识努力视为一场思想上的仿古行动，这些铁路时代的年轻人竭力效仿中世纪僧侣或古典时代晚期的教会创始人。不过到头来，他们也陷入了困顿。这其中最出色的人物纽曼在 1845 年干脆皈依了罗马天主教。此时，正值一场席卷北欧数周、摧毁无数庄稼的深秋大暴雨来袭。爱尔兰人忍饥挨饿之际，纽曼却忙着为 4 世纪奥古斯丁和多纳图派之间的争执牵肠挂肚。他的著作《论基督教教义的发展》为他自己打开了通往思想新领域的大门，而对此他本人都似乎始料未及。

---

① 高教会派（High church），与"低教会派"相对，在 19 世纪因牛津运动和英国天主教会派的兴起而流传于英国，主张在教义、礼仪和规章上大量保持天主教的传统，要求维持教会较高的权威地位，因而得名。

第9章 催眠术

在审度着牛津运动成员那些小人国式的吵闹，揣摩着《遗迹》里那种可怖的形而上学含义的过程中，许多人或多或少失去了信仰。关于这种信仰的失落，亚瑟·休·克拉夫的《牛津信笺》算是这个时代的作品中将之描述得最清楚的，虽然其实还算不上典范。詹姆斯·安东尼·弗劳德的小说《信仰的报应》可谓使这一切显得更加危言耸听，主人公不光丢了信仰，更糟糕的是还沦为通奸者。在弗劳德任职的英国牛津大学艾克赛特学院，校长一把火把这本书烧了，弗劳德虽说保留了教会执事圣职（当时如果想做学者，这份差事多多

爱德华·布弗里·皮由兹

少少是个必要条件），最终还是离开牛津大学，变成卡莱尔的门徒，缔结了（美满的）婚姻，迁往生活费低廉的威尔士定居去了。而纽曼则一步"迈了过去"，皈依了天主教。他前脚刚走，牛津大学便如释重负，大大地舒了一口气，觉得理性又复归正常了。这座高等学府造就了一批名副其实的、"艺术""科学"兼修的杰出学者，在回顾牛津运动的始末时，他们往往将那段历史视为一个疯狂的反智时期，不过那位脾气火暴的爱德华·布弗里·皮由兹①，直到1882年还不断让他们重温那些渺远的不幸往事和争斗场面。

对大多数人而言，丁尼生无疑是引导他们领略这场时代信仰危机的可靠向导。他认为所有这些宗教纷争（不管是科学和

① 爱德华·布弗里·皮由兹（Edward Bouverie Pusey, 1800—1882），英国东方语言学家、科学家。1833年与纽曼等牛津大学学者发动"牛津运动"，旨在恢复17世纪高教会派特点、抵制低教会派自由主义倾向，提倡恢复传统教义、崇尚礼仪、尊重教会权威，其追随者故有"崇礼派"之称，又称"皮由兹派"。

宗教之争,还是书册运动期间上演的一场场玄学论争)其实大有可能反倒将人内心的宗教信仰消磨殆尽。就这方面而言,他和那个时代的伟大赞美诗作者们毫无二致,纽曼便是后者中的一位。大多数基督徒可能从未听说过《论基督教教义的发展》,不过,他们中许多人都曾从纽曼的颂诗《引路慈光》中获得心灵的慰藉。更多的基督徒则或许受益于亨利·弗朗西斯·莱特牧师创作的最后一首诗。这位莱特是德文郡的渔港布里克瑟姆诸圣教堂的牧师。因为身体欠佳,不到 52 岁就退职了。1847 年 9 月 4 日,晨祷过后,莱特为教堂里挤得满满的上百位渔民作了最后一场布道。随后他返回牧师住宅,写下了这些令人刻骨铭心的永恒诗行。

为了治疗支气管炎,莱特被送往国外,1847 年秋病逝于法国尼斯。他为我们留下了 19 世纪最令人魂牵梦萦的一首抒情诗——《求主同住》。莱特牧师即使效仿丁尼生,宣称自己这首诗表达出了全人类的呼声,似乎也不为过。富于智识的人们焦灼地观望着,不知上帝本人是否也将从现代大千世界里被抹除,倘若如此,那他们将如何面对此后的空洞?

> 有主降祥,仇敌何需畏惧

圣诗中,这句呼告不断出现,祈求"主与我们同在"。鉴于此诗写于这样一个众多人群满怀异常沉重的心情跟上帝告别的时代,这句呼告中毫无疑问回荡着深深的怆痛之情。

要说维多利亚时代的科学,它绝非只是人们着手审视身外物质世界时对所见或自以为所见之物的粗略记录。跟此前莱尔的《地质学原理》相仿,钱伯斯的《自然创造史的遗迹》用唯物主义的语言来考察上帝的造物,令人不由怀疑起造物主本身的存在——或者至少是一个人格化造物主的存在。这个造物主,是何时脱离了我们的灵魂或人性的呢?就在研究者们提出关于岩石年代或物种进化的一系列或强或弱的理论时,有些人转而研究起人类自身——人类人格的本质、"心灵"是否能与大脑分离,以及心理学的本质。就像地质学和生物学一样,对这些现象我们应当结合众多因素来综合考察,而不是就事论事地介绍了事。

比如在 21 世纪看来显得荒诞不经的颅相学,在它的鼎盛时期,许多人视之为一门严肃的科学。该理论的各路倡导者将人的颅骨分成不同区域——一种方案认为是 26 个，另一种是 43 个或更多——在这些区域里，据说可以发现能够阐释人类行为的组织。研究发现，爱争论的人"好斗区"明显发达。人类颅骨的凸凹状况也被严肃地推断为跟诸如色情、希望、好奇、智慧等等行为倾向和特征有关。即便确认了大脑的功能跟颅骨的形状之间无法建立任何联系，那些严肃的人们——其中许多是科学家——依然深深信服这门学问。不过，以颅相学解读人性的方法，确实对医学、人类学都产生了深远的影响，甚至还推动了帝国主义的发展。

下文是某位颅相学家对两位美洲印第安人的头骨展开细致的研究，将它们跟欧洲人的头骨作比较得出的发现：

> 印第安人在忍受折磨时表现出的宽宏大量是这些种族部落所拥有的一个尽人皆知的特征……

这位"科学家"发现，"意志坚忍"和"深藏不露"是美洲土著的经典特征。颅相学家这种对头骨研究的痴迷，日后又为人类学家所传承。查尔斯·考德威尔的《论人种的统一性》同样用颅相学证据断言道：黑人，就像水牛或者猎狗一样，不可能在一个庞大而独立的社会里，在一个由他们自己组建和管理的法治政府下过上有序而富足的快乐生活。

颅相学有许多极度狂热的追随者，伦敦就有这么一位，此人便是伦敦大学学院医院的医学教授约翰·埃利奥特森[①]。（正是他推动了听诊器的广泛使用。）他成为催眠术最喧嚣的鼓吹者之一。和其他许多令充满求知欲的人迷恋的事物一样，催眠术在其支持者心中是科学，反对者（在埃利奥特森的一生中，最不缺的就是反对者）则说它是连傻子都能一眼看穿的雕虫小技。

按照奥地利医生兼大圣人弗朗兹·安东·麦斯麦（1734—1815）自己宣称的，他发现有一种超细磁性流遍渗、包围着整个宇宙。通过与催眠术非常相似的手段，麦斯麦能够让患者进入恍惚状态，通过"动物磁性"的手法把患者跟宇宙磁性流连通起来。在大革命前夕的巴黎，麦斯麦亲自操刀上阵，大

---

① 约翰·埃利奥特森（John Elliotson，1791—1868），英国医生，热衷于钻研颅相学和催眠术。

炫绝技,这种展示跟实验室里搞的实验不大一样,倒是跟莫扎特的歌剧《魔笛》里"大祭司的老巢"有一拼。厚重的地毯,墙上是怪诞诡异的占星术装饰画,再配上管乐或口琴奏出的氛围音乐,这一切都帮助人们进入"接受的心境",而麦斯麦本人则身披淡紫色的塔夫绸大长袍。

埃利奥特森教授渐渐不光对动物磁性说深信不疑,也对自己拥有的催眠神力信心满满。1837 年,他在坐落于高尔街伦敦大学学院医院的病房里,用他那种灵知风格一展身手。他的成功率非常之高。埃利奥特森本人记录了许多相似的案例,包括一例伴有脊髓感染的癔症性癫痫,经催眠治疗后,直接痊愈;至于其他的癫痫病例,经过催眠治疗后,发作次数也大大减少。诺丁汉郡有一位叫威廉·托珀姆的催眠医生,为一位 42 岁的劳工施行锯掉一条大腿的手术,后者竟然没有一丝痛感。(类似病例还有数例。)

重要的一点在于,在催眠师们看来,起作用的远不止是自我暗示。催眠术能治愈的,也不仅仅只有歇斯底里症或功能性疾病,尽管记录中的绝大多数都是这一类病征。催眠术在医学界最风生水起的时候,还有人认为它不仅可以应对哮喘之类神经衰弱症,就连治耳聋也不在话下——"在接受催眠治疗前,你把手表贴到她的耳边,嗒嗒声她都听不见;如今,就连隔壁屋里滴答作响的座钟声她都听得真真切切。"

埃利奥特森生性好斗,总预感自己必会遭遇不公,结果不幸被他言中了,最后他果真被医疗机构的"当权派"踢了出去。他辞去医学会主席一职,在满腹牢骚中退休。他的从医生涯或许只是医学史上一段多彩的小插曲,不过,催眠术却与当时的时代精神非常合拍,成为对 19 世纪的人们灌输以下这一认知的众多力量之一:对迄今为止一直被视为纯粹神秘现象的那些事物,人类其实也可能找到自然性的解释。狄更斯的好友兼埃利奥特森的坚定捍卫者昌西·哈雷·汤曾德牧师便写道:非人类的生物和人类一样,也能成为天才催眠师的上佳实验对象。给大山雀和夜莺催眠后,它们就会沉入恍惚,竟然可以像皮球一样被扔来抛去。催眠术让人们得以"用经验来考察神秘"。汤曾德对此毫不讳言:催眠术帮助解释了"明显属于超自然的现象"。

这下,他们可以回顾那个"奇迹的时代",甚至回顾基督本人了;那些一度被视为不可解释的虔诚传奇,也可以用催眠磁力流理论加以阐释了。另一方面,正如有人睿智地点评的,催眠术概念包含了"维多利亚时代的典型三元素——意志、能量和力量"。催眠师自诩为彻底的唯物主义者(而且他们可以对鸟类或白痴儿童这些不会自觉地将意志与催眠师的意志相融的实验对象也成功地加以催眠),不过,无法否认的一点在于,催眠术促成了20世纪那些对于心智的关注,比如弗洛伊德和荣格的心理学,以及乔伊斯和普鲁斯特的小说。

汤曾德似乎既坚持催眠术的唯物主义本质,也清楚它在心理学上的进步意义。他认为,"我们催眠师之于科学,恰如自由主义者之于政治"。在许多情况下确实如此,相信催眠术的人几乎无一例外是狂热的废奴主义者和经济自由主义者——全是"进步"的倡导者。不过汤曾德在这番讨论中其实也指出了那个时代一则更深层的真相,即,并不存在什么纯粹的事实,所谓事实,总是与陈述它的人所持有的政治、社会或哲学立场密不可分。

> 所有人都在嘶吼,"给我们事实——别光扯理论!"然而,人人却都为自己在建构理论。推理——推断,是人的特权;我们其实给每个事实,无论它有多么神秘,都加上了某种假定的原因。每个可见的现象都迫使我们相信,在它背后一定存在着某种相应的推动力,纵然也许是一种神秘的推动力。只要我们认识到这一点——每一个事实都是一种理论。掉下的苹果包含着整个宇宙的意义。

这样,为了给催眠术作辩护,汤曾德对19世纪40年代作出了极其睿智的总结。假如每个事实都是一种理论,那么科学的魅力就在于能够向我们展现可观察、可验证的真理。然而,能否有一门关于人性和人类社会的科学呢?"给我们事实!"曾是狄更斯《艰难时世》里功利主义哲学的化身葛擂梗先生发出的呐喊。新的哲学正在酝酿中,追问着你何以知道何为事实、何为非事实,对功利主义关于追求善便意味着"追求最大多数人的最大幸福"的伦理观提出质疑。这便给葛擂梗的儿子——"理性主义的圣徒"——留下了一项任务:用理性理清这一切。

第 10 章　约翰·斯图尔特·密尔的煮蛋

　　10 年中,骚乱频发,饥荒肆虐,瘟疫横行;工业疾速发展,经济迅猛扩张;铁路争议不休,神学论战不息;"狄更斯热"盛行,催眠术风靡;议会玩权弄谋,社会改革不止;托利党四分五裂,宪章派的期望逐日膨胀。在这样的 10 年中,约翰·斯图尔特·密尔①每天步行去位于利德贺街的那座多利安式富丽堂皇的大厦上班。该大厦是东印度公司行政中心所在地。1823 年,时年 17 岁的密尔当上初级职员,开始在这里上班。(自 1831 年起,他从肯辛顿区出发,步行来此。)最初他年薪只有 30 英镑。20 岁时,他首次拿到固定工资,年薪 100 英镑。1856 年他晋升为检查秘书部主任,年薪涨到 2 000 英镑。至于东印度公司及其在维多利亚时代扮演的重要角色,我们稍后再谈。眼下,不妨将目光聚焦到密尔身上:此君身材瘦削,面容冷峻,一头淡黄色头发,天天雷打不动来上班。每天上午 10 时,他走过那道巨大的门廊,穿过一道长廊,爬上两层楼梯,路过一间信童们正在煮茶的等候室,经过一条挤满挥动着鹅毛笔的小职员的长廊,最后走入一个大房间,这里便是他的办公地,三扇高大的落地窗俯瞰着下方铺着方砖的庭院。

　　远处,城市教堂林立,从教堂尖塔和尖顶上传来的报时声不绝于耳。千百位"董贝先生们"在大搞国内工业投资,搞外贸,搞保险,搞海运,大把大把赚钱。这里是"食利者帝国"的中心,人们研习着理财的本事,建设着经济,构建着政治体系,创建着一个举世无双的强大帝国。

---

　　① 约翰·斯图尔特·密尔(John Stuart Mill,1806—1873),英国著名哲学家、心理学家和经济学家,在 19 世纪英国影响力极大,继承孔德的实证主义哲学,将其与英国经验主义传统相结合;支持边沁的功利主义思想。代表作《论自由》。

约翰·斯图尔特·密尔

随即，一位小勤杂工给约翰·斯图尔特·密尔送来煮蛋、茶水、面包，外加黄油。这是他的第一顿茶点，一整个白天吃的便是这些，此后便啥也不吃了，直到下班回家。（下午 6 点吃一顿简单的晚餐。）

这位高个子、面色红润、一身黑西装的人，何以吸引我们的目光呢？对于上午 10 时到下午 4 时密尔推过办公桌面的那些文书，他同时代的印度人想必很感兴趣。东印度公司下设三个部门——秘书部、军事秘书部和检查秘书部。负责审查来自印度、涉及方方面面行政事务的信函的检查秘书部，其实相当于印度行政参事会。决定印度次大陆诸多事务的，正是这帮身着黑衣、一字排开端坐于伦敦金融城高脚凳上的小职员们，这一点毫无疑问让人觉得有点怪异。

然而，对于密尔同时代的欧洲人，以及在他结束这种公务生涯之后出生的几代印度人来说，这位男人的重要性并不在于他在东印度公司的工作，而是在于他一路走过圣詹姆斯公园、舰队街和圣保罗大教堂时，在他嚼着煮蛋，一边听着办公室里百来支鹅毛笔沙沙作响声，以及远处百来座教堂尖塔上传来的、回荡在屋顶上的绵绵不绝钟声时，浮现在他脑海里的那些思想。

密尔在东印度公司的这份差事继承自他的父亲。在密尔入职前，父亲已晋升为检查秘书部主任。父亲詹姆斯·密尔是杰里米·边沁的狂热信徒，后者属于最无情的那种哲学激进派，是个彪悍的葛擂梗式人物。约翰·斯图尔特·密尔非同寻常的少年时代如今已成传奇——无游戏、无玩伴、闷头苦读，不懈地累积着事实、事实、事实，致使他在 20 岁时陷入了精神"危机"——对于父亲的边沁主义思想那一套，他似乎并不接受。读了华兹华斯的诗歌，他欣喜无比地发现自己其实拥有情感。就他所代表的——他的真实自我——以及他所想、所推崇的而言，密尔堪称他那个时代的标志性人物。伯特兰·罗素说，"边沁主义者思想当中没有一丁点情感诉求，就此而言，整个 19 世纪中叶，他们对于英国立法居然产生了那么大的影响，实在令人震惊，"约翰·斯图尔特·密尔的教子，兼约翰·罗素勋爵的亲孙子，竟然发出这种评论，这一点也是颇令人吃惊的。正如伯特兰·罗素看到的，边沁的理想是"安全而非自由"。身为政治思想家,密尔的使命便是去发现如何在不危及安全的前提下赋予社会以自由。

约翰·斯图尔特·密尔对于后世的政治和社会思想所产生的影响(倘若有影响的话)甚至超越了边沁。他表示自己能在 3 小时内干完一整天的工作,或许这就是他在东印度公司任"全职"雇员期间,还能发表如此之多著作的缘由。从 1835 年起,他开始担任《伦敦和威斯敏斯特评论报》的编辑,当时该报是政治激进派最具影响力的新闻喉舌。更重要的,也是更令人吃惊的一点(考虑到新闻报刊业以及无休止地在"收件盒"和"发件盒"之间传递的印度信函的干扰)在于,他还是一位卓越的 19 世纪英国哲学家。

密尔及其影响,充分展示了 19 世纪的英国状况。即便质疑他的影响力,你也不得不承认,这个运河纵横、工厂林立、账房遍布的英伦国度,乃是孕育密尔思想的沃土,在这一点上,德法两国和新兴的意大利是无法和英国相比的。假如我们非得找出一个答案,回答为什么英国没有爆发诸如密尔的好友卡莱尔所预想的革命大灾变,或许部分答案就在约翰·斯图尔特·密尔的哲学中。

1843 年,密尔的首部力作《逻辑体系》出版。在该著作中,他不厌其烦地重申了经验主义立场——虽说密尔讨厌"经验主义"这个名称,更倾向于自称一位"实验主义者"。跟一般哲学著作相比,这部哲学著作特别适合外行阅读,因此我们有理由认为这是他有意为之的,因为他要攻击的正是同时代的抽象纯理论哲学,他认为这种趋势很危险。他对"直觉主义"派发起的攻击令非哲学家读起来也兴趣盎然。在《逻辑体系》里,他的矛头直指威廉·惠威尔——这位最终熬成了三一学院院长的剑桥大学道德哲学教授。"直觉主义者"的观念以康德思想为基础,认为某些真理过于高深莫测或不言自明,无法深究。既未上过学堂,也未念过大学的密尔则认为,这种哲学"直觉主义"无外乎充当了为政治保守思想和宗教迷信辩护的工具罢了。《逻辑体系》力图证明的是:所谓的两种真理或两种逻辑体系根本不存在。譬如,道德真理应当是可以证实的。幻念里的神学论断应当是可以论证的,否则便可视之为无稽之谈。任何人都有权追问事物"是其所是"的根由。他指出,以下两个事实显然彼此勾结:其一,牛津大学和剑桥大学是两座特权在握的堡垒;其二,你对那里传授的哲学都得全盘接受,不能检验也不可置疑。密尔对于演绎推理、因果关系和形式逻辑三段论(修正过的)作了辩护,所有这一切都跟他信奉的法国思想家奥古斯特·孔德①的进步思想一脉相承——也跟他后来支持自由和妇女选举权的理念一脉相承。

虽说孔德的"人道教"的后续发展让诋毁它的人乐不可支(孔德则成了疯子),然而,密尔——这位孔德派的英国大祭司——却从未放弃"人道教"的宗旨:社会进步。作为社会成员,我们怎样思考,伟人们怎样思考,确实会对我们的生活方式产生影响。对于任何一代人而言,以哲学为业者或许·向寥寥无几。在 1840 年代,会有几个人像卡莱尔一样研读伟大的德国形而上学哲学家——尤其是黑格尔呢?等到 19 世纪后期,黑格尔哲学无疑将风靡英伦——当然是一种极具英国特色的版本。然而,生活在一个连政治家、公务员、知识分子和进步人士都深陷黑格尔辩证法的国度,和生活在一个人们更谦卑地相信通过良好地应用理性来解决人类问题,最终可以逐步实现"最大多数人的最大幸福"的国度,这两者之间显然是极为不同的。

爱尔兰大饥荒肆虐的年岁里,密尔致力于改革爱尔兰土地所有制,期望在爱尔兰建立起独立的农民土地所有制,允许农民开垦荒地、实现自主,无须听命于地主。他还指出,对于大饥荒的暴发,不应只将它归咎于马铃薯作物的歉收,更有地主土地所有制的深层原因,他说,恰恰就是这种原因才使爱尔兰人陷入了赤贫的窘境。真可惜他不是爱尔兰总督!

就英国的政治而言,密尔坚信自由市场经济理念,同时也秉承着自己那种一贯的激进风格。② 在他的那位心爱的泰勒夫人(俩人终成眷属)的感召下,密尔成为他自己理解中的那类社会主义者,坚信社会主义并非意味着一切充公,"而是意味着生产服务于同一个目的:为了实现共同的利益"——一个符合"最大多数人的最大幸福"宗旨的、顺理成章的结论。至于 1840 年代的

---

① 奥古斯特·孔德(1798—1857),法国著名哲学家,开创社会学学科,被尊为"社会学之父";创立实证主义学说,成为西方哲学由近代转入现代的重要标志之一。

② 不过,康拉德·罗素提醒我们注意一个有趣事实:密尔认为,自由市场的自由和个人的自由之间根本毫无逻辑联系。参见科林·阿奇博尔德·拉塞尔:《约翰·斯图尔特·密尔:自由市场和国家》(1993)。——作者注

工人阶级是否准备好了迎接实现真正民主必不可缺的自治"协会"的到来，密尔表示怀疑。密尔认为，唯有工人阶级的精英才可能为这种试验作好准备。目前，工人阶级还不大适合"形成任何组织，因为首先他们得具备相当高的智力或品格"。不过，他依旧乐观满怀——"实际上，我坚信，除偶然和暂时的例外，总的趋势是——现在如此，将来亦复如是——一种改善的趋势，一种朝向建立更美好、更幸福的国度前进的趋势。"事实上，虽然在维多利亚女王统治的头十年里，人们一同经受了那么多的恐怖事件，但维多利亚时代的大多数人到头来还是认同了密尔的观点。那一场行将席卷整个欧陆的大灾难——人们根据各自所处的社会处境而为之或满怀希望或心生畏惧——并没有在维多利亚时代的英国爆发。宪章运动虽说让当权派陷入恐慌，却没能促成革命所需的狂热。那么，接下来我们有必要回顾一下这场失败的革命了。

第11章　流产的革命

　　1848 年，欧洲革命爆发，许多国家都卷入其中，英国却得以幸免于难。原因大致有两个。首先，武装革命之所以流产，是因为大不列颠政府学会了动用司法、警察和军事力量对民众实施铁腕统治。其次，虽说 1840 年代许多英格兰人和爱尔兰人过着地狱般的生活，但这种生活远未达到可能的更糟糕状态，而且经济困难时期很快转变为繁荣发展的阶段，总之，当时根本找不到足够的支持者来建立"宪章议会"，更别说社会主义国家了。出于上述原因，有些历史学家对所谓宪章运动的流产不屑一顾，认为无非是个注定的荒唐结果罢了。然而实际上这里并无荒唐可笑之处——若非英吉利民族独特的成分和性格，这一运动如果任其发展，大有可能也变成一场悲剧。1848 年，法国举行了公民投票；1849 年，拿破仑三世在"民选"中爬上了总统宝座，令密尔等激进派思想家们颇为困惑。英国从 1848 年所获得的惊人"经验"便是，即便宪章派大功告成，所提交的请愿书落实为法律，让成年男性得以拥有不记名投票的选举权，大多数英国人依然会选举维多利亚女王为国家元首，约翰·罗素勋爵或斯坦利勋爵为首相。

　　双双成为老人之后，乔治·朱利安·哈尼①（宪章派分子兼《北极星报》的副主编）在给弗里德里希·恩格斯的信中追忆起 1848 年春天那段令人陶醉的时光：

　　　　那些从前的时光多美啊！今天 2 月 23 号，明天 24 号，还记得当时，一瞧见查令十字街张贴的新闻公告，我就疯跑起来，拽响了沙佩尔［德国

---

　　① 乔治·朱利安·哈尼（George Julian Harney, 1817—1897），英国宪章派左翼领袖，马克思和恩格斯的好友。

流亡革命家][1]家的门铃;我一路狂飙着,在一个街角,把人家的苹果筐
(兴许橘子筐!)给撞飞了,我跑得太猛了,就连身后的那位老太太的轻骂
声都没听见。

我们不禁会好奇,老太太的轻骂声究竟是怎样的轻柔法,这一出
政治狂热者的小品,又是否正好昭示了一位政治活动家和一位
真正的工人阶级妇女之间,各自不同的真实心境?众所周知,此
后几年里,伦敦的水果贩子大都口口声声拥护《宪章》。但他们
中有多少人果真乐意选择那种街头乱战纷起,打翻他们苹果筐
的日子呢?这并非一个随意的问题:它揭示出英国左翼政治故
事的核心。我们当然不能作出这种荒唐的断言:在英国,工人阶
级从未支持过宪章运动的"暴力派"、共产主义或其他暴力革命。
然而有证据表明,在英格兰也始终存在着尊奉别种信条的英国
工人阶级——要么渐进主义,要么保守主义。换到爱尔兰、威尔
士或苏格兰,情况也许便会有所不同了。

乔治·朱利安·哈尼

　　查令十字街的那份新闻公告宣称,法国政府(路易-菲利浦
一世的"七月王朝"及其极端保守派首相兼史学家基佐)被推翻,
成立了临时政府。3 月 13 日,奥地利帝国首相梅特涅的政府也被颠覆。就在
不久前,哈尼的那几位流亡英国的德国好友在伦敦利物浦街 46 号,距离资本
主义世界的中心没有几步远的地方,翻印了一个匿名小册子——《共产党宣
言》。该宣言出自弗里德里希·恩格斯和卡尔·马克思(他来到伦敦,1847 年
11 月跟哈尼认识)之手。恩格斯此前一直待在英国——持有貌似不甚匹配的
英国北方资本家身份。(他父亲在兰开夏郡开棉纺厂——恩格斯说英语时一
口浓重的北方腔,跟罗伯特·皮尔爵士差不多。)马克思之所以跑到伦敦避
难,是因为先前在德国搞革命报刊工作,沦为不受欢迎之人。1883 年去世前,
马克思再也没有踏出伦敦半步,不得已而求其次地蜕变成一位伦敦佬、大英
博物馆的常客。

---

　　① 卡尔·沙佩尔(Karl Schapper,1812—1870),德国和国际工人运动活动家、共产主
义者同盟成员,1840 年流亡英国,1848 年欧洲革命爆发后,回德国参加革命。

一个幽灵，共产主义的幽灵，在欧洲游荡。为了对这个幽灵进行神圣的围剿，旧欧洲的一切势力，教皇和沙皇、梅特涅和基佐、法国的激进派和德国的警察，都联合起来了……

该引文出自 1888 年的"钦定"英译本，译者是塞米尔·穆尔①——一位忠诚而勤勉的译者，恩格斯对译文进行了颇为仓促的审校。

许多人认同共产党人的观点，相信英国也早晚要为"幽灵"所控制。宪章运动的"暴力派"中，一些人跟共产党人攀上了交情，另一些人后来干脆加入了共产党，此时他们都持有和杰出的辉格派史学家麦考莱等人同样的观点，认为阶级的对立是绝对不可避免的。"迄今为止，一切现存的社会历史都是阶级斗争的历史。"在麦考莱看来，1689 年辉格党发动的"光荣革命"是英国历史上具有决定性意义的高光时刻，宪章运动则是一种灾难性的想法。他认为，赋予未受教育的贫苦无产阶级以选举权，无异于一剂令国家自毁的毒方。

我对穷人有任何不厚道的情感吗？那也无非就像对一位被医生禁止喝水，却央求我给他一杯水喝的生病朋友的情感一样吧。也有点像印度的某位菩萨心肠的地方官，在粮食短缺的季节，饥民们包围了粮仓，声泪俱下，双手合十，哀求他开仓放粮时，他所能有的那种情感。对前者，我一口水也不会给他喝，因为我清楚那水对他而言相当于毒药；对后者，我也不会交出粮仓钥匙，我清楚，倘若那样做，粮食短缺将演变为一场大饥荒。同样，对于这些胡搅蛮缠的，因苦难恼羞成怒，被愚昧蒙蔽了双眼，疯狂地索要会让他们陷入万劫不复深渊的自由的乌合之众，我也绝不会妥协。

1839 年，宪章派在纽波特发起暴动，麦考莱看见了那个幽灵——有产者和无产者之间的内战。其恶果必是：财产尽毁——"这场决斗，恐怖之至，超乎想象。"

冲突不可避免，无疑会引来更多宪章派的好战分子。同样，冲突无疑也

---

① 塞米尔·穆尔（Samuel Moore, 1838—1911），英国律师、殖民行政官，《资本论》和《共产党宣言》首位英译者，马克思和恩格斯的好友。

会令不少宪章派畏缩,从而退出这场运动,这倒不是说这些人胆小怕事,只是他们身为裁缝、商贩、工匠,甚或工厂工人,谁都不愿堕落为打砸抢烧的暴徒。卖水果的老太太固然会拥护民众参与国家治理的主张,但是要说在民主演进过程中,有人非得把她的苹果筐或橘子筐踢飞,她自然也不会对此欣然接受。

然而,担心暴力革命会一触即发的辉格党政府不敢轻敌。宪章派将于 1848 年 4 月 10 日向议会提交第三次请愿书,双方都认为这是一个生死攸关的大日子,它将决定暴力革命是否会在英国爆发。

宪章派里更为狂暴的激进分子们,譬如欧内斯特·琼斯①之流,蠢蠢欲动,爱尔兰抗议运动似乎有意和英国工人阶级联手,这一事实更令他们兴致勃勃:

> 宝座倾斜,嘎嘎作响,

琼斯的诗作《自由进行曲》刊载于《北极星报》上。他吟唱道:

> 因"忠诚"已亡;
> 而常识
> 正转而言说着正直。

> 为何你那伤悲的姊妹[即爱尔兰]在呜咽,
> 滴血依然,沉冤未雪,
> 在"英国的[沙皇]尼古拉"罗素的铁蹄下,
> 好似西方的波兰。

> 呐喊:"赐予老爱尔兰自由"!
> 这是你欠下的债;
> 你若不武装他的双臂,
> 他便永世轰不出致命一击……

---

① 欧内斯特·琼斯(Ernest Jones,1819—1869),英国诗人、小说家、宪章运动左翼领导人。

叛乱分子既然能把约翰·罗素伯爵比作残暴至极的沙皇——倒也情有可原，毕竟爱尔兰大饥荒比俄国暴发的任何一场饥荒饿死的人还要多——辉格党首相和内阁也就笑纳了这一"恭维"，并以武力来回应了。他们当然不会坐等危机。1848 年 4 月 10 日之后，宪章派仍有残余分子在折腾，但政府在这一天已经高效率地粉碎了宪章派的图谋。

政府事先便接到军情部门的密报：爱尔兰革命者已然奔赴巴黎去考察设置路障的方法。述及路易-菲利浦和基佐被推翻一事时，辉格党政府采取了极其谨慎的措辞——"我向下议院保证，"罗素告知议会，"（其实，我觉得几乎没有必要特地为如此显而易见之事作声明，）对于法兰西民族可能选用何种政体，我们绝对无意干涉，也绝对无意以任何方式插手该国内政。"法国政府倒台了，罗素跟帕麦斯顿倒能泰然处之，只对致使它倒台的暴力手段耿耿于怀。

惠灵顿公爵①被征召入宫，倒不是要让他当什么实际的作战指挥，而是要让他充当有效的大众宣传工具。暴民们随时可能暴动，惠灵顿忧心忡忡，向约翰·罗素勋爵呈上提议：应当未雨绸缪，做好预案。曾任保守党首相的惠灵顿自然被纳为讨论安全部署的成员，然而，他呈递方案时才发现，乔治·格雷爵士和军事秘书菲茨罗伊·萨默塞特勋爵②抢先一步，已着手实施这些方案。当然，这也不失为一个无害的上策，让那些潜在的暴徒知道，倘若胆敢暴动，他们要面对的可是惠灵顿这位从滑铁卢战役中凯旋的大英雄。

惠灵顿公爵

那么，为了应对 4 月 10 日的到来，格雷和萨默塞特都作了哪些提前部署呢？军方派出专列，将王室成员护送到怀特岛。（滑铁卢火车站提前数小时关闭戒严，军队进驻。）惠灵顿担心，

---

① 亚瑟·韦尔斯利，第 1 代惠灵顿公爵（Arthur Wellesley, 1st Duke of Wellington, 1769—1852），英国陆军元帅，英国首相（1828—1830, 1834）。战功显赫，被俄国沙皇亚历山大一世称为"世界征服者的征服者"。

② 菲茨罗伊·萨默塞特（FitzRoy Somerset, 1788—1855），英国陆军军官，1852 年之前被称为菲茨罗伊·萨默塞特勋爵，1827 年起任惠灵顿公爵军事秘书，1854 年任陆军元帅。

造反派若是搞到军舰,渡过索伦特海峡,那麻烦可就大了,充任度假行宫的奥斯本宫是不堪一击的——官方明明是占上风的一派,竟然还风声鹤唳,草木皆兵到了如此程度。

他们接到探子密报,10 号前几日,宪章派示威者们开始在伦敦聚集,一群大兵跟他们闲聊并作出承诺:骚乱一旦爆发,他们会朝示威人群的头顶放空枪。军队竟然有可能充满这种阶级情感,这一事实令辉格党政府不由得大惊失色,让他们颇感欣慰的是,也有很多人自告奋勇地来做临时警察。单单伦敦一地,菲茨罗伊·萨默塞特勋爵总共动员了 7 122 位军人(包括骑兵)、退伍兵 1 231 人、警察 4 000 人(包括伦敦市及伦敦大都会的警察),而临时警察竟然高达 8.5 万人。英国的其他大城市也同样作好准备,如临大敌。

大英博物馆也被封锁了——馆长亨利·埃利斯爵士[1]作了一番计算,相信"倘若暴徒们胆敢来犯,这一座可以容纳万人的博物馆必定叫他们领教一番何谓坚不可摧之堡垒"。位于河岸街的萨默塞特宫入口处,一道大铁闸门已经安装完毕。英格兰银行四周堆起沙袋护墙,凡可用的孔洞全部架起机关枪。所有监狱全部加强安保,清一色全副武装的警卫。其实类似的安防措施巴黎也搞过,最终还是没能阻止革命的爆发。然而,两国的不同之处就在于,巴黎城外虽说驻扎了 10 万大军,然而,他们不得人心,从小资产阶级到老百姓全都痛恨这些大兵。在英国,城市中产阶级和下中产阶级在总人口当中的占比要高出很多,他们对所有这些安保措施都给予了"压倒性的支持"。临时警察的绝对数量之多,足以说明一切;他们当中也许有很大一部分人是家佣,但不见得就一定对现状不满。

政府一展实力,无疑收效卓著,鼓舞了大多数人的士气——这些人不希望宪章运动的"暴力派"和爱尔兰革命者们得逞;同时此举也让英国在海外名声大噪,俨然成为欧洲独一无二免于陷入革命大动乱的国度。

4 月 10 日上午 9 点,全国宪章派协会在格雷律师学院正北的约翰街聚集,沿着托特纳姆法院路行进,途经霍尔本,走上法灵顿街,穿过黑修士桥,11

---

① 亨利·埃利斯(Henry Ellis,1777—1869),英国图书馆学家、古物学家,曾长期担任大英博物馆馆长。

点 30 分到达肯宁顿公地,但见已有人在此集结了,大约 3 000 之众。另一支队伍聚集在伦敦东区斯特普尼·格林,大约 2 000 人,奏乐、摇旗,仿佛在参加一场大狂欢。最大的一支队伍聚在布鲁姆斯伯里罗素广场。大约 1 万人从此处出发,沿沃尔沃思斯路行进,最终也汇集到肯宁顿公地。原本指望能来几十万人;出乎意料的是,到场的只有 2 万人上下,负责安保的军警数量却是这个数字的 5 倍。

这是一场历史上首次得到摄影记录的重大事件,十有八九是警方的坐探所为。照片采用的是银版摄影术,摄下了一幕凄风苦雨的惨景。近景中,头戴大礼帽,端坐于马上的临时警官们历历在目。远处,2 万颗满怀希望的头颅的上方,一座工厂的一根大烟囱仿佛挑衅的手臂伸向天空。这座工厂可能就是法默先生家开设的硫酸厂。它似乎在宣布,贸易和资本比人类的尊严更强大。雨中,展开了一条标语横幅,上书——爱尔兰人的爱尔兰和民享政治——一条还要再过一些时日才有可能实现的呼吁。

在集会上,奥康纳①发表了演讲。不少宪章运动史学家对他颇有微词,认为他是宪章运动失败的罪魁祸首,他一开始便煽动叛乱、不同意洛维特②和宪章运动"道义派"的主张,此外,《宪章》都出炉十年了,他还是对城市居民没有一点同情心。《宪章派土地纲领》——其中,奥康纳试图在公有土地上建立独立的小农土地所有制——大概永远也实现不了,也跟宪章运动的中坚力量"奥尔顿·洛克们"③的主张毫无共性。"《宪章》是实现目的之手段——手段是争取政治权利,目的是实现平等,"——哈尼在运动之初便已如此宣布过。

4 月 10 日请愿的失败似乎表明,资本主义这架机器可谓彪悍无比,那些已沦为它的齿轮的人们,根本无法想象形势还有什么别的可能性。在英国,全民教育制度——宪章派和共产主义者们一样拥有这个梦想——在区区几代人之内就想实现,根本没有可能。不管《宪章》能否被采纳,英国能否达成

---

① 费格斯·奥康纳(Feargus O'Connor,1796? —1855),爱尔兰地主、律师,激进改革倡导者,宪章运动领袖。参见本书第 3 章对他的介绍。
② 威廉·洛维特(William Lovett,1800—1877),英国活动家、宪章运动领袖。
③ 金斯莱小说《奥尔顿·洛克》以宪章运动为背景,主人公是年轻小裁缝,想改变工人阶级境遇,但灵魂肉体都较为虚弱,失败后心灰意冷,精神崩溃而亡。

一个行之有效的民主政体所需的政治兴趣水平,这一点本身也值得商榷。奥康纳、洛维特或欧内斯特·琼斯所理解的那种民主,在英国根本没有被尝试实行过。

事实上,在 1848 年之前几年,对于《宪章》本身,拥护的人便已一天比一天少。"逐地逐区"汇总上来的调查结果表明,1839 年,大体支持宪章运动的地区有 1 009 个,到了 1848 年,仍有宪章派组织活动的地区只剩 207 个。在这些地区的劳动群众当中,目标和愿望可谓四分五裂。迫于托利党阿什利勋爵的压力,政府不久前出台了《十小时工作日法案》,对于工人的工时作出了限制。许多地方工厂的工作条件得到改善,虽不算特别彻底,也没能达到人们的期望,但这意味着政府不再彻底放纵资本主义,让资本家们肆意妄为了:童工们不再被强逼着下井工作,大大小小的工厂主们也不敢再轻易奴役工人,强逼他们干那么长时间的活了。乐观派发现工厂里工作条件的改善已然初露端倪,虽说进程仍旧缓慢。与此同时,自由贸易也开始呈现繁荣之势。在大多数工业地区,工人的薪酬和工厂的利润都有所增长。

不过,我们也许有人会认为,1848 年劳苦大众的工作和生活条件其实并没有那么糟糕,所谓《十小时工作日法案》和每周几先令的收入便摧毁了宪章派的理想,这种说法未免也太想当然了。实情是,劳资之间存在着真正的利益上的差异,在这一点上,马克思洞若观火。任何游离于这一观点的人都无异于骗子——诸如科布登和曼彻斯特自由派之流,他们认为城市无产阶级拥有不少提升自身的机会,比如参加夜校等等。发表《共产党宣言》之后的几年里,马克思和恩格斯吃惊地发现,英国的宪兵警察实力强大——为了镇压工人阶级和爱尔兰人,英国已经武装到牙齿。这是 1848 年 4 月 10 日事件给出的第一个教训。第二个,也是更令人沮丧的教训,则是在英国,小资产阶级的绝对数量之多,致使对政治地图的任何重新调整都已不再可能。约翰·罗素伯爵诉诸武力镇压宪章派的决定,事实上颇得人心。

在接下来的十年中,我们将会清楚地看出维多利亚时代人的总体特点——对于克里米亚战争的极度狂热,对于印度兵变所持的暴力复仇态度。并无证据表明,倘若给他们机会,那个时代的大多数人就会竭力缔造出一个更公平、更合理的社会,向贫苦的爱尔兰移民和孤儿院,或济贫院,或中部和北部大大小小的工厂里那些非法流浪汉和无家可归者伸出援手。这是一个男权制社会,冷酷无情、掠夺成性、竞争激烈,以达尔文理论中的突变物种那种毁灭性的无情,抛弃弱小的成员,踩着牺牲者的尸体前进。

宪章派代表被获准乘三辆马车过河,向下议院呈递签了名的请愿书。签名者只有 120 万人(预期是 300 万,实际未过半数),据说其中三分之二都是伪造的。譬如,老西布索普上校的大名竟然也赫然在列。不过,戏言寓真理。虽说这位乡下顽固派肯定没有在请愿书上签名,但在某种程度上,与未来的资本家或反对资本家的马克思主义者相比,这位"陈俗旧套"的卫道士、《谷物法》的力挺者和大骂铁路的老家伙,跟宪章派里的好多人倒有更多共同之处。两者都是所谓的"农村生活的愚昧状态"的代表,它意指"农村生活的私有化孤立",换一种说法,是农村生活的私有化"独立"。马克思和恩格斯的号召则是:

> 全世界无产者,联合起来!

4 月 10 日的事件还暴露出一个更为令人担忧的真相:这个事件与其说意味着宪章派的失败,倒不如说昭示着小资产阶级跟当权派、金元势力和贵族阶级结成了统一战线。

从现在起,维多利亚时代的历史变成了一曲令人惊惧的得胜凯歌,在接下来的十年里,英国变得愈加富足强大,同时也变得愈加粗鲁蛮横,令历史学家们觉得,唯有从反对的声浪中,英国方能找到一条自我救赎之路。

第 2 部

1850 年代

威廉·华兹华斯　　　罗伯特·皮尔爵士　　　约翰·罗斯金　　　玛丽·西科尔　　　帕麦斯顿勋爵　　　阿尔伯特亲王　　　克里斯蒂娜·罗塞蒂

第 12 章　万国工业博览会

关于 1848 年欧陆诸国陷入革命（及反革命）大动荡，偏偏英国"逃过一劫"的说法，也许需要一些进一步的解释。假如只在 4 月 10 日肯宁顿公地那件事上寻找动荡暴乱的苗头，我们也许可以说英国这一年可谓天下太平了。整个 1847 年，瑞士的激进派与天主教主导的诸州一直在打内战——梅特涅伯爵的政府若不是 1848 年 3 月被推翻，身为奥地利首相的他势必早就以专制主义姿态出面干预了。而早在梅特涅政府垮台前，法国国王路易-菲利浦一世已被迫退位，和法国保守派首相逃往伦敦避难了（后来梅特涅也是如此）。在柏林，腓特烈·威廉四世被迫颁布宪法，组建了自由主义政府。法国诗人兼政治家拉马丁①执笔的《告欧洲宣言书》，毫无疑问发自当时欧洲最激进的一个"左翼"政府，不过帕麦斯顿这位十年来叱咤英国政坛的大人物，竟然精明地表示支持法国革命政府，之所以如此，恰好与马克思谴责这份宣言书的原因一致——它本质上不过是讨好社会主义者的小恩小惠而已，实际上扼杀了未来的革命可能。在西班牙，革命遭到抵制，帕麦斯顿这位英国大臣也因拥护自由主义而备受谴责。在意大利，激进派认为可谓天赐良机，正好可以同时把统治权从奥地利和教皇手里夺回。那不勒斯国王费迪南多二世②被迫颁布了宪法。匈牙利因为俄国入侵而陷入动荡。在石勒苏益格—荷尔斯泰因州这个棘手问题上，丹麦和普鲁士争执不休。

相形之下，人们普遍觉得英国堪称一片平静了。这个观点不乏道理，否

---

① 阿尔封斯·拉马丁（Alphonse Lamartine，1790—1869），法国浪漫派抒情诗人、作家、政治家。

② 费迪南多·卡洛（Ferdinando Carlo，1810—1859），两西西里王国国王，1830—1859 年在位。

则,英国何以、如何能够同时为来自反动老巢的梅特涅和基佐和来自革命发祥地的卡尔·马克思等各路难民提供庇护?

正如它历史上一贯的做法,英国似乎走着一条与其他欧洲国家截然不同的道路。但是,其实英国并没有那么卓尔不群,它同样面临着、应对着种种问题,只不过这些问题都是在远离本土的地方出现的,以至于造成了英国形势颇为稳定的错觉。要想弄清这个问题,须牢记两个要点。其一,随着国内工业经济的巨大增长,大英帝国海外扩张可谓追风逐电。这使英国政府得以将诸多政治异见者和刑事犯放逐到海外,迫使别的国家在各自的本土应付他们。其二,至于各殖民地本身的历史,我们必须记住,无论 1848 年,抑或此前此后几十年,这些地方的形势都远谈不上风平浪静。

威廉·海·麦克诺腾爵士

英帝国主义的超级海外扩张成为维多利亚女王统治第一个十年的标志。1841 年,英国在远东的中国香港强迫建立了港英政府;1846 年,文莱的纳闽被迫割让给英国;1843 年,英国侵占了南非纳塔尔;1848 年,英国吞并了南非奥兰治河流域;1843 年,非洲西海岸冈比亚沦为英国殖民地。1838 年,英国发动了损失惨重的阿富汗系列战争中的第一场,逐渐吞并了这个难以征服的国家。当时的阿富汗游击队无比强悍。威廉·海·麦克诺滕爵士[1]——一位彻头彻尾的老印度通,父亲是印度法官,而母亲自少女时代就是东印度公司雇员——说服了印度总督奥克兰伯爵,让后者相信倘若英国不拿下阿富汗,俄国人便会乘虚而入,威胁到英国在印度的利益。接下来一段时间,英国人在阿富汗扶植起了一批又一批杀人不眨眼的、据说跟外国占领者们利益共通的恶棍。1841 年 11 月,麦克诺腾正准备动身离开喀布尔、走马上任孟买总督之际,他的继任者亚历山大·伯恩斯爵士被一群暴徒杀害。麦克诺滕随后也丧命于他所支持的阿富汗派系的敌对者之手。冬天降临了,驻扎在坎大哈的英军不可能翻越白雪皑皑的群山去往喀布尔。经过与阿富汗领导人

---

① 威廉·海·麦克诺腾(William Hay Macnaghten,1793—1841),英国驻印度外交官员,在第一次英阿战争(又称阿富汗抗英战争)中发挥了重要作用。

一轮又一轮的艰苦谈判后,英国人同意从阿富汗撤军。1842 年 1 月 6 日,整个驻军开拔,朝贾拉拉巴德撤退,一同撤退的还有一大批阿富汗籍随军杂役(唯恐遭到仇恨满腹的同胞的报复)和众多英国妇女儿童。曾密谋策划杀害麦克诺滕的阿富汗新领导人阿克巴尔・汗不肯承诺保障沿途撤退的英军的安全,只同意下令保证不攻击英国妇女儿童。结果在贾格达拉克山口,1.6 万名英军士兵遭袭,被迫跟阿富汗人展开最后鏖战。英国人全军覆没,威廉・布赖登军医成了唯一幸存者,拖着伤腿,一瘸一拐奔向贾拉拉巴德报告令人毛骨悚然的消息。到了春天,英国确实出兵占领了喀布尔,不过没在那里待多久。他们已经没有长留于此的意愿了。

英国人发动第一次阿富汗战争,只取得了一个勉强可称正面的战果:东印度公司势力在印度西北部得到极度扩张。作为这次战争的直接结果,英国在 1843 年征服了信德。英国打了两次锡克战争,1849 年兼并了旁遮普,还征服了萨塔拉(1848)和桑巴普尔(1849)等一些小土邦。这与其说是某个宏图大略的一部分,倒不如说是英国在四处创造一点和平环境,以满足本国贸易的蓬勃发展之需。英国在印度搞的一切扩张活动几乎都是按这种模式开展的:打着镇压叛乱的旗号,旋即侵吞了印度的更多领土。

跟其他欧洲国家不同,1848 年,英国把国内的不满和怨恨差不多都转移到帝国其他领土上去了。辉格党政府心知肚明,要想不断赢得国内中产阶级的拥戴,关键要避免增税。"我认为,千万别去动他们的钱袋子;我们应尽力缩减开销,"财政大臣查尔斯・伍德曾对格雷①如此说道。格雷竭力节省帝国军费开支,这意味着一方面给印军中的欧洲官兵发退役金,打发他们退伍了事,一方面尽可能多地雇佣印度本土士兵;许多军事观察家认为这一政策带来了潜在的风险。

在一般人眼中,查尔斯・纳皮尔爵士是印度军事当局里一位脑子不大灵光的掌权者。("我要是能当上印度皇帝,当他个 12 年,保准让印度铁路纵横、桥梁密布……我早把印度诸王公废掉了。")然而,1840 年代初,在被派驻印

---

① 亨利・格雷(Henry Grey,1802—1894),英国政治家,第 3 代格雷伯爵,首相查尔斯・格雷之子,曾任殖民地大臣及上议院自由党领袖。他是第一位在当时条件下设法最大程度推行殖民地自治政策的英国大臣。

度北部诸邦搞军事征服时，连他也轻而易举地预见到了将来早晚会出现的一系列问题。他指出，印度兵们（印度土著士兵）对于不断降低薪金怨愤满腹。他认为，出身于婆罗门族和来自拉其普特人的士兵是"令人钦佩的战士"，而他对在印军中效力的欧洲军官总体评价不高，"尤其那帮高级军官"。1850 年 3 月，身在卡拉奇的纳皮尔警告道，对于"这群规模庞大、全副武装、体格健壮、桀骜不驯，一旦要求得不到满足，便会喧嚣骚动，暴力十足的印度大兵"，政府也许将根本无力应对。

政府里没人搭理他的警告。压榨殖民地人民、养肥国内中产阶级的国策，是查尔斯·伍德爵士政府财政收支计划的重要内容。在印度，这一政策的实施分为两个方面。一是，肆意践踏土著士兵的宗教情感，譬如，无视种姓之间的差异，将婆罗门种姓和低种姓士兵，或更糟糕的，将不同信仰的士兵混在一起投送，据说这样可以降低军队的投送成本。二是，在印度倡导"节俭"风气，大搞印度兵降薪活动，致使土著士兵的不满情绪渐渐发酵，小规模兵变频频爆发，这无疑成为挑起后来的 1857 年印度民族大起义的一大诱因。

在帝国的其他殖民地，自由贸易改革所酿成的恶果已经凸显，经济举步维艰，几近崩溃，在诸如英属圭亚那和牙买加等刚刚对解放奴隶一事有所适应，经济开始恢复稳定的殖民地尤其如此。整个 1848 年，在西印度群岛的奴隶种植园里，纵火和抢劫等暴力犯罪司空见惯。同样的问题也困扰着牙买加——就连给政府公职人员开工资的钱都拿不出来——英国议会只好贷款 10 万英镑以解燃眉之急。还有加拿大，在英国废除《谷物法》后，加拿大麦农便失去了之前有法律保障的市场。法裔加拿大人尤其备受打击，以至于组织起不少秘密武装，发起暴动，对总督扔臭鸡蛋，并在城市里，尤其是多伦多，发起纵火袭击。在锡兰，1848 年英国政府出台措施，加收一种欧式农业税，结果引发暴乱，参加者达 6 万之众，他们突袭监狱，释放囚犯，将种植园主的财物洗劫一空。在开普殖民地，为反对英国殖民者在纳塔尔搞的殖民活动，布尔人领袖安德列斯·比勒陀利乌斯领导了一次小规模武装抵抗；同时，针对英国军警的肆意妄为、横行霸道，科萨人和盖卡族人奋起反击，土著军团也搞起了兵变。

换句话说，在全球各地，英国正经历着一场英国版的 1848 年革命。我们可以想象,倘若加拿大、西印度群岛、旁遮普、开普和锡兰等殖民地的不满分子能施展魔法全部跑到肯宁顿公地跟宪章派汇合,1848 年 4 月 10 日的那场运动想必会走向截然不同的结果。英国这些七零八落分散在全球各地的问题,亟待政府出台一套全新且强有力的帝国策略。然而,直到 10 年后在印度爆发民族大起义后,这一策略方才出现。目前对这些问题只能零打碎敲地予以解决。

与此同时,殖民地也为英国提供了一种有效的破解难题之法,以及关于 1848 年伦敦人何以比巴黎人、柏林人或维也纳人过得更祥和、更安宁的另一种解释。纵然从公布的信息看,1848 年被转移到海外殖民地上的政治犯只有 30 位,但这一数字旋即不断上升,尤其对爱尔兰而言。这些政治犯被发配到殖民地,以防再弄出乱子来。这里,我们再次看到的是一种对问题的拖延而非解决。时间并不能消除宿仇和积怨,只会将它们像地雷一样暂时掩埋。其实,爱尔兰芬尼亚运动和爱尔兰共和运动正是在流亡者当中开始的。在澳大利亚,出现了一份非常活跃的爱尔兰激进报纸,此地的爱尔兰囚犯们发起了反抗监狱当局的"不服从运动",该运动在巴拉腊特金矿场采金工人 1854 年 12 月发动暴动时达到顶峰。到那时,流放作为惩罚的手段都已快被淘汰了。狄更斯的小说《远大前程》(首版于 1861 年)创作于出版时间的 30 年前,小说出版时,那位名叫马格维奇的罪犯已变成旧时代的人物了。截至 1840 年代中叶,仍旧保留近海监狱的只有百慕大、直布罗陀和诺福克岛;但是,借用塔斯马尼亚一位历史学家的结论,在 1848 年,恰恰是借助于将众多异见者流放海外,英国才得以扑灭"暴动的余烬"。

后殖民时代的现代读者无疑会为以下这个认知感到不安:这个自由主义的国家——在许多欧洲人看来,英国甚至堪称自由主义国家的典范——竟然建立在欧洲人在全球各地大搞镇压、肆意干涉他国内政的基础上。然而,当时信心满满的自由主义者们却不这样看。1851 年举行的万国工业博览会的国际化特征,无疑是一个对外的、明显的象征,向世人宣告着:资本主义可以轻而易举地征服全球,把现代化输送到亚洲、美洲、非洲和澳大利亚;反过来,也会把世界各国吸引到以海德公园为中心、为展出异国植物而兴建的,象征着自由贸易的温室里。这倒不是说"自由贸易"的标签总是被使用着。托利党周刊《约翰牛》杂志将本次博览会戏称为"自由贸易节",致使组织者之一、恰恰是自由贸易倡导者的理查德·科布登提议,以后别总滥用这个词,以免让人觉得这是一场政治宣传运动(虽然它确实就是)。而反对党领袖斯坦利勋爵①在伦敦市长官邸发表演讲,大力推广博览会时,也用了审慎的措辞:博览会将"使世界各国和谐相处",并能"促进……所有国家的工业发展"。

事实上,正如我们已知的,英国强推自由贸易,致使全球各国陷入大规模动荡,自由贸易引发并助长了扩张主义,导致了亚洲战争。科布登和布莱特曾坚信,由于自由贸易势必跨越国界,席卷全球,因此,消除战争指日可待。这一观念在 1850 年代遭到严重挑战,欧洲近 40 年来首次大规模战争于 1854 年爆发。然而,在万国工业博览会那些乐观机智的组织者们看来,"轮船、铁路和塑造人类的思想",作为值得仿效的新事物,已将军事征服取而代之了。

毫无疑问,组织者们之所以开始筹办本次博览会,部分原因是出于一种侥幸逃脱后的窃喜之情——1848 年逃过了爆发革命的噩运,又在工业扩张和发明创造迭出的社会大背景下,整整 10 年,挺过了无常的经济变革、令人揪心的社会动荡、疾病肆虐和爱尔兰大饥荒。

整个计划的背后推手自然是亨利·科尔②。没有他,就根本不会有博览会这回事。科尔亲历了"王家艺术、制造与商业促进会"(1844 年)和王家文艺学会(1846 年)举办的展览会,视之为一场更大规模的展览会的可借鉴模式,后者将促进工业设计领域企业的发展,推动发明创造,同时也会大力宣传该领域所取得的成就。科尔曾化名费列克斯·萨默利,为 1846 年展览会设计了一套由明顿制瓷公司制造的陶瓷茶具。他是公共档案馆的文职人员,负责编日系统的编制工作。1838 年,他跟罗兰·希尔一起创办了"1 便士邮政制"。他曾为统一铁轨轨距和改革专利法奔走呼号,还是商业圣诞卡的发明者。

科尔第一次见到阿尔伯特亲王是在公共档案馆工作期间。科尔说服了早期小型展览会的组织者们,使他们生出更大的野心,并为争取到一位王室

---

① 爱德华·史密斯-斯坦利(Edward Smith-Stanley,1799—1869),第 14 代德比伯爵,曾任英国保守党领袖、英国首相。

② 亨利·科尔(Henry Cole,1808—1882),英国公务员、发明家。

赞助人而努力。科尔请来担任过贸易委员会副主席的曼彻斯特自由党议员托马斯·米尔纳·吉布森[1]、科布登、格拉斯哥工业设计师兼多面手斯科特·拉塞尔[2]以及伦敦地产开发商、自学成才的建筑师托马斯·库比特[3];这位库比特改建过贝尔格莱维亚区,重建了白金汉宫,并按照阿尔伯特亲王的设计要求在怀特岛上建造了奥斯本宫。为筹办本次博览会,科尔说服女王的夫君组建了一个王家委员会——成员包括亲王本人(主席)、首相约翰·罗素勋爵、反对派领袖斯坦利勋爵、前首相罗伯特·皮尔、巴克卢公爵[4]、格莱斯顿先生、地质学家查尔斯·莱尔、雕刻家理查德·韦斯特马科特[5]以及其他显要。

亨利·科尔

　　在第一场较量中,科尔赢了,他让那些早期工业设计先驱们(之前他们举办的展览会几乎无人问津)觉得,大好时机终于到来,他们曾经为之付出如此多财富和精力的主流政治群体终于接纳了他们。1850 年 1 月 3 日,王家委员会成立,他们只有不到一年时间来筹划大事:既要确保参展产品质量满足高规格标准,又要把征集行业意见的范围从英国扩大到全球,还要设计既能举办博览会又能体现博览会特色的场馆。此外,还要决定展览会的选址,摄政公园、樱草花山、沃姆伍德·斯克拉比斯监狱或狗岛等均在考虑之列。

　　建筑委员会提交了本次博览会大厅的第一份设计方案(他们在此之前已经否定了建筑师们提出的 233 种方案),该设计看起来像一座砖砌车库,顶端盖着一个比例不大协调的大圆顶,比圣彼得大教堂的圆顶还要大。建筑委员会之所以坚持该方案,纯粹是因为已经没有时间等待备选方案了——尽管没一个委员喜欢现在这个。

---

　　[1] 托马斯·米尔纳·吉布森(Thomas Milner Gibson,1806—1884),英国政治家。
　　[2] 约翰·斯科特·拉塞尔(John Scott Russell,1808—1882),苏格兰土木工程师、造船师。
　　[3] 托马斯·库比特(Thomas Cubitt,1788—1855),英国建筑师,因开发伦敦历史悠久的街道和广场而闻名。
　　[4] 沃尔特·斯科特(Walter Scott,1806—1884),第 5 代巴克卢公爵,苏格兰政治家,曾任掌玺大臣。
　　[5] 理查德·韦斯特马科特(Richard Westmacott,1775—1856),英国雕刻家。

接着,发生了一件幸运的事,它让我们明白了,在维多利亚时代,许多人对麦考莱的辉格党式乐观主义坚信不疑,并非没有道理。它确实像是属于这样一种社会:固然下层阶级遭受着种种可怖的苦难,但是在聪明才智和运气的驱动下,这个国度仿佛背后总有一股强力推动,自能从一个胜利飞向另一个胜利。维多利亚时代的魅力,就在于拥有这些好运和聪慧完美结合的时刻。不像如今,我们眼中的英国成了这样一个国度:没什么事能顺畅运作,很少有人试着去干大事,即使有也是吃力不讨好。

6月11日,米德兰铁路公司主席兼议员威廉·埃利斯在下议院跟第6代德文郡公爵①的园林建筑师约瑟夫·帕克斯顿②见了面。对公爵而言,帕克斯顿的意义远不止是个园林建筑师,实际上,他是这位睿智贵族的知己深交,还为这位大贵族在德比郡的豪华宅邸进行了大量园艺规划工作。自从25岁上下起,帕克斯顿开始一展作为园艺师、工程师和建筑师的非凡才艺。伊登索尔样板村③、"帝王"喷泉和"查茨沃斯庄园温室"(一座巨型温室),这些只是这位工人阶级出身的天才为他的公爵朋友兼赞助人所赢得的部分荣誉而已。上述"温室"是当时世界上体量最大的玻璃建筑。当女王和阿尔伯特亲王于1843年莅临查茨沃斯庄园时,帕克斯顿和德文郡公爵用1.4万盏灯点亮了这座巨大的房间——"真是太奇妙了,真是太令人惊叹了"——身为参观贵宾之一的惠灵顿公爵如此赞叹道。

在其自由职业生涯里为一位无限富有的赞助人一展聪明才智后,如今,已至天命之年的帕克斯顿当上了米德兰铁路公司董事会的董事,得以在下议院会见议员威廉·埃利斯,随后去参加米德兰铁路公司举行的正式会议。当天下午,坐在下议院公众旁听席上的帕克斯顿根本听不清议员们在辩论些什么。埃利斯也抱怨说,查尔斯·巴里当初设计的新议会厅的音响效果不够好。于是,就博览会大厅的音响效果,两人着手商讨别的补救措施,还讨论了

---

① 威廉·斯宾塞·卡文迪许(William Spencer Cavendish,1790—1858),英国贵族、朝臣、辉格党政治家。

② 约瑟夫·帕克斯顿(Joseph Paxton,1803—1865),英国园艺大师、建筑师、工程师、下议院议员。

③ 伊登索尔是德比郡一乡村及民间教区,村子大部分归德文郡公爵家族所有,帕克斯顿对其进行了改造。

新展厅的设计方案。

那天下午，在米德兰铁路公司会议上，帕克斯顿随手在记事簿上画了个设计图，当天晚些时候，他把草图拿给埃利斯看。帕克斯顿想要设计一个更大号的"查茨沃斯庄园温室"，清一色用玻璃和铸铁制成，如有必要，博览会结束后还可以拆掉，搬到别处继续使用。埃利斯把那张记事簿活页给了科尔，科尔马上安排阿尔伯特亲王出席听证会。不到一周，斯梅西克承包公司的福克斯和亨德森便把实施成本降到最低。就在建筑委员会公布首个惨不忍睹的设计——恰似一个盖有巨大圆顶的车库的丑模样——的当天（遭到了普遍嘲讽），帕克斯顿向第 6 代德文郡公爵的外甥格兰维尔勋爵①出示了自己设计的替代方案，后者将这项更具吸引力的方案呈交给建筑委员会。前路漫漫，要跨越

约瑟夫·帕克斯顿

的障碍还有不少。王家展览委员会的委员们提议自掏腰包搞建设，为帕克斯顿的设计方案买单。格兰维尔和激进派内阁大臣亨利·拉布谢尔②各出资 5 000英镑，金融家塞缪尔·莫顿·皮托③赞助 5 万英镑——这跟 2000 年"千禧巨蛋"建筑委员会的搞法完全两样，那些家伙只想花别人的钱去建一些不招待见、铺张浪费的大玩意。尽管不乏反对声音，帕克斯顿的玻璃暖房创意还是被采纳了，并着手动工建造，建筑地点不是在摄政公园或狗岛，而是伦敦市正中心——海德公园。理应建在这里，罗伯特·皮尔爵士宣布道——这是就此或其他任何话题，皮尔对王家展览委员会说的最后一句话——"要不就别建。"

1850 年夏，有两起死亡事件值得一提，19 世纪两位最伟大的人物从此在历史舞台上销声匿迹，同时，它们也象征着一个关乎人类理解的特殊时代宣

---

① 格兰维尔·莱韦森-高尔（Granville Leveson-Gower，1815—1891），第 2 代格兰维尔伯爵，英国自由党政治家。

② 亨利·拉布谢尔（Henry Labouchere，1831—1912），英国政治家、作家、出版商、剧院老板。

③ 塞缪尔·莫顿·皮托（Samuel Morton Peto，1809—1889），英国企业家、土木工程师、铁路开发商、下议院议员。

告永远终结。4 月 23 日,桂冠诗人威廉·华兹华斯逝世,享年 80 岁,三天后葬于格拉斯米尔教堂墓地。7 月,他的遗孀发表了华兹华斯的自传体诗歌,将其命名为《序曲》。十余年来,华兹华斯几乎没看过该长诗的修订版,诗中最令人难忘的篇章写于 1805 年,这绝不只是流逝了 45 个公历年那么简单,已有一条巨大的想象鸿沟把这个昔日的年代和这个铁路纵横、自由贸易兴盛、资本主义极速发展、帝国崛起、宗教怀疑风气盛行的英国遥遥隔开。

作为年轻一代自由派的佼佼者,罗伯特·勃朗宁曾把华兹华斯视为一位"迷失的领袖",认为华兹华斯把革命青年的激情和对法国革命的热切支持全部抛在脑后,转而成为一位信奉英国国教的托利党党徒,写下了《教会十四行诗集》。然而,从一百五十年之后来看,我们可以发现,"左派"向右派的迁移——从吉伦特派的同道之人到教会和女王的拥护者——并非华兹华斯人生轨迹确定无疑的特征。令今天的《序曲》读者所触动的,并非那些变化之物,而恰恰是那些恒定不变的地方。如果我们对该诗的两个版本,一个是诗人在 1805 年 35 岁生日前完成的,另一个是几十年后加以修改,在作者身后出版的,加以比较,这种感觉便会更加深刻。

威廉·华兹华斯

华兹华斯的这部毕生之作,原本计划是一部名为《隐士》的大型哲学诗篇。实际上完成的只有第一部分。他的遗孀之所以将其命名为《序曲》,也许是因为华兹华斯本人对这首诗的介绍:它只是"哥特式教堂主建筑前的……教堂门厅"。其实,它可以视为华兹华斯的自传,讲述自然如何成为他生命中的一切。在他另一首哲理长诗《远足》里,城市生活蜕变为腐朽和堕落的代名词。"城市,人心染病之处",与此形成鲜明对照的是一座座小乡村,那里,人们依旧拥有丰裕的空间和时间,倾听并遵从导向美德的内在声音。该诗除了和宗教语言的关系外——华兹华斯在自然中窥视到"一种威严壮美的智慧"——还涉及人类自身的重大问题。对华兹华斯的前一代人——即塞缪尔·约翰生那一代人——而言,文明而美好的生活应当是在城市里,这是不言而喻的。然而,工业化进程以及随之而来的人口爆炸不光改变了城镇面貌,也改变了城市居民看待自身的方式。到华兹华斯去世那年,英国有一半人口生活在城市里。

在华兹华斯居住的格拉斯米尔镇以南 100 英里处，面色凝重的恩格斯得以一睹坐落在一座黏土山包上的曼彻斯特城：一排排房屋，一条条街道，随处可见，就像一座座小屯子，坐落在裸露的——甚至寸草不生的——黏土上。这些小巷，路面尚未整修，下水道尚未修建，不过，倒有成群的猪猡蜷缩其间，要么圈养在狭促不堪的猪圈或院子里，要么在三街六巷里肆无忌惮地游荡。

　　在 21 世纪读者心里，150 年前的曼彻斯特城脏乱不堪的环境却似乎有种田园诗般的风情了；不过这也证明，若要实现彻底的工业化和城市化，还有很长的路要走。人们为了在城里苟活而战，为了避免疾病而战，为了填饱肚皮而战，为了找到酣眠之所而战；自由的契机在这些痛苦的挣扎中被剥夺了。仰仗辛苦劳作者痛苦的挣扎而大发横财的资产阶级，同样也深陷"捞取和消费"的无情浪潮。华兹华斯曾质疑过亚当·斯密在《国富论》里的论调，因为他：

> 已然
> 对个人价值和尊严
> 有了更明智的认识。

凭借远见卓识的天赋，华兹华斯认识到，自由竞争市场的扩大非但不会促进自由，反倒会囚禁自由。经由过上一种与自然交流的生活，他构建起了个体发现自由和真理的故事，并追问道，"个体是什么，为什么亿万之众就不可能是一个个体呢？"对个体能否存活下来以及上述说法在资本主义的丛林法则下是否真正有意义的问题，这个时代的许多伟大思想家提出了各自的观点。曾让神学家忧心忡忡的"自由意志"和"决定论"之间的古老争端，以不同方式让马克思和达尔文忧心不已。主张自由的人，就像在神学时代一样，带有一种挑战意味。对密尔和功利主义者来说，自由概念只能建立在政治框架下，然而在 19 世纪，总有一些颠覆分子与华兹华斯的思想相呼应：

> 哦！谁能久长保全自己的整个生命，
> 在内心中扩大自己的自由？
> 只因此乃真正的自由……

这种对着资本主义创造的世界自我宣称的个人主义概念，也将出现在 19 世纪更具吸引力的一些思想家那里——从处于基督教无政府主义阶段的托尔斯泰(他大概从未读过华兹华斯的诗歌)到罗斯金;尽管罗斯金曾出人意料地表示,他发现自己与华兹华斯的思想格格不入。

在英国,1846年毫无疑问是闸门大开的一年,而促成经济保护主义向自由放任主义转型的头号人物,便是罗伯特·皮尔爵士。那些认为洪水本可控制住的人,也许会把废除《谷物法》视为标志着古老英国的终结,也就是那个国家对城市有绝对统治权,而且社会的本质和结构仍由某种理想——宗教的,或贵族的,或兼而有之——而非纯粹商业来决定的年代的终结。大多数历史学家则倾向于认为,废除《谷物法》势在必行,而皮尔是一位坚持原则的勇士,坚信自己走的是正道,尽管此举令其领导的政党从此四分五裂。他拒绝接受荣誉,拒绝被授予嘉德勋章,然而我们却可以这样讲:他是那个时代最重要的政治教育家;确实可称教育家——是他所代表的中产阶级的教育家,也是议会里其追随者的教育家,最重要的是,还是王室成员的教育家。他的观念属于温和、颇具常识性,并非总能在政治生活中赢得高声喝彩的那种。如果说华兹华斯之死可被视为神圣的个人性的死亡(在资本主义—工业主义的巨大漩涡中,这种个人性日益难以维系),那么皮尔之死则似乎意味着公共生活里某种谦逊和理性从此烟消云散了。我们不能说,皮尔的过世引发了克里米亚战争,但是我们不妨认为,之所以发生了那场代价高昂却徒劳无功的战争,是因为英国人忘记了皮尔那种心平气和的基本常识。

克里米亚战争打响四年前,发生了一起事件,它展示了外交大臣帕麦斯顿勋爵的一贯作风,进而成为用以阐释何谓"炮舰外交"的一个比喻。有位叫唐·帕西菲科的葡萄牙犹太商人,其雅典住宅惨遭洗劫。巧的是,他恰好出生在英国治下的直布罗陀,于是,他求救于英国政府,恳请对局势动荡、新近独立的希腊政府予以干预。反犹暴徒们袭击唐·帕西菲科之举,无疑令人十分不悦。暴徒虐打他的妻儿,掳走他妻子的金银首饰,还一把火烧了他家的房子。许多卷入这场暴乱的年轻人出身名门,希腊战争大臣的儿子也在其中。

罗伯特·皮尔爵士

由于不满希腊当局的处理结果,唐·帕西菲科转而向帕麦斯顿勋爵求助。1850 年 1 月,帕麦斯顿下令封锁了希腊港口。处理该事件前,他事先并没有跟法俄——另外两个"捍卫"希腊自由的国际监管国——磋商。经过与法国一番商讨并达成共识后,帕麦斯顿我行我素,都懒得跟驻雅典的英国大臣(应该叫大使才对)通报此事。到了夏天,法国人召回了驻伦敦大使,不过,帕西菲科遭受的损失基本得到了补偿。帕麦斯顿的好战态度——往大一点讲也正是英国本身的态度——受到举国上下的极力追捧。然而,斯坦利勋爵——他即将从父亲那里继承德比伯爵爵位——发起了议会不信任动议。为反击此人,帕麦斯顿在下议院发起了一场"盛大"的辩护。在准备声明文稿时,帕麦斯顿动用了 2 000 余卷外交部文件,相当于自坎宁任外交大臣以来英国发表外交政策声明的总和。

> 当目睹王权被撼动、被粉碎、被夷为平地,制度被颠覆、被摧毁之际,当几乎所有欧洲国家都爆发了内战,致使欧洲大地——从亚得里亚海到黑海,从波罗的海到地中海——血流成河之际,我国却赐予了国民一幕令人荣耀的奇观,使全人类都为之钦佩不已。

帕麦斯顿在演讲中一字未提那些他为避免损害自身利益而用船运往加拿大的衣衫褴褛、疾病缠身的爱尔兰佃农:

> 我们已经表明,自由与秩序乃是相容的,个人自由与服从法律乃是可以调和的……

他提请下议院作出决议:

> 是否能像古罗马人那样,当他们说"吾乃罗马公民"时,却不感到屈辱;无论身居何处,英国国民都应当坚信,英国的警觉之眼与强有力的臂膀会庇护他们免受不公和屈辱的侵害。

鲜有比这更富有特色的定义了——正如一位后世天才总结的,"那种代理警察做派乃是英国人对陷于麻烦的他人所能表现出的最强烈的感情。"

罗伯特·皮尔爵士彬彬有礼的常识,跟帕麦斯顿勋爵过于自负的做派形成了不啻天渊的反差。在下议院就唐·帕西菲科事件展开辩论时,皮尔的发

帕麦斯顿勋爵

言是,"何谓外交? 外交是维系和平的昂贵引擎。外交是文明国度为制止战争而诉诸的卓越手段。"这是他留给议员们的最后一句话。次日,皮尔骑马登上宪法山,马匹突然受惊,他摔落马下,被送回花园街的府邸,苦熬三天之后去世。

维多利亚时代的人开创了报业时代,得以用夸张的、毫不掩饰的情绪来表达彼此毫不相容的观点。在帕麦斯顿大受欢迎的巅峰时刻,全国依然陷入了对皮尔的最深切哀悼。自然,对皮尔的过世,一些温和的保守派人士深感痛惜,因为他们谴责帕麦斯顿奉行的激进帝国主义—自由主义的沙文主义侵略行径(或者对此你也可以加以其他定义)。不过,读报纸的一代公众中的许多人,也许是大多数人,并不怎么考虑逻辑问题。他们蠢蠢欲动,摩拳擦掌,为帕麦斯顿摇旗呐喊,与此同时,这不妨碍他们将皮尔视为温文尔雅的英国式宽容、常识和稳健财政观的化身。

> 哦,伟大的罗伯特如今已然远逝,
>
> 他修改了我们的律法,
>
> 他免除了我们的面包的关税,
>
> 并赢得了那么多掌声。

这是一首非常流行的街头民谣,叫《穷人为罗伯特·皮尔爵士的死悲叹》。另一位打油诗作者则认为皮尔在《天主教解放法案》和《谷物法》上发生的两次重大转变是标志着英国走向自由化、避免爆发欧陆式革命的关键因素:

> 荣光归于他,坚定而伟大,
>
> 两度摧毁了自己统帅的政党,两度拯救了国家;
>
> 当欧陆的王座倾覆之际,是他那恰逢时宜的勇气,
>
> 确保了维多利亚的王冠在风暴里坚忍地矗立。

沃尔特·白芝浩[1]就没这么友善了。"若要描述皮尔的雄辩术,世间唯有

---

[1] 沃尔特·白芝浩(Walter Bagehot,1826—1877),英国经济学家、政治社会学家、公法学家、文学评论家,曾任《经济学家》杂志主编(1860—1877)。

一词最贴切：似是而非。他几乎从不说有那么一会儿让你信以为真的话，也从不讲有那么一会儿你会否认其合理性的话……"这真是一则精辟而无情的评价。白芝浩描画了皮尔的观念演变历程——从彼得卢屠杀①的捍卫者到托利党自由派，从奥兰治兄弟会②的同情者到天主教解放者，从自由贸易的反对者到倡导者。在白芝浩看来，皮尔是中产阶级观念的风向标、精明强干的管理者，但根本上讲，无趣、没劲。

> 在他那个时代，所需采取的首要措施便是"废除"。从持续变化的社会形势来看，陈旧的法律已无法适应社会变迁了；人们一会儿嚷嚷着要求废除一项重要法案，一会儿又要求废除另一项重要法案。皮尔的天赋简直就是为应对这种变迁而量身打造的。

白芝浩以如下评述结束了对皮尔的非难："您老已然驱逐了深邃的思想家，想必，您老对于最终到手之物——商业绅士——也心满意足了。"堪称最优秀的新闻记者所能呈现出来的，也就是这种机智和不公了——就政治新闻记者而论，白芝浩已经算是前无古人后无来者。他认为，深邃的思想家才是"商业绅士"的更为明智的替代品。不过，其实有思想的人未必爱搞政治。在 19 世纪初的内阁里，像格莱斯顿和麦考莱这类聪明之人为数不少，但是确实没有什么思想深邃之人。政治家就一定有深邃的思想吗？

无论怎样，白芝浩心知肚明，正像他在皮尔去世 6 年后所写的，接替皮尔出任英国首相的，并非亚里士多德，亦非黑格尔。他们分别是——依顺序先后——约翰·罗素勋爵、斯坦利/德比勋爵、阿伯丁勋爵和帕麦斯顿勋爵。阿伯丁竭力维持皮尔式的冷静和常识的努力，可以说是勇气可嘉，也可以说是优柔寡断，不过，他的下一任可不是什么哲学家，而正是喧哗、强词夺理的老帕麦斯顿，迪斯雷利评价道，"他就是个地道的冒牌货，焦头烂额，充其量不过一杯姜汁啤酒而已，根本算不上香槟酒，如今则成了个老傻瓜。"

---

① 彼得卢屠杀，1819 年 8 月 16 日，英国曼彻斯特民众在经济萧条、物价飞涨时举行游行，呼吁议会改革，遭到武装镇压，约 500 人受伤，11 人死亡。
② 奥兰治兄弟会(Orange Lodge)，国际新教兄弟会组织，支持北爱与英国统一的保守派集团。

那些批评举办博览会的人——卡莱尔、西布索普上校、《力学杂志》(一份激进期刊)和宪章派(如今没剩几个了)——往往也是指责自由贸易的人。《泰晤士报》像一条喜怒无常的变色龙,先是说鼎力支持,又宣称博览会会毁了海德公园,最后又不得不承认本次博览会取得了空前成功云云。博览会本身规模则是宏大无比,无论对开幕式,还是对参观者,抑或对 10 万件参展展品的描述,到头来都成了一系列令人咋舌的报告。《泰晤士报》报道说,2.5 万张长期票已提前宣告售罄,男士票 3 畿尼,女士票 2 畿尼。博览会开幕后 10 天,门票为 1 英镑,随后下调到 5 先令。5 月 24 日后,从周一到周四,门票降到 1 先令,周五半克朗,周六 5 先令,周日歇业,禁烟、禁酒、禁止携犬入园。5 月 1 日,在伦敦塔外围,另派 6 000 警察执勤并调派 5 个骑兵团,随时待命,以备不时之需。

到上午 11 点整,公园里已聚集了 50 万人,都在翘首以盼伟大的热气球驾驶员查尔斯·斯宾塞在博览会宣布开幕的一刻乘热气球一飞冲天的壮观景象。出租马车和四轮马车蜂拥而至,一直延伸到河岸街——1 500 辆出租马车,800 辆四轮轿式马车,600 辆邮递马车,300 辆双座四轮马车……中午时分,维多利亚女王和阿尔伯特亲王莅临开幕式现场,礼炮齐鸣,致以敬意。大风琴奏响国歌《天佑女王》,坎特伯雷大主教做了祷告,唱诗班齐唱起韩德尔的《哈利路亚》大合唱。

阿尔伯特亲王选择了"地和其中所充满的都属耶和华"作为本次博览会的主题口号。《泰晤士报》称,"创世以来,全世界各个族群首度为同一个目的而被动员起来"。女王也欣喜若狂:

> 透过铁门一瞥,但见一座耳堂矗立,摇曳的棕榈树、鲜花、一座座雕塑映入眼帘,四周长廊和座椅上挤满成千上万的人,我们进去时,号角齐鸣,那一幕令我感动不已、永生难忘……正中央有层层台阶,还摆好了一把椅子(我没过去坐),我们走在其间,前面是美丽的水晶喷泉,那阵势如此奇妙——如此巨大,如此荣耀,如此动人心魄。此时,一颗颗心充溢着虔诚——正如此后我跟许多人聊到的——是我此生遇到的任何欢迎仪式都无法比拟的。巨大的欢呼声,人人脸上都洋溢着喜悦,辉煌的建筑

物、棕榈树、鲜花、树木、雕像、喷泉和风琴(有 200 种乐器,应和 500 人的和声,莫可名状),还有使世界各国工业联合起来的这位"和平节日"的发起人,我亲爱的夫君,都交融在一处——这一切确实令人为之动容,过去是,现在依然是镌刻在我内心深处最鲜活永恒的一天。

假如我们这些 21 世纪的人,在万国工业博览会开幕当天加入 2 万名参观者行列,或者在 10 月份闭幕前加入 6 039 195 位参观者的人流(更准确地讲,该叫拜访者,因为跟女王类似,许多人几次三番返回看展览),我们想必会为之心醉不已。我们难道不应将其视为那个时代英国的象征性缩影吗?展品种类之多、设计之巧妙,无疑令我们震惊不已。在南边一个展厅,"希伯特和普拉特父子公司"发明的 15 台棉纺机仁立在那里,干净利落、状态良好,这种机器曾让手工织工们丢掉了饭碗,而如今北方工人阶级却奴隶般地依附于它们。似乎,它们是进步和进步主义的闪亮化身。博览会的机械展区总是最受观众青睐的。正如詹姆斯·沃德在《世界工场》里所言,它们是"人类工业进步的缩影——为摆脱物质束缚而不懈努力的缩影"。这里可以见到内史密斯[1]("经片刻思考后")发明的蒸汽锤,用以锻造早已计划好了的大不列颠的明轮轴,这里有火车机车、通话电报机、蒸汽轮机、印刷机、信封机,还有各类科学仪器——最新款空气泵、显微镜、打字电报机、照相机和摄影器材。波士顿摄影师约翰·亚当斯·惠普尔[2]展示了一张月球银版照片,这是他跟哈佛大学天文台威廉·克兰奇·邦德[3]合作的结晶。博览会评委会认为,"这或许是迄今为止最令人满意的一次尝试,通过摄影技术,并借助望远镜,拍下了天体外观,也将被视为天文学照片的新时代开端而载入史册。"

在这一切当中,我们这些乘时光机而来的 21 世纪访客会发现维多利亚时代的成功征兆——我们将在未来几年里见证这些伟大发明创造所产生的利

---

[1] 詹姆斯·内史密斯(James Nasmyth,1808—1890),苏格兰工程师、哲学家、艺术家、发明家,发明蒸汽锤。

[2] 约翰·亚当斯·惠普尔(John Adams Whipple,1822—1891),美国发明家、早期摄影师。

[3] 威廉·克兰奇·邦德(William Cranch Bond,1789—1859),美国天文学家,哈佛大学天文台首任主任。

弊,而照相机则将为我们记录下这一切——从克里米亚战争到卡梅隆夫人①的亚瑟王时代的幻想;电报机也将在帝国创建中扮演举足轻重的角色。(在英国镇压 1857 至 1858 年爆发的印度民族大起义过程中,电报机派上了大用场。)

不过,当我们已经把本次博览会视为 19 世纪工业进步和物质主义的象征时,接下来一转弯,只见——这又是什么? 我们伫立在奥古斯都·威尔比·普金设计的中世纪宫廷风格的展场中,迎面而来的是哥特式主祭坛、吊灯和圣母像。这种中世纪宫廷风格强烈冒犯了新教情感,人们纷纷向阿尔伯特亲王和首相投诉,《泰晤士报》也收到了大量类似信件,写信者们认为,在圣坛屏上挂耶稣受难像之举是"对英国国教的亵渎"。

无论这一切的宗教意义如何,博览会参观者——尤其是乘坐时光机来到海德公园水晶宫的 21 世纪游客——或许会看到,对天主教徒的非理性偏见,更多地是以政治的形式,而非思想的形式爆发。本次博览会的悖谬之处在于,它虽颇具国际性视野,不过,其根本目的不光是为了炫耀英国高居别国之上的优越感,在某种程度上讲,也在于强调英国的独立性和孤立主义特征。

然而,我们不应对这些展品的国际性视而不见;同时,如果我们翻阅 1851 年 4 月 26 日的《伦敦新闻画报》,看到上面孟加拉人为参加万国工业博览会而忙着雕刻象牙的照片,我们或许还可以从中发现殖民剥削的迹象。看到大象标本和印度象轿,或者颇具异国情调的"突尼斯小屋"之时,我们或许会惊叹不已。徜徉在土耳其货摊、希腊货摊和来自德法意等国的展品中间,我们会真真切切地同意,"本次博览会将水晶宫——用如此众多来此观赏的游客的话说——化为了一方仙境、一次环球之旅。"

然而,我们不得不指出,面对如此多散逸着异国情调的外来之物和如此多的外国人,英国人与生俱来的仇外情绪并没有减弱。实际恰恰相反。英国内政部和惠灵顿公爵——被视为英国抵御外敌入侵的天生捍卫者——收到了铺天盖地的疑神疑鬼的信件。"英国有祸了。据了解,所有法国社会主义暴徒都跑来参加本次博览会了! 伦敦若不被这些狂徒放一把大火烧掉,就算

---

① 朱丽亚·玛格丽特·卡梅隆(Julia Margaret Cameron,1815—1879),英国摄影师。参见本书第 21 章对她的介绍。

万幸了！教皇得逞了,在我们当中抛下了不和之果!"一封信如此写道。

总的来说,包括阿尔伯特亲王在内、持有国际主义精神的少数派对博览会能吸引如此多的外国人感到欣喜,而仇外的多数派则认为,本次博览会可能会加剧贸易伙伴之间的竞争,而非增进彼此的和谐。

在 21 世纪大多数人看来,本次博览会展出的手工艺品大都显得粗大笨重,丑陋不堪。那些动物标本或许会逗我们发笑(还有赫尔曼·普鲁克奎特①制作的著名的兔子、松鼠和黄鼠狼标本,有打牌的、有办茶话会的、有弹钢琴的,而 20 世纪的那场水晶宫火灾烧毁了这一切,造成了无法挽回的巨大损失),不过那里还有更多的、在我们现代人眼中一点也不好看的伯明翰出品的分层饰盘、壁炉饰架、时钟和桌子。阿尔伯特亲王的艺术导师格鲁纳②为埃尔金顿公司设计的珠宝柜就是此类设计的"典范",在装饰嵌板上镶有身着中世纪服装的女王和丈夫的浮雕,四角饰有银制小雕像,谁能想象居然有哪个年代会认为这很可爱呢? 如今,它依然被珍藏于"王家收藏"里。正如罗斯金悲愤而恰当地提醒读者的,"1851 年,就在这闪耀的大屋顶被造起,以便展览我们那些奢侈时尚的维也纳床架、瑞士胶黏玩具和法国华丽珠宝等等小里小气的艺术的同时——唷,就在那年,威尼斯的屋顶年久失修,无力遮风挡雨,绘画大师们最伟大的画作在大雨中发霉烂掉,更被飞来的炮弹洞穿。"

假如以 21 世纪的视角来看 1851 年博览会,我们或许会一致同意:其他藏品都不值一提,倒是那个"闪耀的大屋顶"称得上青史留名。

帕克斯顿的最初构想由斯梅西克的福克斯—亨德森公司出色地付诸实践,一座超越"查茨沃斯庄园温室"的建筑从此诞生,整座建筑由铁和玻璃建成,恢宏通透,其设计集现代性和创新性于一体,绝无维多利亚时代其他伟大建筑差不多都难以避免的忸怩作态的模仿痕迹。这是一座举世无双的温室,笼罩住海德公园的树木。这是全球首座购物中心,层层商铺林立,各色商品一应俱全。它充分实现了设计建造它的初衷,成为一个变幻莫测的阿拉丁宝洞,同时这建筑本身也是美丽非凡,价值连城。1851 年 10 月 11 日,博览会闭

---

① 赫尔曼·普鲁克奎特(Hermann Ploucquet,1816—1878),德国动物标本剥制师。
② 路德维格·格鲁纳(Ludwig Gruner,1801—1882),德国雕刻家、艺术专家、历史学家,1841—1856 年活跃于德国和英国。

幕,净利润超过 18.6 万英镑,这笔钱被用于购买一块肯辛顿的地皮,用来安顿永久藏品,表示对阿尔伯特亲王的永久纪念——它们分布于后来在这片土地上建起的维多利亚—阿尔伯特博物馆、帝国理工学院和王家阿尔伯特音乐厅。

博览会结束后,水晶宫被拆掉,又在稍微调整后,在伦敦南部锡德纳姆地区重建起来,直到 1936 年毁于一场大火。顺便说一下,正是这座被描述为夹在两根烟囱之间的黄瓜架似的"锡德纳姆的水晶宫"(而非海德公园里那座),被公认为"一件钢铁和玻璃结构的怪诞艺术品",也是"原现代主义"的重要开篇之作。如果你看到现代派摄影师戴尔和温赖特在 20 世纪 30 年代拍下的锡德纳姆水晶宫照片,就会明白勒·柯布西耶①把它赞誉为"辉煌的和谐"的原因了。不过,其实帕克斯顿后来增添的部分,外加两根大柱,致使"锡德纳姆的水晶宫"看上去远不如原版海德公园的水晶宫那么和谐。

若是有人认为水晶宫只是一幅维多利亚时代英国一元主义的自画像,那就错了。某种程度上讲,这是一场辉煌的意外成功,林林总总的自私自利和炫耀显摆——发自建造者、阿尔伯特亲王和帕克斯顿的——在科尔这位"舞台管理家"的掌控下全部汇聚到一处。尽管有这些被大肆吹嘘的廉价时代的成功——从约克郡驶来的满载钢铁工人和矿工的夜班火车,《伦敦新闻画报》描绘的盯着机器的农业工人,从彭赞斯城步行而来的、手里攥着 1 先令门票的老太太玛丽·卡利南(一说是 100 岁,一说是 84 岁)——我们还是不能说这次博览会体现了社会和谐。有些人只能利用"1 先令日"的廉价门票,另一些人却花得起 1 英镑来参观,这一事实本身便突出了社会差异。

也许像桑德博伊斯夫妇及其家人——在亨利·梅休的同名小说②里——这样的人还有许多,他们赶来看博览会,然而因为乡下人的淳朴无知,也因为首都的过度拥挤,他们晕头转向地摸不着方向,到头来都没能去成水晶宫。(柯斯提·桑德博伊斯后来随手把 1 先令门票给了一个无耻的法国人桑斯敏伯爵。)这部无情而幽默的小说中,最抢眼的地方就是乔治·克鲁克香克所配

---

① 勒·柯布西耶(Le Corbusier,1887—1965),瑞士—法国建筑师、室内设计师、雕塑家、画家。

②《1851 年:来伦敦"自娱自乐"并参观万国工业博览会的[柯斯提]桑德博伊斯夫妇及其家人历险记》,梅休撰文、克鲁克香克插图。

的插图——譬如，卷首插图《全世界人都要去看 1851 年万国工业博览会》，这是一幅球形图片，描绘了世界各国人汇聚在水晶宫的情景；或是那幅描绘将王家歌剧院的包厢用作过夜之处的插图（这表现出当时的住宿压力），或是那组双插图，图一是《伦敦，1851 年》，街头每寸空隙全是人，拥挤不堪，与之形成鲜明对照的是图二《曼彻斯特，1851 年》，这里几乎空无一人，空荡荡的街角只有一位老人在抽烟看报。

梅休的小说描述了维多利亚时代英国人一直存在的恐法心理。弗朗兹·温特哈特[①]的油画《五月一日》则展现出一幕近代版的"朝觐场景"，老惠灵顿公爵跪在神圣家族脚下——阿尔伯特亲王、维多利亚女王和尚在襁褓中的惠灵顿的教子亚瑟[②]（未来的康诺特公爵）。画作以水晶宫为背景，有些人认为这幅画颇具象征意味，体现了惠灵顿公爵代表的旧世界观向阿尔伯特亲王代表的新世界观的臣服。基于商业的国际和谐取代了过去对欧洲的好战态度。

尽管对本次博览会心存疑虑，惠灵顿还是在开幕式当天参观了水晶宫，此后也频频造访，以至于他本人也几乎成为这个"博览会"的一个内容。直到晚年，惠灵顿依然坚贞不渝地履行身为"五港同盟"守望者的重任，充当着英国抵御欧陆入侵的守护神。在法国人的入侵威胁已基本消除后很久，他仍在英国南海岸加强了防御工事。他最后在沃尔默城堡，一座守望者的官邸里去世，也算是死得其所了。在伦敦，为他举办的葬礼仿佛象征着古老英格兰的退场。在挽诗《悼惠灵顿公爵之死》里，桂冠诗人丁尼生利用这场葬礼的机会发出恳求：

惠灵顿公爵

> 哦，政治家们，守护我们，守护欧洲之眼，
>
> 欧洲之魂，维护我们高贵的英伦国度的完整，
>
> 保留一颗真正的自由之种，

---

① 弗朗兹·温特哈特(Franz Winterhalter，1805—1873)，德国画家，擅长人物肖像画。

② 亚瑟·帕特里克·阿尔伯特(Arthur Patrick Albert，1850—1942)，亚瑟王子，维多利亚女王第三子，康诺特和斯特拉森公爵。

　　　　它已然播种于一个民族及其古老的王座之间。

事实上，到那时，英法已经结盟，而且英国不仅是跟惠灵顿顽强抵抗了40年的这个国家，还跟一位波拿巴家族成员订立了协约。

　　1851年12月，在1848年跟跟跄跄地当上法兰西第二共和国总统的路易-拿破仑·波拿巴发动政变，自封皇帝。时任外交大臣的帕麦斯顿勋爵——此前，他在处理唐·帕西菲科事件及其他诸多国际事件时的荒唐之举让他所效力的政府颇为尴尬——向法国大使表示，"完全认可"对波拿巴采取的行动。这一表态并未征求女王或首相的意见，事后他大张旗鼓地声称自己只是以私人身份发表意见，不过身为外交大臣竟这样为自己辩护，可谓滑天下之大稽。约翰·罗素勋爵要求他辞职。闻此佳讯，维多利亚女王和阿尔伯特亲王心花怒放。阿尔伯特认为，英国公众舆论是不会支持波拿巴主义者的，或许他是对的——然而，帕麦斯顿并没有在政坛消失太久。

　　约翰伯爵政府也垮台后，托利党重新上台执政，女王要求德比伯爵组建政府。这就是闻名于世的"谁？谁？"政府。在惠灵顿公爵去世前两个月，人们告诉公爵新内阁的成员名单，他便一直用令人沮丧的单音节词如此发问。后世之所以对"谁？谁？"政府感兴趣，主要原因在于，在这个内阁里，迪斯雷利首度露面，担任财政大臣。不过，德比政府还是没能维持到一年。12月时，阿伯丁勋爵组建了他的自由党—皮尔派保守党联合内阁——格莱斯顿取代迪斯雷利任财政大臣，约翰·罗素勋爵任外交大臣，老帕麦斯顿任内政大臣。女王本以为终于打发走了这"两个可怕的老家伙"，可惜这一期望再度落空了。帕麦斯顿尽管在1852年的几个月里丧失了对外交部的控制权，然而他实施的政策——与法国新皇帝结盟——依然为政府采纳着。虽说颇具理性且不太好斗的阿伯丁大人是最不愿意破坏欧洲已经维持了40年的和平的人，不过，恰恰是这届政府使英国陷入了战争泥淖。

　　在《路易·波拿巴的雾月十八日》中，马克思对法国政变的分析极具讽刺意味，精妙绝伦——"黑格尔在某个地方说过，一切伟大的世界历史事变和人物，可以说都出现两次。他忘记补充一点：第一次是作为悲剧出现，第二次是作为笑剧出现。"马克思说得好，闹剧一般的拿破仑政变，在资产阶级看来，最终不过是恢复了财产、家庭、宗教和秩序而已。正是保皇党(不管对波拿巴主义有怎样的感伤和恐惧)和教会组成的联盟,确保了拿破仑三世政变大获成功,解除了财产威胁,也成为这场革命的基础——曾几何时,在法国波旁王朝统治时期,古老的有产阶级无疑便是庞大的地主阶级,然而支撑奥尔良王朝①的恰恰是资本主义。英国亦复如是,"托利党……长期以来,一直以为自己对君主制、教会和英国旧宪法的妙处充满热情,直至危险来临之日,方才不得不承认自己只对地租感兴趣。"

阿尔伯特亲王、维多利亚女王和皮尔派保守党党徒应该了解这一事实,尽管他们未必愿意它被昭示天下。迪斯雷利和后来的索尔兹伯里奉行新保守主义,旨在拉拢由旧土地贵族和新兴郊区小资产阶级结成的同盟,最有力地证明了马克思的正确。此外,英吉利海峡两岸的欧洲统治阶级正是出于食利者的利益而形成了这个怪异的同盟——它不仅取决于了解他们的朋友,也取决于识别和控制他们的敌人。"波拿巴希望自己是所有阶级的家长式施恩者。但他不可能把一切都赐予某个阶级,同时却不从另一个阶级那里索取。"

这就是为什么如果我们对英国国内的情况视而不见,就看不懂1850年代国际舞台上发生的事件的原因。工业制造资本,让食利者阶层大股东大发横财,不过,这需要一支近乎奴隶的大军来维持不断扩张的工业。经济扩张主义和领土扩张主义狼狈为奸。城市贫民状况、殖民地问题和欧洲权力政治形势的变化——艾伦·约翰·珀西瓦尔·泰勒所谓"争夺欧洲霸权的斗争"——同样都是达尔文式自私斗争的一部分。这就是为何在法国,旧政敌联合起来支持拿破仑三世,而在英国,政府因为微不足道的原因而变动不休,围绕着共同利益不断重新结盟组阁的原因。挫败宪章运动后,各主要政治集团——自由党、皮尔派保守党和托利党——便立即围绕经济政策基本原则达成了共识。议会政治的主流从未背离过边沁的自由放任主义理想。

鉴于马克思所持的大陆观点,他把基督教,或更准确地说,将教会视为压迫的工具,就不足为奇了。不过,在英国社会现实的背景下,它却经历了更复

---

①　又称七月王朝,1830—1848 年统治法国的君主立宪制王朝,因国王路易-菲利普出自奥尔良家族而得名,始于 1830 年法国七月革命,1848 年法国二月革命后被法兰西第二共和国取代。

杂、更有趣的发展过程。资本主义制度,就像其神话般的表现形式——达尔文进化论——那样,依赖于对意志的肯定,而非否定。自私是其最大的,或许也是唯一的美德。数十年来,北欧国家作出重整,以便融入新的经济大潮中,在此过程中,宗教信仰以及坚守信仰的努力遭到挑战,这并不奇怪。而在查尔斯·金斯莱①1848年发表的颇具基督教社会主义倾向的小说《酵母》结尾处,已睁开双眼窥测到(农村)穷人困境的年轻男主人公来到伦敦,听到圣保罗大教堂唱诗班齐唱起了晚祷:

> 要我告诉你他们在唱什么吗?他把强力者赶下宝座,将谦卑和温顺者高举。他以美物让饥饿者饱足,让富足者空手而归。难道你以为,这里每天下午奉上帝之名所说的这番话就没有生命吗?

这些话是一位神秘的陌生人对男主人公说的,陌生人还补充道,"不,只要我听闻你们的神职人员为'天意'所迫,甚至身不由己地以'上帝之道'来谈论这个穷人的处境和人的权利和义务正成为一切思想和一切组织的聚焦点的时代,我就不会对你们英国人感到绝望。"

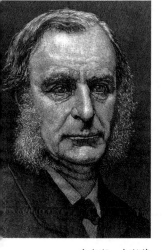

在伦敦国王学院神学教授弗·丹·莫理斯②的影响下,金斯莱开始支持基督教社会主义运动,尽管该运动作为一个积极活动的团体只存在了6年,却对不少英国基督徒的思想产生了持久的影响。莫理斯被誉为"自奥古斯丁以来最伟大的导师……与他为伍,你接收到的从来就不是什么观点,你抓住的是生活的真谛"。莫理斯的神学理论,每一页都给读者这样的感觉:这些宗教思想一点也不晦涩难懂,而是直言不讳。这与纽曼非常不同,后者目光敏锐,想象力丰富,在个人信仰方面颇有发言权,巧妙地论证了为何应该接受天主教教义的"发展",不过很

查尔斯·金斯莱

少把神学问题跟19世纪人们所处的现实困境和遇到的问题结

---

① 查尔斯·金斯莱(Charles Kingsley,1819—1875),英国作家、诗人,今天尤其以儿童文学代表作《水孩子》闻名于世。参见本书第19章对他的介绍。

② 弗·丹·莫理斯(F. D. Maurice,1805—1872)英国圣公会神学家,基督教社会主义创始人,主张基督教与社会主义的精髓都是博爱、平等和正义,应通过"人性的改善"和合作社运动实现社会主义。

合起来。纽曼在伯明翰贫民窟中心写作，语气却像个牛津大学教授，抑或像他小时候幻想的——"我以为，生活或许就是一场梦，抑或我就是天使，整个世界就是一场骗局，我的天使同伴耍着好玩的花招，让我看不着，还拿物质世界的表象欺骗我。"相比之下，莫理斯却不断关心自身之外的现实事务。在这点上，莫理斯——这位因传播"异端邪说"而被赶下神学宝座的英国国教的教授——在很多方面比纽曼这位至死都保留着红衣主教头衔的罗马天主教皈依者更富"天主教"特征。

如果马克思拿欧陆标准来评判英国，以为基督教是维持现状的支柱——维多利亚时代的许多基督徒，从阿什利到莫理斯再到金斯莱，都在信仰的感召下开始质疑边沁主义者阐述的那种社会结构的本质——那么，他也会错误地认为维多利亚时代的当权派——借这个不大合适的简称——"团结一致地反对批评"。马克思主义所说的那种暴力革命从未在英国爆发，其中一个原因或许是，英国人对自己国家制度的适应能力建立在真正尖锐的自我批判基础上。阿什利根本不是边缘人物——相反，却是当权派中的核心人物。

"你读过金斯莱的《奥尔顿·洛克》和《酵母》吗?"女王问女儿。"我听说，这两部小说怪怪的，金斯莱在里面竟然大谈自己对宪章派和社会主义的看法。"然而，即便如此，女王还是把金斯莱请来做孩子们的家庭教师。没错，马克思说得对，千真万确，资本主义靠的就是肆无忌惮的利己主义。不过，他那些雄浑壮丽的散文中，少了点那种错综复杂的痛苦感，而在维多利亚时代拥有最广泛读者的哲学家和思想家——尤其是卡莱尔和罗斯金的著作中，我们却可以频频读到它。

第 13 章　马克思—罗斯金—拉斐尔前派

确实，19 世纪四五十年代，在对抗资本主义发展方面，鲜有的有凝聚力的反对力量来自共产主义，或者还有力量远不及它的基督教。不过，这些反对力量当真可靠吗？（这是那个时代的人面对的一个核心问题。）不过，正是在这些力量的吸引下，人们为了对抗冷酷无情的工厂主，组建了奇特的联盟，比如阿什利勋爵这样一位受《福音书》感召的"圣经基督徒会"①信徒，会和他其实并不了解的激进派和社会主义者们结成战友，投入缩短棉纺厂女工和童工工时的运动。神奇的是，阿什利这位在下议院推动促成了确定 10 小时工作制的 1850 年《工厂法》的工人阶级事业领袖，却是一位不折不扣的高托利派贵族，深深信奉等级制、顺从精神和《圣经》。十余年来，阿什利孜孜以求，投身慈善事业，为贫民窟居民创办"贫民儿童免费学校"，还投身工人事业，力图唤醒奉行自由放任政策的经济学家们的良知。在维多利亚女王统治的最初几年里，你家壁炉的煤火欢快地闪烁，而煤块说不定就是某个 6 岁童工从成人无法容身的狭窄地下坑道里拖出来的。1844 年，尽管伦敦德里勋爵等大煤矿主强烈抵制，雇佣童工的历史终于宣告终结。又过 3 年，诸如托马斯·巴宾顿·麦考莱、帕麦斯顿和约翰·罗素等自由党党徒才终于开始考虑是否将女工和童工每日工时限制在 10 小时内。对何谓"自由"，这些自由党党徒的观念极其狭隘，竟认为"立法"会干涉工人的个人自由。雇佣棉纺厂童工的多半不是工厂主，反倒是那些负责转包的成年男工。帕麦斯顿认为，针对这种私人安排进行立法，"原则上讲，是邪恶的，是错误的"。

我们不应无视"自由"一词，否则就无法理解维多利亚时代的人。他们眼

① 基督教新教循道宗派，重视内在修养和妇女在传教工作中的作用。

中的自由原则并非我们所理解的这种。有些人倒很坦率，大方地承认自己所信奉的自由放任经济学的贪婪逻辑跟"基督徒的见证"并不相容。而或许在维多利亚时代中早期占大多数派的另一些人，则竭力执行一种双重标准，一方面，他们随时乐意承认工人阶级也是按照上帝的形象和样式造出来的；另一方面，他们对工人阶级的态度和行为却极其暴虐，跟西印度群岛种植园奴隶主绝无二致。

阿什利勋爵

为了解上一代人的更多实情，与其重读名人名著，倒不如翻翻当时曾流行一时，如今已销声匿迹的那些作品。比如哈里特·马蒂诺[①]，她曾是一位备受推崇的记者，其思想堪比风向标，能为我们指明维多利亚中期自由主义之风的方向。这位 19 世纪英语世界中最受欢迎的社会问题阐释者之一出生于诺里奇城一个外科医生世家。她写了一系列阐释马尔萨斯、詹姆斯·密尔和李嘉图[②]的政治经济学短论，大都写得呆板笨拙，如果换在 21 世纪，估计都是无缘登上畅销书排行榜的，不过它们在 19 世纪 30 年代却大获成功，正如哈里特·马蒂诺本人所言，她笔下那些"刁钻刻薄的功利主义者们"对她充满感激，因为她忠实可靠地阐释了他们的学说。她的《大英帝国五十年》——从 1848 年起开始创作——专为受过教育或受过部分教育的资产阶级人士量身打造。

马蒂诺小姐的创作基调就是啰里啰唆、高高在上、陈词滥调，让人觉得她无所不知，然而，这种通俗报刊文章往往大受追捧，一时间人们对她敬重有加。跟许多现代同僚一样，马蒂诺小姐写的都是正确的观点——得到都市知识分子阶层普遍拥护的那些观点。马蒂诺小姐属于狂热的废奴派——废除奴隶制——不过对美洲种植园里受压迫的人类同胞的这份关切，她并不觉得也适用于英国工厂的工人们。1855 年，马蒂诺创作了《工厂争议——对干预立法的警告》。1853 年，工厂监察员们提醒国务大臣，英国工厂里"事故频发，层出不穷"，然而，身为记者的马蒂诺则冰雪聪明，知道怎样把明摆着的事

---

① 哈里特·马蒂诺（Harriet Martineau，1802—1876），英国女作家、社会理论家、社会学家。

② 大卫·李嘉图（David Ricardo，1772—1823），英国古典政治经济学家。

实——尽管阿什利勋爵等人不断努力，但工人的状况依旧令人担忧——写成一些奇怪的版本：

> 据报道，过去三年间，机械伤害事故共发生了 11 716 起，其中，严重事故为 3 434 起。一直以来，凡是发生严重事故，按规定，均须发布重大公告，其实，也有其他事故发生，不过，由于性质轻微，一般都不会发布，然而，依照《工厂法》规定，轻微事故，譬如手指割伤事故，也须登记在专用登记簿里，当时记录在案的有 700 起。要是工人在工作中不小心蹭破了手指或大拇指，哪怕轻微割伤，只要影响当天纺纱工作，依该法规定，也得记录在案。

哈里特·马蒂诺似乎是个专业的疑病患者，写了许多讨论自己的疑病症的著作。她还写了报道自己在病房里身心俱疲景况的文章——"哦，灵魂渴求慰藉之际，慷慨之同情能带来天国般的安慰！"同时她却否认工厂监察员们的调查结论，信心满满地宣称他们所谓的严重伤害事故不过是蹭破拇指而已。此外，她渐渐丧失了宗教信仰，开始痴迷于催眠术，相信让她一连好几个月动弹不得的歇斯底里症已被催眠术治愈了。再度得以自由行动的她转而周游美国和爱尔兰，不时发回那些生活舒适的中产阶级喜闻乐见的新闻快讯。在 1852 年的爱尔兰之旅中，不经意间，哈里特发现了一座岛，岛上住着食

哈里特·马蒂诺

古不化的爱尔兰人，一天到晚喝得醉醺醺，无所事事，浑身上下肮脏透顶，做事效率低得不行。她认为，当地的主要症结在于缺少资金以及宗教信仰过于极端。不过，对于马蒂诺小姐所代表的那个繁荣、智慧而又冷漠的英格兰，人们却是绝对不会得出此类结论的。

要是翻翻《资本论》里《工作日》一章——洋洋洒洒的 80 页，写尽了 19 世纪工人的困境，堪称关于这种境况绝无仅有的精彩之作——我们就会看到，实际情况跟马蒂诺小姐描述的正相反。我们在这一章里看到，尽管三部《工厂法》已在 1833 年、1844年、1847 年先后出炉，对女工和童工工时作出了明确限制，不过，每项法案出台后，下议院那些奉行自由放任主义的大资本家

都不会白白"让步",而是又寻求了一些"特权"。比如,1844 年,"换班制度"被纳入法规监管——工厂主从此不能让童工从早上 5 点干到晌午,下午 1 点再接着干,以造成在第二段工时里"换了班"的假象;不过,下议院旋即善解资本家心意地,"把雇佣童工的最低年龄从 9 岁降到 8 岁,这样做,无非是为确保资本家能获得所谓的'童工的追加供给',不论按世间法,或者按上帝旨意,资本家都有权要求议会作出此类规定。"《工厂法》接二连三出台,内容五花八门,基本规定却始终不改,即,18 岁以上成年男工每日须工作 15 小时,从早上 5 点半到晚上 8 点半。通读了 1844 年《工厂法》附加条款后,马克思提醒读者,尽管依照现行法规,下午 1 点后,不准让午前已上过工的童工接着干活,不过,现在,8 岁大的小童工,从晌午开始,还得从 12 点一直干到下午 1 点(1 个小时);从下午 2 点干到 4 点(2 个小时);从 5 点干到晚上 8 点半(3 个半小时)——在法规认可的整个 6 个半小时内——目的就是让童工跟成年工人同步工作。[①] 该法的宗旨原本是保护童工,让他们在整个下午和晚上不再干活,可该法的字面意义却把这个宗旨弄没了。

在马克思在《工作日》里引证的、这些由工厂监察员们收集来的大量证据面前,马蒂诺及其读者们对这些事实的嘲弄,便显得无比荒谬而残酷了。我们可以看到的大量证据,都是经医生们诊察过、工厂监察员们实地调查后得出的,调查对象广泛,包括制陶工、黄磷火柴厂工人、铁路工人和制砖工等等……抛开工种不说,所得结论一致:工人备受盘剥,维多利亚时代英国城市无产阶级已遭受伤害,状况堪忧,生长发育迟缓,各种衰竭性疾病都找上门来,都是劳累过度直接导致的恶果。在北斯塔福德郡医院,医生们罗列了一大堆疾病,如肺炎、肺结核、支气管炎、哮喘病以及肾病和胃病等等,"身体状况不佳,尤其身体畸形很普遍"的患者们非常容易患上述疾病,至于病因,归结为四个字:"长时劳作"。在曼彻斯特、伯明翰、利物浦、布里斯托尔、诺里奇、纽卡斯尔和格拉斯哥等城市的火柴厂,工人全部患有"磷毒性颌骨坏死病"——其中一半患者还不足 13 岁。墙纸工厂里也有类似的化学品中毒症。但凡读过《资本论》的人,吃早餐时往嘴里塞面包卷的一刹那,若想到塞进嘴

---

① 当时工厂里大多数生产过程中,成年男工须有童工和女工协作。

中的面包是某位被迫超长时间工作的伦敦面包工生产出来的,想必会难以下咽吧。从提交给议会的报告——"蓝皮书"——中,马克思了解了实情,并提醒伦敦佬们注意,搁在他们鼻子底下的面包,是以别人忍受了巨大苦难为代价,才得以出现在他们的餐桌上的。

晚上 11 点,伦敦面包熟练工开始揉面,这个工作并不轻松,需要很长时间——通常半小时,甚至 45 分钟——才能揉好。面揉好后,等着发酵,趁这段空闲,工人拿个麻袋铺在面板上,躺上去睡几小时。面团发酵差不多了,还得爬起来接着干,之后 5 小时可够受的,手脚得麻利点,要把面团做成长面包或面包卷,还得好几步——揉捏、定型和烘焙。烘房里温度常高达 90 华氏度。烤好后,推着车或挎着篮子,赶紧往商店或各家各户送,这活儿基本让面包熟练工包了——往往一直干到下午 1 点或 6 点。要是赶上伦敦"社交季",尤其晚上,面包需求量激增,面包房师傅就得没日没夜连轴转。据统计,对伦敦面包工而言,42 岁就是一道坎儿,一般都活不过这个年纪。

亨利·梅休[1]指出,在某个行业里,工资如果下降了,工人只得——

> 把工作时间无限延长。"我的老板,"有个在伦敦西区一家大型时装店里上班的裁缝熟练工跟我讲,"把我工资砍掉了三分之一,结果缝衣服时,本该缝三针,现在我缝两针。""从早上 6 点一直干到晚上 8 点,甚至更晚,"在彭布罗克郡,有个打桌子的木匠跟我说,"现在,我一周只能拿到 18 先令,干同样的活儿,以前拿 54 先令——刚好是以前的三分之一。过去,孩子们能上个好学校,吃得也不错。现在呢,那么小,没法子,书念不成了,只好打工去。如今,我四个儿子都在打工,不然,活不下去。"

梅休还指出,维多利亚时代的城市居民生活险象环生,霍乱、伤寒和斑疹伤寒频发,这些致命疾病全是经水传播的,生活用水不洁是头号元凶,只可惜他们对此一无所知。

伦敦城当时臭气熏天,城中水体黑臭无比,这一点被当时几乎所有的作家都注意到了。1858 年,心情大好的女王和阿尔伯特亲王本打算在泰晤士河

---

[1] 亨利·梅休(Henry Mayhew,1812—1887),英国社会调查家、记者、剧作家,曾任《笨拙》杂志编辑,以新闻调查作品《伦敦劳工与伦敦贫民》闻名。

上搞一次短时巡游，可上船没几分钟，恶臭的河水就把他们逼上了岸。（那个大旱之年，议会也迫不得已早早休会，威斯敏斯特宫外边的露台上，阵阵恶臭袭来，着实令人崩溃。）

亨利·梅休

19 世纪中期的泰晤士河水是究竟什么味儿呢？梅休对南伦敦柏孟塞区雅各岛的描写，要比狄更斯那部阴暗的河流小说《我们共同的朋友》里的描写传神得多：

> 沿着河岸，我们一路向前，身旁的阴沟［潮水沟］臭气熏天，阳光投射在狭窄水道上。刺眼的日光下，水道里的水呈现出浓茶色，阴影中，目光所及的水体好似黑色大理石般坚硬——说良心话，那哪里是浑水，简直是烂泥，可有人明明告诉我们，这却是倒了大霉的居民们没法不喝的唯一饮用水源。就在我们盯着那片脏水看着并感到震惊不已时，竟瞧见，顺着排水管和阴沟，脏水哗啦啦流出，倾泻到河道里；我们看到开阔的大马路上，一大溜没门的茅厕一字排开，男女通用；听到一桶桶污物哗啦啦倒入水道……我们上前询问，他们是不是喝这沟里的水。回答是，没法不喝，要不喝也行，你要么管别人要一桶，要么去偷一桶。

在城市里建设像样的排水系统是必要的，在维多利亚时代，埃德温·查德威克①是这方面的首要倡导者。在他的努力下，大型制造业城市里的肮脏环境状况才引起了公众注意。不过，对疾病经水传播的事实加以科学论证（为之顶着巨大压力）的则是约翰·斯诺医生②。（他是一位天才人物，众所周知，詹姆斯·杨·辛普森首创了让女性分娩时用氯仿麻醉剂减轻疼痛的做法，而斯诺则对其加以改良，并在维多利亚女王分娩时成功地施行了这一手法。）

---

① 埃德温·查德威克（Edwin Chadwick，1800—1890），英国社会改革家、杰出的公共卫生领袖。

② 约翰·斯诺（John Snow，1813—1858），英国麻醉学家、流行病学家、麻醉学和公共卫生医学的开拓者。

埃德温·查德威克

整个 19 世纪,传染病接二连三爆发,人们就霍乱是否有传染性展开激烈辩论。当时一般认为,主张霍乱有传染性的人大体属于落伍派,甚至有反社会倾向,而主张霍乱不具传染性的主要是现代派、资产阶级和商人,他们根本不愿承认贸易往来有可能加剧污染、疾病和死亡的蔓延。

在 1849 年出版的小册子《论霍乱的传播方式》里,斯诺公布了研究结果。关于传染论说与反传染论说之间的论争,有一个关键案例。当年,南伦敦旺兹沃思站[①]的阿尔比恩排屋霍乱爆发,所有生活用水被污染的住户都遭到霍乱侵袭。在阿尔比恩排屋的 1 号到 17 号房屋住户,生活用水全部取自排屋前面路边的一孔水量丰沛的泉眼。7 号 8 号房屋的中间有一条砖砌排水沟,把泉水引来,然后左右分流,通到每家每户房屋后面的储水池。斯诺顺着陶水管和铅水管往前找,最后在各家屋内的后厨房都找到了水泵,然后再沿排水管往回找,从茅厕开始,一路摸到每家每户屋后的污水坑。1 号屋后的污水坑堵塞了,1 号和 7 号屋后的污水坑已几乎满溢。7 号屋后,有根用来把储水池里多余的水引出来的管道,它跟污水坑的排水管相通。17 家住户都觉得水难喝。1849 年 8 月 2 日,下了场大雨,8 号家的排水管爆裂了,脏物和臭水弄得满厨房都是。

排水管爆裂两天后,霍乱首次爆发,14 小时内有人死亡。在 8 号住户家,有位女士染上霍乱,开始腹泻,但后来康复了。8 月 4 日,6 号家的老太太却染病去世了。当时,3 号的那位女士也患上腹泻——8 月 6 日去世。在该排屋地区,还有三四个患病的,全都死了。阿尔比恩排屋霍乱肆虐,半数以上居民染病,其中多半病死。

传染论说的反对者米尔罗伊医生也向卫生总署提交了证据,他归纳了三点:一是,巴特西旷野有条露天下水道,建在排屋以北 400 英尺处;二是,该地每家每户的房屋后面都有一座臭气熏天的污水坑;三是,13 号住户家的地窖里堆满了垃圾。米尔罗伊认为"瘴气"才是引发霍乱的元凶。然而,在巴特西

----

① 即旺兹沃思火车站。

旷野臭气熏天的下水道附近住了好几百户人家,偏偏都不曾染上霍乱,米尔罗伊也说不出个所以然来;此外,那场大暴雨过后,好几千家住户的厨房被淹得一塌糊涂,霍乱也没有爆发。其实,有个关键事实在于,这些人家的水管都连在了一起。

医学界大多数人士根本不接受斯诺得出的研究结论,直到 1883 年科赫[①]分离并识别出霍乱弧菌,斯诺的卓越直觉才得到证实。斯诺和查德威克一样,竭力传播清洁卫生的福音以预防经水传播的疾病,呼吁创建完善的排水系统,为流浪汉提供栖息之所,建设公共洗衣房,对当地游客实施检疫隔离。煤矿工人是遭受霍乱之苦最深重的群体——斯诺极力主张改善他们的工作条件,施行 4 小时换班制,这样,矿工就无须把煤坑当茅坑用了。在伦敦部分地区如贝尔格莱维亚区,上层社会人士养成了洗手的好习惯,霍乱造成的死亡人数较少,每万人中只有 28 人,在较贫穷地区,这一数字却高达 186 人。不过,要想出台这些措施,当然需要政府加以管控——像爱尔兰大饥荒暴发期间那样——而对铁了心要将自由放任政策奉行到底的自由党党徒来说,毫不夸张地讲,他们就是宁愿去死也不愿让国家实施干预政策。1852 年,《笨拙》杂志刊载了一篇讽刺文,几乎是精确地再现了当时的现实情况:

约翰·斯诺

　　因此,我再次重申,令人自豪的是,不管国内状况怎样(我很遗憾看到,在这个国家,可恶的《公共卫生法》似乎在搞大破坏,且愈演愈烈),在伦敦,我们可是享有着巨大的自治特权;要是霍乱疫情再度袭来,我们将会信心十足地引导它像 1832 年和 1849 那样再来场大发作,并让它放心,在此自由国度里,它也尽可以自由自在"去干它喜欢干的事"。

污水和排污工作为绘画注入了灵感,让维多利亚时代艺术得以作出了自觉的努力——通过画作发表社会评论:油画《劳作》出自画家福特·马多克斯·布

---

　　① 罗伯特·科赫(Robert Koch,1843—1910),德国医生、细菌学家,病原细菌学的奠基人与开拓者。

朗①之手,该画于 1852 年着手创作,旨在赞颂在埃德温·查德威克公共卫生运动推动下,政府出台的《公共卫生法》;画作完成于 1863 年——但一直拖到 1865 年才展出。艺术家看到工人在希思街——位于汉普斯特德荒野沙丘半山腰——挖掘,突然来了灵感。作画时的他以为那些人在建设淡水供应设施,其实他们是在铺设新排污管道。该油画以细腻的笔触再现了人们所熟知的炎炎烈日下的伦敦景色,象征意味十足。前景中的几个衣衫褴褛的穷孩子,好似从亨利·梅休的新闻调查作品里走出,在泥土里扒寻着什么;有钱人在孩子们后头懒洋洋地躺着,点心托盘里堆满糕点,表明他们有的是闲钱。画作左边,墙上贴着海报,暗示工人阶级提高素质的手段——参加"工人学院",其创建灵感来自弗·丹·莫理斯②,他站在画作最右边,面容温文尔雅而又充满智慧,呈现出令人惊奇的沉静,而他身旁有个表情轻蔑痛苦的人物,龇着一口长期吸烟的黄牙,对功利主义社会发出第欧根尼式的冷笑。此人正是

托马斯·卡莱尔。画作背景中,有一群拿着候选人"博布斯"③竞选海报的男人,这位虚构的议员候选人是个边沁主义者,卡莱尔在巨著《过去与现在》中曾嘲讽过他。卡莱尔对议会和民主进程的悲观情绪此时已达顶点。"若非某位波比西穆斯④,这些最廉洁的'博布斯们'还会推选出谁呢? 他们能找到这样的家伙吗?"——在此,他指的是维多利亚时代的"天才贵族"理念;如果完全以"贪财哲学"为导向,它将只会把社会引向精神的腐朽和死亡。

弗·丹·莫理斯

说到《过去和现在》,它一方面是一篇论说萨福克郡圣埃德蒙兹伯里修道院中世纪编年史的论文,另一方面则是一篇时代檄文。我们还有可能重拾中世纪的崇高精神(同时又去除了它

① 福特·马多克斯·布朗(Ford Madox Brown,1821—1893),英国画家、设计师。
② 弗·丹·莫理斯(F. D. Maurice,1805—1872)英国圣公会神学家,基督教社会主义创始人,主张基督教与社会主义的精髓都是博爱、平等和正义,应通过"人性的改善"和合作社运动实现社会主义。
③ 博布斯(Bobus)是《过去与现在》里的腐败商人典型,伪装成政客,用钱兜售自己。
④ 波比西穆斯(Bobissimus)是《过去与现在》里富有的香肠制造商。

的那些不可思议的迷信部分)吗？卡莱尔写道，"醒醒吧，你们这些高贵的工人，这场真正战争中的勇士。"他正展望这样一个时代，"那时，'英格兰的发明天才'——在它大脑深处的线轴和木制滚轴的急速旋转中——将不光发明创造出更廉价的产品，还有更公平地分配目前的更廉价产品的契机！"他痛斥资本家对财神玛蒙和基督教复兴运动者——皮由兹派、天主教徒和其他各派——虚假的偶像崇拜。在卡莱尔向往的天堂里，"入选者们"都是见证生命的诚挚者。

卡莱尔追求的是尊严和个人主义，这些也正是华兹华斯在长诗《序曲》中留给人类的精神遗产。华兹华斯认为，人类——尤其是英国人——在工业革命时期便已误入歧途，这一观点赢得了广泛认同；而他对中世纪世界的洞见——在那个世界里，纯洁的劳动者将英雄视为领袖——在《过去和现在》里，则以清廉的修道院院长萨姆森①来代表这种领袖人物——也引发了诸多共鸣。"上帝对我们而言已不复存在！"他凄凉地惊呼道，然而，在圣埃德蒙兹伯里修道院里，我们可以看到古老哥特式建筑废墟里所呈现的真理，它依然是复兴社会的力量。

这种思维模式在拉斐尔前派兄弟会那里引发了共鸣——他们年纪尚轻，几乎属于卡莱尔的子侄辈。1848 年，"拉斐尔前派兄弟会"在高尔街 83 号成立，几个搞艺术的学生"发誓创作出精美绝伦的画作和雕塑"。最初七位成员中，有三位——20 岁的但丁·加百利·罗塞蒂、19 岁的约翰·埃弗里特·米莱斯和 21 岁的威廉·霍尔曼·亨特——后来都成了鼎鼎大名的艺术家。另外几位也被认为属于"拉斐尔前派"的艺术家——比如福特·马多克斯·布朗——其实并未加入这一组织。这个团体组织不是很严密，没过几年便宣告解散。

从威廉·霍尔曼·亨特创作的两幅最有名画作——两三年内相继完成的两幅姊妹画——中，我们可以看出这些年轻画家批判时代精神的方式。《世界之光》是维多利亚时代最受欢迎的画作。该油画源自威廉·亨利·西

---

① 托丁顿的萨姆森(Samson of Tottington，1135—1211)，英国本笃会修士，后成为圣埃德蒙兹伯里修道院院长，其生平被卡莱尔当作榜样写入《过去与现在》。

蒙斯①和威廉·里奇韦②的版画,亨特临摹了三次,加以逼真的再现;这幅基督画像成为一个怀疑时代里信仰的象征,悬挂在上千座教堂、礼拜堂和无数家庭卧房的墙上。(该油画摹本收藏于牛津大学基布尔学院,1905年到1907年曾在英国各殖民地巡回展出,成千上万观赏者蜂拥而至,将其视为圣物。)

　　画中的耶稣形象来自两个原型,一位是克里斯蒂娜·罗塞蒂,但丁·加百利·罗塞蒂的妹妹,一位虔诚的女诗人;另一位是个名叫伊丽莎白·西达尔③的面容苍白的年轻女子,本人也是画家,也算有几分才华。她的家人曾在萨瑟克区做铁器生意,她跟姐姐一样一开始在服装厂和女帽厂工作。她之所以做起艺术模特,兴许是想当画家。在牛津街正北的纽曼街,她边学习边做兼职模特,这里有一所美术学校,福特·马多克斯·布朗和罗塞蒂也在此地设置了画室。有人说19世纪伦敦的年轻女帽工要想出人头地,比登天还难,其实也不尽然。伊丽莎白·西达尔首次现身于名画,或许是在亨特的《一个改宗的英国家庭保护受德鲁伊教徒迫害的基督教传教士》里。1852年,约翰·埃弗里特·米莱斯要画一幅关于奥菲利亚的油画,请她躺在浴缸里当模

特;她父亲对此表示强烈反对,生怕女儿长时间泡在水里会受寒而死。西达尔天生丽质,生有一张19世纪英国最令人销魂的面孔。她身材高大,却偏偏生在女性以娇小为美的时代。她的下唇微微缩进,让人感觉"仿佛要竭力吻自己似的"——这是罗塞蒂的原话,他不可避免地爱上了她,又在多年后爱欲消散之际娶了她。她肌肤光洁透明,脸上有雀斑,长一头浓密的红色秀发。

伊丽莎白·西达尔

　　稍晚些时候才在伦敦动物园见到她的乔治亚娜·伯恩-琼斯④回忆道,"莉齐优雅苗条的身材——她很高挑,具体身高多少,我从不知晓——又浮现在我脑海里,她衣着优雅朴素,跟身着'量身定做'衣服的那些普通年轻女子全然不同。"

---

　　① 威廉·亨利·西蒙斯(William Henry Simmons,1811—1882),英国版画家。

　　② 威廉·里奇韦(William Ridgway,1830—1900),英国版画家、自由职业者。

　　③ 伊丽莎白·西达尔(Elizabeth Siddall,1829—1862),小名莉齐,艺术家、诗人、艺术模特。

　　④ 乔治亚娜·伯恩-琼斯(Georgiana Burne-Jones,1840—1920),爱德华·伯恩-琼斯的妻子,版画家。

　　我是在楼上那间有格子窗的小卧室里看到她的，之前，我们一到，她就把我带到了那里，当她摘下软帽时，我看见她有一头深红色秀发；她把头发松松挽着，垂下几缕柔软的长卷发。她那深色的皮肤下似乎潜藏着一抹玫瑰色，给最暗的肤色平添了一丝更柔和、更娇嫩的粉红，她的双眸闪着某种金棕色——要想形容，唯一贴切的就是玛瑙色——而且，真称得上明眸善睐。

　　亨特的油画《世界之光》里，一个蓄着长胡须的温柔身影，提灯伫立，轻轻叩门，想要走进我们的心灵，而在这个身影之后，若隐若现着的，似乎正是这对金棕色的眼睛。如果苦难可以救赎，那么可怜的伊丽莎白·西达尔一定会救赎我们所有人。

　　多年来，人们总是无甚凭据地认为，加百利·罗塞蒂跟伊丽莎白·西达尔在 1851 年——即他俩的"订婚"之年——到 1860 年（即两人的结婚之年）之间，是一对相爱的情侣。罗塞蒂的传记作者、学识渊博的简·玛尔什①却对此提出怀疑。她指出，伊丽莎白之所以深陷痛苦和沮丧的泥淖，后来又滑入吸毒成瘾的深渊，这一切都跟罗塞蒂早期的矜持和后来的冷漠脱不了干系。结婚前两年，30 岁的罗塞蒂跟一个年轻女人有染。他们认识时，她在王家萨里花园一家酒吧里敲坚果吃，还朝他扔坚果壳。她就是范妮·康弗斯②，19 世纪画家们推崇的另一位伟大偶像。这位高大健硕的姑娘长着一头浓密金发，双唇饱满，操着浓重的伦敦腔，笑声极其性感。

范妮·康弗斯

　　莉齐似乎更适合于让人用心灵和眼睛去膜拜她。正如现代偶像——流行歌手或王室成员——的兴衰史显示的那样，病态的崇拜会毁了偶像。西达尔病了，死了，只因遭受如此膜拜——被视为死去的奥菲利亚、缥缈空灵的贝阿特丽采的化身。她丈夫最爱的不是她本人，而他的画作《贝娅塔·贝阿特丽采》里的

---

　　① 简·玛尔什（Jan Marsh，1942—），英国传记作家。
　　② 范妮·康弗斯（Fanny Cornforth，1835—1909），原名萨拉·考克斯，英国艺术模特、罗塞蒂的情妇兼女管家。

主人公——《神曲》作者但丁心上人的灵魂——在西达尔因服药过量死亡后，他凭记忆绘出了这幅画。

在罗塞蒂及其画家朋友那里，粗俗、翘唇、性感、健硕的范妮将要充当他们此后多年的女管家兼缪斯女神。不过，范妮并不是亨特的画作《良心觉醒》——也就是我之前提到的《世界之光》的姊妹画——的原型。这幅画的原型是另一个"尤物"，一位名叫安妮·米勒①的十几岁酒吧女招待，在切尔西克罗斯—基斯酒吧工作。亨特第一次见到她时，她正在擦洗洒在地板上的啤酒和痰污——赤着脚，金红色长发披肩，宛若一缕缕燃烧的火焰。没多久，她就挤进拉斐尔前派的圈子，故作姿态，引人注目。她成为那个时代最成功的艺术模特儿之一——不过，自诩为淑女的莉齐·西达尔就特别看不惯她；安妮·米勒做过罗塞蒂的情妇，一度还成为亨特的未婚妻。亨特孙女的回忆录《我的祖父，他的妻子们和情人们》中披露过亨特对安妮·米勒的看法，在亨特眼中，安妮是一位活力四射的女孩，兴许还是个"麻烦鬼"：她企图逼迫亨特栽培她，娶她当妻子，帮她找工作，所作所为无异于变相的敲诈——不过，底层女孩想要自食其力谋生，又能有什么别的路径呢？

安妮·米勒

卡莱尔曾经非常推崇亨特的画作，不过对《世界之光》却深恶痛绝。"维多利亚时代的耶稣"形象——其实是蓄着胡子的"被男人欺骗玩弄的女人"的形象——象征着19世纪随着"信仰之海"的渐渐退潮，基督教变得最岌岌可危的一个信仰：即对"神圣的救主"本人的信仰。卡莱尔和维多利亚时代许多知识分子所拒绝接受的，正是这个"错误信仰"。

然而，要想抛弃基督教道德，也是难以实现的，这也就是许多维多利亚时代人都遵循着双重标准（在性和金钱问题上尤其如此）的一个原因。基督曾教导我们，不可一边侍奉上帝，一边侍奉财神。然而，这个以马尔萨斯、李嘉图和边沁的社会经济思想为楷模的国度已拜倒在金钱脚下，他们失去对上帝的信仰，也就不足为奇了。跟一切

---

① 安妮·米勒（Annie Miller，1835—1925），英国艺术模特，曾为亨特、罗塞蒂和米莱斯等人当画模，跟亨特有过婚约，后解除。

时代相仿,对维多利亚时代的人来说,要在性的问题上保持贞洁也是勉为其难,不过,他们对性的罪恶感,与他们的经济学思维相结合,使他们得出了这样的结论:男性可以占有、拥有和购买女性;这一点必然招致女性主义的抵制,从而形成黑格尔式的对立。(亨特爱上了安妮·米勒,想娶她为妻;可是,他"栽培"她,将安妮视为皮格马利翁式的造物,他的所作所为本身就是一种购买。)

亨特在朋友中有个"疯子"的绰号,我们从他孙女那里得知,他患有躁狂抑郁症——"对自己的未来或工作陷入绝望之际,亨特会把自己关在画室上一间窄小卧房里,惊恐万状,瑟瑟发抖。他感觉仿佛有股冰冷的水顺着脊梁骨倾泻而下。他孤零零一人,置身于黑暗,咆哮着,跟魔鬼没完没了地唠叨着……他动不动就对人性丧失信心,对自己混乱的上帝观丧失信心,不过,对他而言,魔鬼倒是真真切切、无时不在的。"

现代通行的称谓"拉斐尔前派"并非特指什么绘画技术或对中世纪的态度。相反,它可能更多地指的是那些面色苍白、嘴唇饱满、一头浓发的年轻女子。头发至关重要。英国历史上,美发首次走出了私人家庭领域。出得起钱的女人都会去美发店——发型年年花样迭出。凡是体面女人,没哪个会随意披散头发的——因此,拉斐尔前派笔下这些披着长发的年轻女子们分外显得性感迷人,惹得男画家争相来画,买画的男人更是络绎不绝。在这个一切均可售卖的年代,进出口商们可不会仅仅只去欣赏美发。大量头发从欧陆进口到英国。在意大利的贫困村庄里,年年有"头发收购季",成为当地一大亮点;巴黎市场每年头发销量高达 20 万磅,价格为每盎司 10 或 12 先令——特别长的头发可卖到每盎司 20 先令。在科勒内市场,有位观察者看到如下场景,"大家瞧着好几个姑娘被剪掉头发,一位刚剪完,又上来一位,跟剪羊毛差不多,还有好多姑娘站在那里等着,帽子攥在手里,长发及腰,齐齐整整。"

头发成了商品,且价格不菲,于是,《理发师杂志》对"该行业滋生出的一个颇为令人不悦的特征"作了反思——到处是头发窃贼,年轻妇女遭袭,被强行剪掉一头价格不菲的长发,"抢劫头发的同时,还总能钻法律的空子,逍遥法外。"

在《良心觉醒》中,安妮·米勒从浪子情人腿上起身之际,长发流瀑般从肩背飞垂而下。正如卡莱尔一眼洞穿了《世界之光》，发现它与其说表达了某种信仰，不如说是在寻求截然相反之物，某种虚妄的慰藉，《良心觉醒》充满的也是令人心烦的光怪陆离形象，以及艺术家本人那种混乱的性感受。该画作意在描绘一位情妇的"良心觉醒"，她从情人的大腿上起身，倾听冥冥的道德召唤。然而其实跟拉斐尔前派的许多作品一样，这幅画充斥着男性的性感觉——机械呆板的欲望和小学生般的放肆彼此冲突——一种被伪装成严肃道德感的负罪之情。拉斐尔前派艺术家的作品之所以经久不衰，除了他们的艺术技巧之外，或许上述特点也是原因之一。

如今，不管这些画作让男人们有多难为情，或让女人们有多嗤之以鼻，更不论其美学价值究竟为何，令人欣慰不已的一点始终在于，这些美丽的面孔因此得以长存至今。莉齐·西达尔、范妮·康弗斯和安妮·米勒算得上 19 世纪最著名的几张面孔了，比大多数首相、小说家和公务员的形象更广为人知。她们拥有至今除维多利亚女王之外最为人们所津津乐道的、维多利亚时代的娇媚容颜。

《良心觉醒》描绘了"被包养的情妇"的世界，戳到了批评家们的某些痛处。《纪事晨报》谴责说"这幅画作绝对丢人现眼"。中产阶级尽管一贯喜欢关注堕落女性的道德问题，对描写她们堕落行为的小说——譬如盖斯凯尔夫人的小说《露丝》——也是津津乐道不已，但是亨特这幅画对他们而言，似乎一下揭开了过多的伪装，令他们难以接受。画这幅画时，亨特曾对安妮煞有介事地大加教海，提醒她沿着这条路不知悔改所面临的风险。身着那件价格不菲、饰有手绣花边的亚麻细布长袍，摆好姿势让他作画的她，所凝视着的据称是地狱深渊。然而，正如许多端详过她这张面庞的人肯定发现的，这目光更像是正凝视着"有辱人格的诱惑"（亨特的原话）所将带来的充满乐趣的成功未来。

年轻的拉斐尔前派兄弟会运气不错，遇上了一位赫赫有名的捍卫者，这个大后盾堪称那个时代（或任何时代）最伟大的艺术评论家。看到《良心觉醒》后，罗斯金马上意识到，性的方面只是这幅名作的部分意义而已。1854 年 5 月 25 日，在写给《泰晤士报》的信中，他阐释了这幅油画的内涵，认为维多利亚时代中期丑陋不堪的家居表明，伴随工业资本主义"成功"而来的新财富破坏了道德：

> 整间房里，没一件生发情感的东西——普通、现代、庸俗（实实在在的庸俗），不过，非常悲惨的是——若我领会无误的话——家具漆得如此精细考究，甚至紫檀木最细密的纹理都历历在目——从家具那可怖的光泽，从那致命的崭新里，寻不到一丝感悟；那里，没一件家什能勾起古老的乡思，或让人感觉永恒的家的温馨……

接下来几十年里，威廉·莫里斯①将向维多利亚时代工厂生产的丑陋不堪的室内家居开战，以比罗斯金更犀利的方式拓展社会和个人眼中道德和设计之间的密切关系。

约翰·罗斯金

罗斯金在《现代画家》里，曾经为反对程式化的学院派绘画原则的透纳摇旗呐喊。乍看起来，这似乎令人吃惊：罗斯金这位美学家兼艺术评论家，一方面把透纳那种含混的海景画视为绘画形式的最高境界，一方面却对拉斐尔前派那种纤毫毕现的创新画法也予以了慷慨的赞许。在这两种绘画中，罗斯金所认同的在于以下这点：羽翼未丰的拉斐尔前派兄弟会成员和透纳这位伟大的老太阳崇拜者一样，都是真理的信徒，他们都坚信，绘画必须在双重意义上保持真实，既要忠实再现自然，又要在情感上保持完整。当罗斯金最初一跃而起替拉斐尔前派兄弟会辩护——驳斥那种怀疑他们是天主教秘密社团成员或更糟的说法——时，他并非因为拉斐尔前派画家们是他的朋友而这样做："首先，我要申明一点，我跟这些艺术家素不相识，也并非完全同情他们。读过我作品的人想必都不会认为我打算鼓励他们的罗马天主教分子②和牛津运动者倾向。"

然而，随着 19 世纪 50 年代的展开，罗斯金跟这些比自己年龄小得多的艺术家们的交往，对其个人生活产生了重大影响。在罗塞蒂放浪不羁的家庭里，

---

①　威廉·莫里斯(William Morris，1834—1896)，英国设计师、诗人、早期社会主义活动家、自学成才的工匠。

②　即支持罗马天主教的英国国教徒。

罗斯金找到了与自己的雪利酒商人父亲那个古板、秩序井然、富裕的郊区家庭——既令人窒息，又难以逃脱——截然相反的氛围。在威廉·霍尔曼·亨特那里，罗斯金注定会发现一段重要而深厚的艺术友谊。不过，与约翰·埃弗里特·米莱斯①的相识，则给罗斯金带来了最初的、爆炸性的影响。

约翰·埃弗里特·米莱斯

米莱斯比罗斯金小了整整 10 岁，比罗斯金的妻子埃菲②只小 1 岁。米莱斯曾被誉为神童，11 岁进入王家美术学院深造。罗斯金首次上门拜访时，米莱斯才 22 岁，那时，罗斯金试图把他打造成未来的第二个透纳。"罗氏相信，"米莱斯写道，"我会进一步了解并倾倒于他的著作，而他则会渐渐减弱对我的画作的欣赏。"罗斯金预言的这两件事一件也没有发生，不过这两位男士没多久就成了频频互访的好友，还结伴出去旅行。米莱斯这位以苏格兰浪漫史为题材的大画家，此前从未去过北部边疆苏格兰；身为苏格兰人兼沃尔特·司各特爵士倾慕者的罗斯金便特地安排了一次苏格兰高地之旅。1853 年 7 月，他们到达斯特灵附近布里格-奥特克村的格伦芬格拉斯峡谷。在此地的瀑布旁，米莱斯为他心目中的大英雄罗斯金画了一幅肖像画。

米莱斯为我选好位置——一块被河水冲蚀得光滑漂亮的岩石，身旁溪水奔流，泛起水花，溪岸边有水草、苔藓，还有一座宏伟矗立的黑岩峭壁——我采取站姿，目光静静凝视着溪流——跟往常差不多，一看就是好几个小时——米莱斯为这次作画兴高采烈，我想，您[罗斯金的父亲]——也会为您儿子的这张肖像画感到自豪的——我们将拥有两条世界上最美妙的激流，透纳的圣哥达山溪③和米莱斯的格伦芬格拉斯溪流④。

① 约翰·埃弗里特·米莱斯(John Everett Millais，1829—1896)，英国画家，拉斐尔前派的三个创始人中年龄最小的一位，画风细腻。
② 尤菲米娅·查默斯·格雷(Euphemia Chalmers Gray，1828—1897)，即埃菲·格雷，生于苏格兰，其父母与罗斯金的父亲是朋友。
③ 透纳的水彩画《圣哥达山通道》(Passage of Mount St. Gotthard)，创作于 1804 年。
④ 该画作名为《约翰·罗斯金，伫立在格伦芬格拉斯峡谷溪流旁》，创作于 1853—1854 年。

那个夏天雨水多，湿气重，罗斯金的妻子和米莱斯都患上了感冒，久治不愈，尽管有这些麻烦，这幅画还是完成了。那个多雨的夏天还发生了一件事，罗斯金本人、好友阿克兰医生①（也部分参加了这次旅行度假）和米莱斯的哥哥全都被蒙在鼓里：米莱斯和埃菲·罗斯金坠入了爱河。在他俩眉来眼去、暗中相爱之际，米莱斯发现，罗斯金这位伟大的艺术史学家有个癖好，"好像总爱陷入自私的独处而乐此不疲。他莽撞地结了婚，却不抱更大的诚意，这究竟是为何呢，对我来说，这依然是个谜。说良心话，在我看来，除了他的老父母，他好像就没有上过心的事，他总爱找妻子的茬儿（自打结婚，罗斯金对待妻子的所作所为令人作呕）……"

在给埃菲母亲的信中，米莱斯写了上述的话。那年夏天，埃菲的娘家人——格雷一家——发现，五年来女儿不光一直饱受冷落和指责，女儿和女婿也没有圆过房。洞房之夜，罗斯金对婚姻之道浑然无知——"他心中的理想女性跟他亲眼看到的现实中的我，一定判若天渊，"埃菲后来回忆说。罗斯金则煞费心思地解释此事——宗教原因、不想要孩子——起码在她 25 岁前，两人没有同房。

格莱斯顿说，任何能像自己一样与这三位——罗斯金、米莱斯和埃菲——都颇为熟悉的人，都不会随意指责其中哪一位。我们不妨也照此行事好了。罗斯金是 19 世纪的伟人之一，米莱斯也是成就斐然（即便终归想象力不太丰富）的大画家，最终嫁给米莱斯的埃菲也是重感情的聪慧女子——当时她跟罗斯金的婚姻已经终止——并和米莱斯生下了八个孩子。那就祝福他们所有人吧！有庸俗之徒声称确知内情，说什么罗斯金在发现女性生理解剖结构的真相后曾大惊失色等等。其实，真相是永远无法搞清的。反倒杰弗里·希尔②作出的评述更有见识：

> 罗斯金在婚姻里的性无能，
>
> 为此，曾倍遭嘲弄而屡屡苦不堪言，
>
> 但这并未遮蔽其视野，也并未使其在苦难中

---

① 亨利·阿克兰(Henry Acland，1815—1900)，英国医学家、教育家、王家钦定教授。
② 杰弗里·希尔(Geoffrey Hill，1932—2016)，英国诗人、英国文学和宗教名誉教授。

　　一蹶不振。

　　罗斯金的私生活琐事不值一提；他的"视野"和"苦难"引导他进入了更宽广的领域，这些才是更重要的。从艺术史的先锋派学员身份起步的他，逐渐认识到，倘若离开社会理论，美学理论便毫无意义。作为卡莱尔的追随者，罗斯金愈发将 19 世纪视为噩梦时代，其恐怖的核心——它所推崇的物质主义的必然结果——便是信仰的丧失。

　　就此而言，哈里特·马蒂诺风向标般的作品忠实地追踪了 1850 年代中产阶级的舆论走向。卡莱尔对她印象很深——"大大出乎我的预料。她瞧上去冰雪聪明、面容姣好……说起话来喋喋不休，不过，不幸的是，她聋得厉害，跟她谈话，她不用助听筒是不行的。"

　　到了 1850 年代初，《笨拙》杂志酷爱插科打诨的道格拉斯·杰罗尔德①嘲讽道，"哪有什么上帝，哈里特·马蒂诺才是他的先知。"哈里特跟玛丽·安·埃文斯第一次会面时，给后者留下的印象是一种挥之不去的粗俗感，可没过几回，两人就成了密友。

　　埃文斯小姐，也就是后来为世人所知的乔治·艾略特②，从 1851 年到 1855 年（从 32 岁到 35 岁）一直寄居在位于河岸街 142 号的激进派书商约翰·查普曼家中。1844 年，她翻译了阐释耶稣生平的黑格尔派颠覆性著作——大卫·弗里德里希·施特劳斯的《耶稣传》，并于 1854 年翻译了费尔巴哈的《基督教的本质》。这两部著作均将宗教视为纯粹的人为建构物，并视基督教为一种神话。

　　诸如此类的观点如今已司空见惯。但在 19 世纪，这些无疑是颠覆性观念，跟乔治·艾略特对两性关系采取的离经叛道行动如出一辙。（为摆脱跟查普曼之间的恋情，她和记者、德国文化研究学者、《歌德传》作者乔治·亨利·刘易斯同居多年，即便刘易斯是有妇之夫。）把基督教本身视为建立在"事实错误"——错误地推想基督具有神性——基础上的尝试，必然会激起某

---

　　① 道格拉斯·杰罗尔德（Douglas Jerrold，1803—1857），英国戏剧家、作家。
　　② 乔治·艾略特（George Eliot，1819—1880），原名玛丽·安·埃文斯，英国女作家，19 世纪英语文学最有影响力的小说家之一。

些人的强烈反对,这些人相信西方文明本身建立在耶稣的神性和他赐予世界的价值的基础上。当一部关于耶稣的非常温和的,很可能也非常正统的著作——《看,这个人》①——出版时,阿什利谴责说,它是"史上最淫邪的书,我认为,它乃是地狱之口的呕出物"。身为伟大的基督徒,阿什利创建了"贫民儿童免费学校",并将女工和童工从矿山工厂的奴役中解救出来,其全部动机建立在如下基础上:上帝本人甘愿选择以籍籍无名的穷人身份降临世间,不光要把人类从罪恶当中拯救出来,还要教诲人类,每个诞生于世的儿童都是按上帝的形象和样貌创造出来的,每个儿童都有天赋的尊严、价值和权利。对阿什利那一代基督徒来说,要是取消基督教真理,就等于彻底摧毁了信仰和美德本身的绝对理由。如此一来,边沁主义的尔虞我诈的丛林法则就会大行其道。

那些老于世故的辉格党贵族高层,自然是不信神的,阿什利勋爵对此了然于心,也因此觉得那帮人可恶至极。女王本人之所以下嫁阿尔伯特亲王,她的叔父苏塞克斯公爵②——最彻头彻尾的辉格党党徒——是最大的推手;这位叔父还是位绝世书痴,收藏了大批《圣经》。在他那本《公祷书》页边空白处,这位王室大公爵信手涂鸦出一只致命的手,指着《亚他那修信经》,作出如下评说:"此信经中,我一个字都不信。"

阿什利对1848年墨尔本子爵(阿什利夫人的叔叔)之死的描述,让我们意识到达尔文式的人性观对基督徒来说有多可怕。"他死掉了,事先没一点征兆;外部一切那么冷酷,那么冷漠;上帝只能发现内在的东西。伫立在他床榻边上的那些人,要么愚昧无知,要么心肝全无……死亡的这位可不是异教徒;人们只会给他挂上一幅遗像或操办一场葬礼罢了。他的死跟动物的死没什么两样。"

受过良好教育或上层阶级的小圈子内的怀疑论风气,或许将变成中产阶

---

① 约翰·罗伯特·西利(John Robert Seeley,1834—1895),英国自由党历史学家、政治散文家,1865年匿名出版该著作。

② 奥古斯塔斯·弗雷德里克(Augustus Frederick,1773—1843),乔治三世第六子,拥护废除奴隶贸易、解放天主教徒、废除《谷物法》和实行议会改革等进步政策,并致力于促进科学和艺术的发展。

级的通病,这在一定程度上跟哈里特·马蒂诺和玛丽·安·埃文斯等无信仰人士在《威斯敏斯特评论报》上的"不懈努力"是分不开的。像吉尔伯特·基思·切斯特顿对下一代人所预测的,所谓在1850年代"无神论是郊区的宗教"的说法,其实并非事实。不过,无信仰已颇为普及。事后看来,对埃文斯翻译的施特劳斯和费尔巴哈哲学的反应中,最令人震惊的或许不是少数人的敌对反应,而正是多数人的无言默许。许多人赞同"宗教是人民的鸦片"的观点,令老派信徒们忧心忡忡。19世纪二三十年代,"怀疑"是世故之徒们心照不宣的秘密,在1850年代则已成为阅读杂志的中产阶级的时髦信仰。要是这种"怀疑"倾向在工人阶级中肆意蔓延开来,又该怎么办呢?建立在宗教基础上的遵从观念,难道不是维系社会的黏合剂吗?在信奉天主教的法国或许是这样;在信奉东正教的俄国或许也是如此。持这种担忧的苦闷不堪的中产阶级(比如达尔文——这也是其长期保守进化论秘密的主要原因之一)不曾像亨利·梅休那样走出去,深入英国工人阶级中去调查民情。假如他们真的这样做了,就会发现工人们几乎不开展宗教活动(除爱尔兰移民外),对宗教思想也几乎可谓漠不关心。皮由兹博士说的没错,"在伦敦巷弄里……福音教义无人知晓。"

从表面看,起码在中产阶级当中,维多利亚时代的英国还蛮像个基督教文化国度。大批教堂拔地而起,基督教书籍大量刊印。然而,社会已显露出种种焦躁不安的迹象。无论英美还是欧陆,在学术领域,人们依然痴迷黑格尔哲学,"这位具有现代意识的真正哲学家……一直竭尽全力描述的危机是一种文明危机,该文明已发现,其所仰赖的上帝也是这种文明本身创造出来的。"自信的宗教并不介意内部派别之间的激烈辩经,它或许支持某一派别的观念,但并不会恃强凌弱。而维多利亚时代的"猎巫行动"却本应对这种行动的执行者提出警告:他们如此声嘶力竭捍卫着的土地,不过是一片正在陷落的沉沙而已。对施特劳斯和费尔巴哈的哲学观点,死硬的正统派根本没胆量面对,反而拿圈内人士开刀,决意对忠诚的革新派和有创建精神的思想家横加迫害。我们也可以发现,这种所谓的"猎巫行动"潮流一直持续于整个19世纪:在新教诸教派中,在迫害托尔斯泰的俄国东正教会中,在罗马天主教会中——它造出了所谓现代异端说,对现代生活中的几乎每项进步,从铁路到电力到民主,都予以谴责。

这种"基要主义"有一种相当有趣的表现,也就是,人们对"道成肉身的神"曾在世间走过的地方再度萌生了兴趣。威廉·霍尔曼·亨特也被这种兴趣所影响,在 1854 年 1 月 13 日动身前往圣地巴勒斯坦,去画他的油画《替罪羊》。好友知己们纷纷赶来劝阻。"要是你去了圣地,等着吧,七年后回头再看你画的那些,你保准要羞愧不已,"罗斯金警告道。跟亨特一生遭遇的许多事相仿,一次神圣的朝圣之旅,很快变成一场无聊的闹剧。

亨特狂热地追求画作的真实性和准确性,把那只在耶路撒冷颇费周折地找到的纯白山羊打好包,和其他行李一道踏上危险的旅程,一路向南,朝死海地区赶去。如今,死海沿岸的观光客坐着空调车,一路开过沙漠就行了。所多玛城和蛾摩拉城现在都成了减肥温泉疗养胜地。不过,从前这里却是荒凉的代名词,仍是《圣经》里被怒火中烧的耶和华摧毁的摩押平原城市的模样。对亨特来说,这无疑是一场险象环生的绘画之旅。莽莽沙海,空中有秃鹰盘旋;巨岩突出,鬣狗和悍匪藏身其中;头顶毒虫翻飞。亨特找到的那只山羊,体格可不像安妮·米勒那般结实。(她趁亨特去死海沿岸画画的空当儿,偷偷溜回伦敦,重操旧业,跟拉内拉赫勋爵①厮混在一起,这位贵族酷爱在贝托里尼

威廉·霍尔曼·亨特

酒馆里,用她穿的拖鞋舀香槟酒畅饮。)这只山羊太羸弱了,走路都费劲。手执画笔的亨特捕捉到了当时的真实背景——"这是一片被上帝遗弃的可怖而寂静的荒僻之地,浓雾笼罩,呈现但丁式的荒凉色彩"——由于整天暴露于烈日中,这只不幸的动物死掉了。下一只山羊的任务就简单多了;亨特在耶路撒冷租住处的花园里画了这只羊,小心翼翼地让它把蹄子踏在一盘采自死海的盐巴里。这两幅同名——都叫《替罪羊》——油画,根本算不上亨特的最佳画作。两只羊并没有沉重不堪的宗教象征意义,只是看起来像山羊而已,不过,油画背景倒令人心惊胆战,不禁让人联想起约翰·马丁②充溢

---

① 托马斯·琼斯(Thomas Jones,1812—1885),第 7 代拉内拉赫子爵,英国陆军中校。
② 约翰·马丁(John Martin,1789—1854),英国浪漫主义画家、雕刻家、插图画家。

着宗教异象的油画来了。亨特的巴勒斯坦之旅确实是一段有趣的经历，不过历史所关心的并非 1850 年代中期亨特对该地的兴趣。正如罗斯金提醒我们的，当这位大画家在死海岸边的沙漠中奋力挥动画笔之际，巴拉克拉瓦城和塞瓦斯托波尔城上方的悬崖上，已经林立起雪白的军帐。克里米亚战争打响了。

西方世界对耶路撒冷和应许之地情有独钟的情绪里，混杂着政治、宗教和殖民利益，既像是对中世纪十字军东征的古怪回顾，也似乎正是方兴未艾的中东冲突的可怕预兆。自从公元 4 世纪圣海伦娜皇后将"圣地"耶路撒冷定为朝拜中心以来，这里一直是敌对的宗教团体之间发生激烈争执和暴力冲突之地。实际上，一位来自另一种文化或另一个星球的访客，大有可能会觉得这里是一个战场——各路崇拜者们相互谴责，互相辱骂，彼此谋杀。

四个世纪以来，历代奥斯曼苏丹的任务就是调停这些纷争，维护秩序，在帝国臣民中推行一种相互包容的文化。在诸如首都君士坦丁堡、亚历山大城和萨拉热窝等城市里，基督徒、犹太教徒和穆斯林都能接受历代土耳其君主的如下教海：凡在宗教差异引发纷争之地，人们实际上只有一种政治选择——自己活，也让别人活。穆斯林和犹太教徒大都能接受这一点。然而，基督的信徒们总是无法阻止自己内部教友之间爆发的暴力冲突，越是一步步走近自己心目中最神圣的圣地，教派之间的仇恨也愈演愈烈。

1740 年，法国和土耳其宫廷（即君士坦丁堡宫廷）签订了一项合约，规定法国对"圣地"享有"主权"。为此，一颗饰有法国王室纹章的银星被安放在伯利恒。对几乎全部来自东方基督教的教徒们来说，法国修士居然要求照管圣殿建筑，堪称一种兼具政治和宗教傲慢的暴行。

1852 年，拿破仑三世为寻求国内保守派的舆论支持，要求将伯利恒教堂的钥匙归还给法国教士。为息事宁人，奥斯曼帝国苏丹王只好表示同意，却遭到沙皇的反对。尼古拉一世终于找到借口，趁机要求土耳其宫廷作出某些保证，其中包括将土耳其帝国境内基督徒的"总保护权"划归给俄国。

正在日益世俗化的新教英国选择卷入这场争端，即便不是赤裸裸的骗局，也似乎有种强烈的悖论意味。不过英国人还是绞尽脑汁说服了自己，认为俄国的扩张野心对自身利益构成了直接威胁。他们担心,要是沙皇没完没了地欺凌奥斯曼帝国苏丹,通往印度的通道和其他商路早晚会落入俄国人手中。1854 年 1 月,哈里特·马蒂诺,这位新近自封为战争和外交事务专家的人,在《威斯敏斯特评论报》上撰文指出,"沙皇野心勃勃,在地中海和波罗的海地区大搞事情,要把它们弄成俄国的内陆湖,进而控制埃及和叙利亚,倘若俄国佬得逞,我国商人必会因为政府没及时出手制止俄国的侵略行为而对政府的盲目和愚蠢后悔不迭。"——这恐怕正是颇具头脑的自由党的观点。代表小资产阶级利益的激进派报纸《雷诺兹新闻报》对阿尔伯特亲王谴责道,亲王无疑是在怂恿阿伯丁伯爵的政府对外采取温和与磋商的立场。阿伯丁对主战想法深恶痛绝,不过此时谣言四起,说他因为叛国罪而把阿尔伯特亲王囚禁在伦敦塔,内阁则已开始积极备战。

　　1853 年 11 月,阿伯丁仍旧写道,"局势无疑非常紧张,难以长期维持;但我还是坚持认为不应让它导向战争。"《泰晤士报》也认为,"战争行为……不光疯狂,而且对卷入其中的我们一切人而言,都是极不光彩的。"然而,到了圣诞节,英法两国已与土耳其结盟,战争一触即发。自 1853 年 10 月以来,俄土之间已经战事不断。等到俄国人在锡诺普海战中大败土耳其舰队时——此次海战被称为这场克里米亚战争中的"珍珠港事件"——英国公众舆论将其视为一场大屠杀,剩下那点事儿的发生——一支庞大的英法远征军在克里米亚半岛登陆,并开赴巴尔干半岛和黑海地区——已完全不可避免了。

第 14 章　克里米亚战争

亚历克西斯·索耶先生①这位"蓓尔美街改革俱乐部"②主厨,正在远离故土法国的异国他乡。确切地讲,索耶正策马扬鞭,奔走在一条新修土路上,浑身是泥,从所谓的"热那亚高地"下到克里米亚半岛小港巴拉克拉瓦港口。在峡谷底,他的去路被挡住,但见尽是来自法国和撒丁岛的货车在卸货,车上载满葡萄酒和船运物资。索耶先生行进了好一会儿才穿过这条拥堵路段,到达军需补给站。

《泰晤士报》记者威廉·霍华德·拉塞尔③对克里米亚战争的报道可谓开创了战地报道的先河。此前,公众从来不曾像这样了解战争的真实状况:草包似的失败、无畏的英雄气概、可怖的病亡和战事结束后的血腥惨烈场面等等,拉塞尔以坦率直白的笔墨将这一切全部呈现在读者面前。拉塞尔报道了英国战地医疗设施极度匮乏的实情,以及英国在救治伤病员方面的糟糕表现,它和"慈善修女会"运营的法国野战医院之间的巨大差距。拉塞尔的报道令弗洛伦斯·南丁格尔④深深触动,她三番五次缠着军务大臣,央求他准许年轻的良家妇女去博斯普鲁斯海岸的斯库塔里当护士。不仅如此,拉塞尔极负盛名的战地报道也让索耶意识到联军亟需军餐和给养方面的建议。当时的现状是:每名英军士兵每日口粮只有1磅肉,以及加起来共1磅的面包、咖啡

---

① 亚历克西斯·索耶(Alexis Soyer,1810—1858),法国厨师,后成为维多利亚时代的英国名厨。

② 私人俱乐部,1836年成立,成员最初来自激进派和辉格党。

③ 威廉·霍华德·拉塞尔(William Howard Russell,1820—1907),英国记者,世界首位战地记者,报道过克里米亚战争及1857年印度大起义等。

④ 弗洛伦斯·南丁格尔(Florence Nightingale,1820—1910),英国女护士,近代护理学和护士教育创始人。

盐和糖。不过,士兵必须个人自己筹集这些口粮,在战事吃紧的恶劣条件下,或者克里米亚进入冬季、外在条件不利的情况下也是如此。

索耶不光是给贵族名流掌过勺的主厨,也是新创建的自由党俱乐部的头号厨师,还是一位见不得人受苦的爱心人士。他曾把"流动厨房"搬到爱尔兰,在那里还搞了一项新发明,首创了一种非常实用的新式炉子——在两个蒸汽炉上方安装上可拆卸的笼屉。克里米亚战争爆发时,他觉得自己发明的炉子能派上大用场,可以给战地上扎营或战壕里防守的众将士提供热食。此外,他还改进了不少自创的食谱,都写入了一本他最近准备推广的关于实惠又富有营养的饮食的食谱书——《1 先令菜谱》(1854 年出版)。要说索耶最拿手的,那还是制作蔬菜大蛋糕。每英担蔬菜由如下几种成分混合——胡萝卜 20 磅、芜菁 20 磅、欧洲萝卜 10 磅、洋葱 15 磅、卷心菜 20 磅、韭菜 10 磅,外加 1 磅由百里香、胡椒、桂叶和丁香叶等碾成粉末制成的香料。这种大杂烩被制成一种易切的干蛋糕,不过,做蛋糕前,上述每样食材均需蒸熟才行。

亚历克西斯·索耶

为确保把做好的蛋糕送到巴拉克拉瓦,索耶此刻奔往军需补给站,去找拉格伦男爵①。索耶认识这位参加过滑铁卢战役的独臂老将、英国远征军总司令,此前索耶就曾要求战地厨师改进肉品的配给。"索耶先生——您提出或指出的改进意见,甭管什么,只要我们能办到,都会予以执行。"

索耶策马奔向英军司令部之际,突然看到路边有一顶吉卜赛风格的帐篷,一群军官围拢在那里。其中好多是伦敦俱乐部会员,他们一眼就认出了这位法国大能人,招呼他下马歇歇脚。此时,一个洪亮的女声从帐篷里传出,问道:"新来的宝贝是哪位呀?"

"索耶先生呗,那还用问吗,"一位军官答道。"他,您还不熟吗?"

这时,一位身材丰满的中年牙买加妇女从帐篷里钻出来。

"我的天哪,小伙子,你就是我在牙买加时就已久闻大名的索耶先生吗?

① 菲茨罗伊·萨默塞特(FitzRoy Somerset,1788—1855),英国军人,克里米亚战争期间首位英军总司令,第 1 代拉格伦男爵,曾任陆军元帅,克里米亚战役中因发布的命令含糊不清导致英国轻骑兵旅在巴拉克拉瓦战役中遭重创。

噢,没错!你配制的调味品和调味酱,我卖出去许多——天知道有多少……大概十天前,我算了一下,总共卖了……"

法国大厨索耶下马后,这位牙买加女士邀请他跟她的朋友约翰·坎贝尔爵士①喝杯香槟酒,后者是在因克尔曼战役结束后暂时掌管第四师的高级准将,日后在攻打大凸角堡战斗中,他将出于一种"匹夫之勇"精神而以身许国。

这位丰满健硕的牙买加女士正是玛丽·西科尔②,跟亚历克西斯·索耶一样,她之所以来到克里米亚,是因为读了拉塞尔的战地报道。还没当上战地护上前,她便在牙买加报纸上了解到阿尔玛河战役的战况,以及英军士兵不得不忍受伤病之苦的惨状,于是意识到她的许多在英国海陆军服役的朋友——他们军旅生涯的某一阶段都曾在西印度群岛服役——此刻正忍受着克里米亚半岛的严冬酷寒。西科尔是一位自学成才的护士,还有寄宿公寓的管理经验,她知道这些会在救助伤病员方面派上用场。

克里米亚战争中涌现出数位投身于救助事业的超凡人士,玛丽·西科尔便是其中一位。西科尔出生于 1807 年,父亲是苏格兰陆军军官,母亲是自由黑人——并非后来被解放的那种,而是一出生就是自由的——在牙买加金斯敦城独自经营过一家公寓。尚不到知天命之年的玛丽·西科尔已经游遍整个加勒比地区:拿骚、海地、古巴和巴拿马。不过对这位自主择业的护士兼小旅馆老板来说,漂洋过海来到克里米亚,仍不失为一个重大决定。西科尔赶到伦敦时,弗洛伦斯·南丁格尔早已动身奔往土耳其首都。西科尔只好先去了伦敦那家招募机构,当时正招收护士去斯库塔里(现在叫"于斯屈达尔")野战医院做护理工作,南丁格尔小姐在那里当主管。西科尔资历深,优势明显,不过还是被招募人员一口回绝了。她随即向克里米亚基金会③理事们提出申请,却再遭闭门羹。这可真让人出乎意料。在牙买加时,西科尔曾跟那里的英国人相处融洽,在那里她父亲还是个白人军官,所以她一直以来都以为种

① 约翰·坎贝尔(John Campbell,1807—1855),英国陆军军官,塞瓦斯托波尔战役中阵亡。

② 玛丽·西科尔(Mary Seacole,1805—1881),牙买加裔英国护士、治疗师、女商人,克里米亚战争期间建立"英国旅馆",为英军提供后勤服务。

③ 克里米亚基金会(Crimean Fund),全名为"王家爱国基金会",1854 年建立,阿尔伯特亲王任主席。

族偏见仅仅是就那些蓄养奴隶的美国人而言的。

　　"美国人搞的那套肤色歧视行径在这里也生了根吗？这些白人女士不愿让我去前线救助伤病员，难道就因为我的血流淌在比她们的肤色稍暗点的皮肤之下吗？伫立在行人渐稀的大街上，泪水打湿了我愚蠢的脸颊。"

　　屡次遭拒并未击垮这位干劲冲天、气概非凡的 48 岁丰满女子。她毅然只身奔赴君士坦丁堡，找到斯库塔里那家有名的野战医院。许多伤兵都认出了她，并喊她"西科尔妈妈"，开心地向她问好。然而她再次遭拒。护士长呵斥道，"'我院医护人员均由南丁格尔小姐全权负责管理，不过依我看呢，这里不缺人手……''不好意思，夫人，'我打断了她的话，'不管怎样，过几天我就要上前线去了，'那个质问我的娘们儿转身离开时，一脸愈发诧异的神情。"西科尔毫不气馁，随即雇了一位希腊向导，让他陪着一起奔赴前线。

玛丽·西科尔

　　南丁格尔备受赞誉的野战医院距离克里米亚半岛几百英里。玛丽·西科尔并没有妄称自己有南丁格尔那种出类拔萃的组织才能，不过她也战斗在前线。她在巴拉克拉瓦创办的"英国旅馆"是一处十分重要的避难所，备有海绵蛋糕和柠檬水。"这种蛋糕是他们的最爱，这些可怜的小家伙，兴许在吃蛋糕时，就会回味起'家'的味道。"害怕去医院的"大兵"跟"西科尔妈妈"在一起，可比在英军驻土耳其野战医院里舒服多了。此外，西科尔还护理和治疗染上霍乱和痢疾的英军士兵。她无微不至地关怀他们的切实需求。在克里米亚，英军官兵一入冬往往会患上感冒，一病就是一冬。自打玛丽·西科尔建起"小货栈"，官兵们就用上了手帕。

> 那张浆果棕的面庞，每一道会心的皱纹
>
> 都是一颗良善之心的痕迹，
>
> 瞧上去真美，尽管氤氲的雪云在那铁色的天穹上
>
> 肆意地翻滚。

　　　　　　　　　　　　　　　　　　——《笨拙杂志》

许多参加过克里米亚战争的老兵都对玛丽·西科尔感激不尽。（战后，西科尔返回英国，住在伦敦，生活舒适。1870 年代，她成为威尔士王妃的好友，当上了王妃的按摩师；1881 年，西科尔去世。）要是伤了或病了，南丁格尔小姐的野战医院自然是最佳去处。不过，在漫长的数月间，没有大伤大病的士兵们都是由玛丽·西科尔照顾着。面对连天炮火时，她镇定自若，远胜一些军官。她目睹过英军在凸角堡鏖战，也亲眼看到了英军最终攻陷塞瓦斯托波尔城后战场上那一幕幕惨象。

弗洛伦斯·南丁格尔的"传奇"则跟西科尔稍有不同。克里米亚战争中士兵伤亡总数的三分之二是因为染病和恶劣的条件，而非殒命沙场——结果，法军损失了近 10 万人，英军约 6 万人，俄军超过 30 万人。拉塞尔的战地通讯所讲述的堪称一段真正骇人听闻的战争史。惠灵顿①曾经非常关心行军中的军队——大兵们的身体——或许，对于这个问题，想必他昔日的战友，如今担任英军总司令的拉格伦男爵也同样在意，不过，由于拉格伦组织不力，英国远征军一开始便陷入了本可避免的困境。1854 年 3 月 28 日，英国对俄宣战。4 月 8 日，英国远征军在加利波利半岛登陆，该岛位于土耳其达达尼尔海峡欧洲一侧的海岸上，在随后打响的战役中，这里见证了太多的苦难和屠杀。为法军提供后勤补给的是一支汽舰船队，满载着面包烘房、野战医院帐篷和军需品，英军只能眼睁睁看着人家由一列组织严密的货物搬运车快速搬运上岸的补给物资。英军自己则饱受严寒之苦，就连军床都没有，军毯和军粮要等好几天才能运到。此时霍乱已在地中海中心岛国马耳他爆发，并呈蔓延之势袭来。英国军官阶层终于乘坐舒爽的运输船和汽轮抵达，弄得马尔马拉海宛如正上演一场赛艇会；此时霍乱已肆虐开来。联军部队被运过博斯普鲁斯海峡后，许多染病的士兵被迫从东海岸撤离，转到斯库塔里临时野战医院；未染病的士兵继续向保加利亚海岸进发。联军司令部设在瓦尔纳港海岸——

---

① 亚瑟·韦尔斯利（Arthur Wellesley，1769—1852），英国军事家、政治家，第 1 代惠灵顿公爵，1813 年晋升陆军元帅，终身任英军总司令，曾出任首相。

在司令部,圣阿尔诺元帅①、拉格伦男爵和哈姆林上将②(法海军司令)、邓达斯上将③、莱昂斯上将④和布鲁特上将⑤等几位上将反复研究着英国内阁的命令:在克里米亚半岛登陆,包围塞瓦斯托波尔港。此时霍乱已造成 7 000 法国士兵死亡。在瓦尔纳港的周边村落,土耳其人和希腊人"群蝇般"死去。战役尚未打响、一枪未发之际,野战医院已人满为患。8 月 10 日,另一场大难接踵而至,位于瓦尔纳港的军需仓库发生火灾,大量武器、给养和 1.9 万双军鞋被付之一炬。

"联军中有不少英法士兵行为鲁莽,近乎疯狂,"拉塞尔写道。"他们随处可见,要么醉醺醺躺在狗窝里,要么躺在路边壕沟里,暴露在大太阳底下,成群的蝇子爬满全身。"在霍乱和战火中侥幸活下来的士兵又遭受了"高烧、疟疾、痢疾和瘟疫"的重创,虚弱不堪。战争爆发的头 6 个月,除发生在锡利斯特拉⑥的几场小规模战事外(有位叫列夫·尼古拉耶维奇·托尔斯泰的年轻俄国军官也参加了这场围城战),便没有值得报道的大仗了。

拉塞尔的战地通讯揭露了这场战争的悲惨、消沉和松垮——指挥权攥在一群老朽手中。拉格伦男爵法语固然说得溜,也颇具亲和力,不过,年轻时一直在惠灵顿手下当差的他养成了一个恼人的恶习——称法国人为"敌军"。防御工事监察长约翰·伯戈因爵士⑦ 71 岁高龄。拉格伦的四名副官——少

---

① 阿尔芒·圣阿尔诺(Armand Saint-Arnaud,1798—1854),克里米亚战争中法国远征军司令,法国陆军元帅。

② 费迪南德·哈姆林(Ferdinand Hamelin,1796—1864),法国海军上将。

③ 詹姆斯·邓达斯(James Dundas,1785—1862),英海军上将,1854 年克里米亚战争前期任英法联军海军总司令。

④ 埃德蒙·莱昂斯(Edmund Lyons,1790—1858),英海军上将、外交官,鼓动克里米亚战争,在此期间任地中海舰队总司令。

⑤ 阿尔芒·布鲁特(Armand Bruat,1796—1855),法国海军上将,克里米亚战争期间被任命为法国黑海舰队指挥官。

⑥ 锡利斯特拉(Silistra),1854 年,此地爆发锡利斯特拉之战,俄军对土军驻守的锡利斯特拉要塞发动围攻战,最后俄军败退。

⑦ 约翰·伯戈因(John Burgoyne,1782—1871),英国军官,从男爵,1854 年任王家工兵部队指挥官之一。

弗洛伦斯·南丁格尔

校伯格什勋爵①、上尉普莱·萨默塞特爵士②、上尉奈杰尔·金斯科特③和中尉萨默塞特·卡尔索普④——全是他的亲戚。骑兵指挥权掌控在一帮地道的怪异荒唐贵族手里。骑兵师指挥官卢肯勋爵⑤掏了2.5万英镑买下第17枪骑兵团的指挥权,不过,他早在1837年便离开了该团——从那时起,他只拿一半军俸。他参加的最接近军事行动的活动,是在他的梅奥郡庄园里和爱尔兰农民发生的小规模民事冲突。克里米亚战争爆发时,他已经54岁。他的妹夫第7代卡迪根伯爵⑥也已近花甲之年。这位上流社会的老流氓一直过着声色犬马的生活,时不时还爆出丑闻。1841年,他因为参与一场决斗而触犯国法,到头来却被(他的贵族同僚们)无罪释放了;他担任过第11骠骑兵团(为斩获指挥权,花了4万英镑)指挥官,结果搞得好多官兵怨声载道——跟军官,他吵得昏天暗地;对士兵,他施予残忍的鞭刑。

1854年9月,加入幸存的英国军队(瓦尔纳港爆发的霍乱夺去了1万英军的性命)入侵克里米亚,并充任起这整场战争中扬帆起航的最非凡的"无敌舰队"之一的,恰恰就是这些官兵。另有一个"小型舰队"紧随其后,端坐其上的是观光客、祝福者和好事者,不过这其中最重要的人还是那位威廉·霍华德·拉塞尔,只有他能向世人揭露真相:这些所谓的大国,不过是些外强中干的纸老虎罢了,不堪一击、脆弱低效。这些新闻报道可谓厥功至伟,令亚历克西斯·索耶和玛丽·西科尔双双萌生了慈善冲动,十万火急到战场上助英国人一臂之力;不过同时,这些报道也顺便向诸如在坎普尔和勒克瑙翻看脏兮

① 弗朗西斯·费恩(Francis Fane,1825—1891),第12代威斯特摩兰伯爵,1851至1859年,晋封伯格什勋爵。

② 普莱·萨默塞特(Poulett Somerset,1822—1875),英国军官、爵士、保守党政治家。

③ 奈杰尔·金斯科特爵士(Nigel Kingscote,1830—1908),英国军官、爵士、自由党政治家、农学家。

④ 萨默塞特·卡尔索普(Somerset Calthorpe,1831—1912),第7代卡尔索普男爵,英国军人、政治家。

⑤ 乔治·宾厄姆(George Bingham,1800—1888),第3代卢肯伯爵,英军军官,曾任陆军元帅。

⑥ 詹姆斯·布鲁德内尔(James Brudenell,1797—1868),第7代卡迪根伯爵,英军骑兵中将、政治家,曾在克里米亚战争期间指挥英军轻骑兵旅。

份的发黄的《泰晤士报》、心怀不满的印度本土兵团军官等方面揭露了一个真相：不列颠之狮并非不可战胜。

　　然而，新闻报道这门艺术颇为怪异。拉塞尔既要讲真话又想讲故事，不过，要想讲故事，尤其要讲打仗的，缺了英雄是万万不能的。公众需要英雄。自欧洲文学发轫以来，从战场上凯旋自不待言，挫折和败北也同样可以被描述为英雄事迹。英国已有 40 年不曾卷入欧洲战争，这回机会来了，每天一大早，英国人可以在《泰晤士报》上阅读现代版的《伊利亚特》大戏了。跟拿破仑战争不同，克里米亚战争远离英国本土，隔岸观火，委实令人着迷。如果说一支由蓄着大胡子、长着酒糟鼻的老家伙们指挥的瘟疫缠身的大军不大可能成为英雄文学的素材，那么公众可不在乎这个，反倒胃口大开，专挑自己感兴趣的东西去听去看。

威廉·霍华德·拉塞尔

一周又一周，公众如饥似渴地跟进英军"壮举"的战况进展。在伯明翰奥拉托利会教堂，约翰·亨利·纽曼还专门辟出一间屋子用于此事——虽说坐落于这座丑陋工业城市的中心，不过在 1830 年代，此处却不亚于笼罩在悠远静谧氛围里的牛津大学。纽曼在 1890 年去世后，他的奥拉托利会同僚们把该房间原封不动保存下来。如今，在这个房间里，人们仍然能看到从《泰晤士报》上剪下的地图，纽曼就是用这些地图来跟进克里米亚战况的。此外，他还给该教区的居民作了好几场关于土耳其人的讲座（比如 1854 年《关于土耳其人历史的讲座》）。这种热情在英国处处迸发，不分阶层、不管穷富。

　　要说作为好故事的素材，夏天发生在锡利斯特拉的小规模冲突根本不配。至少这一点谁都能看得出：英法联军被诸如中暑、酗酒和疾病折磨得萎靡不振之际，俄国人入侵巴尔干半岛的军事行动依然还能够被遏制住，主要得益于土耳其军队过硬的军事能力。1854 年秋，联军登陆成功，打这以后，拉塞尔战地通讯的叙述节奏开始快马加鞭了。

　　俄军司令缅希科夫亲王①在克里米亚半岛部署了约 8 万人。联军方面，

----

　　① 亚历山大·缅希科夫（Alexander Menshikov，1787—1869），俄国贵族、军事指挥官、政治家，克里米亚战争前半期俄军指挥官。

英军 2.6 万(配备 66 门大炮),法军 3 万(配备 70 门大炮),外加土军 5 000。双方首次大规模交战在阿尔玛河南岸高地打响,缅希科夫在该高地集结了约 4 万俄军,配备大炮 100 门。最终,俄军还是没能挡住联军的进攻。拉塞尔在阿尔玛河战役后写道,战场上"到处弥漫着令人作呕的酸臭,鲜血浸透了草地"。交战双方共约 5 000 人阵亡,不过,拉格伦给出的阵亡人数却较少——英军 326 人,法军 60 人,俄军 1 755 人。《泰晤士报》的销量打破了历史纪录。该报预测:根本无须等到圣诞节,联军便会早早取得胜利,攻陷塞瓦斯托波尔。

接下来三周,英军"因染霍乱病死者,跟在阿尔玛河战役中阵亡的人数一样多"。克里米亚战争中最有名的一场战役——巴拉克拉瓦战役——于 10 月 25 日打响。联军虽说取得了阿尔玛河战役的胜利,在巴拉克拉瓦战役中却败给了俄军,不过,两场战役中哪一场更牵动人心,几乎是毫无疑问的了——正如像多年后的英军 1940 年敦刻尔克大撤退一样,巴拉克拉瓦这场失利之战被一连赞美歌颂了几十年。

巴拉克拉瓦战役分为两个不同阶段。一开始,俄土两军在巴拉克拉瓦上空山谷展开炮战,这是一场不对等的火炮对决(俄军 18 磅野战炮对土军 12 磅野战炮)。卢肯的英军轻骑兵师和坎贝尔①的第 93 苏格兰高地步兵团占据了可以俯瞰南面山谷的制高点。"诸位给我听好了,此地绝无退路。尔等须死守阵地。"高地团火力全开。"地面在[俄军]战马铁蹄下飞掠而过:骑兵们拼命加速前进,冲向那条被严防死守的细细的红线②,"拉塞尔写道。重装骑兵旅一路向西飞奔,驰援土军炮兵。这场英雄壮举可谓英勇无畏,第 6 恩尼斯基伦龙骑兵团、苏格兰王家灰骑兵团、第 5 近卫龙骑兵团和第 4 王家爱尔兰龙骑兵卫队共 300 名重装骑兵,高擎利剑,奋勇杀向俄军重炮阵地。③"对我军骑兵挥舞宝剑冲击他们重炮阵地的作战方式,一些俄军士兵惊掉了下巴。真是

① 科林·坎贝尔(Colin Campbell,1792—1863),英军军官,后任驻印军司令及陆军元帅。

② 坎贝尔命令士兵排成前后两列横队,面对冲来的哥萨克骑兵轮番射击,山坡上身着红色军装的英军士兵排成了"细细的红线",这就是有名的"红色警戒线",成为纪律和勇气的代名词。

③ 重装旅冲锋指挥官是詹姆斯·斯卡莱特爵士(James Scarlett,1799—1871),英国陆军军官,克里米亚战争英雄。

疯狂之举。"一位亲历这场冲锋的英军军官回忆道。重装骑兵旅冲锋还是取得了一定战果,俄军仓皇逃回北面山谷,并在 8 门大炮掩护下重新集结。

战役第一阶段结束,双方陷入僵持。俄军对巴拉克拉瓦的威胁依然没有解除。拉格伦希望骑兵继续推进,夺回高地。为此,他向卢肯下令并承诺提供步兵支援。拉格伦想让卢肯的骑兵师即刻开拔。卢肯却认为应该等步兵到来后,双管齐下发动进攻。步兵的行军速度很慢。拉格伦在望远镜里看到,上午 10 时左右的阳光下,轻骑旅骑兵下了马,无所事事地闲待着。于是,拉格伦便命令军姿笔挺的艾雷①(在瓦尔纳港,艾雷还因为穿了一身红色法兰绒军服而引起轰动)再次传达作战命令——轻骑兵继续推进。艾雷在纸上草草记下了命令:"拉格伦勋爵希望轻骑兵快速推进至前线——尾随敌军并尽力阻止其拖走土军遗弃的野战炮。王家骑炮队可协同作战。法军骑兵在你们左翼。——立即执行。"

卢肯伯爵

纸条交到副官诺兰上尉②手中,后者是个"一直大声疾呼反对骑兵……尤其反对卢肯"的莽夫。诺兰于是飞马奔到卢肯驻地,让他立即发起进攻。此时,明摆着有两个问题,一是步兵援军尚未抵达,二是不清楚拉格伦究竟是希望骑兵朝哪个方向推进。当诺兰带着这条模棱两可的命令到达时——卢肯困惑地问道,"攻击,先生! 攻击什么? 什么大炮,先生?"——卡迪根勋爵则派出副官亨利·菲茨哈丁·马克西中尉③告知卢肯,"山谷两侧通往俄军重炮连阵地的高地上,全是俄国人的炮兵和步枪兵。"

这种糊里糊涂惹大祸的蠢事,至此对诺兰来说还不算完。只见他主动请缨,请求卡迪根准许自己跟第 17 枪骑兵团一起冲锋陷阵。当轻骑兵旅将士策马前奔之际,诺兰突然快马加鞭,冲到队伍最前面,一边大喊,一边挥舞手中的剑。接下来 25 分钟里,107 名骑兵、397 匹战马将被俄军重炮一一轰倒。当然,一马当先的诺兰最先阵亡。轻骑兵旅冲下山谷去夺取野战炮,与严阵以

---

① 理查德·艾雷(Richard Airey,1803—1881),英国陆军高级军官,后晋封男爵。
② 路易斯·诺兰(Louis Nolan,1818—1854),英军军官,战死于克里米亚。
③ 亨利·菲茨哈丁·马克西(Henry Fitzhardinge Maxse,1832—1883),英国军官。

诺兰上尉

待的俄军骑兵展开了鏖战，由于对面山谷走不通，英军骑兵只得掉转头，再次面对俄军的致命炮火。一位俄军骑兵军官描述道，"很难——即便可能的话——公正评价这些疯狂骑兵的壮举，因为纵然已有四分之一骑兵伤亡了，英军显然已将生死置之度外，仍冒死向前，并迅速重组了骑兵队，再度杀回尸横遍野、四处都是奄奄一息者的战场。这些剽悍的疯子抱着豁出命的勇气，再次投入战斗。那些活着的人——即便伤兵——没一个缴械投降的。"

昔日，阿尔伯特亲王跟皮奇利狩猎队①和匡登猎狐队②一起打猎时，骑着高头大马的亲王曾策马飞跃，令地主们颇为惊异。卡迪根便曾在这种打猎之旅中，在他的北安普敦郡迪恩庄园（一个壮美的狩猎点）招待过亲王。法国博斯凯元帅③对轻骑旅的冲锋作出了著名的评价——"棒极了，但这不是在打仗，这是在发疯"——说得一点没错。在这场虚张声势的华丽表演中，卡迪根更像个猎狐犬的主子，而不是什么战士。拉格伦对他大发雷霆。不过，卢肯被视为酿成这桩大错的罪魁祸首。"轻骑兵旅覆灭都怨你，"事发当晚，拉格伦直截了当地对卢肯宣布道。几个月后，卢肯被解除军职。此时，因伤退出战争、返回英国的卡迪根却受到了"英雄今日得胜归"般的盛大欢迎。卡迪根的"壮举"还被画进油画，被描绘成轻骑兵旅的骑兵依照预定作战计划冲锋陷阵的场景，向王室成员展出。④（当听说卡迪根有过堕落无耻的私生活时，女王便让画家拿油彩把这幅画上的自己给涂遮掉了。）这两位"大英雄"最终还是留在了军中，后来卢肯当上陆军元帅，卡迪根当上了骑兵总监。

假如这是一场严肃的战争，也就是说，假如英法两军是因为切实的需要而进驻克里米亚半岛（比如为了保卫本国领土的安全），那么，轻骑兵旅的这

---

① 皮奇利狩猎队（The Pytchley Hunt），中心设在北安普敦郡皮奇利村附近。

② 匡登猎狐队（The Quorn Hunt），英国著名猎狐队，狩猎区主要在莱斯特郡境内。

③ 皮埃尔·博斯凯（Pierre Bosquet，1810—1861），法国陆军将军，参加过克里米亚战争，拿破仑三世所封的 12 个法国元帅之一。

④ 该画指威廉·辛普森（William Simpson，1823—1899），苏格兰艺术家、战地艺术家、战地记者，于 1855 年创作的油画《轻骑旅在巴拉克拉瓦冲锋》。

场冲锋无疑早已意味着国家的灭顶之灾了。拉格伦此时再也不敢冒险命令两个步兵师把俄军从考斯威高地赶走了，也承受不起丢掉巴拉克拉瓦港、海路被切断的损失。11 月 5 日，英法联军步兵在因克尔曼的速胜行动造成了克里米亚战争中双方最惨重的伤亡，随后开始了塞瓦斯托波尔围攻战。（"多恐怖的屠宰场啊！"——一位法军军官感叹道。）

卡迪根伯爵

严冬已至，许多人都揪心地担忧起来，不知连夏季军装和军粮的补给都匮乏不堪的联军，在这荒凉的高地上能否挨过接下来阴暗湿寒的数月。不过一篇伟大的新闻报道却由此在拉塞尔笔端诞生了——"人生最骇人的惨景莫过于眼睁睁看着自己的同胞纷纷投向死神的怀抱，而你却无力伸出援手；这种惨象，亘古未见……"在怀特岛淡水湾的法令福德庄园里，一边喝着早餐粥一边读到这篇报道的桂冠诗人兴许正是由此得到灵感，写下了"这六百名豪迈轻骑兵"的诗行①。撂下《泰晤士报》之后没"几分钟"，丁尼生便飞速完成了这首诗歌大作。丁尼生曾在另一首关于重骑兵旅的诗作结尾②总结道：

> 为战争而爱战争之人
>
> 是蠢货，是疯子，或更糟糕之徒；

不过，公众之所以对这场战争如此兴致盎然，绝不能仅仅归结于简单的政治或宗教"原因"。

上一代历史学家认为，整个 19 世纪到 20 世纪的历史，就是一段外交瓜分的历史，具体的实施者是欧洲列强的重臣和大使们。在这类阐释中，最时髦的当属艾伦·约翰·珀西瓦尔·泰勒③在半个世纪前出版的《争夺欧洲霸权的斗争：1848—1918》。如果据此角度来看这个历史事件，克里米亚战争跟争

---

① 丁尼生的诗作《轻骑旅的冲锋》最后一句诗行。

② 《巴拉克拉瓦战役重装旅冲锋》包括三部分，第一部分是《哈姆利将军的开场白》，第二部分是由五个诗节构成的主体，第三部分是艾琳——和平女神跟诗人之间对话构成的《尾声》。

③ 艾伦·约翰·珀西瓦尔·泰勒（Alan John Percivale Taylor，1906—1990），20 世纪极具争议性的著名英国历史学家。

夺圣地耶路撒冷的所有权和管理权无关,也跟濒临崩溃的奥斯曼帝国当局的统治没多大瓜葛。克里米亚战争纯粹是发生在欧洲超级大国之间的争霸战,并可被视为一场悲剧里充满不祥预兆的初始阶段。这场悲剧本身于 1914 年至 1918 年在佛兰德斯和法国北部战场达到巅峰,30 年后,终于在炮火连天中收场——俄国人一路猛攻,狂轰滥炸,闯入熊熊燃烧的柏林城废墟。这种历史观认为,俄国有机会主义的目标,希望在笃信基督教的东方确立起它的影响,跟拿破仑三世和"统治法国的拿破仑党冒险家团伙"死灰复燃的机会主义之间发生了冲撞,其实拿破仑三世无意干翻俄国人,只想遏制俄国人向东方渗透,并想让俄国人最终投入法国的怀抱,跟法国结盟,联手对抗普鲁士帝国的新兴势力。

引发了普法战争、造成了巨大灾难的德法较量,是一个不容忽视的历史事件。从这个角度看,克里米亚战争中俄方的失败堪称 19 世纪中叶欧洲历史中的一个关键节点。假如俄国获胜,宣布对奥斯曼帝国拥有主权,果真接管了对这个东方帝国的统治;假如拿破仑三世政权被颠覆,而帕麦斯顿的外交政策(也就是所谓英国会和"自由派的"政体结盟)遭到质疑……利用此类臆想的,且毫无结果的推测,历史学家可以大玩一场"如果怎样—将会怎样"和"本来也许会怎样"的游戏了。要是没有拿破仑三世,没有欧洲列强的权力博弈,而只有对"普鲁士帝国"与日俱增的经济政治实力的不断认同……真的就会促成那种让 20 世纪最后几十年显得远比 19 世纪后半期平静得多的"联邦思想"和欧洲国家之间的和解精神吗? 不幸的是,我们无法想象出这样一个不爆发第一次世界大战、不爆发俄国革命的欧洲。

对任何一位欧洲人来说,这种胡猜乱想在一定意义上都是相当痛苦的。毫无疑问,那时跟现在一样,俄国的爱国者不仅对法英两国政府推行的见利忘义的现世主义感到困惑,也对泰勒等历史学家奉行的现世主义——认为克里米亚战争的实际决定者和背后推手是现实政治——感到不解。越是迅猛地抛弃前工业时代、前启蒙时代生活的信仰和理念,维多利亚时代的人就越爱沉溺于对中世纪表象的主观臆造中。对每位信仰中世纪的"复兴派"分子来说,"复兴"哥特式建筑抑或中世纪艺术的其他方面,往往意味着对当代政治或物质主义的抗议。普金、霍尔曼·亨特和但丁·加百利·罗塞蒂是如此;随着 19 世纪渐渐过去,威廉·莫里斯及其同仁则更是如此。卡莱尔关于圣埃德蒙兹伯里座堂中世纪遗迹和生活的巨著《过去与现在》是这些"复兴派"分子推崇的重要文本,因为它论及的不只是美学家关注的问题,而且是关于政治生活的事实。哥特式的火车站,或者那幢人们在其中出台了更多改革法案的、具有新中世纪建筑风格的议会大厦①,它们所表现出的混乱的美学观,实际上折射出那些来自过去的顽固笨拙的幸存物与当下贪婪的工业和盲目的文化之间发生的可悲冲突。

作为一个真切的、可怖的事实,就在 19 世纪,爱尔兰人还遭受了一场大饥荒,程度和早在 13 世纪时的那场不相上下。类似地,不管是罗素/帕麦斯顿这类现世主义者,还是奉行现世主义的 20 世纪中叶历史学家,都不曾真正意识到东正教信仰在多大程度上仍是大多数俄国人以及一般斯拉夫人的生命原动力。启蒙运动时期的彼得堡自由派——曾跟普希金交友,或者后来被写进屠格涅夫小说的那种人——其实在沙俄帝国里只是少数派人士。在许多方面,俄国的亲斯拉夫保守派的判断颇为准确,他们认为自由主义思想的泛滥将会摧毁整个俄罗斯人的生活结构,随着 19 世纪的展开,这种思想也为陀思妥耶夫斯基所采纳。

关于克里米亚战争,有个颇令人沮丧的事实:交战双方缺乏意识形态上的相互理解。金莱克②著有一部多卷本史学巨著《入侵克里米亚》,不过,他最有名的还是早期作品《日升之处》(*Eothen*),这是一部极富想象力的游记,成功唤起了读者对近东和黎凡特地区风土人情的向往。像金莱克一样理解异域文化——比如俄国人的虔诚等——的英国人寥寥无几。金莱克在这部浩瀚的战争史《入侵克里米亚》的开篇敬告读者:"当沙皇为其东正教会谋求获取或者保有巴勒斯坦圣殿时,他是代表 5 000 万勇敢、虔诚、忠贞的臣民讲这番话的,其中成千上万的人甘愿为这一事业赴汤蹈火。下至茅屋里的农奴,上到沙皇本人,他们宣称的信仰是在心中真正闪耀并强烈支配其意志的信仰。"

《泰晤士报》——在阿伯丁勋爵的联合政府滑入战争泥淖前,它曾敦促政

---

① 1858 年重建完工;威斯敏斯特宫是英国浪漫主义建筑代表作,是大型公共建筑中首个哥特复兴杰作。

② 亚历山大·金莱克(Alexander Kinglake,1809—1891),英国旅行作家、历史学家。

府保持克制——坚持认为，"19 世纪的欧洲若为争夺我们的耶稣墓而爆发战争，那真是太恐怖了。"不过矛盾的是，也就是这个《泰晤士报》，依靠新近发明的阿普尔加斯①印刷机，以每分钟 200 份的速度批量印刷出拉塞尔的新闻报道，一路推波助澜，让这场战争成为历史上第一场像观赏性体育赛事一样，被广大公众密切关注的战争。

英国人偏偏好这一口。时至今日，在英国所有城市里几乎都能找到痴迷这场战争的痕迹。在"阿尔玛别墅街"和"因克尔曼新月巷街"，仍可看到身穿所谓"卡迪根开襟羊毛衫"②的老翁或头戴"巴拉克拉瓦盔式帽"③的年轻人。就第二次世界大战而言，"这场战争本可避免"的观点对错与否姑且不论，大多数英国人始终认为它毕竟是为了捍卫高贵的道德宗旨而战，是一场为了欧洲的自由而必须打赢的战争。然而令人意外的是，人们并没有为纪念这场大战而修建多少"敦刻尔克广场"或"德累斯顿露台"。没有人戴蒙哥马利式的贝雷帽。但是，我们当中仍有不少人身披"拉格伦式大衣"④。在那场抗击希特勒的正义战争里，没有哪位英国将军被赋予像《荷马史诗》英雄一样的崇高地位，然而维多利亚时代的人却将这种荣誉献给了率军入侵克里米亚的那帮争吵不休的无能老朽。

俄军一旦意识到因克尔曼战役的"胜利"⑤并不能解决问题，便和自己最古老的盟友——冬天——联手，准备打一场旷日持久的消耗战了。此时，通过谈判来结束战争便成了一种最明智的选择。这个对这场大戏而言平淡无奇的结局却直到 1856 年，双方签订《巴黎和约》时才终于到来，此前，又有许多人为这场战争丢了性命。1855 年 3 月 2 日，沙皇尼古拉一世驾崩，他的继任者亚历山大二世若非只会一味迎合俄国国内的爱国热情，1855 年发生的许多灾难——塞瓦斯托波尔围城战造成的可怖苦难和后来被称为"被遗忘的战

---

① 奥古斯塔斯·阿普尔加斯（Augustus Applegath，1788—1871），英国印刷商、发明人，发明首台立式滚筒轮转印刷机。
② 巴拉克拉瓦战役中，为了御寒，卡迪根伯爵及轻骑兵穿上开襟羊毛衫，故名。
③ 巴拉克拉瓦战役中，为抵御黑海寒风，英国士兵发明了这种羊毛头罩。
④ 一种插肩大衣，最早是为拉格伦量身定制的斜纹软呢狩猎外套，打猎时避寒用。
⑤ 是役，俄军主动出击，迫使联军推迟强攻塞瓦斯托波尔计划，双方转入了旷日持久的冬季围攻战。

争"，即在那严酷的一年里，在土属亚美尼亚境内（卡尔斯和埃尔祖鲁姆）①发生的战斗——本是可以避免的。《泰晤士报》再三揭露的那种英军在克里米亚战争中表现出的无能和软弱，堪称行使"无须承担责任的权力"的反面教材。拉塞尔的战地通讯颇能激起公众对官方和军方的愤怒，尤其是关于 1855 年那个恐怖冬天英军军粮和军需补给极度匮乏一事。至于"有罪者"，那倒是从不匮乏的——甚至"现行体制"本身也显得像是罪魁祸首；有时，也会有一些替罪羊式的人物——拉格伦及其手下参谋、约翰·罗素勋爵或阿伯丁勋爵。不过同时，新闻报纸又怂恿公众渴望这场战争大戏能来个圆满结局——只能是彻底的大胜。因此，这场战争催生出一些不同人等结成的古怪"同盟"。基督教社会主义者弗·丹·莫理斯认为《泰晤士报》罪大恶极，新闻媒体正在扼杀我国的"神秘统一性"。不过，左右两翼极端分子却得以因为恐俄症而达成了一致。

马克思当时撰写了许多点明泛斯拉夫主义所将造成的危险的文章，马克思认为，欧洲政治结构本质上讲都是脆弱而不断更替的。欧洲历史的常态就在于种族差异，也就是斯拉夫人和条顿人之间自匈奴王阿提拉的武士涌入冰冷的北欧平原以来便从未间断的冲突。

马克思对东方问题的思考，在有些方面略微受到了那位思想独立、性情讨人喜欢的托利党党徒戴维·乌尔卡尔特②的影响。

戴维的父亲③从 1795 年起便在地中海地区旅行，当时拜伦勋爵尚在人世。跟拜伦一样，戴维·乌尔卡尔特也很了解阿尔巴尼亚，20 几岁时基本住在君士坦丁堡，入乡随俗，抽起水烟，成为土耳其语法和文学的行家里手。1830 年代，他出任英国驻君士坦丁堡使馆一秘，不过跟职业外交官们相处不太顺利。土耳其人倒是很喜欢他，称他为达乌德大人。从 1830 年代起，他就在惠灵顿公爵面前大肆宣扬俄国的扩张主义和对奥斯曼帝国的图谋。1837

---

① 克里米亚战争期间，在高加索战区，俄国穆拉维约夫将军（Muravyov）于 1855 年春在埃尔祖鲁姆方向发起进攻，将土军困于卡尔斯城，俄军胜利。
② 戴维·乌尔卡尔特（David Urquhart，1805—1877），苏格兰外交家、作家、政治家，1847—1852 年任议员。
③ 布雷兰格韦尔的戴维·乌尔卡尔特（David Urquhart of Braelangwell，1748—1811），戴维·乌尔卡尔特的父亲。

年，在帕麦斯顿的鼓动下，戴维·乌尔卡尔特的使馆一秘之职被撤，打这以后，他开始纠缠帕麦斯顿（乌尔卡尔特认为帕麦斯顿是受雇于俄国的密探）。乌尔卡尔特从国外返回英国，以独立议员身份进入议会。跟其他有独立思想的托利党人一样，他对宪章派抱有同情，不过，他相信外国势力已渗透到宪章派内部。他在里克曼斯沃斯的家——镶满伊兹尼克产的瓷砖，浓重的拉塔基亚烟草味四处弥漫——成了土耳其人的避难所，他还为把土耳其浴引入英国奔走呼号（成功了一半）。居家时，他总穿着土耳其服装。他有个儿子，就是大名鼎鼎的牛津大学教授斯莱格·乌尔卡尔特[1]。

戴维·乌尔卡尔特坚信帕麦斯顿已彻底败坏了。他成为下院议员后，马上想方设法让帕麦斯顿遭弹劾："英国自视为富国，关键就在于巨大财富全部集中在少数人手里，不过，就其名副其实的真正财富而言，英国却是备受腐败和盲目痛苦折磨的穷国。事实上，物质贫困无关紧要。一个国家或许缺金子，少财富，然而，跟英国比，西班牙、印度和诸多东方国家实际上依然保留着古老的传统，不仅更繁荣而且更富有。"

对乌尔卡尔特和马克思来说，"皮尔格斯坦"——维多利亚女王和阿尔伯特亲王给帕麦斯顿起的外号——完全是维多利亚时代英国最腐败的象征。

就像萨克雷笔下的卑鄙无耻、油头粉面的老淫棍，当爬上首相宝座时，帕麦斯顿骨子里就是个无能鼠辈，甚至可以说是几近绝望的战时领袖。纵然叫喊得比阿伯丁勋爵更响，也更粗俗，但帕麦斯顿却并不比阿伯丁伯爵更果断。"我不能说在这位新领袖领导下，我们的秩序和正规性有所改善了，"查尔斯·伍德爵士说。对帕麦斯顿安坐在靠背椅上主持首次内阁会议的状况，格莱斯顿的描述同样令人震惊。"这次会议开得比以前更没脑子了，像只没头的苍蝇，更无秩序、更无统一目标；查尔斯·伍德曾两度大声疾呼，'内阁会就某个问题作出某项决定吗？'帕麦斯顿虽说自以为比平常显得更机敏，可他没发挥一点领导作用。"

帕麦斯顿勋爵

---

① 斯莱格·乌尔卡尔特（Sligger Urquhart），即弗朗西斯·乌尔卡尔特（1868—1934），英国学者、牛津大学教授，后任贝利奥尔学院院长。

　　富有想象力的阴谋论者或许因此认定,帕麦斯顿的这种拙劣表现,正是为了暗暗保证他那位隐身幕后的俄国金主会打赢这场战争。不过,对于他在内阁会议上的所作所为,更好的解释或许是,他是个已至古稀之年的老人了——大部分时间里他都倍感力不从心;另一位哈罗公学老校友温斯顿·丘吉尔也是如此,年事已高才当上战时首相——不过,帕麦斯顿在克里米亚战争爆发时就已 70 岁,而丘吉尔是在二战结束时才到 70 岁。两人还有其他一些明显的共同点——都是贵族出身的领袖,都得不到同僚信任,在政治上都不确定属于哪个党派,都是在君主和政治阶层的反对声中——因为两个人都倡导民粹主义,并且在一种"难以名状的人"(普通英国人)当中人缘都不错——揽得了大权。当然,两人之间的差异还是非常明显的。成年后,丘吉尔的大部分时间在政治流亡中度过。丘吉尔无疑是伟大的战时领袖,不过一般都认为他在雅尔塔会议上却糊涂地听信了美国佬和俄国佬的哄骗①。帕麦斯顿虽说算不上伟大的战时领袖,却实打实是一位炉火纯青的外交家和国际事务的投机专营家。(在出任首相之前,帕麦斯顿已在国际政治舞台上混迹近半个世纪之久,对如何在战争谈判——1856 年的《巴黎和约》中——伪装成完胜的一方,他非常在行。)

　　1855 年初,阿伯丁勋爵的联合内阁垮台了,女王心知肚明,自由党政府上台执政、帕麦斯顿出任首相已是大势所趋,不过,她还是对此作了大胆的抗争。她询问德比勋爵是否可在保守党在下议院占少数的情况下组建下一届政府,德比勋爵便提名帕麦斯顿出任战争事务大臣,帕麦斯顿则答复,可以,但有个条件,就是克拉伦登伯爵——德比勋爵的最要命政敌——要当外交大臣才行。一旦意识到让德比勋爵组建政府没有希望了,女王随即召见兰斯顿侯爵,可兰斯顿跟女王表示,自己已经年迈,无力从政了。(兰斯顿侯爵比帕麦斯顿还大 4 岁——早在 1806 年,两个人就曾为争夺剑桥大学选区议员候选人身份展开竞争——当时,另一位哈罗公学校友拜伦在其诗集《懒散时刻》中还曾嘲讽过这二位。)

---

　　① 多年以后,丘吉尔说:"我的一边坐着巨大的俄国熊,另一边是巨大的北美野牛,中间坐着的是一头可怜的英国小毛驴。"——作者注

维多利亚女王随后又去试探约翰·罗素勋爵,看他能否组阁——罗素勋爵几十年来一直把帕麦斯顿视为政敌——罗素则去问他的同僚们愿不愿跟着他干,结果遭到那些家伙的婉拒——不过,1865 年 10 月,在任首相帕麦斯顿突然去世之后,约翰·罗素还是注定要再度出任首相,这也是他的最后一届首相任期。女王恳请克拉伦登伯爵协助罗素工作——"约翰·罗素勋爵可以甩手不干,阿伯丁勋爵也可以,可我却不行。有时,真希望我也能甩手不干,"女王抱怨道。

无计可施了。1855 年 2 月 4 日,女王召唤帕麦斯顿到白金汉宫,要求他组建政府。女王之所以不愿让帕麦斯顿出任首相,部分原因在于她特别厌烦他的为人。帕麦斯顿的妻子考珀夫人①曾当过女王的心腹女侍,在此期间,帕麦斯顿勋爵干了一件丢人现眼的大丑事,在他拜访温莎城堡期间"暴袭了女王的一位侍女"。1846—1847 年,女王和阿尔伯特亲王又跟这位"皮尔格斯坦"发生过争执。他们发现帕麦斯顿自作主张,未曾征询女王意见,便往葡萄牙发了数封急件,在葡萄牙内战中选边站。

不过,别人也许却不是这么想的。帕麦斯顿荣登首相宝座,令广大中产阶级正中下怀,上一年,国家陷入动荡之时,他们已经非常期待他的出手了。这位曾用炮艇封锁希腊港口、成功解决"唐·帕西菲科事件"的大人物,同样会成功"送走"专横跋扈的俄国佬,让他们滚回老家。一位叫彼得·贝恩②的记者在 13 年后发表的作品中描述了"普通英国人"听到帕麦斯顿当选首相时的感受:"当我国与俄国交战之际,当这个国家——换了一个又一个政治家——在绵延不绝的痛苦中意识到政府缺乏活力之际,这位 25 年来始终如一致力于粉碎俄国侵略政策的人,自然是众望所归。"这里,重要的在于对帕麦斯顿"神话"的信仰。尽管乌尔卡尔特和其他人一直力图指出,帕麦斯顿在克里米亚战争爆发前几年里一直是亲俄分子,然而,贝恩却对《圣保罗杂志》读者宣称,帕麦斯顿乃是可托付战争大业的人,在他手中,大英帝国之英名必将稳如泰山。

---

① 艾米丽·坦普尔(Emily Temple,1787—1869),墨尔本首相的妹妹,第 5 代考珀伯爵(1778—1837)的遗孀,后嫁给帕麦斯顿。

② 彼得·贝恩(Peter Bayne,1830—1896),英国记者、作家、编辑。

自我推销是帕麦斯顿的强项。约翰·布莱特——这位爱好和平的自由贸易主义者——或许会抱怨说帕麦斯顿为爬上首相宝座，竟让 5 万英国军人丧命，然而，帕麦斯顿却是操弄民意的行家里手，这位战时首相甚至会让这种反对声音听起来是不顾民族大义之举。比如他反唇相讥道，布莱特把世间万物全都换算成了英镑、先令和便士。敌人的刺刀都捅到鼻子尖了，布莱特却照样"会稳稳坐下来，拽出几张纸作起计算，左侧写下政府为保卫国家自由和独立而会向他要求的捐款，右侧写下侵略军占领后将会向曼彻斯特人民强征的捐款"。

激进派议员莱亚德爵士①是狂热的反俄分子，曾在外交部任职。（跟戴维·乌尔卡尔特一样，他也曾被派往英国驻君士坦丁堡使馆任职，帕麦斯顿视他为一位机灵的中产阶级新贵。）莱亚德发表了一系列演说，历数克里米亚战争中英国贵族军官的无能及其"成事不足、败事有余"的笨拙丑态，令人印象深刻，还得到《泰晤士报》的连连叫好。帕麦斯顿凭直觉相信，必须给莱亚德在政府里找个差事，好让他闭上那张臭嘴，然而女王却被莱亚德抨击贵族的所作所为给吓坏了，没有同意这事。莱亚德提议应派遣议员前往克里米亚，充当女王钦差，否决那些不称职指挥官的命令，甚至还可罢免其指挥权。现在看来，莱亚德也许没有说错，但是当时的大众众口一词反对莱亚德，力挺帕麦斯顿。

莱亚德爵士

科布登相信战争不过是贵族游戏的延伸，克里米亚战争似乎就是个典型例子。当然，等到战后，贵族优越感似乎也已变得难以维系了。塞缪尔·斯迈尔斯的著作《自助》，在克里米亚战争爆发前没有出版商愿意出版，但是等到这个十年的年末，它一旦得以付梓，突然就变成维多利亚时代中期的超级畅销书。英国古怪得很，过去如此，现在依旧。塞缪尔·斯迈尔斯这本书里写的商人、发明家和制造商们，跟约翰·罗素伯爵那一代贵族似乎格格不入，他们并非安心充任民主主义者或平头百姓，反倒时

① 奥斯汀·亨利·莱亚德（Austen Henry Layard，1817—1894），英国旅行家、考古学家、楔形文字学家、艺术历史学家、制图家、收藏家、政治家和外交家。

兴花钱把子弟送进贵族子弟的名校,并购置古老名门望族的那种豪宅和大庄园;而且但凡有一线希望,他们都乐于跟贵族联姻。1851 年 9 月的《泰晤士报》指出,"在这个国家,比财富、才华、名声甚至权力等更令人垂涎的是贵族地位,一切都只是手段,目标只是为了攫取贵族地位或晋封贵族。"

早在 1831 年,对约翰·罗素勋爵提出的《改革法案》,帕麦斯顿虽说支持,却顾虑重重,认为英国人并不喜欢政治变革。"跟欧陆的邻居判若云泥……欧陆人自吹自擂,大说本国制度别具一格,反观英国,人们扬扬得意大谈君主立宪制的源远流长。"25 年后,帕麦斯顿力挽狂澜,一扫莱亚德控诉在克里米亚战争时期上层阶级军官拙劣表现的阴霾,创造出一幅贵族英雄主义的盛景,引得 300 名议员起身为他欢呼:

> 恕我冒昧,聊聊英国贵族吧! 唉,且看巴拉克拉瓦战役中英军骑兵那场光荣冲锋吧——且看那场情势危急的冲锋,这片大地上最高贵、最富有的人一马当先,紧随其后的是社会最底层的平民英雄,个个奋勇争先,身先士卒的贵族、策马紧随的骑士,胶漆相投、同赴生死。大英贵族的子弟,身处这支荣耀之师里;那些奋勇当先的将帅乃是这片大地上的最高贵者,紧紧跟随的是此国度人民的杰出代表。

损失惨重的骑兵冲锋已摇身一变,成为政治范本了。时至今日,英国人对阶级制度依然持有矛盾的观点。一方面,他们信奉平等主义,认为没人能只靠生来富贵而高人一等,而且还抱有幸灾乐祸心理,巴不得王室或贵族"栽个跟头"才好。另一方面,还是这些人,会蜂拥到伦敦林荫大道为女王欢呼,或自掏腰包去参观某位公爵的公爵府——那些府邸(譬如查茨沃斯庄园)里住着公爵本人,比博物馆更吸引游客。这些英国人的"欧陆邻居"一般都分属两大阵营——"恨贵族派"和"爱贵族派"。可在英国,二者完全是一回事。

这种不大讲道理的分裂态度恰好为帕麦斯顿所用。他本人就是个集民粹主义、傲慢、冷漠和善良利他主义于一身的怪胎。从他漫长的仕途生涯里,你能嗅出的唯一明显的政治信念就是,他笃信自己有权在政府里当差,管他是什么托利党、辉格党、皮尔派保守党,还是自由党政府。到 1852 年,帕麦斯顿的矛盾心理依然如故,当时作为辉格党人和激进派之友,他也当真考虑过在德比伯爵的第一届内阁里出任财政大臣——不过最后这个肥缺落到了迪斯雷利头上。

帕麦斯顿的观点也采用了类似的双重标准。婚后,他发现自己竟然成了阿什利勋爵的继岳父——阿什利娶了帕麦斯顿夫人(从前的考珀夫人)跟她的前夫生的女儿艾米丽①。毫无疑问,正是因为跟阿什利勋爵的这层关系,帕麦斯顿表示支持《十小时工作日法》。一些工会领袖不请自来,叩开了帕麦斯顿位于卡尔顿花园的寓所大门,他倒也就开门迎客了。他们穷尽所能给帕麦斯顿讲解老板逼迫童工所干的活儿。自然,他轻描淡写地暗示道,他相信工厂已经用上了机器,童工的状况一定已大大改善了等等。来访的几位工人代表干脆给格莱斯顿来点具体形象的示范,介绍说童工干的活儿就像推着两把大躺椅,在他家客厅里没完没了地转圈。帕麦斯顿叫来男仆帮他一起推起椅子——这一幕被恰好进屋来的帕麦斯顿夫人瞧见,她吃了一惊,评价道,"我很高兴,爵爷终于开始干活了。"几圈下来,帕麦斯顿累得上气不接下气,来客们告诉他,工厂里的童工们就这样推着机器,每天要走 30 多英里。一时间,帕麦斯顿目瞪口呆,并由此转变了态度,接受了《十小时工作日法》。同样,他对奴隶制也震惊万分。不过正如我们看到的,帕麦斯顿却暴虐无道地对待自己的爱尔兰佃户,在明摆着需要改革军队时坚决拒绝搞军改。他这一辈子,到死都笃信,若要维持军纪,鞭刑绝对必要,而军职购买制直到 1870 年才被废除。然而,这位"元老"——他确实属于托马斯·劳伦斯爵士②所描画的那个贵族(以及显赫的外交)世界了:在他父亲的好友吉本③去世时,他才 10 岁;在拿破仑去世前,他才成为下议院议员——到头来在摄影和现代报刊业的时代成为一位当红首相,且是由中产阶级票选出来的。

帕麦斯顿足够圆滑,深知只要把克里米亚战争说成是为了大英帝国的利

---

① 艾米丽·阿什利-考珀(Emily Ashley-Cooper,1810—1872),第 5 代考珀伯爵的女儿;其实其生父是帕麦斯顿。

② 托马斯·劳伦斯(Thomas Lawrence,1769—1830),英国肖像画家,英国王家画院第四任院长。

③ 爱德华·吉本(Edward Gibbon, 1737—1794),英国杰出的历史学家、作家,启蒙运动代表人物,其历史著作《罗马帝国衰亡史》被称为"不朽宝籍"。

益而战，便可赢得民众的广泛拥戴。英军军官阶层全是贵族，大半都是蠢货，而迫于生计才铤而走险去参军的工人阶级子弟则只能当大兵。许多大兵都是爱尔兰或苏格兰人。战斗在远离大英帝国本土的异域展开。巴拉克拉瓦小城被夷为废墟，而一座座英国小镇却完好无损。对英国资产阶级来说，这是一场纸上谈兵的战争，他们远离战争，置身事外，而鏖战在沙场上的都是下等阶层，这个阶层对他们而言之遥远陌生，几乎堪比那位龟缩在托普卡帕皇宫里的奥斯曼帝国苏丹及其随从们。然而，战争就像打开的潘多拉魔盒，即便远在千里之外也休想独善其身。帕麦斯顿洋洋自得，坚信英国人和贵族阶级之间的牢靠情缘，只可惜就像在英国发生的大多数事情一样，他只说对了一半。

对大多数英国人来说，对敌人的仇恨并不足以激起战争的狂热。要是你认为 1854 年维多利亚女王的子民，不论是工人还是农民，也不论是牧师还是铁路工程师，都跟土耳其人自然亲，因此当奥斯曼帝国苏丹对俄国宣战时，这帮人个个摩拳擦掌想要跟沙皇拼命，那么你简直荒谬到了极点。其实，现实比这更混乱，而且从"集体意识"——就是弗·丹·莫里斯所钟爱的"神秘统一"——观点看，也更复杂。战争会激发起整个社会的勇气。比如在跟希特勒法西斯死拼到底的同时，英国人——积累了组建联合政府的经验和战时配给制等有效手段——也在竭尽所能解决 20 世纪 30 年代遗留的社会问题，重塑福利制度和国家观念。两大政治派别里许多人都将克里米亚战争视为对英国人的一场类似的试炼。整个战争期间，威廉·尤尔特·格莱斯顿这位英国财政大臣在他的两届任期里，试图通过临时征收所得税弥补庞大军费开支所造成的亏空，然而形势迅速变化，甚至令他所力推的自由放任经济也面临挑战。一个现代国家（"后克里米亚战争时代"的英国正是如此），假如放开手脚，听任不受制约的市场自由发展，必然会陷入灾难。财政控制和税制应运而生。

国内政治含混不清，两届战时内阁也相差无几，这些实际上正指向维多利亚时代英国在这场战争中对自己提出的问题：它究竟是怎样一个国度？"在这场大商人、生产商、小店主和贵族阶级之间所打的官司中，我国工人阶级和职业阶层不过是旁听者而已，"1855 年 5 月 31 日，弗·丹·莫里斯在工人学院演讲时向听众抱怨。这将是困扰英国人 100 年的一个政治难题——怎样找到一种政治代表，既能为有见地的、非商业性的中产阶级发声，又能为工人阶级代言。而这将催生一个迷人的政治联合体——工党。

然而，在这个联合体发展壮大之前，社会将历经诸多变革，有些直接诉诸政治改革——议会改革、扩大选举权等等——有些则比较含混，但也同样与现实生活紧密交织。

这场犹如大戏，犹如大众体育赛事，犹如荒诞悲剧的战争，终于落下了帷幕。英军把巴拉克拉瓦夷为平地，自身也伤亡惨重，随后英国人邀请俄军指挥官们共进一场露天晚餐。亚历克西斯·索耶先生描述了当时的场景：

亚历克西斯·索耶

　　次日一大早，所有大权在握的人物都爬起床。但见将军、上校、军官和换上轻装的人们从四面八方涌来，快速在高地上来回穿行。我跟手下的厨子们从天亮起就没闲着。由上等白石建造的将军行宫和醒目地矗立于高地中央、你们的卑贱仆人的烹饪营地之间，一条白色的交通线已经成形。这条白色交通线不是别的，正是我手下身穿白厨服的厨师们，他们手里端着我在厨房备好的一份份便餐，发疯似的颠来跑去。10 点整，聚餐者将要入席；9 点 55 分，便餐上桌，按军规码放齐整。菜单如下：

二十四人餐，
加勒特将军敬献给瓦西莱夫斯基将军。

香草鱼片。
鲜羊排。

热菜。
布列塔尼羊排。

凉菜。

英式填馅火鸡。

半烤鸡。

威斯特摩兰冰火腿。

维多利亚鲜嫩塘鹅。

路德西亚马其顿致亚历山大二世。

开胃菜。

维罗纳炸香肠片。

意大利腌制金枪鱼。

普罗旺斯夹心橄榄。

腌制七鳃鳗和沙丁鱼。

凤尾鱼。

龙蒿醋瓜。

印度泡菜。

轻食。

橙子冻。

马拉斯加樱桃酒。

埃克塞特李子布丁。

马德拉葡萄酒味萨瓦拉蛋糕。

玛摩拉克里米亚酒。

什锦甜点。

橙子沙拉。

梨肉果泥。

无花果、葡萄、杏等等。

我手下的大管家——"防弹的汤姆",后来我们都这样叫他——担起重任,飞奔而去,跑到各团伙房一一察看,确保一切准备就绪……9 点 50 分,俄国人到了,一分不差。一番介绍后,来客纷纷落座,没一会儿,个个甩开腮帮子,铆劲儿吃;但见,20 分钟不到,一切一扫而光,只剩写着各种菜名的菜单了——谢天谢地,他们没把菜单也吃了。那位俄军独臂大将,胃大如牛,吞下了双倍食量,就算长着两条胳膊的家伙都吃不过他。一位仆从立在一旁随时伺候,帮他切肉。世上的硬汉我见多了,可我从没见过比他更像军人的。猛瞧上去,又硬又圆,整个儿活脱脱的一发大炮弹。在和平时期,这位将军总在每天 3 点到 5 点之间起床。他跟我聊起这个的时候,我问道,"那么我猜,战时您根本不躺下休息,对不,将军阁下?"

"确实很少,"他答曰。

"可想而知。可不打仗时,您得承认,四五点钟去拜访朋友,太早了点,就像您拜访加勒特将军那样。"

将军相当彬彬有礼——法语讲得相当地溜——眼观六路,耳听八方——刚一落座,便环视了一圈同座的来客。这顿午餐好得没得说——发言简短,一切令人满意。俄军大将军特别高兴,对有幸得到做东者以如此美食大餐之款待赞不绝口,并声称,在克里米亚能吃到如此一顿丰盛的美餐,自己做梦都未曾想到。

战争的潘多拉魔盒开启后,还冒出两样东西,它们是列强为了基督教的古老圣地展开争吵时始料未及的:一是摄影变得重要了,二是西方世界的吸烟习惯改变了。

我们搞不清楚,究竟是哪阵邪风把罗伯特·皮考克·格洛格[①]这位苏格兰人吹到了克里米亚,不过,他偏偏就在那里撞见了土耳其人和俄国人在抽烟。"在这些烟民身上,格洛格灵光乍现,并萌生了一个理想。战争竟然培养出一个心怀目标之人。"

---

① 罗伯特·皮考克·格洛格(Robert Peacock Gloag,1825—1891),英国首位香烟制造商。

在伦敦,首批上架的格洛格牌香烟,用淡黄色的烟纸卷成圆筒,一端安上一个甘蔗梢,烟草则是拿漏斗灌进去的。这就是俄国人所谓的"小火蛇":帕皮罗西烟。这种烟如今你仍能在俄罗斯买到。格洛格用口感浓烈的拉塔基亚烟草将圆纸筒填得满满的。

1860—1861年,俄军中的一位希腊籍上尉约翰·西奥多里蒂在伦敦莱斯特广场开了一家商店,售卖土耳其香烟。随后,另外四家烟草商也接踵而至。1865年,希腊人西奥多里奇·阿夫拉曼齐在摄政街,卡拉尼亚奇在大温彻斯特街建筑群,D.马齐尼在伦敦联合巷,A.齐卡利奥蒂在布卢姆菲尔德大街都开起了烟店。格洛格的制烟作坊则在伦敦东南郊的佩卡姆"安营扎寨"。格洛格为西奥多里奇造出一种"莫斯科"牌香烟(香烟末端安装的是羊毛制成的过滤嘴),还有一种"拇指汤姆"①牌香烟——("便宜得要死,可以一直抽到连烟屁股都不剩"。)格洛格的制烟作坊越造越大,原来用一间屋子,后来用整座房子来造烟,后来又不够用了,又搞了一间屋子来制烟。最后他一共有了6座制烟屋。"唐·阿方索"牌香烟,一包25支,售价1先令。1871年又推出"威夫"牌香烟。格洛格赚得盆满钵满,为了回馈社会,1870年,他在佩卡姆还捐钱修建了圣斯蒂芬教堂。他在沃尔沃思博伊森路40号拥有了一家工厂。在他盖的那座"烟草教堂"的门上写着如是经文——"到长苗吐穗的时候,稗子也显出来了。"

这似乎是一句睿智妙语,准确地点明了吸烟这事福祸相依的特质。在王家萨默塞特轻步兵团(阿尔伯特亲王的私人部队)的助理军医亚瑟·E. J. 朗赫斯特眼里,奥斯曼帝国之所以一日不如一日,祸首就是土耳其人嗜烟如命。朗赫斯特医生指出,美洲土著当中的烟草成瘾者多半会生出"低能的后代","反观其他国家的惨痛历史,我国也可从中吸取教训,几个世纪前,由于追随苏莱曼大帝四处征战,土耳其成了基督教世界的噩梦,然而自打土耳其人变成远超欧洲人的烟鬼以来,他们变得懒惰、萎靡不振,落得个为一切文明社会

---

① 《拇指汤姆》是英国民间传说中人物,童话故事《大拇指汤姆的故事》出版于1621年。

所不齿的下场。"一位叫威廉·安德鲁斯·奥尔科特①、跟朗赫斯特医生属于同一个时代的美国人指出,"烟鬼们冥顽不化,不可教也。"他还认为,吸烟害人不浅,伤牙伤肺又伤胃,还败坏道德。

然而,格洛格给西方世界引入的,却是一种让人欲罢不能的上瘾之物,到头来社会态度也迫不得已作出改变,以便迎合难以抗拒的吸烟冲动。吸烟时代到来前,在人们眼中,抽烟基本属于"下里巴人"所为。1861 年,旅行者俱乐部的告示牌上贴了一张告示:除特许吸烟区外,"恭请"本俱乐部会员切勿吸烟——只因某厮竟在大厅里抽起了雪茄。到了 1880 年代,伦敦各俱乐部大都已经准许在公用房间里抽烟。体面家庭里,男人要是犯了烟瘾,要么到屋外抽,要么就得"等用人睡熟后,蹑手蹑脚溜进厨房,对着通往烟囱的烟道吞云吐雾"。1860 年,客运列车车厢首次准许吸烟。

真正的"吸烟革命"发生在格洛格之后的一代人身上,当时,威廉·戴·威尔斯和亨利·奥弗顿·威尔斯兄弟共同创立的布里斯托尔烟草公司于 1883 年购入第一台美制"邦萨克牌"卷烟机。② 于是,制烟效率大幅飙升,每分钟可产香烟 200 支左右。1860 年到 1900 年,英国成了吸烟大国。1862 年英国全国烟草消费量增长 2.4%,1863 年增长 4.7%,在 20 世纪余下时间里,以年均大约 5% 的增幅递增。

到 1886 年,继威尔斯烟草公司采用邦萨克卷烟机后,兰伯特-巴特勒烟草公司(伦敦)、约翰·普莱耶父子开办的烟草公司(诺丁汉郡)和两家利物浦公司——希格尼特兄弟烟草公司和科普兄弟烟草公司——也纷纷跟上。为抢占在铁路车站茶点间展示销售廉价香烟的特许经营权,这些利物浦制烟厂展开竞争。施皮尔斯-邦德烟草公司曾把控着米德兰铁路公司下辖所有车站茶点间的运营权,后来将经营权出售给科普兄弟烟草公司,每年收取 800 英镑分红。

1880 年代的价格战催生出"廉价香烟"。1888 年,"野忍冬牌香烟"冒了出来,一举成为西方世界最驰名的廉价烟,它将成为 25 年后鏖战于战壕里的那批士兵的不可分离之物。在这场价格战中,威尔斯公司眼瞅着自己的利润

① 威廉·安德鲁斯·奥尔科特(William Andrus Alcott,1798—1859),美国教育家、教育改革家、医生、素食主义者,著有 108 本书。
② 发明人是弗吉尼亚州塞勒姆市的詹姆斯·阿尔伯特·邦萨克。——作者注

一路飙升——1884 年达到 650 万英镑,1886 年飙升到 1 396.1 万英镑,1891 年急速窜至近 1.27 亿英镑。工人阶级已经沦陷于香烟,这真是实打实的人民的鸦片,而格洛格遗留给世间的吸烟恶习,可以说是克里米亚战争后留下的最持久、最显著的一大恶果。今天,当奥斯曼土耳其帝国、沙俄帝国以及大英帝国都已像波拿巴王朝一样成为往事之时,在《巴黎和约》签订一百多年后,尽管在其他阶级当中,这种恶习与它的信徒们一样正日渐减少,英国工人阶级仍对格洛格带回的这种什物欲罢不能。

　　风驰电掣地沾染上抽烟恶习的人中,有一位大人物:拿破仑三世。1855 年,维多利亚女王和阿尔伯特亲王访问巴黎,发现拿破仑三世烟抽得很凶,一支接着一支。① 这次会面中,夫妇二人带来了 360 张克里米亚战役的战地照片,全部由罗杰·芬顿②拍摄——那场战争中颇为成功的战地摄影师之一。罗马尼亚宫廷画师卡罗尔·波普·德·萨斯马里③也曾拍下数量更多的激荡人心的照片,包括不少战争场面,可惜如今只剩了仅仅一张。这张仅存的照片上,一位卓异的土耳其非正规军老兵正懒洋洋倚在一位半裸女伴身旁。萨斯马里敬献给拿破仑三世的相册也许是毁于 1871 年巴黎公社社员在王宫杜伊勒里宫放的那把大火。1854 年 11 月 14 日,陆军摄影师理查德·尼克林及王家工兵部队的两名助手搭乘的"瑞普·凡·温克尔号"运兵船在巴拉克拉瓦港附近沉没,船上载有 16 箱摄影器材。
　　在商业摄影师芬顿眼里,战争就是历练自己的新爱好的良机。我们对他刊发在报上的照片惊叹不已,就像对詹姆斯·罗伯逊(在君士坦丁堡工作的英国摄影师)④所拍摄的照片一样。芬顿的几乎全是人物照,说实话,真能传

---

　　① 阿尔伯特亲王讨厌抽烟,根本不可能跟拿破仑三世一起喷云吐雾。阿尔伯特亲王的诗体传记作者、04 岁高龄的保罗·约翰逊牧师回忆道.

亲王率先垂范,卓越非凡,

香烟虽美,他避而远之,

无惧犯上违逆皇主的美意,

无惧此洁身自好被视作落落难合。——作者注

　　② 罗杰·芬顿(Roger Fenton, 1819—1869),英国著名战地摄影师。

　　③ 卡罗尔·波普·德·萨斯马里(Carol Popp de Szathmari, 1812—1887),奥匈裔画家、摄影师,在克里米亚战争第一年中拍摄了一些战地照片。

　　④ 詹姆斯·罗伯逊(James Robertson, 1813—1888),英国宝石和钱币雕刻师,曾在地中海地区工作,后成为在克里米亚和印度工作的摄影师。

达战争大致氛围的只有寥寥几张。芬顿拍摄的人物照包括《堆放武器的第三团(王家东方肯特团)列兵与军官》《马车与牛离开巴拉克拉瓦港》和《法国骑兵军官》(这位军官头戴一顶法国军帽,军帽歪向头的一侧,嘴里叼着香烟,隐约可见他身后山坡上有几顶尖尖的钟形帐篷)。

当时动态摄影技术尚不过关。这些摄影师一概采用了英国人斯科特·阿切尔①于 1852 年发明的湿版摄影法。把玻璃板浸入火棉胶(乙醚、硝棉和乙醇的混合液)与碘化银和碘化铁的混合液里。之后,把玻璃板再放进硝酸银溶液里,让它转化为感光板。最后,把湿板放入相机。曝光时间为 3 秒至 20 秒。然后,感光板必须立刻拿出来送到暗间里,所以在克里米亚(拿萨斯马里的例子来说)摄影师总是离不开马车,而芬顿总是拖着那辆捂得严严实实的厢式货车。在英国,火棉胶湿版的有效期大约有 10 分钟,但是在克里米亚酷热的夏天,它们几乎眨眼间就干得不能用了。

所以,我们居然还能保留几张克里米亚战争照片的底板,简直堪称奇迹了。但是我们真的做到了这一点。在芬顿拍摄的战地照片里,拉格伦勋爵、乔治·德·莱西·埃文斯爵士②、詹姆斯·斯卡利特爵士、将军约翰·莱萨特·彭尼法瑟爵士③、第 38 轻步兵连(南斯塔福德郡)的指挥官约翰·坎贝尔爵士、奥马尔-帕夏④和法国轻步兵,全都直直盯着他的镜头看。他那辆箱式摄影货车(在那个闷热的夏天,车里更是酷热难当)出现在哪里,士兵们都会蜂拥而至,簇拥在它周围,希望能留下永恒的一瞬。我们看着他们的同时,他们似乎也正看着我们。显然,芬顿成功定格了往昔的某些时刻,然而,更加震撼我们心魄的是,他们看着我们以及看向未来时的,那种渴望。

---

① 斯科特·阿切尔(Scott Archer,1813—1857),英国摄影师、雕刻家,发明湿版摄影法。

② 乔治·德·莱西·埃文斯(George de Lacy Evans,1787—1870),英国陆军上将,长期任议员。

③ 约翰·莱萨特·彭尼法瑟(John Lysaght Pennefather,1798—1872),英国军官,在因克尔曼战役中表现神勇,率领英军第二步兵师抗击俄军。

④ 奥马尔-帕夏(Omar Pasha,1806—1871),奥斯曼帝国陆军元帅和总督,在克里米亚战争中功绩卓越。

第 15 章　印度：1857—1859 年

1857 年 5 月 9 日，德里东北约 40 英里处的密鲁特阅兵场上，暗淡的天空中乌云翻滚，一幕凄楚的惨象正在上演。但见 85 名印度兵正被剥去自费购买的军服，任由铁匠们给他们铆上手铐和脚镣。这些大兵绝非普通罪犯。那天也在场的中尉（后晋升将军）休·高夫爵士①，认为这些人"差不多都是精挑细选之辈，乃是军中干才"。曾几何时，这些了不起的士兵在旁遮普发生的锡克战争②中为东印度公司奋勇鏖战，屈指算来还不到十年，如今却像普通刑事犯一样在战友们面前蒙羞，遭到示众。怎会落得如此下场？究竟所犯何罪？

印度兵使用的是新式恩菲尔德步枪，子弹无法直接装膛，上膛前须咬掉包裹子弹的弹药纸筒末端，每发都是如此。包装油纸上涂有某种动物的油脂，在某些宗教饮食戒律里属于禁忌食品。这 85 名印度兵害怕沾染上包装纸上的这些油脂，所以拒不执行军令。他们的指挥官，孟加拉土著第 3 骑兵团的卡迈克尔·史密斯上校③，脾气火暴，人见人烦。史密斯在 4 月 23 日曾下令举行阅兵，演示新枪子弹和不必咬掉弹药纸筒便能取弹上膛的方法。这做法本身无可厚非，然而，正如他的许多同僚指出的，它有欠考虑，几乎注定要造成灾难性后果。自从该新式步枪和臭名昭著的涂油弹药纸筒被引入印度次大陆以来，谣言从未中断过。据说，早在当年 1 月，达姆达姆有个低种姓的印度水手，不知何故跟在步枪仓库服役的一位婆罗门印度兵吵了起来，水手跟

① 休·高夫（Hugh Gough，1833—1909），英属印军军官，时任孟加拉第一欧洲轻骑兵队中尉。

② 1845—1849 年，英国殖民者对锡克教控制的印度旁遮普王国发动两次侵略战争，战后，旁遮普并入英属印度领地，英国征服了整个印度次大陆。

③ 卡迈克尔·史密斯（Carmichael Smyth，1803—1890），英国军官。

对方说，包裹子弹的弹药纸筒油脂——装弹前，士兵必须把弹药纸筒塞进嘴里咬开——是用后者所信宗教的禁忌动物的脂肪制成的。

其实，错误一经发现，东印度公司便作出严格规定，此类包装纸必须改用羊油和蜂蜡的混合物制造。然而，谣言已经四起。印度兵团里疯传这是英国人搞的阴谋，存心想让印度人吃牛油，以让他们改信基督教。要是在沃伦·黑斯廷斯①担任印度总督的时代，没人会信这种无稽之谈，不过在 1857 年许多人都对此信以为真。达尔豪西伯爵②当印度总督时（1848—1856），堪称一位印度现代化的推进者、社会改革家和道德警察。福音派的改善欲望和边沁主义者规划他人生活的野心合流，为多管闲事的欲望找到了一个完美对象：印度宗教。威廉·威尔伯福斯指出，在"废除（奴隶制）前"，英国确实把让印度人改信基督教视为上帝分派给自己的重任。詹姆斯·密尔在撰写印度史时已经放弃了基督教信仰，然而，他那部经典著作却告诫一代代英国人：

休·高夫爵士

"正是在祭司制度的禁锢下——建立在最庞大、最摧残人的迷信基础上，世人曾无一不受此类迷信的频繁侵扰和贬低——印度人的灵魂之苦比肉体之苦更不堪忍受；总之，暴政与祭司制度狼狈为奸，在所有人类当中，印度人遭受的灵肉双重奴役最为深重。"

1856 年接任东印度公司总督时，坎宁子爵③对"不传教就活不下去的"英国福音派军官颇为厌烦，比如一门心思搞"宗教教育"的第 34 孟加拉土著步兵团的惠勒中校。不过，坎宁也摆出一副屈尊俯就的架势，认为印度兵"全是怪物……一群乳臭未干的娃娃。我想'易惊的牲口'的名号安在他们脑袋上再合适不过了。跟真实存在的玩意相比，影子和满脑子胡思乱想更让他们怕得要死"。

1850 年代末，印度兵怨声载道，个中原因有许多，又何止恐惧呢。印度伟

---

① 沃伦·黑斯廷斯(Warren Hastings，1732—1818)，英国殖民官员，首任驻印度孟加拉总督(1774—1785)。

② 詹姆斯·拉姆齐(James Ramsay，1812—1860)，第 10 代达尔豪西伯爵，苏格兰政治家，任印度总督期间，将各独立省份兼并，奠定现代印度行政区划基础。

③ 查尔斯·坎宁(Charles Canning，1812—1862)，英国政治家，第 1 代坎宁子爵，1856 至 1858 年任印度总督，1858—1862 年任印度副王。

大的学者萨西·布桑·乔杜里①指出,激起农村阶级及其领主反抗的,并非因为宗教信仰而起的恐惧,"令他们揭竿而起的,正是土地和世袭财产权益受到的威胁。"在达尔豪西伯爵任总督期间,许多印度地主的土地遭到英国人大量兼并。征收地租的大权如今则掌握在东印度公司手中。

坎宁子爵

东印度公司统辖着英属印军,他们一方面在原有的英国占领区上维持治安,一方面担负着征战和拓疆扩土的职责,譬如下缅甸②的驻军。为了快速高效调动印军入缅,英国人认为在军事运输等领域必须废除种姓制,或者对其不予理会。这些"常识性"改革引发了许多印度兵的怨恨,尤其婆罗门印度兵,纷纷反对诸如跟锡克教印度兵共同乘坐运兵车的做法。英国需要"把自克莱武时代③以来残存下来的军纪涣散的雇佣军打造为一支无条件服从军令的现代之师",这无疑意味着印度人与生俱来的"种姓敏感心理"势必遭受践踏或踩躏。

现在,我们来说说印度兵。他们当中许多都是"破落的名门雅士",所在的家族单靠土地收益再也无法活下去,或者多半因为英国人搞的土地改革而变得一贫如洗。孟加拉土著军团主要是从奥德土邦南部、西北各邦东部和比哈尔土邦西部等有限几个地区招募来的,在这些地区,婆罗门族和拉杰普特人(自诩为古老的刹帝利种姓的后裔)属于小土地所有者。对他们而言,选择服兵役相对体面些。他们每个月还得自己掏 7 到 9 卢比,用以购买军粮、军服和军用行李运费。在旁遮普发生的征服和扩张战争结束后,英国大幅度削减了英属印军的军饷,并含沙射影地表示,婆罗门族和拉杰普特人倘若不愿继续当雇佣兵,英国可以招募像廓尔喀人那样要价更低的"外国"兵。于是,这一时期,印度兵左右为难,饱受心理摧残,一方面是谋生之需,一方面对英国在印度施行的专横跋扈的改革——还特意打着西方

---

① 萨西·布桑·乔杜里(Sashi Bhusan Chaudhuri,1904—1983),西孟加拉邦柏德旺大学历史教授。

② 下缅甸,指缅甸南部沿海地区。

③ 罗伯特·克莱武(Robert Clive,1725—1774),英国殖民者,集冒险家、军事家、外交家、政治家于一身,曾任孟加拉总督和驻印英军总司令。

进步的旗号——恨得牙根痒痒。要说 1857 年的叛乱不只是一场兵变，而且是反抗英国统治的起义，那么它完全就是一场对抗"现代"统治的民族大起义。这些怒火中烧的印度兵很像兰开夏郡因广泛采用织布机而失业的手工织工、被迫进入边沁主义济贫院的一无所有的英国工人阶级、其宗教权甚至生存权在英国某些地区倍受质疑的爱尔兰人、生活出路被自由贸易摧毁的加拿大人和牙买加人、激进派和宪章派分子——他们示威、请愿，目的与其说是为了缔造"美丽的新未来"，不如说是为了分享过去曾经享有，却被"向现代进军"而褫夺的自由。

85 名印度兵就这样伫立在闷热难当的密鲁特阅兵场上，雷声隆隆，天昏地暗，暴风雨欲来。85 名老派勇士像蒙受屈辱的奴隶，手铐脚镣加身，在战友们惊愕的目光中被押往监狱。目睹这一幕的其实只有不到 2 000 名印度兵。那晚，一位土著军官拜见了正坐在平房前凉台纳凉的中尉休·高夫，提醒道，第二天密鲁特土著军队将发动兵变。休·高夫一点也不傻，他非常清楚从 1 月份在达姆达姆土著军队里爆发不满情绪以来，在巴拉克普尔和贝汉布尔发生过小规模兵变，而勒克瑙第 48 土著骑兵队则发动过规模很大的起义。休·高夫立即动身去找卡迈克尔·史密斯上校，却遭到后者斥责，说他就知道听信"胡言乱语"。当晚迟些时候，休·高夫极力想说服其他几位驻守在密鲁特的英国高级军官——阿奇代尔·威尔逊准将[1]和密鲁特师指挥官威廉·亨利·休伊特少将——然而，他们对他的提醒置若罔闻。

第二天，兵变爆发；那天非常闷热，就连教堂内例行的军人晚祷游行仪式也从 6 点半推迟到 7 点。随军牧师还没来得及恳求上帝把基督徒从那晚的一切凶险和危急里解救出来，军营平房便被点燃，冒出滚滚浓烟，直冲灼热的云霄。第 3 土著骑兵团的骑兵策马杀到监狱，去解救 85 位蒙羞受辱的战友。当时，休·高夫还是个小伙子——随后将被授予维多利亚十字勋章[2]——跟图

---

① 阿奇代尔·威尔逊（Archdale Wilson，1803—1874），英国军官，时任密鲁特孟加拉炮兵指挥官，在英军攻占德里战斗中表现出色。

② 维多利亚女王于 1856 年 1 月 29 日设立维多利亚十字勋章，颁发给对敌作战的勇士。——作者注

姆斯少校①一道,赶紧把孟加拉欧洲步兵团的士兵集结起来。许多土著士兵选择支持欧洲步兵团。第11孟加拉土著步兵团上校策马跑过阅兵场,想看看"如此嚷闹究竟为何故",却被当场射杀。大叛乱爆发了,卡迈克尔·史密斯上校凭借出众的遁藏本领躲了起来,在炮兵部队护驾下,在兵营里安然无恙地度过了一夜。

在那个烽烟四起、暴戾恣睢的夜晚,密鲁特大街上的乌合之众蜂拥而上,闯入军营,大肆掳掠、血腥屠戮。副收税官瓦吉尔·阿里·汗后来作证说,尽管劫掠持续了一整夜,但印度兵始终安分守己,并未参与其中。休·高夫也回忆道,第11孟加拉土著步兵团和第3土著骑兵团的印度兵并未谋杀所在军营的英军军官。不过,到第二天早上,约50名欧洲人被杀,包括男人、妇女和儿童。休·高夫骑马穿过第20孟加拉土著步兵团的一队队狂吼着"杀!杀!"的士兵,侥幸捡了一条命,不过心里清楚,局面已完全失控。发动叛乱的印度兵很明显已破釜沉舟。他们知道,不管缴械投降还是恳求宽大处理,他们终归在劫难逃,等待他们的必是绞刑架或行刑队。横竖都是死,还不如抓几个垫背的。烈焰冲天,噼啪作响,口号响彻云霄,欧洲人听见叛军在呐喊。那些叛乱的印度兵扯着嗓子嘶吼,意思是说,"我们已捣毁了电报机,推翻了英国统治",他们自称是以信仰之名才犯下暴行。

到第二天早上,叛乱分子已逃离密鲁特,策马向德里狂奔。本质上讲,不管密鲁特爆发的兵变有多令人厌恶,但假如怨愤之火没有蔓延开,人们或许只把它看作一场夏日的炽烈热浪罢了。"唉,你说你举行那场阅兵干嘛?"休伊特将军号啕大哭,对史密斯上校抱怨道。叛乱分子那时已宣布在德里拥立莫卧儿帝国的末代皇帝——82岁的巴哈杜尔沙二世②——为德里国王。

1857年之后的90年里,对那年夏天发生的诸多恐怖事件,英国人偏爱用"印度兵变"的说法。这是必须的,当然要保全英国的高大形象,也就是说,当时发生的纵火和暴力事件纯属军事性质,是少数狂徒干的反常事,这些狂徒

---

① 亨利·图姆斯(Henry Tombs,1825—1874),时任马炮分队指挥官,后因作战骁勇,获得维多利亚十字勋章。

② 巴哈杜尔沙二世(Bahadur Shah II,1775—1862),印度莫卧儿帝国末代皇帝,乌尔都语诗人。

（当然是错误地）认为英国人要强逼他们把宗教禁忌动物的油脂搁进嘴里吮吸一番。这些疯子——英国历史学家认为——时刻准备将东印度公司为他们带来的一切文明成果一扫而光，一门心思要退回最迷信的信仰里，信奉落后的宗教。这些狂徒属于对军旅生活牢骚满腹的少数死硬派；然而，绝大多数印度人——英国方面如此断言道——都承认在英国人的治理下，印度这片土地及其政府机构比在腐朽的印度王朝——无论莫卧儿帝国还是马拉地帝国——的腐败堕落王公的统治下要公正得多。

印度民族主义历史学家则走向另一个极端，喜欢把 1857 年的印度兵变视为印度次大陆统一独立运动的首次认真努力。他们认为，意义非凡的《德里起义宣言》揭穿了英国人的谎言，也就是英国人那种一厢情愿的推度：倘若在印度不建立欧式的政府来维护和平，印度教徒和穆斯林永远休想和睦相处。

如今，大多数印度历史学家对 1857 年印度兵变是一场"独立大戏的第一幕"的观点是存疑的。然而，人们会永远铭记那场兵变，这无疑为后来争取国家自由运动的印度人提供了动力，就像爱尔兰人对大饥荒的记忆推动了爱尔兰共和制的发展一样。假如说 1857 年事件只是一场兵变，那么班达和赫米尔布尔等地区就不会在毫无军事援助的情况下，庶民暴徒纷纷揭竿而起反抗英国了。然而，倘若试图把这些起义视为统一民族独立运动的一部分，那么为何印度次大陆的大部分地区在本次事件当中丝毫没受影响？这一点便也显得颇为矛盾了。这场冲突局限于印度西北，并且是西北的中部地区。冲突并未蔓延到旁遮普邦的拉合尔（多亏了英国人的好运和高明的战术），也并未波及行政首都加尔各答。孟买地区、海得拉巴土邦、迈索尔邦、卡纳蒂克地区、锡兰岛等地区也几乎没受到这一系列血腥事件的影响。

最终，起义得以成功平息，然而，人们也不应忽视其中的主要原因：在各类战役和围城救援战中，大多数印度人与英国人并肩作战，而且据推测，大多数印度国民（原因暂且不论）无意卷入这场针对欧洲人或印度当地地主的暴力战争。在《坎普尔事件叙述》里，印度作家那纳克·昌德①记录了目睹的这

---

① 据说兵变期间他是坎普尔一银行家的代理人，著有《那纳克·昌德关于坎普尔事件的日记》。

场起义引发的谋杀、纵火和彻底大乱的骇人景象。那是酷热难当的恐怖一天,他一直蜷缩在花园小屋里,断水断粮,而暴徒洗劫了英国人的一座酒窖并狂饮一番,变得更为亢奋,在穆达尔普尔种植园周围横冲直撞,恣意撒野。这些人并非满腹怨恨的印度兵军官,而是恣意暴虐的农民,已经完全失控。午夜时分,在夜幕中,那纳克·昌德蹑手蹑脚走到恒河岸边,踮起脚尖,从数不清的尸体上迈了过去。但见"这些醉醺醺的船夫全副武装,有的手执棍棒,有的操着武器,在树林里野人般地跑来跑去。当时,我惊恐万状。真为英国的统治而叹息"。

"英国的统治"再度恢复了,然而,却是在印度国民为此付出巨大生命代价的基础上恢复的,在承认这一事实之前,为稍具公平起见,我们还是要先了解一下上述印度人对所发生事件的感想。英国发起了无情的报复,铁了心要"惩罚"印度人,男女老少全不放过,全然无视他们是否参与了叛乱,这是"英属印度时期"一个永远抹不掉的道德污点,也难怪在那些人气超高的英国史畅销书里,这些暴行要么完全禁提,要么就以那种令人厌恶的打圆场措辞,如"双方都犯下了恶行"等等来一笔带过。这种说法中提到的对等关系,即当时的局势中双方都同样身不由己,听起来并无为谋杀欧洲妇女儿童的印度一方的恶行有所辩解的意愿。而事实上,1857 年的事件即便算不上一场民族独立战争,也远不止一场"兵变"那么简单——这个词用得太滥,不光不准确地暗示出暴力行为只限于军队,还预设了英国"统治"的合法性,回避了所有道德问题。由于经济原因,印度兵只好接受东印度公司发放的 7 到 9 卢比的军饷,这种状况已持续了四代人之久。难道端坐于伦敦城、从未踏上印度国土的英国历史学家或者同样端坐于伦敦的辉格党管理委员会主席①或者伦敦当地的"收税员",有权对印度人指手画脚,告诉他们应当付多少房租、吃些什么、怎样对待他们的老婆或邻居吗?"这个异域国家的国民无须我们帮助制定行为准则或财产标准,"这句睿智妙语是沃伦·黑斯廷斯在 1773 年说的,当时的情

---

① 18 世纪末 19 世纪初英国政府官员,负责监管英国东印度公司,是负责印度事务的首席官员。

况是，诺斯勋爵①出台的《东印度公司管理法令》②规定，即将在加尔各答设立
一个最高法院。维多利亚时代的英国人横行霸道惯了。为了不受侵略大国
的干涉，印度民族诉诸一切可能的暴力手段，竭力为自己选择的自由生活而
战，而这个大国却诉诸极端残暴手段，在物质和政治上对印度民族施行统治；
在上述两者之间，不可能存在什么道德上的对等性。

　　这段恐怖的历史分为三个阶段。1857 年夏，欧洲人开始在密鲁特、德里
和坎普尔三地遭到屠杀——其中的坎普尔还和另一个城市勒克瑙一样惨遭
围城，被围的守军彰显出的英雄主义壮举和所遭受的空前苦难立刻成了传
奇。第二阶段，勒克瑙之围被成功解除，这表明英国再度控制了局势。最后
阶段，从 1858 年到 1859 年，英军发动了复仇战，印度游击队的杰出领袖拉姆
钱德拉·潘德南加——塔提亚·托普③——组织了游击队，奋起反击，跟久经
沙场的英军老将科林·坎贝尔爵士④和休·罗斯爵士⑤展开殊死搏斗，"制造
了相当多麻烦"。不过到那时，战争将以英军胜利、义军失败而宣告结束已是
不争事实了。关于这段历史的前两个阶段，英国人曾经大书特书，差不多都
说滥了，但他们对第三个阶段却视而不见，个中缘由自不待言。

　　1857 年 5 月 10 日夜、11 日凌晨，叛军攻占了德里，要说震惊，大概谁也比
不上 82 岁的老国王巴哈杜尔沙二世。这位老国王其实活得挺滋润，一辈子大
部分时光都花在写诗、润色诗稿、闲听宠物鸽和夜莺的咕咕叫声上。德里城
内有驻军——主要是印度兵部队，没有欧洲军团——那种大批屠杀异教徒的
叫嚣虽然得到响应，却遭到大多数印度人的强烈谴责。侥幸逃出兵营的欧洲

---

　　① 弗雷德里克·诺斯（Frederick North，1732—1792），1770—1782 年间任英国首相，
曾任内政大臣和财政大臣等。
　　② 英国议会于 1773 年通过关于东印度公司管理印度法令，限制了东印度公司某些特
权，标志着英国议会开始干涉印度事务。
　　③ 塔提亚·托普（Tatya Tope，1814—1859），1857 年印度起义将军及领袖之一，被叛
徒出卖，1859 年被英国人处死。
　　④ 科林·坎贝尔（Colin Campbell，1792—1863），英国陆军元帅，驻印英军司令，有丰
富的殖民经验。
　　⑤ 休·罗斯（Hugh Rose，1801—1885），英国陆军高级军官，在 1857 年印度叛乱中被
任命为印度中央野战部队指挥官。

妇女——孟加拉第 38 土著步兵团随军医生的妻子伍德夫人和好友佩尔夫人——记录了当地印度人帮助她们逃离死地的诸多善举。可许多人的命就没这么好了。在克什米尔集市做买卖的商人詹姆斯·莫雷所遭遇的劫难就很有代表性，他发现除自己之外全家已惨遭灭门。于是，他乔装成女人逃了出来，但这也确保不了他能活下来，许多地方完全失控，妇女儿童也不分青红皂白地遭到枪杀。暴力屠杀过后，经缜密调查发现，在那个暴行肆虐的夏天，欧洲妇女虽不幸遭到屠杀，然而死前并未遭到强奸或酷刑。一位主管调查的官员指出，这一消息会让暴乱中失去妻子、姊妹和女儿的受害人心里好受一些，不过，许多英国人对此表示不肯相信。德里发生的针对英国妇女的谋杀暴行确实令人触目惊心，不过，荒唐的在于，英国人的内心似乎想让这场谋杀显得更为骇人听闻，他们想当然地认定"阿尔比恩的众天使"一定是蒙受了被先奸后杀的厄运。密鲁特和德里暴行发生期间，英国牧师约翰·罗顿便展示了英国人对印度人所采纳的那种根深蒂固的双重标准态度。这位牧师目睹了一些恐怖事件，还亲手埋葬了许多被杀的同胞，所以确实有发言权。然而，说他的这种偏向态度是可以理解的，并不意味着它就是高明的。在印军叛乱后不到一年，他便匆匆写成《德里围攻战牧师见闻》，这本书与随后 30 年里出现的数百部类似著作一样，都采取了沉浸于英国人对印度人的种族优越感中的思维定式。正是这种堪称自"克莱武时代"甚或"韦尔斯利时代"①以来出现的新形势塑造了 20 世纪"英属印度"的政治格局。

在约翰·罗顿牧师看来，在密鲁特犯下谋杀罪的家伙都是些"未开化的野蛮人"。他发出如下令读者颇为愉悦的评论："最佳解决之道是扔块遮布过去，盖住那些使人性永远蒙羞的罪恶。"可一转身，他却大加褒扬对主子忠心耿耿的廓尔喀雇佣兵："廓尔喀人，天生善使库克利弯刀——一种本地土著用刀，对熟练者而言是称手的战场利器——让观者无不啧啧称奇。刺入敌腹，一劈两半，敌人顷刻毙命，干净利落。"

从一开始，罗顿就一心认为，这完全只是一场思想保守、穷困潦倒的印度

---

① 亚瑟·韦尔斯利（Arthur Wellesley，1769—1852），第 1 代惠灵顿公爵，人称铁公爵，19 世纪最具影响力的军事、政治人物之一，曾任英国首相。

军官和没脑子的功利主义改革体制之间的政治斗争。这场由开初那场小冲突所引发的大屠杀，对这位一心向神的牧师来说，颇富神秘意义。他把这次兵变比作《列王纪》中的时刻，至于参与叛乱的异教徒：

> 他们始料未及，这场斗争是"原则之战"——真理与谬误之间的较量；他们始料未及，因为他们已选择为黑暗而战，避开光明，因此，成功对他们而言是痴人说梦。再者，他们的双手沾满了手无缚鸡之力的妇孺和诚实可靠的男人——纵然种族和信仰存在差别，他们依旧毅然决然地放下戒心——的无辜鲜血。正是这血在向天国祈求复仇。毋庸置疑，该呼求被主闻悉，正义得以伸张。

对罗顿牧师而言，如此解读 1857 年夏那场事件，想必是由"神意玄妙莫测，行事伟大神奇"①的信仰所引发。复仇姗姗来迟。德里被围，少数几个没来得及逃跑的欧洲人在一年中酷热难当的几个月里苦熬，一直到 8 月才盼来救兵，准将约翰·尼克尔森②——从 1839 年起一直在英属印军中服役——率军出现在德里城外围的山脊上。这位尼克尔森虎背熊腰，一副黑长髯，嗓音低沉，很快将在这场解围战中战死沙场。接着，神意之"玄妙莫测"又在新的事件中得到证明：英军第 8 和第 61 步兵团军中暴发霍乱，数百人病亡，指挥官将军亨利·巴纳德爵士③也未能幸免；该团继任者、临时代理总司令一职的将军里德爵士④也被这种恶疾弄得虚弱不堪。

就在霍乱在德里英军军营肆虐之际，坎普尔传来噩耗。欧洲人在那里遭受了大概是整个夏天里最惨烈的损失。杀戮暴行令人作呕；可以推想，是当地王公那那·萨希布⑤举兵谋反了。动乱的事实无法否认，甚至难以遮掩。然而从一开始，人们对坎普尔的态度就有些神秘。即便在天天读战报、火冒

---

① 语出自威廉·柯珀(William Cowper)创作的赞美诗《神光闪耀，冲破黑暗》。

② 约翰·尼克尔森(John Nicholson，1822—1857)，英国陆军军官，生于爱尔兰，在镇压 1857 年印度起义时阵亡。

③ 亨利·巴纳德(Henry Barnard，1799—1857)，英国陆军军官、中将，在德里城被攻陷前病亡。

④ 托马斯·里德(Thomas Reed，1796—1883)，英国陆军军官，锡兰第 20 任将军。

⑤ 那那·萨希布(Nana Sahib，1824—1859)，原名敦杜·潘特，马拉地帝国帕什瓦("首相")巴吉·拉奥二世的养子，领导坎普尔叛乱。

三丈的英国公众眼里,德里城的老诗人巴哈杜尔沙二世或大腹便便的奥德土邦国王①都不应被视为杀人不眨眼的大魔王。在坎普尔当地的王公中,他们挑中了那那·萨希布,视他为担任大魔头的理想人选。

那那·萨希布(又名敦杜·潘特)属于典型的印度大人物,可惜他命运不济,正好赶上印度总督达尔豪西伯爵搞的现代化改革,所以注定要一败涂地。在达尔豪西的统治下,东印度公司废黜了比托奥尔②最后一位帕什瓦("首相")巴吉·拉奥二世③,只给他发每年8万英镑,合80万卢比的赡养金。巴吉·拉奥二世的津贴来自东印度公司的租金收入。巴吉·拉奥二世死后,达尔豪西认为这种待遇太丰厚了,巴吉·拉奥的养子那那·萨希布不配再享有这种优厚待遇。那那·萨希布的豪宅建在距离坎普尔城5英里的郊外,奢华的地毯、水晶吊灯、柔软的羊绒披肩、动物园和大型鸟舍一应俱全,富丽堂皇,凡是拜访过此豪宅的,没人相信他生活在温饱线上。1851年,东印度公司不再给他发放巨额年金,可他却觉得这年金是他应得的。要说他等到1857年终于起兵造反,倒也是颇为合理的,正应了那句老话:君子报仇,十年不晚。

坎普尔的战略位置十分了得,瞄一眼地图就一清二楚了。该小城坐落于圣河恒河河畔(当时常住人口6万),是连接德里和贝拿勒斯的主干道——"大干路"——的要塞。有趣的是,从军事史角度看,那那·萨希布手下的塔提亚·托普将军——1857年印度起义中的"拿破仑"——完全没有意识到"大干路"是咽喉要道。倘若在该路的一处,最好是两处,设防阻击,很可能会重创英军,没准由此一举得胜亦未可知。

无论如何,总之坎普尔起义的时机在1857年夏已然成熟。英国改编印度土著兵团的措施削弱了军队的士气。6月2日,当孟加拉第2骑兵队在坎普尔发动兵变时,当地土著兵团也陷入了混乱。叛乱发生时,驻扎在坎普尔的第56团土著军官,所有人都在休假,并被临时调派到离本部大营几英里远的

---

① 瓦吉德·阿里·沙(Wajid Ali Shah,1822—1887),奥德土邦末代国王,1847—1856年在位。

② 印度北方邦坎普尔以北,那那·萨希布义军大本营。

③ 巴吉·拉奥二世(Baji Rao II,1796—1818),马拉塔国末代帕什瓦("首相"),巴吉·拉奥一世之孙。

地区当雇佣兵去了。

塔提亚·托普是一位出类拔萃的游击队领导人，擅长捕捉战机，不过，他一缺武器二缺兵力，要想长期固守坎普尔无疑是痴人说梦。虽说占据这处干道几周时间（若是走运，或许是几个月）兴许对整个战局有利，不过他心里清楚，全副武装、训练有素的英军分遣队若沿"大干路"一路向西推进，他是顶不住的。他的这群乌合之众一旦发动兵变，往往就会把军服脱下扔掉，并且其中还包括没受过军事训练、一门心思抢劫和掠夺的农夫，这些人"乍看上去，没一点印度叛军的样儿，反倒是跟一大群闹哄哄的造反平民差不多"。

在此形势下，我们必须设身处地想想被困于坎普尔的欧洲人的不幸处境。兵变爆发后，那那·萨希布对欧洲妇女儿童还能采取保护措施，善待她们，并为想要乘船沿恒河逃离的人提供安全通行许可。然而在英军军营内，形势却急转直下，令人无法忍受。痢疾猖獗、中暑频频，雪上加霜的是又发生了一场意外火灾，欧洲人所有的医疗用品被付之一炬，军心严重受挫。坎普尔这个地名在英国人心中总跟双重暴行息息相关，这牵涉到对待英国妇女儿童的态度问题。首先——勒克瑙派来的援军还没到——在英军指挥官惠勒将军①的带领下，欧洲难民登上了由那那·萨希布事先准备好的大约 40 条木船。全部人员登船后，护送登船的印度人立即跳上了岸，许多人还在跳水逃跑前把小船的篷顶点着了。船队顺流而下，此时祸端再起，一支组织严密的叛军行刑队严阵以待，向船队发出猛烈攻击，滑膛枪、燃烧的弩箭和重炮铺天盖地。形势危急，险象环生，逃亡者在恒河上漂流了两天，幸存下来的人都已衣不蔽体，在萨蒂·乔拉·高德②被印度兵从河里拖上了岸。随后，7 月 10 日，被俘的妇女儿童被押到一座名为比比迦尔的土屋里。这是一间大平房，门前有庭院，之前有位英国军官跟他的印度情妇住在此处。除船上的幸存者外，不幸的人群中又加入了英军军官的妻子们，她们从营地里逃出来后，却被塔提亚·托普抓住了。

---

① 休·惠勒(Hugh Wheeler, 1789—1857)，东印度公司军队军官，1856 年被任命为坎普尔驻军指挥官，1857 年 6 月战死。

② 又名屠杀河坛。

塔提亚·托普明白，亨利·哈夫洛克准将①率领的援军正朝坎普尔杀来——亨利·哈夫洛克7月16日攻入了坎普尔。但是等到英军冲进比比迦尔土屋前的院子，探头查勘院中的那口枯井时，发现一切为时已晚，妇女儿童均已毙命井内。新任地方长官约翰·沃尔特·谢勒②在给高级文职人员塞西尔·比顿爵士③的信中写道：

> 上帝发发慈悲吧，亲爱的比顿，保佑我再也别目睹今天的惨象了。关押殉难者的土屋距离旅馆不远——就在剧院对面——是当地人住的那种土屋，中间有个院子，还有没安装房门的带柱子的房间，正对着大门。满院子都被鲜血浸透了，那个房间里也是，到处散落着女帽，还有那种现在女士戴的宽檐帽——地上粘着一绺绺血迹斑斑的长头发——所有尸体被扔进了一口枯井，我们探头往里瞅，全是赤裸的胳膊、大腿和伤痕累累的躯干，清清楚楚，惨不忍睹。当时我吓傻了，给你写这封信时我的头皮还阵阵发麻。你最好知道最坏的情况——我这就去把那口井填上，井口再安个井架。咱们都别再提这个了——事到如今，看来只有沉默和祈祷了。

那那·萨希布是否事先就知道大屠杀会发生，尚不确定。刽子手打着萨希布的旗号犯下了这桩大罪，然而他本人却自始至终矢口否认参与了谋杀。萨希布承不承认并不碍事，英国媒体照样把他给妖魔化了，将一顶大帽子扣在他头上——两面三刀、铁石心肝的东方坏种。根据谢勒——就是刚才引述的那位地方长官——回忆，那那是一个"无趣得要死的主儿"：肥胖无比、乏味至极。不过，《旁观者》杂志依然力荐，"要把那那塞进铁笼，拉出去示众，就像麦克德夫想对麦克白干的那样。他理应被关进笼子，权当一项研究课题，先在印度示众，然后押回英国，严看死守，囚入笼子一辈子，要么让他这样一直

---

① 亨利·哈夫洛克(Henry Havelock，1795—1857)，英国将军，1857年印度兵变中收复坎普尔，在勒克瑙解围战中阵亡。

② 约翰·沃尔特·谢勒(John Walter Sherer，1823—1911)，坎普尔第一任行政长官、作家，著述涉及印军叛乱，曾参加坎普尔收复战。

③ 塞西尔·比顿(Cecil Beadon，1816—1880)，1857年任驻英属印度内政大臣，1862至1866年任孟加拉副总督。

活到死为止，要么让他不得善终，这个蛇蝎心肠的怪胎。"大屠杀发生后的几年里，那那·萨希布的一幅著名"肖像"流行开来，堪比美国西大荒缉拿罪犯的"通缉令"海报。同样，为缉拿王公昆瓦尔·辛格①，也挂出了后者的画像。可惜，后面这张肖像实际上搞出了个乌龙，它其实是密鲁特一位银行家的肖像，该人是位堂堂君子，曾将自己的肖像送给帮他打赢官司的伦敦律师约翰·朗。朗律师把它借给《伦敦新闻画报》，在那里，它摇身一变，成了派上大用场的肖像，"公众可以拿它来泄愤。"

对德里和坎普尔两地的大屠杀，英国人实施了一系列远非摆摆样子的报复行动。行动伊始，英国人就铁了心，要以暴制暴，以恐制恐，血债血偿，而且加倍奉还。在德里，约翰·尼克尔森曾煽风点火道，"咱们得搞出个提案，有权对在德里屠杀我国妇女儿童的凶犯施予活剥、刺刑或火刑。对犯下如此暴行的恶徒，只一绞了之，这是疯子才会有的想法吧。"

一名锡克教勤务兵把亨利·科顿爵士②从帐篷里请了出来。"先生，我猜您肯定想瞅瞅我们是怎么弄犯人的。"但见囚徒们被剥得精光绑在地上，他们"被烧红的铜烙铁烙得遍体鳞伤，浑身上下没一块好地方"。科顿抬手连开几枪，了结了他们的痛苦，不过，施虐者并未被追责。曾报道过克里米亚战争的《泰晤士报》战地记者拉塞尔目睹了这一幕；当时，锡克教徒和英国人在一旁漫不经心地观看，一个被刺刀捅得不成样子的囚犯正在遭受火刑，撂在火堆上慢慢烤着。"菩萨心肠的坎宁"——此绰号纯属为侮辱这位总督而起——恳请英军军官不要鼓动手下的士兵焚烧村庄，然而他的求情话全被当成了耳边风，对方依旧我行我素。早在坎普尔大屠杀发生前，英军便开始犯下暴行，印度村庄被整村洗劫一空。在英国军官的唆使下，大兵们大肆强奸和抢劫，村里老妪幼童无一幸免，随后再放一把大火，将他们活活烧死。军官们还大言不惭地讲"一个都不放过"，还说"往死里揍黑鬼"是他们"乐此不疲的"消遣。跑来德里城"解围"的大兵们喝得酩酊大醉，不分青红皂白，一通乱杀，成

---

① 昆瓦尔·辛格(Kunwar Singh，1777—1858)，1857 年印度叛乱领导人，比哈尔地区反英领袖。

② 亨利·科顿(Henry Cotton，1845—1915)，英国作家、社会活动家，对印度抱有同情；当时在印度行政参事会任职。

百成百的印度人死于非命,数千无家可归的难民则被赶到周边乡下。

许多印度人遭受了暴惩:被绑在大炮炮口上,炮响了,霰弹喷出,将他们炸得粉身碎骨。"一门大炮,"一位跑来看处决的牧师妻子回忆道,"塞得满满当当的,再也塞不下了,那个可怜鬼真的被炸得粉碎,溅了旁边的看客一身血,那个可怜鬼的头颅被炸飞了,砸伤了一个看热闹的人。"

当时,许多在印度打仗的英军军官都满怀宗教的使命感,詹姆斯·尼尔上校[1](日后将晋升为准将)便是其中一位。跟在德里搞屠杀的尼克尔森一样,在坎普尔的尼尔认为,要处死印度凶犯,绞刑太不够劲了。令人发指的比比迦尔大屠杀,本来跟印度兵毫无干系,那件暴行是当地的五个屠夫干的。尼尔不管这个,率领手下夺回坎普尔英军基地后,亲自指挥并实施了大规模的酷刑和屠杀行动。强逼被俘的囚犯们去舔比比迦尔屠杀现场地上的血,同时手执钢鞭的欧洲士兵死命地抽打囚犯们的后背。他们不择手段,存心想伤害囚徒的宗教情感,至于是否参与造反,他们一概不查,一律不管。

尼尔"战果颇丰",屠杀了大量印度人,单阿拉哈巴德一地,就相当于整整两年战斗中杀死的印度叛军的人数总和。然而,英国人却摆出一副寡不敌众的弱旅架势,以此来反衬自身的伟大,在名扬天下的勒克瑙围攻战中,这一点表现得最为明显。

这座驰名的封建王城是奥德土邦历代纳瓦布[2]的首都,是印度沦为殖民地前最繁荣的城市。有位英国女人嫁给了勒克瑙的一个贵族为妻(米尔·哈桑·阿里夫人)[3],她说这座城市让她不禁想起《天方夜谭》里一座座神奇梦幻的城堡。《泰晤士报》战地记者拉塞尔描述道:

> 但见一幅壮美的画卷,宫阙、梳妆镜,天蓝与金色相间的穹顶,圆顶高塔,长长的柱廊幕墙金碧辉煌,露台屋顶错落有致——这一切都在一

---

[1] 詹姆斯·尼尔(James Neill,1810—1857),东印度公司苏格兰军官,曾在1857年印度起义中服役,进攻勒克瑙时阵亡。

[2] 当地世袭统治者、行政长官的称号。

[3] 即比迪·蒂姆斯·哈桑·阿里·米尔(Biddy Timms Hasan' Ali Mir,1781—1826),著有《印度穆斯林观察报告》。

> 派最亮丽恬静的葱茏之海中耸入云霄。极目远眺，那片葱茏之海静谧地
> 绵延到远方，童话之城的塔楼，星星点点，散落其间，熠熠生辉。

拉塞尔的视野里自然还有令人震惊的贫民窟、肮脏和贫困，可英国殖民者，就像之前在此统治一方的历代纳瓦布们一样，对此却视而不见，毫无作为。

总督达尔豪西在任期间实施了一系列改革，弄得人们怨声载道，勒克瑙首当其冲，这个城市在穆斯林心中具有非凡的宗教意义，是许多神圣清真寺的所在地；对这座古老的穆斯林王国都城，总督觊觎已久，世人皆知。达尔豪西曾大言不惭地讲，奥德土邦就像一枚甘甜的"樱桃，有朝一日，必会落入我们口中"。1856 年，英军吞并了奥德土邦，把王公软禁在家里。达尔豪斯的继任者，更讨人喜欢的"菩萨心肠的坎宁"认为，纳瓦布的存在简直就是个笑话。这位纳瓦布为坎宁写了一首诗，翻译过来是："您的身体好似一朵茉莉花。松柏般挺立。世界女王之大吏，世人之庇护者兼大恩人，伟大属于您。"坎宁一边把这溢美之词寄回英国老家供家人及友人消遣，一边写信给哈里特，也就是霍奇森夫人：

达尔豪西伯爵

> 劳驾您读一下奥德王公写的颂歌吧。这是旧事了——在他被释放前写的；但我之前忘了寄给您了。
>
> 他胖得都没边了；作诗时，长沙发椅上的垫子全得一个个拿下来，撂在地板中间，于是他就爬上去趴着，大声吟出诗句，使出吃奶的劲儿把胳膊腿摊开，跟一只大乌龟一模一样。

信是 1859 年写的，仗打完了，天下太平了。遥想两年前那个夏天，造反的风暴席卷了勒克瑙城，说它是一场印度兵团哗变，未免太狭隘了。就在印度兵揭竿而起的头一个礼拜天，1857 年 4 月，成千上万穆斯林举着宗教信仰的旗帜上街游行，还有不少昏了头的暴徒大肆洗劫，烧房子，抢商铺，给真人大小的娃娃套上英军军服，一幕幕上演着模拟斩首的暴行，一展对欧洲人的蔑视。

英国人撤退到奥德土邦最高专员亨利·劳伦斯爵士①的官邸,财政专员马丁·古宾斯②也加固了原本就已非常坚固的住所,75 位当地仆人帮忙筑堡垒、挖壕沟。围攻战整整持续了 143 天,英国男女老少坚守在堑壕内,他们的勇气和耐力成了大量文学作品的灵感来源。霍乱横行、痢疾肆虐,病死的跟战死的一样多。食物匮乏,争吵不断,怨声载道,抗敌士气大伤。古宾斯跟劳伦斯一向不和,闲着没事就吵架。平民志愿者们也心怀不满,付出了这么多,军方竟不闻不问,对他们没一点感恩心。堑壕周围各个要冲站岗的 20 位志愿者全都是城里的平民,官方却没花一个子儿。

> 结果是,每天,一半士兵站岗,另一半在官邸堡垒休整;志愿者却不行,一直站岗放哨,没白天没黑夜,整整五个月。军方却给予他们极不公正的对待,士兵要糖吃有糖吃,要茶喝有茶喝(一直如此),志愿者只能瞪眼瞅着,士兵天天有定量的朗姆酒和黑啤酒喝,一直喝到哈夫洛克准将率领的援军开进城,而志愿者一滴也没喝着,士兵天天有肉吃,而志愿者每两天才能吃上一次肉。士兵吃面包,而志愿者发的却是小麦,还说让他们自己磨面!说这个,就是让你们知道,在这段艰难困苦时期,那些可敬的绅士们坚守岗位,直面危险,从未退缩,却遭如此"礼遇"。那位准将爱爆粗口,举止粗鲁,是个被参谋牵着鼻子走的傀儡,而他的副官则傲慢无礼——副官长尽挑不公正的事情干,军需官……简直粗暴无礼至极。

几次尝试性进攻失败后,哈夫洛克将军率领的援军终于打赢了,围困解除,得胜的英雄们——哈夫洛克和尼尔——是这样交换意见的:"我给你写过密信,告知战事的发展。如今我接到你的回信,你竟横加责备我采取的行动,还告诉我下一步必须做什么。这种来自我手下军官的指责信,不管你是否经验丰富,我都从此拒收。"

哈夫洛克在勒克瑙染上痢疾,最终病死——"哈利,"他对儿子说,"让你见识一下基督徒该怎样死去。"亨利·劳伦斯在围城战期间死于炮弹造成的

---

① 亨利·劳伦斯(Henry Lawrence,1806—1857),英军准将,在英属印度任行政长官,勒克瑙围城战中阵亡。

② 马丁·古宾斯(Martin Gubbins,1812—1863),英国驻印官员,参与勒克瑙围城役。

重伤——抬着他的遗体下葬的士兵，都一一俯下身去吻他的额头。在这场战争中，高级军官都颇具英勇风范。巴纳德将军死于霍乱。在约翰·尼克尔森将军——阵亡时年仅 36 岁——的葬礼上，他手下的木尔坦骑兵①纷纷扑倒在地，号啕恸哭。"这些勇士们大概从未掉过一滴泪；但在他们心中，骁勇无畏的尼克尔森就是真神。"在这段悲壮时期，激起英国人强烈情操的不只是英国妇女儿童所遭受的苦难和死亡。这场他们口中的兵变来得完全出乎意料。印度人带来的威胁，反而在这些英国人的集体心理中激发出暴力和激情。

整整 9 个月地狱般的日子里，千疮百孔的大英帝国米字旗依然挺立，在勒克瑙府邸堡垒的上空高高飘扬。在这种时候，英国人无暇扪心自问首先他们究竟有什么权利出现在印度。1857 年至 1858 年印度爆发的起义和战争被视为野蛮人对基督教文明反动的攻击。平叛军官们被视为大英雄，和历史书中的那些民族英雄没啥两样。"自从古罗马时代以来，配得上民族英雄美誉的，非那一小队战士莫属，他们扼守着恒河岸边的神殿，从无情的嗜血者中间杀出一条生路，"这是出自詹姆斯·爱德华·默多克的《白色巨手或坎普尔之虎》②的一个典型句子——关于这次起义，英国人写了 50 余本扣人心弦的小说，这是其中一部。"'白色巨手'大获全胜，将'帖木儿王朝'夷为平地，摧毁了英国之敌的力量，捍卫了义愤填膺的不列颠民族之尊严。"

约翰·尼克尔森

这就是大多数英国人——即便见多识广的高人——对镇压"印度兵变"的看法。1857 年 9 月 26 日，《伦敦新闻画报》刊载了一篇社论：

> 印度人大多预见到这场叛乱将会并必会被平息，而且这场斗争——固然血腥恐怖——的结果将使英国在印度的权力在一个更加稳固的基础上得以重建。这种预感在英国国内也很普遍。国人当中，总有为印度鸣不平者——这种人我们始终不缺；然而，公众的心态大体上是骄傲、独

---

① 在旁遮普木尔坦城居民中招募的骑兵，属于锡克教骑兵团，对尼克尔森颇为敬重。

② 詹姆斯·爱德华·默多克（James Edward Muddock，1843—1934），英国记者，推理小说和恐怖小说家。

立、充满希望的；那些最挚爱和平的人——在这些让人精神亢奋的事件发生前，并不认为自己拥有尚武之魂，就像在莫里哀喜剧里那些并不尚武的好心肠资产阶级一样——也怒火中烧，不可阻遏，大声疾呼要将杀害妇孺的凶手绳之以法，严惩不贷，大声疾呼对于那些对我们犯下罪孽的叛逆之徒和懦夫小人们施以正义的复仇。倘若还有什么尚需说明，那就是，我们本质上乃是勇士之国度，这场兵变已帮助我们证明了此点。

这毫无疑问便是当时真实的公众情绪。这是一个足以说明集体记忆有多易逝，其道德感可以有多扭曲的令人畏惧的例子。在差不多 50 年时间里，英国人把东印度公司在印度经营的规则和条款来了个大翻转。从成功运营的贸易垄断企业——致力于贪婪的英国商人和贪婪怯懦的英属印度土邦王之间的互惠互利——变成了强征诸土邦王的收入和地租以及农民地租的、执掌行政大权的衙门。它还身兼数职，当起了教书先生、公务员和改良者，大张旗鼓反对印度诸宗教，更甚的是，还宣称自己拥有这种反对权。英国政府对东印度公司所采取的举措，激起了印度人的强烈反对，英国广大公众（除死不悔改的为印度鸣不平者外）认为，印度人这种强烈的反对是"叛国"行为——不过，至于该用何种手段来"背叛"一个他们认为不合法的入侵政权，这类问题这些英帝国主义者根本懒得自问。第二年，议会通过法案，撤销了东印度公司，"规定，上世纪乃至本世纪由东印度公司创立的辉煌帝国必须移交给维多利亚女王。"小老板统治的国家摇身一变，成了帝国主义治下的国家。维多利亚时代末《〈笨拙〉杂志史》的作者马里恩·哈里·斯皮尔曼①认为，"约翰·坦尼尔爵士所创作的描绘'不列颠之狮向孟加拉虎复仇'的系列漫画肯定是关于坎普尔事件的代表作品……这幅精美的画作——王家巨兽咆哮着扑向死敌，猎物瘫倒在它的利爪之下——让看到的人终生难忘。"斯皮尔曼还告诉我们，坦尼尔的漫画相当于"英国大众发出复仇呐喊时的一面旗帜，而这惊动了英国当局，后者担心前者会因此被逼上屠杀之路，这是国家策略乃至更优雅的文明之规所不容的"。

---

① 马里恩·哈里·斯皮尔曼（Marion Harry Spielman，1858—1948），英国艺术评论家、学者、编辑。

而英国印度总督跟他的女王之间的交谈则让人们松了一口气。

> 目前的最大一只拦路虎——坎宁勋爵难过地回禀陛下说——就是英国社会当中很大一部分人对印度本地人怀有深仇大恨，不管是男女老少，也不管是哪个阶层。在国外，甚至在许多理应为他人树立更好榜样的英国人当中，也存在不分是非的疯狂报复心理，一想到这个，我就会情不自禁对自己的同胞的所作所为感到无地自容。

女王对此深表愤怒，因此赢得了极好的口碑。她颇为认同坎宁的观点："公众不分青红皂白，对全体印度人和印度兵怀有——唉，很大程度上也是如此——非基督教的极端心理，让人悲伤愤慨！"女王强调，印度人应该知道"人们对棕肤色并无仇恨"。

没错，这番肺腑之言完全出自她对于有印度人做伴的由衷喜悦。女王性格的这个方面，在她的在位末期还将惹出一些小麻烦。言归正传，抛开羞辱感不说，英国人在他们所谓的这场"兵变"后，普遍被对所有印度人的报复心理蒙蔽了眼睛，以至于根本无视 1857 年至 1859 年这段印度历史中最不寻常的一面：印度兵团大体上对东印度公司还是没有二心的。哪怕那些并未明智地拒绝参与针对欧洲人最令人发指暴行的印度兵也是如此。

来自印度和英国双方的历史学家，都普遍相信"兵变"的失败是不可避免的。当然，到 1857 年底，英国人基本上控制住了局势：勒克瑙和德里之围已经解除。然而，塔提亚·托普和其他印度起义军依然顽强抵抗，转入游击战，战斗还是相当激烈的，而且又持续了整整一年。1859 年 3 月，在德里复辟的老王因协助和教唆"叛军"而受审，被终生流放到仰光。这位被追随者称为"乾坤之王"的巴哈杜尔沙二世跟以前其实没啥两样，一介老朽、孱弱、无牙，毫无权力可言。克里米亚战争老英雄科林·坎贝尔爵士率军一路追击塔提亚·托普，几场激战过后，休·罗斯爵士大败占西叛军，这也标志着战争的真正结束。1859 年 4 月 18 日黎明时分，塔提亚·托普被绞死。

毫无疑问，叛军内部分裂、组织涣散是印度兵变失败的一个要因。战争一爆发，孟加拉第 17 土著步兵团便从阿扎姆加尔开拔，向法扎巴德进发，"那排场真可谓一场战争盛典：大象、四轮马车、单马轻便马车，战马簇拥着他们的指挥官拉贾班杜·辛格。"他们在那里作战——原先只有 200 名士兵,后来暴增到 500 人,这群乌合之众连统一军服都没有。1857 年 8 月以后,整个河间地地区①都没有建立起有组织的印度兵抵抗力量。反观英军,每每遭受重创后,总能重整旗鼓,团结一致,以图再战。人们已经无数次强调在此过程中电报和铁路的重要作用,而这些都是英国人有,而叛军没有的东西。

这些都是对这段历史的常识性的,或者说是西方人的理解。不过,更真实的原因,或许在于印度和印度人尚未树立起其他共同愿景来对抗欧洲恶霸。所谓"开明"政治,这个概念本身就属于西方舶来品,需要长期培养成熟,才有可能促成英国人从印度撤出的结果。从这个角度讲,1857 年到 1859 年这三年,究竟谁赢了还很难说。英国人碾压了印度人,不过,随之而来的 90 年"英属印度"时期,却相当于一种怪异的联盟。印度人要是不点头同意,英国"治理"印度则无从谈起。随后发生的暴力事件,比方说 1919 年臭名昭著的阿姆利则惨案,其实暴露出的是英国方面的软弱和失控而不是相反。英属印度之所以得以维系,全然在于这个原因:印度人本身,对他们自己内部以及在诸多种姓、宗教和次文化之间的分歧充满畏惧,所以努力与他们的欧洲"访客"和睦相处。

对英国统治印度一事,菲茨詹姆斯·斯蒂芬爵士②——这位研究印度新秩序的政治哲学家——持有悲观的看法:"英属印度本质上属于专制政治实体,它的建立并非基于同意原则,而是基于军事征服。它永远无法代表当地的生活原则及政府原则,除非它代表异教和野蛮……"然而,在英印两国,尽人皆知的是,印度于 1857 年作出了抉择,征服了自身,并最终让叛乱者缴械投降了。若非 25.7 万印度兵中的大多数人选择力挺英国,仅凭区区 3.6 万英国军队,英国早已不堪一击。

印度人的实力,其实足以促成再一次坎普尔事件,再一次勒克瑙事件。对这一事实的认知,也许潜藏于英军取得所谓胜利后的那种矛盾心态中。约翰尼·斯坦利(1837—1878)——奥尔德利的第 3 代斯坦利勋爵的弟弟——便

---

① 恒河和其最大支流亚穆纳河之间的河间地。
② 菲茨詹姆斯·斯蒂芬(Fitzjames Stephen,1829—1894),英国律师、法官、法律改革家、作家、哲学家。

是一个典型例子。16 岁时,他参加了克里米亚战争,其间染上热病,可谓九死一生。后来他当上查尔斯·坎宁勋爵的助手,来到印度。1868 年 12 月,他往家里写了一封颇有意思的信,显然为在狩猎季离开英国而沮丧:"昨天,巴林跟我一块撵一条肮脏的破黑狗,那场赛跑真是棒极了,那货朝向村子里没命逃,我俩铆足了劲儿追,见啥撞啥,牛呀、黑鬼呀、竹篱笆呀,全给冲散架了,如入无人之境。"

就在坎宁伯爵一本正经地在书信中讨论在欧洲人和印度人之间建立友善关系的必要性时,他这位年轻助手在圣诞节前四天这样写道:

> 想让锡克族军团服服帖帖并不难:当然,您会不大乐意,不过,就应该这样:让一位孟加拉土著骑兵团的指挥官套上老百姓的衣服,骑一匹马到集市上去微服私访,一旦碰见他手下的骑兵,就喝令他行军礼,要是骑兵不搭理他,这位军官就应策马向前,拽着那个骑兵的长毛,将其掀落马下。除了这个,没别的法子。想必,那不敬的货立马就会认输的,您要是跟他摆事实、讲道理,他就会变本加厉,更加肆无忌惮起来。必须明令告知土著骑兵们:凡是见到白人,必须行军礼,这可不是私事。

起义的直接政治后果是解散了东印度公司,将印度置于威斯敏斯特政府的直接控制下。坎宁勋爵不再是听命于东印度公司的印度总督了,而是由英王委任、代表英王管理印度的副王。这在印度兵变前就已经定好了——1853年,查尔斯·伍德爵士提出的《1853 年印度政府法》已启动了废除东印度公司的进程,力图推行现代化、铁路、教育和土改方案——辉格党爱管闲事惯了,把一切文明福祉全都赠予了讨要过这些东西的某种文化。不出所料,有些印度人热情满怀,对白厅自认为合宜之物全盘笑纳,抑或笑纳了一部分。当奉上的赠予物不招印度人待见时,高傲的英国人则一脸茫然,想想这个,就让人啼笑皆非。"印度人拿炮弹朝火车头猛轰,意味着拒绝技术进步,他们就这么任性,就这么非理性。"我们还是不妨坐下思忖一番吧,想想卡莱尔、罗斯金、威廉·莫里斯、威廉·霍尔曼·亨特、乔治·麦克唐纳,还有红衣大主教纽曼,虽说他们对于针对"技术进步"所采取的暴力破坏勾当并不全然持苟同态度,然而,起码也瞧出了这种暴力背后所蕴含的意义。

一些英国人把 1857 年留下的痛苦遗产抛到脑后,反倒对印度的民族精神满怀恻隐之心,可谓坚贞不渝;好多英国人还跟印度人结了婚,绝非仅仅在"纳博布时代"①英国人才在印度"入乡随俗"、被印度人"同化"。许多人不像吉卜林和寇松那样由衷喜爱印度的历史、文化和传统。然而,第 9 枪骑兵团夏尔丹·约翰逊上校给出的判断,虽说有点冷嘲热讽的意味,不过,兴许他所说的是对的:

> 锡克族士兵虽说一点也不喜欢我们,然而,他们对印度兵却恨得要死……还有,在印度的诸民族当中,他们是最后被降服的,他们还是长了一点记性的,见识过何谓大英帝国之勇气。如今,锡克教徒很爱干这份事业,理由就是印度兵干过残杀、拷打锡克族人的勾当……如今,他们热血沸腾,跟我们并肩作战——不过,现如今,这事[即,印度兵变]收场了。说不定哪天,他们兴许也跟印度匪兵一样要我们,翻脸就不认人——说我们之间志同道合,简直是痴人说梦——黑鬼半拉着眼皮看不上我们,他们恨我们。

夏尔丹只说对了一半,其实,锡克族士兵成为改编后英属印军的中坚,这一点他没说对;不过,对 1850 年代结束时英军跟锡克族士兵之间相互猜忌这个令人不安的事实,他倒是说中了。

90 年后,"午夜之子们"②才从英国人手中重新夺回了印度次大陆。以"永恒之眼"来看,90 年不算长,甚或拿莫卧儿帝国或马拉地帝国的存续时间来比也是如此。在印度历史上,这段"兵变"往事历历在目,印度人对此的态度却很矛盾,这一点从 1947 年独立日当天发生于英属印度时期两座举世闻名神殿里的事情可以得到印证。在勒克瑙,一群人蜂拥而入那座官邸堡垒,冲到插英国国旗的地方(勒克瑙守卫战期间,英国国旗曾在此处高高飘扬,此后90 年间,该旗帜一直都在),想升起印度国旗。不料却被联合省(今北方邦)元

---

① "纳博布(nabob)"指 18 世纪在印度发了横财、衣锦还乡的英国富豪。
② 一般用来指生于印度独立日(1947 年 8 月 15 日)午夜前后的那批印度人。

老德杜·潘特①——终生从事反英斗争——拦了下来。新成立的联合省的这位首席部长对众人说，别闹了，散了，回家去吧，"给英国逝者们留下一块安息的圣地吧。"

然而，坎普尔的情形便迥然不同了，无论以前或现在。曾几何时，除了印度独立日当天，所有印度人（基督徒除外）一概禁止进入圣祠花园，花园内的枯井便是"阿尔比恩的众天使"的葬身之处。后来，也是在独立日当天，人们涌进禁苑，把白色大理石天使雕像的鼻子给毁了。欧洲罹难者之井纪念委员会同意将天使雕像移到坎普尔纪念教堂。然后，取而代之的是大屠杀的始作俑者塔提亚·托普的青铜雕像，它俯视着被屠杀的无辜者们，一副幸灾乐祸模样，而人们却禁不住开始认同那位伟大殖民历史学家②讲过的话了，他认为，这是"对那些不幸罹难者们的一次俗不可耐而又丧心病狂的复仇"。

---

① 德杜·潘特，即戈文德·巴拉布·潘特（Govind Ballabh Pant，1887—1961），印度自由战士、印度国大党资深领导人、前内政部长，现代印度创建者之一。

② 指埃里克·斯托克斯（Eric Stokes，1924—1981），英国历史学家，主要研究南亚，特别是近代早期和殖民时期印度及大英帝国历史。

第 16 章 执着于生命

　　1858 年 2 月,在马鲁古群岛的特尔纳特岛,业余博物学家阿尔弗雷德·拉塞尔·华莱士①病倒了,边发高烧,边思索马尔萨斯的《人口论》。华莱士不像那位有外公韦奇伍德留下巨额遗产的查尔斯·达尔文,可以一辈子吃穿不愁;华莱士只能靠双手打拼于世——教过书,干过铁路建筑师(自学成才),还当过探险家。与达尔文一样,华莱士也到过南美,那里,赤道森林、美丽而奇诡的动植物群和当地的土著居民都让他惊叹不已。为凑足路费搞博物旅行,他还卖标本,在马来群岛作了 8 年科学考察。与达尔文、莱尔、钱伯斯和当时大多数科学家相仿,华莱士也痴迷于研究地球上生命起源的问题——歌德称之为"玄之又玄"的难题。自达尔文的祖父伊拉斯谟斯·达尔文②写出《动物法则》(1794—1796),为后来拉马克的理论观点奠定基础以来,科学界已接受了物种进化的观念。不过,要说给物种不变观真正敲响丧钟的,则非让-巴蒂斯特·皮埃尔·安托万·德·莫奈,德·拉马克骑士③莫属;但问题是——进化是如何发生的呢? 或者换个有趣点的问法,长颈鹿那条可以够到树尖的长脖子究竟是如何得来的呢? 还有个次要问题,那些够不到树叶的一代代短颈长颈鹿,又遭遇了怎样的命运呢?

　　拉马克回答了前一个问题,认为物种的后天特征可经遗传获得。父辈一旦获得某些有利于生存的技能,便可以遗传给后代。在英国,拉马克的进化

---

　　① 阿尔弗雷德·拉塞尔·华莱士(Alfred Russel Wallace,1823—1913),英国博物学家、探险家、地理学家、人类学家、生物学家。

　　② 伊拉斯谟斯·达尔文(Erasmus Darwin,1731—1802),英国医生、自然哲学家、生理学家、发明家、诗人。

　　③ 拉马克(Lamarck,1744—1829),法国博物学家、生物学奠基人之一、进化论倡导者和先驱。

论之所以妇孺皆知，赫伯特·斯宾塞①——自学成才的哲学家、社会学先驱和博学的智者——自然功不可没，而该理论在 19 世纪末能逐渐风靡，还要归功于塞缪尔·巴特勒②，他的祖父当过达尔文的母校舒兹伯利公学的校长。如今固然可以证明拉马克关于后天特征可经遗传获得的观点不对，但维多利亚时代的人实际上大都相信的其实只是这种说法里的隐喻意味。有趣的是，达尔文出版了那部名扬四海的著作后，为了贴近起初他并不以为然的拉马克理论，毅然修改了自己的理论，在随后出版的《物种起源》里加入了不少错误的观点。这种事情再次提醒我们，在科学研究中，有两件事是贯穿始终的，就连审慎严谨的科学家华莱士和达尔文也无法避免：一方面，要艰难地探索客观现实的奥秘，另一方面，则要面对他们所诉诸的媒介——语言——这种以隐喻为外壳，又跟衣服差不多、没几天便过时的工具。因此，我们固然可以看到维多利亚时代的进化生物学家能对可验证的现象作出足以改变世界的真正（拿卡尔·波普尔③的话讲）"发现"，同时我们也会看到，他们的思想也具有时代的局限性："物种起源"问题大体上跟 1850 年代流行的男式大礼帽、蒸汽机车和拉斐尔前派艺术相仿，不过是昙花一现的社会现象而已。正是在这种意义和背景下，拉马克的进化论成为白手起家的食利者阶层——譬如"韦奇伍德们"和"达尔文们"——的一种完美隐喻。在特伦特河畔斯托克，"老木腿"韦奇伍德④每天跟工人和"瓷器"厮守在一起。大发横财后，他从一位乡绅那里买房购地。而在梅尔庄园长大的儿子乔舒亚二世⑤，直接继承了乔舒亚一世苦苦锤炼而得的各种高贵品性，以至于把"工作的事"全都交给经理们打理。正是在这位二世舅舅的梅尔庄园宅邸，查尔斯·达尔文学会了狩猎——

---

① 赫伯特·斯宾塞（Herbert Spencer, 1820—1903），英国哲学家、生物学家、人类学家、社会学家，以其社会达尔文主义假说而闻名。

② 塞缪尔·巴特勒（Samuel Butler, 1835—1902），英国小说家、评论家，著有《埃瑞璜》和《众生之路》。

③ 卡尔·波普尔（Karl Popper, 1902—1994），奥地利裔英国哲学家、学者、社会评论家。

④ 乔舒亚·韦奇伍德（Josiah Wedgwood, 1730—1795），英国陶艺家、企业家、废奴主义者，年轻时染过天花，右腿跛了，后右腿膝盖以下截肢，安了木腿。

⑤ 乔舒亚·韦奇伍德二世（Josiah Wedgwood II, 1769—1843），达尔文的舅舅，女儿爱玛嫁给了达尔文。

"这让我激动不已,哪怕上床睡觉,我都会把猎靴解开鞋带撂在床边,生怕早上醒来穿鞋时多浪费一丁点时间。"

现在,回头看看 1858 年的华莱士。只见他高烧不退、大汗淋漓,冥思苦想着马尔萨斯的《人口论》。不到两小时,他便灵光乍现,构想出了整个自然选择理论。三天后,他完成了进化论论文。

华莱士短短几小时便得出了达尔文耗时二十载才决定发表的进化理论,这就是两人之间最典型的差异。跟华莱士差不多,达尔文也是从马尔萨斯《人口论》中得到的启发,但这早在 1838 年便发生了。可他并未将新理论公之于众,而是反复考量着,甚或对自己也假装不知此事,瞒着妻子苦苦思索。终于,达尔文收到华莱士寄来的自然选择论论文,这时他又突然决心立即采取行动了。1858 年 7 月 1 日举行的伦敦林奈学会会议上,华莱士和达尔文关于自然选择论的联合论文得到正式宣读,将该理论首次付诸实践并刊发出来的则是亨利·贝克·特里斯特姆牧师①;这位牧师兼鸟类学家于 1859 年 10 月在《朱鹭》杂志上发表论文,应用自然选择理论阐释沙漠鸟类颜色的生成。在数次修改过论文草稿后,查尔斯·达尔文将其扩充为一部鸿篇巨制——《论依据自然选择,即在生存斗争中保存优良族的物种起源》。该著作由约翰·默里出版社出版。出版商默里②本人也是一位业余地质学家,并不相信进化论,然而,区区一天,1 250 册便宣告售罄,令他看到了巨大的商机。日后,这本书成为这个时代的最畅销书之一,还催生出无数小册子、辩论、书评、演讲、讲道、论争等等。这部著作基于纯粹的自然观察,但在另一层面上,它似乎又定义了那个时代本身。其最重要的发现,即一种类似育种者"改良"纯种狗或杂交玫瑰一样的、客观的选择过程,时刻在自然中起着作用,被维多利亚时代的人直接当成了关于这个充满竞争的世界的象征。至于其他的一些可能的隐喻,比如正因为我们与自然同宗同源,所以人类应该成为"地球之友"等等——则直到 20 世纪后期才被人们注意到。

---

① 亨利·贝克·特里斯特姆(Henry Baker Tristram,1822—1906),英国牧师、圣经学者、旅行家、鸟类学家,达尔文主义早期支持者,试图调和进化论和创造论。

② 约翰·默里(John Murray,1808—1892),英国出版商,"约翰·默里出版公司"第三代掌门人。

对着同样的科学素材,华莱士和达尔文各自独立研究了 20 年。华莱士花了 20 年时间才终于得出了关于进化论的初稿,可当达尔文准备发表自己那篇论文时,华莱士却极为慷慨大度,欣然同意自己一辈子退到幕后,"甘作月亮,以衬托达尔文这轮太阳。"达尔文的《物种起源》出版时,华莱士仍在马来亚,直到 1860 年才读到这部著作。他一口气读了五六遍,"每读一次,钦佩之情便增加一分"。他后来说自感无比欣慰,因为是年长自己 14 岁的达尔文而非自己,冥冥中承揽了详尽阐述进化论的任务。华莱士后来也发表了自己的著作——《自然选择理论的贡献》(1870),证实了如下事实:尽管两人是各自独立展开研究的,可思想如出一辙,并向同一个结论迈进。

阿尔弗雷德·拉塞尔·华莱士

达尔文和爱妻兼表妹爱玛,婚后没几天便搬到肯特郡七橡树镇附近的道恩村。在这里,一种诡异的疾病突然降临,令达尔文一辈子都备受折磨,每天都有半天时间几乎喘不过气来,精疲力竭。在这里,他跟妻子、孩子和表亲共享天伦之乐。也是在这里,他履行了当地公民的职责,在教区委员会任职,跟牧师们呼朋引伴,甚至还当上了地方治安官。达尔文生性羞怯内向,有自我怀疑的倾向,却是古往今来众多天才中最具魅力的人之一。下面这段轶事非常典型。在教区委员会上,人们讨论了一些鸡毛蒜皮的小事。当晚半夜时分,道恩村牧师约翰·英尼斯家的前门突然响起敲门声,吓了他一跳。来者正是身材高大、头发稀疏的查尔斯·达尔文,一副忧心忡忡的模样。"他专门跑来,就是想跟我说关于那场讨论的事儿,他反复想了好久,虽说他之前已经把自己的想法说得够清楚了,可还是担心我没听明白,他不再来说个明白就睡不着。"

这就是他的本性,所以他不愿拿出版《物种起源》来试水,完全不足为奇。达尔文敏锐地意识到自己的理论势必遭到学界反对,这正是令他倍感焦虑的主要原因;这理论是正确的吗? 1844 年,钱伯斯匿名出版了《自然创造史的遗迹》,引起轩然大波。这位"遗迹先生"或"遗迹学家"被视为一位"实实在在的无神论者"。即便只是钱伯斯的这本论述"广义嬗变论"的小册子,也让教会意识到,此类观点驱逐了"干涉主义的上帝"的存在必要。自这场风波以来,科学家们一直战战兢兢。比如,当时最出类拔萃的解剖学家理查德·欧文爵士①——王家外科医学院首位亨特讲座解剖学教授,还曾获得伦敦地质学会金奖,晚年在大英博物馆自然史部当负责人——便是个绝佳的例子,展示出维多利亚时代的科学家要想免遭指责有多困难。私下里,他乐于讨论进化论。一旦到了公开场合,他便转而为《旧约》作出种种颇为单纯的辩护。欧文曾对《自然创造史的遗迹》表示谴责,而一旦必要,他也会谴责达尔文。

今天,我们有幸活在一个相信科学必胜的时代。我们已经很难想象在达尔文发表他这些著名理论之前,维多利亚时代的英国人是怎样一种精神状态了。教会和神职人员依旧大权在握。他们把几乎所有大学的教席牢牢攥在手里,议会和新闻媒体也一如既往,一边倒地支持正统观念。要让达尔文这样一位生性孤僻羞怯的人起身反抗这种现有形势,我们可以想象他为此需要承受多大压力。令他更加为难的在于,他这种行为对他那位虔诚的太太爱玛也造成了困扰。达尔文清楚,会有不少人(包括他本人)认为,他的自然选择理论表明,人类已经没有必要保留对造物主的信仰了。贝格尔号船长——如今荣升海军少将,并娶了一位虔诚的福音派女子为妻——就曾强烈驳斥达尔文倍受赞誉的《贝格尔号航海日记》。其实,虽然达尔文在加拉帕戈斯群岛观察到诸岛之间物种的明显差异,但他在《贝格尔号航海日记》中并未就此得出什么确定的结论,即便如此,菲茨罗伊船长②也已敏锐地嗅出了达尔文日后将在《物种起源》里阐述的那番宏论。比如达尔文论及这些小海岛上没有无尾两栖类动物如青蛙、蝾螈和蟾蜍等的现象时那番意味深长的评论:"谁都知道,这些动物及其产下的卵一遇海水,马上会完蛋,因此我想,我们可以这样设想,它们无论如何也无法漂洋过海,所以这些小海岛上见不到它们。但是,为何它们没有按照神创论的规定,在这里也被创造出来呢?此事难以解释。"

达尔文在行文中对神创论的这种含蓄触及,或许已经让《物种起源》对某些虔信的基督徒造成了极大伤害。比如对日后荣升海军少将的罗伯特·菲

---

① 理查德·欧文(Richard Owen,1804—1892),英国生物学家、比较解剖学家、古生物学家。

② 罗伯特·菲茨罗伊(Robert FitzRoy,1805—1865),英国王家海军将军、水文地理学家、气象学家。

茨罗伊船长来说,不相信青蛙、蝾螈、鸟雀、蝴蝶和蒲公英都是一经创造便从未改变,就等于在否认"神创论"。1860 年夏,这位海军少将前往牛津大学参加英国科学促进协会会议,并卷入了一场著名的进化论论争,辩论中,"油嘴山姆"牛津大主教威尔伯福斯提出问题,"既然[托马斯·亨利·赫胥黎]①宣称自己是猴子的后裔,那么他的猴子血统是从祖父还是从祖母那里传下来的";被称为达尔文的"圣保罗",也就是达尔文在尘世中的代表者的赫胥黎则回答道,"假如……您的问题是提给我的,问我宁愿选择一只悲惨的猩猩做祖先,还是选择一位天赋异禀、拥有巨大影响力,却只会滥用这些才华和影响力,以便把嘲讽引入严肃的科学讨论的人做祖先,那么,我会毫不犹豫地选择猩猩。"

此种尴尬的场面,幸好达尔文不必在现场亲历它。不过,不幸的菲茨罗伊却正好就在现场,并在发言中力挺主教。菲茨罗伊本人在论文《有关大洪水的简论》里极力证明,对于南美的地质状况,最有可能成立的解释,就是它们源自《创世记》里描述的、发生在诺亚大洪水时期的那场火山灾难。菲茨罗伊是一位职业气象专家,在贸易部气象部门任主管。1865 年春,不准确的天气预报遭到众多媒体的嘲弄抨击,这场灾难性事件令菲茨罗伊深陷抑郁,最后像舅舅卡斯尔雷勋爵②曾经做过的一样割喉自尽。

达尔文与此事毫无关系,不过依然为此悲痛不已。海军少将笃信宗教的态度,也许只是表象,其下掩盖着的是恐慌。我们观察如今所谓的"原教旨主义"时,也不要忘记这一点,否则便不

菲茨罗伊船长

易理解它们为何往往会诉诸暴力。在牛津大学的辩论中,真正理智的声音既非来自赫胥黎,也并非来自"油嘴山姆",倒是由达尔文的好友、王家植物园邱

---

① 托马斯·亨利·赫胥黎(Thomas Henry Huxley,1825—1895),英国生物学家、人类学家、比较解剖学家,因支持达尔文进化论而被称为"达尔文的斗牛犬"。

② 罗伯特·斯图尔特(Robert Stewart,1769—1822),爱尔兰政治家,常被称为卡斯尔雷勋爵。

园园长胡克爵士①发出的。莱尔认为，正是因为胡克，大辩论才渐渐发生转向，矛头终于指向主教大人这一方。这位植物学家始终坚持纯科学的论争。话说回来，如果说从一开始"自然选择理论"就被认为跟宗教信仰格格不入，那么这方面的大部分罪责得由教会人士承担，他们胆小如鼠，对科学研究望而却步，而且懒得要死，根本不愿深究神学含义。到头来，使得人们已经别无选择，只能在这二者之间作单项选择，要么选达尔文，要么选宗教。

在那部极具可读性的著作《达尔文理论初阶》(1982)中，乔纳森·米勒医生②指出，"对虔诚的基督徒来说，必须相信现实世界就是上帝最初创造的那个世界的不变摹本。从未发生过物种灭绝，物种变异亦复如是。"如海军少将菲茨罗伊之类的基督徒似乎把这种古怪的想法视为信仰，但是，其实这种认知并没有什么真正深远或者可靠的根基。西方世界的首位伟大哲学家兼神学家，希波的圣奥古斯丁(354—430)曾教导说，生命的最初萌芽形式有两种，一种是上帝将其置于动植物当中的，另一种则散布在环境当中，一旦条件适合，它们便会活跃起来。上帝没必要把每个物种一一创造出来。造物主只负责播下生命之种，然后任其自然发展。

文艺复兴时期，出现了特创论学说。这种自然观认为，一切物种都是上帝直接的、不变的造物。弥尔顿在《失乐园》里以这种方式描绘了上帝造物。这一观点的先驱是西班牙耶稣会士弗朗西斯科·德·苏亚雷斯(1548—1617)，他曾明确否认奥古斯丁的进化论思想，更重要的是，身为神学家的他，居然对托马斯·阿奎那的思想也一并否认。文艺复兴时期对物种"可突变性"和所有尘世事物可变性的畏惧，使人们乐于相信上帝是一次性创造出所有生命形式的：

> 草地上的草现在结子了，
>
> 黄褐色的狮子露出半身，
>
> 为解放它的后部，用脚爪搔爬着，

---

① 约瑟夫·道尔顿·胡克(Joseph Dalton Hooker，1817—1911)，英国植物学家，曾任邱园园长，是达尔文和 T. H. 赫胥黎的好友。

② 乔纳森·米勒(Jonathan Miller，1934—2019)，英国戏剧和歌剧导演、演员、作家、电视主持人、幽默家和医生。

> 随后一跃而起，像挣断了羁绊，
>
> 用后脚站起，抖擞斑驳的鬣毛。
>
> 山猫、豹子、老虎，
>
> 像鼹鼠一样奔跑起来，
>
> 将碎土投掷堆积成比它们自己还高的小山……
>
> ——《失乐园·卷七》

与这种认识相对立的，则是华莱士—达尔文的观点，认为物种都是从单一的生命形态中发展出来的。这一理论并不是说我们是猴子的后裔（正如威尔伯福斯主教以戏谑的口吻推断的那样），而是说包括人类在内的高级灵长类动物拥有共同的祖先。猴子是我们的表亲而非老祖母。

假如现在生活在后政治时代的我们非得推出一个关于人类的、能够涵盖一切的单一思想，那么它可以是自然形式之间的相互关联性——我们在这个星球上共生，人类、哺乳动物、鱼类、昆虫和树木相互依存，一切生物都不可能拥有超越死亡或转世轮回的第二次生命，所以我们有必要认识到我们作为地球守护者的职责。"我们必须牢记一点，"达尔文在《物种起源》中写道，"一切有机生物彼此之间的相互关系和它们与自然环境的相互关系，是极其复杂且密不可分的。"这无疑解释了达尔文的重要性和声望为何在我们这代人当中与日俱增，而他同时代的其他思想家圣贤却几乎已经无人提及的原因。赫伯特·斯宾塞的著作几乎已被遗忘。弗洛伊德在许多心理学流派中遭到贬斥。黑格尔也貌似只有哲学史学者还偶尔关注，许多当代哲学家已经不再从他那里得到启发。普通读者或许都已完全不知卡莱尔和罗斯金是何许人也；学生们还会读读密尔著作的只言片语，但普通人估计都已经不知道这个名字了。然而，新达尔文主义者——理查德·道金斯①、丹尼尔·克莱门特·丹尼特②等等写出的著作依然畅销不衰。

"开诚布公地讲，"丹尼特教授写道，"假如让我把最佳创意奖颁给某位历

---

① 理查德·道金斯（Richard Dawkins，1941—），英国进化生物学家、作家。

② 丹尼尔·克莱门特·丹尼特（Daniel Clement Dennett，1942—），美国哲学家、作家、认知科学家，研究领域集中在心理哲学、科学哲学和生物哲学，特别是与进化生物学和认知科学相关的领域。

史上曾出现的伟人，那么非达尔文莫属，牛顿、爱因斯坦和其他一切人都没这个资格。自然选择进化思想将生命、意义和目的领域，与时空、因果、作用机理和物理定律领域一举统一起来。"

然而，相对达尔文对我们的思维方式所产生的哲学影响这一更大的话题，《物种起源》的成功，恰恰在于它的宁静、它的毫不张扬。尽管达尔文因信奉无神论而给爱玛造成了莫大的痛苦，同时他也为自己给她造成的痛苦而哭泣——关于这个问题，在给爱玛的信中，他匆匆写道，"等我死了，你就知道了，我为此曾怎样懊恼、哀泣"——但他全然不是坚定的无神论者，就这一点而言，他跟从古到今他的许多追随者们都全然不同。达尔文的无神论信仰，安静而又伤感。道恩之屋原本是一座牧师住宅，而在生活的许多方面，达尔文也跟吉尔伯特·怀特①等本职为牧师的博物学家颇为类似，其实他本人剑桥大学毕业后也差点当上牧师。和吉尔伯特·怀特一样，达尔文专注细节、耐心、质朴，观察事物一丝不苟。达尔文选择用来观察研究的都是普通的物种，如西班牙猎犬、赛马、鸽子等，这使得英国读者们——从工人阶级鸽友，到饲养长耳猎犬的剽悍女士，再到养赛马的贵族大人——都很容易融入达尔文的研究天地。之前，莱尔和钱伯斯对冷酷无情、长着獠牙利齿的那种大自然的描述令读者们畏惧万分，达尔文笔下的大自然却仿佛和他本人一样温良谦和。固然他对"生存斗争"的描述，几乎是照搬马尔萨斯的原话，"我们所能做的就是要牢记，每个有机体都拼尽全力，以几何级数暴增；每个有机体在其生命的某一时期、一年的某一季节、每一代或每隔一段时间都必须为生存而战，并遭受巨大的破坏"，但温和的达尔文旋即安慰我们道，"当我们反思这场斗争时，不妨用如下信念安慰自己，自然之战并非永无休止，我们无须恐惧：死亡往往干净利落，而精力充沛、健康和乐观者，会存续并繁衍下去。"

关于达尔文及其影响的文献浩如烟海。事实上，维多利亚时代的大多数科学家依然信奉基督教，或起码在一定意义上信仰宗教。要说对信仰造成的损害，至少在最初的时候，达尔文所能造成的危害，远不及那些对《圣经》真实

---

① 吉尔伯特·怀特（Gilbert White，1720—1793），英国博物学家、生态学家、鸟类学家先驱。

性的猛烈攻击。今天看来,从山姆·威尔伯福斯到后来的天主教会,宗教对达尔文主义的对抗,或许其实主要是对一个流变不辍的自然世界概念的恐惧吧,而不是源自某种对上帝的创造力(或者创造力的匮乏)所作的全面哲学思考。马克思和恩格斯把达尔文主义视为从自由资本主义当中创造出来的一套完整的世界观——通过斗争,赢得进步。这类"达尔文式隐喻"的正确与否,也许只能留给后世的哲学家和科学家去探讨了。而达尔文或斯宾塞的"适者生存"理论,在多大程度上是经得起检验的呢?

在回到《人类起源》出版时的达尔文和达尔文主义之前,我们有必要先探讨一下,对于《物种起源》的所谓四大科学异议是否站得住脚。这些异议如下,排列不分先后。其一,达尔文的观点建立在对地球年龄误算的基础上。该观点的提出者,物理学家威廉·汤姆森[①]——开尔文勋爵,认为达尔文搞错了地球的年龄。汤姆森是正确的,不过,地球的年龄比达尔文推算出的时间更古老,但绝不像汤姆森认为的那么年轻,只有这样,经由"自然选择"方式而产生的进化才会有充足的时间展开。

提出另一种异议的是苏格兰工程师詹金[②],它实际上是一个因为对基因学一无所知才会提出的观点(其实达尔文也是如此)。詹金认为,他无法看出,假如自然选择产生了有利的变异,那么它如何能够保存到下一代而不会削弱。正当詹金提出异议之际,孟德尔神父[③]也正在捷克的修院内忙着证明一种构想:遗传因子不会随时间推移而以某种"两相抵销"方式被削弱,相反,却表现得似乎不可分割(尽管有些是显性的,有些是隐性的)。到了 1880 年代,魏斯曼[④]开始推演自己的理论,即易朽的世代是靠不朽的遗传物质代代相连的。1931 年,这种物质被确定为"脱氧核糖核酸"——DNA——而其结构直

---

① 威廉·汤姆森(William Thomson,1824—1907),第 1 代开尔文男爵(Baron Kelvin),英国数学物理学家、工程师。

② 亨利·弗莱明·詹金(Henry Fleeming Jenkin,1833—1885),爱丁堡大学工程学钦定教授、电缆工程师、经济学家、语言学家、评论家、剧作家、艺术家。

③ 格雷戈尔·孟德尔(Gregor Mendel,1822—1884),奥地利生物学家、数学家、遗传学奠基人,圣托马斯修院院长。

④ 奥古斯特·魏斯曼(August Weismann,1834—1914),德国演化生物学家、遗传学先驱,提出"种质论"。

到 20 世纪 50 年代才得到证实。此时终于可以证明,詹金对达尔文的批评绝对是错误的;DNA 的不朽性向我们表明了"自然选择"是如何把有利的变异遗传给下一代的。

为了反对达尔文的进化论,天主教生物学家圣乔治·米瓦特①则采取了一种近乎形而上学的立场。虽然我们可能会理解自然选择过程启动后的运作方式,但它如何解释最初的发展呢?譬如眼睛等"有用的"器官,最初是如何出现的呢?圣乔治·米瓦特提出的异议似乎基于一种混乱的"目的"隐喻。达尔文主义者不相信目的,因此达尔文本人关于"斗争"的隐喻说法便显得有点虚弱。人们想象不出长颈鹿只通过一代的努力就达到了某种想象中的长脖子状态;仅仅因为脖子越长,送到嘴里的叶子越多,于是长颈鹿就必然进化到跟树一样高,以便啃嫩叶吃。

这三种异议均基于科学或准科学的理由,到头来都得到了解答。不过,有一个谜团依然令达尔文忧心不已,而且他无法回答它。乔纳森·米勒博士指出,"进化过程要比达尔文构想的更具偶然性。"我们无法忽略"有希望的怪物"②这一概念,这些物种似乎是从无到有,或者似乎是通过极其微小而缓慢的进化过程而实现快速推进的。从只有一对残缺的肢骨,到马上就肋生双翼,这是怎么做到的?以前是水生动物的,能否适应呼吸空气呢?在达尔文主义者那里,诸如此类的大多数异议可以得到似是而非的解答。不过,有些还是难以解释。达尔文期望在这条进化之链上,"缺失的环节"最终可以通过化石证据或者类似东西得以证明和补全。然而,现代生物化学已揭示出自然界中某些结构(譬如眼睛)异常复杂,面对它们,达尔文的阐释便显得笨拙不堪了。迈克尔·贝赫③指出,"达尔文认为简单的每一个解剖步骤和结构,实际上却涉及异常复杂的生化过程,难以解释。达尔文采用比喻性说法,从一个孤峰飞跃到另一个孤峰,如今看来很多时候更像是在精心定制的机器之间

---

① 圣乔治·米瓦特(St. George Mivart,1827—1900),英国生物学家,对自然选择理论,先支持后反对,试图调和进化论与天主教会信仰,结果遭到双方谴责。

② 该构想由德裔美国遗传学家理查德·戈德施密特(Richard Goldschmidt,1878—1958)提出。

③ 迈克尔·贝赫(Michael Behe,1952—),美国生物化学家、作家、智能设计的伪科学原理的倡导者。

所发生的巨大飞跃——两者之间相距甚远,得靠直升机才能跨越。"在这里,"定制"一词引出了大问题。许多人认为,"设计论"或"神创论"观点虽正中支持者们的下怀,不过,在科学或分析层面上仍然无法阐释,也就是,在进化史里,不历经隐在的 B,从 A 如何进化到 C? 有些人认为,对达尔文的这条异议,从未得到解答。

然而,《物种起源》的成功最初并不取决于什么争论的立场,反而在于该著作精彩描述了自然界,它由数量丰富、不断变化、无限多样的交互作用的物种构成,植物、昆虫、鱼类、鸟类和哺乳动物只是其中比较显眼的一些成员而已。这就是《物种起源》最初产生巨大影响的原因。跟狄更斯的小说、弗里斯①的油画(其内容极其丰富的名画《德比日》于 1858 年展出)或充斥大量典故和实例的马克思社会经济学一样,达尔文这部名扬四海的巨著也拥有极其丰富的内容。丰富性是它首要的且最强有力的品质。

自然选择的含义几乎无须解释,它指的是并非人或神的有意识的选择,而是成功的生殖所作出的选择。于 1858 年在英国生效(爱尔兰地区除外)的《婚姻诉讼(或离婚)法案》,则允许夫妻一方可以向一个特别法庭申诉离婚,费用约 100 英镑。老无赖帕麦斯顿首相对议会宣布,"我们会待在这里,日复一日,夜复一夜地坐着,本法案不通过,我们就不挪地方。"财政大臣格莱斯顿对这项议案感到震惊,先后介入辩论 73 次,还发表了长篇演说,阐述其极度的担忧:法案将引发离婚潮,并很可能蔓延到社会各阶层。(截至当时,在英国婚姻破裂案件中,必须通过一项议会特别法案后才能离婚。到 1872 年,随着新法出台,每年通过的离婚判决约 200 份。)

新离婚法正式确认了维多利亚时代的男女通奸行为,也就是说,这项法律规定了人类不只是有产者,同时还是有性的生物。可以想见,这项法律仍然对妇女持有偏见;若男方提出离婚,只需宣称妻子通奸即可,而女方若提出离婚,须证明丈夫通奸,还须加上丈夫犯下的其他过错,譬如兽交、重婚、乱

---

① 威廉·弗里斯(William Frith,1819—1909),英国画家,擅长维多利亚时代风俗主题画作和全景叙事作品。

帕麦斯顿勋爵

伦、强奸或家暴等罪行,法庭方能认可。达尔文在《物种起源》里显然有意回避谈及人类的行为,但最先阅读该著作的读者却从中读出、也为它添加了对人类在自然中位置的新认识,这一认识在一定程度上不可避免地表现在许多涉及两性关系的小说和诗歌中。

然而,要说在艺术上涉及通奸和性话题的,最为明目张胆的莫过于理查德·瓦格纳①的歌剧了。1859年11月,《物种起源》出版,同年,瓦格纳也创作完成了《特里斯坦与伊索尔德》——尽管直到1865年6月才首度上演。关于这部歌剧中,瓦格纳的创作灵感在多大程度上来自他对玛蒂尔德②(其赞助者奥托·韦森东克的妻子)的罪恶激情——或者来自他对柯西玛的爱慕之情(嫁给瓦格纳前,她曾是瓦格纳交响乐队首席指挥汉斯·冯·彪罗的妻子),这个问题还是留待八卦传记来探讨吧。在创作伟大歌剧《尼伯龙根的指环》期间,瓦格纳改变了主意,暂时把它撂在一边,重拾起戈特弗里德·冯·斯特拉斯堡③改编的浪漫传奇故事《特里斯坦》。为此,瓦格纳写出了一份激情四射的宣言:主人公蠢蠢欲动准备背叛其君主马克王,这是一种壮美的无政府主义行为。

资本主义及其造物——庞大的高等资产阶级群体和手握大把闲暇时光的食利阶层——极大地增加了通奸的机会,也加剧了通奸的风险。令格莱斯顿深恶痛绝的离婚律师开始涌现,他们向我们展示了,那些现代保守政治家仍乐于宣称是依靠家庭生活的"基石"来维持的、资本主义社会的诸多坚不可摧的结构,与男男女女的性欲望是如何并存的。一想到生活在城郊的"特里斯坦们"和"伊索尔德们"如果肆意妄为有可能造成的破坏,人们便意识到控

---

① 理查德·瓦格纳(Richard Wagner,1813—1883),浪漫主义时期德国作曲家、指挥家。

② 艾格尼丝·玛蒂尔德·韦森东克(Agnes Mathilde Wesendonck,1828—1902),德国女诗人、作家。

③ 戈特弗里德·冯·斯特拉斯堡(Gottfried von Strassburg),德国诗人,生平不详,约12世纪下半叶或13世纪初,根据法国诗人贝鲁尔长诗创作了同名骑士史诗《特里斯坦与伊索尔德》,未完成。

制、虚伪、经济损失或者社会羞辱等等"武器"存在的必要性了。这想必正是这部歌剧具有惊人的、几乎令人麻醉的力量的原因之一。

瓦格纳无疑是一位卓越绝伦的创新之人，音乐方面如此，想象力方面也是一样。跟马克思和达尔文一样，瓦格纳也大量借鉴了先辈和同代人的作品，从柏辽兹那里尤其受益匪浅。要是没有其他进化论思想先驱，突然就冒出了个达尔文来是无法想象的——正如马克思也得到了蒲鲁东和黑格尔的大量启发；但这不妨碍我们视达尔文和马克思为改变世界的智者。瓦格纳关于人类如何运用力量的梦想——时而是贪婪和激情的奴隶，时而是它们的主人——和达尔文理论一样，至今还影响着我们。歌剧《特里斯坦与伊索尔德》具有永恒的"现代性"。该歌剧第二幕那种令人魂飞魄散的音乐效果，在欧洲艺术中可谓前所未有，至今也未必被超越。不过，它不止传递了两性交合的狂喜，也传递出另一个理念，即人类永远无法完全超越性爱而达到心灵或灵魂合一的境界。个中原因既悲剧又现实——西方人已不再极力相信来世了。《特里斯坦与伊索尔德》的伟大主题，《爱之死》，正如但丁的《天堂篇》一样超越了性。然而，那位中世纪的伟大诗人能将个人和情爱汇成一个宏大的政治和宗教愿景，最终在天堂里达到巅峰，而才华堪与但丁比肩的天才瓦格纳，却意识到人类的所有愿望，对政治进步的希望，对哲学启蒙的希望，对宗教慰藉的希望或者对性爱狂喜的希望，都与他们的死亡意识紧密交织。正如瓦格纳在神话歌剧《尼伯龙根的指环》系列中进一步阐释的那样，众神也无法逃脱灭亡的宿命，所有物种都将被卷入进化之河。马克思的理想是穷人最终赢得胜利，而对达尔文式的乐观主义者们来说，达尔文理论的魅力在于斗争带来进步的信念；而瓦格纳，以一种可能只会出现在艺术家身上的现实主义态度认为，他那个世纪的进步和人类的最终进步，终将走向毁灭。

一旦我们回头审视维多利亚女王的家庭生活，《爱之死》就变成了一曲英国小调。女王在位的大部分时间都注定要充任一位悲痛欲绝的遗孀，而她的情感生活也注定是期盼和痛苦并存的，这种人生，如果说曲调上未必是瓦格纳式的，至少在戏剧张力上也可以与瓦格纳歌剧媲美了。她长达 40 年的后半生，仿佛都用于吟唱《阿尔伯特之死》的尾声，以至于我们有时都会觉得，42

岁亲王的去世是在所难免之事。或许,他在罹患伤寒病前,便已出现滑入抑郁深渊的苗头并倦于社交了。这种推测始于利顿·斯特雷奇①创作的《维多利亚女王》,书中断言,"阿尔伯特亲王自认为是失败者,开始陷入绝望。"然而,其实他既非失败者也没有陷入绝望。虽说他过早地谢了顶(由于女王总把寝房弄得很冷,晚年的他在室内必须戴假发),而且牙口非常糟糕,但我们没有任何理由不认为,万一他挺过了伤寒病,他将一扫忧郁,振作起来,过上充实的幸福生活。在生命的最后几个月里,他感恩上帝"赐予了我们这么多幸福",这是他的心声,即便跟喜怒无常的妻子天天厮守颇为不易,跟没个准数还忘恩负义的英国人打交道又并非轻松。(1857 年,女王终于争取到授予阿尔伯特"亲王"名号的权利,《泰晤士报》对此毒舌道,这必将引得"施普雷河和多瑙河沿岸"的人对阿尔伯特刮目相看。)事实上,这则无聊的笑话和许多类似的关于阿尔伯特的笑话一样,到头来反而会令口出恶言者羞惭不已:事后看来,阿尔伯特(其国际声望,尤其泛德意志主义的声望逐年上升)给英国政坛带来了极富价值的欧洲维度,也让我们忍不住设想,假如阿尔伯特能活到俾斯麦时代或更迟些时候会怎样。1914 年的大灾变肇因于相互仇视的民族主义的灾难性膨胀,单凭一己之力,他也无力阻止这个;但是我们可以这样推测,英国当初若能奉行阿尔伯特而非帕麦斯顿子爵和后来几任首相的政策,或许我们在很大程度上可以避免世界大战。

从爱德华·怀特·本森的书信里,我们可以了解亲王的为人。本森不到 30 岁时被任命为新创建的惠灵顿公学的校长。这所为纪念惠灵顿公爵而兴建的公学从一开始就得到了阿尔伯特亲王的关注。他协助把校址选在伯克郡,还就建筑风格、校园绿化和校服设计方面提出建议。本森能当上校长也正有赖于阿尔伯特亲王的举荐。他是亲王眼中值得抬爱之人的典型——年轻、没有出身名门的背景、精力充沛、举止庄重。本森在一封信里描述了公学开学前,他去威斯敏斯特宫参加公学校董会议的情景:

> 我走到一座巨大的楼梯脚下,看见一位蓄着胡须的先生乘坐马车赶

---

① 贾尔斯·利顿·斯特雷奇(Giles Lytton Strachey,1880—1932),英国作家、批评家。

来;当我转身跑上楼,到楼梯顶上时,发现那位先生跟在我后面上了楼,他便是亲王本人。他面露微笑,格外优雅亲切,跟我握了手,随后步入会议室,董事会的董事们已等候在那里了……这位亲王真是贵族中的贵族——兴致盎然、真诚无比。

这种善心和干劲渐渐在阿尔伯特亲王生活的各个方面展现出来:赞助艺术、担任剑桥大学名誉校长、精心打理家庭和庄园——巴尔莫勒尔堡、奥斯本宫、温莎城堡——料理庞杂的家族事务,从事慈善事业,积极参与国内外政治活动。

东印度公司暂停运营后,亚洲本身实际上也像是阿尔伯特的"封地"一样落入他温良的监管。1858 年,新任命的文职人员被告知,"一切公文均须国务大臣经手,并在审阅后呈送女王"。"现任和未来的王室成员频繁到访,压得我们喘不过气来,"格雷维尔在 1857 年日记里抱怨道。"这是当今时代的一大新特色,王室名流匆匆而来,又匆匆而去。"

阿尔伯特的长女维姬嫁给普鲁士王子腓特烈·威廉(弗里茨),促成了王朝之间的首个联盟,阿尔伯特如果不是过早离世,本可以通过该联盟对整个欧洲施加影响。1858 年 1 月 25 日,维姬和弗里茨在圣詹姆斯宫皇家礼拜堂举行婚礼。当时新娘才17 岁,新郎 26 岁。迪斯雷利也参加了白金汉宫举办的婚礼舞会,在他眼里,出席婚礼的欧洲诸国的王子王孙几乎跟参加维也纳会议的一样多——当时到场的有比利时国王、布拉班特公爵、佛兰德斯伯爵、普鲁士腓特烈·威廉国王夫妇、普鲁士亲王和王妃、普鲁士王子阿尔布雷希特、普鲁士王子腓特烈·查理、普鲁士阿德尔伯特王子、霍亨索伦-西格马林根王子、萨克森-科堡

阿尔伯特亲王

哥达公爵、奥尔良公爵夫人、巴黎伯爵、沙特尔公爵、萨勒诺公主、奥马尔公爵夫妇、萨克森-魏玛爱德华王子、莱宁根王子、霍恩洛厄-兰根堡维克多王子和荷尔斯泰因-格吕克斯堡朱利叶斯王子。

这就是英国,在欧洲发生重大变动的时期,它正处于"欧洲的核心"。阿尔伯特亲王希望促成这桩王朝间的联姻,是因为他预见到欧洲的未来将决定

于德国的未来。从早年在斯托克马男爵身边做门生，再到后来去波恩大学求学期间，阿尔伯特渐渐觉得，德国应该实现统一。在一定程度上借助与德国驻英大使本森男爵之间的私交"入主"了英国以来，他便相信若能结成牢靠的英德联盟，将有助于德国统一。只要德意志诸公国和诸邦仍处于分裂中，除了那类危险的暴力革命，一般的反动力量——在诸邦本身，在俄罗斯，在奥地利——都有可能在未经察觉的情况下蔓延乃至失控。阿尔伯特认为，只有普鲁士统一了德国——当然这个普鲁士必须施行宪政——德国才有可能成为欧洲对抗暴政和无政府主义的最牢靠堡垒。在阿尔伯特的德国家族内部，许多成员都不同意他的观点，比利时国王老利奥波德叔叔担心，德国若实现统一，势必会出现一个"普鲁士超级强国"，"一个高效的德国会应运而生，不过，在某种程度上讲，这个德国也会沦为普鲁士的附庸。"阿尔伯特则坚信，像科堡这种小公国迟早会被扫地出门，他这种思想一方面受到斯托克马的影响，另一方面来自自己的洞察力。唯一问题不在于是否会有一个统一的德国，而在于这个德国会是一个什么样的国家——德国要么成为皮尔派保守党式的均势结构的国家，设有议会和代议制政府，国内安居乐业，与邻国和平共处，放手让本森男爵之类有学识的人继续给世界带去谆谆教诲，要么成为一个更不幸、更好战的国家，经济和政治陷于动荡，大搞军国主义，将其作为实现国家统一的蹩脚的替代性"快速解决方案"。

人们可能会不同意阿尔伯特对欧洲的设想，不过，我们不应忽视这一事实：他是一位见多识广、足智多谋、恪守中庸之道的德国人，而且知道自己在说什么。在对待欧洲政策问题上，帕麦斯顿喜欢跟亲王一较高下，这位古稀之年的老人却从未预见到现代德国的崛起将使欧洲发生永久性改变。他关于石勒苏益格—荷尔斯泰因问题的那则著名笑话中，就透露出这一点。1863年任首相时，帕麦斯顿宣布，能搞懂石勒苏益格—荷尔斯泰因问题的，世间只有三位。某位德国教授算一个，可惜早疯了。亲王算一个，可惜早死了。第三个就是他本人，可惜，早就忘光了。这种"健忘"其实只是个便利的借口，无非是掩盖了他的外交无能和政治军事无能罢了。

然而，这个问题尽管性质极其复杂，但它的历史意义——对欧洲政治平衡的意义——却再简单明白不过。整个1840年代末，特别1848年革命后，阿尔伯特一直在敦促"皮尔格斯坦"接受德意志人占绝对多数的德国荷尔斯泰因公国归属德意志联邦的主张。然而,丹麦人占主导的石勒苏益格的立场则截然不同。1852 年,在帕麦斯顿的外交斡旋下,《伦敦议定书》签订,将这两个公国置于丹麦宗主国的统治下。不过十年后,这些问题仍悬而未决。讲德语的荷尔斯泰因希望并入德国。1864 年,俾斯麦举兵入侵这两个公国,赢得了国内的民心。"愿上帝宽恕你们的所作所为",女王在给维姬的信中写道,维姬当时已荣登普鲁士皇储妃的宝座。随后——鉴于不管上帝是否宽恕他们,反正事情还是发生了——维多利亚女王又竭力主张,"那就快讲和吧,把这两个公国交给善良的弗里茨·荷[荷尔斯泰因],不就万事大吉了吗?"她写这封信时,阿尔伯特已经去世,石勒苏益格—荷尔斯泰因问题则已经变成一桩家庭内部的纠纷——威尔士王子(伯蒂)娶了丹麦亚历山德拉公主为妻,他的姐姐长公主则嫁给了普鲁士皇储。时任首相"皮尔格斯坦",在克里米亚战争结束后颇为尴尬地意识到,英国在军事上已无法与普鲁士对抗。

普丹战争①打完了,战争留下了个烂摊子,最终收拾它的自然是奥地利人和普鲁士人。英国的真正影响力在欧洲已荡然无存。此后的 30 年里,自我欺骗的英国埋头大搞对外扩张,一心关注帝国自身。然而事实上,某位现代历史学家的评论可谓一针见血:到 1864 年,"英国其实根本算不上欧洲强国了。"这个结果,可以说既是克里米亚战争的遗产,又是贵族政治原则的遗产,后者竟让德才不济的老朽帕麦斯顿在对英国而言最重要的大半个世纪里始终大权在握。

阿尔伯特亲王要是还在,结果会不同吗? 我们不可能完全否认这种可能性。阿尔伯特亲王过世后,女王悲痛欲绝,有些评价难免言过其实,以至于容易让人误以为阿尔伯特是个有点荒谬的人物,不过,我们不该忽视了以下事实:阿尔伯特亲王是一位备受科学家、外交官、学者和政治家——当然还有自己的孩子——拥戴的人。在奥斯本宫和温莎城堡,"维多利亚家庭"的传统模式得到了彻底扭转。女王本人极为严厉。有一回,阿尔伯特亲王向克拉伦登伯爵吐露说,惩戒孩子这种苦差事,她总是撒给他干,还说,他后悔没能反对

---

① 或称第二次石勒苏益格战争,德国称"德丹战争",丹麦称"1864 年战争"。

女王对孩子们的严苛态度,因为生怕反而激怒了她。当时,利特尔顿夫人负责管理王室育婴房。她对孩子们遭受的严厉惩罚非常震惊。爱丽丝公主4岁时,因为撒谎便招来了一顿鞭子。年幼的孩子在遭受训诫时双手往往被捆在一起,对威尔士亲王和弟弟则惩罚更严厉。不过,孩子们却一点也不害怕阿尔伯特亲王,更谈不上怨恨了。阿尔伯特去世几年后,在王家美术学院举办的一次宴会上,威尔士亲王提起父亲时失声痛哭。跟弗里茨结婚后,维姬在给父亲的信中写道,当时王家游艇"维多利亚与阿尔伯特号"航行在斯凯尔特河上——"昨天,跟您一别,我难受得受不了,简直没法说;您关上了舱门,当我看不见您时,我心都要碎了——两年半来,那个残忍时刻,我一直想都不敢想——事后想起那种痛苦,甚至更超过了当时",诸如此类的话,一连写了数页。"对您所有的爱,等等等等,我都会诚心诚意、尽我最大努力去做,要配得上您的爱。您,我亲爱的爸爸,这个世上,我最感激的就是您。"

长公主对于母亲也有同样强烈的感情。据她说,母女俩的往来信件很频繁,是"自然而然,言无不尽"。这些前后跨度长达40年的通信,让人们有幸得以深刻洞察女王独一无二的性格和心理。女王毫不掩饰对长子威尔士亲王的不喜,令人震惊。"伯蒂真差劲啊!顶数他最不让我俩省心了。白长了个脑袋,啥都不想,最可气的是,他眼里啥都没有,光盯着打扮!他一点也学不进去,况且,别人说起什么趣事,他也像没听见似的!盼只盼他碰上个大钉子,才会多长点记性,那样,他才会觉得无知迟钝很丢人"(1858年11月7日)。"伯蒂长得一点也不耐看;鼻子和嘴长得太大,还有,总是把头发糊在脑袋上,穿着打扮也丑得吓人——他长得真的一点也不好看,脑袋太小,五官太大,再配上那种发型,实在太难看了"(1860年4月7日)。

女王说一不二、吹毛求疵,有时让人恼火。可怜的维姬,母亲大人给出的生活建议可谓面面俱到,"无微不至"——房间要控制在多少度啦,安装抽水马桶的可取性啦,不光宫里,"全德国"都要安装啦,以及政治生活的方方面面。有时,女王的一大串看法——对英国国教圣餐仪式非常反感啦,爱读乔治·艾略特小说啦,很烦婴儿啦——或许挺有意思的。有时,母亲的干预欲望也给维姬带来了痛苦,甚至令人担心——正如在女王犯躁狂病或歇斯底里病时所说的——她已从她所谓的祖父乔治三世那里遗传了疯癫病。当德国皇储妃接二连三收到母亲写来的口吻豪横的信件,指手画脚地指挥儿子受洗时她应该站着还是坐着时——"德国夫人们爱怎样都行,可我们英国王妃绝对不能这样①"——克拉伦登勋爵走到阿尔伯特近前,询问他能不能给女王递个话,叫她别再多管闲事。维多利亚女王闻听此话,"暴跳如雷"。

女王的脾气一向反复无常,1861 年 3 月 16 日,女王的母亲肯特公爵夫人过世后,女王变得更加疯狂。跟许多自大狂一样——正如弗洛伊德理论阐述的——女王从少女时代到青年时期的飞跃,都是基于父母是敌人这一执念而完成。登基后,维多利亚彻底撇开了母亲,不过,岁月流转,母女关系也出现过缓和迹象,女王跟阿尔伯特 20 年的婚姻增强了她对科堡的归属感也是部分原因。母亲过世后不久,在翻看公爵夫人的遗物时,女王发现母亲对她的爱始终没变,童年时留下的每件有纪念意义的小玩意儿,母亲都一一珍藏着。之后,整整一个月,维多利亚俨然成了一个病态的隐居者,她不见孩子,独自一人进餐,把理应由她处理的国务和阿尔伯特自己"多得几乎快要累死的"事务全部撇给他一个人去打理。克拉伦登勋爵对曼彻斯特公爵夫人说,"希望这种情况不要持续下去了,弄不好她会陷入病态抑郁,这种抑郁倾向她本来就有,阿尔伯特亲王一直担心这个。"关于女王陷入抑郁甚至疯狂的报告,惹得肯特公爵夫人的弟弟、老利奥波德舅舅于 8 月横渡英吉利海峡赶来,发现整个宫廷仍在服丧。

毫无疑问,阿尔伯特的身体每况愈下,跟他动不动歇斯底里的妻子脱不了干系。1861 年的夏天,阿尔伯特强逼自己越发卖力地工作,让人疑心部分原因在于女王的所作所为令他不堪忍受。他陪女王去爱尔兰视察军队——威尔士亲王在那里服役十周。女王唠唠叨叨抱怨不停——说自己感觉"很虚弱,很紧张"。阿尔伯特和朝廷大员们之所以一再坚持女王此次出行,也是事出有因,主要是想让她在公共场合露一面,因为当时全欧流言四起,说她被关进了精神病院。他俩见到了伯蒂——但在近卫步兵团的上司们眼里,伯蒂根本不是当真正军官的料。伯蒂的同僚们还要戏他——对这位年轻人而言想必是正中下怀——竟连哄带骗让一位年轻的"女演员"内莉·克利夫登跟他

---

① 指长公主维姬。

发生了关系。

到了秋天,有关这一愚蠢闹剧的流言蜚语在伦敦各俱乐部间不断发酵,令王室更加颜面尽失。11月24日,患着重感冒的阿尔伯特亲王,冒着倾盆大雨视察了桑德赫斯特军营,第二天,又赶到剑桥大学——伯蒂装模作样地在那里念书——去训诫儿子,爷俩来了一场非常痛苦的和解。过度劳累,再加上"精疲力竭",令亲王突然病倒。此前一段时间以来,阿尔伯特一直情绪低落,饱受胃痛、牙痛和疲劳之苦。

在他的内心中,某种东西丧失了……情绪低落时,他曾对女王说——"我和你不同,我不执着于生命;我想它并不重要。我敢说,若我重病缠身,我便马上放弃;我不会为活着而苦苦挣扎。我决不执着于生命。"

大约一年前,阿尔伯特亲王和维多利亚女王访问科堡时,发生过一件诡异的事。亲王那天独自驾着一辆四匹马拉的马车,马突然受惊,马车飞速冲向铁路道口。他使出浑身力气想把马勒住,可马不听使唤,还是朝停在路上的一辆马车撞了过去。亲王赶忙跳下马车,冲过去救助对方的车夫。亲王的一匹马也被撞死了。这次事故中——当时他40岁——他便感觉到,"我的大限已近。"

1861年12月初,阿尔伯特亲王显然已病入膏肓,最可信的解释是伤寒症。(早在1858年11月,女王跟维姬抱怨"可怕的伤寒"正在温莎城堡肆虐;曾大力支持埃德温·查德威克发起公共卫生运动、建设良好的下水道系统的亲王,可能正是因为温莎城堡糟糕的排水系统而去世的;另有说法是他死于癌症。)12月7日,爱丽丝公主告诉亲王,她已写信告知维姬他病了,亲王回答,"你错了。你应该告诉她我快不行了。"

医生无力回天,还添了不少乱,但或许亲王确实无药可救了。12月14日,跪在亲王病榻旁的女王用德语对他说,"你的小女人在这里。"她提出要吻他一下,他用手势表示同意,此时亲王已开始魂归九天,女王的那些情绪、暴怒和吵闹,都将再也不会侵扰到他了。

正如长公主从母亲来信中了解到的,维多利亚女王特意在王室寝宫附近安装了"非常必要的便利设施"……"那真是一种美妙之物"。关键时刻,她突然急于使用这一现代设施,以至于只留下侍女、侍从官和亲王的儿女们守在床边,看着亲王咽下了最后一口气。

返回后,她大叫道,"哦,这就是死亡,我懂。我以前见过"……"我抓住他那只亲爱的、已开始冰冷的左手,跪在他身旁。一切,一切都结束了。"

当她返回"红厅"①时,所有的侍从官们和儿女们"都黯然销魂,却寂然无声地"围拢在她身旁。她一把抓住亚瑟王子的家庭教师霍华德·埃尔芬斯通爵士的手,恳求道,"你们不会弃我而去,对吗? 你们,全都会帮助我的。"

刹那间,不只是女王本人,宫廷和王室生活的一切、英国和整个欧洲的一切,已然沧海桑田。事实是,王室从此不再拥有真正睿智的人物了。英国的君主立宪制权力其实相当有限,但是从此以后,那些寡头政治大人物们,可以毫无忌惮地对王室大搞逢迎、哄骗或回避的勾当了。可以说,阿尔伯特亲王在世时,自有一种睿智的影响自王权而下发挥着作用,它的影响虽说主要是针对社会问题而言,不过对外交政策也每每不乏助益,但如今,政治家和君主之间的关系已经沦为滑稽的笑谈了。此后半个世纪里,维多利亚女王和阿尔伯特亲王的子女们嫁的嫁、娶的娶,与欧洲除奥地利外的所有重要王室都进行了联姻。然而,在阿尔伯特亲王去世后 70 年内,这些王朝——俄国、普鲁士、奥地利、西班牙和巴尔干半岛诸国——几乎无一幸免,被涤荡一空。君主政体之所以在英国幸存下来,原因并不在于它坚不可摧,而正在于其微不足道。即便阿尔伯特亲王还健在,英国也同样会大力褒扬遏制甚或废止君主政体影响力的想法。而实际上,那位温莎城堡里的孀妇,多年来过着令人感佩的隐居生活,几乎不曾再履行过宪法赋予的君主职能,由此,她也顺利地将英国王室引入了不值一废的境地。今天,如果说英国是君主制国家,那么,充其量也只是个有名无实的君主制国家罢了。

————————

① 在温莎城堡内,又称"国王厅",指利奥波德一世(1790—1865)在温莎城堡期间使用过的房间。

威廉·尤尔特·格莱斯顿　　但丁·罗塞蒂　　威廉·莫里斯　　艾米莉·勃朗特　　查尔斯·金斯莱　　刘易斯·卡罗尔　　约翰·罗斯金

第 17 章 《我的爱人》—汤姆叔叔 —埃尔总督

在罗塞蒂的油画《我的爱人》里,托着一小桶金色玫瑰的小男孩满脸忧郁,与所谓庆祝婚姻幸福美好的氛围并不十分契合。如今,人们早就把那个小男孩的姓名忘了,不过,当我们得知当时他正患着感冒,那份忧郁的神情自然是可以理解的。罗塞蒂在伦敦一家旅馆的台阶上邂逅了这个小男孩,马上意识到他能为这幅画作平添一抹异国情调。这幅油画是罗塞蒂应博肯黑德一位富有的银行家瑞伊所托而画,银行家准备把它当作圣诞礼物献给妻子。小男孩是个黑奴,正跟他的美国主子一道旅行。由于被风风火火地带到位于切尔西的罗塞蒂画室,小黑孩哭个不停,反倒让这位大画家非常着迷,他察觉到小男孩面颊上流淌的泪水让原本黝黑的皮肤瞧上去更黑了。就在但丁·加百利·罗塞蒂耐心地画着素描、舞弄油彩之际,这位男孩的非洲裔美国同胞们正深陷于这个世纪里最血腥的一座战争熔炉。孩子哭个没完,罗塞蒂恳求他保持安静,此刻,谢尔曼①正率领北方大军穿越佐治亚州,向南部亚特兰大城挺进,一路烧杀掠夺,与此同时,从南到北的相反方向,大批黑人难民乘坐着牛车和临时货车正逃离南方奴隶制诸州,有些人侥幸进入了比以往稍好一点的新生活,而许多人或者说大多数人,逃入的依然还是贫困和受虐的生活,和在旧制度下一样恐怖。

正如奥登②对中世纪晚期油画发出的赞美,"一切看起来都远离灾难,从容悠闲",罗塞蒂的画作也给人以这种印象。如今,在画廊里欣赏油画《我的

---

① 威廉·谢尔曼(William Sherman,1820—1891),美国陆军上将,美国南北战争时期联邦军著名将领。

② 威斯坦·奥登(Wystan Auden,1907—1973),英国裔美国诗人。

爱人》时,几乎不会有人在这个现身其中的孩子身上看出任何一抹政治意义的微茫了。毫无疑问,这个小黑孩能"挤进"这幅人物拥塞且算不上完全成功的画作中,纯粹是出于审美的需要,瑞伊先生为买这幅画作总共掏了 300 英镑,他如果想要买下这个小男孩本人,所费也无非再加两倍而已。

奴隶制之所以令人厌恶,正在于这种一个人对另一个人的实际拥有权的观念,今天对几乎所有现代人而言,这种观念更是简直不可理喻。曾身为战地记者的威廉·霍华德·拉塞尔,在成功报道了克里米亚战争和印度兵变后,又赶去亚拉巴马州的蒙哥马利城参加了一场奴隶拍卖活动,并发回一篇新闻报道,刊登于 1861 年 5 月 30 日《泰晤士报》:

> 我既非多愁善感之人,亦非黑人共和党党徒,更非仰慕黑人之辈。然而,说心里话,目睹了那一幕,一阵诡异的悸动猛然袭上心头。我倾己所能让自己谙习于这种事实,不过,依然无济于事,这个事实就是,只需花 975 英镑,我就能完全当上那个有血有肉、有筋骨、有脑子的大活物的主子,就跟我能花这点钱,买下我身边那匹马没什么分别。无论有人怎样花言巧语地狡辩,我都无法相信,站在我眼前的这位不是人——他确实不是我的兄弟,但他的确是我的人类同胞。

这种感受在英国并不新奇。塞缪尔·约翰生①曾断言,"无人生而便是他人之私物。"69 岁高龄的他访问牛津大学,在欢迎宴会上举杯祝愿:"为下一场西印度群岛黑人奴隶叛乱干杯。"(1777 年,他还对美国人质疑道,"发出最响亮自由呼声的人,怎么竟然是欺压黑奴的主子呢?")

1770 年代托利党党徒约翰生发现的这种矛盾现象,在 1860 年代仍在上演。那些坚称自己享有脱离联邦的自由的州,同时坚称它们有权将蓄奴制世代延续下去,而此时甚至俄国人都在解放农奴了。(1861 年 3 月 3 日,也就是南方联盟军炮击萨姆特堡前的两个月,俄国宣布解放农奴;而林肯直到近两年之后,才在 1863 年 1 月 1 日宣布解放以武力对抗联邦的南方诸州的奴隶。)

---

① 塞缪尔·约翰生(Samuel Johnson,1709—1784),英国文学史上重要的诗人、散文家、传记家和健谈家,编纂的《词典》对英语发展作出了重大贡献。

然而，即使从但丁·加百利·罗塞蒂画室那个遥远的视角来审视，美国奴隶制也并非一个简单的道德问题。固然英国人，尤其是英国自由派，大声谴责着那种认为可以购买"有血有肉、有筋骨、有脑子的大活物"的陈规陋见，然而 19 世纪英国工厂的大老板们对工人又干了些什么呢？不论属于哪个阶级，相对她们的父亲或丈夫而言，英国妇女的地位实际上又如何呢？（直到 1882 年，《已婚妇女财产法》才完全赋予英国已婚妇女独立的财产所有权。）

还有，英国凭借批量生产棉纺织品，极大增加了国民财富，然而这一现象与美国能够种植更多也提供更多更廉价棉花的能力之间，也有着息息相关的经济关系。假如没有布莱克本的贫苦纺织工詹姆斯·哈格里夫斯在 1764 年发明珍妮机、理查德·阿克莱特稍晚发明水力纺纱机以及卡特赖特发明动力织机，那么华兹华斯笔下的乡下人——兰开夏郡安谧悠闲的家庭手工织布工——在维多利亚女王统治的第三个十年或许照旧过着风平浪静、无忧无虑的生活呢。然而，他们并没有过上这种生活。人口爆炸袭来了，马尔萨斯式的斗争也接踵而至。大批民众蜂拥入英格兰北部的作坊和工厂——兰开夏郡当时的人口已占到全国总人口的 12％。从 1821 年到 1831 年，每年有 1.7 万人涌入兰开夏郡。到 1860 年，全国棉纺厂约有 2 650 家，棉纺工人总数达到 44 万，每年工资总额高达 1 150 万英镑。为了雇佣以如此惊人速度暴增的棉纺工人，棉花进口需求激增到 1 051 623 380 磅，所有原材料几乎全部来自美国。

英国剧增的人口，有赖于由阿克莱特、卡特赖特和哈格里夫斯等人身体力行所激发出的大批工业领域的发明天才才得以谋生，不过，若没有美国农业的同步发展，英国在棉花上猛增的需求也是难以得到满足的。美国人伊莱·惠特尼于 1793 年发明了轧棉机，棉绒去籽的工作从此变得轻而易举，日益衰退的美国南方农业经济也得以迅速复苏。密西西比河流域广袤富饶的处女地是种植棉花的天堂，作为廉价劳动力的奴隶更是唾手可得。《美国宪法》"第一条第九款"也曾预想过在 1808 年废止奴隶贸易，可惜废除奴隶制却不在其中。许多开明的种植园主都以杰斐逊为榜样，在去世前便留下了释放奴隶的遗嘱。如果美国南方农业经济继续衰退下去，假如伊莱·惠特尼不曾发明精巧绝伦的轧棉机、兰开夏郡没有发生工业革命，那么宁静古老的美国南方或许会渐渐演变为一种贫穷的非蓄奴制文化,类似于 18 世纪的英格兰,固然人口稀少,却人人教养有加。然而,为满足 19 世纪贸易发展的需求,美国蓄奴总量实际上增长了,从 1800 年的 100 万飙升到 1860 年的 450 万。

埃兹拉·庞德诗歌里直言的真相,可谓人类历史中鲜有的悲惨事实,"自然过度生产。生产过剩无害,直到出现了过度买卖。"

美国南方棉花生产过剩,从中获利的又何止种植园主呢。美国北方中间商和纽约商人以越来越高的价格向南方倾销工业制成品,榨干南方人的血;同时,几乎人人都是自由派的英国商人阶层大力鼓吹拥护废奴事业,也只是在从奴隶制中大捞一笔之后才有的事——第一桶金正来自美国黑奴的种植和英国童工的劳动带来的、用于出口的廉价棉纺织品。

独具慧眼的英国人不可能看不到 1860 年代这些令人不安的事实,这也正是当时许多英国人对美国的形势视而不见或者故意忽略的缘由,或许也是某些最狂热的废奴主义者同时也是资本主义工业的捍卫者的原因。(哈里特·马蒂诺①便是个中典型。)

在格莱斯顿这位最自相矛盾的政治家身上,充分展示出这个问题的多重复杂性。他是一位空话王,却又极讲原则;他从父亲的德梅拉拉奴隶种植园获益,负罪感缠身,却口口声声捍卫着父亲的良心善念;他年轻时是严厉的托利党党徒,年老时却变成富有远见卓识的激进派;他是着眼于攫取最佳时机的民粹主义者,却在其漫长的仕途生涯中——从因为梅努斯补助金事件辞职,到因为爱尔兰地方自治问题致使自由党分崩离析——时刻坚守根深蒂固的道德信念;是一位有远见的预言家,却是令人厌恶至极的家伙。美国内战爆发时,时年 52 岁的格莱斯顿出任了帕麦斯顿勋爵"自由党"内阁的财政大臣,当时,约翰·罗素勋爵仟外交大臣。英国仍旧被牢牢掌控在"那两个可怕的老家伙"的手里,在 1832 年出台《改革法案》、爱尔兰爆发大饥荒以及印度军队叛乱时,这两人一直都在。维多利亚时代的英国是老人统治的国家,使心怀政治抱负的人们感到极度沮丧。在下议院,格莱斯顿的"同等重量级"老对手迪斯雷利为了爬到"油滑杆"的顶端,同样走过了痛苦难当的旅途,他按下

---

① 当时的著名英国女撰稿人,参见本书第 13 章对她的介绍。

性子等着保守党领袖德比勋爵要么退休归隐,要么一命呜呼。格莱斯顿也在等,窥伺着自由党领袖一职,一心想证明自己才是接替帕麦斯顿的不二人选。

此时,英国东北部地区的繁荣程度——依靠向欧洲出口、造船业和采煤业——与西北部棉花加工重镇兰开夏郡的萧条程度恰成反比。身为自由党财政大臣的格莱斯顿因为东北地区的繁荣而广受赞誉。1862 年 10 月 7 日,他应邀在纽卡斯尔市市政厅晚宴发表演讲。用格莱斯顿的传记作者兼崇拜者莫利的话说,他"享受到了国王般的礼遇"。一大列汽轮一字排开,跟在他所乘之船的后面,停泊在泰恩河河口,接受排列在堤岸两边,来自锻造厂、冶炼厂、煤炭转运装卸码头、化工厂、玻璃厂和造船厂工人们的欢呼致敬:"而且,这一切可不是因为他把对法国的出口额增加了两倍,而是因为他那沉着自信的天生口音里,表达出对普通百姓的情感。"当然,这指的并非格莱斯顿的利物浦方

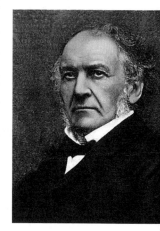

威廉·尤尔特·格莱斯顿

言——我们可以从身为伊顿公学和牛津大学毕业生的格莱斯顿的演讲录音里隐隐听出这种口音来——而是指他的民粹主义倾向,一种迎合公众情绪的天赋。盛大的欢迎宴会上,格莱斯顿无疑因为纽卡斯尔的热情款待而兴奋无比,发表了令他名垂青史的演说。这次演讲造成了英国外交大臣和美国驻英公使查尔斯·弗朗西斯·亚当斯①之间的一场外交事件。这莫非就是人们常说的"失言"? 或者,格莱斯顿这位集狂热的冲动和阴险狡诈于一身的人,是刻意说出这番让他们难堪的话的?

"我们一清二楚,"格莱斯顿说,"美国北方诸州的人民还未尝到这杯酒的味道——他们现在端着这杯酒,依旧试图把它拿得离自己的嘴唇远远的——不过,这世界上的其他人都知道,他们必定要喝下这杯酒的。我们对奴隶制可能有自己的看法,我们可能站在美国南方一边,也可能不是,然而,杰弗逊·戴维斯和其他南方领导人已经组建了一支大军,有迹象表明,他们正打造一支海军。这两样东西固然重要,但比这更甚的是,他们正缔造一个独立

---

① 查尔斯·弗朗西斯·亚当斯(Charles Francis Adams,1807—1886),美国政治家、外交家,美国第二任总统约翰·亚当斯之孙,曾任美国驻英国大使。

的国家。"他的这番话赢得了在场人们的热烈欢呼。

亚当斯肩上的担子可不轻松。从内战开始,他便在英国中立的问题上不得不重申,英国若无意与联邦为敌,就不应承认南方邦联。约翰·罗素此时亲自出马,平息了这场风波,迫使格莱斯顿收回这番暗示英国政府相信南方邦联在内战中必胜的话。到了晚年,格莱斯顿对自己当时说的那番话感到很沮丧。他说自己从没希望美国联邦陷入分裂,而且也担心万一真有这样的分裂,会"给加拿大带去危险的压力"。在仕途生涯的最后 25 年里,格莱斯顿从美国人民那里得到了"善意的表示",这让他更急于跟自己以前持有的敌意立场划清界限。原因在于,这位信奉民主思想的耄耋老人相信自己始终是"民有、民治、民享"政府理念的狂热信徒。关于拥有共同政治愿景的新正统观念——它使得英美两国联合起来——令 20 世纪初的历史学家们将 19 世纪60 年代视为两国关系的伟大转折点,一个两国将旧世界和旧世界的古老敌意都抛到九霄云外的时期。"1867 年的《改革法案》让英国发生了脱胎换骨的变化,那个非难谴责美国制度的英国已一命呜呼,取代它的是向美国伸出友善之手的'姊妹民主'",这种亲美国观点发表于伍德罗·威尔逊①将其灾难性的结论强加于《凡尔赛和约》的六年后。很大程度上,这仍然是如今大西洋两岸一些人对 1860 年代的看法。

然而在当时,实际情况却是截然不同于此的。许多人同意迪斯雷利的观点,也就是,美国正在发生的"巨大革命"将"极其明确地表明有利于贵族统治"。或许,这种观念的形成是当时最伟大的保守党知识分子罗伯特·塞西尔勋爵影响的结果。(尽管当时塞西尔颇为厌烦迪斯雷利,但是后者并没有回应这种反感。身为索尔兹伯里勋爵的塞西尔注定后来要出任迪斯雷利首相的外交大臣,还成为他的继任者,当上了保守党首相。)1862 年 10 月,塞西尔在《季度评论》上发文,坚持认为民主思想:

> 不光愚不可及,简直是痴心妄想。争论它该不该存在实在是无聊至极;因为,它实际上从未存在过。无论宪法文本是如何表述的,民众当中

---

① 托马斯·伍德罗·威尔逊(Thomas Woodrow Wilson,1856—1924),美国政治家、学者,美国第 28 任总统。

总有领袖存在,而这些领袖却并非由民众选出。若他们愿意,可以假装实现了政治平等,自欺欺人地相信政治平等的存在。而这样做的唯一后果就是他们会弄出一个坏领袖,而非好领袖。任何一个团体都有领袖,这是天经地义的,假如他们尚未被平等的狂热激情误导的话,他们会本能地服从领袖的领导。在所有有智识的权力体和文化中,始终都是财富,或者在某些国家里是出身,让某些人被遴选出来,被情感健全的社团视为可以托付以管理职责的人。

第一次世界大战前,英国政治阶层的大部分人,保守党也好,自由党也罢,都认同这些观点;这就是为什么对于所谓 19 世纪六七十年代的英国政治已经变得更民主或跟美国相差无几的观点,我们有必要持保留意见的原因。当然,也有一小撮人持这种态度。科布登和布莱特在选举集会上竖起了几面美国国旗,说是代表自由,于是激起民怨,遭到了嘲笑。大多数英国人——《泰晤士报》、白芝浩、迪斯雷利、保守党人和格莱斯顿——都认为美国南方邦联最终可能获胜,而且许多人,也许是大多数人,也都希望如此。最初,很多评论家也相信美国南方 11 个蓄奴州最终会脱离联邦,马修·阿诺德便是其中一个。这位自由党的预言家认为,若是那样,对北方联邦来说是好事,可以让美国北方佬自行发展一个摆脱黑人的现代文明社会,至于后者,他猜想会被遣返非洲。作为英国教育督学,阿诺德在 1865 年 1 月初曾指出,一次,他给师范学院的学生出了一道涉及美国所处危机的命题作文题目,结果几乎所有学生都站在南方邦联一边,认为它"可能是更强大的一方"。

英国政府的中立态度,当然不是建立在跟林肯或联邦政府的什么天然的共同感情基础上。亨利·布鲁克斯·亚当斯①指出,当北方有望取得战争胜利时,帕麦斯顿和罗素渐渐显得开始支持北方联邦,然而,这"绝非什么特别的同情,不过是对维系 50 年代便已确定的友好政策所能为英国带来的利益进行冷静计算的结果而已。"(美国内战初期,英国没有冒险介入,只是派遣 1.1

---

① 亨利·布鲁克斯·亚当斯((Henry Brooks Adams,1838—1918),美国历史学家,亚当斯政治家族成员。

万士兵赶往加拿大保卫边境安全。)林肯总统的国务卿苏厄德①,这位也觊觎过共和党总统候选人提名的人,把英国描述为"世界上最伟大、最贪得无厌、最能巧取豪夺的强国",也许是可以理解的。

这种强国的力量依赖贸易、制造业和商品出口,而贸易的很大部分集中在兰开夏郡的棉纺厂和工厂。杰弗逊·戴维斯为了对抗北方联邦封锁南方诸港口的举动而决定实施棉花禁运政策时,实际上作出了一个错误至极的决策。在美国内战爆发的头一年,这项政策并没有起作用。精明的英国商人已预见到原材料短缺的危险,在一年中一旦棉价处于低位时便大量购入棉花。然而,到了第二年,也就是 1862 年 5 月时,原本一片繁荣的兰开夏郡已陷入凋敝。布莱克本之类棉花加工重镇里,"84 家棉纺厂中 23 家一片沉寂,再也冒不出一缕烟";申请贫困救济金的工人多达 9 414 人,当铺里堆满了典当的家具和衣服。饥荒即将来临。

英国新闻界当时一般都认为,兰开夏郡遭受的商业灾难和人间浩劫比奴隶制问题重要得多。《泰晤士报》提醒读者,美国内战前,废奴主义者在北方和在南方一样遭到过迫害;况且,甚至到南北双方大打出手之际,林肯及其盟友都没站出来明确表示过反对奴隶制。持有更激进民粹主义立场的《雷诺兹新闻报》②则呼吁,若有必要,应诉诸武力打破封锁。"英国必须打破封锁,否则数百万人便会忍饥挨饿。""揍他个该死的北方佬,总比眼睁睁瞅着我们的劳苦大众饿死强。"美国驻曼彻斯特领事向美国当局报告说,英国工人阶级的舆论"差不多一边倒地反对美国北方"。出现这种势头一点也不奇怪。"确实,几个大兵挨了枪子,挨刺刀捅,或者被大炮轰得四分五裂,但是,跟成千上万的资本家——瞪大了惊恐的眼睛,看着自己的棉花库存一点点消耗殆尽——所遭受的苦难相比,大兵们受的那点苦算什么呢? 不就是周围有几颗子弹飞来飞去吗,跟彻底失去活力的有价证券的暴跌相比,又算得了什么呢?"1863 年 2 月 14 日,在小博尔顿镇"戒酒会堂"举行的一次会议上,人们讨论了"林肯总统最近施行的政策不值得所有热爱自由和宪政的人们同情和支

---

① 威廉·苏厄德(William Seward,1801—1872),美国政治家,1861—1869 年任美国国务卿,此前曾任纽约州州长和美国参议员。
② 1850 年由乔治·雷纳德创办的英国激进派报纸。

持吗?"等问题,当那位可敬的自由党发言人约翰·爱德华·柯克曼先生试图为林肯辩护时,台下插话声、笑声、嘘声、喝倒彩声不绝于耳。

在英国废奴主义者和经济激进派的敦促下,林肯亲自写信给兰开夏郡人民,安慰他们的困难处境,还试图暗示,英国工人阶级宁可挨饿,也不愿忍受大西洋彼岸奴隶制的存在。他写道,"我不能不认为,你们在此问题上的果断表态乃是有史以来前所未有的、基督教英雄主义的崇高典范。"事实却是,在经济繁荣的岁月里,工人阶级和工厂老板们同样满足于靠进口廉价棉花获利,而若不依靠奴隶收种棉花,棉价早就翻一番了。另一个事实则是,大多数英国工人都希望美国内战早点结束,如此一来,英国的作坊和工厂就能复工,他们也能正常干活,挣钱养家了。而且再说了,无论如何,对美国内战以及帕麦斯顿和罗素准备采取的中立政策,兰开夏郡工厂的工人都是绝无影响力的。

不过,尽管事实无疑如此,尽管在持续数月的经济危机中,作为世界历史大潮里的一个转折点的美国内战的重要意义,很大程度上却没能得到英国政客和公众的理解,但在另一方面,奴隶制问题是怎么回事,他们心里却一清二楚。

格莱斯顿的传记作者莫利勋爵阐释了英国人在这个问题上的肤浅短视,"我们把普通政治准则用到了一场不只是政治竞争,而且是社会革命的事件上。我们没有仔细研究这个事件背后的根本事实,而是将其肤浅地当作旧世界里关于边界、继承权、领土划分和王朝优势地位之类冲突来谈论。美国内战的意义就在于它与奴隶制之间的关系。"

如果不借用莫利这种铁杆自由党党徒的高见,我们也不妨借用迪斯雷利的词来形容此种形势:对这场"贵族殖民地"的骚乱,英国人态度含糊。英国人自己走向现代民主的同时,很大程度上保留了他们的"贵族殖民地"。跟美国要直面的严酷选择不同,英国没有奴隶,城市乡村也没有庞大的黑人群体。罗塞蒂请来的黑人小模特是有着异国情调的外来者,在伦敦街头显得"鹤立鸡群",所以大艺术家才会找他来当画模。

1863 年 9 月,在巴尔莫勒尔堡有个例子,让我们一窥在没出过远门、没见过世面的人眼中,一张黑面孔显得有多奇怪:

爱丽丝公主在这里搞到了一个黑人小男孩，是别人敬献给她的，男孩的到来在迪赛德①引起了极大轰动，那里的人从没见过此类超乎想象的小东西。一个女人，而且是挺聪明伶俐的女人，一瞥见这男孩，就厉声惊叫起来，还说，若不是女王在场，她保准早就吓瘫倒地了。她说，就是要了她的命，也休想叫她给他洗衣服，因为那黑肤色会褪色在衣服上！这个故事是女王兴致勃勃地讲给我听的。

说这番话的是格莱斯顿。总而言之，黑人是外国人。维多利亚时代许多人都赞同心地良善、无论从哪方面说都是自由派人士的萨克雷的观点，"黑炭不是我的伙计，不是我的兄弟；他的面容怪诞且低贱。"如果他们也像萨克雷那样在 1852 年至 1853 年间到访弗吉尼亚州，他们中许多人想必也会得出同样结论，"和斯托夫人小说里，那些遭受着不幸的苦难，弄得你长吁短叹的人不一样，他们其实在阳光中咧嘴笑着，互相开着玩笑。"萨克雷担心废除奴隶制后黑人将难以存活，他认为在劳动力市场上，黑人将不得不跟白人竞争，这将导致"命运给他们带来的最可怖的诅咒和毁灭"。

最具讽刺意味的是，这些在我们看来如此愚昧无知的观点却在美国发生的事件中得到了证实。随着北方联邦的节节胜利，杰弗逊·戴维斯手铐脚镣加身，被投入大牢，一座座富庶的庄园和种植园被摧毁，在这些地方，温和的奴隶主所有制原本起码有可能存续下去。在古老的美国南方，三 K 党的存在原本是不可想象的。接下来的一百年里，美国南方诸州的穷苦人，不论白人黑人，一样陷于超乎想象的窘迫处境。正如左翼黑人历史学家杜波依斯②日后在《黑人重建》(1935 年出版)中所写的，"上帝在哭泣；不过，对不信神的时代而言，这无关紧要；重要的在于，这世界哭泣过，如今仍在哭泣，泪水和鲜血蒙住双眼。因为一种新资本主义，一种新奴隶劳动，已在美国崛起。"

1860 年代确实发生了变化。莫利看到的美国"社会革命"，正与英国和欧洲在工业化进程最初几十年一样，推动着劳动力往前发展，只不过，这一回的

---

① 位于阿伯丁郡，王室避暑胜地。

② 威廉·杜波依斯(William Du Bois，1868—1963)，美国非洲裔社会学家、历史学家、民权活动家、泛非主义者、作家、编辑。

大资本家和统治阶级为无产阶级提供的保护措施更少了,也更缺乏安抚无产阶级的意愿。正如阿什利看到的,"贵族殖民地"尽管截然不同于资本主义自私自利的相互厮杀,却给毫无节制的英国市场经济带来了一些制约因素。如果基督教和共产主义确实可谓对于市场而言的、唯一真正的辩证意义上的对手,那么贵族政治的存在却提供了一个背景,令贵族阶级或新贵阶级责任感的观念对纯粹达尔文式的竞争起调和作用。不仅许多 19 世纪的贵族仍握有实权、保有影响力,而且许多新贵随着不断累积新近攫取的财富,也开始选择过一种具有自身特色的贵族生活。当然,这涉及现代人会觉得腐朽不堪的等级制度,此外,我们现代人或许对赞助者的观念也不屑一顾。不过,在第二次世界大战后正式废除贵族制时,英国人用于规划国家的福利和赞助制度,与其说效仿自苏联庞大的僵化体制,不如说还是以老派的基督教贵族为原型,且这种选择并非偶然:这些贵族从摇篮到坟墓,关照着庄园里穷人的一生,为穷人建学校、盖房舍,每逢经济危机爆发,作坊、工厂或矿山纷纷关门使穷人失业时,便提供专门为穷人打造的工作岗位。克莱门特·理查德·艾德礼①和斯塔福德·克里普斯爵士②是第七代沙夫茨伯里伯爵的继承者,而非卡尔·马克思的后来人。

棉花短缺期间,资本主义经济制度出现了重大危机,包括格莱斯顿在内的英国北方大地主纷纷制定应对方案。1862 年 12 月 2 日,在曼彻斯特举行的一场集会上,德比勋爵赞扬了"这种高风亮节,一种赞不胜赞的行为气度,这个伟大国家的国民以此勇敢地扛住了困苦磨难"。他向救济基金会一次性捐出 5 000 英镑,成为个人做出的最大单笔捐赠。在德比勋爵感召下,其他人也纷纷解囊——德比勋爵筹集款项总额为 13 万英镑,自己则总共捐出了 1.2 万英镑。寻求救济的人数则从 1813 年 1 月的 50 万飙升到 1865 年的 126 万。毫无疑问,此处推动善举的,主要还是实际的自保本能。德比害怕暴民因饥

---

① 克莱门特·理查德·艾德礼(Clement Richard Attlee,1883—1967),英国工党政治家、首相(1945—1951),在任期间对国内施行经济紧缩计划,对大工业实行国有化,创办国民保健事业。

② 斯塔福德·克里普斯(Stafford Cripps,1889—1952),英国工党政治家,在艾德礼内阁中任贸易委员会主席和财政大臣,为英国战后经济繁荣奠定了基础。

饿揭竿而起。身为兰开夏郡头号大地主,德比支持的是美国南方邦联,可他始终出言谨慎,因为知道工人阶级中的一些人同情的是"施行民主制的"美国北方诸州。

我们现在回头再看罗塞蒂《我的爱人》里的黑人小男孩。在这位对政治毫无兴趣的画家的这幅油画里,我们却可以看到他所漠不关心的社会政治的影踪。首先,是这幅画作本身,涂着金彩、配有画框的图像,一幅情色的或半异教的祭坛装饰品,不是供奉给教堂,而是供给默西塞德郡的金融家、银行家瑞伊先生的宅邸使用。这幅画阐释的是《圣经》上的"良人属我,我也属他,愿他用口与我亲嘴",不过,它是为维多利亚时代资本家的妻子绘制的圣诞礼物,不仅是借助情色和精神欲望的象征而进行的探索,也是一种社会地位的象征,一件昂贵的家居用品。罗塞蒂对同时代的政治辩论基本不闻不问,不过也正因此,颇为奇妙地,他得以在画中赋予了这个黑人小孩强烈的说服力,远比他如果刻意安排这孩子背负上象征主义的重担——比如韦奇伍德烧制的著名陶瓷徽章"男人和一个戴镣铐的黑人兄弟"那种——的效果强出许多。罗塞蒂的妹妹克里斯蒂娜、弟弟威廉[①],还有爱德华·伯恩-琼斯、威廉·霍尔

但丁·罗塞蒂

曼·亨特和罗伯特·勃朗宁——这类人在罗塞蒂艺术圈里有好多,在此仅举几例——都是热切的废奴主义者。另一方面,惠斯勒的一个兄弟参加了南方同盟军,罗斯金在更晚些时候则走上了卡莱尔的老路。当老友们为美国南北双方吵得天昏地暗之际,罗塞蒂却置身事外,一笑了之。

然而,某种意义上说,这种超然态度本身就是一种政治观点。每每回想起英国对美国内战的反应,自由党党徒莫利都会感到震惊不已。美国内战尘埃落定后,他也只能发出一些类似《先驱晨报》的那种评论:"我们背弃了自己的原则,错失了良机……我们犯了罪,酿成了大错,我们及子孙后代必将为此付出代价。"

---

① 威廉·罗塞蒂(William Rossetti, 1829—1919),英国艺术评论家,文学编辑、文学家。

英国自由派的焦虑不安遭到了历史的嘲笑。很快,美国顺应历史大势,跟英国结成了亲密盟友,似乎已然忘掉了帕麦斯顿和罗素对美国内战所持的矛盾态度。

一个半世纪的久远历史表明,英国人确实乐意为作为低幼读物的《汤姆叔叔的小屋》一掬几滴同情泪,但未必会去深究自己对于世界上那些他们在不曾公然采取奴役手段的情况下征服利用的民族和人种的高度含糊态度。我们已注意到,英国对侥幸逃脱 1848 年革命的沾沾自喜,伴随着的是世界其他许多地区冲突不断的事实——动乱和小规模战争在加拿大、加勒比地区、南非和整个印度次大陆频发,跟 1848 年发生在柏林、维也纳或巴黎的暴力事件同样具有"革命性"。此外,我们也注意到,1857 年至 1858 年后,英国人对印度的态度也发生了改变。此时,认为印度是个独立的个体,有古老的王朝和王国以及独特的文化、语言和宗教,只是因为商业缘故而被东印度公司争取过来的人,数量上已远低于认为印度人是野蛮人,必须加以征服的人,后者要么出于社会经济上的边沁主义原则,要么出于基督教福音主义,要么出于两者的混合体而持有此种观念。英国的帝国主义文化已逐渐"进化",英国人开始自我欺骗:白人比黑人优越。

安东尼·特罗洛普就是个典型,他在 1858 年访问西印度群岛后得出结论,"解放的"黑人劳工天生不会思考,且生性懒惰。"从文明世界后撤,再度沦为野蛮人——社会法律所能许可的最野蛮的人——正合他们的胃口。我敢说,若听其自便,他们保准会彻底退化得不成人样。"

在塑造英国人对世界其他各族人的看法方面,乔治·阿尔弗雷德·亨蒂①的影响或许比特罗洛普更大,也比其他作家都大。于 1860 年代开启写作生涯的亨蒂——先后在威斯敏斯特公学和剑桥大学凯斯学院接受教育,父亲是富有的股票经纪人——曾接受陆军军需处委派,到了克里米亚战场。在那里,他误打误撞干起新闻报道,为《广告晨报》和《晨邮报》效劳,直到突发高烧,被遣送回国。回国后,他继续在陆军军需处工作到 1860 年代中期。当时,

---

① 乔治·阿尔弗雷德·亨蒂(George Alfred Henty,1832—1902),英国小说家、战地记者。

充任战地记者和男孩冒险故事作者的生活，对他有种无法抗拒的诱惑力，赚的钱也更多。整整四代英国儿童都是读着亨蒂令人欲罢不能的童话长大的，这些童话书文笔优美，装帧考究，编辑精心，齐整整地码放在孩子们的书架上。

乔治·阿尔弗雷德·亨蒂

"亨蒂现象"——他有70多部小说都是讴歌帝国主义者的"英雄之举"——其实属于1880年代，不过，在此值得一提的，不仅是他的激进政治观，还有他身为职业作家所选择的方向。亨蒂成熟期的小说总是走这样的套路：一位十几岁的英国少年突遭变故，沦为孤儿，由此挣脱了公学教育和家庭养育的枷锁，却突然发现自己卷入了惊心动魄的历史事件。从《贝里克在阿金库尔》到《不列颠人：罗马入侵史话》，小说的时间跨度令人印象深刻，然而，绝大多数都是对于构建英帝国主义神话的尝试，譬如《藉以行动与勇气：纳尔逊时代史话》《藉以矛与堤：荷兰共和国崛起史话》《藉以纯粹的勇气：阿散蒂战争史话》《被咒为虚无主义者：逃离西伯利亚史话》《突入喀土穆：尼罗河探险史话》《为声名与荣誉而战：攻破阿富汗关隘》《杰克·阿切尔：克里米亚战争史话》《锡克战争始末：征服旁遮普史话》《迈索尔之虎：与蒂普·萨希布的战争史话》《与布勒在南非纳塔尔：或天生之领袖》和《与基奇纳在苏丹：阿特巴拉和恩图曼的史话》等等。

书中的人物形象可不见得是21世纪读者喜欢的。亨蒂是个狂热的"亲土派"，他对身在印度却不愿花时间了解印度语言文化的英国人，商人也好，军人也罢，都不屑一顾。亨蒂的这个观点更让许多现代读者倍感沮丧："黑人是劣等动物，上帝在造人时有意将他们造得比白人差。"一想到他写的许多书都和《汤姆叔叔的小屋》并排摆在儿童书架上，就让人觉得怪异，别忘了，它们可都是英国儿童的必读书。

按照后代人标准衡量，直到1860年代，欧洲人的童年跟人类生活本身毫无二致——肮脏、野蛮，昙花一现。自不必说婴儿死亡率总是居高不下。现代说法中那种纯粹用于玩耍、学习、天真懒散和找乐的童年，对大多数人而言根本不存在。19世纪初，有两个人的童年经历最出名，一个是查尔斯·狄更斯,一个是约翰·斯图尔特·密尔。我们往往以为他们俩都是奇葩,实际上他们的最不寻常之处就在于都是奇才。在 19 世纪,成百万的孩子 10 岁就开始在成人世界里跌打谋生。也有成千上万像密尔这样出身于中产阶级家庭的男孩,举止言行,穿衣打扮,都得跟他们的中年父母完全有样学样。

21 世纪欧美人所理解的那种童年,堪称人类历史上冒出的全新现象,直至大约 1860 年代才开始出现。它是不断发展壮大的中上产阶级的特权。工人阶级出身的子弟仍旧和从前差不多,年纪很小就得去工厂做工,只不过下午歇工时或许有机会接受一些最初级的教育。一旦能力允许,这些孩子就得离开父母,自生自灭。罗伯特·亚瑟·阿诺德①在 1864 年写道,"凡是在曼彻斯特大教堂做过晨祷的人,都不会忘记那种宣布结婚预告的场面。""当一对对幸福的伴侣在第三次婚礼通报之后露面时,但愿他们不要像大多数听众那样,因为那一长串上百个名字而震惊万分吧……这些小丈夫和小媳妇往往自己都还是孩子,就成了苦儿弱女的爹娘,这些苦儿弱女其实和他们的父母们一样,急需名副其实的母亲的呵护,可惜得不到。"

相比之下,1840 年到 1870 年,有远大抱负的绅士和贵族的平均结婚年龄为 29 岁。亚瑟·休斯②的油画《永久的婚约》描绘的是因为恶劣的经济状况而造成的情感困境。经济繁荣创造出从下层中产到上层中产阶级的庞大资产阶级群体,也创造出准则规范。银行里的票子若没达到一定额度,便没资格结婚,就连朝思暮想的社会地位也不会牢靠。这是一个储蓄的时代,一个投资的时代,一个不劳而获的时代。马克思把无产阶级和奴隶混为一谈,这根本不对。但凡有可能,没有人不渴望摆脱受制约的生存状态。1861 年,英国全境共有 645 家银行,普通存款总额达 41 546 475 英镑。其中许多存款数额少得可怜。1810 年,亨利·邓肯牧师③在邓弗里斯郡鲁斯韦尔发起储蓄银行运动,从"便士银行"和"互助会"等机构团体逐渐发展为规模较大的信托储

---

① 罗伯特·亚瑟·阿诺德(Robert Arthur Arnold,1833—1902),英国自由党政治家和作家。

② 亚瑟·休斯(Arthur Hughes,1830—1915),英国画家、插画家,与拉斐尔前派兄弟会关系密切。

③ 亨利·邓肯(Henry Duncan,1774—1846),苏格兰牧师、地质学家、社会改革家。

蓄银行;这些机构团体早已经过 1863 年议会法案的确认,不过,1861 年发生一系列诈骗案后,邮政储蓄银行才为小储户投了保。整个社会体系开始围绕下列原则运作,也就是,不仅看你到手了多少钱,还要看你存了多少钱。为扩大选举权(让拥有 50 英镑存款的人就可以投票),约翰·罗素勋爵花了近 15 年奔走游说(结果没成)。那些财运比较好、积累了一定财富的人,便有资格成家立业、安身立命。

以"审慎的婚姻及其对后代之影响"(标题引自 1858 年此类出版物中的一种)为主题的传单、书籍、宣传册和诗集不计其数。在基督教诗集《向上与向前:对迈入积极生活门槛的思考》(1851)里,塞缪尔·威廉·帕特里奇①对即将当上户主的人们提出告诫:

> 一座良宅
>
> 此物绝非不可得,高堂大屋,
>
> 仆从,华帐,新居品
>
> 亦非己所不欲,亦非己所不羡。
>
> 而当务之急乃是思量一番家财几何;且慢,
>
> 直至审慎心服首肯。

沃伦夫人②在《家宅及家具》里认为,你的年收入若有 200 英镑,便能确保一套六居室房子的正常运转。《实用家政新制》算了一笔账,你应留出 10% 的收入购买马匹或马车,这就意味着你得省出 1 000 英镑来购买一辆配有马匹的四轮马车。(你得从雇佣男仆的总花销中拿出 8% 的工钱给马夫。)你的年收入若有 600 英镑,你家的马夫还能兼做仆人,那么你就能养起两匹马。一辆轻便双轮马车的价格为 700 英镑,也就是,一辆单马双轮轻便马车——一辆双轮轻便马车或一辆带篷的单马双轮马车。

日常运营成本细分如下:

---

① 塞缪尔·威廉·帕特里奇(Samuel William Partridge,1810—1903),英国诗人、赞美诗作者。

② 伊莱扎·沃伦·弗朗西斯(Eliza Warren Francis,1810—1900),娘家姓杰维斯(Jervis),英国家政管理方面的作家。

1 匹马马料	24 英镑 10 先令
1 匹马所缴税额	1 英镑 8 先令 9 便士
换马掌,马厩租金	8 英镑 3 先令 3 便士
1 辆单马双轮轻便马车所缴税额	3 英镑 5 先令
维修,损耗	9 英镑 15 先令
临时雇佣马夫	7 英镑 18 先令
总 计	约 54 英镑

这是一个"马车族"的伟大时代。19 世纪初,椭圆弹簧的使用让这种转瞬即逝的交通工具迎来了一片欣欣向荣的景象。在那个所谓平庸的铁路时代,带篷四轮马车、四轮四座大马车、敞篷四轮马车、双座四轮轿式马车、双座四轮马车、道蒙式马车、带篷四轮小马车和四轮敞篷轻便马车挤满了伦敦的大街小巷。1814 年,在首都伦敦,四轮马车有 2.3 万辆,1834 年为 4.9 万辆,1864 年高达 10.2 万辆,外加 17 万辆双轮马车。这表明存在着一个人数庞大的社会阶级,不过也意味着街道拥挤不堪。正是这个享有极大特权的阶级,这个大概比地球上存在过的任何一个人类社会阶级过得都舒坦的阶级,他们的后代成为有史以来第一批有空闲、有时间享受童年的人。

1860 年代,凡是有能力的人都建立了家庭,一心一意过起了小日子。马克思夫妇搬离了苏豪区拥挤不堪的公寓,举家迁至汉普斯特荒野边的肯蒂什镇,住进了拥有多种建筑风格的住宅新区;一到星期天,这位经济哲学家便踱出家门,领着几个孩子散步,一边给他们讲故事。同一时刻,菲利普·韦伯正在伦敦阿贝伍德为威廉·莫里斯设计"红屋";年轻的理想主义—唯美主义者莫里斯注定要成为社会主义革命者,不过那是后来的事,他得先依靠国内资产阶级的支持,创立经营好他的"莫里斯、马歇尔与福克纳公司",他的资产阶级客户们都渴求着他设计生产的墙纸、地毯、窗帘和靠垫套。迪斯雷利真是太英明了,他在 1862 年写道,"生活在这个瞬息万变的辉煌时代是一种特权。那种将其视为功利主义时代的想法多荒谬啊!这是一个浪漫无限的时代!君王的宝座轰然崩塌,王冠被奉上,宛若童话。世上最具权势之人,几年前还是冒险家、流亡者和娼妓呢。俗欲万岁！"

威廉·莫里斯

迪斯雷利此言似乎是一如既往地卖弄口舌而已，却也恰好道出了当时的实情。资本主义不仅是一架压榨社会底层工资奴隶的无情机器，还缔造出一个充斥社会急剧变迁、休闲和童话的奇幻世界。这是食利者阶层得以巩固的十年，也是"马车族"兴盛、郊区扩张和储蓄银行数量激增的十年；这是新贵富商和股票经纪人的时代；并不奇怪地，也是儿童文学的黄金时代。只需在维多利亚时代的托儿所里读读当时的童书，一幅世界图景便呈现在眼前，它和翻看无趣的《英国议会议事录》或《泰晤士报》所能读到的那个世界本质上并无不同。有感于迪斯雷利1862年关于"这是一个浪漫无限之时代……宛若童话"的洞见，我觉得不妨通过儿童文学这座三棱镜来审视审视19世纪60年代：萨克雷的《玫瑰与指环》（1855）、克里斯蒂娜·罗塞蒂的《小妖精集市》（1862）和金斯莱的《水孩子》（1863）。在这个为中产阶级子弟扩大教育规模的时代，《汤姆·布朗的求学时代》（1857）和《埃里克，或，渐渐堕落》（1858）相继出版。这个时代见证了汉斯·克里斯汀·安徒生的巨大人气，多产的女作家路易莎·梅·奥尔科特着手为儿童打造的作品《小妇人》，还有1865年进入"奇境"的爱丽丝。

我们不是要将成人世界撇在一边，而是透过"托儿所的窗户"来审视它。当然，我们也应始终记住这一点，也就是，中上层阶级牵挂的问题——美国的战争与和平，选举权扩大，身为政坛两大政敌的格莱斯顿和迪斯雷利的最终登场，科学与宗教之间旷日持久的论战，对革命的恐惧和目睹穷人惨境所造成的良心刺痛，女性问题和现代女性主义的开端，文学史、特罗洛普和后来的勃朗宁轶事，"莫里斯、马歇尔与福克纳公司"的发展，唯美主义运动的起源，大英帝国的海外扩张，女王借助儿女们跟欧洲王室联姻而不断扩大她与欧洲王朝的关系圈，等等——这些和其他许多问题（许多文章和书籍中都已论及它们，当时的俱乐部、教区住宅和郊区的期刊读者们也分外关心它们），对那些从未上过托儿所、从未学会阅读、在诸多方面从未享受过中产阶级的特权——也就是童年——的人而言，都是无关紧要或根本无人关注的话题。

这十年间，穷人和穷人家的孩子们，照旧过着不堪忍受的苦难生活。1861 年 4 月 13 日，伦敦统计学会做了探访，发现在一间单人房里竟然挤住着五家老小。屋里四角各住一家，吃喝睡全在那里，第五家住在房间正中央。探访者在屋里碰巧见到一位穷苦的女人，问她道："就这条件，您怎么过下去呢？"（其他"房客"各有各的忙活，都不在。）"噢，大人，"她答道，"确实这样，俺们本来住得挺好的，后来住在屋中间的那位先生收留了个房客，就不大好了。"

在那个尚未施行改革、诸多方面甚至尚未成型的维多利亚时代社会里，孩子必须被视为可牺牲之物，生命必须被视为廉价物，因为别无他法。1861 年 8 月，有个疯子被押上泰晤士警察法庭，原因是"被指控对一位女童实施了令人作呕的侵犯"。一段时间以来，他一直就是邻居们的心病，不过——想处理他，又找不到更稳妥的地方——治安官只好草草将其打发回济贫院了事。

同年 4 月，帕麦斯顿勋爵在伦敦市长官邸站起身，大加赞扬自由贸易产生的良效。他还大谈"国内状况"运转良好。依照诸多标准衡量，其所言极是。可就在他在伦敦市长官邸大发演说之际，在埃塞克斯郡风景如画的丹伯里村发生了一桩令人毛骨悚然的谋杀案，一位名为玛莎·韦的已婚妇女勒死了年仅 3 岁的私生子约翰·吉普森。该女犯的丈夫是一位体面的机修工。女犯的杀人动机始终不明。

就在几天前，英格兰西北斯托克波特城发生了一起更令人不安的案件。在现代读者看来，这一定是一起惊人的案件。1861 年 8 月，被告彼得·亨利·巴拉特和詹姆斯·布拉德利被押上切斯特市巡回法庭，并在克朗普顿法官面前受审，人们几乎瞧不见这两个站被告席上的杀人犯，两个小家伙才 8 岁；两人"全无提出抗辩的能力或浑然不知发生了什么"。这一对小囚犯从小就没人管，没上过一天学，竟合伙谋杀了乔治·伯吉斯，一个 2 岁零 9 个月的小男孩。

该幼儿的爹娘在棉纺厂干活，夫妇俩把小乔治·伯吉斯寄养在据说是保姆的莎拉·安妮·沃伦那里，莎拉准许被照看的小孩子们在"星星旅馆"附近的荒地上玩耍。事发当天，快到下午 3 点时，一位叫怀特海德的妇人曾看见巴拉特和布拉德利领着那个 2 岁大的男孩往"亨普肖巷"走，尸体最终在那里找到。巴拉特一直牵着那个年幼孩子的手。据怀特海德讲，小娃娃哭着，她还曾问过这娃娃到底是男孩还是女孩,那两个大点的孩子回答说是男孩。4 点钟,另外两位目击者艾玛·威廉姆斯和弗兰克·威廉姆斯看见巴拉特把当时光着身子的娃娃拖到一块地里,还看见布拉德利从篱笆上面拽下一根棍子,揍那娃娃。艾玛·威廉姆斯朝他大喊道:"你打那个光屁股娃娃干嘛?"不过,两个大点的孩子没搭理她,继续朝一条小溪走去,小娃娃的尸体最终在那里被找到。

找到尸体时已经是第二天了,当时,脸朝下浸于水中,全身赤裸,只穿了一双木底鞋。尸体表面伤痕累累,由于瘀伤已出现了瘀斑,那个小孩子无疑是在生前遭到毒打的。

4 月 13 日,星期六,莫利警官先是提审了巴拉特,随后将他押解到布拉德利的家里。莫利讯问巴拉特,"礼拜四下午你跟谁一起玩了?"后者回答,"跟吉米·布拉德利。"莫利又问,"你俩去哪儿玩了?"布拉德利答道,"我俩先沿'星星旅馆'边上走,后来顺着'亨普肖巷'溜达,最后上了'爱情巷'。"莫利接着又盘问布拉德利道,"你俩在爱情巷见着什么人没有?"布拉德利答,"嗯,瞅见个女的。"随后,他们还回答了莫利的问讯,说,"我俩在'星星旅馆'边上碰见了一个小娃娃。"随着布拉德利一一坦白,凶杀案的真相慢慢浮出水面,"彼得说我得把这小孩子扒光,"巴拉特插嘴道,"你扒衣服跟我一样在行。"莫利追问道,"然后你俩就把那个娃娃扒光了吗?"布拉德利答道,"嗯。"莫利再问,"之后呢,你俩干什么了?"布拉德利回答说,"彼得把那个娃娃推到水里,我脱下木鞋下水,把那个小孩拖了出来。彼得说,'还得再来一次。'"莫利问道,"再来一次什么?"布拉德利回答,"再往水里浸一次。"接着,就到底是谁在何时何地殴打那娃娃的事,俩男孩开始争执不休起来。

巴拉特和布拉德利的辩护律师提出,被告二人自己还是乳臭未干的孩子,对正在实施的侵害行为其实一无所知。该律师恳请陪审团判他俩无罪,"勿让重罪犯污名落在眼前这俩孩子的头上。"

博学的法官作了总结陈述,并提请陪审团注意,如若陪审团并不认为两个孩子充分明白自己所作所为会造成什么后果,那么应减轻量刑,改判为过失杀人。克朗普顿法官其实是想诱导陪审团得出一个仁慈明智的论断。最后法官将两个男孩判处了一个月监禁,随后在一所教养院里羁押了 5 年。

1866 年,英国有 3 712 名儿童在教养院接受改造。

不妨知道一下布拉德利和巴拉特出狱后会遭遇什么。几乎可以肯定,和维多利亚时代英国的许多少年犯一样,他们会去当大兵,或许也会经历像弗朗西斯·黑斯廷斯·道伊尔爵士①在诗歌《东肯特团列兵》里描摹的那类英雄的命运——"贫穷、莽撞、粗鲁、出身卑贱、文盲。"维多利亚时代的人固然恶习很多,但并不会像一些无聊的现代人会做的那样把被杀死的那个娃娃升华为矫揉造作的偶像,也不会去迫害两个几乎同样可怜的杀人犯。他们也不会言不由衷地惊呼,认为这两个小男孩犯下的是惨绝人寰到绝无仅有程度的暴行。大约就在此时,伯肯黑德的一个男孩拿刀捅了另一个男孩的颈部,伤及颈静脉,致使后者当场毙命,而在巴纳德城堡附近的一座农舍,一个 12 岁男孩无缘无故开枪打死了女管家。

有个让警察和法官倍感不安的案件,发生在中产阶级家庭——并非在生活景况糟糕得超乎想象的贫民窟,而是在家境优越的资产阶级家庭子弟玩耍的灌木丛里——这就是康斯坦斯·肯特案。1860 年 6 月 19 日夜,在威尔特郡路山大厦的私人花园灌木丛中,突现一具尸体,死者是一个叫萨维尔·肯特的小男孩,不到 4 岁,身首异处。死者的父亲塞缪尔·肯特是工厂检查员,他的前妻肯特夫人在世时,孩子们有过一位女家庭教师,此人成为肯特的第二任妻子。(肯特夫人共生 10 个孩子,活了 5 个。)

"神深知人心里的隐秘,岂不鉴察此事吗?"悲痛欲绝的爹娘在孩子墓碑上刻下这样的墓志铭。警方逮捕了孩子的保姆伊丽莎白·高夫,后因缺乏证据释放。寻不到"线索",案子就破不了,直到被杀孩子的同父异母姐姐、已近21 岁的康斯坦斯·肯特再也无法保守秘密了,才终于有了结果。她开始信教了——信的是英国国教高教会派——并向布莱顿圣保罗教堂终身副神甫亚瑟·瓦格纳牧师②求助。瓦格纳是一位有趣的人,投了一大笔钱,在那座欢乐的海滨小镇建了好几座英国高教会派教堂。他的父亲是布莱顿的牧师,眼瞅着自己的家底快被这个败家儿子败光,用来造一座又一座熏香缭绕的砖砌教

---

① 弗朗西斯·黑斯廷斯·道伊尔(Francis Hastings Doyle,1810—1888),英国诗人。
② 亚瑟·道格拉斯·瓦格纳(Arthur Douglas Wagner,1824—1902),英国东萨塞克斯郡布莱顿的英国教会牧师。

堂,为此他在一篇布道文里祈祷道,"主啊,怜恤怜恤我儿吧,因为他就是个疯子。"康斯坦斯·肯特的洗礼和坚信礼仪式正是亚瑟·瓦格纳一手包揽的。康斯坦斯在 21 岁时从母亲留下的遗产中继承了 1 000 英镑。她把这笔钱献给亚瑟·瓦格纳,但被婉拒,于是,她当即向瓦格纳忏悔了罪过,还说自己之前盘算过向警方自首,坦白一切。她还写了陈述书,"本人,康斯坦斯·埃米莉·肯特,1860 年 6 月 19 日夜,独自一人,绝无同谋,在威尔特郡路山大厦谋杀了一人,被杀者是弗兰西斯·萨维尔·肯特。犯罪前,没人晓得我的企图;犯罪后,没人知道我是凶手。犯罪时,没人参与;犯罪后,没人帮助我掩盖真相。"

看来,似乎是瓦格纳牧师提出,若想得到他的宽恕,康斯坦斯必须到法庭,如实陈述在忏悔室里所做的忏悔。康斯坦斯的犯罪动机几乎堪比古希腊悲剧里最残暴的恶行。她的家庭教师曾撺掇她对自己的生母心生怨愤。康斯坦斯十几岁时才意识到自己的心智全变了味,对亲生母亲竟然恨得咬牙切齿,而正是眼前这位如今成了她后妈的家庭教师,设法极大扭曲了她所最珍视的母爱。为了报复,她杀死了后妈的孩子。

真相终于大白于天下,公众的神经被搅动了起来,很大一个原因在于新闻报纸对瓦格纳牧师的好奇。作为康斯坦斯的好友,瓦格纳牧师跑到政府最高层替她求情。康斯坦斯一案庭审结束后,在写给时任财政大臣格莱斯顿的信中,瓦格纳牧师说:

> 为她的好友们的缘故,我当然不能不心存万分感激,感谢女王开恩将康斯坦斯·肯特改判为终身监禁。不过我坚信,她在接到判决之前便已为被处以极刑作好了心理准备并鼓起莫大勇气去面对,但就她的具体情况而言,减刑要比先前的死刑判决更糟,这倒不是因为减刑意味着终身的忏悔,只是因为如此一来便切断了她触及某种圣恩的机缘,况且她再也没有诵读诸多灵修之书的契机了,这些圣书或许对她的灵魂大有裨益,因为随着生活的不断推进,且有如此悲催的前情,她很可能因这些圣书而达到伟大的自我救赎。

瓦格纳牧师恳请内政大臣将康斯坦斯转到某个"英国国教修女会"或类

似的机构监禁,但遭到拒绝。她服刑 20 年。至此这个故事便虎头蛇尾般地结束了,直到伯纳德·泰勒①那部出类拔萃的侦探作品《凶残的谋杀——康斯坦斯·肯特及路山大厦谋杀案》(1979 年出版,1989 年修订)横空出世。该书提出了令人信服的证据,证明康斯坦斯移民到澳大利亚,当上了护士,在那里一直活到一百多岁,1944 年才去世。在当地,她被视为一位献身于慈善事业的女圣人。

有这样一则轶事,据说 1862 年,身高不足 5 英尺的娇小的哈里特·比彻·斯托在白宫受到亚伯拉罕·林肯接见,又高又瘦的总统对她说道,"如此说来,您就是那位写了一本书就引发这场大战的小女人了?"即便没有说过这话,林肯想必也盛情接待了《汤姆叔叔的小屋》的这位作者。正是通过这本如今被归为儿童文学,但其实并非作为儿童读物而写的书,许多西方人才对美国以及 1860 年代的关键时期美国所面临的巨大社会动荡形成了印象。1852年,该小说在英国首次出版,售出一百多万册,是此前除了《圣经》以外其他作品所能达到的最高销量的十倍。

然而,正如我们看到的,美国内战及这场战争带来的创伤,并没有引发英国人对北方联邦的支持甚或更多的同情。我们也许可以说,许多英国人,尤其是对《汤姆叔叔的小屋》心生敬佩的那些,对英国在废除奴隶制方面发挥的积极作用感到自豪,但同时他们也认为有必要捍卫美国南方诸州决定自己内部事务的权利。不过,我们这种解读,也许是美化了当时的公众情绪。我们也许会好奇,1852 年在英国大受追捧的《汤姆叔叔的小屋》,是否也会在 1868年同样广受青睐? 毕竟,1860 年代这十年里,英国人也不得不自问以下难题了:对于解放奴隶所引发的问题,应当采取何种立场? 这一回,上演这出大戏的剧场不在亚拉巴马州或密西西比州,而是在英属牙买加殖民地。

1865 年,南部联盟和北方联邦之间的内战结束,非裔美国人赢得所谓的解放时,牙买加的人口刚好 44 万多一点。其中白人只有 1.3 万,其余都是昔

---

① 伯纳德·泰勒(Bernard Taylor,1937—),英国作家,擅于创作恐怖、悬疑、浪漫小说和讲述真实犯罪的非小说类作品。

日奴隶的后裔(1807 年,32 万牙买加奴隶获得解放)。统治该岛的是一位总督,其左膀右臂分别是一个委员会和一个由 47 名成员组成的选举出的议会。2 000 名有产业的牙买加人享有选举权。作为一个"定居型"殖民地,牙买加受英国法律的管辖。这个事实至关重要,因为从严格的法律意义上讲,牙买加施行的法律应当与英国相同。黑人,尤其是在浸礼会的作用下受到过一点政治教育的黑人,怨声载道。他们痛恨自己的政治命运竟掌握在由种植园主和昔日奴隶主鼎力扶植的议会手里;反奴隶制的美国北方联军在佐治亚州高奏的凯歌唤醒了他们的自由之梦:创建一个民有、民享、民治的政府。

1864 年,时年 49 岁的爱德华·约翰·埃尔①升任牙买加总督。埃尔出生于英国,父亲和祖父都当过牧师,埃尔在澳大利亚和新西兰曾从事殖民事业,因主持公道而十分抢眼。他捍卫土著利益,使其免受澳大利亚白人的侵害。1845 年,他曾带领两位澳大利亚土著男孩前往白金汉宫觐见女王和阿尔伯特亲王。正是由于跟澳大利亚土著和新西兰毛利人交往中积累了开明经验,他先是荣升加勒比糖岛的都督,继而当上总督。

种植园主和持不同政见者之间的关系很紧张,埃尔试图从中斡旋,此举遭到乔治·威廉·戈登②的冷嘲热讽,后者是个私生子,父亲是白人种植园主,母亲是女奴。戈登于 1863 年当选为牙买加议会议员,旋即到处设置障碍,使新总督的日子愈加举步维艰。"当总督沦为独裁者,并堕入专制的深渊时,便有必要废黜他……像牙买加现任总督这种对暴行和强权如此贪婪的畜生,我还是头一次见到……"戈登预言说,选举权若不扩大,牙买加迟早要"陷入无政府的惨境,暴发流血冲突"。

1865 年 10 月,一场黑人农民起义在莫兰特湾种植区爆发了。法院大楼被焚为平地,被杀的白人至少有 20 位。暴乱四处

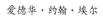

爱德华·约翰·埃尔

---

① 爱德华·约翰·埃尔(Edward John Eyre,1815—1901),英国探险家,殖民地行政长官,富有争议的牙买加总督。

② 乔治·威廉·戈登(George William Gordon,1820—1865),富有的混血牙买加商人、地方法官、政治家。

蔓延。海地的土著人宣布成立共和国,还一度传出要屠杀法国人的传闻。总督接到密报说,"有人犯下了最令人发指的暴行……据说,巴斯岛副牧师 V. 赫舍尔还没咽气时便被割掉舌头,还有人试图剥他的皮。有个人(查尔斯·普赖斯先生,一位黑人绅士,曾担任牙买加议会议员)被人开了膛,五脏六腑被掏了出来。"

埃尔迫不得已采取行动,他担心局势可能会完全失控、英国人可能会被彻底逐出该岛,所以施用了严酷的镇压手段。首先宣布莫兰特湾实行戒严,随即在金斯敦逮捕了戈登。埃尔不准他在当地民事法庭接受审判,而是将他押解到莫兰特湾,交由军事法庭处置,并就地正法,处以绞刑。接下来一个月,608 人被屠杀或处决,34 人受伤,600 人被处以鞭刑,其中包括妇女;约 1 000 间棕榈叶棚屋被毁。岛上的白人把埃尔视为大救星。委员会被废除,牙买加成为英国的直辖殖民地。地方官员、神职人员和许多其他团体纷纷向埃尔总督大表效忠之心。"我等联名签署此信者,居于牙买加康沃尔郡及其周边的女士,谨向您表达衷心感谢,感谢您采取英明果断措施,我们坚信,在上帝庇佑下,这些措施拯救了我们和孩子们,让我们免遭不堪设想的无妄之灾。"

不过,1866 年埃尔返回英国时,发现这个国家已经为此事陷入巨大的分歧。停靠在南安普敦港后,人们为他举行了盛大的致敬晚宴——轻骑兵旅"英雄"卡迪根伯爵和第 18 代什鲁斯伯里伯爵兼第 3 代塔尔博特伯爵①,还有令人相当意外的、自 1860 年以来一直担任剑桥大学历史学钦定讲座教授的查尔斯·金斯莱牧师——纷纷献上溢美之词。另一些人却把这次晚宴称为"死亡盛宴",一群暴民在南安普顿的高街聚集起来。伦敦则出现了更严重的暴力行为,公开谴责"前总督、大魔头埃尔",因为这个完全依靠薪俸生活的可怜人已经被剥夺了总督的职务。新近当选为伦敦朗伯斯区议员的托马斯·休斯和约翰·斯图尔特·密尔等知名人士成立了一个"牙买加委员会",该委员会认为埃尔在牙买加无权宣布戒严令,正如他在英国无权如此一样。他蓄意把戈登从民事立法机关移送到他地,未经正式审判便定罪的行为,被"倒埃者们"认为是一种谋杀。埃尔躲到什罗普郡德雷顿市场后被指控以谋杀罪,被

---

① 亨利·塔尔博特(Henry Talbot,1803—1868),英国海军司令、保守党政治家。

迫站到地方法庭的被告席上。不过,这些指控全部被法官驳回了,德雷顿市场随后敲响大钟,为他的胜利而鸣。

于是,自由党试图以谋杀罪指控曾主持那场军事法庭审判的亚历山大·阿伯克龙比·纳尔逊上校①(正是他核准了绞死戈登的判决)和布兰德上校。地方法官再度驳回了支持起诉的那些长篇累牍的法律依据。对密尔和自由党党徒来说,问题在于,"谁来为我们作主,英国法律究竟是由王座法庭法官和我们的同胞组建的陪审团执行,还是由无视国法、任意妄为的三位陆军或海军军官来执行?"

力挺埃尔的人——丁尼生、罗斯金和雄辩大佬卡莱尔——则认为,事实显而易见,总督纵然实施了粗暴的手段,但恢复秩序之举确实合理合法:

> 英吉利民族痛恨无政府主义的恶行可谓源远流长,将同情空耗在悲惨而疯狂的叛乱上有悖我国的民风,尤其是对这种半英国血统的暴徒们惨绝尘寰的叛乱而言;英吉利民族一向珍爱秩序,极其乐见火速平定叛乱,我们应当把泪水留给更有价值之物,而非留给从可悲的行当里捞得回报的疯狂致命的恶事煽动者。英吉利民族果真彻底变了吗?

在卡莱尔的影响下,议会表决通过颁发给这位前总督一份养老金。不过,前文所提的问题的答案则是,没错,英国确实变了,围绕埃尔事件引发的纷争无非这种变化的一个表征而已。大肆叫嚣说埃尔是杀人犯的暴民们在乎的并非牙买加几个煽动犯的命运,而是埃尔所代表的东西——一个公正的政府居然会实施的镇压措施。牙买加叛乱过后没几天,老帕麦斯顿便撒手人寰了。相继掌管内阁的,先是罗素首相,随后是 1866 年的保守党首相德比,两届政府都不得不面对如下难题:如何在保障贵族势力的前提下进一步扩大选举权。(作为保守党的胜利,也是德比本人的胜利,他们基本做到了这一点。)

在此期间,英国人对黑人和整个大英帝国的臣民的态度,已发生了明显的变化。帝国的"负担"使公众的恻隐之心变得粗劣不堪。这个 19 世纪初曾因废奴事业的美德而自豪的国度,如今却对一位鞭打、折磨、烧死、绞死奴隶

---

① 亚历山大·阿伯克龙比·纳尔逊(Alexander Abercromby Nelson,1814—1893),英国军官,根西岛副总督。

的后裔(他们的这种起义曾得到约翰生博士①本人的拍手叫好)的恶魔施与深切的同情。这是因为他们想在英国也施行这种粗暴的司法吗？或者,是因为他们在帝国主义时期渐渐相信,法律是因人而异的,应用于白人和黑人的应该是不同的法律吗？埃尔本人曾为捍卫澳大利亚土著居民的利益而努力,不过,他始终坚信加勒比地区的人对自由的渴望是非法的,依据是"这些广大民众具有与生俱来的劣根性——懒惰、麻木、短视、放荡,有犯罪倾向"。未来几十年里,正是这种在欧洲白人中一度盛行的对黑人的种族偏见,让人们认为镇压和征服非洲是有充分法律依据的,甚至是必要的。

"对于治下的野蛮人,我们真是太面慈心软了,"为埃尔总督事件争论时,丁尼生向格莱斯顿抗议道。"我们对待自己,都没有像对待黑人那样温柔……黑鬼就是猛虎,黑鬼就是猛虎啊。"

欧洲的"争夺非洲霸权的斗争",正是在这类观念变得根深蒂固之后——也就是汤姆叔叔的朋友及家人得到所谓的"解放"之后的几十年里——方才兴起的,这难道只是一种巧合吗？

---

① 参见本书 250 页对他的介绍。

第 18 章　学校的世界

　　阿尔伯特亲王去世时,儿子阿尔伯特·爱德华(威尔士亲王,小名伯蒂)尚未满 21 岁,按照德国教育标准,他的学生时代也远未结束。爱德华少年时便已熟练掌握德语和法语,可让父母沮丧的是,爱德华对历史、书本知识、数学和科学一概毫无兴趣。1860 年,他在牛津大学基督教堂学院念过一段时间本科,时任院长是曾与他人合作编撰《希英辞典》的利德尔教长[①];同时,爱德华的家庭教师是教会史教授亚瑟·彭林·斯坦利[②]。在父亲去世那年,伯蒂又在剑桥大学待了一段时间,家庭教师换成了王室钦定历史学教授查尔斯·金斯莱。由于斯坦利和金斯莱的宗教思想比较进步,阿尔伯特亲王才选择他们二人来教伯蒂,不过,伯蒂生来便有无可救药的亲和性格,完全培养不出什么精神或智力上的兴趣,反倒对打猎和喝酒情有独钟,此外还有个癖好——一有机会就发展出一些风流韵事。伯蒂在 1863 年娶了丹麦的亚历山德拉公主后,为了设法让他当上民法学博士(为此还举行了一场学位授予仪式),牛津大学名誉校长德比勋爵想必冥思苦想了好一阵。在德比勋爵亲自撰写的演讲稿中(在 20 世纪或 21 世纪,还有哪位英国首相能写出这种倍受专业学者赞誉的轻松卓越的拉丁文散文?),这位曾三度出任首相的牛津大学名誉校长作了一个颇为明智的选择,对亚历山德拉公主的迷人美貌作了不厌其详的描

---

　　① 亨利·利德尔(Henry Liddell,1811—1898),曾任牛津大学基督教堂学院院长、威斯敏斯特公学校长,著有《罗马史》等。
　　② 亚瑟·彭林·斯坦利(Arthur Penrhyn Stanley,1815—1881),英国国教牧师、教会历史学家,1864—1881 年担任威斯敏斯特教堂主任牧师。

辇,对王子的学术造诣却只字未提。①

我们可以肯定,对德比勋爵写出的这篇奇文,富于亲和力的伯蒂一个字也听不懂。他父亲去世后,他的母亲毫不掩饰地表现出对这个年轻人的怨恨,把阿尔伯特亲王的死无端归罪于他。伯蒂卷入和内莉·克利夫登的绯闻那会儿,情绪低落的阿尔伯特亲王曾拖着重病之躯,长途跋涉到剑桥大学去劝诫儿子,为此加重了病情,以至于如今只剩下女王孤零零"一个人了"! 女王提及伯蒂时说,"要是他再顽固不化,我就抽身而退,悉听尊便吧,反正我管教他,他也全当耳旁风。"

阿尔伯特亲王过世前,有人就曾提议,安排伯蒂到黎凡特②去旅行,以此给伯蒂的正规教育之旅画上圆满的句号。随行人员由王子的主管罗伯特·布鲁斯上校③率领,他曾有陪同王子去加拿大、美国和普鲁士的经验。结果,不幸的布鲁斯——这位第 7 代埃尔金伯爵之子在踏上本次旅程时刚满 49 岁——于 1862 年 6 月 27 日在约旦河上游的沼泽地区因突发高烧命丧黄泉,仿佛是冥冥之中的定数。

鉴于出行的王室成员秉性方面各有千秋,在知识素养上则参差不齐,旅行团成员们各个都可谓竭尽全力地服务。旅行团还配了队医明特医生、各类王室侍从官以及王子在牛津大学念书时的家庭教师亚瑟·彭林·斯坦利。一行人等登船沿尼罗河顺流而下,其间,在伯蒂苦口婆心的说服下,著名的教会历史学家开始为大伙朗读亨利·伍德夫人④的一部垃圾小说。

伯蒂的真实性格在如此愉快的假日一瞥里显露无遗。可以想象他父亲若是得知他们一起读这部小说会有何感想。凡是小说,阿尔伯特亲王一本也不许伯蒂读,在亲王看来,甚至沃尔特·司各特爵士的小说都属于"道德败

---

① 此刻,她就在这里;对于所有齐集于此的我等而言,这些造化天然的美德,宛若明镜,映射在了她那倾国倾城的仪态上,映射在了她那甜美温婉的明眸里,映射在了她那高贵端庄的面庞上。《德比伯爵爱德华·杰弗里致杰出的威尔士亲王阿尔伯特·爱德华王子》。1863 年 6 月 16 日。——作者注

② 指中东托罗斯山脉以南、地中海东岸、阿拉伯沙漠以北及上美索不达米亚以西地区。

③ 罗伯特·布鲁斯(Robert Bruce,1813—1862),英国军官,1858 年起任威尔士亲王贴身仆从及财务总管。

④ 埃伦·普赖斯(Ellen Price,1814—1887),英国小说家,人称亨利·伍德夫人。

坏"者。

当他们接近约旦上游那片注定是日后布鲁斯上校葬身之地的致命沼泽时,发生了一件好笑的事,让人不由想到维多利亚时代的"上流社会"——贵族阶级、文化和政治阶层以及受过大学教育的人——是多么脉脉相通,也让我们意识到,维多利亚时代的"教育"目标,很大程度上不仅在于传授知识,还在于创造一个阶层,其成员不论社会、种族或宗教差异,均归属于同一个俱乐部。

王室一行人等正在雅博渡口①附近享用野餐之际,一大群阿拉伯骑兵在一位阿拉伯酋长的率领下冲到渡口。信使在一名骑兵护卫下乘船过河,来到王室帐篷。他提出请求说,酋长希望与斯坦利博士见面。好战的阿拉伯人的到来让在场众人目瞪口呆,布鲁斯上校还下意识地摸了摸手枪,不过,亚瑟·斯坦利这位风度翩翩的小个子却一展无畏气概,赤手空拳过去接受那位"酋长"的求访了。酋长从高头大马上飞身跳下,搂住斯坦利的肩膀大叫,"亚瑟·彭林·斯坦利!"瞧着眼前这位身着阿拉伯服装的酋长晒得通红的脸,斯坦利一时间陷入恍惚,不过迟疑片刻后,他认出了对方,原来是他在牛津大学的老友威廉·吉福德·帕尔格雷夫②,后者在牛津大学三一学院求学时,斯坦利正在贝利奥尔学院收获学院所设的所有奖项呢。

说到这位帕尔格雷夫,他的旅行史,不管是就精神上还是地理意义上而言,都可谓丰富至极,足以写成一本书了。他祖父迈耶·科恩曾是伦敦证券交易所成就斐然的会员。他的父亲弗朗西斯爵士和一位非犹太籍女士结婚后,把姓改成了帕尔格雷夫。弗朗西斯爵士是杰出的古文物收藏家,曾是英国公共档案馆的创始人之一,就凭这个,在伦敦为他立一座雕像一点也不为过。弗朗西斯爵士的儿子当中,有一个最有名的,也叫弗朗西斯③,是《英语最佳歌谣及抒情诗金库》的编撰者,格莱斯顿和丁尼生的好友,在伦敦文学圈交

---

① 雅博河,约旦河一支流。

② 威廉·吉福德·帕尔格雷夫(William Gifford Palgrave,1826—1888),英国牧师、军人、旅行者、阿拉伯语学者。

③ 弗朗西斯·特纳·帕尔格雷夫(Francis Turner Palgrave,1824—1897),英国评论家、选集编者、诗人。

游甚广。吉福德·帕尔格雷夫本人迷恋东方,去过许多异域之地,还在孟买第八土著步兵团服过兵役。复员后返英途中,他学会了阿拉伯语,突然萌生出让阿拉伯人皈依罗马天主教的冲动(他本人不久前才皈依了天主教)。斯坦利遇见他时,他还是个耶稣会士,自称吉福德·帕尔格雷夫酋长,又名苏海尔神甫。他在阿拉伯沙漠里生活过很长时间,1858 年还一副阿拉伯人打扮,到杜伊勒里宫拜见拿破仑三世皇帝,呈报叙利亚基督徒的不幸处境。帕尔格雷夫不断改名,有时在家书里签名为迈克尔·科恩。这次和斯坦利和威尔士亲王会面后不久,他又去普鲁士宫廷当外交官,不仅脱离了耶稣会,就连天主教也不信了。此后不久,他又加入英国外交部,担任英属维尔京群岛的领事。最后他客死于蒙得维的亚。在回归祖先的犹太教信仰并遍尝伊斯兰教和日本神道教的滋味后,他最终再度皈依罗马天主教。他在 62 年的人生历程中,真可谓塞进了太多的世事沧桑。

亚瑟·彭林·斯坦利在世时名气比吉福德·帕尔格雷夫大得多,不过到了 21 世纪,他却变得远不如后者出名了。事实上,假如人们还记得的话,斯坦利乃是下面这部小说里最著名人物的原型——在《汤姆·布朗的求学时代》①里,身体纤弱的年轻人亚瑟敢于冒着被恶霸同学冷嘲热讽、投掷卧室拖鞋的风险,在宿舍里跪下做睡前祷告。"在那些日子里,我亲爱的孩子们,即使在拉格比公学,一个小家伙当众祈祷也绝非易事,这需要勇气。几年后,阿诺德校长②倡导的勇敢和虔敬精神逐渐扭转了校风,等到他去世前那会儿,在公学,以及其他学校,情况已经发生了翻天覆地的变化。"

威廉·吉福德·帕尔格雷夫

在这部维多利亚时代最著名的校园小说里(出版于 1857 年),亚瑟向汤姆·布朗和那位不靠谱的朋友伊斯特解释过《圣经》。"第一天晚上,他们碰

① 托马斯·休斯的代表作,1857 年出版,是英国学童十分喜爱的少年文艺读物,以作者早年在拉格比公学求学时代为背景,通过汤姆和另外几个学生的学习生活,生动描述了学校的情景。

② 托马斯·阿诺德(Thomas Arnold,1795—1842),英国教育家,1828 年起任拉格比公学校长,著有《罗马史》。

巧读到埃及饥荒,亚瑟便谈论起了约瑟①,那口气活像个政治家,就跟他谈论格雷勋爵和《改革法案》时一个神气。对亚瑟来说,这些才是他关心的现实吧。"显然,稚气未脱的小男生亚瑟和 1864 年被维多利亚女王任命为威斯敏斯特教堂主任牧师的亚瑟·彭林·斯坦利,完全就是一个人。斯坦利对教义并不在意。许多同时代的人都怀疑他是否是一位真正的基督徒。他的传记作者写道,"斯坦利……坚信基督教的精髓不在于教义,而在于基督徒的品格。""小亚瑟"还是拉格比公学乳臭未干的小学童时,托马斯·阿诺德博士传授给他的教诲精髓便在于此。

在《汤姆·布朗的求学时代》里,托马斯·休斯②把亚瑟塑造成英格兰中部诸郡"一位教区牧师之子,该教区在[拿破仑]战争期间发展成一座大镇,随之而来的艰苦岁月使它不堪重负。"身为社会主义者的休斯暗示,亚瑟的父亲在教区的光辉业绩中彰显出的"男子气概",正是亚瑟的美德的来源。(亚瑟的父亲为穷苦的教区居民布道,不幸死于斑疹伤寒。)不过,实际上斯坦利的父亲是诺维奇教区的主教③,还是奥尔德利的斯坦利家族的后裔,出自德比伯爵家族的一个支脉。德比伯爵成为牛津大学荣誉校长时,他被诗歌教授亚瑟·彭林·斯坦利赞颂为:

> 英国古老贵族血统的真正继承者!

奥尔德利的斯坦利家族声称自己是弗洛登战役中那位作战英勇的斯坦利爵士④的后裔或旁支("冲啊,切斯特,冲! 前进,斯坦利,前进!",这是沃尔特·司各特的长诗《玛密恩》的最后一行);该斯坦利爵士当过爱德华四世的扶灵者,他的父亲⑤则是在博斯沃思原野战役中,从理查三世的遗体上取下英

---

① 《圣经》中人物。

② 托马斯·休斯(Thomas Hughes,1822—1896),英国律师、法官、政治家、作家,著有《汤姆·布朗的求学时代》以及《汤姆·布朗在牛津》。

③ 爱德华·斯坦利(Edward Stanley,1779—1869),英国牧师,1837—1849 年担任诺维奇教区主教。

④ 爱德华·斯坦利(Edward Stanley,1460? —1523),第 1 代蒙蒂格尔男爵,英国军人,授封贵族及嘉德爵士,因弗洛登战役中事迹而闻名。

⑤ 托马斯·斯坦利(Thomas Stanley,1435—1504),英国贵族,第 1 代德比伯爵,后娶了亨利·都铎的母亲玛格丽特·博福特郡主,成了亨利·都铎的继父。

格兰王冠,为继子亨利·都铎(亨利七世国王)戴上的人。在博斯沃思原野战役 350 年后的维多利亚女王统治时期,斯坦利家族仍然是这片土地上的望族。在维多利亚时代,德比勋爵是第一位三度出任首相的人。奥尔德利的斯坦利家族虽然比不上"兰开夏郡诸王"德比伯爵们那么声名显赫,不过,在相邻的柴郡地区也是举足轻重的,他们长期占据季审法庭主席一职,与许多有权势的贵族家族都有交往。(第 2 代罗素勋爵①继承了罗素首相的爵位,通过他母亲的婚姻,成为第 2 代奥尔德利的斯坦利男爵②的孙子。)亚瑟·斯坦利当上威斯敏斯特教堂主任牧师后,娶了奥古斯塔·布鲁斯夫人③(也就是陪他去圣地巴勒斯坦的那位倒霉上校的妹妹)为妻,邮政大臣、第 8 代埃尔金伯爵④是他的大舅哥,外交大臣罗素勋爵⑤是他的表兄,下任首相德比勋爵⑥和下任外交大臣斯坦利勋爵⑦则是他的表亲。

1828 年,托马斯·阿诺德出任拉格比公学校长,诺维奇教区的斯坦利主教之所以把他那个身体娇弱的小儿子送到以野蛮粗暴著称的米德兰寄宿学校——拉格比公学,大概就是因为这位声誉崇高的阿诺德说服了他。在拉格比公学的第一个学期,亚瑟给姐姐⑧写信:"不幸的是,这里的写作大师叫斯坦利,所以我想我的绰号应该叫鲍勃·斯坦利之子。"他这想法未免太乐观了。男生们看到这个上身穿蓝色多扣外套、下身穿饰有粉红表带的灰裤子的小男孩时,给他起了个更贴切的外号"南希"。

从 1820 年代直到今天,英国人生活里有个难解之谜:不知

亚瑟·彭林·斯坦利

---

　　① 约翰·弗朗西斯·斯坦利·罗素(John Francis Stanley Russell,1865—1931),前首相约翰·罗素伯爵的孙子,哲学家伯特兰·罗素的哥哥。

　　② 爱德华·约翰·斯坦利(Edward John Stanley,1802—1869),英国政治家。

　　③ 奥古斯塔·伊丽莎白·斯坦利(Augusta Elizabeth Stanley,1822—1876),第 7 代埃尔金伯爵托马斯·布鲁斯的女儿,维多利亚女王的侍女,1863 年嫁给斯坦利。

　　④ 詹姆斯·布鲁斯(James Bruce,1811—1863),英国殖民统治者和外交官。

　　⑤ 约翰·罗素(John Russell,1792—1878),1859—1865 年任外交大臣。

　　⑥ 爱德华·史密斯-斯坦利(Edward Smith-Stanley,1799—1869),第 10 代德比伯爵,英国保守党领袖、首相。

　　⑦ 爱德华·亨利·斯坦利(Edward Henry Stanley,1826—1893),英国政治家,第 15 代德比伯爵,1866 至 1868 年任外交大臣。

　　⑧ 玛丽·斯坦利(Mary Stanley,1813—1879),英国慈善家和护士。

为何,原本体贴的爹娘总是心甘情愿把心肝宝贝送到寄宿学校去接受艰苦严苛的教育。斯坦利的母亲说:"听亚瑟讲,他也搞不懂是怎么回事,他跟别人就是不一样:从没受过折磨,没人打搅他的学习,弄坏他的东西,搞乱他的书。"在男童寄宿学校里,嘲笑捉弄、拳脚相向、暴力斗殴成了日常生活不可或缺的一部分,斯坦利对此深恶痛绝,这种心情在他对殉道者托马斯·贝克特①的描述里也许可以反映出来。在《坎特伯雷大教堂的历史纪念》中,斯坦利为贝克特对刺杀者说出了粗暴的言辞一事感到惋惜——坚定的大主教厉声斥责道,"我是不会逃的,尔等令人作呕的东西!"俨然跟一位勇敢少年在拉格比公学第五宿舍反抗恶霸同学欺凌时的表现差不多。斯坦利忧伤满怀地指出,"暴力、固执、暴怒的言行,让他最后一刻的尊严荡然无存了,几乎把他那殉道的'庄严'变成有失体统的咆哮。"

这毫无疑问正是当年学校里常见的一幕景象的翻版吧。相比之下,拉格比公学的阿诺德博士之死却彰显出了尊严,他直到生命最后一刻都在给人教诲和启迪。夫人给他念"慰问病人文",在好几句话读完后,这位伟大的校长都认真地回答"好的",仿佛《公祷书》是呈给他批阅的功课似的。

人们普遍认为托马斯·阿诺德的卓越贡献在于,不仅使拉格比公学从道德和智力的萎靡麻木里复苏了,某种意义上讲,还创造出了 20 世纪的人们所理解的公学精神。斯坦利为他心目中的大英雄写了两卷本传记(出版于 1844年),认为阿诺德博士的成就主要集中在宗教领域。在传记末尾,他对阿诺德的尊崇几乎到了奉若神明的程度。最后一幕是:一位"老公学人"写信给阿诺德的遗孀,想象着他们的校长正安坐在上帝的右手边:

> 我们救主的伤在复活之日的清晨已然痊愈,他那致命的病疾也必将被治愈,在他的里面,我们所最爱的一切也将不朽。在那里,与人子耶稣的更亲密的交流中,那种诚挚之声将深化为一种更完美的美……在万物复兴之日,他的脑海中所充溢的人世间最雄心勃勃的革新愿景也将如约实现!

---

① 圣托马斯·贝克特(Saint Thomas Becket,1118—1170),英格兰国王亨利二世的大法官兼上议院议长、坎特伯雷大主教,后被国王手下武士所杀。

看来即便在天堂,校长也在热切地寻找改革的良机呢。

　　从历史上看,阿诺德的成就或许在于把公学视为实现理想社会的权宜之计,通过它,19 世纪初改革者的"自由党—保守党"的理想得以付诸实践。他们不会像欧陆国家的资产阶级那样直接取代贵族成为统治阶级,而是让孩子们在公学里接受"绅士"教育,学会上层阶级的某些观念和含蓄的语言风范。殖民地总督、高级神职人员、政客、政治家、律师和其他专业人士都可以从受过私立教育、数量相对较少的男童当中选拔。这样,可以悄悄形成一个不断扩大的统治阶级,其中,贵族不会丧失他们原有的地位,但聪慧的人可以得到晋升空间,富人也可以花钱买到更高的地位。当然,对于阿诺德改革的这种解释未免流于愤世嫉俗的边沁主义意味,好像阿诺德的初衷就是为了把拉格比公学的男童培养成"基督教绅士"似的,这种解释完全忽略了阿诺德的理想中蕴涵的个人和宗教的真诚。不过,这种解释至少指出了阿诺德的改革热情对拉格比公学产生的影响。(我们现在正谈论的这种学生数量是很少的,19 世纪 60 年代,全英只有 7 500 名男童在寄宿学校念书。)

　　《汤姆·布朗的求学时代》也许不经意间表现了维多利亚时代中产阶级对公学的某些情绪。虽然该著作总体而言乐观快活,讴歌着纯粹的同志情谊、比赛、《圣经》阅读和对阿诺德博士的英雄崇拜等等充满男子气概的快乐,不过关于校园恶霸把小男孩扔进毯子、放在炉火前烤之类的往事依然让人耿耿于怀。(受此启发,乔治·麦克唐纳·弗雷泽①于 20 世纪末创作了关于拉格比公学恶霸的系列小说。)

　　那些把儿子送到公学接受教育的英国"第一代"父母,未见得对公学真的心存感激。阿诺德有着极高的学术水准。他所教育出来的聪慧男童们,必然会熟练掌握希腊语,虔信基督教。然而,时年 47 岁的阿诺德英年早逝后,各大知名公学沦为恃强凌弱和无知的龌龊巢穴。格莱斯顿恰恰就是中产阶级公学教育的产物。伊顿

托马斯·阿诺德

---

　　① 乔治·麦克唐纳·弗雷泽(George MacDonald Fraser,1925—2008),英国作家、编剧,创作了一系列以弗拉什曼为主角的作品。

公学造就了格莱斯顿,他也一直对这种地方心醉神迷,至死不渝。不过他骨子里所信奉的自由主义思想让他不得不承认,公学和其他事物一样,还需要改革。因此,格莱斯顿在帕麦斯顿第二届内阁里担任财政大臣时,在克拉伦登勋爵领导下成立的议会委员会调查公学状况的过程中发挥了重要作用。

从 1861 年开始,该委员会运作了近 3 年,询问了 130 位证人。委员会调查了诸如公学管理、教学大纲设置、为儿童开设科学课有无必要、"低年级杂务生"传统的利弊(低年级男生给高年级男生跑腿,当仆人)、比赛和体育运动在公学生活中的地位、考试有无必要等方面的问题。然而,在整个审议过程中以及议会上下两院对其的最终报告——《公学法案》于 1868 年出台——的讨论中,有一点无法回避,那就是,他们在讨论的其实都是阶级问题。哪怕在讨论科学是否是一门能吸引年轻绅士(或准绅士)的合适学科这种稀松平常的问题时,他们其实也并非真的在讨论男童是否应该学习化学知识。一大群有头有脸的科学家突然出现在克拉伦登面前,强烈要求施行科学教育,主任牧师法勒①(著有《埃里克,或,渐渐堕落》等校园经典小说)对此提议表示完全赞同。然而,舒兹伯利公学校长肯尼迪②却力挫群雄,对克拉伦登宣布,"自然科学根本无法为教育提供基础。"在议会辩论过程中,格莱斯顿大谈公学开设科学课程不合时宜。德比、斯坦诺普和卡那封三位勋爵都反对科学教育进入公学,认为这会使学生只知"死记硬背",造成学业负担过重,游戏和运动时间大幅缩水。而这种教育的风险,艾伦伯勒伯爵③阐述得一针见血,那就是通过考试,商人子弟可以击败由军士遗孀们抚养长大、"居家便已学会真理和气节"的那些孩子们。

作为历史事实而言,所有公学创立的初衷都是为了教育聪颖勤奋的贫家子弟。然而,寒门子弟进入伊顿公学,是已经数百年不曾出现的事了,为贫家子弟保留机会的那些公学里,这类子弟显然寥寥无几,尽管克拉伦登的一位

---

① 弗雷德里克·法勒(Frederic Farrar, 1831—1903),英国国教神职人员、教师、作家,曾任坎特伯雷教长。

② 本杰明·肯尼迪(Benjamin Kennedy, 1804—1889),英国学者、公学校长、拉丁语专家。

③ 爱德华·劳(Edward Law, 1790—1871),第 1 代艾伦伯勒伯爵,英国保守党政治家。

受访证人表示,在查特豪斯公学,"穿长袍的寒门子弟并未遭受歧视"。另一些公学却认为,应为有身份的市民子弟建立新公学,唯其如此才会让孩子们少一点尴尬,因为他们担心来自富裕之家、身着伊顿制服的"年轻绅士"寄宿生将不得不与当地商贾,甚至是工匠子弟厮混一处;于是,约翰·莱恩低年级学校于 1875 年在哈罗镇成立,艾霖学校于 1857 年在达利奇成立,招收更多来自普通家庭的子弟;奥多中学也分出了莱克斯顿文法学校;莱普顿学校创立了约翰·波特爵士学校,拉格比公学创立了劳伦斯·谢里夫学校,这两所学校分别以最初的慈善捐助人的名字命名。

　　公学秉承的教育理念大受欢迎,甚至在克拉伦登委员会会议召开期间,一所所新"公学"雨后春笋般建立起来——博蒙特学校(1861 年)、克利夫顿学校和马尔文学校(1862 年)、克兰利学校(1863 年)和牛津圣爱德华学校(1863 年)。作为强化新阶级制度力量的学校,实则孕育新阶级的温床,人们对此越了然于心,越觉得有必要把这些学校分出三六九等。确实,纳撒尼尔·伍达德牧师[①]终其一生都在对这种等级制度不断地加以扩展和细化。读本科时便结婚生子,结果只拿到普通学士学位的狂热的牛津运动者伍达德,打算用高教会派的原则教育这些男童。尽管心怀宗教动机,他并不反对将寄宿学校打造成推动社会发展的工具。1848 年,伍达德发表了"宣言"(《为中产阶级辩护》),20 年后发布了《致索尔兹伯里勋爵的信函》。这份"工作进度报告"讲述了他通过公众募捐筹集资金,建立了至少 16 所学校,取得非凡成功的事迹——"为中产阶级提供良好完整的教育,仅收取大多数人都能够轻易支付的学杂费。"伍达德身上尽管有英国国教高教会派的扎眼标签,还是得到了各界人士的支持。索尔兹伯里(当时依然称为罗伯特·塞西尔勋爵)、约克大主教朗利(哈罗公学前校长)、格莱斯顿、威尔伯福斯主教、时任拉格比公学校长的坦普尔和查尔斯·金斯莱等人纷纷伸出援手,为伍达德捐钱,并对他大加鼓励。

　　伍达德一开始便认识到,"中产阶级"字眼的外延太大,"挣钱不多的绅士

---

　　① 纳撒尼尔·伍达德(Nathaniel Woodard,1811—1891),英国国教牧师,为中产阶级创办了 11 所学校,其目的是提供基于"健全的原则和健全的知识,并以基督教信仰为坚实基础"的教育。

自不必说,也适合执业范围有限的律师和外科医生,甚至包括无圣俸的牧师教士、海陆军军官"和二流"体面商人"。另外,还有第三类人,虽然付得起学费,可严格说来还算不上体面人——"二流零售店小店主、酒馆小掌柜和开酒吧的小老板"等。

伍达德创立的学校分为三类:第一类是迷你伊顿公学,男童接受教育至18岁,毕业后要么上大学,要么去当兵;第二类念到16岁;第三类念到14岁。三类学校的体系结构全部采用统一的"古校"风——一座礼拜堂、一处四方庭院、教师和校长一律戴学术帽,身披礼服,所有这一切都是山寨货,是真正"公学"的衍生品。在"社会流动"的渴望中,酒馆掌柜们兴高采烈地把子弟送到伍达德办的第三类学校如圣萨维尔学校和阿丁莱学校,同时期待着,这些儿子日后如果能出人头地,就有机会把他们自己的孩子送到伍达德所办学校当中更高级的那些,比如蓝星学校去了。这样一来,短短三代之内,后代就可以脱胎换骨,从伍达德集团①的学生变为足以跟查特豪斯公学或舒兹伯利公学的上层阶级子弟不相上下了。颇具远见的伍达德早就意识到,孩子们要想获得这种神秘的蜕变,就必须切断他们自己家庭的影响——因此,在办校之初他就坚持创建全日制寄宿学校。

我们的时代精神自然是无等级或反等级的,所以我们每每会忽视了伍达德对他这种理想的坚持。开酒吧人家的子弟,跟出自公爵府、教区牧师住宅、城郊或贫民窟的子弟,都应该享有教育权利。维多利亚时代的人创造出我们如今熟悉的教育观,即便我们坚信比他们更具平等精神,然而正是从他们那里,我们才得出如下认识,即学习应正规化,教育应制度化,保障公民人人享有受教育权是国家和社会的责任。以"克拉伦登公学调查报告"开始、以"保障全民初等教育议会法案"结束的1860年代,是边沁主义社会控制达到巅峰的十年。斯坦利主教选择把娇弱的儿子亚瑟·彭林·斯坦利送到拉格比公学念书,象征着伴随改革时代的到来英国所发生的变化。主教本人没上过学。约翰·罗斯金也没上过。维多利亚女王、约翰·斯图尔特·密尔、乔治

---

① 指伍达德为中产阶级所办的诸校。

·艾略特①和哈里特·马蒂诺②也是如此。要是让迪斯雷利、狄更斯、纽曼、达尔文这四个截然不同的、在童年时都分别只念过几天书的人，宣称学校教育对他们来说功德无量，无疑荒谬之极。假如他们晚一代出生，那么他们就将在学校待上长得多的时间，还将忙于应对公共考试，学校经历势必会在他们的心理塑造中发挥更大的作用。那么一来，他们的人生风格想必会受到刻板的"课程大纲"或学校校风的严重制约。这四位风采各异的人物——迪斯雷利，富有，恣意妄为，什么书都爱读；达尔文，被视为"愚钝"之人，不过对射击、钓鱼和观鸟的热情，意味着他早早就建立起与自然的革命性关系；纽曼，自命为天使；狄更斯，凭借内心的戏剧和喜剧感从不幸的环境中脱颖而出——他们可以说是非常幸运了，因为他们出生和成长于"控制时代"之前。因为 1860 年代用心良苦的教育改革，实际上依然是发端于 19 世纪二三十年代边沁主义社会控制的终极拓展。在对穷人、罪犯、农民和工人阶级、政府行政部门以及军队施加影响后，控制者们转向了自由精神的最后载体，最后的潜在的无政府主义者们：儿童。

正如伍达德用冒牌传统和伪造的行话效仿古老的"公学风"，以此来创建分等级的寄宿学校制度时始终明了于心的，教育已是资本主义创造的新阶级制度的必要组成部分。要想真正确立这一阶级制度，人们不仅要为中产阶级兴建新学校，还得把穷人们从前有的教育机会都抹除掉。公学创始人们的初衷当然是让穷人子弟都能接受教育。亨利六世于 1442 年曾下诏，规定"年收入多于 5 马克者"不许申请伊顿公学基金会的资助。然而，在 19 世纪初，这些公学却转而开启了推动社会隔离的做法，维多利亚时代的英国在很大程度上正是得益于这种社会隔离才得以成型：托马斯·阿诺德砍掉了拉格比公学免费的低年级部，如此一来，穷人要是不聘请家庭教师教孩子，他们的子弟便无法达到高年级部的入学标准。1818 年，温彻斯特公学声称，进入该公学的学生均是创始人威克姆的威廉③认定的"贫寒者和穷困者"，只不过他们的父母

---

① 英国著名女小说家，参见本书第 13 章对她的介绍。
② 当时的英国著名女撰稿人，参见本书第 13 章对她的介绍。
③ 威克姆的威廉（William of Wykeham，1324？—1404），温彻斯特主教、英格兰大法官，1379 年创立牛津大学新学院和新学院学校，并于 1382 年创立温彻斯特学院。

有钱罢了。1868 年《公学法》出台后，为贫困学生而捐赠的款项的剩余部分，全部被转捐给资金雄厚的公学。在萨顿科尔菲尔德本有一笔捐赠为贫家子弟提供免费教育，但其中的 1.5 万英镑直接被拨走，用于"给富裕家庭的孩子创立一所高级中学"。

因此，教育赐予穷人的独立权被褫夺了，选择权也是如此。1870 年威廉·爱德华·福斯特的《教育法》颁布后，接受义务教育人人有责，不过，必须按收入和社会地位严格分配学校。

不过，作为新教历史上的破天荒之举，女子也同样必须接受教育了。这事实上展示了一个中心的、经典的例子，说明在边沁主义控制的世界里，一个人若想找到自由，首先必须屈从于其奴役。19 世纪初开始，先是低级学校，渐而是大学——成为妇女进入职场与男人平起平坐的主要途径。1857 年，弗洛伦斯·南丁格尔创办了一所护理学院，树立了一种样板，表明女性在不依赖男性的前提下如何建立职业身份，并最终确立政治身份。不过，为了跟男学生竞争，女学生们从一开始就不得不为取得统考资格等莫名其妙的特权而斗争。

弗·丹·莫理斯是创立哈利街的伦敦大学附属学院玛丽王后学院的重要人物之一，该学院日后培养出 19 世纪两位最重要的教育家：

> 巴斯小姐和比尔小姐
>
> 对丘比特之箭一无所觉
>
> 比尔小姐和巴斯小姐
>
> 与我等存在着霄壤之别

这首歪诗出自克利夫顿公学一位校长之手。听说巴斯小姐①非要参加一场关于统考的校长讨论会，他便诗兴大发，从而暴露出男性的促狭内心。比尔小姐②和巴斯小姐的闪光之处正在于她们确立了意欲证明"女性并非'与我等存在着霄壤之别'"的教育目的。

1850 年 4 月 4 日，弗朗西斯·玛丽·巴斯在卡姆登街 46 号创办北伦敦

---

① 弗朗西斯·巴斯(Frances Buss，1827—1894)，英国女校长、女子教育的先驱。

② 多萝西娅·比尔(Dorothea Beale，1831—1906)，英国妇女参政论者、教育改革家、作家。

女子学院学校。除了创办这所对其他"女子"公立走读学校大有启发的学校之外，她的最大胜利在于为女学生们争取到参加公共考试的权利。1863 年，剑桥大学考试委员会强烈反对女生参加考试。巴斯在好友伊丽莎白·加勒特①和艾米丽·戴维斯②的声援下，最终设法令女生获得了这一至关重要的考试权。（1869 年，戴维斯小姐在希钦创办格顿学院，并于 1873 年迁到剑桥。）身材娇小的巴斯小姐除了具有无比非凡的教学天赋外，还有为妇女争取权利的睿智和热情。在漫长的教育生涯中，在一个校园暴力肆虐的世纪里，她从未对孩子们动过手，不过，像试图阻止她改革的男人们一样，学生们在她面前都怯生生地缩了回去。

巴斯小姐有一位叫多萝西娅·比尔的教师朋友，后者曾经亲历了学校生活的苦难一面。巴斯离开哈利街王后学院去创建北伦敦学院时，26 岁的比尔被任命为韦斯特摩兰郡卡斯特顿教会女子学校的校长。这所由威尔逊牧师③创办于 1823 年的学校位于考恩桥，注定要成为欧洲历史上最臭名昭著的女子学校——它就是《简·爱》（1847）里的那所"洛伍德学校"。

帕特里克·勃朗特出生于北爱尔兰的一间茅屋里，所受的教育全部来自当地牧师。他是当时为数不少的那种自己没念过书，却坚持供子女上学的家长之一。勃朗特姐妹家境贫穷，只能选择读点书然后去当家庭女教师的道路，不过，要想上学接受教育，就必须忍受威尔逊先生——小说里的勃洛克赫斯特先生——之流给她们带来的苦难。

弗朗西斯·巴斯

　　"你们若为我忍饥受渴，"他对杂务主管嚷道，"便为有福。唉，小姐，你用面包和奶酪来代替烧糊的粥，放进这些孩子的嘴里，你确实可以喂

---

① 伊丽莎白·加勒特·安德森（Elizabeth Garrett Anderson，1836—1917），英国女医生、妇女参政论者。

② 莎拉·艾米丽·戴维斯（Sarah Emily Davies，1830—1921），英国女性主义者、妇女参政论者，也是争取妇女上大学权利的先锋活动家。

③ 威廉·卡鲁斯·威尔逊（William Carus Wilson，1791—1859），英国牧师，月刊《儿童之友》的创始人和编辑。

饱了她们龌龊的躯壳,可你却没有想到,你让她们不朽的灵魂挨了饿。"

简·爱形容道,洛伍德学校"是雾和瘴疠的发源地……终日半饥半饱,伤风感冒又没有人管,绝大多数学生很容易受到疾病传染;80个姑娘,一下子病倒了45个"。

至于勃朗特姐妹,她们所体会到的苦涩真切的现实,恰好展现于勃洛克赫斯特先生的教理问答中:

> "没有比看到一个淘气孩子更让人难受了,"他说,"尤其是淘气的小姑娘。你知道坏人死后去哪儿吗?"
>
> "下地狱,"我不假思索地作出大家公认的答复。
>
> "那地狱又是什么? 你能告诉我吗?"
>
> "是个火坑。"
>
> "你可愿意掉进火坑,永远被火烧吗?"
>
> "不愿意,先生。"
>
> "你怎么才能避开它呢?"
>
> 我仔细想了一会儿,最后,终于回答了一句很不成体统的话:"我要保持健康,不要死掉。"①

玛丽娅·勃朗特和伊丽莎白·勃朗特在学校染上伤寒,死时还不到12岁。艾米莉·勃朗特②不满30岁就去世了,妹妹安妮也是如此。学校在很大程度上要为损害了她们的健康负责。多萝西娅·比尔担任校长时,"洛伍德学校"的校风依然非常暴戾,施虐成风;上任头一年,她就和校董事会闹翻了,被迫离职。1858年,她一举击败对手,在50位候选人中脱颖而出,当选为新建公学切尔滕纳姆女子学院的校长。该校是英国首批为女童提供现代意义上的全面教育的学校之一,开设数学、科学、艺术、历史和语言等课程。不过,直到20世纪,它仍然是给小姐们上的学校。在伦敦,巴斯小姐的学校向体面的大商人、生意人或小商贩的女儿们开放,而切尔滕纳姆女子学院直到20世

---

① 以上译文选自凌雯先生《简·爱》译本。
② 艾米莉·勃朗特(Emily Bronte,1818—1848),英国著名女小说家,代表作《呼啸山庄》。

纪 20 年代才向这类人敞开大门；比尔小姐一生（1906 年去世）将大把的智力资源都专供上流社会或专业技术阶层的女儿们使用。

维多利亚时代的人创造出学校这种社会工具，这种工具在发掘资产阶级工业革命潜能的同时，也原封不动地保留了固有的等级制度，并创造出新的等级制度。新创建的公学突然大量出现，布莱德菲尔德学院（1850 年）、切尔滕纳姆学院（1841 年）、克利夫顿学院（1862 年）、多佛学院（1871 年）、格兰诺蒙德学院（1841 年）、蓝星学院（1848 年）、马尔文学院（1865 年）、马尔堡学院（1843 年）和罗塞尔学校（1844 年）等等，其中，虚假的学校行话、神秘而全新的传统和严格的等级制度一应俱全。办学理念则崇尚宣扬一种个人主义和以制度主义摧毁自我的结合体，这正是维多利亚时代一个独特又矛盾的特征。

艾米莉·勃朗特

初来拉格比公学时，汤姆·布朗还是个崇尚自由的、来自英国前工业化乡村的儿童。他既可以是伊丽莎白时代的，也可以说是 18 世纪的，尽管这两个时代之间差别极大。他要面对的是残忍的学校世界，其中有令人钦佩的"热诚的"布鲁克，自然也少不了弗拉什曼和斯皮狄古特之类的霸凌者。人们往往认为，这部小说所要宣扬的，无非就是前几章里渲染的那种纯粹的运动精神，作者休斯写这部作品，是为了鼓吹那种庸俗的、对于比赛的向往和英雄崇拜思想。其实，这部小说远比这些深邃得多。

1858 年，《泰晤士报》承认这是一个"悬而未决"的问题——公学如何驯服未开化的野孩子，"肆无忌惮的粗糙之语如何被软化成文雅之言，无法无天的行为如何升华为自律，不端的品行如何改造成正确健全的男子汉正义感——这一切都要在两三年里，在没有外部援助，且没有强有力宗教影响的情况下完成。"该报最后总结道，"家长极有可能不关注这个过程，只知道盯着最终的教育成果。"

阿诺德博士总结他的理想为："将男童们打造成未来的基督徒，至于现在将其改造成小基督教徒，我根本不抱希望；我的意思是，从童年的天生缺陷来看，男孩们不可能借助实践获取全面发展的基督教理念，我认为必须在诸多方面容忍他们的道德低下，正如在整个人类的童年时期道德低下都是普遍现象一样。"

在《汤姆·布朗的求学时代》中，休斯描述了转变的发生。正如有人指出的,小说第一部分里,许多关于足球比赛、霸凌和掏鸟等男生的快乐回忆,都是休斯从其他老拉格比公学毕业生们的回忆录里移借而来;而小说后半段,汤姆通过与小亚瑟的友谊(以及亚瑟的濒死体验)而获得精神重生的情节,看似不太现实,反倒有纯粹自传的意味。重要的是,汤姆被"体制化"了,蜕变为恪守团队精神的人。这对社会主义者休斯来说有着重大意义。在最后一场板球赛中,一位男教师宣称,这是"一种高贵的比赛"。

不是吗?这可不只像游戏这么简单。"这是个制度,"汤姆说。"是的,"亚瑟说,"这是英国男孩,无论老少,都与生俱来的权利,就跟人身保护法和陪审审判是英国男人与生俱来的权利一样。"

"制度教会了我们遵纪守法,相互依赖,我想这有极高的价值,"男教师接着说,"这场比赛应该是无私的,十一个人拧成一股绳,队员参加比赛不是为了自己赢,而是为了整个球队赢。"

更进一层的想法是,"也许我们的世界"——即公学的世界——"只代表着大英帝国,这个正处于明智且强有力的统治之下的国度的一个角落。"

"学校的世界"被视为政治世界的缩影和步入政治世界之前的彩排。这便是不遵守学校惯例会被视为无政府主义的原因,也是张扬个人主义会被认为具有潜在破坏性的原因。正是这种社会政治态度,催生了维多利亚时代人对自慰的那种刻板态度。关于这一点,有一部值得一提的小说《埃里克,或,渐渐堕落》,它被人们描述为"阿诺德博士要是喝高了,也很可能写出来的一部作品"。

《埃里克,或,渐渐堕落》,是一位名叫法勒的作者写的小说。它讲了名叫埃里克的主人公从小错不断逐渐滑入犯下大罪的堕落之旅。一只蚱蜢钻进一位在教堂做礼拜的女士帽子里,埃里克禁不住大笑起来——为此,他招来校长罗兰兹博士的一顿鞭子抽。不久后,他沉溺于比教堂里的那场大笑更糟糕的罪恶里。七号宿舍的室友讲的淫词艳语,起初让埃里克震惊不已,"超乎想象,无地自容"。尽管寝室里漆黑一片,他还是觉得自己的脸一直红到耳根,又再次变得苍白,额头上冒出一颗滚烫的汗珠。鲍尔是个讲黄段子的高手……法勒本人在此打上了省略号,"此刻,埃里克,机不可失,时不再来!是生还是死,是毁灭还是拯救,是堕落还是纯洁,此刻正悬而未决,你的命运也许就取决于你是否说出来。说吧,孩子!"

然而,埃里克沉默不语,半小时"痛苦的自我挣扎"之后,他沦陷了。法勒从未阐明埃里克所犯之罪的确切性质,不过,罗兰兹博士在一篇关于"基博罗-哈他瓦"的布道里却非常清楚地说明了它。"基博罗-哈他瓦"就是贪爱之徒的坟墓。

> 基博罗-哈他瓦!许许多多的英国青年已殒命在那里!许许多多快乐的英国男孩,母亲们的心肝宝贝——勇敢、帅气、坚强的男童——葬身在那里。他们惨白的身影浮现在我们眼前——我们的年轻兄弟们的身影,他们曾经犯下罪孽,曾经遭受苦难。从海上和故土,从异域的荒冢和英国的教堂墓地,他们骤然浮现,在苍白的堕落中簇拥在我们周围。但愿每位读过此文的男学童都能从他们因燃烧着紫色的激情之火而消瘦不堪的手中获得警示,在那里,除了耻辱和毁灭,除了被玷污的情感和英年早逝外,他们将一无所获。

在法勒的故事中,自慰导致在劫难逃的死亡。而在罗斯金和艾菲·格雷的离婚事件里,最痛苦难堪的一点在于,艾菲·格雷可能会让一件家丑大白于天下:同房时,一旦达不到高潮,罗斯金竟然会用自慰来解决。在给好友考珀夫人的信中,罗斯金写道,"她的话令我恐慌——我只能想出一个意思——我立马就明白了——那就由它去吧。我不是常跟你说,我是另一个卢梭(即自慰者)吗?……只不过,我的生命若能结束,那就完美了——必定如此——岂止完美——因为它将由死亡而被拯救出这种邪恶。"

校园故事堪称维多利亚时代对文学的一个最独特的贡献。学校里并没有发生什么伊丽莎白时代或詹姆士一世时代的悲剧。理查逊或菲尔丁的巨笔也不曾写过什么校园故事。不过,简·爱在洛伍德学校和尼古拉斯·尼克尔贝在杜德波伊斯学堂的经历,始终是我们在 19 世纪小说中读到过的那类最生动的段落了。正如在阿诺德博士及其追随者们心中学校堪称社会的原型一样,对许多人而言,学校在他们心中也呈现为一种固定的范式,一种噩梦,它将人们从舒适的家里粗暴地拖出,投入单一性别的制度化生活的艰辛和灵肉煎熬中。难怪校园故事成了一个让做老师和做学生的都爱不释手的小说主题。《汤姆·布朗的求学时代》于 1857 年 4 月出版，当年 11 月已再版 5 次，销量高达 1.1 万册。到 1862 年底，该书已卖出 2.8 万册。截至 1892 年，麦克米伦出版社共印刷该书 52 次。同样，《埃里克，或，渐渐堕落》的销量也可圈可点。这部小说及法勒的其他小说如《圣维尼弗雷德学校，或，学校的世界》和《朱利安·霍姆》——主人公在剑桥大学继续接受教育的续篇——在我们读来，可能实在不大像对男学童的话语或思想的真实描述，所以下面这个事实经常会让我们吃惊：法勒其实真的是一位教师——先在新成立的马尔伯勒公学任教，1855 年又被任命为哈罗公学的教师。（离开哈罗公学后，他成为马尔伯勒公学的首任校长，后升任坎特伯雷教长。）《埃里克，或，渐渐堕落》《圣维尼弗雷德学校，或，学校的世界》和《朱利安·霍姆》都是法勒在哈罗公学当老师时创作的，这段时期也恰好是这所公学历史上最不寻常的一个时期。

法勒炮制着他那些关于自慰危害的独特寓言时，他所任教的学校其实是同性恋欺凌事件的温床。在这里，每个漂亮男孩都被起了一个女孩名，也许还会被贴上"公共财产"的标签，或者被控制了，为年长的男孩独享。法勒没准对此睁一只眼闭一只眼——他最终成为哈罗公学的舍监——不过，对于校长本人也卷入的一场个人悲剧，他当真一无所知吗？

查尔斯·约翰·沃恩①在拉格比公学念书时曾是阿诺德的学生，跟亚瑟·斯坦利基本属于同龄人，1850 年娶了斯坦利的妹妹凯瑟琳。沃恩在剑桥大学可谓事业辉煌，顺风顺水，先被聘为三一学院研究员，后被授予圣职，28 岁成为哈罗公学校长。他是 1844 年至 1859 年英国最受崇敬的教师之一。初来此地，他就发现哈罗公学萎靡不振，学生寥寥无几。于是，他开始扩招，两年内，学生数量从 1844 年的 60 名激增到 200 多名。"他周围集聚了一批学者才俊同仁，成就几乎直追阿诺德校长本人。"然而，43 岁时，他突然辞去校长职务。在那些日子里，但凡一所大公学的校长——必然同时担任圣职——日后

---

① 查尔斯·约翰·沃恩（Charles John Vaughan，1816—1897），英国学者和圣公会教士。

都能在教会里荣登高位。(坦普尔①和泰特②都担任过拉格比公学校长,后来都当上维多利亚女王钦命的坎特伯雷大主教。)因此,老"哈罗公学毕业生"、首相帕麦斯顿提议,由沃恩出任罗彻斯特主教一职。沃恩接受了,不过后来,正如《国家人物传记大辞典》里那则神秘词条记录的那样,"一两日后,或许在与其雄心作了一番激烈斗争后,他放弃了这一提名机会。"从沃恩的出色事业来看,他不愿去当主教,实在令人费解。后来他在贫穷的唐卡斯特北部教区任了多年牧师,又去兰达夫教区任乡村牧师,默默无闻,直到亡故。"死前,他留下了,"《国家人物传记大辞典》最后写道,"一条关于其生平的任何细节不许见诸文字的严格禁令。"

直到 20 世纪,沃恩的不幸秘密才大白于天下。1851 年,哈罗公学有一位叫约翰·阿丁顿·西蒙兹③的男生。他在童年时期对自己的性取向感到恐惧,并对公学的校风深恶痛绝。1851 年,另一个男孩——一个名为阿尔弗雷德·普雷托④的活泼英俊的年轻人——在一封信中跟他坦白说,自己跟圣徒沃恩博士有染。西蒙兹震惊之余,突然想起往事,依稀记起他把自己写的作文念给沃恩校长听时,校长抚摸他的大腿的丑态。

八年来,西蒙兹始终把秘密藏在心底。之后他到牛津大学念本科,自认为已逃脱出"沃恩博士的恶毒影响",便在一次读书活动中把事情和盘托出。西蒙兹是对他的拉丁文教授吐露此事的,后者读完普雷托的信后对西蒙兹说,他必须把此事告诉父亲。于是,西蒙兹的那位医生父亲给沃恩写了一封信,正告沃恩,他必须立即辞职,否则便将他的所为公之于众。沃恩赶到位于克利夫顿的西蒙兹医生的家中再三恳求,几天后沃恩夫人也赶来,下跪哭泣。西蒙兹医生态度坚决,沃恩必须辞职。西蒙兹的父母还提出,假如沃恩胆敢

---

① 弗雷德里克·坦普尔(Frederick Temple,1821—1902),英国学者、教师、牧师,曾任埃克塞特主教、伦敦主教、坎特伯雷大主教。

② 阿奇博尔德·泰特(Archibald Tait,1811—1882),英国神学家,曾任坎特伯雷大主教。

③ 约翰·阿丁顿·西蒙兹(John Addington Symonds,1840—1893),英国诗人、文学批评家。

④ 阿尔弗雷德·普雷托(Alfred Pretor,1840—1908),英国剑桥大学教师、古典学家、作家、翻译家。

接受教会高级职务,他们便曝光此事。这个秘密直到菲利斯·格罗斯库特①于 1964 年出版西蒙兹的传记后,才大白于天下。这是个绝佳的例子,表明了维多利亚时代的公学阶级(倘若可以这样称呼他们的话)团结起来、自行处理内部问题的出色能力。

法勒的小说犹如一口密封高压锅散发出一点蒸气一样,透露出一点点病态的情感气息。而沃恩的隐秘生活也隐隐指向这些幽闭的、单一性别的(偶尔才有个把女舍监和教师妻子现身)机构里,那种颇为独特的情感氛围。

伴随着几乎总是秘而不宣的同性之爱的,则是人们对鞭打和鞭笞的全心接受,它们貌似惩罚,其实却显然是痛苦情感的一种释放方式。19 世纪 60 年代,校园故事风靡一时之际,史文朋的《诗歌和谣曲》也恰好首度问世,令人震惊却又令人着迷。这部作品——因公然大谈无神论而令人惊愕,又颓废得如此华丽,对尚未读过波德莱尔诗歌的英国读者来说,完全是惊世骇俗之作——以其对“我们的痛苦女士”的祈求,流露出诗人在《珍珠》和《维平汉姆秘史》等隐秘情色之作中大量出现的虐爱喜好。史文朋在他的情色想象中,对伊顿公学的暴力体罚现象加以几乎是强迫性的重复描写,流露出他对鞭笞惩罚的迷恋。伊顿公学以鞭刑示众或(他们所谓的)“公开处决”为特色,不免让人猜想,正是这些惩罚场景为史文朋的狂想提供了丰富的灵感。在克拉伦登委员会时期,鞭笞和鞭刑掀起了一场热议。关于 19 世纪鞭刑的一部权威专著指出,刊登在《晨邮报》上的如下匿名信大有可能正是出自史文朋之手:

> 我敢保证,从最古老的时代到不朽的基特②时代,再到如今的校长,他们个个都曾求助于这种“荣誉之座”呢。“吃一堑,长一智。”而且,请注意,鞭笞,若能加以正确使用,乃是为确保我们的大公学正当运转所应诉诸的唯一基本原则。我就因它而受益匪浅,也就是说,我可是曾经饱受鞭笞的。

(公开的)校园故事,和(隐秘的)鞭笞情色、施虐—受虐及其幽暗心理,这些

---

① 菲利斯·格罗斯库特(Phyllis Grosskurth,1924—2015),加拿大学者、作家、文学批评家。

② 约翰·基特(John Keate,1773—1852),英国教师、伊顿公学校长,以鞭笞男生而臭名昭著。

都象征着寄宿学校对一代代英国男孩产生的重大影响。亨利·纽伯特①有一首名诗《生命火炬》，将克利夫顿公学赛场上那种令人屏息静气的紧张回忆写进了帝国的战争，让我们实实在在地看到了公学生涯在新一代英国人潜意识里的地位。

> 大漠之沙浴血殷红——
>
> 浸透殷红的还有溃散的方阵；——
>
> 加特林机枪哑火，上校阵亡，
>
> 沙尘飞扬，狼烟笼罩，遮蔽了全团视线。
>
> 死亡之河水已漫过堤岸，
>
> 英格兰过于遥远，荣耀不过浪得虚名，
>
> 但一个男童的音声令将士们再度振奋：
>
> "加油！加油！打好这场比赛！"

跟休斯一样，纽伯特也是左翼人士，他把板球赛场上公学男生的团队精神视为理想社会里无私合作的出色范例。

竞赛精神不仅影响着男人们，也影响了男人们的爱妻们。亚瑟·斯坦利自儿时就对板球没什么兴趣；实际上，在拉格比公学念书时，他颇为厌恶这项运动。然而，自从当上威斯敏斯特教堂主任牧师后，他忘掉了这一切不喜。教堂唱诗班的男孩们受到斯坦利主任牧师和奥古斯塔夫人的款待，主人请他们享用板球茶宴，事后孩子们还很有礼貌地给夫妇俩写了一封感谢信。显然，斯坦利及其爱妻没等比赛打完便起身离开了，不过，这并未妨碍奥古斯塔夫人把下午观赛当作不去听布道的好借口。"我亲爱的孩子们，"她写道：

> 看到你们在"比拼"，看到比赛的进程，我真是太高兴了，虽说你们平时的训练不多，不过，你们还都没忘记怎样打板球，玩得那么开心，而且我从你们写来的漂亮的信中得知你们还会继续打下去，主任牧师和我都倍感欣慰。
>
> 你们幸福快乐的模样，能充分利用得到的机会，劳逸结合，这些都是我俩特别想看到的——我相信，你们都能感受到增强体魄、锻炼身体技

---

① 亨利·纽伯特（Henry Newbolt，1862—1938），英国诗人、小说家、历史学家。

巧和参加体育活动的乐趣，而打板球能把这些结合在一起——我同样确信，如果你们能专心致志坚持下去，日积月累，将会渐渐了解这项运动所赐予你们的真谛，也就是，我们生命的幸福在于正确行使天父恩赐我们的一切才能……

她啰里啰唆地写了几页后，总结道：

我相信，你们所有人，包括你们当中年纪最小的，都会竭力让主任牧师高兴，并展现你们的风采，不只在板球赛场上，也在教堂里，在你们"分院"举行的团体活动中，在求学中，在游戏中，如此的"比拼"会让渴望你们进步的人心中充满欢喜。

这种措辞真让人忍不住出言嘲讽，我们已经很难想象这种时代了：大人们如此热情严肃地对待孩子们和童年，某个下午的一场掺杂着柠檬汁和圆面包的板球赛，也能成为一个回顾存在本质的契机。

"广教派"①持有的不合逻辑的矛盾立场，一方面会激怒神学偏执狂，一方面也会激怒那些认为人类在生活中已不再需要宗教的启蒙思想继承者们。不过，从另一个角度看，斯坦利主任牧师及其朋友留下的智力"遗产"又正是一种力量的源泉。对科学，他们接受严谨的科学原理；同时他们继续阅读柏拉图哲学，相信不妨对宇宙持有一种宗教的态度。何其相似乃尔，在风云变幻的政坛上，不断变化的结盟和对抗，既允许英国贵族政治得以苟活，也使资产阶级民主得以确立。跟欧陆不同，英国人认为上述两者能够共处相容。维多利亚时代的英国人最强大的一种能力就在于，允许并非严格相克的对立双方同时存在。这种能力展现在生活的方方面面，也写在了19世纪后期英国黑格尔派哲学家的著作里。这些哲学家其实在很大程度上都是从"广教派"神学发展而来的，虽然他们中许多人转而对这种派别颇为不齿。而这一神学流派拥有一位出色的代表人物，他不是别人，正是这位迷人、思路缜密的亚瑟·彭林·斯坦利。

① 19世纪末至20世纪初兴起的圣公会的一个神学派别，带有自由派特征，对基本教义的坚守程度较为宽容，乐意接受新思想，亚瑟·彭林·斯坦利是其代表人物。

第 19 章　查尔斯·金斯莱和《水孩子》

大多数读者最初读到查尔斯·金斯莱①的小说《水孩子》,都是读的那种华丽的插图版本;不过那些插画家,无论是希斯·罗宾逊②,梅布尔·露西·阿特韦尔③还是玛格丽特·塔兰特④,等等,往往都忽略了一个事实,即那个水中的婴儿——在回归到纯真和救赎状态之后——是光着身子的。金斯莱写得一清二楚,那个没于水中的扫烟囱的孩子汤姆"感觉自己全身光溜溜的,舒服极了"。

这个故事——"一个陆地孩子的童话"——最初呈现在读者面前时并非一本漂亮的"儿童读物",而是在《麦克米伦杂志》的两版灰不溜秋、没有插图的专栏里,从 1862 年 8 月一直连载到 1863 年 3 月。最初那批想追随汤姆冒险故事的读者,不得不先翻过许多页其他内容,比如莱斯利·斯蒂芬⑤关于支持南部邦联经济自由主义实例的啰里啰唆的文章、马修·阿诺德关于斯坦利所著《犹太教会史》的长篇大论以及关于牡蛎、地质学或人类古老历史的科学讨论,或者托马斯·黑尔⑥关于大都市地方政府理想形式的沉思,才能读到汤姆的故事——当上冷酷无情的格林姆夫妇家的用人,干起扫烟囱活儿,在哈

---

① 查尔斯·金斯莱(Charles Kingsley,1819—1875),英国国教广教派牧师、大学教授、社会改革家、历史学家、小说家、诗人。

② 威廉·希斯·罗宾逊(William Heath Robinson,1872—1944),英国漫画家、插画家、艺术家。

③ 梅布尔·露西·阿特韦尔(Mabel Lucie Attwell,1879—1964),英国插画家、漫画家。

④ 玛格丽特·塔兰特(Margaret Tarrant,1888—1959),英国插画家、儿童作家。

⑤ 莱斯利·斯蒂芬爵士(Leslie Stephen,1832—1904),英国作家、评论家、历史学家、传记作家、登山家。

⑥ 托马斯·黑尔(Thomas Hare,1806—1891),英国律师、议员,选举制度改革的倡导者。

特豪夫乡绅大庄园被塞入烟道,不慎掉入庄园主女儿小艾莉的卧室,被误认为盗贼。

有种说法不无道理:要想弄清《水孩子》的意义,必须先翻翻当时的杂志文学,把它与金斯莱同时代的其他名人作品作一番比较。金斯莱关心时事,积极投入时代风潮,爱论争,涉猎领域非常广泛,这些都反映在《水孩子》里。他夫人曾说,这部作品"或许是他最后一本真正轻松写成的书";整部小说神速写完,第一章尤其只用了一个小时就写完,一字未改(起码5 000字?)便发表了。

金斯莱创作这部作品时42岁。十数年后,他在56岁时,因为赴美巡回演讲之旅、抽烟无度,极度亢奋、精尽力竭而去世。1875年1月底,斯坦利主任牧师凝视着金斯莱的遗容,感觉他"好似一尊古代武士的石雕……沉浸于百场鏖战过后的休憩中,这也是金斯莱本人的理想。他缄默的双唇上,仿佛再度道出十年前他在某人(即威尔士亲王)面前讲过的那些活生生的话语。他以忠贞不渝的虔诚之心尊崇着亲王,直到生命尽头"。在温莎城堡的礼拜堂里,金斯莱的发言是,"有人说骑士时代已是昨日往事,浪漫主义精神已烟消云散。然而,骑士时代的精神永远不会灰飞烟灭,只要世间尚有错误未被纠正,或尚有人在说'我将纠正那个错误或竭力去纠正它,哪怕倾尽此生'。"

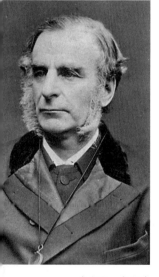

查尔斯·金斯莱

威斯敏斯特教堂已给查尔斯·金斯莱预留了墓穴,不过他的家人还是将他安葬在雷丁镇以南埃弗斯利教区的教堂墓地。自1840年代以来,金斯莱一直是这个教区的牧师。很多群众自发赶来参加他的葬礼。来自布莱姆姆希尔狩猎俱乐部的成员带着马匹和猎犬,恭恭敬敬伫立,目睹八位村民把这位热衷于运动的博物学者、乡间生活者葬入墓穴。斯坦利主任牧师主持了葬礼仪式。温彻斯特主教——即伊顿公学毕业生哈罗德·布朗①,两年前由格莱斯顿任命,接替"油嘴山姆"——致了祷告

---

① 爱德华·哈罗德·布朗(Edward Harold Browne,1811—1891),英国国教会主教。

辞。代表威尔士亲王的亚历山大·菲茨莫里斯阁下①前来吊唁,金斯莱曾是亲王在剑桥大学时的老师。麦克米伦出版社的代表也赶到他们的畅销书作者的墓前。同时,在挤满金斯莱大学同行、神职人员和伦敦文学界名人们的教堂墓地的围墙外面,满是当地的吉卜赛人和村民们。在 21 世纪,要想找到一位像金斯莱一样备受拥戴的英国人,比登天还难。

抛开金斯莱的个人卓越不谈,他还是一位 19 世纪的杰出典范,向我们展示了在开始拥有汽车、变得官僚化的英国国教会对神职人员的非职业性行为发动"战争"前的那个时代,一幢乡村教区牧师住宅可以被如何加以灵活运用。查尔斯·金斯莱的父亲也是牧师,金斯莱在当地语法学校上过学,不过主要是在家里接受教育。4 岁时他就爱写诗和布道文。从早年起,他便是一位才思敏锐、见多识广的自然历史学家,并开始在克劳夫利的德文郡海岸附近收集贝壳。在剑桥大学的荣誉学位考试中,他得了古典文学第一名,数学"第二名";他还如饥似渴地阅读柯勒律治的诗歌和卡莱尔的哲学,尤其是其人生指路明灯弗·丹·莫理斯的著作。他讨厌团体比赛,却从一位黑人职业拳击手那里学会了拳击。

23 岁时,金斯莱被任命为埃弗斯利教区的副牧师,几年后升任该教区牧师,这份工作他一直干到去世。同时,他还积极投身基督教社会主义运动(后来跟托马斯·休斯成了好朋友)。此外,他也是颇受欢迎的小说家,他的小说《奥尔顿·洛克》(1850)和《酵母》(1851)弘扬着宪章派的主张。他还担任过女王的荣誉牧师,并在 1860 年到 1869 年任剑桥大学历史学钦定教授。(他本打算住在剑桥大学,但发现那里生活成本太高,因此只是有课时在那里过夜,讲完课后便返回埃弗斯利。)尽管身兼数职,他依然是一位恪尽职守的教区牧师。得知他过世的消息后,村民、布莱姆希尔狩猎俱乐部成员、农场工人和佃农纷纷前来悼念。

未来的坎特伯雷大主教爱德华·怀特·本森当上惠灵顿公学的校长时,发现公学"距离埃弗斯利教区仅一步之遥"。尽管两人性格迥异,在教会政治

---

① 亚历山大·坦普尔·菲茨莫里斯(Alexander Temple FitzMaurice,1834—1894),英国王室朝臣。

观上也相去甚远，但本森和金斯莱惺惺相惜。明知本森素以治校严厉而著称，金斯莱还是把大儿子莫理斯送到惠灵顿公学念书。司铎制的捍卫者本森注意到金斯莱竟会这样一副打扮——粗布灰西装、灯笼裤，脖子上系着黑领带。金斯莱很少穿牧师服。金斯莱烟瘾极大，去教民家访问时，常把陶土烟斗藏在埃弗斯利教区附近的灌木丛里或树根底下，以备不时之需。在金斯莱掌管的教区教堂，礼拜仪式简直不成体统，让本森很是吃惊。比如，副牧师布道时，金斯莱总穿着俗服，坐在牧师住宅的长凳上，最后才起身为会众祈福。晨祷期间，他一动不动坐在黑桴木色屏风的后面，不参与任何事。不过很快会众就会听见这位牧师诵读主祷文的铿锵有力之声，这意味着圣餐礼开始了。会众经常会觉得奇怪，这位平常说话结巴的牧师，一到诵读祷告文时，居然流利无比。金斯莱称得上是真正的英国国教徒，最看不上皮由兹派那种"娘们式"的做派，不过，在守主餐时，他坚持"朝东位置"——面朝东方站立，象征着面向耶路撒冷或新耶路撒冷——而且认为圣桌是上帝祭坛的象征，在诵读《荣耀颂》或念耶稣的圣名时要行深躬礼（就像斯威夫特主教在安妮女王统治时期的做法一样）。这位英国国教牧师及其乡村会众所表现出的虔诚可跟 17 世纪时乔治·赫伯特担任牧师的教区媲美。

金斯莱这位维多利亚时代的牧师并不梦想发财。金斯莱从来算不上有钱人，不过，埃弗斯利教区的生活却赋予了他独立性，这种特质当然也反映在他那些灵活多变的观点中。比如，他一方面对奴隶制深恶痛绝，另一方面却对托马斯·休斯宣称："跟南方人争斗时，美国北方人厚颜无耻地夸大了事实。"尽管如此，金斯莱还是认为美国内战"对世人来说是幸事，致使那个傲慢无礼、侵略成性的流氓国家解体了；同时，对可怜的黑人来说，美国内战也算是幸事，因为一旦南方邦联脱离联邦，就会屈从于英国公众的舆论，因为畏惧英国的民意而不得不对黑人好一点"。在反对牙买加委员会①的冲突中，金斯莱选择支持牙买加总督埃尔。对 21 世纪的读者来说，这一点可能会让我们觉得很遗憾，不过，我们祖先中的绝大多数人确实持有这类种族偏见。而且，金

---

① 1865 年 10 月，"莫兰湾惨案"发生后，伦敦成立了牙买加委员会，希望政府为被屠杀的受害者伸张正义。参见本书第 17 章。

斯莱也许并不是真正的种族主义者。在"埃尔总督事件"发生的前一年,金斯莱在埃弗斯利教区款待过桑威奇群岛①的艾玛王后②。他的夫人范妮·金斯莱评论道,"想想看吧,一位祖先竟然是野蛮人甚至食人族的开化的王后!她竟然跟查理和我睡在了一个屋檐下——在我们的餐桌上就餐——还聊起了丁尼生和《汤姆·布朗的求学时代》!"夫妇俩还接待了王后的随从,黑人白人都有。在王后的黑人专职牧师借宿在他们的牧师住宅期间,夫妇俩都觉得他是一位"讨人喜欢的人"。实际上,金斯莱支持埃尔总督的严酷镇压,恰恰是因为金斯莱推崇社会主义的缘故。金斯莱关注的并不在于被屠杀、被绞死的都是黑人,而是认为对制造混乱的行为必须依法予以严惩,以保障大多数人的安全。

不过,金斯莱对待种族和生活其他方面的态度,与其说由枯燥无味的推理决定,不如说是依靠直觉。读到《水孩子》第二章里对科学唯物主义的揶揄谴责,还有对欧文教授③和赫胥黎教授的攻击,你或许会认为金斯莱是一位反科学的作家,然而:

> 科学,伟大之仙子,未来许多年后,很可能一跃成为一切仙子的女王,她只会对你有助益,永远不会伤害你;而非像某些人臆想的那样——身体造就了灵魂,好像焦炭是蒸汽机造出来的似的……这则美妙童话蕴含的理念乃是——灵魂造就了身体,正如蜗牛创造了背上的壳。

艾玛王后

事实上,金斯莱与达尔文有过非常友好的通信往来。有一回,英国国教切斯特教区教长询问金斯莱是如何调和科学和基督教关系的。金斯莱答道,"我的方式就是相信,上帝就是爱。"有人提出,对无脊椎软体动物的演化过程,达尔文的阐释不可能是正统的,金斯莱答道:"朋友,上帝的正统就是真理;假如达尔文道出了真理,那么他就是正统的。"

---

　　① 也叫三明治群岛(Sandwich Islands),英国航海家詹姆斯·库克在 1778 年发现夏威夷岛时给该岛起的名。

　　② 艾玛王后(Queen Emma,1836—1885),夏威夷王后。

　　③ 理查德·欧文(Richard Owen,1804—1892),英国生物学家、比较解剖学家、古生物学家。

不过,这并未妨碍金斯莱在《水孩子》里对自私自利、耽于享乐、大搞资本主义的同代人写出了一段他所发出过的最卓有成效的讽刺——这些随心所欲的懒鬼搞的是"反向进化",搬出房子,爬进洞穴住,将野蛮和丑陋进行到底。("当人们撇开了烤牛排和葡萄干布丁,拿烂菜帮子果腹,下颚就会越长越大,双唇也会粗厚无比,就跟爱吃土豆的爱尔兰穷鬼一个德行。")五百年之后,他们浑身长满浓毛,坠入顽冥不灵,一步步将语言抛诸脑后,再过几代就变回了猿类。这个寓言并非在嘲讽达尔文,而是暗示出一条真理,即人类的个体和社会可能在"下坡路和上坡路"之间作出抉择。不过,对我们而言,最不可思议的一个事实是,《水孩子》出版时,儿童被强逼扫烟囱的现象依然存在,直到一年后议会才通过法案,废止了这种虐童行径。

科学如此,政治亦复如是,金斯莱的观点源于他坚信的"上帝即爱"信念。他的基督教社会主义观点源于他对朴素体面感的追求,也源于弗·丹·莫理斯的《基督王国》。这部著作是范妮·格伦费尔嫁给他之前送给他的,金斯莱自认为这书改变了他的生活。《基督王国》谴责了高教会派和低教会派之间的狭隘争辩,并寻找一种货真价实的天主教,它既有名副其实的包容精神,又认为痴迷教义的细枝末节毫无意义。对于 19 世纪基督徒来说,最突出、最明显的任务应该是,承认受苦受难的穷人是基督的化身,并促使社会走向更公正、更平等、更公平。

礼物既然是范妮送的,就难免让人联想起金斯莱因为信仰和欲望之间的关系而陷入的复杂窘境。在剑桥大学念本科时,金斯莱还是个毛头小子,相信泛神论,欲望也非常强烈。他的第一次体验对象或许是一个妓女,地点是在巴恩韦尔城堡或恩德城堡。他为此深感良心不安,觉得有必要跟范妮坦白。"你,我无瑕的天使,以处女之身投入我的怀抱。唉,只可惜,我已非童男之身。在我俩四唇相遇前,我便已犯下罪过,堕落了。哦,多么卑鄙无耻!要是你愿意,做我的名义之妻吧。我俩只作心灵交流。"

很显然,金斯莱在求爱阶段对自己可能身染性病而忧心忡忡。为了惩罚自己的不洁之念,他斋戒、祈祷。1843 年 11 月 1 日,气温想必已跌破零度,"夜里,我走入树林,赤身躺在荆棘上;返回家时,我感觉从头到脚撕心裂肺地疼。以前我从未受过这份苦。那天夜里,我开始懂得天主教的所谓狂喜和幻象的真义以及它与苦行苦修之间的关系。我目睹了如此荣光之物。"

直到 20 世纪末,金斯莱的情色绘画、诗歌和白日梦才得以出版,并为人所知。它们描述了诸如"查尔斯和范妮的神圣性爱"之类主题。

我们应当记住,这些正是金斯莱和约翰·亨利·纽曼之间那场著名口水战的背景。这两个人气质上差异巨大。"在他身上和他的流派中①存在着一种纨绔习气——甚至在穿着举止上也是如此:一种吹毛求疵、絮絮叨叨、萎靡不振的娘们气,有人将这种娘们气误认为是纯洁雅致;我得承认我可应付不来这种。"在《麦克米伦杂志》上发表的一篇评论文章里,金斯莱有意随便抛出这样一句话——在詹姆斯·安东尼·弗劳德极端新教主义立场的《英国史》书评里——"真理,就本身而言,对罗马神职人员来说,从来就不是美德。纽曼神父教导我们说,真理不需要——总体来说——也不应该成为美德;他还教导我们说,狡猾是上苍赐予圣徒们用以反抗邪恶世界里野蛮的男性力量的武器,这种男性力量会进入婚姻,本身也由婚姻所促成。他的观点在教义上是否正确暂且不论,至少从历史观上说,确实如此。"

如果你通读纽曼的著作,并看到他那蛇形行进的思维缠绕着中世纪出现的神迹是否可信之类问题,比如圣所从拿撒勒飞到了洛雷托或者迫害伽利略的正当性问题,你就会意识到金斯莱的坦率直白的力量。有人怀疑,纽曼并非真正相信圣母玛利亚和约瑟居住的圣所穿空飞行,也不认为严刑拷打伽利略是正确的,更不认为伽利略的论点是错误的。然而,出于效忠宗派之类古怪理由,纽曼似乎向世人表明自己确实相信上述观点。不幸的是,金斯莱将火力集中倾泻在纽曼写的一篇毫无恶意的布道文上,在宣讲该布道文时,纽曼还是个英国国教教徒。啊哈! 金斯莱惊叹道,这么说,你自始至终就是个隐秘的教皇党人,即便披着英国国教徒的外衣。

纽曼的回应极具个人色彩,甚或说是极端的利己色彩。他讲述了自己思想的转变历程——如何从童年时代皈依福音派,到后来转变为英国国教高教会派,到最后信奉罗马天主教。

> 要向任何人——贵贱也好,长幼也罢——把我早年经历的心路历程

---

① 此处指牛津大学奥利尔学院,纽曼曾在此处任特别研究员。

坦露给他们，并非愉快的事。让每个肤浅轻率的争论者知道我最隐秘的想法，也并非愉快的事，我甚至可以说，那些隐秘的想法是我与造物主之间所作的私密交流。

然而，这正是纽曼在仓促间写成的《自我辩护》①里揭示、透露的东西。有时，他一写就是 22 小时，废寝忘食，泪流满面。纽曼的同时代的人几乎都认为，纽曼赢得了这场论战。《旁观者杂志》的编辑说，"尘世间，几乎再也找不到更适合纽曼神父的那把祭祀屠刀的新教公羊了。"这一观点得到了后世的不少赞同。当上红衣大主教的纽曼，更成为该教会名垂青史的大圣人。去世后，经宣福礼，他获得了"真福者"称号，并被册封为天主教圣人。纽曼于 1864 年出版的《自我辩护》不只是一部优美的精神自传，也被视为英国人对待天主教态度的历史转折点。这部著作让伦敦文学圈和政界被迫承认这位著名皈依者的真诚和不遗余力的坦率，因此起到了遏止反天主教偏见的作用。

约翰·亨利·纽曼

阅读金斯莱的《水孩子》和纽曼的《自我辩护》这两部著作，无动于衷的 21 世纪读者会有怎样的印象呢？在自传《自我辩护》里，纽曼以强迫症般的超级细节记录了 1830 年代高教会派②和低教会派③牧师们之间的论战过程——当时，皮由兹博士出版了一本关于斋戒的小册子，纽曼本人也开始研读英国国教早期教父的著作，并且想弄清为何怀斯曼博士④在《都柏林评论》上对 4 世纪北非的多纳图派异教徒和英国国教所作的巧妙比较让他开始怀疑自己所在教会的合法性。在《自我辩护》里，纽曼从头至尾都没有提到牛津大学围墙之外的世界，或者毋宁说，他的大脑以外的世界。在自传末尾，纽曼写道，"打那以后，

---

① 纽曼的自传，又译为《生命之歌》。

② 新教圣公会的派别之一，与"低教会派"相对，19 世纪因牛津运动和英国天主教会派的兴起而流传于英国，主张在教义、礼仪和规章上大量保持天主教的传统，要求维持教会较高的权威地位，因而得名。

③ 参见上一条注释。

④ 尼古拉斯·怀斯曼（Nicholas Wiseman，1802—1865），爱尔兰天主教神父，创办天主教季刊《都柏林评论》，致力于天主教复兴，1850 年被罗马教廷任命为枢机主教兼第一任威斯敏斯特大主教。

我再没回过牛津大学,只在铁路边看到过教学楼的尖顶,"读者不免会在震惊之余,意识到这些激烈的神学辩论并非发生在"圣奥古斯丁时代",而是在"铁路时代"了。不过,纽曼对完美正统的追求和对上帝化身的纯粹信仰,似乎从未让他想到,假如上帝有血有肉,那么这便具有了社会意义,天主教便应当更加关注穷人的生活,帮助他们摆脱困境。

纽曼的自传《自我辩护》让许多读者对这位皈依罗马天主教的牛津学者产生了好感。至于《水孩子》,它出版后不到一年,议会便颁布了禁止雇佣男童扫烟囱的禁令。不过,金斯莱的这部著作已不再只是一种社会福音了。纽曼相信只有两条路可选,一条通向罗马天主教,一条通往无神论。金斯莱的宗教信仰则不仅显得更人道,而且面对着更重大的问题。比起怪想联翩的牛津大学教授纽曼从奥里尔学院的公共休息室到伯明翰的奥拉托利会的个人旅程,扫烟囱的小汤姆走向水天堂的旅程才更是既发人深省又令人感动。金斯莱给弗·丹·莫理斯的信中,评论赫胥黎、达尔文和其他人:"他们发现,如今已摆脱了爱管闲事的上帝——而我称之为魔术大师——他们就必须在绝对偶然的帝国和一个活生生的、内在的、永恒劳作的上帝之间作出选择。"在给一位信仰无神论的记者的信中,金斯莱又写道,"无论你和你的朋友如何心存怀疑或信仰无神论,都不要陷入道德无神论。无论你怎么称呼它,都千万不要忘记永恒的善;我称其为上帝。"

第 20 章 《小妖精集市》和女子的事业

"关于维多利亚时代的人有件怪事,"安东尼·鲍威尔[①]在《作家手记》中写道,"也就是,他们强调女性的优雅,其实女性的魅力之一正在于她们极度的粗俗。"从这位伟大小说家那本支离破碎、全无注释的"手记"里,我们无法弄清这种看法究竟出自《伴随时光之曲而舞》里某位无耻败坏的人物之口,还是说就是作者本人的观点。不过无论如何,我们可以发现,这种观点在某种程度上与尊贵的卡罗琳·诺顿夫人[②]的看法不谋而合。1863 年 9 月的《麦克米伦杂志》上,这位夫人对考文垂·帕特莫尔[③]的诗韵体小说《家中天使(以及关于婚姻之爱的颂歌)》和克里斯蒂娜·罗塞蒂"热闹无比的"诗体童话《小妖精集市》进行了综合评论。我们无须提醒聪明的读者们注意,《家中天使》并非描绘了一幅理想化的女性形象,而是指男女间的"家庭之爱"。"我们乐见,"诺顿夫人评论道,"'那位家中天使'已住进了王宫",她指的是威尔士亲王最近成婚一事。"不过,这种在我们看来如此无上光明的王室命运,其实任何人都可以轻而易举地获取,只要他能驾驭自己的激情和情感,在生活中作出明智的选择。"

这些堪称历经痛苦后的肺腑之言。1826 年,身为理查德·布林斯利·谢

---

① 安东尼·鲍威尔(Anthony Powell,1905—2000),英国小说家,以其自传及讽刺系列小说《伴随时光之曲而舞》而闻名;《作家手记》是其著名作品之一。

② 卡罗琳·诺顿(Caroline Norton,1808—1877),英国女诗人、小说家、社会改革家,原名卡罗琳·伊丽莎白·谢里丹。

③ 考文垂·帕特莫尔(Coventry Patmore,1823—1896),英国诗人、散文家,其诗多关于神圣之爱和婚姻之爱;《家中天使》是其小说。

里丹①的孙女,卡罗琳跟姐姐②和妹妹③一时间成为伦敦上流社会的名媛宠儿。卡罗琳 19 岁时嫁给理查德·诺顿勋爵④,缔结了一桩生活奢侈、争吵不休的不幸婚姻,经常遭受诺顿的家暴。卡罗琳在一次翻天覆地的争吵后跑到一个姊妹家里求安慰。其间,诺顿把三个孩子托付给自己的表亲照看,不准孩子的妈妈探视。卡罗琳此时才发现,英国法律存在弊端,妇女地位低下,财产权得不到保障。那个时代的法律规定,已婚妇女的任何财产——无论自己挣的钱还是娘家送的嫁妆——均归丈夫所有,甚至孩子的监护权也归丈夫。无须法庭作出裁定,丈夫便有权禁止妻子探望孩子。1836 年,为报复妻子,诺顿对时任首相墨尔本子爵提起诉讼。陪审团当庭(甚至在未退庭的情况下)驳回了该诉讼请求,显然,诺顿的起诉纯粹出于恶意,他根本没有提供证明妻子通奸的确凿证据。但诺顿的离婚诉讼案也表明了以下事实,在威廉四世统治的最后一年,英国已婚妇女享受不到任何权利。妇女属于无足轻重之人,法律地位跟美国黑奴差不多,无论她属于社会的哪个阶层。

卡罗琳·诺顿毕竟受过教育,还是个出过书的作家,足以搅动社会舆论,但依然无法解决自己的问题。人生最痛苦的莫过于骨肉分离:

> 天知道,也只有天知道,我为了这些孩子遭过多少罪。我受过多少苦,还有以前我熬过的生活,全是痛苦、愤怒、无助和绝望……我甚至都懒得提。我相信,像盲人不懂颜色一样,大家也完全不懂那种痛苦难当的实状……我的的确确失去我的小宝贝们了——我望眼欲穿,多想跟孩子们在一起啊,我为他们而拼争,却不许我见他们;因为我到得太晚,那个宝贝都没来得及见上他最后一面……等我赶到时,

卡罗琳·诺顿夫人

---

① 理查德·布林斯利·谢里丹(Richard Brinsley Sheridan,1751—1816),英国杰出的社会风俗喜剧作家、重要的政治家和演说家。

② 海伦·塞琳娜·谢里丹(Helen Selina Sheridan,1807—1867)。

③ 简·乔治亚娜·谢里丹(Jane Georgiana Sheridan,1810—1884)。

④ 乔治·查普尔·诺顿(George Chapple Norton,1800—1875),1826—1830 年为吉尔福德市保守党议员。

他已入殓了。

她于是找到那位颇具同情心的律师塔尔福德先生①,他是雷丁镇议员,准备提交《婴幼儿监护权议案》,保障已婚妇女的权益,制止类似卡罗琳遭受的这种恐怖命运再度发生。(塔尔福德先生掌握了很多类似案件。)风闻此事后,《英国与外国评论》给诺顿夫人冠以"女魔"和"母兽"的恶名,明目张胆地诽谤说她跟塔尔福德有染。事实上,一位已婚妇女其实是谈不上"被诽谤"的,因为她们没有对诽谤者的起诉权。历经无数磨难后,《幼儿监护法》终于在 1839 年出炉。以现代标准衡量,该法是非常温和的,准许法官依据衡平法原则下达裁决,允许无确凿证据证明犯有通奸罪的母亲有 7 岁以下孩子的监护权,并有依法定期探视稍大一点孩子的权利。直到 1925 年的《幼儿监护权法案》颁布后,英国妇女才彻底获得对子女的平等监护权。

1855 年,卡罗琳·诺顿已 48 岁了,在当年"离婚法草案"的议会辩论中,她的一场诉讼案②再度引发关注。卡罗琳四处奔走,将下述条款成功写入法案,也就是,如果妻子被迫离开丈夫,她可以拿回本人的婚前财产,或至少她的未来遗产和个人所得应归其所有。由于卡罗琳的努力(圣莱昂纳兹勋爵③在议会里也为她据理力争),已婚妇女赢得了起诉权和应诉权,以及自行决定是否缔结婚约等关键权利。在她撰写的宣传册里④,卡罗琳对读者发出激情呼吁,"为什么你要写?为什么你要抗争?既定法律就是如此!你这么做是白费气力!然而,假如人人缺乏质疑的勇气,这个世界便一无所成。我虽为一介妇人,依然要这么做。我依然要记录下这一切,在 1855 年这个文明的时代、基督教的时代,在一位女性君王统治英国的第 18 个年头,让大家见识一下英国法律是如何对待女人的!"

然而,现代读者会惊讶地发现,诺顿夫人并不支持"几位妇女公开主张'与男人''平等'的不明智做法",并嘲弄了"先前举行的一两次怪异、可笑的

---

① 托马斯·塔尔福德(Thomas Talfourd,1795—1854),英国法官、作家。

② 1855 年,卡罗琳提起诉讼,理由是,丈夫不仅拒绝给赡养费,还索取其稿费。

③ 爱德华·萨格登(Edward Sugden,1781—1875),英国律师,保守党政治家;圣莱昂纳兹男爵,时任上议院大法官。

④ 指《就大法官克兰沃斯的"婚姻与离婚法案"致女王书》,写于 1855 年。

政治集会(经一位女主席核准后)"。作为梅瑞狄斯的小说《十字路口的戴安娜》的原型,诺顿夫人在摄政时代①是一位有主见的女孩,而在完全不同的另一个历史时期,她走向了成熟。为《家中天使》和《小妖精集市》写书评时,诺顿夫人已经 56 岁,"女性主义"这个术语也已开启了它的历史之旅。

　　21 世纪的人若乘坐时光机回到 19 世纪,马上就会注意到,古今世界之间可谓判若天渊。从前,大街上四处弥漫着马粪和稻草味,即便气派的豪宅里,常年洗不上澡的仆人也是汗臭冲天,他们只有厨房水龙头能凑合用来洗洗涮涮;因为没有电,夜晚漆黑一片;在煤烟笼罩的天空下,煤气灯若隐若现;腻歪的油烟味和炸牛排味"弥漫了整个过道";当时,制作精美的帽子是一切社会阶层的标配,人人都身着剪裁得体的衣服,甚至擦窗工和普通工人也不例外;人们继续接受着社会等级制度和潜在的遵从风气(除了一些明显大胆的例外);当时,英国人主要是单一人种,因此但丁·加百利·罗塞蒂在伦敦大街上撞到那个有异域风情的男童奴时才会惊诧不已,而如今要是在伦敦街上看见了一个黑人小男孩,没人会大呼小叫;当时,邮政服务比如今好多了,送信上门一天有四五次之多,邮差们穿的制服华丽无比,红外套缀着金色或蓝色的滚边;铁路服务也可圈可点;牙科和医疗非常糟糕,以至于牙痛和口臭司空见惯;婴儿死亡率居高不下,人们也觉得很正常,习惯了灵车拉着罩着玻璃罩的儿童棺材在鹅卵石街道上慢速前行的景象;尽管第 7 代沙夫茨伯里勋爵的社会改革搞得如火如荼,侥幸活下来的孩子依然深陷贫困,衣衫褴褛的脏孩子满大街都是,在状况堪忧、拥挤不堪的城市里,孩子们照旧做工,四处流浪。所有这些以及诸如此类的更多东西都会让我们震惊、心痛,也会让我们意识到维多利亚时代的世界跟当今世界的差异。不过,其中最大最不寻常的差异,还在于当时的女人和今天的女人之间。

　　昔日的"男权观念"有各种各样的存在理由,因为世界就是由男性主导的,凡事都以男性为中心。1860 年代这 10 年,正是这种状况真正开始有所转变的时期。然而荒谬的是,促成这一变化的竟然是一桩历史倒退事件,也就

---

　　① 摄政时代一般指 1795 至 1837 年,包括乔治三世统治后期及乔治四世与威廉四世统治时期,之后英国进入维多利亚时代。

是,英国法律进一步削弱了女性的权利。这段历史小插曲从 1860 年代一直持续到 1880 年代,在此期间,《传染病法》经历了从生效到废除的过程。①

在伦敦巴塞洛缪医院的外科门诊病人中,性病患者占了半数,其中染上致命梅毒的患者居多;在盖伊医院,性病患者占比为 43%。在穆尔菲尔兹眼科医院和位于黄金广场的喉科医院,五分之一的入院患者患有性病或传染病。没有人怀疑这场危机规模空前。对于废除《传染病法》是如何与女性主义的发展相互交织的,我们后面章节再谈。不过,议会最初是怎么通过这个法案的,倒很能说明问题。其实,英国出台的这一系列法案是借用欧洲大陆的卖淫管制制度,并将其用于驻军城镇,为的是遏制疾病的传播。英国的士兵和水手对妓女有需求,这也是情理之中的事。当时,英国法律明文规定,女性是性病的传染源。况且,政府并未采取任何措施控制性病的传播,比如惩罚买春的人等。当时的衡量标准是,那些因为经济原因而朝此方向发展的工人阶级妇女是“堕落的”,人们认为这些女人的罪孽要比嫖娼的男人大得多。

约瑟芬·巴特勒

《传染病法》规定,在驻军城镇周边一定范围内,妇女一经发现,均会遭警方逮捕。法案出台伊始,糟糕的差池便不可避免地接二连三发生,“清白无辜的”母亲和女儿被错当成妓女而遭逮捕。根据法律规定,以此被捕的妇女被认定为“普通妓女”。②《人身保护法》③已被暂停施行。该妇女如果拒不配合,不肯接受健康检查,就可能要坐牢并遭无限期拘押。所谓健康检查,都是非常可怖的侵入式的检查。《传染病法》的头号反对者约瑟芬·巴特勒④针对此法发起了反对运动,并最终成功将它废除。她写道,“此法规定了一项罪名,以便对它予以严惩,不过别忘

---

① 首部《传染病法》于 1864 年出台,1866 年,1868 年和 1869 年进行了修正和增补。1886 年废除。——作者注

② 在 1824 年的《流浪罪法》里,首次提出该罪名。

③ 1679 年颁布,保障人身权利的法律。

④ 约瑟芬·巴特勒(Josephine Butler,1828—1906),英国女性主义者、社会改革家,曾为争取妇女选举权和教育权、废除儿童卖淫和禁止贩卖年轻妇女和儿童而奔走。

了，只有女性在此项罪名下无处遁逃，男人却可以逍遥法外。"

在 1860 年代的大背景下，大多数人认为《传染病法》与其说是关于性的政治问题，不如说涉及的是公共卫生问题。19 世纪前几十年的抗击霍乱之战，以及埃德温·查德威克致力于采取卫生措施净化城镇环境和治理供水系统，所有这一切都是一个边沁主义的伟大方案的一部分，该方案由国家推动实施，目的是为了帮助数量不断增长的民众改善生活，同时也是为了控制他们。除了《传染病法》，议会在 1866 年又出台了《新卫生法》，进一步强化了 1848 年的《卫生法》；对于给婴儿和儿童接种天花疫苗过程中的不作为者，1867 年出台的《接种法》大大加强了惩罚力度。《传染病法》得到了英国医学会的压倒性支持，个中原因自然不难理解。医生社会地位的提高——从乡下外科医生（往往也是剃头匠）到高贵的专业医生——正伴随着边沁主义从摄政时代哲学激进分子的私人时尚，到维多利亚时期整个国家的潜在意识形态的发展进程。医生成了必不可少的、起社会控制作用的政府官员。

同时，在一个对梅毒缺乏有效治疗手段的时代，性传播疾病的蔓延以及给第二、第三代人造成的身体重创和致命性恶果，成了人们极度担忧的问题。假如我们指责 1840 年代的约翰·罗素勋爵政府在抗击爱尔兰大饥荒方面做得不够，也许我们更应当试着理解为何 20 年后的德比勋爵政府会自认为有责任控制这种疾病的传播：它感染的不只是军人、水手和他们在驻军城镇物色到的卖淫女，还有他们的孩子；此外，任何人都不会无视如下事实：中产阶级和上层阶级家庭也有可能感染。①

埃德温·查德威克

不假思索地规定了《传染病法》的不合理条款的那种可怕的男性中心主义思想，使得该法造成了无须有的侵害，并引发了为了废止该法而起的辩论，这一切反而都有力推动了妇女运动的发展。然而，同时不可否认的事实在于，规模庞大的人口——跟人类历史上任何一代人相比，他们既不更纯洁，也不更猥琐——现在会（在大自然每次驱

---

① 尽管统计数据表明，中产及上层阶级家庭比工人阶级家庭感染的可能性略小。见下文。——作者注

动他们中的一个人与另一个人发生性关系时)传播这种可怕的疾病了,它首先导致疼痛性病变、皮疹和淋巴结肿大等病症,其中约三分之一的倒霉鬼会旋即患上心血管和中枢神经系统等方面的重大疾病——瘫痪和精神失常。

这就是为什么当女性主义者去求助唯一一位在英国开业行医的女医生伊丽莎白·加勒特,请求她反对《传染病法》时,她表示了拒绝的原因。"她坚信,堕落不可能被征服,人性中的兽性要比十字军东征还要顽强长久。"伊丽莎白支持《传染病法》的做法,被有些妇女运动成员视为永远无法原谅。伊丽莎白认为"这些法案的覆盖范围还是相当有限的",而且其宗旨在于"力图减少卖淫行为对公众健康造成的损害"。作为经验丰富的医院医生,伊丽莎白·加勒特认为,这基本属于阶级问题,"从事医疗行业的每个人都一清二楚,这个阶层遭受了可怕的痛苦,但是要想摆脱罪恶的生活却非常难,甚至哪怕处于刻不容缓的肉体痛苦而想暂时停止这种生活都是难以做到的……医院拒绝收治,诊所又治不了这种病,即便是专门救助病患的救济站,也不愿为她们提供食物。"伊丽莎白·加勒特认为,卖淫女别无选择,只能按《传染病法》中的规定接受治疗。

顺便一提,所有现代研究都证实,加勒特认为这种病症对穷人的生活影响尤其重大的观点是正确的。分析《传染病法》出台后约克郡保存下来的法庭记录、"济贫法"档案、医院和监狱报告可以发现,在买春的男性中,工人阶级高达73%。在工人聚居区,许多女性都不惜冒染上性病的风险,因为这样一来,跟"正派的"姐妹们相比,她们可以有房子住,买得起新衣服,付得起暖气费,买得起烹调好的饭菜,尤其还买得起酒喝;跟每天工作14个小时的制衣和洗衣女工不同,妓女们不必辛苦操劳。在这类阶层中,卖淫概念本身就含混不清。1870年,一位叫哈里特·希克斯的女人因拉客受审,地方法官讯问她是否仍在从事卖淫行当。她答道,"不,我没有,现在只跟一个男人做了。""你的意思是你不是妓女,只是跟一个男人未婚同居吗?"希克斯回答,"是的,就是这个意思。"在普利茅斯和南安普敦等更贫困地区,水手们一下船,头一件事就是跑去找女人,根本不存在那种中产阶级所谓的体面观。在普利茅斯圣彼得教区,一位来观光的女游客发现,一位妇女带着三个孩子,分别是和三个不同的男人所生。这位妇人当时正跟一个水手同居,且被视为已婚。"她还说自己并不以孩子为耻,也从未自诩为基督徒,也不像许多女人那么坏。"
还有位妇女"在户籍登记处跟一位有妇之夫登记结婚,她还争辩说,他前妻已
经又结婚了,所以不打紧,况且前妻给那个男人写了信,放他自由了,还让他
尽可以照着她学学"。

假如你想在头脑中描绘出一幅中产阶级男人收买和诱奸工
人阶层妇女的简单画面,那还是先记着这些妇人吧。根据伊丽
莎白·加勒特的两种身份——医学先驱、妇女选举权的热心支
持者——我们可以看出 1860 年代存在着的两大利害攸关的问
题——"妇女的从属地位"和"工人阶级的进步"。在伊丽莎白·
加勒特支持《传染病法》一事上,我们看得非常清楚,她不希望将
这二者混为一谈。

伊丽莎白·加勒特·安德森

1983 年,维拉戈出版社出版了关于哈丽雅特·泰勒·密
尔①的杂文《论妇女解放》及其丈夫约翰·斯图尔特·密尔的
《论妇女的从属地位》的平装本合订集,凯特·索珀②在引言中
写道:

> 然而,令当今读者最震惊的,或许是这些杂文的中心论点,认为女性
> 权利问题主要在于机会均等方面,这将使个别才女脱颖而出,功成名就。
> 不过,这一主题与当代妇女运动的某一分支相冲突,后者强调的并非是
> 个体的竞争权,而是强调竞争本身的不公,并呼吁女性在共同反抗父权
> 制的斗争中恪守一种集体身份的认同感。

读者或许在这方面要留点神,与种族和阶级观念一样,我们对性别政治
的看法仍然处于变动中。对 1860 年代的女性,2003 年的女性主义者与 1983
年的凯特·索珀或许会作出不大一样的描述,也许也不会像索珀这样怀疑个
体才华的价值。在伊丽莎白·加勒特医生的职业生涯里,我们看到的与其说

---

① 哈丽雅特·泰勒·密尔(Harriet Taylor Mill,1807—1858),英国哲学家、女性主义
者,对第二任丈夫约翰·斯图尔特·密尔的哲学影响很大。
② 凯特·索珀(Kate Soper,1943—),英国哲学家,著有多部女性主义及大陆哲学
著作。

是"竞争",还不如说是一种惊人的英雄主义跟貌似不可战胜的困难所做的斗争。

女人学医,是遭到全由男性掌控的医疗机构的强烈抵制的。《柳叶刀》杂志——穷人自由的捍卫者、教学医院自由的捍卫者、反对蒙昧主义的科学研究自由的捍卫者、反对粉饰政客的独立验尸官法庭自由的捍卫者——却恰恰在伊丽莎白·加勒特出席医学讲座和医学演示时,扮演过很不光彩的反对角色。其反对的理由基于本章开头时提及的所谓女性应有的"优雅"。很少有比这更清楚的实例表明,女性的娇柔观念是如何被杜撰出来以便压制女性的了。《柳叶刀》杂志认为伊丽莎白·加勒特——奥尔德堡商人家的聪慧之女——是一位歇斯底里的女人。《柳叶刀》杂志赞同米德尔塞克斯医院医学生绞尽脑汁想罢免加勒特的做法。该杂志的社论作者惊叹道,"在男性膀胱结石探测操作中,这位女士始终能镇定自若……对她的在场所必然引起的尴尬,竟然无动于衷。"其实,当时做膀胱检测的那位男士只是一个大约 2 岁的小男孩,该文对此却只字未提。尽管困难重重,在伊丽莎白·布莱克威尔①——在美国获得了医学博士学位,后来取得英国医学会颁发的行医执照——的帮助下,伊丽莎白·加勒特还是当上了医生。(她曾在伦敦学习医学,不过博士学位却是在英国驻法大使莱昂斯勋爵②和拿破仑三世本人的支持下在巴黎获得的。)此后,索菲亚·杰克斯-布雷克医生③(在 1874 年)创办了伦敦女子医学院,虽说多年来加勒特·安德森医生(伊丽莎白 1871 年嫁给了乔治·斯克尔顿·安德森)一直是英国医学会唯一一位女性会员,但壁垒已被打破。

不过,在一些必然意义上,凯特·索珀是对的。19 世纪妇女运动基本上属于一种资产阶级运动。它显然脱胎于英国资本主义早期几十年的繁荣。那些通过争取平等教育权、平等的或起码是公正的亲子权或者政治选举权的斗争而帮助同胞姐妹和女儿们的生活有所改变的女人,几乎无一例外要么出

---

① 伊丽莎白·布莱克威尔(Elizabeth Blackwell,1821—1910),英裔美国人,西方首位女医生及医学女博士,伊丽莎白·加勒特的好友。

② 理查德·莱昂斯(Richard Lyons,1817—1887),英国杰出外交官、维多利亚女王的宠臣。

③ 索菲亚·杰克斯-布雷克(Sophia Jex-Blake,1840—1912),英国医生、妇女医学教育的先驱,伊丽莎白·加勒特的好友。

自富裕的商人阶层如伊丽莎白·加勒特·安德森医生,要么出自牧师、食利者或小贵族阶层。加勒特医生的好友艾米丽·戴维斯①就是个中代表,出身于牧师家庭。贝茜·帕克斯②也来自伯明翰富商之家。芭芭拉·利·史密斯③——嫁人后称为博迪肯夫人——是弗洛伦斯·南丁格尔的表妹,芭芭拉的父亲是诺里奇的激进派议员。1873 年,在博迪肯夫人的协助下,艾米丽·戴维斯创办了剑桥大学格顿学院,不过,这所学院直到第二次世界大战后才准许女生攻读学位。

正如广教派貌似要摧毁基督教,可实际上却对后者的存续助了一臂之力,④以及《改革法案》貌似削弱了贵族统治,实际上却使其继续保有强大的政治生命力,依靠食利者阶层和资产阶级的财富发展起来的早期妇女运动,貌似与(某些)新崛起的资产阶级价值观有所冲突,实际上却帮助保存并巩固了阶级制度。这些女性都要求提升权——职业资格和大学学位——它们之前也只有屈指可数的少数"男性"才有可能获取,普罗大众都被拒之门外。除了宪章运动那些振奋人心的日子和某些不寻常的时刻——如劳合·乔治领导英国时期或第二次世界大战后的大选期间——英国工人阶级都不曾参与政治生活,正如他们也不可能幻想自己当上律师或医生。妇女选举权运动,更应当被理解为高等资产阶级胜利的巅峰,而非革命号角的首度吹响。

"肯辛顿女士研讨学会"每年召开四次会议,加勒特医生担任主席的该学会,聚拢了为大家所熟知的怀疑派人士如博迪肯夫人、比尔小姐、巴斯小姐和新当选威斯敏斯特议员的约翰·斯图尔特·密尔的继女海伦·泰勒小姐⑤。1866 年,她们向密尔提交了一份有 1 498 名妇女签名的请愿书,强烈要求法律赋予妇女选举权。密尔认为,促使议会就这一问题进行首次辩论是他在下议

---

① 萨拉·戴维斯(Sarah Davies,1830—1921),英国争取女性大学教育运动先驱,剑桥大学格顿学院创始人之一。

② 贝茜·帕克斯(Bessie Parkes,1829—1925),英国女性主义者、诗人、散文家、记者。

③ 芭芭拉·利·史密斯·博迪肯(Barbara Leigh Smith Bodichon,1827—1891),英国女性教育及政治权利运动先驱,剑桥大学格顿学院创始人之一。

④ 有的人差点抛弃了信仰,可在弗·丹·莫理斯感召下,恢复了某种信仰,伊丽莎白·加勒特就是一个代表。——作者注

⑤ 海伦·泰勒(Helen Taylor,1831—1907),英国妇女参政论者和社会改革者。

院所能履行的"迄今为止最重要的公职事件"。考虑到议会和整个国家有那么多的反对者,竟然有80位议员投票支持密尔就显得非同寻常了。这场斗争持续了半个世纪才取得胜利,密尔发出的战斗呐喊依旧令人难忘:

> 我知道,有一种秘而不宣的感觉,一种羞于公开的感觉,认为似乎女人无权关心任何事,除了关心自己如何成为某些男人最称手的仆人外……我认为,这种为了所谓的人类一半的方便,而收没人类另一半的全部生存的主张——它是否公平暂且不论——简直愚蠢至极。

他以沉重的话题结束了本次演讲:

> 我要向本院展示一下调查报告书,这一列记录的是现实中被男性监护者打死、踢死或踏死的女性的数量;另一列记录的是那些卑鄙的罪犯因为未能彻底逃脱而被判刑的数量。

正如30年前的"诺顿案"表明的,这些案件并不仅限于贫困阶层。

因此,当《麦克米伦杂志》的编辑邀请卡罗琳·诺顿对《家中天使》和克里斯蒂娜·罗塞蒂的《小妖精集市》进行综合点评时,或许他脑海中正盘旋着这个"妇女地位"问题。

考文垂·帕特莫尔将平凡的生活乐趣写入不朽诗作中的做法,想必曾经激发了哈代和贝杰曼①的创作热情:

> 当女店员建议妻子试穿网球鞋时,
> 我眺望着海湾那边,
> 在云层后太阳的照耀下,海水熠熠生辉。
> "菲利克斯,我要买这双鞋子,你愿付钱吗?"
> 这是我为这位我称为妻子的可爱的陌生人
> 第一次掏腰包。
>
> ——考文垂·帕特莫尔:《家中天使·夫妇》

这首关于一座建有主座教堂的小镇里充满生命和爱的温馨呼唤的诗作

---

① 约翰·贝杰曼(John Betjeman,1906—1984),英国桂冠诗人。

发表后不久,帕特莫尔便成了鳏夫。他皈依了罗马天主教,这种信仰往往压缩束缚着英国人的想象力,《家中天使》受到了巨大欢迎,然而帕特莫尔创作的更精致的"颂歌"及情色—神秘作品《未知的爱洛斯》却远未拥有此种幸运。诗人们和有洞察力的评论家认为他基本上算是个出色的诗人,不过,他活着的时候,因为古怪的性格而没有朋友,死后还被约瑟夫·康拉德在小说《机缘》中大加嘲讽。帕特莫尔后期诗作里蕴含的"赤诚朴素",只有几位真正的行家表示认可。《家中天使》之所以令当时的读者感兴趣,原因不止在于它呈现出的宗教的亲切温馨,还在于他的一位讨厌它的友人厌恶地指出的——一种"虔诚和淫欲的杂烩"。现在,应该没有哪位现代女性乐意认同帕特莫尔诗行里的小娇妻形象了。不过她们是否乐意认同《小妖精集市》里两姐妹中的哪一位,这倒始终是女性主义批评一直争论不休的一个问题。《小妖精集市》出版于英国女性生活开始发生巨变的时代,无怪乎现代文学批评不断设法从中挖掘性别政治的内涵和直言不讳的性描写。克里斯蒂娜·罗塞蒂坚称,她这首诗"只是童话故事而已",许多人却认为它是"维多利亚时代的那种典型的儿童作品,虽然某种程度上被认为适合儿童阅读……其实充斥着邪恶隐秘的暗示,幸运的是,它写得非常复杂,孩子们读不出来"。从 1960 年代末到 2000 年之间,许多评论家又进了一步,认为这部毫无疑问属于 19 世纪中叶文学杰作的诗作,对其作者而言也过于复杂了,所以即便是作者本人也未必理解它。

克里斯蒂娜·罗塞蒂曾多次拒绝求婚,一直在虔诚的母亲和姐姐的庇护下生活。姐姐玛丽亚是英国国教众圣修女会的成员。关于当时英国国教高教会派那种严格的虔诚和克里斯蒂娜病态的负罪感和抑郁情绪,已有过大量研究,据说正是这种宗教助长了她的这些病态的情感。为减缓抑郁,克里斯蒂娜找了一份海格特感化院的工作,这是一处"堕落妇女"的感化所。义工们——克里斯蒂娜在这里被称为"修女克里斯蒂娜"——的工作是帮助这些"堕落者"弃恶从良。义工们"以同情、审慎的训诫,充满关爱的关注……教导'堕落妇女'学会厌恶那些一度让她们觉得倍感愉悦的东西,热爱她们曾经鄙视不屑的事情,如此经过

克里斯蒂娜·罗塞蒂

一段时间教导,这些'堕落者'便可回归社会,做到抵制诱惑,在平淡的生活中一心奉献和热爱救主"。

克里斯蒂娜创作《小妖精集市》,是为了提供一个可以读给感化院女人们听的道德故事。正如弥尔顿"在拉德洛城堡上演的假面舞会"(即《科摩斯》),最初是为一个冒出最可怕的性丑闻的贵族家庭而写,而这些读者也会格外共鸣于这个道德寓意——"爱美德吧,她便是自由"——一样,海格特感化院的女孩子和少妇们想必早就知道了纵欲固然带来狂喜,更会带来不幸的道理。这,便是《小妖精集市》的主题,一个和"伊甸园故事"一样古老的主题。

这首长诗讲述了一对姐妹,劳拉和莉齐,她们受到哥布林小妖精的诱惑,这些小妖精出没于树林和峡谷之间,兜售熟透的水果,只收1便士。劳拉禁不住诱惑,钱花得一分不剩,还像货真价实的瘾君子一般——为得到水果,手头啥东西都敢卖——出售了自己的一缕金发。随后,就忘乎所以放肆起来——"她吮了又吮,吸了又吸,/产自无名果园的鲜果;/吮啊吮,直到双唇酸痛不已"。莉齐赶到林中,去给妹妹找解药。小妖精们强迫她吃它们售卖的水果,不过她聪明地紧闭双唇,"不过心里悄悄乐开花,感觉到/涂满面颊的果汁滴答淌落"。她保住了贞洁,跑回妹妹身旁,知道自己拥有了拯救妹妹的神力——"你想我了吗?/快来吻我啊。/别介意我的瘀伤,/快抱我,吻我,吮我脸上的甜浆,/从小妖的果子挤出,供你享用"。①

我们没必要一一罗列批评家们对这些生动诗行所作的一些"阐释"了。实际上,这些批评家身陷一种滑稽的困境。他们要么不得不设想克里斯蒂娜在情感上愚钝无比,以至并不知道自己在写什么;要么就不得不假设修女般的克里斯蒂娜其实是个情色作家。实际上,这两种猜想都言之差矣。这首诗体现的是克里斯蒂娜跟修女姐姐玛丽亚之间的关系,以及她的各种认识:肆意纵欲的行为使哥哥但丁·加百利酗酒成性,也使海格特感化院那些"堕落的女人"走向毁灭。这首诗写的是过度放纵——不加约束的欲望——会招致的危险。说它"实质上"涉及的是强暴、乱伦等主题,简直就是不得要领。该诗的主题是人类的不良倾向,它当然也可以借助乱伦等现象加以表现,但其

---

① 采自殷杲译《小妖精集市》。

实它指向的是更广义的、因自我放纵而招致的自我毁灭。一个吃了太多巧克力，弄得浑身不舒服的孩子对这首诗的理解，或许都比许多专业评论家准确得多。

一些现代批评家无法接受《小妖精集市》的表层意义，坚称女诗人本人并不知道潜隐在其表层意义下的那档子事，这也折射出 20 世纪和 19 世纪女性之间的巨大差异。（这些批评家大多数应该都是女性。）简·马什是 20 世纪末涌现的一位敏锐的克里斯蒂娜·罗塞蒂传记作家，曾发表过关于"拉斐尔前派姐妹会"和"伊丽莎白·西达尔的传奇"的研究，它们巧妙地指出，对维多利亚时代女性及其生活和死亡的解读，实则揭示出试图将她们呈现给当代读者的那些历史学家和传记作家本人的真相。

伊丽莎白·西达尔和加百利·罗塞蒂的婚姻或许从未幸福过。1861 年 5 月 2 日，伊丽莎白生下一个死婴，让原本不幸的婚姻遁入了更深的黑暗。内德①和乔吉·伯恩-琼斯②上门拜访时，发现服用鸦片酊后失神昏沉的丽齐③正摇着一只空空的摇篮。从那时起，客人们都发现，遭到妻子呵斥时，加百利总是苦着脸畏缩不已。丽齐的行为被形容为破坏性强、脾气暴躁、嫉妒心重。"几乎可以肯定她患上了产后抑郁症。"有些客人让丽齐很是高兴，比如会为她读詹姆士一世时期戏剧片段的史文朋，弗莱彻④的《来自西班牙的副牧师》是丽齐的最爱。不过，正是丽齐和史文朋的这份友谊导向了死亡。史文朋在莱斯特广场萨布洛尼埃餐厅邀请罗塞蒂夫妇共进晚餐。丽齐累了，8 点左右，加百利把她送回家，一见她上床入睡，加百利马上出门继续狂欢，先是在位于大奥蒙德街他任教的工人学院，之后数小时去向不明。罗塞蒂回到家后，发现妻子服用了过量鸦片酊。1862 年 2 月 11 日星期四早上 7 点 20 分，丽齐撒手人寰。加百利一时冲动，竟把自己的诗歌手稿跟她一起下葬，埋入位于海格特公墓的家族墓地。随着鳏居岁月的流逝，他又惦记起这份手稿。

---

① 爱德华·伯恩-琼斯的小名。
② 即乔治亚娜·伯恩-琼斯（Georgiana Burne-Jones，1840—1920），爱德华·伯恩-琼斯之妻。
③ 丽齐（Lizzie），伊丽莎白·西达尔的昵称。
④ 约翰·弗莱彻（John Fletcher，1579—1625），英国剧作家。

从 1864 年到 1870 年,罗塞蒂一直在创作油画《贝娅塔·贝阿特丽采》,这是他的代表作,也是展现 19 世纪病态风格的杰作之一。伊丽莎白被画成中世纪诗人但丁《新生》里的贝阿特丽采。伊丽莎白在世时罗塞蒂便着手画这幅画了,尽管如此,画中那张脸却分明是一张死去女人的脸,已超脱了尘世生活的阴影——一种精神性和纯病态的绝妙融合。其中,我们能闻到一位死于服药过量的不幸女人的病榻味道,也能感受到那种终极的希望——希望人类并非仅仅是血肉之躯。这幅油画源于家庭生活的深深悲怆,源于在建立情感共鸣和共情方面的卑劣失败,也创作于"怀疑"不仅成为圈内秘密,也成为无数人的常规思维的维多利亚时代最初十年中,因此,它同时娓娓道出了两件事,其一是宗教的荣光,其二是这种荣光不可降临的悲怆。从某种程度上说,这幅油画成为生活于 1860 年代的英国人的内心世界的终极象征。

伊丽莎白·西达尔

伊丽莎白·罗塞蒂,一方面注定要像这样在绘画中得到永生,另一方面,她在海格特公墓的安息又注定要被搅扰。1860 年代这十年行将结束之际,罗塞蒂想要拿回自己的诗稿。文学史上极为令人毛骨悚然的一幕出现了,1869 年 10 月 5 日,伊丽莎白的棺材被打开。但见丽齐的手里依旧攥着《圣经》和罗塞蒂的诗集。负责这项可怕任务的律师们发现棺材里的一切"都很完美"——那头金红长发依然如初。有人认为尸体之所以未腐是因为她生前经常服用鸦片酊。不过,这倒是被用作说明伊丽莎白因其死亡而几乎成为一尊偶像的一个绝佳例子了。对后世而言,伊丽莎白·西达尔或许会被视为一位遭受男性忽视或情感暴力的女性的典型,或者,也可以被解读为一位 1860 年代的交际花,日后在 20 世纪 60 年代嫁给流行歌星(而不是画家)的那类年轻女子的先驱。当然,后世的作家或许会对她在绘画上的抱负和成就更感兴趣,罗斯金就一直对她这方面的能力颇为推崇。

对来自她那种社会经济背景的女子来说,做模特和画画只是为了过上好一点的生活。如果一位女性主义者只是经济条件较差,其他条件尚可,那么搞"事业"——大学、教育、职业生涯——意味着可以不用去做家庭女教师。

不过,对于伊丽莎白·西达尔这类女子,不搞艺术的话,便只能沦为女仆或女裁缝之流。来自较高阶层的女性主义者们可以致力于拯救姐妹同胞,帮助她们避免简·爱当家庭女教师的命运。广大底层女性则只能在如下两者间作出抉择,要么当上狄更斯笔下的侯爵夫人①,要么变成缝洋娃娃服的女裁缝②。

但丁·罗塞蒂

关注伊丽莎白·西达尔传奇的人生和死亡无可厚非,不过我们也不该忘记那些既没能当上画家,也没有被画入杰作的女性。19 世纪英国女性当中,最大的一个职业群体是女仆阶层。1851 年人口普查表明家佣数量达 751 540 人;40 年后更飙升到 1 386 167 人。在伦敦,每 15 个人当中便有一人当用人。这是一个简单的供求关系问题。食利者阶层越有钱,仆人需求量就越大,而那些社会地位越来越低的人雇佣仆人不说,还认为干粗活——比如给自家壁炉添煤——都是丢人的事。现代人或许会把这个视为剥削,不过,换个角度来看,用人的生活其实还挺滋润的。东家包吃包住,外加还给些说得过去的工钱,而且都是现金;如果是在大户人家,用人之间还可以拥有兄弟姐妹一般的友好情谊。许多人都觉得,不管从哪方面来看,做用人都比去工厂长时间干累人的活儿要强得多。到了 20 世纪 30 年代,英国家佣的数量才降到了百万以下。

要想了解 19 世纪中叶英国工人阶级妇女的生活实录,我们不妨一读罗塞蒂在工人学院兼职时的一位同僚的日记,这位不入流的小诗人兼公务员每周抽出一两个晚上来工人学院给妇女们上拉丁语课。此人便是亚瑟·约瑟夫·芒比③。他写的一些平庸无奇的诗时不时刊发在《麦克米伦杂志》上,跟克里斯蒂娜·罗塞蒂和马修·阿诺德的诗歌登载在一起。芒比毕业于剑桥大学三一学院,父亲是约克郡律师。芒比实在干不了律师;便找了一份无聊的工作,在基督教会当文职人员。然而,大家之所以还没忘了芒比,不在于他写的那些平庸诗作,而是因为他的日记。芒比对工人阶级妇女非常着迷。"农妇腰围四尺,臂粗如床

---

① 《老古玩店》里的一人物。
② 《我们的共同朋友中》里的一人物。
③ 亚瑟·约瑟夫·芒比(Arthur Joseph Munby,1828—1910),英国日记作家、诗人、肖像摄影师、律师。

柱,那地有福了! 那些唠里唠叨大谈妇女权利的人,要是明白自己在说啥,那他们在推崇那些既无女性的矜持优雅,更无我们男性的大胆之美的所谓'有主见的女人'的同时,起码也应该推崇推崇这些高大威猛的农家女吧。"

这些都是典型的芒比式语言,不过,它只是记下了芒比对"女吊车司机型"女人的偏爱,却并未反映出他的社会政治立场。他爱上了一位名叫汉娜·卡鲁里克的女仆。她是什罗普郡人,在跟东家一家人去伦敦度假时,第一次见到芒比。当时,她21岁,他26岁。芒比在大街上跟她搭讪——芒比经常干这种事,找成十上百的女青年搭讪——并了解她们的生平。此时,芒比遇到的这位"体格超棒、勤劳能干的农家姑娘,从头到脚随处可见劳作和被奴役的痕迹"。汉娜看到的则是"一张蓄着胡须的颇具男子汉气概的英俊面孔"。18年后,两人秘密结婚。他们在恋爱期间始终洁身自好,芒比对她,就像对其他那些煤矿女工、挤奶女工、女侍、妓女、渔妇等等一样,只是记录其生活,为其拍照而已。

在21世纪读者而言,这些日记留下的最直接、最持久印象就是阶级结构造成的巨大社会鸿沟。

> 在干草市场戏院,遇见了我的朱诺[汉娜],看了汤姆·泰勒①那部颇具匠心且活力十足的戏剧《陆路》。当然,我俩去的是顶层楼座;以前汉娜从没来过戏院,里面有啥,她一概不知;不过有一次,身为"男仆威廉"的我拿了一张免费券,领她去了包厢,那可是名副其实的"包厢"啊,在阿斯特利圆形剧场。可怜的孩子! 她甚至连在大街上认出我的胆量都没有,只是在人群中等着我。

当芒比从顶层楼座的栏杆上向下俯视:

> 看着那些在正厅前座和包厢里的我的同阶层之徒,一阵平静而略带轻蔑的冷漠掠过我心头,可要是他们抬起头,瞧见我坐在顶层楼座,又作何感想呢? 我该觉得自己羞耻吗? 该觉得自己配得上他们的蔑视吗? 我想并非如此。可是,若不然,那岂不是因为我心里清清楚楚,她成为他们当中一员当之无愧吗? 所以我们又谈回阶级差别上来了,我爱她,因

---

① 汤姆·泰勒(Tom Taylor,1817—1880),英国戏剧家,《笨拙》杂志编辑。

为她跟自己的阶级一点也不像,反而跟我所属的阶级更像!

这篇日记颇有意思,它表明,芒比尽管记下了对身材魁梧、双手通红的妇女的同情,但并未真正质疑维多利亚时代的阶级制度。在剑桥大学三一学院晚宴上,芒比结识了威尔士亲王;坎特伯雷大主教萨姆纳①——"一位温和的父权老人"——也曾到访芒比的办公室。芒比曾跟罗塞蒂夫妇、罗斯金和史文朋一起吃过饭,也是伦敦各大绅士俱乐部和伦敦四大律师学院的常客。在所有这些时候,他都坚持记下跟女杂技演员和客厅女佣,还有——在斯卡伯勒度假期间——那些用一根结实的绳子从崖面上滑下,把食用螺和贻贝捡到篮子里的女工的交谈内容。他喜欢画素描,也喜欢用文字描述——玛丽·哈里森,芳龄20,货车装车工,在威根镇附近皮菲尔村煤矿;或者,简·马修斯,同样20岁,坐在梅瑟蒂德菲尔道莱斯铁矿厂"一堆铁矿石上正补袜子"。有一则简略的芒比日记很有代表性,记录的是1865年10月26日帕麦斯顿勋爵的葬礼——"一件极糟糕、极卑鄙的事":

> 我倒看不出哪个男女能够入我眼的,除了那位近卫军俱乐部的女仆。她是个厨房丫头,粗布围裙的一角印着"厨房"或"厨房女佣"的字样。她跟另外两个普通仆伴一起走出地下室,凭栏站立,她穿着淡紫色的长棉工服,扎着干净的粗布围裙,而她的那几位蓄着八字胡的主人在楼上的台阶上百无聊赖地闲逛着。能在这样的地方,瞅见一位身材健壮的乡下模样的姑娘,心情真是不赖……她就这么站着,面容严肃地凝视着,而那些穿绸裹缎、身披毛皮大衣的阔妇则从四周阳台上朝下俯瞰着。

一些现代读者发现,芒比对收集到的"样本"的态度,要么让人隐隐不安,要么太露骨、惹人不快。在他的关注中,有种比居高临下更甚、近乎性越轨的东西。他的妻子模仿美国南方黑奴,称他为"老爷"。不过,多亏了芒比,如今我们才能读到当时许多人的生活实情。我们可以看到她们曾经有过的美和挣扎。芒比的日记,甚至比诸如戴维斯小姐、博迪肯小姐或加勒特·安德森医生等早期女性主义英雄的经历更能提醒我们关注这样一个事实,即我们的时代和维多利亚时代在精神和想象力上都存在着巨大的差异。

---

① 约翰·萨姆纳(John Sumner,1780—1862),第91任坎特伯雷大主教。

第 21 章 奇 境

在维多利亚女王统治的头 25 年里,全世界,特别是工业化的英国,可谓迎来了史无前例的巨变。人口爆炸,工业、社会和政治革命,世界观的改弦更张,信仰体系的崩塌和复兴,这一切都是惊人的变化。史学家们当然照样能玩弄因果关系的游戏,探讨在这些颠覆性事件中哪一个充当着起因,哪一个又可以理解为另一个的结果。芒比①的传记作者德里克·哈德森写道:"对生活在维多利亚时代中期的人,我们考量得越多,就越能意识到,有那么多的人,包括心思最敏锐的那些聪明人,迫于唯物主义时代的威逼,不得不在压抑的日常生活里辟出一方幻想国度,遁入其中苟活。"

这个已经开始担心唯物主义会上升为唯一真理的时代,把火车站建成哥特式大教堂的风格。选择历史画面而非不断变迁的工业城镇景观以及转瞬即逝的现代服装和建筑时尚为创作主题的,并非只有那些拉斐尔前派的画家。大卫·威尔基·温菲尔德②便是这个时代的典型代表。大卫在位于纽曼街"达格尔"·利③(萨克雷小说《纽克姆一家》里巴克先生的摄影师原型)开办的私人艺术学校里接受过绘画训练,所画题材包括,驾崩前夜的奥利弗·克伦威尔和那幅描绘查理一世的宠臣被杀后惨态的名作《白金汉公爵之死》。温菲尔德跟一帮朋友组建起了"圣约翰·伍德艺术俱乐部",参加者是一群颇具自我意识的波希米亚青年,温菲尔德拍了很多他们奇装异服的照片,套着

---

① 亚瑟·芒比,详见本书第 20 章。

② 大卫·威尔基·温菲尔德(David Wilkie Winfield,1837—1887),英国画家、摄影师。

③ "达格尔"·利("Dagger"Leigh),即詹姆斯·利(James Leigh,1808—1860),英国艺术教育家、画家、作家、批评家。

伊丽莎白圈的,戴着柯列特①和伊拉斯谟的无边便帽的,套胸甲的,裹异域头巾的。温菲尔德也给弗雷德里克·莱顿②(莱顿本人的早期油画包括《流放中的但丁》)拍过摄影肖像,照片里的那位男子完全就是一位 1860 年代的寻常年轻人:髭须稀疏,浓密的络腮胡子;不过,他身上的那副行头——是中世纪,还是古罗马的?——看起来活像出自小孩子的变装宝盒。这个"俱乐部"的成员们为了超脱自己的资产阶级身份,显然也算煞费苦心了;但是正如经常发生的,所谓的反叛者们,似乎与墨守成规者没什么不同,他们都认为在这个时代有必要遁入幻境,这成为维多利亚时代中期人们的一种火急火燎的、几乎是核心的冲动,无论在文学和建筑方面,还是在信仰(或信仰缺失)方面都是如此。

他们的典型做法之一,便是摆弄摄影这种现代发明,以此推进幻想的深入。正如纽曼不想当 19 世纪牧师,只想回到 4 世纪一样,温菲尔德擅长用火棉胶涂抹在玻璃底板上,让老友们在照片中显得飘飘欲仙,活像安斯沃思③的小说《伦敦塔》或者布尔沃-利顿④的小说《卡克斯顿一家》里的人物似的。同时,朱丽亚·玛格丽特·卡梅隆⑤则劝说比自己年长得多的丈夫搬到怀特岛淡水湾去住,以便挨近那位桂冠诗人(丁尼生)。她住的别墅美其名曰"迪姆博拉",俨然成了摄影、社交暴食症、情感和喧闹的老巢。威廉·阿林厄姆⑥——就是"刮风的高山山尖呵 / 长草的山谷谷底……"的作者,也是一位日记作者,丁尼生朋友圈里的人物之一——曾记述道:

朱丽亚·玛格丽特·卡梅隆

---

① 约翰·柯列特(John Colet,1467—1519),英国天主教牧师、教育先驱。

② 弗雷德里克·莱顿(Frederic Leighton,1830—1896),英国唯美主义画派画家。

③ 威廉·安斯沃思(William Ainsworth,1805—1882),英国历史小说家。

④ 爱德华·布尔沃-利顿(Edward Bulwer-Lytton,1803—1873),英国作家、政治家。

⑤ 朱丽亚·玛格丽特·卡梅隆(Julia Margaret Cameron,1815—1879),英国女摄影家。

⑥ 威廉·阿林厄姆(William Allingham,1824—1889),当时著名的爱尔兰诗人,下引诗句摘自殷杲译本《凯尔特乡野叙事》。

威廉·阿林厄姆

火车进站，卡梅隆夫人到达了，她独坐车厢里，俨然一副女王的威仪，周围堆满照片作品。我俩一道去了莱明顿，她一路上唠叨个没完："我跟丁尼生讲，给他拍一张大大的照片，可他就是不干！还说我拍的照片会把他的眼袋弄得太明显了——卡莱尔呢，也好不到哪去，硬是不让我拍，还说坐在那里摆拍，就跟坐在'地狱'里差不多。不过，约翰·赫歇尔爵士①、亨利·泰勒爵士②和沃茨③这些当代最了不起的大人物（以特别强调的口吻）都跟我说，我拍的照片足以让他们仪容不朽了，可那两位偏偏就不让我拍！你真拿他俩一点办法也没有。"

卡梅隆夫人仰仗她的镜头和双眼，加上想象力，把那个时代的大人物，还有凡是能说得动、乐意坐下来让她拍的，逮住谁算谁——客厅女佣啦、小娃娃啦、亲朋好友啦——个个都改造成幻想中的生灵。她那位信奉边沁主义、蓄着长白山羊胡的年迈丈夫，硬生生让她给拍成了李尔王模样。美国艺术家兼模特玛丽·斯巴达利④给伯恩-琼斯和罗塞蒂当过画模，在卡梅隆的镜头下，她则变成了记忆女神谟涅摩绪涅和九位缪斯女神之母。埃尔科夫人⑤在一株树旁边摆了个造型，模仿但丁诗歌里的幽灵⑥……卡梅隆夫人的肖像摄影《肮脏的修士》则堪称丁尼生有生以来最出色的摄影肖像了。下一张照片，这是谁呢——1872年，一位身形窈窕、桃李年华的女郎，披着一头蓬松秀发，紧挨着灌木丛？卡梅隆将这幅摄影命名为《阿勒西娅》，照片中的女孩名叫爱丽

---

① 约翰·赫歇尔（John Herschel，1792—1871），英国数学家、天文学家、化学家、实验摄影师。

② 亨利·泰勒（Henry Taylor，1800—1886），英国剧作家、诗人、殖民地官员、文学家。

③ 乔治·沃茨（George Watts，1817—1904），英国象征主义运动画家、雕塑家。

④ 玛丽·斯蒂尔曼（Marie Stillman，1844—1927），娘家姓斯巴达利，英国拉斐尔前派兄弟会第二代成员。

⑤ 玛丽·康斯坦斯·查特里斯（Mary Constance Charteris，1862—1937），英国社交女王、名媛、"灵魂派"创始成员。

⑥ 卡梅隆夫人拍摄的照片，名为《埃尔科夫人/一种但丁式的幻觉》。

丝·利德尔①。

这位爱丽丝·利德尔,在 19 世纪最出名的一幅儿童照片《童乞》中,却呈现出截然不同的模样。《童乞》出自查尔斯·道奇森牧师②之手,拍摄地点是牛津大学基督教堂学院院长住宅的大墙前面。画面中,爱丽丝靠在粗糙的石墙上,撩起破烂的衬裙,露出纤细的膝盖,大腿若隐若现。道奇森保准给爱丽丝、她的姐姐洛琳娜和妹妹伊迪丝拍过好几十张照片。牛津大学教员的太太们似乎很乐意让这位说话磕巴的牧师给年幼的女儿们拍光着身子的照片。不过,一旦道奇森提出要给一个 11 岁或更大点的丫头拍这种照片时,这家人从此就和他绝交了,这种事发生过不止一次。

道奇森和爱丽丝的父母也突然绝了交,具体原因无人知晓。1856 年,亨利·利德尔③来到牛津大学基督教堂学院当院长,当时,年纪轻轻的道奇森已是学院的数学讲师,还是图书馆的副馆长。(1861 年,年仅 29 岁的道奇森被授予执事圣职,不过从未当过牧师。)爱丽丝 9 到 10 岁时,成了道奇森最心爱的小"童友",1862 年 7 月一次外出郊游的野餐间隙,道奇森随口编了个"故事"给 10 岁的爱丽丝,这便是《爱丽丝地下奇遇记》的雏形。次年,该作品的成文本出版,配有道奇森亲手画的插图。下一年,也就是 1863 年,坦尼尔④答应为修订并扩版的《爱丽丝漫游奇境记》画插图。到《爱丽丝镜中奇遇记》出版时(1872 年),爱丽丝已经出落成一个多愁善感的大姑娘,在卡梅隆夫人的那幅摄影杰作中充任了模特。

爱丽丝·利德尔

正是索尔兹伯里勋爵这个头脑冷静、毫无幻想的人,6 年后给一位老友写信评论道,"他们都说道奇森因为被真实的爱丽丝一口回绝,所以差点发疯了。看起来还真是那么回事。"这事要

---

① 爱丽丝·哈格里夫斯(Alice Hargreaves,1852—1934),娘家姓利德尔,童年时代是《爱丽丝漫游奇境记》作者刘易斯·卡罗尔的忘年交,充任了该小说中爱丽丝的原型人物。

② 查尔斯·道奇森(Charles Dodgson,1832—1898),英国儿童小说作家,代表作《爱丽丝漫游奇境记》,笔名刘易斯·卡罗尔。

③ 亨利·利德尔(Henry Liddell,1811—1898),曾任牛津大学基督教堂学院院长、威斯敏斯特公学校长,著有《罗马史》等。

④ 约翰·坦尼尔(John Tenniel,1820—1914),英国漫画家、插图作者。

是真的，那么 1863 年，道奇森跟利德尔夫妇之间闹出的不快，也许就是源自时年 31 岁的道奇森向 11 岁爱丽丝的贸然求婚之举吧。不过，对维多利亚时代的人而言，这类事情并不像 21 世纪读者看来这样惊世骇俗。日后成为坎特伯雷大主教的爱德华·怀特·本森就曾在 24 岁时向 12 岁的玛丽·西季威克求婚——尽管两人又苦熬了 6 年才得以成婚。1861 年人口普查资料表明，在博尔顿，有 175 位女性 15 岁或不到 15 岁就嫁了人；在伯恩利则有 179 位。

不过，爱丽丝·利德尔显然擅长让年长的崇拜者动心。道奇森拍出的照片或许会令一些人觉得不适，这些照片也颇为契合关于恋童癖幻想的那种最拙劣的解释，即是那个"想要它"的小孩子在勾引对方。（道奇森倒是极力否认他那些摄影作品可能的情色成分，宣称让童模们摆出裸姿，纯粹是为了让她们看起来显得更加"纯真无瑕"。）

1870 年后，爱丽丝跟斯莱德美术学院艺术教授约翰·罗斯金交上了朋友。在自传《往昔》里，罗斯金回忆，有天晚上，趁利德尔院长和太太去布莱尼姆宫跟马尔伯勒公爵共进晚餐，他溜到利德尔院长家里，想跟爱丽丝及其姐妹们共度良宵。

> 嗯，我想伊迪丝把茶已经沏好了，爱丽丝在做松饼，打算把它们做到精益求精……此时，我突然觉察到吹来一阵风，吹跑了几颗火星，屋外雪地咔嚓一声，还有几片雪花飘进屋里。孩子们蹦蹦跳跳跑出去看究竟发生了什么事，我慢条斯理地跟在后面。此刻，利德尔院长和太太就站在大厅中央，男仆们一脸惊诧，随后一阵沉默——再后来……
>
> "见到我们，您一定很遗憾吧，罗斯金先生！"利德尔太太终于开口说话了。
>
> "确实如此，"我答道。

雪下得太大了，夫妇俩去布莱尼姆宫的出行计划泡汤了——"无奈，我只好返回科珀斯克里斯蒂学院，独自黯然神伤。"

爱丽丝在这里被描述为一个蹦蹦跳跳的小姑娘，其实，她该有十七八岁了；不过，罗斯金一般只有把女性视为还没长大的孩子，才能和她们愉快地相处；他本人倒是真有一段绝望痛苦的"风流韵事"——虽然不得不用这个词，但它绝对是柏拉图式的，而且基本上只发生在他自个儿的脑袋里——是和一位名叫罗斯·拉图什①的女孩。二人相识时，"小罗斯 9 岁……快 10 岁了；就这个年纪而言，她长得不高不矮；站着时，瞅上去不大自然，有点生硬。她那会儿长着一双幽深的蓝眼睛，比日后显得更饱满、更柔和些。侧面看，双唇完美绝伦，令人销魂；正面看，太宽了点，唇缘太紧了点；其他方面都和那些有教养的爱尔兰小姑娘没什么不同；她那挡在前额上的卷曲短刘海儿，比别人的更优雅，更柔软。她把一头秀发紧紧扎起，露出雪白的脖颈……"罗斯金为小罗斯神魂颠倒时，他已近不惑，向她求婚时他已 47 岁。罗斯金的前妻给拉图什夫人写信，透露了自己和这位圣人之间的婚姻秘事，令小罗斯的父母更为不安。而这位可怜的小罗斯，一位罹患厌食症的小宗教狂热者，居然有点半真半假的想要嫁给罗斯金的冲动。"你认为，"小罗斯于 1872 年写道——她那时 20 出头，已经几乎奄奄一息了——"教授真的愿娶我，真的愿跟我在一起——就我现在这样吗？"小罗斯的病要是真好了，罗斯金也真跟她进入"正常的"婚姻关系的话，会产生什么样的结果，答案是不言而喻的吧。到了晚年，发了疯的罗斯金隐居在科尼斯顿湖畔，对附近学校的小女孩们来说，他几乎成了个"麻烦"。此前写给表妹琼·阿格纽（日后，她和丈夫亚瑟·塞文一同照顾晚年精神失常的罗斯金）的信中，罗斯金已经开始用起了奇怪的儿童语言，比如一封描述苏格兰的信中（当时罗斯金 48 岁，阿格纽则刚刚与亚瑟结婚）写道，"亲爱的马尔尼，从前，这里有个可好看的小村子了——大家管它叫托特兰——我猜，它叫这名儿是有道理的，那些小游戏可好玩了……"如此等等。

　　罗斯金不只在私人通信中使用儿童语言。1860 年代，他自命为社会先知，创作出《给未来者言》——一本关于劳动意义的小册子，在 20 世纪 80 年代以前，它在英国工党中享有仅次于《圣经》的崇高地位——不过就在这个阶段，他还开发出充任女性教育家的天赋，到柴郡温宁顿的一所女校教起了书，主要讲授晶体学和地质学。

---

　　① 罗斯·拉图什（Rose La Touche，1848—1875），一个备受罗斯金恩宠的女孩，罗斯金名作《芝麻与百合》里的理想人物。

我们可不能说《尘土的伦理》是一本枯燥无味的教科书。它的副标题是《致小主妇们的结晶要素十讲》。书中有不少亮点，尤其是关于钻石和煤的化学性质几乎完全相同等等话题，罗斯金居然由此扯到了资本家对两者均贪得无厌的道德话题。他的奇思妙想简直让人着迷。

约翰·罗斯金

罗斯金和道奇森都在牛津大学基督教堂学院教书，因此很熟；道奇森给罗斯金拍了一张相当不错的照片，不过，"罗斯金一点也不喜欢道奇森的古怪个性。"道奇森让罗斯金看不上眼的地方，仅仅只是个性吗？"爱丽丝"系列小说的作者一直就是林林总总的传记研究、江湖游医式的精神病分析和冒牌的"深度解析"的探讨对象。他已被证实是一位隐秘的同性恋、隐秘的无神论者和隐秘的……或多或少，道奇森什么都是。关于这些猜测，所谓的那些时不时冒出来的证据，往往并非来自他的信件或日记，而是来自"爱丽丝"系列荒诞故事。自《爱丽丝漫游奇境记》首次出版以来，刘易斯·卡罗尔（这正是道奇森发表爱丽丝系列作品时用的笔名）始终是英语世界里大名鼎鼎的"儿童作家"。这些故事从未绝版，被译成多国语言，堪与《圣经》相媲美。

关于道奇森及其"爱丽丝"系列小说的二手文献浩如烟海，大多数都比故事本身更荒诞不经，它们折射出一代代评论家的心态。一些人力图解开道奇森的奇思妙想。另一些人则对这些故事加以玩笑性质的"解读"，比如谢恩·莱斯利爵士①声称道奇森写的是当时的宗教界：柴郡猫就是红衣主教怀斯曼，蓝毛毛虫就是本杰明·乔伊特，红衣和白衣骑士之战就是托马斯·赫胥黎跟塞缪尔·威尔伯福斯之间的论战。另有些人则严肃地对待这些荒诞情节，从政治、哲学和精神分析等方面展开不同阐释。还有人试图把小说情节与小说创作期间发生的真人真事联系起来。王室成员访问牛津大学基督教堂学院一事——维多利亚女王来此探望念本科的威尔士亲王——在道奇森笔下几乎显得和他的幻想故事一样荒诞："我从没这么近距离看过女王，"道奇森写道，"也从没见过她站着时的样子。我吃惊地发现，她竟然那么矮，简直又矮

---

① 约翰·莱斯利（John Leslie，1885—1971），爱尔兰出生的外交官和作家。

又胖,就连(绝无不敬之意)长相,唉,也是那么稀松平常。"

评论家们也发现了,维多利亚时代的帽匠们每每死于汞中毒——症状包括发疯似地往嘴里塞面包和黄油。另一些人——并非全懂医学者——则加入另一阵营,极力证明爱丽丝故事里的帽匠完全不曾表现出什么汞中毒症状。

刘易斯·卡罗尔(道奇森)

我们可以肯定的是,道奇森把这部小说首先送给乔治·麦克唐纳①看时,身为大作家的后者完全不曾留意到以上这些问题。麦克唐纳应该会发现的是,道奇森借用了自己 1858 年的小说《幻境》里的写作技巧。麦克唐纳作为出色的奇幻小说大师,直觉地意识到幻想作品的特征——并无具体的寓意或对等象征。爱丽丝故事中的"现实原型"确实被一一"识别出来",尤其借助坦尼尔绘制的插图,人们找出了故事里对当代许多人的影射。鲁宾逊·达克沃斯牧师②也参加了 1862 年 7 月的野餐会,后来他发现自己被写成了书中那只笨鸭子,洛琳娜是名叫洛里的小鹦鹉的原型,那只小鹰是伊迪丝·里德尔,渡渡鸟则是说话结巴的道奇森本人。不过,把"爱丽丝"系列小说当成"自传"来理解,显然太疯狂了,比如在《爱丽丝镜中奇遇记》第三章里,火车上坐在爱丽丝对面的绅士固然很像迪斯雷利,但是这里面其实全无讽刺之意。如果想自在地享受"爱丽丝"系列小说(《爱丽丝梦游奇境记》和《爱丽丝镜中奇遇记》),不妨认为它们全是游戏——维特根斯坦所谓的"语言游戏"。它们以戏谑的方式巧妙地表明,词语和数字之类能指不必非要担负语言、神学、形而上学或逻辑学等体系通常施加给它们的重负或固定含义。从这个角度讲,它们不过是其作者享受的一场"智识的假日"而已,须知,身为数理逻辑教师和虔诚牧师的道奇森,平日里可都是认同神学的重要性,而且投票反对聘用相信异端邪说的乔伊特

---

① 乔治·麦克唐纳(George MacDonald,1824—1905),苏格兰作家,被誉为"维多利亚时代童话之王"。

② 鲁宾逊·达克沃斯(Robinson Duckworth,1834—1911),英国牧师,1862 年 7 月 4 日卡罗尔给爱丽丝讲故事时他也在场,成了故事里的鸭子,这是对其姓氏("鸭")的调侃。

教授①的。

对于"爱丽丝"系列小说，许多严肃的评论家忽略的正是它们的表层含义。它们并非在某种隐秘层面上运作的文字。"语言游戏"无法生效，明明使用同一语言，一个人却无法理解另一个人的话语，这就是道奇森/卡罗尔式"喜剧"的精髓，它在书里众多对话、冷酷的双关语、俏皮话中处处可见。此外还有另一层"喜剧"含义，指向语言游戏将小孩排挤出成人世界这一事实。对于儿童读者来说，这一层喜剧含义估计是"爱丽丝"系列小说里最无聊的地方。

道奇森的纽约传记作家莫顿·科恩教授②赞许地提及了一位 17 岁弟子的话：

> 刘易斯·卡罗尔花了大量笔墨描写孩子的视角。他嘲讽成人世界，理解大多数孩子在成长过程中都会遭受的情感伤害。

对此，我们作为读者，应该这样回答：这说法既对，又不对。道奇森/卡罗尔明白孩子们被大人弄得困惑不已的事实，不过，在"爱丽丝"系列小说中，我们找不到这位 1995 年出生的大学生宣称发现的对儿童的共情之意。道奇森的目光是无情的，就像他涂抹在照相机玻璃底板上的火棉胶一样冰冷。虽说从生理意义上讲，他并不是什么恋童癖患者，不过他却有与恋童癖者一样的恶习：把儿童视为"物品"。在这些系列故事里，爱丽丝的痛苦和困惑都被写成了滑稽故事，就像成年人不合逻辑的滑稽举止遭到嘲弄一样。查尔斯·道奇森牧师以无情的口吻调侃爱丽丝，就像狄更斯小说里写道，摩德斯通先生和好友们拿"谢菲尔德的布鲁克斯先生"开涮，大卫·科波菲尔完全不知自己正是被嘲弄者，反而卖力地加入他们的哄闹中。将道奇森和狄更斯加以比较，我们更能看出这位数学教师那种本质上冷酷无情的幽默感。他并不像自己在爱丽丝系列小说的各种美妙后记（它们随着这几部作品的一再畅销和再版而不

---

① 本杰明·乔伊特（Benjamin Jowett，1817—1893），英国学者、古典学家、神学家、教育家。

② 莫顿·科恩（Morton Cohen，1921—2017），美国作家、学者，纽约城市大学名誉教授，1995 年出版《刘易斯·卡罗尔传》。

断增多)里所写的那样爱着普天下的孩子们。① 他的书信、日记和摄影作品等等都表明,他其实对小孩子毫无同情心,更谈不上痴迷于自己的童年时代——话说回来,传记作者们不得不假设他的这种痴迷,否则关于这个腼腆无趣的老家伙的沉闷生活,便真没什么可写的了。

---

① "致我的小朋友们,熟识的与陌生的,衷心祝愿你们'圣诞快乐':……愿上帝保佑你们,我亲爱的孩子们,愿每次圣诞节来到你们近旁都比以往更光明、更美好——只因那位你们未曾谋面的朋友的存在而光明,他曾在世间为我亲爱的孩子们献上祝福"等等。——作者注

第 22 章　若干死亡事件

我们或许可以从儿童文学的视角，来帮助理解那个真正的"均势时代"——1860 年代。儿童文学在维多利亚时代中期格外繁荣，这本身便充满社会学意义，《汤姆叔叔的小屋》(1852) 之类本意并非儿童读物的小说也迅速跻身儿童书架这一事实也是如此——它们和《新森林的孩子们》(1847)、《汤姆·布朗的求学时代》(1857)、《埃里克，或，渐渐堕落》(1858)、《小妖精集市》(1862) 和《爱丽丝漫游奇境记》(1865) 一起被提供给孩子们。也正是这一时期，安徒生童话首次被译成英文 (1846 年)，从此逐渐风靡全球。所有这些图书都从不同侧面折射出世界的变化，不过，它们中有些则又证明了世界固执不变的方面。

由于老人把持着政府，此时的英国恰似那类"受阻的家庭"，其中父母年事已高却依然健在，儿女虽然都已成大人，却仍被视为"孩子"。从这个角度而言，迪斯雷利觉得这个时代宛如童话，大文豪们则纷纷写起儿童读物，倒显得颇为合适了。

不过，到了 1860 年代，上一辈人终于相继故去。1865 年 10 月 18 日，帕麦斯顿离世，去世前，他对沙夫茨伯里抱怨，"格莱斯顿一旦坐上我的位子，瞅着吧，他很快会为所欲为的，保准会搞出一堆稀奇古怪的破事儿来，走着瞧吧。"可惜，帕麦斯顿没猜对，最后并非 56 岁的格莱斯顿而是 73 岁的罗素登上了自由党首相的宝座。约翰·罗素 (1861 年后称罗素伯爵) 铁了心要摆平选举改革的问题。这位曾为出台 1832 年《改革法案》立下汗马功劳的大能人终于在 1865 年当上了首相，再也没有比这个更能体现维多利亚时代早中期英国的老人治国特点的了。1832 年的《改革法案》在赋予中产阶级选举权方面收效甚微。现如今形势已经沧海桑田，高等资产阶级和小资产阶级的数量变得相当巨大。整个人口中,六分之五的成年男子没有选举权。这种状况的重要性究竟如何,全体人民对选举本身究竟有多关心,或许都有待商榷。不过当时扩大选举权成为最大的政治辩题,"它充任了'新国家'对抗'旧国家'的旗帜和口号。"

帕麦斯顿勋爵

从我们现在的视角回看,当时这种虽然勉强通过了选举法案,但是仍旧不可能做到将选举权扩大到无论收入或性别的所有人的做法,委实颇为古怪。不过对当年在议会内外投入激辩的人们而言,这却没什么不正常的。情况进展充满戏剧性,令人激动。1866 年,罗素自由党政府提出了一项非常温和的提案,打算把选举权扩大到有一定财富的居民。在自由党阵营内部,右派觉得这种做法是向激进派龟缩退让,于是便开始抵制,最终否决了该提案。罗素只好辞职,后来在大选中落败于德比勋爵①。德比勋爵上台后,(少数派的)保守党政府提出了一项更激进的《改革法案》,令所有人震惊不已。德比内阁里的顽固派——皮尔将军②、卡那封伯爵③和克兰伯恩子爵(未来首相,即第 3 代索尔兹伯里侯爵)——纷纷辞职以示抗议。这一事件实际上有利于德比实现自己的目标,也给他的下议院领袖迪斯雷利创造了施展政治天赋的契机。迪斯雷利和德比借助一项明显激进的扩大选举权措施所能得到的,乃是在选区分配上的更大发言权,并在不公开改划选区的前提下,为将来可能在下议院取得多数席位作好准备。不久的将来,事情确实朝这个方向发展着——维多利亚女王统治的后半期,保守主义几乎成了主导政治信条。"迪斯雷利正教导他的党徒要未雨绸缪,为不可避免的未来作好准备。"

迪斯雷利的顶头上司德比首相早就看明白了,自由党拟定的 1866 年《改革法案》——即他们否决的那个——"目的是把保守党和真正的辉格党人赶

---

① 爱德华·史密斯-斯坦利(Edward Smith-Stanley,1799—1869),第 14 代德比伯爵,保守党领袖和英国首相。

② 乔纳森·皮尔(Jonathan Peel,1799—1879),英国军人、保守党政治家、赛马主人,前首相罗伯特·皮尔的弟弟。

③ 亨利·赫伯特(Henry Herbert,1831—1890),第 4 代卡那封伯爵,英国政治家、保守党人。

尽杀绝。"德比勋爵实际上属于曾推出 1832 年《改革法案》的辉格党政府的一员,他说出这番话究竟有何深意,他本人心知肚明。如今我们可以清楚地看到,保守党成功地将贵族政府的一些基本特征保留下来,甚至延续到第一次世界大战后。至少,地主、新兴资产阶级和占人口很大部分的工人阶级托利派之间,已经结成了联盟。迪斯雷利在多大程度上预见到这一切,又在多大程度上设计了这一切,关于这个问题,始终难有定论。虽然从短期来看,第二次《改革法案》没能给托利党带来好处——自由党赢得了 1868 年大选,格莱斯顿首次担任首相——但毫无疑问,倘若没有那项法案,保守党早就湮灭无闻了。那样一来,格莱斯顿必将独揽大权,搞出"稀奇古怪的事儿"来。

然而,选举权扩大后,一下多出近 93.8 万选民,顽固派认为这简直是灾难。卡莱尔在小册子《尼亚加拉大瀑布——此后呢?》中论述了扩大选举权的事,可谓文风犀利,悲观无人能及。他设想了如下一幕场景:文明正随着急流极速坠落。"英国迟早要搞尼亚加拉瀑布般急坠式的全民民主"已被视为一种不可避免的趋势。卡莱尔将这种现象命名为"一窝蜂乱窜",并非仅指"暴民们",而是指宪政改革后"大多数的民众们"。为改变或改革社会局势而举行选举、发表竞选演说,让各处的可敬议员重返议会,这些想法在《英雄和英雄崇拜》的作者卡莱尔看来显然是不可理喻的:

> 关于所谓的"改革措施",让议会和公众翻滚于泥淖之中而乐此不疲吧,对目前身处孤寂的我而言,那简直是难以名状的神经错乱。也就是说,为修正因昔日供应的劣质供应品所遭受的苦难,我们需要引入新供应品,诸如愚蠢、轻信、贿赂和对啤酒和胡言乱语的屈从。我认为,相信这种手段可以带来"改进"的人,在我看来只能是头脑完蛋、坐井观天之徒,我无意与这种人争长论短。

卡莱尔,正如他自己在文中所说,写作时正"身处孤寂"。他的爱妻死于 1866 年 4 月,当时身在苏格兰的卡莱尔正忙于对他的"亲人们"的定期拜访。卡莱尔不在家时,夫人在切恩街的家中接待了不少来客,继续过着伦敦生活,照例天天出去遛小狗。以前有条小狗"尼禄",曾在切尔西陪伴卡莱尔夫妇一起熬过了卡莱尔极为沮丧的几年时光,可惜,它早死掉,埋在花园里了。卡莱尔夫人抱着"尼禄的继任者"坐在四轮带篷马车的后座上去海德公园。马车行驶到维多利亚门时,她把小狗松开,小狗跳到地上,不幸被此时路过的另一辆马车轧到爪子。卡莱尔夫人赶紧跳下车去救小狗,把它抱上来,坐回后座。马车夫驾着马车,绕着公园一路向前,沿着车道绕了两圈,又到了斯坦霍普门,之后再沿九曲湖畔的小路驶回,后座的乘客一直没吩咐要往哪走,马车夫感觉有点不对劲。他停下车,请一位路过的先生帮忙到后座察看情况。那位先生察看过后,让车夫赶紧把这位女士拉到圣乔治医院去——如今已改作一家旅馆——当时这家医院坐落在海德公园的东南角,惠灵顿公爵阿普斯利宅邸对过。到了医院,他们拉开车门,发现简·威尔士·卡莱尔直挺挺地坐在后座上,小狗趴在她的腿上——她已然没了气息。

爱妻的离世让卡莱尔悲痛万分,曾几何时,他们携手走过了漫长的朝圣之旅;往事历历在目,做过的、未竟的,都令他深深触动,这一切都让这位本已非常悲伤的男人陷入更深的痛苦。一闲着没事,他便走到爱妻亡故的地方(他猜测的地点),摘下礼帽,满怀虔诚——"无论晴日,抑或雨天"——做出仿佛忏悔的姿态,有点像雨中伫立于尤托克西特集市的塞缪尔·约翰生——没戴帽子、没披假发,忏悔着对父亲的不孝(约翰生父亲在那里摆过书摊)。詹姆斯·安东尼·弗劳德曾因为披露卡莱尔夫妇婚姻生活的诸多细节而广受诟病,不过20世纪的某些作家走得更远,他们将搜集自简的好友们,比如她的终生闺蜜杰拉尔丁·

托马斯·卡莱尔

朱斯伯里那里的所谓证据,真真假假地拼凑在一起,还说在简去世的当天,杰拉尔丁曾跟她在一起,简还告诉杰拉尔丁她和卡莱尔的婚姻并不美满等等。有时,比起所谓婚姻生活的秘密,倒是最明显的生活表象才能道出婚姻的实情。卡莱尔夫妇显然过得比较不幸,夫妻俩吵架是家常便饭,有时甚至当着朋友的面也争执不休,彼此朝对方大喊大叫,甚至动起手来。不过同样地,在朋友们眼中,他俩也挺恩爱的,俨然一对智力上的灵魂爱侣,两个人都有尖酸的幽默感,彼此非常友爱。

1840年代,他们的家曾一度成为"伦敦文学界"的中心。难怪70多岁时的卡莱尔发现新时代不大合他的口味;"尼亚加拉大瀑布"一样的"一窝蜂乱审"飞流直下,实属荒谬至极。"迄今为止,贵族作为一个阶级未曾有过放弃这种游戏的想法,"他写道,"也未曾有过不再充任奉承话所谓的'统治阶级'的打算;它绝不会这么做,除非能看到更远的未来。"这就是他的观点。在 21世纪的一些读者看来,此种对未来言之凿凿的言论未免有点怪异。倒是卡莱尔在这本小册子里对英国人的负面评价比较容易为我们所认同。"我们这个民族已沉沦于'虚伪'中,虚伪渗入骨髓——呜呼,尽管一度有过其他追求,尽管内心对这种虚伪怀有倦怠的、无声的、难以根除的抗议,但依然如此……毫无疑问,在这个时代,我们这个民族所拥有的期望、决心和欲望,除粗俗以外,绝无他物。这一切都是源自纯然的腐烂和衰朽……"

简·卡莱尔

今天的我们已经不大容易理解卡莱尔的观点了。相比而言,19 世纪早中期的两位伟大小说家狄更斯和萨克雷,今天依然受到欢迎。他俩虽说都比卡莱尔年轻许多,但日后都死在了切尔西城的这位暴脾气的老头之前。

萨克雷去世于 1863 年底——时年 52 岁——他的猝然辞世致使其文学生涯从许多方面来说都可谓未始即终。他最卓著的成就——《名利场》《亨利·埃斯蒙德》和只写完上部的小说《潘登尼斯》——都是狄更斯无法比拟的,但总的来说,将他视为比狄更斯更伟大的作家,似乎又不大合理。萨克雷要应付新闻业的工作,要应付自己的梅毒病,家境困难,但还得保持绅士风度,让爱女们过上淑女的日子——多年来还得看住他那位被人道地囚禁住的疯妻,这一切令他疲惫不堪。他的想象力与那个"均势的时代"并不合拍,其代表作描写的全是摄政时期甚或 18 世纪的事。奇怪的是,他创作的儿童滑稽哑剧《玫瑰与指环》(1855)倒是他作品中最贴近这个时代的:他善于戳穿势利小人和阶级偏见的老把戏,在记述罗萨尔芭的故事时简直巧妙绝伦;一开始,在大家眼里,罗萨尔芭不过是帕弗拉哥尼亚国里的一个流浪小孩,还不得不屈尊俯就地巴结一位令人讨厌的资产阶级小姐安琪尔佳,但是没多久,罗萨尔芭的身份揭晓了,原来她是一位公主。萨克雷并未直接提及外表平平无奇、内心颇为猥琐的英国王室成员,不过,读者在这部戏里时不时会感觉出对他们的嘲讽。今天的孩子们依然觉得这部哑剧很有趣,但它其实属于维多利亚时代中期众多写给不得不给孩子们大声读这些书的大人看的一类儿童读物。

　　跟萨克雷不同,狄更斯像小孩子一样写作,像小孩子一样理解,像小孩子一样思考,即便长成了个大男人,也依然沉迷于孩子气的事情。人们通常认为,狄更斯被他那个时代的习俗捆住了手脚,不敢明目张胆地描写性问题,这种说法其实并不准确。你还会发现,他也并不像巴尔扎克或左拉一样直接写到钱的问题,而在维多利亚时代,人们并不避讳公开讨论先令或便士。事实上,狄更斯描写世界时,是从一个绝顶聪明、想象力超群的孩子的视角来写的。倘若让巴尔扎克来写,他肯定会领着我们把杜丽先生破产的全过程统统看一遍,而当剧情出现大反转、拯救的时刻最终降临时,我们肯定会有一种身临其境之感,恰似跟杜丽先生的审计员、家庭律师和银行家直接面谈过一样。然而,狄

威廉·萨克雷

更斯讲这则故事,却把它讲成了一部童话,一则浪漫故事。杜丽先生无力偿还债务,被囚禁于马夏尔西监狱,而对我们读者交代时,马夏尔西监狱的情况显然比送他入大牢的真实财务问题更重要。我们是透过出生在债务人监狱的小杜丽的视角来审视杜丽先生的。然后——"嘿,您瞧,变!"——潘克斯这位收租人揭露了卡斯比先生犯下的罪恶,而杜丽先生丧失的遗产最终也物归原主,情节转变之急促,简直堪比"格林童话"。

　　一般成年人或许会认为重要的事情,比如性问题、金融和政治等等,都是狄更斯所不感兴趣的。或者可以这么说,这类事只有对孩子的生活造成影响时,他才会有兴趣关注。这就是为什么《远大前程》和《大卫·科波菲尔》,这两部采用不加修饰的令人难忘的现实主义手法来讲述童年往事的作品,成为他的代表作的缘故。看不到狄更斯的优点,何止是文学短视症的表现——这种感受力的缺失意味着对生活本身的某些方面视而不见。正因为此,狄更斯在英国人心中占有独一无二的重要地位。正如他的最敏锐读者之一吉尔伯特·基思·切斯特顿发现的,狄更斯塑造的系列人物,如果说算不上象征性的,最起码也是极富典型性的。"关于英国民主的那点猫腻还是经乔·葛吉瑞和裁缝店的小伙计之口说出的。地道的英国老百姓跟法国、苏格兰或爱尔

兰的老百姓不同,可以说,英国老百姓介于下列两种类型之间,一种是完全放弃自身权利主张的穷人,另一种是完全依靠讽刺武器主张自身权利的穷人。"

此语确实意味深长。马克思便没能看出这种真理,所以徒劳地等待英国爆发革命,终未如愿。英国的有钱人也始终没有听懂裁缝店小伙计的讽刺,所以反而误以为乔·葛吉瑞的沉默是顺从的表现。整个 19 世纪及此后,中产阶级自由派推动出台了《卫生法》和《教育法》,既建寄宿学校,又盖教堂,借助这些,他们不仅希望改善穷人的生活状况,还想让穷人本身有所提高。从早期小说《博兹札记》开始,狄更斯描写那些济贫院、流浪汉和轻刑犯的生活时,他心里始终清楚,中产阶级的这种"雄心壮志"已经误入歧途,甚至可以说可憎至极。狄更斯塑造的人物确实都不乏滑稽剧特质,不过他却注意对他们所有人都赋予尊严。狄更斯死在了一个合适的时候——这样一个痛斥过早期的功利主义之徒,嘲讽过管理手段花样迭出的济贫院,调侃过 19 世纪早期自由主义者的目光偏狭、独断专行的人,赶在中产阶级实施改良措施的第二阶段(公共卫生和选举权扩大阶段)开始时便死去,可谓死得及时了。

1870 年 6 月,狄更斯在盖茨山庄去世,享年 58 岁。辛苦的创作,加上奔波于大西洋两岸为书迷们进行那些令人着迷,却让他耗尽心神的公开朗读活动,都拖垮了他的身体。

狄更斯的葬礼在英国的国家英烈祠威斯敏斯特教堂举行。怎么可能会在别的地方呢?葬礼由斯坦利主任牧师主持,采用《公祷书》里规定的葬礼仪式,没有唱诗班的圣歌,不过,风琴师却奏响了选自宗教清唱剧《扫罗》的《死亡进行曲》。记者们 9 点半蜂拥而至,询问仪式何时开始,却被告知已结束了。在主任牧师的授意下,位于诗人角边上的墓穴开放了一整天。这一天——1870 年滑铁卢战役胜利纪念日——吊唁者们从墓穴边上缓缓走过,瞻仰棺木。沃尔特·白芝浩形容道,"迄今为止,还不曾有哪位英国人能攫取如此多民众的心。"直到午夜,前来吊唁的人依然络绎不绝,步履沉重地走入教堂。白芝浩对于狄更斯的重要性的评论,事实上不仅让我们更加了解了这位小说家本人,也让我们加深了对这时期英国人的了解。

狄更斯

假如只能挑选一种方式来展现 1860 年代英国的变化,关注关注公开处决这个问题,想必就是最好的选择了。1868 年,这种令人毛骨悚然的场面最后一次在英国上演。这究竟是自由党人式进步,还是维多利亚时代中期生活的资产阶级化——强调伪道学而非恻隐之心——带来的结果?有趣的一点在于,1840 年代曾为彻底废除死刑而摇旗呐喊的自由党党徒,到了这个"均势的时代",却纷纷改了主意。他们认为,对诸如谋杀等滔天大罪,处决是可以的,不要在公共场合执行即可。"最终,是伪道学而非人性占了上风。"

狄更斯和萨克雷都是维多利亚统治初期激进的废除死刑主义者。早在 1840 年,他俩碰巧都见证过一场备受瞩目的公开绞刑。法国男仆库瓦西耶谋杀了贵族主子威廉·罗素勋爵①,后者是约翰·罗素伯爵的叔叔;在罗素伯爵担任内政大臣期间,这位叔叔曾主持废除了旧刑法(该法曾规定,绞刑可适用于轻刑犯)。29 岁的萨克雷心情愉快地前去观看行刑,身为记者的他一心指望从这个事件中捞出一点不错的新闻素材。没承想,到头来他被吓蒙了。他眼睁睁看着尸体被放下来。"那人的双臂被绑在胸前,他无助地张开双手,随后又紧握在一起,一次,两次。那人扭着头,目光里透出一股狂野和恳求的神情。他的嘴角抿了一下,露出一丝可怜的微笑。"

萨克雷"那天早上背负着对谋杀的厌憎,从斯诺希尔小镇山坡上走下来,而那是因为我亲眼看见了一起谋杀……残忍的好奇心驱使我目击了残酷的一幕,自感羞愧堕落……我求万能的主垂怜我们,抹去这桩可耻的罪恶,洁净我们的血地……"②

跟这位小说家同行一样,查尔斯·狄更斯也对实施公开绞刑深恶痛绝,并为废除绞刑积极奔走,在《每日新闻》上发表慷慨激昂的文章,又给《泰晤士报》写去慷慨激昂的信。在处决库瓦西耶时,他注意到,看客们做出了"可憎的"轻浮举止。"根本没有流露出什么合适那种场合的情绪。没有悲哀,没有磨炼人心的惊骇,没有憎恶,没有严肃;除了下流、淫荡、轻浮、迷醉和炫耀其

---

① 威廉·罗素勋爵(William Russell,1767—1840),英国贵族罗素家族成员,长期担任议员。

② 直到 20 世纪,库瓦西耶的死亡面具一直是杜莎夫人蜡像馆里的重要展品。——作者注

他五十种无德的恶癖以外一无所有。"还有一场曼宁夫妇的公开绞刑,狄更斯也去看了,由于犯下了共同谋杀罪,夫妇俩被判处一同处决,地点在马贩巷监狱外。狄更斯写道,"那种欢笑并非是歇斯底里的,那喊叫和骚动也并非出于紧张的、想要发泄情绪的冲动。人们明摆着就是麻木无情,而且邪恶。"不过,在谴责暴民们——人山人海,赶来看处决曼宁夫妇热闹的人达 2 万之众——的卑劣举止时,狄更斯发现,想要不对这一场场残忍的街头闹剧,这一出出的暴力的节日产生好奇,也是不大容易的。曼宁夫妇上绞刑架的前一天晚上,狄更斯还组织了一场于夜里 11 时在考文特花园广场咖啡馆举行的晚餐派对,派对结束后,他在街上闲逛,一整夜游荡在酒鬼、流氓和妓女们当中。他还提前租下了一套能俯瞰到那具绞刑架的公寓:"我们把整个顶层(外加后厨)全租了下来,总共花费 10 个畿尼,或者说是每人两个畿尼,非常划算。"曼宁太太的尸体终于放下来了,他注意到,她"穿着考究,身形优雅,当她的身躯从一侧慢慢荡到另一侧时,衣饰齐整,无一丝变化"。

然而,从曼宁夫人被绞死到最后一次公开绞刑这 20 年中,与约翰·斯图尔特·密尔相仿,狄更斯也放弃了当初"呼吁彻底废除死刑,以利社会,并预防犯罪"的愿望。

1868 年,密尔在下议院指出,"当有确凿证据表明某人犯有暴力谋杀罪,最仁慈、最恰当的处理方式便是剥夺这个已然自愿放弃生命者的生命。"针对这一问题,为听取意见,还成立了一个特别委员会,其中只有四位委员赞成彻底废除死刑,其他委员则希望仅仅废除公开处决。

在谈及绞刑的仁慈性时,密尔大概的意思是,自己宁可被绞死,也不愿在维多利亚时代的监狱里服劳役和遭受拘禁。不过,他想必也有这样的意思:处死凶手,将其干掉,这种做法更干脆、更利落、效率更高。让他说出这些话的,肯定是盘踞在他心底的老功利主义者的观念。跟后来的狄更斯差不多,密尔也非常鄙视那些乐在其中的暴民们,赞同拆去监狱大墙后面那些淫秽下流的绞刑架。正如关于绞刑架的历史的当代最有名的研究者加特莱尔①所言,此乃"社会净化"之举。其实,将男人和女人秘密绞死,只能说更显得"文

---

① V. A. C. 加特莱尔(V. A. C. Gatrell,1941—),英国历史学家。

明",但谈不上更为人道。中上层阶级的立法者并未让法律变得更仁慈。他们所做到的,只是表明了他们对于醉心于公开绞刑的戏剧性、猥琐和残忍的暴民们的蔑视而已。1868 年,这个由《乞丐歌剧》、18 世纪绞刑架幽默、与执法相伴而生的民间狂欢构成的粗鄙世界,终于走到了尽头。

英国最后被公开绞死的是个爱尔兰人,这一事实很能说明问题。格莱斯顿终于接管了自由党领导权,在 1868 年 12 月荣登首相宝座之后,他的使命便是"绥靖爱尔兰"。芬尼亚运动势力(其宗旨是以暴力推翻英国统治,赢得爱尔兰独立)集结起来,是美国内战结束后的事——当时,在美国资助下,联邦军队里的许多爱尔兰裔士兵决定以波兰或意大利民族主义者为楷模,谋划暴力行动——先是汇集在加拿大,后来齐聚于大不列颠。1867 年 2 月,1 200 位芬尼亚社员云集于切斯特城。

格莱斯顿急于向世人证明自己神志已完全恢复,不再像"梅努斯补助金事件"(1845 年)期间那般执迷不悟,于是提出一项解散爱尔兰国教教会的法案。与此同时,芬尼亚社社员也因多项指控而遭逮捕。一名警察在曼彻斯特被杀,还有人企图劫狱,去营救羁押于克勒肯维尔监狱的两名芬尼亚社囚犯,而该监狱距离圣保罗大教堂、英格兰银行和市政厅不足 1 英里。一大桶火药被安放在监狱外墙上,随后被引爆,炸死 12 人,120 人受伤。情急之下,格莱斯顿出台了《爱尔兰土地法》(1870),从此让芬尼亚运动学会一招:爱尔兰人表现和平的时候,英国政府在处理爱尔兰事务上拖拖拉拉,不过,几枚炸弹——特别是在伦敦的——被引爆,政府就会一下被炸出惊人的能力,加速推进有利于爱尔兰的立法进程。

对英国政府来说,则可以抓住克勒肯维尔监狱爆炸案的良机,一展另一种令人遗憾的做法,这种做法在英—爱关系发展过程中,将会延续整整一百多年:政府相信,严惩炸弹袭击者和持枪歹徒,可以让爱尔兰人心生畏惧、恢复社会安宁,这样那些海盗般的谋杀活动才不至于反而显得高贵,让那些歹徒捞个政治殉道者的美名。在克勒肯维尔监狱发生爆炸案后不久,迈克尔·巴雷特[①]被捕,他的死证明了一点:爱尔兰"问题"始终是爱尔兰人民和英格兰

---

① 迈克尔·巴雷特(Micheal Barrett,1841—1868),爱尔兰活动家,芬尼亚社社员。

统治阶级之间,而非两地人民之间的问题,英格兰统治阶级在爱尔兰拥有大量房地产,所以与这片土地利害攸关,英格兰中下层阶级却与这个地域基本上毫无瓜葛。一个传统杀人犯能让3万伦敦人走出家门,通宵达旦饮酒狂欢,而一个爱尔兰炸弹袭击者却仅仅吸引了不到2 000人。与处决更有看头的杀人犯,到场的看客人山人海时的情景不同,这一回人群中女人的身影极为少见,几乎没有中老年妇女。让狄更斯爱恨交加的那些醉醺醺的老泼妇们——"甘普夫人们"和"贝特西·普里格们"①——都没有来,只有一些没戴软帽的年轻姑娘,一看就和人群中相当大的一部分人一样都是爱尔兰人。

早上6点,街头传教士已开始布道,若处决的是寻常的杀人犯,人群中准会发出阵阵亵渎神明的嘘声。不过,此刻,群众肃然无声——表明此地聚集的是一群虔诚的爱尔兰人。7点30分,丧钟为了行将逝去的灵魂而敲响,囚徒还在牢房里关着。当他被押出来,跟人群打照面之时,与狄更斯和萨克雷笔下的群氓们截然不同地,人们一声不吭。所有人都肃立沉默。刽子手卡尔克拉夫特用绳子捆绑囚犯的双腿,这位巴雷特表现得非常平静。他握住监狱牧师赫西医生的双手,静静加入为自己那即将逝去的灵魂的祈祷。"这个可怜人并没怎么挣扎。身体慢慢转了一两下,然后一切都结束了。"一阵寂静过后,人群渐渐散开,汇入卢德盖特山的人流中。伦敦再度恢复了生机。

《年度纪事》在同一个版面上回顾了1868年的德比赛马日——颇为成功,天气不错,赌客们颇为兴奋。原先最被看好的赛马"伊丽莎白夫人"(赌注达到7比4),意外遭遇惨败,它在最后一英里处突然松懈了,最后赢得比赛的是一匹名叫"蓝袍"②的赛马。

---

① 在狄更斯的最后几部小说之一《马丁·翟述伟》(*Martin Chuzzlewit*)里,甘普夫人和贝特西·普里格都是产褥护士,酗酒、彪悍而邋遢。

② 古时的苏格兰济贫组织名称,此处有喻指苏格兰、爱尔兰等英国英格兰以外地区的含义。

第 4 部
1870 年代

乔治·艾略特　　威廉·尤尔特·格莱斯顿　　本杰明·迪斯雷利　　理查德·瓦格纳　　威廉·怀特利　　伯特·弗朗西斯·基尔沃特　　剑桥公爵

第 23 章 格莱斯顿的第一届首相任期

1870 年到 1871 年,欧洲陷入了战争和意识形态冲突的泥淖,灾难规模空前。两对不共戴天的对手展开了厮杀,一对是法国和德国,另一对是天主教和新世俗主义。随着形势的发展,这两场典型而可怖的夺权斗争(意识形态上的和领土上的)又与拿破仑三世自负的政治绝唱交织在一起:他用法国军队保卫教皇,试图维护教皇的世俗权力,不过,1870 年夏,为了参加普法战争,法军被迫又撤出了意大利。在一年时间里,欧洲的意识形态地图被改写,整个欧洲陷入了地缘政治的竞争和观念之战,后者直到 20 世纪末才得到解决(如果谈得上解决的话)。

1870 年至 1871 年可谓名副其实的欧洲大灾之年。赤裸裸的屠杀史无前例:先是梅斯战役,法军完败于训练有素的普鲁士军队,随后是巴黎公社起义。(2.5 万法国人在 1871 年 5 月 21 日到 28 日的"五月流血周"惨死于同胞之手。)这一切不祥的戏剧性事件令人不忍卒读,因为我们知道 40 年、50 年、70 年后将发生什么。普鲁士的胜利直接促成了德国的统一。1871 年《凡尔赛条约》签订后,巴伐利亚和符腾堡王国、巴登和黑森两个大公国被纳入德意志帝国版图,其他许多德国邦国此时也已并入帝国,并以柏林为中心拥戴普鲁士国王为德皇。普鲁士国王威廉一世加冕为德国皇帝。宰相俾斯麦得意得几乎忘乎所以。德皇加冕宣言在凡尔赛宫镜厅,当着被摧垮的法国政府的面发布——对法国而言这无疑是国耻,直到 1919 年它才报了一箭之仇,然而,1940 年却再度蒙羞……

英国充其量只是间接卷入了这些将改变一切的冲突:普鲁士最终实现了德国的统一大业;意大利人终于缔造了统一国家,褫夺了教皇的世俗领地,教皇则搬出上帝为武器实施反击,宣扬起"教皇无谬说";巴黎公社试图彻底捣毁巴黎圣母院——还有巴黎市政厅、司法宫、杜伊勒里宫和瑞弗里大道的大部——到头来反而是公社社员们在 5 月遭到大屠杀，大量死里逃生者则要么被流放，要么被判处劳役。

令人啼笑皆非的是，如今在伦敦英国国家美术馆里，高悬着的一幅乔治·修拉的巨幅油画《安涅尔浴场》(201 厘米×300 厘米)，与它所描绘的塞纳河畔风景相距甚远。画作上，巴黎的工人们懒洋洋地躺在塞纳河畔，享受安逸的娱乐，背景中一座安静的工厂为乌蒙蒙的灰蓝色天空平添了几缕烟雾。如果这幕和平的景象描绘的是泰晤士河畔的伦敦人(该画创作于 1884 年)，倒会颇为令人信服。欣赏这幅悬挂在大英国家收藏馆里的画作的英国人很少会意识到，这些巴黎工人们的栖身之地，正是法国人浴血奋战的沙场——德国大兵入侵，凡尔赛政府的军队放弃了首都，反倒指望巴黎公社的社员们来应对敌军。修拉油画中的祥和美景是人为营造出来的，画面上那些半裸的巴黎佬全都为同等的光源所笼罩。这种和平氛围中，潜藏着一种既顽固又危险的气息。

在 1870 年代初这个欧洲历史的分水岭时期，如果镜头聚焦于英国，就会呈现出一幕与其他欧洲国家很不协调的场景，几乎有点滑稽。拿破仑三世从卡塞尔城威廉高地宫获释后，流亡到英国，与欧仁妮皇后一同居住在肯特郡奇斯尔赫斯特，度过了他生命最后两年的痛苦时光。(欧仁妮皇后一直活到 1920 年。)拿破仑三世只是横越了英吉利海峡，但从某种意义上说，他几乎相当于挪到了另一个宇宙。他把爱弥尔·左拉 1892 年小说《崩溃》中所描写的那些流血、激情和不幸(这部时间背景设定为 1870 年至 1871 年的作品，一定是有史以来最出色的战争小说)抛在身后，一头扎进了《米德尔马契》①的世界(出版于 1872 年，比马克思的《法兰西内战》晚了一年；它像一面镜子，映照出一个在欧洲大陆已遭重创、被捣毁、不复存在，却在英国还将延续整整 40 年的旧世界)。实际上，在梵蒂冈第一届大公会议的元老们宣布"教皇无谬说"之际，英国贝利奥尔学院的同僚们终于选举了本杰明·乔伊特为院长；巴黎成

---

① 《米德尔马契》是英国作家乔治·艾略特创作的长篇小说，首次出版于 1872 年，以虚构的洛姆郡的米德尔马契镇作为故事背景，再现了 19 世纪中期英国乡村的风土人情和生活内容。

立巴黎公社之际,首届足协会杯在伦敦开赛;巴黎公社社员在拉雪兹神父公墓里的"社员墙"下被屠杀之际,英国议会正在费心创建"地方政府委员会"。

"我们这个英雄的国家蜕变为一个卑鄙无耻、大腹便便的笨蛋,沉沦于自身龌龊的脂肪和内脏,坠入了无视神明的蠢行,"卡莱尔对当时的时政如此评论道。

由于对启蒙时代德国大帝的生活史苦心研究了多年(可怜的卡莱尔夫人把这些年戏称为"被腓特烈的阴影笼罩的山谷"),卡莱尔预言德国终将称霸欧洲。弗劳德将普法战争的结果描述为"上帝审判的显现,正中了卡莱尔的下怀"。卡莱尔与大多数英国人相仿,坚持着反法偏见,虽然拿破仑三世(以路易·拿破仑王子的身份)拜访过这位切恩街的圣人,但卡莱尔依然没有改变这种想法。(卡莱尔认为拿破仑三世是个卑鄙虚伪的冒险家;而拿破仑三世上马车后则问道,"那家伙是不是疯了?")大多数关注欧洲大陆事件的英国人对法国满目疮痍的惨状表示同情,尤其同情巴黎被围后人们忍饥挨饿、绝望以及随之而来的自相残杀处境。单伦敦一地就为法国饥民送去价值 8 万英镑的粮食,不过,女王却和她善良的臣民们想法不同,她对普鲁士的胜利欣喜若狂。"巴黎的状况真是糟糕透顶! 当然,被爸爸称为所多玛和蛾摩拉的这个巴黎理应遭到毁灭,"女王给女儿普鲁士王储妃的信中这么写道。"那些围困巴黎的我军士兵,"维姬则在回信中滔滔不绝讲道,"兴奋之情,无以言表。"(不过,普鲁士军队吞并阿尔萨斯—洛林之后,维多利亚女王的想法发生了改变。)

索尔兹伯里却远非"亲条顿派"。他不仅说一口流利的法语,而且在法国还有一座宅邸,普鲁士人的胜利当然不会令他喜悦;不过 1870 年 9 月 24 日给乔治·沃伦·桑福德①的信中,他还是表示站在各处的保守派一边,"无论俾斯麦接下来做什么,我都希望他能烧毁圣安东尼郊区,平息巴黎暴徒的叛乱。过去 80 年里,这些暴徒的怪癖和疯狂一直是欧洲的祸根。"

在写给《泰晤士报》的一封几经斟酌的长信中,卡莱尔对于"对法国的沦陷及苦难的廉价怜悯和报界哀叹"感到痛惜。他提醒读者,"一百年前,英国

---

① 乔治·沃伦·桑福德(George Warren Sandford,1821—1879),英国保守党政治家。

人曾满怀最强烈的渴望,并曾付出实际的努力和希望,试图帮助从法国人手中收回阿尔萨斯和洛林。"他总结道,"高贵、耐心、深沉、虔诚和坚实的德国终将统一并成为欧陆的女王,而非那个夸夸其谈、哗众取宠、装腔作势、争胜好强、焦躁难安、神经兮兮的法国,在我看来,这似乎是我这个时代所出现的最鼓舞人心的一个事实了。"

英国政府则保持中立。维姬对母亲在1871年2月9日发表的御前致辞相当不悦,女王将战争中尚未分出高下的交战双方称为"两个勇敢伟大的国家"。其实维姬一定清楚,女王在议会开幕大典上的演讲只是代表政府表达了政治立场;她一定也清楚,演说固然出自女王之口,但其实是首相格莱斯顿事先拟好的脚本。

正如以前有过的一样,对于普法战争,尤其对德国吞并阿尔萨斯—洛林,乃至对整个欧洲,格莱斯顿持有着一种在道义和思想上都颇为痛苦的矛盾心态。他"激动万分地"禀告女王,"倘若她违背了德国人的意愿,承认阿尔萨斯—洛林的125万人归法国所有,英国永远不会与德国达成友好的谅解。"然而,君主和内阁都反对格莱斯顿,而是支持女王在演说中采取的中立立场。不过事情尚未就此结束。格莱斯顿在公开场合表示中立,却在《爱丁堡评论》上匿名发表了一篇题为《德国、法国和英国》的文章,发泄心中不满。他在该文中谴责俾斯麦的军事行动,抨击"俾斯麦主义、军国主义和倒行逆施的政治道德"。《每日新闻》显然挖出了作者的真实身份并将它"泄露"了出去。这一时刻堪比美国内战初期的纽卡斯尔演说,当时格莱斯顿也是有意无意中透露出对美国南方邦联的同情态度。身为炉火纯青的政治家,格莱斯顿知道如何巧用所谓的失言来讨公众欢心,向支持者们暗示出若非受到党派或内阁同僚的牵制,他更愿秉承的观点(无论是否民粹主义的)。他是"人民的威廉"。

格莱斯顿擅长把遭受的挫折——譬如迪斯雷利在大选中击败他,并提出了更激进、更公平的《改革法案修正案》——化为自己的胜利并对众多追随者展示。在兰开夏郡搞了一场蓄意鼓动民众的巡回演讲后,格莱斯顿在日记中写道,"苍天在上,我并没有讨好过他们。"在他自己看来,他的出神入化的政治技巧和在政坛上长期以来的顺风顺水,都很容易解释:"全能者似乎总是青睐于我。"艾伦·约翰·珀西瓦尔·泰勒①在《争夺欧洲霸权的斗争》一书中坚持认为，俾斯麦一直自命为马基雅维利式的人物，并沾沾自喜地自以为算计了拿破仑三世，劝说后者因为微不足道的西班牙王位继承人问题而向普鲁士宣战。把混乱的事件解读为是俾斯麦的微妙手段所致的人越多，俾斯麦就越显得有手腕。格莱斯顿在政治生涯的鼎盛时期与此有点类似。当然他并非明目张胆地诓骗，而是发自与生俱来的政治天赋：知道何时乘风破浪，何时逆流而上。

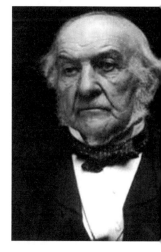

威廉·尤尔特·格莱斯顿

虽说格莱斯顿并不喜欢俾斯麦斩获的成就，不过，他对此还是有一丝妒忌的。事实上，当内阁同僚提醒他，帕麦斯顿在英国当时一无外交后盾，二无文韬武略，根本无力抵抗组织严密的普鲁士军队的前提下还试图保证丹麦石勒苏益格—荷尔斯泰因的独立，因而自取其辱时，格莱斯顿心里肯定美滋滋的，即使是在宗教自由这种复杂的、对格莱斯顿来说更牵动情感的问题上，他也不得不承认他对不讲宽容的"文化斗争"②充满钦佩之情。虽说他的许多密友都皈依了罗马天主教，不过，身为高教会派教徒的格莱斯顿对天主教的态度至少可以说是矛盾的。当他看到俾斯麦颁布了反对政治天主教的法律——取缔普鲁士耶稣会，禁止在教堂举行婚礼，并将教会学校纳入国家管控——之时，格莱斯顿不能不感到震撼。

随着 1870 年代的展开，颇为矛盾地，格莱斯顿一方面视基督教欧洲为一个有道德凝聚力的联盟，一方面却对历来是他所珍视的一切（拉丁语言和文化、拉丁神学以及作者的精神理想）的守护者的罗马天主教逐渐失去信任。除了荷马，他最尊崇但丁。就像 14 世纪的意大利幻想家一样，格莱斯顿也在寻找摆脱了教皇的世俗虚荣和政治野心的天主教；他渴望一种真正的天主教（普世基督教），它将能够团结欧洲人民对抗奥斯曼帝国的伊斯兰文化和科学

---

① 艾伦·约翰·珀西瓦尔·泰勒（Alan John Percivale Taylor，1906—1990），英国历史学家。

② 1873 至 1887 年，罗马天主教会和德国政府之间围绕教育和教职任命权进行的斗争。

唯物主义的无神论侵蚀。这些思想隐藏在格莱斯顿的所有现实政治的背后，而且没有什么比迪斯雷利在普鲁士占领石勒苏益格—荷尔斯泰因并在柯尼希格雷茨战役获胜后发表的立场鲜明的讲话更不同于他的总体世界观的了：

> 这并不是说英国已经在一种冷漠之势中避难，也不是说它如今已经决定系统性地拒绝干预欧洲大陆的事务。一旦形势需要，英国与过去一样随时准备并愿意干预。事实上，世上没有哪个大国比英国干预得更多。它干预亚洲事务，因为它实际上更像是一个亚洲大国，而非一个欧洲大国。此外，它也干预澳大利亚、非洲和新西兰的事务。

英国，乃至整个世界，如今依旧处于这种两极分化中：一方面，英国是一个欧洲国家，在文化上与欧洲融为一体，但在政治上却与欧洲格格不入；另一方面，尽管一部分英国人认为通过商业或政治参与欧洲事务是英国的首要利益所在，另一部分人却沿袭海业民族的历史贸易传统，放眼于更广阔的世界。现代英国人与1870年代的英国人（特指知识分子和社会精英）之间的巨大差异，在于对他们的德国表亲的不同理解。

格莱斯顿或许并非一个通常意义上的知识分子，不过，凡是参观过他那座位于霍瓦登堡的巨大图书馆或不辞辛劳地读过他那本关于荷马的冗长古怪论著①的人，都不再会怀疑他是个书卷气十足、视精神生活为至关重要的人。然而，他却与牛津运动者一样狭隘；这种狭隘并非出于无知（格莱斯顿是广泛阅读德国、意大利和法国著作的人），而是他刻意为之。

如果纽曼懂德语，英国国教或许会走向另一种命运。马克·帕蒂森②在《回忆录》中追忆了自己与德语所作的斗争，认为直到1858年自己才掌握了这门语言。在19世纪20年代，英国据说懂德语的只有两个人。作为追随皮由兹博士③的高教会派死硬分子，格莱斯顿没准相信德国的《圣经》评论家们破坏了基督教信仰本身。（这两个懂德语的人之一当然就是皮由兹，他年轻时

---

① 《荷马和荷马时代研究》(1858)。

② 马克·帕蒂森(Mark Pattison，1813—1884)，英国作家、英国国教牧师。

③ 爱德华·皮由兹(Edward Pusey，1800—1882)，英国国教牧师，牛津大学希伯来语钦定教授，牛津运动主要领袖之一。

去过德国,先后就读于哥廷根大学和柏林大学,聆听过约翰·戈特弗里德·艾希霍恩①有关"巴兰的驴子"的讲座,在一度差点被德国批评家们勾去魂儿之后,毅然决定对这些哲学家的惊人发现必须加以压制、抹杀、迫害、噤声。)乔治·艾略特用一种悲伤而温和的口吻讽刺了这一代牛津人,她在小说中让将娶《米德尔马契》女主人公多萝西娅·布鲁克为妻的索然无味的老学究卡索邦先生撰写了一份毫无价值、无法完成的纲要《神话索引》——毫无价值,是因为他根本没有读过……德语著作。

乔治·艾略特②(年轻时叫玛丽·安·埃文斯)把皮由兹博士(颇有道理地)怕得要命的德国学术著作翻译成英语:大卫·弗里德里希·施特劳斯的《耶稣传》和路德维希·安德列斯·费尔巴哈的《基督教的本质》(1854)。这两部哲学著作都试图以黑格尔哲学来阐释基督教。黑格尔被视为 19 世纪最重要的哲学家——不管是否同意或接受黑格尔的哲学思想,人们都视这一点为理所当然——但在其有生之年(1770—1831),他的著作在英国几乎无人问津。读过德国形而上学哲学大师康德、黑格尔和费希特著作的人包括塞缪尔·泰勒·柯勒律治、卡莱尔和爱丁堡的威廉·汉密尔顿爵士③。这几个英国人传播了上述德国哲学家的一些思想,不过,英国文化人直到 19 世纪中叶之后才意识到这些哲学家思想的真正重要性。乔治·艾略特是这一发展过程中的核心人物。当然,她的终身伴侣乔治·刘易斯也颇具影响力,他于1855 年出版了第一部歌德传记。许多虔诚的德国人都不喜欢刘易斯的这本书,因为它赤裸裸地捅出了歌德滥交的勾当,但该书在英国的影响却是毋庸置疑的,鉴于这是一个对德语一知半解的国度,它的重要性就更不容忽视了。歌德是一个大人物——科学奇才、伟大诗人、剧作家、现代宗教和政治观的先驱——无论就广度、深度、规模还是自信,他的思想对英国人米说都是超乎想象的。歌德是名副其实的全才,但凡读过刘易斯《歌德传》的人都会想到,他当然就该是个德国人,就像贝多芬、门德尔松(维多利亚时代的人比我们更重

---

① 约翰·戈特弗里德·艾希霍恩(Johann Gottfried Eichhorn,1752—1827),德国历史学家、哥廷根大学东方语言学教授、圣经学家及东方学家。
② 英国著名女小说家,参见本书 13 章对她的介绍。
③ 威廉·汉密尔顿(William Hamilton,1788—1856),苏格兰哲学家。

视他)、费希特、席勒、康德和黑格尔都是德国人一样。刘易斯《歌德传》问世之后,它的英国读者想必也会联想到阿尔伯特亲王(有造诣的音乐家和语言学家、优秀的艺术史学家、业余建筑师,具有清醒的政治意识,宗教和政治上的自由派,对当代科学发现了如指掌),和他妻子及其滑稽可笑的娘家亲戚之间的那种天壤之别。

乔治·艾略特

对维多利亚时代中期的一代人来说,德国哲学、文学和文化的发现让他们打开了视野,得以放眼更广阔的世界。1844 年,本杰明·乔伊特和亚瑟·斯坦利[1]前往德国做假期徒步旅行,遇到了黑格尔的嫡传弟子爱尔特曼[2]。此后,在长达半个多世纪的时间里,不仅德国哲学成为英国逻辑学家、形而上学哲学家和政治思想家的主要灵感来源,而且德国的整套教育方法——从全民公立小学到把科学作为一门基本学科对待——都成为英国中小学和大学的嫉羡对象和灵感来源。给乔治·刘易斯留下深刻印象之一的是德国(而不仅仅是普鲁士)发达的科学教育水平。1854 年,他在慕尼黑的一所实验室工作,那里"有大量仪器和数量极为可观的试验青蛙供他选用"。英国为数不多的专业科学家想必对德国科学家的高薪酬艳羡不已。(英国王家外科医生学会亨特讲座教授及解剖学教授理查德·欧文曾经表示,他靠工资都无法生活。)"等到政府知道建立生理学研究所时,教授们(以及业余爱好者)就可以安心地工作了,"刘易斯预言道。

随着 19 世纪接近尾声,英国人对德国一切事物的热爱也从知识分子阶层扩大到中产阶级。但与此同时,人们也越来越认识到,如今欧洲有一个强国,它不仅在军事实力上即将超越英国,在经济繁荣方面同样如此。老迈不堪的卡莱尔临终前,已经得以指出这个事实:英国曾与普鲁士结盟跟拿破仑开战,而且始终对法国又怕又恨;他还指出——正如一场横穿欧洲大陆的铁路之旅可以让任何人都清醒地认识到的——德国诸州和奥地利帝国的讲德语的民

---

① 威斯敏斯特教堂主任牧师,参见本书第 18 章对他的介绍。

② 约翰·爱尔特曼(Johann Erdmann,1805—1892),德国牧师、哲学历史学家、宗教哲学家。

族在欧洲民族中占了很大的比例,而英国与这些民族之间的关系一直不稳定。自17世纪"三十年战争"以来,欧洲各国人民才学会了彼此和平共处。而他们之所以能做到这一点,很大程度上都是基于德国的联邦制,也就是阿尔伯特亲王推崇的,现在则充任了现代欧盟基础的那种联邦制。

不可否认的是,德国在人口和国土面积上拥有某种"统治"欧洲的必然性。唯一能遏制这一切的正是法国的民族主义和扩张主义,而它却是英国人最恐惧的。一旦在俾斯麦和德国新皇的领导下,"高贵、耐心、深沉、虔诚、坚实的德国最终实现统一,"那么德意志帝国的基础已经奠定。接下来40年左右的数据表明,与英国相比,德国的国力迅猛提升。1871年,英国总人口为3 200万,德国为4 100万。英德两国国土面积分别为12万平方英里和20.8万平方英里。两国总兵力分别为19.7万和40.7万。到1914年,英军有24.7万,德军飙升到惊人的79万。1872年,英国海军总兵力为6万,到1914年达14.6万;德国海军从仅有的6 500扩编到7.3万。普鲁士的军事扩张是通过大量的基础设施投资和惊人的工业增长来支付的,其扩张规模之大堪与19世纪上半叶的英国相媲美。1850年,英国铁路总长为1万英里,德国为6 000英里。到1910年,英国铁路总长将达到3.8万英里,德国为6.1万英里。1880年,英国钢铁总产量为98万吨,德国为155万吨。到1913年,英国增加到690万吨,德国为1 860万吨。作为欧洲的"参与者",英国几十年来一直是现代化水平最高、技术效率最高、工业生产力最高的国家,可如今有了一个主要对手,从纯粹的欧洲角度来说,与这个对手竞争,根本没有胜算。

英国站稳脚跟并继续占据主导地位的是出口和世界贸易领域,尽管其全球贸易份额在1870年到1913年间从38%降到27%,不过,德国只增长了5%。

	年份	英国	德国
出口额比较	1870	2.35亿	1.14亿
	1913	5.25亿	4.96亿

英国的巨大财富和全球影响力在维多利亚统治的后半期有所增加,不过,这种增长却取决于女王治下的帝国的表现。为了全面了解情况,我们必

须始终牢记"维多利亚时代的人"不仅有英国人,还有印度人、埃及人、苏丹人、祖鲁人和世界上其他许多因商业和政治原因而被卷入这场大戏的民族(他们的命运和未来都因此发生了不可逆转的改变)。从此意义上讲,迪斯雷利对英国的半严肃定位是正确的:英国属于亚洲大国而非欧洲大国。不过,欧洲这个强大的保守帝国的幽灵,冷酷无情,既能毫不犹豫地吞并丹麦各郡,必要时还听由巴黎人民陷入饥荒,任由其历史遗迹被夷为废墟。它是拥有一种足以将英国自由主义思想凝聚在一起的神奇力量的。

爱丽丝·哈格里夫斯(娘家姓"利德尔")①的两个儿子艾伦和雷克斯·哈格里夫斯在第一次世界大战中双双阵亡。1914年9月,艾伦上尉随英国远征军横渡英吉利海峡,两度负伤,一年后去世。雷克斯是爱尔兰近卫团的上尉,在1916年9月25日进攻雷斯伯夫战斗中身亡。爱丽丝本人一直活到了1934年。

1870年代的世界与我们的世界,有着某种维多利亚女王统治最初几十年所不曾有过的关联。我们仿佛可以触及它。我(出生于1950年)这一代人中很多人接触过出生于1870年代的耄耋老人。事后看来,那些改革、变革、计划、现代化,似乎都是在为1914年至1918年即将毁灭整个维多利亚时代世界的那场悲剧而作的准备。科布登和布莱特那一代自由贸易主义者曾认为,废除《谷物法》,用商业取代等级制度,用官僚制度取代贵族制度,将会给世界带来普遍的和平。他们认为战争只是贵族们的游戏,那些目睹克里米亚战争中贵族军官的拙劣表现的人,或许也会颇为认同他们的观点。

不过,到头来,所有的富庶国家在人口和国际贸易增长的同时,军备也扩充了。工厂里用于制造精密机械的专业知识也免不了用于研发武器。人类固然可以大规模生产,也可以大规模毁灭。在锡诺普海战中,俄军炮火致使土耳其舰队被毁于一旦,而自纳尔逊时期②以来,几乎未作改进的英国军舰——全是装有桅杆的木帆战舰——在塞瓦斯托波尔遭到俄军炮火的猛烈

---

① 即《爱丽丝漫游奇境记》小主人公的人物原型,参见本书第21章对她的介绍。
② 霍雷肖·纳尔逊(Horatio Nelson,1758—1805),英国风帆战列舰时代的海军将领及军事家。

打击,损失惨重。为了以防再爆发战争,难免要上马全新的技术。1859 年,法国人率先打造了一艘名为"光荣号"的木制战舰,吃水线以上的舰体全部包上铁甲,铁甲后装有舰炮。英国人也不甘落后,在 1860 年建造了首艘铁甲战舰"王家海军勇士号",舰身外包覆着足以抵御炮弹攻击的厚铁甲。

接下来 30 年里,铁取代木材成为建造船体的材料。船只配备了铁甲;可发射爆炸弹或穿甲弹的后膛装填式膛线大炮,取代了无膛线的前膛装填式火炮。炮塔取代了舷侧炮,动力鱼雷、液压机械和电力技术最终都用于建造军舰。这些军事武器的发展是国内工业扩张以及海外殖民及商业扩张的必然结果。要想成为世界上最大的贸易国,英国必须拥有最强大的海军。科布登和布莱特认为"更多的贸易意味着更多的和平"的想法真是大错特错了。

虽说从克里米亚战争结束直到 1914 年 8 月,英国没有与欧陆国家进行过战争,但我们也不能因此而认为这个富足的时代是和平到来的。历经了枪林弹雨,帝国及其从战争中获取的战果才得以存续。从 1860 年代起,英军几乎没有一年安稳过,总在世界上某地进行战斗。本书可不是专讲战争史的,不过还是有必要提示一下,即便在叙述中并未提及战争(规模小的或规模不那么小的),战事实际上一刻也不曾中断。1863 年至 1872 年,第三次毛利战争①爆发。1870 年,英军在加拿大发动了红河远征;1871 年至 1872 年,英军在孟加拉进行了卢夏长征;1873 年至 1874 年,在西非发动了第二次阿散蒂战争;1874 年,进行了达夫拉远征。为镇压巴巴多斯种族骚乱,1875 年至 1876 年,英军在马来亚发动霹雳战争。1877 年至 1878 年,英国发起了乔瓦基战役,发动了第九次卡弗尔战争。1878 年,印军被派往马耳他,准备与俄国就显然无法解决的"东方问题"摊牌。1879 年,英军发动祖鲁战争,此时恰逢第二次英阿战争爆发。1880 年,英国与布尔人进行第一次战争。这些只是十年里发生的战事,19 世纪八九十年代,英国卷入的重大冲突同样也可列出一串类似的清单,包括在苏丹、缅甸、马塔贝莱兰和中国等地发动的主要战争,并在 19 世纪末以发动布尔战争和镇压义和团运动达到巅峰。然而,正如英国人能够宣称自己安然无恙地挨过了"革命之年"(尽管国内风平浪静,但在殖民地或未

---

① 1843 至 1872 年,新西兰土著居民毛利族人反抗英国殖民者的一系列战争。

来殖民地涌现了数不胜数的麻烦冲突的 1848 年），主张自由贸易的曼彻斯特自由贸易主义者也一样能够自说自话地认为，帝国的财政收入并未沾满鲜血，或者用朴素一点的说法：英国并没有动用强大的海军和足够的陆军在必要时捍卫自己的利益。

整个 19 世纪下半叶，英国主要是一个海军强国，海军比陆军更受重视。不过，从格莱斯顿政府面临的政治困境而言，陆军更受关注。虽然人们对于陆军和海军的军费问题始终僵持不下（这也成为 1874 年"决定解散议会的关键因素"），不过，在早期会议上，尽管格莱斯顿及其自由党后座议员都希望讨论爱尔兰、教育和税制改革等问题，但大部分议会时间其实都用于讨论陆军的组织问题。

格莱斯顿于 1868 年至 1874 年出任首相，这段时间往往被称为他的第一届首相任期。然而，从他的日记里可以看出，他本以为自己只可能拥有这一次领导政府的机会。格莱斯顿以超过 100 票的多数赢得了压倒性胜利，许多票数来自北方不信国教的自由派。我们只是事后才得知这只是他的第一届自由党政府，它随后于 1874 年被保守党政府取代。现代政论史学家所理解的两党制正在形成。当时的人则认为格莱斯顿的内阁是由下列成员组成的联合内阁：格莱斯顿和卡德威尔①之类老皮尔派保守党党徒、7 位辉格党人（克拉伦登、格兰维尔、福蒂斯丘、哈廷顿勋爵、金伯利、哈瑟利和阿盖尔）、2 位激进派分子（劳和布莱特）和 3 位自由党人（奇尔德斯、戈申和布鲁斯）。新内阁要处理的事务可谓千头万绪，人们从未想到过军改居然会成为其中的主要内容。

然而，鉴于普法战争，英国政府不得不审视自身的军事资源。根据《伦敦条约》(1839) 规定，英国承诺捍卫比利时的独立和中立。在接受下议院质询时，陆军大臣爱德华·卡德威尔不得不承认，军方无法确定在普鲁士入侵比利时的情况下是否能抽调必要的 2 万士兵来应对。卡德威尔此言，是故意暴露出英军"软肋"之举，希望以此赢得议会的回应——改革军队。欧陆发生的重大事件似乎在英国激起了一股强烈情绪，使得军队的组织问题不再显得如

---

① 爱德华·卡德威尔（Edward Cardwell, 1813—1886），英国政治家。

此无望。

19 世纪中叶的英国政府被描述为具有"极简主义"特征。《格莱斯顿日记》的编撰者科林·马修指出,"就工业经济而言,没有哪个国家能像 1860 年代的联合王国那样,几乎不干预其发展。"如果将维多利亚时代政府与当今英国政府或与 19 世纪的法国、意大利、德国和俄国政府相比,情况确实如此。格莱斯顿的目标一向是"财政上的极简主义",减税成了他的理想。然而,尽管身为皮尔派保守党党徒,他也认识到国家控制的必要性,而《谷物法》带来的、托利党直到 19 世纪 60 年代或 70 年代初才彻底从中恢复的创伤,也证实了这个事实:当政府选择截留资金、拒绝拨款和扣留关税时,社会工程照样运转,与政府实施干预措施的情况绝无二致。等到中年阶段,格莱斯顿进而转变成一个别具一格的政治激进派,远远不再是个极简主义者了。他和他的议会同僚开始意欲介入爱尔兰、学校和其他各个领域来改变现状,而这些在寻常托利党党徒而言,甚至都不会认为是国家应该管理的事务。

军队改革问题暴露了格莱斯顿政府的真面目,且呈现自相矛盾的特征。一方面,卡德威尔希望缩减军费开支,提议从殖民地驻军中撤回 25 709 名士兵,并从表决通过的军需拨款总额中削减 641 370 英镑,将步兵营干部裁撤到 560 名(后来裁撤到了 520 名),并降为普通士兵。另一方面,格莱斯顿政府里的民粹派和平等派出于政治考量,希望改革军队,推进军队现代化,废除采购佣金制度,废止诸如鞭笞和烙刑等更暴力的、被视为与时代的光明精神背道而驰的惩戒措施。

推动这些改革的最初动力并非来自下议院的后座议员,而是新闻媒体。媒体认识到普鲁士军队能够碾压法军获胜,关键在于它是一支训练有素的铁军,军官选拔采用论功行赏制,而非依靠花钱购买军阶。那么,普鲁士的军官人才如何获得各种必要的军事才能呢?答案是,通过政府积极参与的管理高效的教育制度。如果说 1870 年哪件东西能够突显英国贵族制度的垂死特征,难道不是军阶购买制度吗?废除它,如此一来,英国便可能像德国一样实施高效的精英统治!

这一事实的矛盾之处在于,这些抨击的话居然来自新闻媒体,须知在普鲁士,报纸是被严格禁止以任何方式批评政府的。如果《每日新闻》和《泰晤士报》之类报纸希望全盘模仿普鲁士报纸,那它们应该请求格莱斯顿先生来查封它们才对。总之,新闻媒体真正想要的,并非最终导致欧洲陷入混战的扩充军备措施,虽然我们可以看到,到头来使军队变得"更高效"的做法确实导向了这一结局。当时新闻媒体和激进派后座议员们真正想要的,是打压掌控军权的大贵族。

与在许多其他方面相仿,格莱斯顿对这个问题的态度也犹豫不决。这与虚伪是两码事,但人们每每难以分清两者。当罗斯金指责格莱斯顿是"平均主义之徒"时,后者回答道,"哦,天哪,您弄错了!我根本不是那种人。我是贵族原则的坚定信徒——精英原则。我是纯粹的非平均主义者"——这算得上是坦言实话了,据说闻听格莱斯顿此言,"罗斯金高兴坏了,得意扬扬地拍手大表赞同。"

格莱斯顿是利物浦商人之子,毕业于伊顿公学,娶了一位乡绅(格林家族)的女儿,在霍瓦登堡过着贵族般的生活:一座豪宅,诸多英亩土地,还有农场地租和煤矿收入。他哥哥①俨然一副苏格兰高地领主的做派,住在位于阿伯丁郡的家族豪宅法斯格城堡。除了在下议院上班或漫步伦敦街头拯救妓女、与她们没完没了地讨论她们的灵魂外,格莱斯顿一生都在乡间庄园度过。他是奇斯尔赫斯特庄园、沃尔默城堡和哈特菲尔德宫的常客,他觉得索尔兹伯里勋爵的英国国教高教会教堂很合自己的口味。("很少有礼拜堂做得那么好,那么诚心诚意。")

然而,他在议员竞选演说中向利物浦市民宣讲道,"我不明白为何不能让古老的商业家族快乐地从事世代相传的行当……我认为,那些从商业中获得或接受了地位和财富的家族转而背弃它,并引以为耻,这真是令人悲哀,堪比丑闻(雷鸣般的掌声)。我的兄长和我均非如此(掌声)。"这真让人忍不住好奇了,在查茨沃斯庄园或哈特菲尔德宫的晚宴上,他有几回胆敢流露出这种态度?

格莱斯顿任命爱德华·卡德威尔负责军改。与格莱斯顿相仿,卡德威尔也是出身于利物浦商人家庭的皮尔派保守党党徒。卡德威尔的军改体现在

---

① 托马斯·格莱斯顿(Thomas Gladstone,1804—1889),英国托利党政治家。

出台了《陆军兵役法》(1870)和《陆军管理法》(1871)，但收效甚微，其中原因有很多。首先，他希望缩减殖民地驻军人数，并将军队驻扎在国内，以此调整兵力平衡。这项措施由于省钱而大受北方杂货商欢迎，但在实践中并未奏效。到 1879 年 2 月，有 82 个营在国外，只有 57 个营在国内，原因很简单，除了在爱尔兰应对芬尼亚社社员威胁外，基本没必要在英国国内驻军，而且在阿散蒂战争或祖鲁战争期间，军队大多驻扎在国外。

　　事件并未朝卡德威尔坚信的方向发展，他认为出台《地方化法案》(1872)会改善招募士兵的状况，根据该法案，军方实施"双营联动制"的驻军策略，一个营驻扎国内，另一个营驻扎国外。"地方化"是指在首都外的各地建立兵营，使征兵工作能够覆盖迄今为止尚未征兵的偏远地区，该措施导致了英国农村人口的进一步减少。

爱德华·卡德威尔

　　这些地方兵站的建设速度极为缓慢，许多联队很少能到指定区域驻扎，因此卡德威尔并未真正吸引更广泛的新兵入伍。毫无疑问，在卡德威尔废除炮烙和鞭刑后，应征入伍者对如今的军旅生活更加青睐，对服役期可能比较短也很满意，然而，军饷还是太少，而且很明显，大多数新兵是迫于贫困才来当兵的。绝大多数招募来的新兵因为摆脱了体力劳动者、手工业者和机修工的身份而兴高采烈；爱尔兰农村是招募新兵最多的地区之一。苏格兰人参军的也很多。军事当局认为现役军人要比英格兰、苏格兰和爱尔兰的薪金最低的农业工人——年收入分别为 30 英镑、33 英镑 14 先令、18 英镑 9 先令——的生活略微好点。其实，军人工资比英国农业工人薪金略低，但比爱尔兰农业工人高很多，这就很容易解释爱尔兰人入伍比例超高的原因了。然而，1868 年至 1874 年，自由党占多数议席的议会主要关注的当然不是普通士兵的生活。

　　在吸引媒体关注、吊起公众胃口、占用议会时间的军改各方面中，最具争议的是军阶购买制度。就像政客们强加给非政治阶层的许多改革一样，购买制度的改革实际上收效不大，因为军官们照旧选拔"军官阶层"成员，没人在乎那些人的肩星和帽冠是掏钱买的还是免费颁给的。卡德威尔一再坚称自己并非妄图发动一场"阶级斗争"。1871 年 3 月,他在议会演讲时说,"倘若有人说贵族在公开的、以能力和勤勉为确保胜利的唯一品质的竞技场角逐中总是惨败给对手,这是对古老贵族制的诽谤。"但三个月以来,死对头们对他的法案的每一项条款都提出质疑,并在委员会中加以阻挠,卡德威尔向格莱斯顿抱怨说:"在我们这边的座间过道下坐着一帮大财阀,对购买制并无真正异议,其实,他们在维系购买制方面比对面的绅士们更用心。""绅士们"指的是辉格党贵族。"他们私下里说想要解决更多的问题,比如罢免剑桥公爵①,但事实上,他们就是希望通过购买贵族地位来建立私人关系,否则,就凭他们,一辈子也成不了贵族。"

这是一个奇怪的事实,但购买委任状的做法在 1809 年便已被定为非法,除非有王家委任状。在浪费了几个月的议会时间后,上议院否决了卡德威尔的法案,格莱斯顿则撤销了王家委任状。詹金斯勋爵说,"这个策略太英明了,"其实,还谈不上特别英明。政府不得不掏出 800 万英镑补偿给受此项措施影响的军官们。假如这是处理明显弊端的最巧妙办法,格莱斯顿为什么一开始没想到呢?

对如今英国人来说,剑桥公爵的那张蓄着大胡子的华丽面孔家喻户晓,满大街的旅店招牌上都印着它,此外,他不合时宜地活到了 20 世纪(生于1819 年,卒于 1904 年)。这位公爵根本不可能对卡德威尔的军改抱有好感。自克里米亚战争以来,剑桥公爵一直担任陆军元帅兼总司令,与表妹维多利亚女王一样热切地相信王权和军队之间必须保持友好的关系。卡德威尔的合理化措施之一是废除军队的双重管理体制,即军队既要服从陆军总司令及其幕僚的指挥,又要听命于陆军大臣。1871 年 9 月,这位陆军总司令接到命令,须绝对服从英国陆军部的命令,某种程度上讲,卡德威尔成了剑桥公爵的顶头上司,后者在王家骑兵卫队阅兵场的司令部和全体随从被裁撤掉,并被要求搬到蓓尔美街的陆军部。女王对此提出过抗议,但无济于事。

---

① 乔治·查尔斯(George Charles,1819—1904),乔治王子,第 2 代剑桥公爵。他是乔治三世的孙子,第 1 代剑桥公爵和黑森-卡塞尔领地伯爵腓特烈的女儿奥古斯塔·威廉敏娜·路易莎的唯一儿子,也是维多利亚女王的表哥。

9 岁便已成为汉诺威近卫军猎兵营上校的公爵,对废除购买制的做法可谓深恶痛绝。自加入英军以来(他在汉诺威一直住到 11 岁),作为战士,他一直作战勇敢,曾在科孚岛、爱尔兰和克里米亚服役。他积极参与军事行动(阿尔玛河战役过后,"我禁不住像个孩子一样大哭起来"),曾因为在因克尔曼战役中作战勇猛而在战报里受到表彰。他担任总司令,绝非有名无实。作为职业军人,公爵对卡德威尔的干涉行径感到愤愤不平,这是可以理解的。在被任命为陆军大臣以前,卡德威尔只是财政部小文员。公爵的军旅生涯则一直持续到 19 世纪 80 年代;他是一位尽职尽责的王室成员,在阿尔伯特亲王过世后接替了他的职务,还负责旅行招待外国政要,为医院提供支持等等。卡德威

剑桥公爵

尔被整个军改事务折磨得心力交瘁,于 1874 年在疲惫不堪中退休了。这位与贵族原则为敌的人,到头来向格莱斯顿张口索要贵族爵位,并如愿以偿。而颁给他爵位的格莱斯顿本人,曾宣称这种事情"令人悲哀,堪比丑闻",为此还赢得了利物浦市民的掌声,其实他和卡德威尔之流始终都在寻求晋封贵族。

　　格莱斯顿与女王的糟糕关系恰好发生在君主制明显不招人待见的时期,这也绝非偶然。格莱斯顿虽说既是君主制的忠贞拥护者,又是英国国教信徒,不过,在谄媚王室方面却比不上迪斯雷利。格莱斯顿的最辉煌时期恰逢女王在公众心中地位下降之时,这一点女王想必心知肚明。格莱斯顿在 1874 年的大选中意外落败时,女王终于松了一口气:"这表明我国并非激进派的天下……这确实是好兆头,保守党占绝大多数才是我国的实情。"布莱克勋爵在罗曼尼斯讲座上[①]说道,"1868 年至 1872 年,君主制的处境究竟有多险恶,没人能确切讲得出,甚至格莱斯顿、迪斯雷利和维多利亚女王也不行。""但如果是这样的话,那么消除该隐患的大部分功劳要归功于迪斯雷利,"一部分则要

---

　　① 英国生物学家乔治·罗曼尼斯(George Romanes,1848—1894)开创,在牛津谢尔登剧院举行。

归功于共和派人士。工人阶级中当然不乏激进派或共和派,但大多数工人并不是这两者。企图激起共和派同情的人似乎有点过于圆滑了,嘴脸有点像大都市的世故之徒或正在崛起的咄咄逼人的那些大财阀们。

查尔斯·迪尔克爵士属于激进派,年纪轻轻却非常富有,如今当上了切尔西自由党议员,是天下皆知的共和派,与如今尚未成为下议院议员的激进派同僚约瑟夫·张伯伦一起,注定要成为维多利亚时代晚期政坛上两颗耀眼的新星。自王夫过世后,女王实际上一直过着隐居生活,甚至诸如议会开幕大典等驾轻就熟的公务她也推掉了。她拒绝参加1871年议会开幕大典,只是因为议会即将就王室年俸事宜展开辩论,在接下来的30年里,另外四次大典她也没有参加。《她究竟意欲何为?》是一本令人爱不释手的匿名小册子,作者是另一位少壮激进派乔治·奥托·特勒味连。① 小册子一语中的,认为女王存起了王室专用年金中给她的钱,由此从公共基金里攒下了一笔私房钱,这成为今天英国王室成员的个人巨额财富的基础。

这些少壮激进派代表了一种被广泛接受的现代人生观。他们希望废黜女王。他们没有时间去教堂祈祷。(1867年,特勒味连和格莱斯顿一道去旅行,他对这位元老"只读一小册愚蠢的基督教圣书的做法感到厌恶"。)女王或女王的继承人们不大可能让这些人心生敬佩。

1870年,在丑闻迭出的"莫当特爵士离婚案"中,女王之子伯蒂被迫以证人身份出庭,还差点被列为共同被告。女王要求格莱斯顿"跟伯蒂聊聊"。格莱斯顿对手下的殖民大臣格兰维尔勋爵表示,"我不禁琢磨起女王的隐居状态来了。"说句"不中听的,大致来讲,女王是退隐不见其人,而威尔士亲王也不受人尊重"。随后,1871年12月,伯蒂患上伤寒,在他父亲去世十周年纪念日即将到来之际,伯蒂还差点丢了性命。新闻媒体和公众认为这场疾病令君主制的运气暂时好转了。剑桥公爵找到格莱斯顿,部署了于1872年2月27日在圣保罗大教堂举行感恩节礼拜仪式的事宜,这是备受英国公众喜爱的王家盛典之一。两人忘了邀请伯蒂的私人医生们参加,这让后者当中疑心更大的那些人觉得,在献给全能上帝的感恩费用中,本可以拿出一些来献给医务

① 乔治·奥托·特勒味连(George Otto Trevelyan,1838—1928),英国历史学家。

工作者,这样才更为合宜。甚至有人提议应当邀请伦敦大学学院医院的廷德尔教授发表一场关于"论祈祷之无意义"的演讲,但该建议最终不了了之。

约翰·罗斯金认为上帝和女王仍是一对盟友。罗斯金访问霍瓦登堡,是格莱斯顿的女儿玛丽·德鲁(嫁给了哈里·德鲁牧师)安排的。这件事情意义非凡,不仅因为它触发了为后世津津乐道的两位伟人之间的智语慧言,让人会心一笑(两人无疑都喜欢相互揶揄),而且对话双方都能从对方身上看到对待当代社会和政治问题的矛盾态度,这种矛盾态度与其说来自他们的分裂本性,还不如说正是时代所致,后者让人陷入摇摆不定,甚至相互矛盾的反应。

借助历史视角,我们可以看得比较清楚些。读到 19 世纪穷人的苦难,有谁不想成为社会主义者或"平等主义者"呢? 这样,我们便能够体恤维多利亚时代完全对立的各种政治观,也比较容易理解从这一端的马克思或威廉·莫里斯到另一端的索尔兹伯里勋爵这些各色人物的思想。不过,在 1870 年代反思社会本质的人当中,最有趣的或许是罗斯金和格莱斯顿这样的人,他们试图将矛盾的东西统一起来。罗斯金既是英国社会主义的灵感来源、创建工人学院的热心支持者、对穷人生活造成破坏性影响的工业化的谴责者,而且,正如他在自传《往昔》里自我形容的,也是"一位老式的暴力托利派——也就是说,沃尔特·司各特,以及荷马的那种流派"。"人民的威廉"格莱斯顿,尤其当他每天跪在教堂里祈祷时,本性里铭刻着 19 世纪 30 年代约翰·基布尔[①]的那种保守信念。

格莱斯顿真心相信时代太不正常了,他觉得赢得 1868 年大选,是一个实现真正变革的千载难逢的机会,这些变革将基于正义,让更多人过上更公平的生活。他卸下了英国国教徒的骄傲,认识到只要法律不认可大多数爱尔兰人都是天主教徒的事实,英国就永远不可能解决爱尔兰问题。1869 年的《爱尔兰教会法案》废除了爱尔兰的英国国教会,将其降格为一支普通的基督教教派。第二年的《爱尔兰土地法》又迈进了一步,准备给予爱尔兰农民自由和独立。1872 年爱尔兰引入了无记名投票制度,以便保护选民的独立和自由。

---

① 约翰·基布尔(John Keble,1792—1866),英国圣公会教士、诗人,1827 年出版诗集《基督周年》而饮誉诗坛。1833 年作著名的布道《举国叛教》,号召恢复英国国教的独立地位和权力,被视为牛津运动的导火线。

爱尔兰公务员制度也变得更加开放,让候选人有可能通过宣传和竞争获得政府职位。

然而,这一切又引出了问题:议会通过的法案是否是社会所需要的? 自由主义是否总能带来社会和谐? 与激进派约翰·布莱特竞争格拉斯哥大学校长一职时,罗斯金问学生们:

> 你们与迪斯雷利先生或格莱斯顿先生究竟有何关系呢? 你们是大学生,跟政治没有关系,就像你们跟拿耗子一样没有关系。你们但凡读懂了我著作里的十个词,就会明白,我不关心迪斯雷利先生或格莱斯顿先生,就像我不关心蒸汽驱动两支旧风笛发出的嗡嗡声一样,但我恨所有的自由主义,就像我恨魔鬼一样,而且我和卡莱尔站在一起——如今英国只有我们二人——为了上帝和女王。

这是罗斯金在格莱斯顿家做客时表现出的一面——"我们还一度聊到贵格派①,"格莱斯顿回忆道,"我说他们的神学学说脆弱不堪,却有巨大的社会影响力。作为神学家,他们只坚持基督教教义的一两个要点,可他们取得了许多有益于社会的成就! ——您瞧,他们改革了监狱,废除了奴隶制,谴责了战争。"罗斯金对此回答道,"我真的很抱歉,但恐怕我认为监狱不应改革,不应废除奴隶制,更不应谴责战争。"

对于这句话,既不能太较真,也不能太不当回事。事实上,罗斯金拜访霍瓦登堡归来后"几乎被说服成了一个格莱斯顿主义者"。格莱斯顿则发现罗斯金的政治观点是"道德绝对主义和基督教社会主义的杂烩,而这一切之上都笼罩着他那迷人而谦逊的风度。"格莱斯顿尽管痴迷于议会政治,却绝非世俗之城里的平头百姓。他很清楚,对许多人或大多数人来讲,政治之外还有一种生活,倘若忽视这一事实,政治便一文不值。

这一点在自由党的教育改革中表现得最为明显。"在社会各界围绕学校的所有问题展开可怕争议之际,"莫利写道,"一些人认为格莱斯顿先生的第一届内阁在处理教育问题上取得了最伟大的建设性成就,其他人则认为它错

---

① 基督教新教的一个派别,成立于 17 世纪,主张和平主义和宗教自由,坚决反对奴隶制,在美国南北战争前后的废奴运动中起过重要作用。

失了良机。"莫利所说的"其他人"是那些像他本人一样的世俗论者①，他们认为应当引入一种普遍、统一的世俗教育体系。格莱斯顿，一方面因为一心扑在了爱尔兰问题上，另一方面是因为可能不想暴露自己的个人情感和身为激进派名义领袖的公共形象之间的反差，所以对议会的大部分辩论都置身事外，把制定《教育法》的重任丢给了担任枢密院教育委员会副主席的贵格会羊毛商威廉·爱德华·福斯特。福斯特夹在两大敌对派系中间进退维谷。伯明翰的约瑟夫·张伯伦、公理会牧师罗伯特·威廉·达尔②和另外一些人创建了全国教育联盟，主张将学校从教派团体中彻底剥离。另一群人，包括威斯敏斯特罗马天主教会的大主教亨利·爱德华·曼宁，则会指着正在熊熊燃烧的巴黎教堂和法院（就在《福斯特教育法》举行议会辩论时，它们被巴黎公社社员们焚毁），质问世俗主义是否总能带来启蒙与和平。有些人认为《福斯特教育法》是边沁主义控制的延伸，尤其对普罗大众的控制。"国民教育"倡导者们喜欢把 1870 年视为英国穷人享有教育机会的开端，但事实绝非如此。例如，认为福斯特给工人阶级带去了识文断字的能力，无疑低估了人们将教育掌控在自己手中的能力。维多利亚统治初期成人识字率调查结果表明，在诺森伯兰郡和达勒姆郡的矿工中，79％的人识字，其中会写字的约占一半。1838 年，在诺福克郡和萨福克郡的济贫院里，87％的儿童可以读写。由于自由职业教育（全部由私人资助）的发展，到出台《福斯特教育法》时，全民识字率已飙升到 92％左右。国家参与教育并非迫切之需。到 1948 年，公立学校仍有 5％的毕业生是文盲。

　　双方最终达成妥协，不过，没有一个人满意：有些学校由教会主办，有些则不是。所有学校都享有充分的宗教自由，然而，开设宗教教派课程却被明令禁止。用迪斯雷利的俏皮话讲，如此一来，便在教师中创造出一个全新的"祭司阶层"，其职责便是随心所欲阐释《圣经》，只要他们阐释的东西不属于任何教派即可。《福斯特教育法》规定，13 岁以下公民均享有教育权，不过要想建立足够多的学校、招聘到足够多的教师，至少还要好几年工夫，而且中等

---

① 主张宗教与教育分离论者。
② 罗伯特·威廉·达尔（Robert William Dale，1829—1895），伯明翰一位牧师。

教育仍局限于中上层阶级。该法案并没有提供免费教育：若想去在此法案下创建的"寄宿学校"上学，必须缴纳学费，除非出具家庭贫困证明。

对自由党发起的改革及其带来的变化，以及对教育制度的改革（无论小学还是大学阶段），格莱斯顿的态度都是矛盾的。1871 年颁布的《大学宗教审查法案》——该法案放宽了就读牛津或剑桥大学的条件，学生不必认同《英国国教三十九条信纲》——考验着格莱斯顿。格莱斯顿心中的自由派思想最后胜出了，他以这是正义之举为由，迫使议会通过了该法案。然而，他内心深处的国教信仰却令他在此之前踌躇良久。

如今当上了贝利奥尔学院院长的乔伊特，在写给弗洛伦斯·南丁格尔的信中，恶毒地提及了格莱斯顿的一些秘密。"格莱斯顿先生……毫不掩饰他转向政教分离论的立场。大约 6 年前我遇到他时，他也对此毫不隐瞒，不过，后来他的立场又成了秘密，甚至他内阁里的那些老伙计们打听一下都不行。"

到 1874 年，格莱斯顿政府的激进改革方案已是强弩之末，他本人也是如此。在遭受了一连串挫败后——在下议院就爱尔兰大学改革提案的投票表决中惨败，政府在斯特劳德民政教区的补选中失利——格莱斯顿宣布希望解散议会。为赢回人气，格莱斯顿作了最后一搏，在竞选演说中作出承诺，一旦当选，立即废除所得税，但结果却是保守党以 83 席的多数赢得了大选，格莱斯顿的第一届首相任期就此终结。此时，他已是 65 岁的老翁了，人们有理由相信，这是他第一次、也是最后一次担任首相。在辞去首相、隐退政坛后的第一年，他终于得以全副身心地投入他最感兴趣的宗教问题。

第 24 章　天使的一边

1873 年,复活节过后的第一个礼拜天,一位新任副牧师来到沃平,将在伦敦码头区的"圣彼得宣道教堂"任职。他就是时年 26 岁的林肯·斯坦诺普·温赖特①,出身于古老的军人世家(父亲曾任中将威洛比·科顿爵士的副官),先后在马尔伯勒公学和牛津大学瓦德汉学院接受教育。他将在这个贫民窟教区度过余生的 56 年。他从未休过假,而且从此以后几乎从未在沃平以外的地方过夜。他的生活与他出生的安逸舒适环境相比可谓艰苦异常。居室里没有地毯,睡觉时身下只铺一张草垫。他常说,"一个人如果不亲自品尝贫苦的滋味,就不会理解贫穷。"

温赖特所在教区的牧师查尔斯·洛德②强调这里的教区居民有多么贫穷:

> 小商贩、水果贩、码头附近干活的人、驳船工、船工、卸煤工、码头工、造船工、修船工等等云集于此,他们当中更穷的人,在冬天或东风致使英吉利海峡航运中断时,一连几周,有时几个月都无活可干,没法养家糊口;他们的衣物、家具和被褥都当掉了,只能躺在光板床或地板上睡觉,只有挤在一个封闭的不通风的房间里取暖。

沃平的生活如人间地狱,酒精显然是称手的麻醉剂。陪伴孩子们长大的是醉醺醺的爹娘,"已深陷罪恶的兄弟姐妹和街上游荡的比他们稍大一点的扒手和妓女"。教区里的酒馆兼做妓院,为鹅卵石街道上满满当当的水手们——希腊人、马来人、印度水手、荷兰人、葡萄牙人、西班牙人、法国人和奥地利人——服务,"为了抢女伴,外国水手和英国水手打架斗殴可谓司空见惯。"

---

① 林肯·斯坦诺普·温赖特(Lincoln Stanhope Wainwright,1847—1929),英国牧师。
② 查尔斯·洛德(Charles Lowder,1820—1880),英国国教牧师。

　　凡是到过伦敦城里这个充满异国情调之所的人都会对下述事实印象深刻,这片肮脏、邪恶、贫穷的巴掌之地,却"包含着伦敦财富和商业的一个主要来源地,以及最奇特的景观之一——伦敦码头。船坞开阔,可以看到世界上最大的巨轮;巨大的仓库里存放着来自世界各地的奇珍异宝——羊毛、棉花、茶叶、咖啡、烟草、兽皮和象牙;绵延数英里的地窖中堆满葡萄酒和烈酒;雇员成千上万——小职员、关务员、工匠、劳工、驳船夫和水手——使码头成为一个自足的世界,一个国际化聚集地和商业中心"。

　　温赖特作为洛德的副牧师来到这里,被领进了圣彼得教堂,"我固然熟谙仪礼,但这里的宗教仪式却超乎我的想象。"第一代牛津运动或高教会派复兴运动(纽曼、皮由兹和基布尔)主要关注教义,其大部分内容,比如不可能削减爱尔兰的英国国教主教辖区的数量,因为英国国教是唯一真正的教会,如今都显得令人费解。从外表上看,这些运动的元老们主持礼拜仪式时似乎与低教会派或广教会派的牧师没有不同。然而,下一代高教会派神职人员却逐渐采用了后来所谓的"崇礼派"习俗。他们并非站在圣餐桌的北端,而是面朝东方,象征着圣餐仪式是基督在(新)耶路撒冷举行的宴会。他们在圣餐桌上点亮蜡烛。有些人在白色法衣外面搭上彩色的披肩。其他人则穿着全套圣餐法衣。其实,关于英国国教的神职人员是否可以遵循这些习俗,一直是有争议的,这取决于你如何理解《公祷书》里的规则。

　　有些人坚持认为,准确地讲,早在爱德华六世统治时期,法衣、熏香、祭坛灯和其他精心制作的仪式祭物已开始使用。不可否认的是,这些仪式在维多利亚女王统治中期已流行开来。塞缪尔·威尔伯福斯访问曼彻斯特时,有人告诉他该城市的普通教徒对仪式情有独钟。威尔伯福斯说,"我相信,在英国人心中,这是向更高层次仪式迈进的　步。"举行这些仪式的教堂往往坐落在较贫穷的教区。神职人员举行的仪式营造出的香火弥漫、烛光摇曳的氛围,给一无所有的人们的生活平添了色彩、神秘和灵动感。但更重要的是,像洛德、温赖特和霍本区圣奥尔本斯教堂的亚历山大·赫里奥特·麦肯诺奇[1]等

---

① 亚历山大·赫里奥特·麦肯诺奇(Alexander Heriot Mackonochie,1825—1887),英国国教宣道会牧师。

牧师显然早有心理准备,决意承受贫困,为改善穷人的生活而战。他们接受了弗·丹·莫里斯的"普世信仰",认为为了敬拜化身为人且化身为穷人的耶稣基督,教会不仅有必要在布道坛上宣扬正统教义,而且有必要介入资本主义的社会现实,深入到苦难最深、最受压迫的人(城市贫民)的生活当中。

毫无疑问,正是这一努力,加上反天主教的固有偏见,使"崇礼派"令维多利亚时代的人深感不安。早在 1850 年代,在皮姆利科的圣巴纳巴斯,暴徒冲入教堂,抗议所谓的天主教勾当,阵阵嘘声响彻侧廊,暴徒在圣坛门口咆哮。当布莱恩·金①把崇礼仪式引入伦敦码头教区(东方圣乔治教区)时,也发生过类似骚乱,圣彼得教堂作为"宣道教堂"在沃平成立时也是如此。礼拜仪式往往被打断,"咒骂声、嘘声和笑声响成一片,同样的不绝于耳的抱怨声、嚎叫声,同样的跺脚声和摔门声,同样的推搡神职人员和暴打无助的唱诗班男童的恶行,同样的大逆不道的亵渎行为,同样的对神不敬的恶语,同样的懦夫之举,同样的暴行。"

托马斯·休斯和斯坦利主任牧师②虽说并非"崇礼派",却出面劝说过伦敦主教,不管这些仪式看起来多么"不合法",也不要与暴徒们同流合污,而应当支持手下的神职人员。(不管怎么说,许多卷入暴乱的伦敦码头区的人并非受新教狂热的驱使:他们有些其实是爱尔兰罗马天主教徒,他们愤怒的原因是认为"崇礼派"的所作所为是对真正天主教典仪的粗劣模仿;另一些人则是皮条客、酒馆老板和妓女,他们担心如果基督教如果来真的,会彻底毁了自己的生意。)

你也许会觉得,英国国教神职人员正试图以一种富有想象力的、无私的方式参与穷人的生活,对于这种做法,即便那些认为"熏香加铃铛"③很诡异的人也该表示支持才对。确实,拉格比公学毕业生、自由党人阿奇博尔德·坎贝尔·泰特担任伦敦主教时,便倾向于与"崇礼派"达成和解。他渴望把基督教带给穷人——正是他的坚持才使威斯敏斯特教堂的礼拜仪式向公众免费开放。泰特兴建了不少教堂。他在公共汽车停车场、考文特花园市场和贫民

---

① 布莱恩·金(Bryan King,1811—1895),英国牧师,早期崇礼派领导人。
② 参见本书第 18 章对此二位人物的介绍。
③ 对英国国教高教会派的戏称。

子弟学校传教。假如"崇礼派"愿意收敛一点夸张的礼拜仪式做法，泰特会乐于认同"崇礼派"牧师的虔诚的。泰特偕夫人探访1866年霍乱疫情的幸存者，并在伦敦码头区新近成为祝圣教堂的圣彼得教堂布道时，900位信众赶来聆听。在迪斯雷利短暂的首相任期内（1868年），泰特接替朗利成为坎特伯雷大主教，不过，当迪斯雷利在1874年再度担任首相时，泰特发现自己虽名为大主教，如今把持议会的却是一小撮犹太教徒和无神论者以及许多不信英国国教的家伙，他们把《公众敬拜管理法》写入了法典，明令禁止某些宗教仪式（譬如往圣餐杯中的葡萄酒里兑水，穿圣餐服等）。一些新教徒担心这些仪式过分强调英国国教的天主教特质，会为罗马天主教的进入提供方便。

与格莱斯顿不同，迪斯雷利并不痴迷于基督教会事务：事实上，当人们讨论教会问题时，他觉得有点力不从心。"教会事务在此大行其道。把《英国圣公会圣职者名册》寄给我。我得把自己武装起来，"迪斯雷利在巴尔莫勒尔堡给他的私人秘书写信，语气中透漏出慌乱。迪斯雷利为何选择在上任后的首次议会会议上花费大部分时间提出这一法案，仍是个谜，或许他认为这是取悦君王相对容易的一步棋吧。维多利亚女王被"崇礼派"搅得心神不宁。她写信给斯坦利主任牧师，"朕认为彻底改革宗教才是我们想要的。但如果此事行不通，大主教应该由议会赋予权力来叫停所有仪式性做法、着装和鞠躬礼，以及诸如此类的一切，尤其是，叫停所有忏悔的尝试。"自不必说，女王反对的只是教会的仪式。她并不反对臣民向她本人"行鞠躬礼之类"，而她罕见地莅临议会时，倘若上议院大法官告退时没有倒退着走下王座台阶，她肯定会震惊的。

憎恨"崇礼派"的岂止君主一人。新闻媒体出版了大量小册子和布道书，谴责"崇礼派"的罗马教秘密教规、"假面舞会般的弥撒"、秘密忏悔（"此乃国内和平之大敌"），他们与"犹太教的奴役"（此话出自卡莱尔大教堂教长之口，他认为他们的祭司制度来自犹太人）的勾连；甚至有人把洛德神父、温赖特神父及其友人视为"民族独立之敌"。

其实像麦肯诺奇或洛德这样的人，他们的目的首先是把基督带到穷人那里，其次——作为对议会干涉的回应——是维护"教会的教义、权利和自由"。1874年的《公众敬拜管理法》为"崇礼派"运动催生出"一批殉道者"。五位牧

师因拒绝遵守该法案而入狱，分别是哈彻姆教堂的阿瑟·图斯（1877 年 1 月
22 日至 2 月 17 日被羁押）；1880 年 10 月 30 日至 12 月 24 日，位于伦敦金融
城福斯特巷圣万达斯特教堂的托马斯·佩勒姆·戴尔；1880 年 11 月 27 日至
1881 年 1 月 17 日，伯明翰波德斯利圣三一教堂的理查德·威廉·恩莱特；位
于曼彻斯特迈尔斯布兰町地区圣约翰大教堂的西德尼·费索恩·格林，他被
监禁的时间最长——从 1881 年 3 月 19 日到 1882 年 11 月 4 日；1887 年 5 月
5 日至 21 日，利物浦圣玛格丽特教堂的贝尔·考克斯。格莱斯顿的研究专家
马修博士评述得很有道理，"在 1860 年代，英国对工业经济干预得最少，任何
其他国家都无法与之相媲美，"然而，英国人在迫害"崇礼派"过程中却秉承了
普鲁士解决文化争端的粗暴做法。

查尔斯·洛德

对于真正了解"崇礼派"殉道英雄的人来说，如果能亲眼见
证这些英雄人物的死后荣光，这些政治观点便将烟消云散。查
尔斯·洛德是首位被信众尊称为"圣父"的在俗牧师。伦敦码头
区的人尊称他为"圣父""神父"，或干脆叫"老爹"：洛德轻而易举
就让船坞岛的教区居民们感觉他们像是一个大家庭。这些"崇
礼派"牧师的葬礼很能说明问题。1880 年 9 月，洛德因劳累过
度去世，温赖特主持了追思弥撒仪式，在布道时引用经文说"请
不要哭泣！"，包括布道者本人在内，没有人能遵守这项训令。

> 当送葬队伍离开拥挤不堪的教堂，前往"老格拉威巷"
> 的那座桥时，人人都能感受到那种奇妙的寂静。成百上千
> 的悼念者伫立在小路两侧。成群的牧师簇拥在灵柩四周，
> 尽管宗教观念千差万别，但所有人都对洛德满怀敬意和崇敬，因为他从
> 不待人刻薄，也从不对因信仰不同宗教而与我们疏远的人缺乏尊重。

司考特·霍兰德牧师[①]后来评述道，"崇礼派"运动"在贫民窟里恢复了牛
津运动在大学里丧失的东西……它披着贫穷的外衣，过着苦难和赤贫的生
活。它的锐气、它的勇气、它的彻底、它的乐观、它的忘我、它的欢笑、它的奉

---

　　① 亨利·司考特·霍兰德（Henry Scott Holland，1847—1918），牛津大学钦定神学教
授，牛津大学基督教堂牧师。

献,让人无法抗拒。它势不可挡。它赢得了胜利,尽管高层当局或狂热的新教暴徒倾其所能打压它"。

统计数据揭示了人类不为外界所动的一个令人欣慰的证据。1874年,也就是《公众敬拜管理法》颁布那年,英格兰国教教堂使用熏香的有14座,穿圣餐法衣的有30座。74座教堂里牧师在庆祝圣餐时朝东伫立,而非站在圣餐桌的北端。到1879年,不使用熏香的只少了1座,而穿圣餐法衣的有33座,庆祝圣餐时朝东伫立的已攀升到214座。

就全国而言,1882年,伦敦以外的国教教堂使用熏香的有9座,穿圣餐法衣的有336座,庆祝圣餐时朝东伫立的有1662座。到1901年,穿圣餐法衣的有2158座,约占英格兰教区教堂总数的四分之一;使用熏香的有393座,庆祝圣餐时朝东伫立的有7397座。在1874年《公众敬拜管理法》颁布前,这些习俗只是少数异国情调的贫民窟教堂秘而不宣的做法,但在一代人时间里,已成为英国国教教徒的常规做法。

当然,如果这只是一个世纪前一些去教堂做礼拜的人在审美和宗教仪式方面偏好的小事,它就不值得我们花时间来讨论。但事实远不止于此。迪斯雷利政府推行这些反"崇礼派"措施的部分原因,显然与贫民窟里几个高教会派牧师无关:事实上它是一种自我定义的姿态,是对欧洲过去5年里所发生事情的回应。没有人比格莱斯顿更清楚这一点。

作为一个天天去教堂的高教会派教徒,格莱斯顿未免对《公众敬拜管理法》感到失望,部分原因是他同情"崇礼派"信仰——尽管这并非他信仰的英国国教类型——主要原因则是他不信任该法案背后的伊拉斯谟①式思想。他成年后一直在思考教会和国家之间的关系。他在爱尔兰问题上的态度改变,以及希望把爱尔兰天主教徒从他们理应是英国国教教徒的暗示中解放出来的做法,致使他失去了爱尔兰新教优越阶级中的很多朋友,但他还是做了自认为正确的事。有些英国国教教徒(无论他们对在宗教仪式上点熏香这个相对微不足道的问题有何想法)认为,1874年的《公众敬拜管理法》是世俗权力

---

① 伊拉斯谟(Erasmus,1466—1536),尼德兰人文主义思想家和神学家,天主教徒,曾批评当时骄奢过度的罗马天主教会。

对神圣领域的干涉。他们开始讨论起不仅仅爱尔兰教会,而且整个英国教会切断与国家的联系——政教分离——的可能性了。

就在教皇宣布"教皇无谬说"的当年,达尔文出版了《人类的由来及性选择》,得出了令人谦卑的结论:"人类身体结构仍然带有其出身卑微的永不磨灭的印记。"这部著作里的某些段落,即便在 21 世纪也会令读者感到不安。西方世界核心信仰之一,即"后国家社会主义"及"诸神的黄昏",是坚信人类所有种族平等。而达尔文随口便指出北方人、西方人和白种人优于其他气候区和半球的人,这种浅陋的对比势必会让许多现代读者脸红或尴尬一笑。达尔文对统治罗马帝国的"东方蛮夷"①与在英国殖民前景面前日渐衰弱的"野蛮人"之间的差异所作的思考,有些地方令我们不寒而栗。他津津乐道着"黑白混血儿的低生活力",野蛮人"道德水平低下",缺乏认识许多美德的推理能力,"自控力弱"。达尔文接受了马尔萨斯的观念,即野蛮种族的繁殖速度低于文明种族,而且他似乎相信(虽然在《一个博物学家的航行》里,他曾对巴西奴隶主的残暴行为深恶痛绝),种族灭绝行为,如果是英国人犯下的,某种程度上讲,只是自然过程的一部分:

> 当塔斯马尼亚岛首次被殖民时,有人粗略估计,当地土著有 7 000 人,还有人估计有 2 万。不久,其人口急剧下降,主要是与英国人以及土著部族之间的战争所致。在全体殖民者实施那场著名的猎杀之后,剩下的土著居民向政府投降,他们中的 120 人在 1832 年被遣送到弗林德斯岛……文明的等级似乎是国家之间争霸成功的最重要因素。

这些只有21世纪的读者才会为之感到震惊。大多数维多利亚时代读者并不会对欧洲种族优于世界上其他地区种族的观念所困扰。丁尼生不是代表他们所有人说过"即便澳大利亚黑人临死时也梦想着变回白人"这种话吗?

令达尔文同时代的人感到不安的是,进化论有可能排除人类需要上帝这个假设。莱基②在 1863 年指出,"达尔文和公众对进化论的接受进一步推动

---

① 指东罗马帝国在 1453 年被奥斯曼帝国所灭。

② 威廉·莱基(William Lecky,1838—1903),爱尔兰历史学家、散文家、政治理论家,著作《十八世纪英国史》。

了奇迹的衰落。通过消除物种特创论,达尔文用物理定律消除了神意干扰的必要性。"这些话出自一位教会历史学家之口。我们现在应该能看出,就像维多利亚时代晚期的人们开始普遍认识到的那样,即使谈论自然"法则"(如果这暗示着在物质的背后存在任何外在力量,或精神,或宇宙的伟大设计者),也是在使用一种隐喻。事物以特定的方式发生。达尔文耐心地收集证据来说明为何他坚信进化是通过性的选择来实现的,并未为之展开滔滔不绝的论辩或发出鼓吹的噪声。他语气沉静而富于理性,缓慢而温和地得出结论,而且为它的形而上学含义感到悲伤。他的门徒赫胥黎和其他人可以用"高音喇叭"大声喊出这些含义,达尔文却不行。如果那样,会使他成为一个破坏传统有神论的、更加致命的声音。

不管他为上帝做了什么或没做什么,达尔文无疑揭开了人类的老底。在这个有人劝说基督教世界的大部分人相信他本人"绝对无谬"的年代,来自《人类的由来及性选择》第一部第七章"黑猩猩、猩猩和人类之间具有惊人的相似之处,甚至在大脑半球的脑回和脑沟的排列细节上都是如此"的这样一段提醒,无疑具有匡正作用。

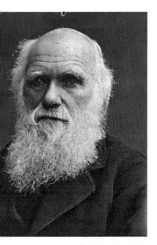

查尔斯·达尔文

距离托马斯·亨利·赫胥黎和塞缪尔·威尔伯福斯在牛津大学的英国科学促进会年会上发生争吵,又过去了十年,争论本身已成往事了。而被后世不公正评价的威尔伯福斯于1869年离开牛津大学,当上了温彻斯特大教堂主教。他在那里也没待多久。1873年7月,在阿宾杰乡村郊区的萨里郡唐斯丘陵与格兰维尔勋爵一起骑马时,时年67岁的威尔伯福斯跌落马下,当场去世。

赫胥黎这位"大战宗教风车"的唯物主义的堂吉诃德,将在接下来20年里继续发动一场运动来推广进化论思想。他认为,如果威尔伯福斯这种人掌管英国国教大权,那么"作为评判善恶的伟大而有力工具的英国国教,将被科学进步的浪潮击为齑粉"。

然而,人性比赫胥黎设想的要复杂得多。许多基督徒接受了达尔文进化论或其他版本的进化论。也许在达尔文之后的几十年里,神学家会更倾向于强调上帝在造物中的存在,而不是他在造物起源中的作用,然而善男信女们仍然继续去教堂。非国教主义极度依赖《圣经》的字面阐释，如果它的追随者当中有更多人像赫伯特·斯宾塞、乔治·艾略特或埃德蒙·戈斯①，它可能会更容易遭到怀疑主义的攻击。然而，1874 年至 1875 年访问英国的美国福音传教士德怀特·莱曼·穆迪或艾拉·大卫·桑基，在他们众多的听众中，不大可能找到多少挑灯夜读费尔巴哈或达尔文著作的人。他们的集会风格与我们今天所见的美国宗教复兴运动者的集会相似。当穆迪和桑基在爱丁堡举行露天传教集会时，一位记者记录道，"但见一幕令人印象深刻的景象：许多人紧紧抓住凸出的岩石或坐在上面，传教士身后的岩石缝里也挤满了听众，这让人想起了那个男男女女向岩石呼求，祈求岩石落在身上遮蔽他们，以躲避安坐宝座上的万能者的面孔和'羔羊'的忿怒的年代。"

毫无疑问，威廉·布斯（1829—1912）的活动也遭到了同样的嘲讽，他本是英国国教的门外汉，后来成为卫理公会的世俗布道者，然后采用了"音乐军队"的制服和风格，人称"救世军"。"救世军"实际上属于众多试图改善维多利亚时代穷人命运的运动中的一种（这些有价值的努力既有宗教的，也有世俗的）。不过总的来说，没有证据表明广大民众对人类进步计划抱有好感。时代趋势似乎在于改善他们的住房条件，他们的工作条件，他们的下水道，倘若有必要的话，还有他们的医生，但是千万不要试图坚持这个不怎么迷人的愿望：改善穷人本身。这无疑是古往今来的自由派和保守派的区别所在，也解释了，在某些地区尚有如此多不公、贫困的时代，选民们每每依然会去投票支持保守党政府的原因。

此外还有一点值得注意：身为保守党领袖的迪斯雷利，有着完美的魅力、机智和灵活。而且他绝不是金玉其外败絮其中之辈。例如，就当时的宗教问题而言，迪斯雷利与格莱斯顿一样热衷于维护正统信仰，并不希望被人看到像法利赛人一样在市场上祈祷。尽管他曾打趣地说过，"我就是《旧约》和《新约》之间的那个空白页，"但事实上，就宗教仪式而言，他是一个朴素的英国国教徒。至于信仰——当他在 1863 年向牛津大学师生发表演讲时，后者正为人

---

① 埃德蒙·戈斯（Edmund Gosse, 1849—1928），英国诗人、作家、文学史家、文学评论家。

性是接近猿类还是天使的难题而苦恼——他一锤定音地表示，"主啊，我是站在天使的一边的。"与格莱斯顿的啰唆和一本正经（格莱斯顿希望对世界和他本人都表现这种严肃态度）形成强烈对比的是迪斯雷利的机智妙语，这在1870年代政治生活中开辟出一条迷人的鸿沟。如果说格莱斯顿的第一届政府是第一个真正意义上的自由党政府，那么迪斯雷利1874年的第二届政府则是现代意义上的第一个明确的保守党政府。选民们不仅仅是在两个（新形成的政治机器）大联盟之间，也不是单独在英国政治史上的两大巨人之间，而且可以说是在两种对生活本身的不同看法之间进行选择。

要细品两人之间的精神距离，只需把视线从格莱斯顿关于爱尔兰问题的演讲（收录在《英国议会议事录》里）或关于"崇礼派"和梵蒂冈颁布法令的小册子上移开，改读一读迪斯雷利的小说《罗退尔》（1870）。无论写作还是讲话，格莱斯顿就像一位疯狂牧师：认真，易动情，啰唆起来没完没了。迪斯雷利的小说牵涉的方面和格莱斯顿的作品差不多。《罗退尔》的主题是现代天主教的掠夺性，次要情节涉及意大利激进民族主义者和芬尼亚社社员。小说背景是格莱斯顿和迪斯雷利都熟知的伦敦豪华餐桌旁和乡间别墅里。就像最出色的讽刺作品一样，《罗退尔》充满活力，以嘲讽对象为乐。在1868年短暂的首相任期内，迪斯雷利曾试图在爱尔兰建立一所天主教大学。曼宁大主教一开始支持这项计划，接着又撤出，转而支持老友格莱斯顿。迪斯雷利的爱尔兰政策遭受了重创，这也是他当年大选失败的关键原因。于是这位性格孤僻的65岁首相坐下来写了这部他作品中风格最欢快、结构最出色的小说，这也是他时隔25年后重新提笔创作的小说（到出版时为止）。小说讽刺的对象主要是红衣主教格兰迪森。面色憔悴（晚餐后他从不进食或到高门宅邸做客）、爱管闲事、世故、狂热的格兰迪森主教是一个真正有诱惑力的人物。他的原型无疑便是曼宁。迪斯雷利对天主教神职人员的衣着和仪式模棱两可的理解或许会遭到痴迷于教会之人的耻笑，但作为夸张可笑的奇幻之作，《罗退尔》本身就特别有趣，而且很明显也成了罗纳德·费尔班克①的大部分作品

---

① 罗纳德·费尔班克（Ronald Firbank，1886—1926），英国作家，富于创新精神，曾公开其同性恋身份。

和伊夫林·沃①的《故园风雨后》的灵感来源。

《罗退尔》的观点与格莱斯顿抨击"教皇至上论"小册子里的差不多。一开始，年轻的贵族主人公罗退尔差点被古老天主教的家庭氛围和像诺尔村（小说里的"沃克斯"）那样的小教堂里吟唱的美妙神秘天主教"熄灯礼拜"所引诱。后来，在加入加里波第②的意大利军队并经历了一系列不可思议的冒险后，他逃脱了红衣主教和宗教狂阿伦德尔小姐③的圈套，娶了可爱的新教徒科丽桑德夫人④。最后，只剩下红衣主教去参加"我的干巴巴的烤面包宴了"。

迪斯雷利的小说令他那些更自命不凡的议会同僚颇为不安，他们认为有雄心壮志的前首相本该是个乏味无趣之人。不过，《罗退尔》卖得很好。到1874年迪斯雷利再度拜相时，他靠这部小说赚了1.6万英镑。

《罗退尔》受追捧的一个原因在于它显然是一部有所影射的小说。圣杰罗姆勋爵夫妇的原型是格洛索普的霍华德勋爵夫妇，凯茨比大主教阁下象征着"社会"牧师卡佩尔，主教代表索比·萨姆·威尔伯福斯，公爵显然代表阿伯康公爵。罗退尔本人是第三代布特侯爵（1847—1900）的清晰写照，后者确实曾受到罗马教会诱惑，将相对短促的一生投入了"教会唯美主义"之乐。他把《罗马日课经》译成英文，并委托威廉·伯吉斯重建了加的夫城堡和科奇城堡。他非常富有，翻新和改造了许多教堂。

詹姆斯·安东尼·弗劳德说得没错：

> 未来学英国史的学生，想知道维多利亚女王时代的英国贵族是什么德行，不妨像读贺拉斯和尤维纳利斯作品一样，去读读《罗退尔》。迪斯雷利写这本书时，英国罗马天主教尚处于壮美的巅峰期。这帮不劳而获的天主教徒原本收入颇丰，再赶上那个时代的工业产能提高了，其收益也翻番了。他们广受大众尊崇，一部分原因是对等级地位的庸俗献媚，

---

① 伊夫林·沃(Evelyn Waugh, 1903—1966)，英国作家，被誉为"英语文学史上最具摧毁力和最有成果"的讽刺小说家之一。

② 朱塞佩·加里波第(Giuseppe Garibaldi, 1807—1882)，意大利解放运动领袖，军事家，献身于意大利统一运动。

③ 阿伦德尔小姐在小说中是罗马天主教的象征。

④ 科丽桑德夫人在小说中是英国国教的象征。

一部分原因是对他们的圣秩的尊崇传统,这种尊崇尚无衰减迹象。尽管懒惰和谄媚使其堕落,他们仍然保留了出身高贵者的诸多特征。甚至卡莱尔也认为他们是现存的古代英国人的典范。但随着收入的翻增,他们越发放纵自我了。

金钱使怪人在维多利亚时代上流社会中以惊人规模蓬勃发展。他们当中有像第4代艾尔斯伯利侯爵这样的"人渣贵族",他有一件箱式斗篷厚大衣,纽扣由半克朗银币制成,操一口押韵俚语,与一帮赌徒和女戏子厮混在一起,输光了17.5万英镑;还有像第2代卡林顿男爵罗伯特(1796—1868)这样的声名更显赫的家伙,他拥有白金汉郡威科姆修道院和莫尔索附近的蒂克福德公园,是白金汉郡郡长兼王家学会会员,也是死后留下7万英镑遗产的有进取心的地主。他在俱乐部有个诨名"玻璃屁股的卡林顿",因为他坚信"他身上的某个尊贵部位是玻璃做的,所以不敢坐在上面,而是往往站着履行其立法和司法职责"。第2代白金汉公爵的私生子格伦维尔·默里①在这位不幸的贵族去世后的第二年把这件隐私捅了出去,弄得世人皆知,并因此在保守党俱乐部台阶上招来了卡林顿儿子一顿马鞭子抽。

> 在平安无事的一生里,但凡能站着或躺着,他绝不坐着……甚至平躺着,也采取了好多防护措施;晚上睡觉时,总是小心翼翼俯卧着,如此一来,臀部就能朝上了。而后,他便坚信,臀部若是只盖一点薄薄的东西,就不会开裂或受伤了。走在外面,每每听到身后有脚步声响起,他总是紧张得要死。

卡林顿特别讨厌白金汉郡的两处乡间宅邸,于是在附近的盖赫斯特村租下一块地,租期20年;在那里,他委托威廉·伯吉斯以最华美的哥特式风格建造了厨房、酿酒坊、狗窝,当然还有厕所。

第1代达德利伯爵,即"'黑乡'的洛伦佐"②,用两种声音——一种尖声,一种低音——自言自语了一辈子,1833年死于精神崩溃。1847年,沃德勋爵

---

① 格伦维尔·默里(Grenville Murray,1824—1881),英国记者。
② 洛伦佐·德·美第奇(Lorenzo de'Medici,1449—1492),意大利政治家、外交家、艺术家,文艺复兴时期佛罗伦萨实际统治者;"黑乡"指英格兰的密集工业区。

接管了达德利位于公园巷 100 号的市内宅邸,增建了一座巨大的路易十六风格、镶满镀金的宴会厅,还增加了许多富丽堂皇的客厅。

当时伦敦恢宏壮美的豪宅,即使从照片上看,也能让人感受到其规模之大。建成于 1854 年的布里奇沃特府邸大厅、画廊和国家会客厅的设计灵感均来自罗马的布拉斯齐宫。教皇或皇帝们没准都会觉得这些房间过于浮华招摇了:它们的主人是一位格洛斯特郡籍籍无名的乡绅,名叫罗伯特·斯泰纳·赫尔福德,依靠新河公司股份赚了一大笔钱。罗斯柴尔德家族、贝特家族(到 19 世纪末)或德文郡公爵家族的宅邸富丽堂皇,令人难以置信。狄更斯在《小杜丽》里塑造莫多尔先生时,并无夸张之处。在维多利亚时代的上流社会中,拜金主义成风,地位越显赫,就越应炫富。伊斯特莱克夫人于 1850 年在德文郡公爵豪宅所经历的一切,在维多利亚女王统治时期的任何一年,都可以在伦敦的许多宫殿里复现:

> 皮卡迪利大街上马车云集——库茨小姐家和兰斯顿勋爵家的门前也有不少马车……因为下着雨,所以我们把车停在一个巨大的门廊下,好几百仆人聚集在那里。随后,我们走入一个非常宽阔的大厅,柱子成对立在两旁,看上去就像整座大厦的地下室。这个大厅通向宏伟的楼梯,楼梯两侧空间宽绰,摆得下台球桌、雕像之类东西。只消瞥一眼,那种无与伦比的宏伟堂皇之势便可尽收眼底——阿盖尔公爵等人在打台球,一群人或围坐或在球台四周闲逛——众人俯身在楼梯上,从上面的楼梯平台往下看:楼梯本身富丽堂皇,浅而宽阔的台阶由质地最纯的白色大理石铺成,墙上镶着华丽的水晶栏杆;墙上的一些煤气灯投射出一片强烈而柔和的光,周遭的每件东西、每个人都笼罩在光明里。所有套房都堪比人间仙境,大理石铺地,配有金边大镜,名画满墙,摆满鲜花;天竺葵和玫瑰花坊的四周设有睡椅,茶碟里摆放着芬芳四溢的奇珍异果,花束数不胜数,层层叠叠的红白相间的山茶花宛如华丽的金字塔,两个茶点间摆满了时令美食和四季佳肴,一群技艺精湛的乐手演奏着激情四溢的乐曲,欢乐的人群喊喊喳喳地交谈着,秩序井然地在平滑的木地板上往来游走,毫无摩肩接踵的拥挤之象。看起来,[第 6 代德文郡]公爵作

为这座豪华至极的大厦的主人再合适不过了；他身材高大，相貌高贵，长着一张委拉斯凯兹①画作里西班牙君王般的面孔。

对于 21 世纪的敏感人士来说，也许很难理解，在一个贫困交加、疾病肆虐的首都，竟有如此炫富的做法，同时居然并没有满腹嫉恨的民众揭竿造反的迹象。为什么没有"伦敦公社"社员，没有社会主义暴徒冲上皮卡迪利大街，或者冲入新建的贝尔格雷夫广场，去袭击那些正走下马车、踏上灯火辉煌的大理石楼梯的富人？个中原因可能有很多。

其中一个原因是，在维多利亚时代的英国，富人和穷人分区居住，彼此隔离之甚超乎想象。穷人根本不准许踏入皮卡迪利大街。甚至资产阶级占据的街道和广场也是大门紧闭，铁将军把门，无产阶级休想进入。富人阶级有警察保护，有武装防身。洛德神父和温赖特神父的教区居民却绝无这些设施。

还有一个原因就是人口增长。在不断扩大的工业化人口中，在工人阶级或中下层阶级当中，有雄心壮志的人多于意志消沉的人，更多人渴望时来运转，更多的人通过攒钱、交上好运或个人奋斗，比邻居多赚了一点钱。与 20 世纪美国一样，大多数 19 世纪英国民众认为，赚钱并非勉为其难的苦差事，应当投入热情。堆满山茶花和糖果的伦敦豪宅大厦绝不只是古老地主家族的游乐场，倘若如此，近代宪章派分子或英国无裤党徒们②或许早就捣毁他们华丽的扶手栏杆了。令古老上流社会的势利者们厌恶的暴发户，对新兴资产阶级们而言，象征着凭借一点运气或努力工作就可以达到的目标。英国的阶级制度始终是不断变化的，不管靠运气还是靠金钱或者手段，任何人都有可能挤进高层。19 世纪不仅是对像查茨沃斯庄园之类的古老乡村别墅进行翻新的伟大时代，也是令人惊叹的新建筑拔地而起的时代，其中许多都是暴发户用赚取的新金元建造的。

纽卡斯尔的富商之子威廉·阿姆斯特朗爵士（1810—1900）于 1850 年担任该市市长。克里米亚战争暴露出英国火炮能力的不足，令英国人蒙羞，在制造高效火炮方面，英国还有上升空间，以与普鲁士人一较高下，这个壮举便

---

① 委拉斯凯兹（Velasquez，1599—1660），17 世纪巴洛克时期西班牙画家。
② 法国大革命中人们对普通民众的称呼。

是阿姆斯特朗完成的。他造出的火炮并非前膛炮而是后膛炮,发射椭圆形炮弹而非球形炮弹,炮管配有膛线而非滑膛炮管;该火炮采用成卷的带钢和焊接钢而非铸铁。他 1900 年去世时(此前已晋封阿姆斯特朗勋爵),他的埃尔斯维克兵工厂与德国的克虏伯兵工厂已是难分高下,都属于世界最大兵工厂了。

1869 年至 1884 年,阿姆斯特朗雇佣诺曼·肖为他建造了峭壁山庄,这是一座具有新都铎风格的巨大乡村别墅,也是首座使用电力照明的私人豪宅。中国和日本的军阀、暹罗王、波斯国王以及阿富汗王储都来到过峭壁山庄,欣赏这拥有 1 729 英亩绿植浓郁的土地、繁茂的杜鹃花树、700 万株各类树木的超凡豪宅,该豪宅采用水力发电,用电能让无数房间灯火通明,转动厨房的烤叉,驱动中央供暖系统,敲响就餐的铜锣。所有房间都通了电话。外国统治者造访此地主要不是为了一睹诺曼·肖设计的半木结构山墙、中世纪风格壁炉或镶板台球室的风采,而是因为此处环境妙不可言,能营造绝佳的谈判氛围,以便从这位温文尔雅的百万富翁手里购买致命自动武器。或许,在所有 19 世纪宫殿中,峭壁山庄最能体现维多利亚时代资本主义的悖论:诺曼·肖的建筑美学灵感采自罗斯金和莫里斯,反过来又为工艺美术运动提灯照路,但它却是用征服世界的金元和独具匠心的自动化杀人能力买来的。

旧富和新富帮助英国维系着整体富裕。这便是当时的理念。这一理念也支撑着维多利亚时代晚期的政治思想,使之演变为两党之间的较量,而非财阀和"平均主义者"(用格莱斯顿戏谑的话讲)之间的较量;这两个党派在外交政策、爱尔兰政策,甚至某些国内治理方面可能存在分歧,但在维护财阀和贵族的统治权力和财富积累基本不受干扰方面,它们却是意愿相当、团结一致的。

第25章　比肯斯菲尔德伯爵政治生涯的落幕

英国已适应了被所谓的贵族共识或贵族解决方案所统治,因此,它花了很多年时间,才在集体政治想象中迎来了所谓的民主。事实上,我们仍旧有理由怀疑英国人是否真有过什么民主的热情,如果这民主指的是《权利法案》、民选的司法机构或选举产生的国家元首之类东西。首相、内阁和公务员直到今天也无非只是在名义上参照投票箱结果来治理英国而已。如今除了少数狂热的顽固分子外,所有人对以收入或性别为由将部分成年人排除出选举的做法都深恶痛绝。但是,被赋予选择政府权力的选民其实很少对修改宪法、议会两院的分权方式或内阁的构成(实际决策的政治机构)表现出什么热情。

直到最近,英国世袭贵族仍然理所当然地坐在上议院里:就在本书撰写之际,仍有一部分人这样做着。他们的权利和特权之所以被剥夺,并非某种民粹运动的结果,而是因为有现代头脑的政客,不管出于什么原因,觉得这种特定制度该寿终正寝了。尽管如此,无论上议院在我们这个时代或未来发生什么变化,我们都可以说,从迪斯雷利时代到约翰·梅杰和托尼·布莱尔担任首相期间,英国的统治方式基本照旧。选民范围扩大了,但选举方式大体上与以前毫无差别。此后,议员们不再宣称自己代表某一政治派别,而是代表某一地区——这些议员不再被介绍为"工党党员"或"刚刚发过言的保守党党员",而是"尊敬的斯肯索普市议员先生"——就像爱德华三世①统治以来的任何时期都有可能发生的一样。内阁和政府仍被称为"行政当局",其职责主

---

① 爱德华三世(Edward III,1312—1377),金雀花王朝第七位英格兰国王,1327—1377年在位。

要是代表君主管理政府事务。

从这个意义上说,英国基本保留了贵族政体(或者说它是寡头政体可能更准确),尽管首相和他或她的内阁成员并非来自社会上的地主阶层。与世界其他地区(或者与如今联合王国里的那个特殊地区,北爱尔兰)不同,英格兰政党并不代表某一社会阶层或单一利益。在英国历史上,只有极少数情况下——最明显的例子是 1926 年英国大罢工期间①——民众才会按照不同阶级有所划分。

这些成就在多大程度上是 1870 年代的政治家们所取得的,这个问题必须交给历史学家和政治分析人士裁定。1867 年的《改革法案》产生了很多悖论。不仅被法案赋予了选举权的工人阶级中,颇有一些是自发的托利党人,而且相当矛盾地,许多在 1868 年投票支持格莱斯顿并助其当上首相的人本是真心的自由党人,但是他们对工人阶级的崛起感到震惊,转而认为保守党才是对抗共产主义的更安全堡垒。因此,托利党得以吸引工人阶级、城郊小资产阶级和旧贵族成员,后者自《谷物法》废除后到 1874 年之间,原本一直倾向于避免参与政治。左派(如果你可以如此称呼自由党中的激进派的话)则会发现自己与老辉格党、皮尔派保守党党徒以及那些被格莱斯顿的"能量"中较温和的一面所吸引的人结成了相当广泛的联盟。

不过,格莱斯顿认定自己在 1874 年大选中落败了。他以自由党领袖身份退隐后,转而支持哈廷顿侯爵②。迪斯雷利最终毫不含糊地爬到了"油滑竿"的顶端。他花了一生时间往上爬,到头来成了自 1841 年以来第一个保守党多数派政府的领导人,而且保守党占据的是绝大多数:算上下议院新成立的爱尔兰自治党,保守党的实际议席为 48 个。

1878 年《威尔登圣诞年刊》刊载的一篇题为《迪齐③-本-迪齐》的讽刺文中,迪斯雷利赢得了东方君主的诨名。大选过后,

　　"本"成了这个国家的唯一统治者。

---

　　① 英国工人阶级为支援煤矿工人在 1926 年举行的第一次全国总罢工。
　　② 斯宾塞·卡文迪许(Spencer Cavendish,1833—1908),第 8 代德文郡公爵,1858 至 1891 年间,被称为哈廷顿侯爵;原属自由党,后建立新自由联合主义党,并任领袖。
　　③ 迪斯雷利的昵称。

与手下的维齐尔①"萨利斯"(即第 3 代索尔兹伯里侯爵)一道,他俩几乎可以为所欲为了。另一出自某一"政客"之手的讽刺文则设想着前保守党首相第 14 代德比伯爵②从坟里爬出来,来到迪斯雷利在休恩登庄园的藏书室拜会了他。与《威尔登圣诞年刊》上的讽刺文一样,它说的是迪齐首相任期接近尾声时的事。德比丝毫不留情面,指责迪斯雷利推动出台了 1867 年《改革法案》,完全抛弃了老托利党的贵族价值观,此外,由于迪斯雷利在 1874 年至 1880 年政府中推行的好战外交政策,德比还抨击了他的国际犬儒主义带来的血腥后果。

关于第一点,"德比的魂灵"高傲地宣布,"我认为保守党应当对教会和国家的光荣宪法怀有特别的崇敬。"对外交政策(德比的儿子③在迪斯雷利第二任内阁的头四年担任外交大臣,之后由索尔兹伯里接任),"德比的魂灵"的斥责更为严厉:

> 你端坐在安逸的官邸,毕生雄心壮志几近已酬,却对这片国土上成千上万的家庭正在发生的事情一无所知。我隐身飞越了一家又一户。我闪电般飞越了一城又一城,一地又一地。我光顾过俄土两军殊死搏杀的战地,那里,成千上万的儿子、丈夫和父亲正化为尘埃。正是你优柔寡断的政策造就了这一切……

"德比的魂灵"指责迪斯雷利见利忘义地站在残暴的、摇摇欲坠的奥斯曼帝国一边,绞杀"在东欧为自由而战的"年轻国家的合法愿望:

> 你怀揣着"科学前线"之梦,已准备好攻击阿富汗人或祖鲁人等如此弱小的半开化民族;但你啊,还有你那一切空谈……当心吧,别攻击在战场上与你势均力敌的强国。因为你在世界各地反动的小规模战争、你连连爆出的"惊人之举"和你火药味十足的"雄心勃勃的外交政策",你毁掉

---

① 维齐尔,伊斯兰国家历史上对宫廷大臣或宰相的称谓,意为"帮助者""支持者""辅佐者"。

② 爱德华·史密斯-斯坦利(Edward Smith-Stanley, 1799—1869),保守党领袖,第 14 代德比伯爵,1752—1855 年间三次出任首相。

③ 爱德华·亨利·斯坦利(Edward Henry Stanley,1826—1893),第 15 代德比伯爵,英国政治家;1874—1878 年任外交大臣。

了信心，重创了贸易。人民的财产在减少，赋税却在增加。格莱斯顿留在财政部的数百万英镑被你弄哪里去了？你从日益贫困的人民身上加税赚来的数百万英镑又被你弄哪里去了？

这个魂灵现在听起来与其说是"德比的魂灵"在开口，不如说更像出自马利①的鬼魂之口，它把英国城市的贫困归咎于这位"本杰明"首相：

> 我看见孩子们泪痕未干的小脸，饿着肚子，哭着睡去。我看见坐在无火的炉栅旁瑟瑟发抖的母亲们，环顾着一贫如洗的家，看看明天一早能当点什么家什，给孩子们弄些吃食……尽管我过去和现在都是保守派，但我过去一直认为，现在仍然认为，一个政府应该捍卫的最好的东西是人民的自由、繁荣和福祉。

这种中伤之语产生了多大影响呢？明摆着，它们为 1880 年大选作了铺垫，把迪斯雷利彻底赶下了台：自由党卷土重来，以 137 票的多数击败了保守党。

迪斯雷利最杰出的传记作家及阐释者布莱克勋爵，以一贯的沉着总结了迪斯雷利在 1874 年遭遇的困境："他几乎没有想过，如果赢得大选，他的政府实际上会做些什么。"获胜四年后，有人听到"迪齐"喃喃自语道，"权力！对我而言，它来得太迟了……有些日子，一觉醒来，我觉得自己有改朝换代的伟力；但这一切都过去了。"

迪斯雷利在组建第二届内阁时已是 69 岁高龄，事实上离任一年后便离世了。在首相任职期间，他身体一直都不太好，尤其在冬天的几个月，严重的支气管病反复发作。因此难免地，他在首相任期内的作为表现为一系列突如其来、攒足劲儿的爆发，而不是一场慢条斯理的马拉松或深思熟虑的规划。说到 1874 年至 1880 年这届政府确实造成的长期影响，那就是确认了英国是"一个亚洲大国"而不是欧洲大国。这个说法是迪斯雷利以一贯的戏谑风格炮制的，却确实非常贴切。他无疑也希望英国在欧洲更具影响力，但 1870 年普鲁士大获全胜以及三皇同盟——奥匈帝国、俄罗斯帝国和德意志帝国三国皇帝缔结的联盟——建立后，英国在欧洲的地位已被边缘化了。"某位政客"的讽

---

① 狄更斯于 1843 年创作的小说《圣诞颂歌》里的吝啬鬼。

刺文里那位"德比勋爵的魂灵"所暗示的,所谓1870年代中期如果英国采取了不同政策,那么巴尔干半岛爆发危机之后,英国本该可以在一定程度上左右局势的说法究竟是否公平,还真不好说。

然而,在他的政府作出的首项重大外交决策中,迪斯雷利倒是表现出独有的决断力和雄才大略,很难想象当时还有其他政治家能以如此的魄力和作风行事。

1869年,苏伊士运河竣工通航。它把英国至印度的航行时间缩短了数周,航程缩短了数千英里。到1875年,英国占据了运河总吞吐量的五分之四。如果俄国途经阿富汗入侵印度(这种可能性始终为英国的偏执狂想象所担心,虽说未必存在于俄国外交政策中)或印度再度爆发兵变,英国可经苏伊士运河更迅捷地投送本土军队,要比绕行好望角的旧航线快得多。

1870年,格兰维尔勋爵①担任外交大臣时,英国政府有机会买下埃及总督②的苏伊士运河公司股权或收购整个公司。对于这两种可能,开凿运河并

创立了苏伊士运河公司的法国工程师斐迪南·德·雷赛布③都是很乐意与英国商讨的,但令人难以置信的是,英国却看不出这样做会捞到什么好处。1875年,埃及总督伊斯梅尔④再度陷入债务危机,准备抛售176 602股普通股票(苏伊士运河公司的普通股总数为40万股)。金融家亨利·奥本海默告诉《蓓尔美街报》的编辑弗雷德里克·格林伍德,埃及总督正在与两家法国公司谈判。格林伍德将此消息告知外交大臣(年轻的第15代德比伯爵),但后者对这次收购毫无兴趣。

此时,迪斯雷利亲自出马干预。内阁反对他,但他否决了他们的意见。毫无疑问,他与罗斯柴尔德家族的友谊帮了大忙。

本杰明·迪斯雷利

① 格兰维尔·莱韦森-高尔(Granville Leveson-Gower,1815—1891),自由党政治家,1870—1874年任外交大臣。

② 奥斯曼帝国统治下的埃及最高长官。

③ 斐迪南·德·雷赛布(Ferdinand de Lesseps,1805—1894),法国外交家,苏伊士运河开发商。

④ 伊斯梅尔(Ismail,1830—1895),穆罕默德·阿里王朝第五位统治者阿里之孙,于1863年成为埃及总督,1879年被英国废黜;在位时致力于使埃及现代化,让国家负债累累。

迪斯雷利的私人秘书蒙蒂·科里①到位于林肯因河广场新场的罗斯柴尔德勋爵（莱昂内尔）②的办公室拜访了这位银行家，后者向英国政府预付了 400 万英镑。莱昂内尔收取 2.5％的佣金，这笔交易为他的公司赚了 10 万英镑。当时，"内幕交易"尚不构成犯罪。亨利·奥本海默及其辛迪加财团"成为从这笔交易中获利最丰厚的投机商"，抢在政府的收购被公之于众之前就购买了股票。不过，罗斯柴尔德家族自己并未利用内部消息在股票交易所进行投机。如前所述，下议院议员纳蒂·罗斯柴尔德③也没有从所在银行家族谈判达成的交易中直接获利。

该款项以如下方式支付：财政大臣斯塔福德·诺斯科特爵士④通过了一项《国库债券法案》，从邮政储蓄银行筹集了 408 万英镑，利率为 3.5％，并将所得税提高到每英镑 4 便士——正如罗斯柴尔德家族一位后来的成员所说，该税率达到了"刑罚"级别。不过，这却是英国政府有史以来做过的最划算的一次投资，从纯粹财务角度看，可谓获益丰厚。这些股票的购入价为每股 22 英镑 10 先令 4 便士，到 1876 年 1 月，已涨到 34 英镑 12 先令 6 便士。到 1935 年 3 月 31 日，每股股价高达约 528 英镑。

然而，比股票的票面价值更重要的是，迪斯雷利确保英国控制了运河公司，这一结果有着重大的象征意义。就像上议院大法官卡恩斯⑤对迪斯雷利说的，"运河和印度如今是一回事了；现在，对我们来说，根本就没有单单是印度的事了。印度就像一大堆乱密码，而运河使这些密码变得有价值。"运河成了大英帝国统治世界的象征。1956 年，纳赛尔上校⑥宣布运河收归国有的做法，也正好可以视为大英帝国统治世界的终结的恰如其分的象征。英国无力

---

① 蒙塔古·科里（Montagu Corry，1838—1903），英国慈善家、公务员，1866—1881 年任迪斯雷利私人秘书。

② 莱昂内尔·罗斯柴尔德（Lionel Rothschild，1808—1879），英国犹太裔银行家、政治家、慈善家，罗斯柴尔德银行家族成员。

③ 纳撒尼尔·罗斯柴尔德（Nathaniel Rothschild，1840—1915），英国自由党议员。

④ 斯塔福德·诺斯科特（Stafford Northcote，1818—1887），英国保守党政治家。

⑤ 休·卡恩斯（Hugh Cairns，1819—1885），爱尔兰裔英国政治家，曾在迪斯雷利前两任内阁中任英国大法官。

⑥ 迦玛尔·纳赛尔（Gamal Nasser，1918—1970），埃及共和国第二任总统；起初是陆军中校，支持成立自由军官组织，并担任领导人。

收回它的事实,明确表明了大英帝国国际权力和地位的下降。自 1948 年印度独立和大英帝国逐渐解体以来,收回运河已变得毫无意义了。然而,迪斯雷利的收购行动却是英国的政治权力可以以其海外统治来界定的时期的开始——它也许一直延续到了第二次世界大战。

迪斯雷利一改首相与君主使用尊称交流的惯例(因为女王卖弄风情,下令准许他如此),在写给仙后(他特意给她取的昵称)的信中说,"它刚刚大功告成;您得到它了,夫人!"他在给好友布拉德福德夫人①的信中写道:

> 世界上所有的赌徒、资本家、金融家都组织起来,结成强盗团伙,一起反对我们,世界各地都有密使针对我们,可我们把他们全都弄糊涂了,还从来没有被怀疑过。前天,斐迪南·德·雷赛布——他的公司持有剩余的股份,背后有法国人撑腰,他是法国经纪人——才出了个很好的报价。要是这件事成功了,那整个苏伊士运河都会归法国人所有,他们没准会把运河关了……仙后欣喜若狂。

威廉·哈考特爵士②在《泰晤士报》上写道,"在这部神秘的情节剧里有某种亚洲元素。这就像《一千零一夜》里,熏香缭绕中,一个神秘莫测的精灵突然现身,让摸不着头脑的观众大吃一惊……"

接下来的一幕奇观,甚至无须征收所得税的痛苦之法,就把这位矮胖的小仙后变成了女皇。俾斯麦能当上亲王,普鲁士国王能称帝,维多利亚怎么就不能当女皇呢?她即使统治权无法与欧洲三皇同盟相匹敌,起码也足以对该同盟表示表示不屑。她大概成不了大不列颠的女皇,而且尽管她的统治如今已在这座星球上发现的大多数角落扎下了根,但自封为世界女皇还是过于自负了。于是,迪斯雷利甚至没有征求自由党的意见,更不用说把此事提交议会辩论,便直接在 1876 年女王的演讲中加上了一段,宣布威尔士亲王和王妃即将出访印度,顺便说一下,从现在起,女王将被称为印度女皇:维多利亚女王兼女皇。这样,在这位君主的实权比以往都小的时期,她自封了一个足

---

① 塞琳娜·韦尔德-福雷斯特(Selina Weld-Forester,1819—1894),第 3 代布拉德福德伯爵的妻子。
② 威廉·哈考特(William Harcourt,1827—1904),英国律师、记者、自由党政治家。

以让专横的前任都感觉无地自容的头衔。不过这让她很高兴,而且在英国自命为帝国的这个时期(同样它也持续到第二次世界大战期间),该头衔有助于界定她的国家的自我形象。尽管依永恒之眼看,这一辉煌时期不过电光石火而已,回顾过去,我们甚至可能会怀疑帝国之名是否真的适合英国。

如何界定帝国或帝国主义呢?过去的帝国(波斯、罗马和拜占庭帝国)往往占据着绵延不绝的大片陆地,拥有不同地域、语言和种族的群体,所有这些帝国的治理最终都是中央集权的独裁统治。显然,这种治理模式并不适合"大英帝国",因为它的国土零零碎碎遍布全球。考虑到 19 世纪的通信技术还相当原始,这个"帝国"的凝聚力之强让子孙后代倍感惊讶。与英国争夺霸权的德国、法国和比利时则不断试图将非洲和亚洲许多地区纳入它们各自的殖民范围。

这与那些旧帝国(奥匈帝国、俄罗斯帝国和奥斯曼帝国)截然不同,后者就像打盹的巨龙们一样靠得太近,自始至终不断发出表达对彼此不满的令人担忧的信号。

奥斯曼帝国的历史或版图之事不是本书要详尽剖析的,不过这个帝国的衰落——土耳其人势力的衰落——却是 19 世纪最后 25 年的主要政治现象。我们现在仍然承受着它的衰落带来的影响。对格莱斯顿和自由党人来说,反抗奥斯曼帝国是一种合法的"民族主义"抱负,这是不言自明的。他们认为,任何想要宣布从苏丹王那里"独立"出来的团体,就像爱尔兰地方自治组织一样,都应得到支持。迪斯雷利和保守党人采取了更为谨慎的做法,但他们——与俄国、德国和奥匈帝国的资深政治家和外交官一样——都自认为有责任担负起决定奥斯曼帝国未来的使命。对于俄国沙皇给土耳其扣上的"欧洲病夫"的耻辱帽子,他们都表示认同。他们认为奥斯曼帝国理应被瓦解,即使他们对民族主义(对保加利亚人、阿尔巴尼亚人、波斯尼亚人和埃及人等而言)并不抱有自由主义信念,不过,他们依然相信可以利用土耳其人的软弱来攫取这些领土或对其施加影响。

这种本能的领土干涉行径并未经过仔细考虑。对于土耳其人及其属国治理的地区的行政效率或其公正程度,人们可能得出不同看法。但是,是否有任何可行的,任何特定地区的所有民族都能接受的,并符合"最大多数人的最大幸福"的功利主义理想的替代方案,这是另一个问题。看一看 21 世纪波黑、罗马尼亚、保加利亚、马其顿、科索沃、阿尔巴尼亚、叙利亚、黎巴嫩和以色列/巴勒斯坦的状况,你就会发现,那里只有各民族的战乱,各方往往心怀完全无法调和的抱负,在西方列强的怂恿下坚信着格莱斯顿式的民族独立梦想。继而,这些列强又在联合国里不得不像昔日的苏丹王一样行事,试图把相互忍让的理想强加给交战各方。

对所有这些地区人们的生活,都不易评判是否比从前在苏丹王治下更顺畅;当土耳其戴着"欧洲病夫"的帽子那会儿,有着不同信仰和种族传统的人们反而能够更和平地共处,比俄国人、英国人和德国人决定设法治疗土耳其痼疾的时期要强得多。这种"治疗"是在完全不了解苏丹王统治下人们的生活实情的状况下强制实施的,不消说,也根本没有征得土耳其当局或臣民的同意。个别爆发的战斗和不满完全是在俄国和奥匈帝国之间相互对抗和彼此恐惧的背景下发生的,匈牙利首相兼奥匈帝国外交部长(自 1871 年 12 月起)安德拉希伯爵①视英国为盟友,打算支持奥斯曼帝国,来阻止俄国人实现他们占领君士坦丁堡、吞并奥匈帝国的扩张企图。而俄国寻求的不止这些,它被一种半宗教的泛斯拉夫主义狂热控制着,分外关注着被邻国骚扰的塞尔维亚人的困境。

也许,如果列强们不是那样固执地认为存在着所谓"东方问题"(它意味着必然就得有个解决"东方问题"的办法),那么它们的集体性失败还不至于如此惨重。正如匈牙利首相安德拉希伯爵正确的预测所言:"如果波斯尼亚—黑塞哥维那归属塞尔维亚或黑山,或者如果一个我们(即奥匈帝国)无力阻止的新国家建立了,那么我们就会被毁灭,我们自己就会承担'欧洲病夫'的角色。"因为随之而来的,将是马扎尔人②决定匈牙利也要建立独立的民族国家,由此哈布斯堡王朝将会四分五裂。对于以下这个事实,人们永志难忘:1914 年一位塞尔维亚恐怖分子在萨拉热窝刺杀了弗朗茨·斐迪南大公之后,

---

① 久洛·安德拉希(Gyula Andrassy,1823—1890),匈牙利爱国者,曾任匈牙利首相及奥匈帝国外交部长。
② 即匈牙利人,匈牙利主体民族。

这些国际讨论的参与国悉数被卷入了世界大战，一场依次摧毁了俾斯麦、霍亨索伦王朝和俄国罗曼诺夫王朝的勃勃野心，以及历代沙皇所信仰的一切文明和宗教的大灾变。后见之明有时会给历史学家们提供一种猜谜游戏；但面对这个事件，相关国家和政治家的野心和组合过于复杂了，我们很难理清究竟有什么办法才能扭转局势。我们可以清楚地看到问题出在哪里，但怎样才能避免这场动荡？

答案之一可能是财富。如果 1870 年代土耳其没有陷入财政危机（实际已经破产），可能就不存在"东方问题"了。自克里米亚战争以来，土耳其对外贸易遭受重创。土耳其基本属于非工业化国家。19 世纪 70 年代，奥斯曼帝国有 1 850 万人从事棉纺织品制造业，他们的收入在与工业化国家的竞争中不断下降。不过，农业状况要好一些。从 1840 年到 1913 年，尽管人口大幅下降，土地大量流失，出口却增长了 5 倍。

在克里米亚战争结束后的几十年里，英国与奥斯曼帝国的贸易额增长了 400%。土耳其的机械、钢铁、煤炭和煤油几乎全是进口的，而出口的棉花、谷物、染料、丝绸、鸦片、干果和坚果却并没有使其实现收支平衡。在这一时期，苏丹王们生活无度、财政无能，令人震惊。阿卜杜勒-阿齐兹[1]豢养了 5 500 位朝臣和仆从，600 匹马，200 辆马车以及 1 000 至 1 500 名后宫嫔妃。他在博斯普鲁斯海峡建造了两座宫殿：塞拉甘宫和贝勒贝伊宫。1871 年，亚伯拉罕·贝说，"政府诸部普遍存在着不满情绪，囊空如洗。宫廷掌管着一切。"1874 年，超过一半的政府开支用于偿还外债，1875 年，奥斯曼帝国政府宣布破产。

当我们将要描述的巴尔干半岛危机发生时，阿卜杜勒-阿齐兹在国内不得人心，闹得民怨沸腾，伊斯坦布尔的清真寺和广场上示威游行频发，最终爆发了军事政变，政府被推翻。军方任命穆拉德五世[2]为苏丹。1876 年 6 月 4 日星期日，人们发现被软禁在费里耶宫的阿卜杜勒-阿齐兹已经死亡，静脉被割破，一根动脉被切断，他是用一把指甲剪刀自杀的。

---

① 阿卜杜勒-阿齐兹（Abdul-Aziz，1830—1876），奥斯曼帝国 32 代苏丹，1861—1876 年在位。

② 穆拉德五世（Murat V，1840—1904），奥斯曼帝国第 33 代苏丹，阿卜杜勒-阿齐兹的侄子。

穆拉德五世苏丹的统治只维系了几个月。在青年时代,他也曾是颇具政治才干的青年才俊。他在人们眼中是一位潜能无量的开明改革者,但天公不作美,他精神崩溃了。官方通报他已驾崩,但实际上他一直活到1904年8月29日,其间多次试图夺回王位。

奥斯曼帝国内阁随后任命34岁的阿卜杜勒-哈米德二世①为苏丹,这位置他一坐就是33年,一直到1909年。执政的头几年里,他不得不面对以下艰巨的任务:与俄国的战争、经济崩溃、整个巴尔干半岛的动荡以及由于土耳其镇压这些起义而招致的国际公愤。

1875年夏天,黑塞哥维那几座小村庄的一些农民发动起义,续上了过去1 000年来不时扰乱巴尔干半岛安宁的那种暴力浪潮。暴乱的起因是经济问题。征税者不顾前一年歉收的实情,仍然强征全额羊头税,遭到农民围攻。政府出动军队镇压。冤死的穆斯林农民无人问津,被杀的基督徒却被吹捧成殉教英雄。

难民开始涌入塞尔维亚、黑山和奥地利,许多人给自己的经历添油加醋,而安德拉希伯爵——得到英国的广泛支持——向奥斯曼帝国朝廷发出最后通牒:包税制将被废止,并通过成立一个由基督徒和穆斯林成员各占一半的特别委员会来保障宗教自由。随后出炉了《三皇同盟之柏林备忘录》,该备忘录强推一项唯恐天下不乱的条款:苏丹王应准许基督教臣民持有武器。

1876年7月,黑山在虚张声势的冒险家尼古拉大公②领导下加入塞尔维亚,对土耳其宣战。(穆拉德五世刚被任命为苏丹王,就陷入了精神崩溃症状。)奥斯曼帝国政府和全世界都知道这将意味着什么。在俄国人和奥匈帝国的许多斯拉夫人看来,塞尔维亚是一个敢于奋起反抗异教暴君的勇气非凡的基督教小国。正如俄国泛斯拉夫主义的宣传主将之一法捷耶夫将军③在1876年发表的《关于东方问题的看法》中概括的:

---

① 阿卜杜勒-哈米德二世(Abdul-Hamid II,1842—1918),奥斯曼帝国第34代苏丹,穆拉德五世弟弟,1876—1909年在位。

② 尼古拉大公(Prince Nicholas,1841—1921),1860—1910年任黑山公国大公,1910—1918年任黑山王国国王。

③ 罗斯季斯拉夫·法捷耶夫(Rostislav Fadeev,1824—1883),俄国军事历史学家、记者、军人。

被解放的欧洲东部若想彻底解放,则必须建立一个持久的联盟,设一位共同的首脑,并配备一个共同的议会,由该首脑全权负责处理国际事务和执掌军事大权,这位首脑便是所有斯拉夫人和东正教徒的命定首领俄国沙皇……每个俄国人、斯拉夫人和东正教教徒都应当希望看到,在人民期待已久的、被公认为君士坦丁大帝的直接继承人的俄国沙皇的统治和领导下,主要由当今俄国王朝及其地方机构来统治被解放的东欧领土。

身为首相,迪斯雷利的立场与外交大臣德比勋爵不同,也与影响力日盛的印度事务大臣索尔兹伯里勋爵有所不同。迪斯雷利认为,"如果俄国人控制了君士坦丁堡,俄军便可以随时越过叙利亚进入尼罗河口,那么我方控制了埃及也毫无用处。在这种情况下,即使我们掌握制海权也无济于事……我方的实力在于海军。君士坦丁堡是掌控印度的关键,而非埃及和苏伊士运河。"

年纪稍小的索尔兹伯里觉得迪斯雷利又在老调重弹,克里米亚之战已过去 20 年了,迪斯雷利还盘算着重演这场战争。第 15 代德比伯爵——被艾伦·约翰·珀西瓦尔·泰勒①称为"英国历史上奉行孤立主义最彻底的外交大臣"——希望英国无论如何不要介入此事。然而,事态急剧恶化,英国再也不可能坚持孤立主义了。

巴尔干半岛的民族主义情绪已越过马里查河,蔓延到罗多彼山区,在那里,基督徒与波马克人②或保加利亚裔穆斯林(忠于土耳其统治的狂热信徒)对抗。当一支巴希巴祖克部队(部落非正规军)在多斯帕特村军官艾哈迈德和多科罗村③军官穆罕默德的指挥下抵达时,位于罗多彼山北部山嘴的巴塔克村民正准备联合起来对抗穆斯林。1876 年夏天,基督教徒大概屠杀了4 000名穆斯林。毫无疑问,军官艾哈迈德率领的雇佣兵对巴塔克村基督教村民展开了无情的报复行动,不过,这是否是"本世纪历史中最令人发指的暴行"(一位英国专员的原话)可能取决于你如何看待下述事实:奥斯特里茨战

---

① 艾伦·约翰·珀西瓦尔·泰勒(Alan John Percivale Taylor,1906—1990),英国历史学家,19 世纪和 20 世纪欧洲外交研究专家。

② 皈依了伊斯兰教的保加利亚人被称为"波马克人",大部分居住在罗多彼山区。

③ 位于罗多彼山区。

役或博罗季诺战役等拿破仑战争致使数万人被屠杀；爱尔兰大饥荒饿死了100多万爱尔兰人；英军在1857年至1858年印度兵变后对"无辜的"印度人的报复行动，以及几年前在巴尔干半岛冲突中也有数千穆斯林遭到屠杀。1000名基督教徒在巴塔克乡村教堂丧生，巴希巴祖克雇佣军首先朝教堂窗户射击，随后掀掉屋瓦，点着浸油破布，焚毁了教堂。那年夏天，可能有4000名保加利亚基督徒死亡，这个数字又迅速攀升到1.5万人、3万人甚至10万人。

说到新闻稿的煽动效应能使英国政治生活陷入疯狂，这便是一个例子：《每日新闻》向寻求刺激，但在道德上令人不齿的英国公众披露了"保加利亚暴行"。用英国政治术语来说，这产生了两方面的后果。一方面，幸存的保加利亚山区居民对此其实未必在意；另一方面，这却引发了一出纯属英国的戏剧和地方戏。首先，迪斯雷利想要既明目张胆地坚持亲土耳其的外交政策，又不表现出支持军官艾哈迈德的残暴之师犯下的强奸和掳掠恶行，几乎是不可能的。其次，送入霍瓦登堡和平之殿①的《每日新闻》使格莱斯顿相信，他必须放下对"未来之果报"的神学研究——他在退休后给自己定下的令人振奋的任务——再度出山，参与政治角逐。迪斯雷利——两年来，他俨然成了巨人，居高临下面对反对派侏儒们——不得不再次面对这位老对手：但这是一个新的格莱斯顿，一个即便以他晚年较为温和的标准来看，也已转变为介于老派的复兴主义传教士和完全现代的竞选政治家之间的人物，他把"保加利亚暴行"问题交由人民裁决，并因此攫取了巨大的政治优势。

迪斯雷利认为"保加利亚暴行"的报道"基本属于捏造"，是一种"咖啡馆里的胡扯"。1876年9月初，在报纸和新闻界连篇累牍地报道"东方危机"一整夏过后，首相还抽空去海马基特剧院看了一场滑稽戏《法定继承人》，这也颇为有趣地反映出当时相对宽松的政治环境。他注意到在他前面的正厅前排有三个座位空着。"格兰维尔勋爵坐在正厅前排的一个空座上；过了一会儿，格莱斯顿来了；然后，最后来的竟是哈蒂-塔蒂！"也就是哈廷顿勋爵，反对党领袖。这段滑稽的小插曲是迪斯雷利的一位朋友记录的，还补充道，"对那场滑稽戏，格莱斯顿笑得开心极了；哈廷顿勋爵却始终板着脸。"这一幕确实

---

① 格莱斯顿的书房名。

有点荒唐:已至不惑之年的严肃无趣的哈蒂-塔蒂,想必直到那个晚上还以为,作为自由党(多少有点不大情愿的)领袖,他终将当上英国首相。不过在格莱斯顿的两位看戏同伴中,哈蒂-塔蒂的堂兄格兰维尔勋爵才是更愤怒的人。他们原本猜想格莱斯顿已回霍瓦登堡养老去了,把自由党留给了老辉格党人。但来自保加利亚的消息对这位"元老"来说简直是上帝的召唤,让他重返公众生活。格莱斯顿患有周期性躁狂症,并伴有心因性疾病。1874 年,他在疯狂撰写《梵蒂冈的法令关系到公民效忠》期间患上腹泻。如今,折磨他的是腰疼病;但就像其他有"动力"的人一样,威廉·尤尔特·格莱斯顿把生病的时期活成了一段为未来巨大精力消耗作准备的养精蓄锐期。只要能忍住背痛,这位 66 岁的老人就会去大英博物馆(他的目光有否与正在撰写《资本论》第二卷的卡尔·马克思的目光撞了个正着呢?)的阅览室查阅文献和引文。上个星期,他一直躺在霍瓦登堡的床上,腰疼病又犯了,当时,他正在写小册子《保加利亚的恐怖事件与东方问题》。这篇颇具煽动性的文章一写完,他立即拿给格兰维尔和哈廷顿看。尽管格兰维尔说服他删掉了一些过激的段落,但他和哈廷顿肯定都因此意识到,格莱斯顿已回到政治角逐中,准备——尽管脱离了议会,在下议院没有议席——夺回领导权,并将自由党引向激进主义、煽动民情的方向,以及类似于宗教信仰复兴主义的东西。

约翰·默里订购了 2 000 份小册子,到 9 月 7 日把印量猛增到 2.4 万本。到 9 月底,默里印刷的小册子已售出 20 万份,报纸上出现了无数盗版和删减版。安东尼·特罗洛普①把它朗诵给家人听。这本小册子激起了公众的愤怒情绪,而玩世不恭的迪斯雷利却对此充耳不闻。印度总督利顿勋爵②可能会把这种情绪视为"伪基督教的英国习气的爆发,它为的只是那些曾经或正在遭受土耳其人残杀和蹂躏的保加利亚人之类,这些人我们根本都不认识;而且这些人十有八九自个儿也干过残杀和蹂躏的事"。但这一事件具备足以让英国人兴奋不已的故事的所有要素。"如果你要想把约翰牛逼疯,"菲茨詹姆

---

① 安东尼·特罗洛普(Anthony Trollope,1815—1882),英国作家,代表作有《巴彻斯特养老院》和《巴彻斯特大教堂》等。

② 罗伯特·利顿(Robert Lytton,1831—1891),英国保守党政治家、诗人、外交官,1876—1880 年任印度总督。

斯·史蒂芬①在答复利顿时说，"须采用以下策略，即用女人遭受了'比死亡更令人发指的侮辱'这类字眼来作捕风捉影般的充分描述，以撩拨起（相当微妙，但又不能太过）他们的欲望，然后掺入适量的'十字和新月'②，掺入文明和野蛮之间的对抗，再掺点'全世界公民和宗教自由'，那么，正如美国佬们说的，你就能让他们，'像一头被群蝇骚扰的短尾公牛一样狂怒着四处乱撞。'"

在这本小册子面世后的那个星期六，格莱斯顿在布莱克西斯对前来捧场的1万听众发表了一小时的演讲。他在日记中自问："对于我的公共责任和上帝创造这个世界、基督救赎这个世界的根本宗旨之间的关系，我是何时得出了如此强烈的意识的呢？"毫无疑问，正是这种宗教灵感鼓励着格莱斯顿继续前进，并让他传递出的道德信息显得如此振奋人心。

历史学家爱德华·奥古斯都·弗里曼③将格莱斯顿视为真理和正义的代言人，堪比斥责希西家王手下的腐败大臣的以赛亚，或谴责腓力二世的雇佣兵的德摩斯梯尼。

然而，即使格莱斯顿本人也搞不清楚自己怎么一下成了一位成功的演说家和民粹主义者。他周游全国，对大批民众发表演说之际，女王却把"这个半疯子"斥为"最该遭谴责和最恶毒……最可耻的人……"与此同时，巴尔干半岛的局势进一步恶化。

其实"欧洲的病夫"病得不重。保加利亚骚乱被镇压了。黑山人对土耳其人的"战争"也以失败告终。新登基的年轻苏丹王可能缺钱，但仍然管理着一个潜能强劲的政府，况且还掌握着训练有素的军队。克里米亚战争期间，英国人曾乐于相信这些。1877年4月24日，俄国对土耳其宣战，唤起了人们对这段历史的记忆。哥萨克骑兵不久就对穆斯林村民展开报复，恐怖程度堪比前一年土耳其非正规军对基督教徒的屠杀。英国新闻界这回根本懒得理会这些新近发生的"保加利亚暴行"，而这些东正教士兵的"野蛮行径"也并未

---

① 菲茨詹姆斯·史蒂芬爵士（Fitzjames Stephen，1829—1894），英国律师、法官、作家。
② 分别指代基督教和伊斯兰教。
③ 爱德华·奥古斯都·弗里曼（Edward Augustus Freeman，1823—1892），英国历史学家、建筑艺术家、自由党政治家。

妨碍格莱斯顿在一次反土耳其集会上亲自护送诺维科夫夫人①走下讲台。

　　迪斯雷利对俄土战争的态度是，英军只要立即展示实力，就可以迫使俄国见好就收，缔结和约，从而阻止俄国占领君士坦丁堡。他指派索尔兹伯里勋爵（日益成为他在内阁里的最铁杆盟友）出访欧洲各国首都，以确保他们支持在无法说服俄国人坐下来谈判时，转而武力抗俄的做法。11 月，迪斯雷利在伦敦市市长大人宴会上发表讲话，称英国用于正义战争的资源是"取之不尽的"——"英国并非如此之国度，当其参战时，会问自己是否能接着打第二或第三场战争。它会参战，战斗不息，直到正义得到伸张为止。"

　　这种乐观立场得到很大一部分英国民众的追捧。如果说一部分人曾乐不可支地投身于对"保加利亚惨案"的狂热，那么另一部分人则从对战争前景的期盼中获得了同样乐趣。当然，许多人则同时享受这两种乐事。集体性歇斯底里可不会总是遵循逻辑。人们根据"伟大的麦克德莫特之战歌"造出了"沙文主义"一词：

> 我们不想打，但沙文主义者在上，若真打仗，
> 我们有百舸千帆，我们有千军万马，我们有金银满仓。
> 我们以前打败过沙俄熊，只要我们是响当当的不列颠人，
> 俄国人就休想占领君士坦丁堡。②

　　然而，迪斯雷利和麦克德莫特都错了。英国没有"千军万马"来对俄国发动全面战争。在伦敦市市长大人宴会上发表演讲后，迪斯雷利立即从陆军部抽调兵力，用以加强加利波利半岛和君士坦丁堡以北防线。原本要抽调 4.6 万士兵，后经评估，最终增加到 7.5 万。"情报部门得改改名了，"迪斯雷利在写给蒙蒂·科里的信中写道。"应该叫白痴部。"幸好俄国人并不像迪斯雷利预想的那么好战。1878 年 3 月 3 日，俄土在君士坦丁堡附近的一个小村庄签订了《圣斯特凡诺条约》，并于夏天在柏林会议上修订通过，此后，和平得到了

---

　　① 诺维科夫夫人（Madame Novikov，1840—1925），俄国记者、俄罗斯贵族出身的女士，为俄国辩护者，娘家姓基列耶夫。
　　② 该歌曲词曲作者是乔治·威廉·亨特（George William Hunt，1829—1904），但其首唱与流行开来，得归功于吉尔伯特·黑斯廷斯·麦克德莫特（Gilbert Hastings Macdermot，1845—1901）。——作者注

保障:暂时地。

　　然而,迪斯雷利及其领导的政党却大力推行沙文主义政策。当迪斯雷利坚持让英军舰队横渡达达尼尔海峡时,他的 30 年老友兼同僚第 15 代德比伯爵辞去了外交大臣一职。英国认为有必要在地中海建立一个军事基地,以在与俄国谈判中增加筹码,于是派遣印军占领了塞浦路斯。就在印度兵踏上塞浦路斯国土、温好第一罐咖喱酱准备开吃时,俄土危机结束了。英国没有从塞浦路斯岛撤军,而是将其牢牢掌控在手中。等到 20 世纪,这一举措简直是自讨苦吃。驻军是索尔兹伯里时期的事,然而,格莱斯顿在后来的首相任期内,从小亚细亚撤回英国外交武官时,本有机会把塞浦路斯交还土耳其,却没有这么干。20 世纪 50 年代,塞浦路斯岛被讲希腊语和土耳其语的人瓜分,英国人遭到"海盗大主教"的滑稽羞辱,这些都是索尔兹伯里巧取豪夺(当时肯定如此)他国领土的结果,而这些地域若在宽松的君士坦丁堡宗主国的统治下,尽管也不乏困难,总比在"米字旗"统治下要好过得多。

　　如果说派遣印军占领土属塞浦路斯的做法,表现出英国对俄国扩张领土野心的担忧,这在我们看来有点匪夷所思的话,那么第二次英阿战争的骚动更是只能算是土耳其战争进程的一个无关紧要的脚注罢了。反复无常的印度总督利顿勋爵坚信,沙俄向阿富汗渗透的做法对英国利益构成了威胁。就在利顿勋爵决定展示英国实力的这会儿,如果索尔兹伯里和迪斯雷利没有在柏林会议上向俄国人拼命示好的话,他这个想法说不定还是对的。英国入侵阿富汗,最初捷报频传。在路易·卡瓦尼亚里爵士[①](一个美妙古老的英国姓氏)的外交干预下,1879 年 7 月 24 日,一支阿富汗乐队在喀布尔城奏响了阿富汗版的《天佑吾后》。这条战线总算暂时被稳住了。

　　不过,推行强硬外交政策的帝国主义总是要付出代价,生命遭受损失,此外还免不了从一开始就可能产生的自我憎恶感。俄土战争鏖战正酣、结束和谈判之际,阿尤布·汗统领的阿富汗军队与战术高明的罗伯茨将军率领的英军拼命厮杀之际,南部非洲正上演着一场迥然不同的大戏。巴特尔·弗里尔

---

　　① 皮埃尔·路易·卡瓦尼亚里(Pierre Louis Cavagnari,1841—1879),生于法国,后入英籍,1878 年以军政人员身份被派往喀布尔的英国使团,1879 年在喀布尔被杀。

爵士是一位死硬的帝国主义者,最近刚被任命为开普殖民地高级专员,他认为必须摧毁祖鲁人的军事力量。然而,巴特尔低估了塞奇瓦约国王的勇气和军事才能,后者堪称 19 世纪非洲最具感召力、最冷酷无情的人。塞奇瓦约不仅酷爱通过定期屠杀传教士让欧洲人惶惶不可终日,还有一套对付首相们的高招(这种本领有时也许甚至让维多利亚女王心生嫉羡):在谋杀了他父亲姆潘德的首相马西普拉后,他对西奥菲勒斯·谢普斯通爵士①(纳塔尔土著事务大臣)叫嚣道,"我告诉过您,谢普斯通先生,我不杀人吗? 我确实杀人!"

1879 年 1 月 20 日,四支非洲军队在英国军官率领下入侵祖鲁兰。其中,一支军队由陆军中校邓福德指挥,驻扎在罗克渡口,准备与中将切姆斯福德勋爵率领的部队协同作战。行军 10 英里后,他们在一座名叫伊散德尔瓦纳(意即"小手")的陡峭小山的南坡下扎营。

四天后,两位因惊吓、疲惫和饥饿而说不出话的男人,跌跌跄跄跑到驻扎在彼得马里茨堡的巴特尔·弗里尔爵士的卧榻边,带来噩耗:800 名白人士兵和 500 名土著士兵阵亡,营地守军溃败。与此同时,塞奇瓦约国王的弟弟率领三四千祖鲁士兵围攻罗克渡口,被该地一小股英军守军击退。在罗克渡口防御战中,英军重创了祖鲁人,3 000 多最骁勇的祖鲁族勇士阵亡。

现在,主要是出于荣誉的考虑,塞奇瓦约不再杀人了。在纳塔尔省主教科伦索②(他曾因质疑《摩西五经》的字面真理而犯有异端罪,在伦敦遭到牧师同僚审判)的说服下,塞奇瓦约相信英国人是他的朋友。塞奇瓦约是个阿基里斯或贝奥武夫式③的人物;切姆斯福德勋爵抓住了这个良机。1879 年 7 月 4 日,塞奇瓦约在乌伦迪战役中战败被俘,祖鲁人被击败。战役中,祖鲁人与英国人展开了殊死较量,拿破仑三世和欧仁妮皇后的独生子、曾在伍尔维奇王家炮兵团受训的路易·拿破仑王子阵亡。"祖鲁人是一个非常了不起的民族,"迪斯雷利说,"他们打败了我们的将军,他们改变了我们主教的信仰,他

---

① 西奥菲勒斯·谢普斯通爵士(Theophilus Shepstone,1817—1893),英国政治家,长期在南非任职。

② 约翰·威廉·科伦索(John William Colenso,1814—1883),英国牧师、数学家、祖鲁语学者及《圣经》学者,纳塔尔省的第一位主教。

③ 阿基里斯,古希腊神话英雄,以重大缺陷"阿基里斯之踵"出名;贝奥武夫,古英语叙事长诗中的悲剧英雄主人公。

们决定了一个伟大的欧洲王朝的命运。"

事实上,英祖战争是个灾难性失误。迪斯雷利并不真心赞同巴特尔·弗里尔爵士提出的灾难性策略,到头来,由于疏远了伟大的祖鲁人,他彻底失去了对抗布尔人的有价值的潜在盟友。

迪斯雷利一向擅长见风使舵,从某种形势中攫取政治优势——即兴提出观点和立场,得胜后立即巩固优势,并做出一些彰显真正政治家风度的事情。曾几何时,他抓住《谷物法》(他对此并不十分热心)的契机,奚落皮尔并彻底将其赶下台。随后,迪斯雷利经过多年艰苦努力,把托利党改造成保守党,并成为现代保守主义的卓越缔造者。1870 年代末的国际危机中,迪斯雷利大力鼓吹恐俄观,极力煽动英国人的爱国"热情"。这让他一时间在国内人气飙升(尽管尚不足以确保他再次当选),并使他在 1878 年夏召开的柏林会议上处尊居显,仕途生涯达到巅峰。

在国内,格莱斯顿正在准备着与迪斯雷利的对抗,而他背后的推手是不光彩的反犹势力,从历史上看,这一缺陷更多地属于英国的左翼和中左翼,而非右翼。格莱斯顿在 1868 年大选中被彻底击败时,他的夫人认为这次失败不仅是个人的耻辱,也标志着英国国教在犹太异教面前的落败,尽管迪斯雷利和她一样都是受洗的英国国教教徒。"孩儿他爸累死累活,对国家忠贞不贰,长年累月操劳,一想到要把他的劳动成果拱手给那个犹太厮,能不叫人恶心吗?"首相迪斯雷利在市政厅的成功演讲——极具沙文主义特色——几乎掩盖了格莱斯顿当初利用保加利亚大屠杀展开的煽动民心、令人毛骨悚然的宣传的光彩了,于是格莱斯顿表示,"迪斯雷利搞的煽动真是令人难以置信。我对他一贯认真的犹太情怀有了一些新认识。"历史学家爱德华·奥古斯都·弗里曼把迪斯雷利形容为"喝高了之后,把谁都不放在眼里的犹太人",表达出对迪斯雷利在市政厅演讲的审慎看法;而且对于女王屈尊在休恩登庄园用午膳一事,弗里曼则描述道,女王"招摇地与迪斯雷利到他的犹太人聚居区共进午餐"。

1880 年代大量贫穷的俄国犹太人涌入伦敦后,这种反犹主义在接下来几十年里变得更加普遍。当然,他们生活在纯真的前纳粹时代,意识不到反犹狂热最终会导向怎样的结局。因此,与 1945 年之后不同,从前的人可以任意信口开河,随性讲讲笑话和无伤大雅的反犹闲话。不过,弗里曼的观点在他同时代的许多英国人(无论哪个阶层)看来都是荒谬无稽的;而格莱斯顿尽管恨透了迪斯雷利,但他非常了解虽说是墙头草,但心眼倒不坏的公众,所以注意闭口不提他对迪斯雷利的"犹太情怀"相当令人毛骨悚然的看法。当然,迪斯雷利似乎对反犹太主义态度一点也不恼火。他有一种与生俱来的优越感,似乎真的相信自己早期小说中的幻想:犹太人是天生的贵族。也许,换了你我是迪斯雷利,而且我们平时遇到的犹太人全都住在沃德斯登庄园和蒙特摩尔塔楼的罗斯柴尔德家族豪宅里,保持这个信念是很容易的吧。

与维多利亚女王和迪斯雷利一样打心眼里讨厌格莱斯顿的俾斯麦,在柏林会议期间得以领略了迪斯雷利的风采。这场会议中,法国、奥匈帝国、英国和俄国等大国的巨头齐聚普鲁士首都,商讨奥斯曼帝国的未来,并剔除了《圣斯特凡诺条约》中俄国提出的一些稍显苛刻的条款。列强采取的外交方式可谓绝无仅有,受邀参加柏林会议的没有奥斯曼帝国宫廷代表,没有苏丹王的特使,甚至连一个土耳其人也没有。

在索尔兹伯里的陪同下,病恹恹的迪斯雷利参加了柏林会议。迪斯雷利被视为"柏林会议之狮",他的敏锐思想、强硬态度和个人魅力都给俾斯麦亲王留下了深刻印象。英国逼迫俄国交出了俄土战争中占领的几乎所有土耳其领土,并将其归还奥斯曼帝国。苏丹王保留了在保加利亚南部的军事权力。迪斯雷利确实赢得了"体面的和平"。

"这个老犹太,他是个人物!"俾斯麦对迪斯雷利作出了和后人一样的评价。迪斯雷利荣归伦敦后,女王决定封他为公爵。女王本意是,任何荣誉随他挑,但迪斯雷利婉拒了其他,只接受了嘉德勋章,不过,他还提出一个条件,即也应颁给索尔兹伯里一枚。"上上下下,皆大欢喜,""仙后"喜不自胜地记录道,"唯独格莱斯顿先生不高兴,他疯了。"

就在保加利亚暴行发生的那个夏天,女王晋封迪斯雷利为比肯斯菲尔德伯爵。1876 年 8 月,迪斯雷利在下议院发表了最后一次演讲,他没有告诉任何人,这是他最后一次露面了,他已在那个舞台上闪耀了 40 年。有人注意到,那天晚上,他的眼里噙满了泪水,但也仅仅如此而已。

大选一天天临近,迪斯雷利严重高估了保守党的胜算。他指望乘着柏林会议的外交胜利之风再续辉煌。两次补选,一次在利物浦,一次在南华克区,保守党都获胜了,而这些地区都是自由党原本有望拿下的。于是,迪斯雷利请求女王举行提前选举,议会于 1880 年 3 月 24 日解散。作为索尔兹伯里勋爵的座上宾,迪斯雷利躲到索尔兹伯里的哈特菲尔德庄园,一边豪饮着 1870 年产玛歌庄园红酒,一边静候 3 月 31 日开始的大选。他忽略了哪怕比较平庸的政治家都不会忽视的各种显而易见的影响因素。农业连续两年歉收,农村经济已经崩溃。保守党失去了 27 个郡的议席。贸易萧条,加上不得人心的所得税照征不误,给保守党在那些有议员选举权的市镇带来了灾难性后果。实际上,保守党的选举在全国的表现都很糟糕。下议院席位统计结果如下(括号内为议会解散时的数字):自由党 353 席(250 席),保守党 238 席(351 席),爱尔兰自治党 61 席(51 席)。"比肯斯菲尔德主义崩塌了,"格莱斯顿得意忘形地写道,"就像意大利浪漫小说中某座壮美的城堡灰飞烟灭一般。"

格莱斯顿本人在之前两年里一直在竞选,不是为了在英格兰获得一个议席——尽管他得到了邀请,并赢得了利兹市的议席[①]——而是为了在中洛锡安郡(或苏格兰人常说的爱丁堡郡)获得议席。格莱斯顿赢得议席的中洛锡安郡的人口相对较少——只有 3 260 位注册选民,而利兹市有 4.9 万——但既然他两个席位都赢得了,所以想必他并不是因为害怕在其中哪一处会失利吧。也许,他是特别想回到苏格兰老家,以便在 60 多岁时成功地转变为一位具有现代风范的竞选政治家。

竞选活动的负责人罗斯伯里勋爵[②]曾参加过美国民主党大会,他为格莱斯顿筹备的竞选集会,部分仿效了美国政党大会,部分仿效了穆迪和桑基的福音派集会。赶来参加竞选集会的数千人中,只有极少数人有选举资格,而且半数以上是妇女。集会以精挑细选的自由党党歌,配以耳熟能详的赞美诗旋律拉开序幕,目的是暖场,"调动"观众热情。随后,这位"元老"粉墨登场,往往安坐于一辆马车里,拉车的是山呼海啸的自由党党徒。然后,没完没了

---

① 他把这个席位给了儿子赫伯特。当时,一个人想竞争多少席位都可以。——作者注

② 阿奇博尔德·普里姆罗斯(Archibald Primrose,1847—1929),第 5 代罗斯伯里伯爵,英国自由党政治家,1894—1895 年任首相。

的高谈阔论往往以做戏般承认自己把眼镜放错了地方来拉开序幕。这位老戏骨能够就自己最拿手的任何话题滔滔不绝地讲上好几个小时,他和他的竞选团队能够列出一大串保守党政府犯下的令人生畏的罪愆。购买苏伊士运河股份可能被说成是大肆挥霍纳税人的钱,吞并塞浦路斯被说成是犯下的一个重大错误。(自由党即使上台执政,也无力逆转这两项政策。)英祖战争和英阿战争酿成的英军流血事件可能被说成既是大英帝国尊严的可耻丧失,又是对一个弱小民族的寡廉鲜耻的剥削。他坚持说,我们应当永远"铭记那些我们称之为野蛮人的人权"。接下来就是即将名扬四海的套话了——"我们应当铭记,在万能的上帝的眼中,在阿富汗山村,在冬雪中,生命的尊严是神圣不可侵犯的,就像你自己的生命一样。我们应当铭记,是上帝把你们作为人类结为同一血肉之躯,用互爱的律法把你们结合在一起……"

弗·丹·莫理斯强调,基督徒有义务相信基督的律法"适用于所有的人和所有的状况……基督徒必须相信此乃一切政治的根源"。那种只在礼拜日才信仰基督教或认为政治必然是肮脏交易的犬儒主义,正是莫理斯最持久的攻击目标。尽管依现代品味讲,格莱斯顿在中洛锡安郡的系列竞选演说颇具闹剧色彩,但我们有必要知道,他这些发言发自肺腑,对许多选民产生了巨大的吸引力。迪斯雷利的经济管理和道德记录是他的软肋,抨击它轻而易举,特别是大选期间还赶上了经济萧条。因此,已退休的格莱斯顿重返政坛——不仅以 71 岁高龄再度开启仕途生涯,还给在报纸上读过他演讲词的更广泛民众平添了一个重量级的候选人。这次选举为摒弃 19 世纪初愤世嫉俗的功利主义,转而支持莫理斯实用的社会基督教(即使不完全是基督教社会主义)提供了一个机会。格莱斯顿为北方不信奉英国国教的新教徒和苏格兰长老会商人(这些人是他的天然选民)提供了一个机会来投票支持一项特别有道德色彩、实际上属于宗教范畴的政治纲领,而不必做比如掏他们腰包之类惹人厌烦的事情。他们可以怒气冲冲地大谈阿富汗山村村民的生命尊严,却无须体会英国大城市贫困家庭急需"国家资助"(即"税收资助"的援助)的事实。

在其未竟之作、最后一部小说《法尔科内》中,迪斯雷利抓住了格莱斯顿性格与吸引力的核心和本质。年轻的道学先生约瑟·托普雷狄·法尔科内被选为伯特伦勋爵掌控下的"口袋选区"的议员候选人——伯特伦勋爵是一个关于帕麦斯顿,或许还有迪斯雷利本人的杂糅形象。这个组合确实不怎么真实,但书中有一句讥讽之语令这部未竟之作出了名。年轻的格莱斯顿—法尔科内在竞选演讲中发表了一场关于红海奴隶贸易复兴的激情四射的演说。"的确,"叙述者说,"后来看来,红海的奴隶贸易再也没有复苏,但这场误会的起因是电报稿中出现了一个错误,发电报的小职员中了暑或患有震颤性谵妄症。"但后来伯爵建议年轻的门徒,"我想我们还是别管红海了。我俩之前没被它淹死,真是个奇迹。"

本杰明·迪斯雷利

1905 年,《泰晤士报》首次登载了这部未竟之作,并问道:

> 高贵的伯爵是何许人也……年轻的后生法尔科内在议会中第一次获得席位拜谁所赐,并且谁建议伯爵"别管红海"呢?……他是否确实是某位上帝的选民,而且正是这句话唯一适用的人呢?是否可以设想,作者不仅打算向世人描画他的劲敌,还要向世人描画他本人的职业和个性的理想化图景呢?

我们永远无从知晓了。1881 年 4 月 19 日,迪斯雷利于卸任后在柯曾街购置的宅邸里与世长辞,享年 75 岁。悲痛欲绝的女王("他的逝世是极其重大的损失")赞同在威斯敏斯特教堂为他举行公开葬礼,但迪斯雷利留下了明确的遗嘱:

> 我希望并指示,可将我葬于休恩登庄园教堂墓地,与我已故的爱妻、当之无愧地赢得比肯斯菲尔德子爵夫人美誉的玛丽·安妮·迪斯雷利合葬,我渴望并指示,如我亡妻的葬礼一样从简。

这份遗嘱有一种昭昭的真诚和恬静的尊严,似乎表明迪斯雷利虽说酷爱表现并有过分的政治野心,但总的看来,仍是一位超然的公众事务观察者。泰特大主教对迪斯雷利最后一部完成的小说《恩底弥翁》感到震惊。读这部小说时,他"倍感心痛,因为作者认为一切政治生活都不过是游戏和赌博"。那些钦佩甚至热爱迪斯雷利的人,因为他的政治表现中流露出这种暗示而深表同情。(这只是暗示而已,大多时候,他对自己的政治目标非常严肃认真,虽然他极其擅长机智和雄辩,但他在公开演说中绝无轻浪浮薄之气,绝无微笑,更不必说吃吃傻笑了。)然而,当大选失利的噩耗传来时,他还是以无上的尊严接受了它。他并没有像格莱斯顿在 1874 年那样拂袖而去,造作地退出政坛。他仍是保守党领袖比肯斯菲尔德伯爵,并定期造访上议院。但他写的小说和为私人葬礼所立的遗嘱都显示出一种令人钦佩不已的超然态度。格莱斯顿无法理解这一点。闻听迪斯雷利希望与夫人静静地合葬时,格莱斯顿在日记中写道,"他活着时与死后都差不多——全是做戏,毫无诚意。"他认为,对一位政治家的作为,只有一种解释,那就是博人眼球。格莱斯顿的恶意评说让人觉得他更多的是在说自己,而非迪斯雷利,正如布莱克勋爵评价的那样,"迪斯雷利有一种常人无法企及的超然,一种以局外人视角审看事务之变并渴望探究所发生的一切是怎么回事的非凡能力。"

他是独一无二之人,是为数不多的讨人喜爱的英国首相之一,也是为数不多的配得上作家之名的首相之一。当然,迪斯雷利还远不止于此。他是一位独特的小说天才,只是需要等待一段时日,也许就是在今天,才能再度为人们赏识。很难想象维多利亚时代其他小说家中还有谁能稳稳地担任哪怕只有一周的首相,更不必说周密策划参加柏林大会之类的大事了。一个由"公文箱旁忙于公务的狄更斯"治理的英国可能会很滑稽;夏洛蒂·勃朗特也许比约翰·罗素勋爵在处理爱尔兰大饥荒救济事务上会更仁慈。当然,萨克雷和特罗洛普都没有成功地当选(自由党)议会候选人。很难想象他们两个有谁会把这事坚持到底。乔治·艾略特(假如修改法律,容许女性进入议会)是维多利亚时代唯一一位具备这种庄严举止或忍耐力的小说家,但她至多只能像柏拉图《理想国》里的城门卫兵一样,被安排仅仅坐在办公室做做样子。指望乔治·艾略特与迪斯雷利一样热衷于政治生活的阴谋和算计,无异于赶鸭子上架。

乔治·艾略特碰巧是认识到迪斯雷利的丰功伟绩的人之一。在 1879 年关于保加利亚大屠杀事件的公开辩论时,她力挺迪斯雷利,反对格莱斯顿。她争辩道,迪斯雷利虽说野心勃勃,可他不是傻瓜,"他一定想在历史上占有一席之地,怎么会指望靠作孽而达到这个目的呢?"她对"上至格莱斯顿下至普通自由党人的恶毒言论深恶痛绝"。

她在《丹尼尔·德龙达》(1876 年出版)中以睿智和富有同情的笔触描写

过犹太人,也看出在英国有一位如此杰出的犹太血统首相的重要性。(她是一位有造诣的业余希伯来语学者和"挺犹派"。)1848 年,当是否准许犹太教徒进入议会的问题首次出现时,乔治·本廷克勋爵①写信给约翰·曼纳斯勋爵说,"这个犹太人问题令人非常烦恼。我从未见过对犹太人有如此之深的偏见。"迪斯雷利勇敢地站出来,在这个问题上投了本党的反对票,始终站在自由党一边,并暗示说,实际上,犹太教是一种至少与基督教有着同样优良血统的宗教,从而震惊了下议院议员们。1858 年,犹太人获准进入议会。迪斯雷利对此厥功至伟。他以本人的仕途生涯(尽管他受洗加入了英国国教)证明英国政治阶层愿意作出明智的妥协。托利党显贵们把迪斯雷利的品质都看在眼里,很乐意把迪斯雷利改造成保守党乡绅并以此身份对待他。尽管他父亲退出了犹太教(以信仰不足为由退出,并希望孩子们融入英国国教文化),迪斯雷利却始终对自己的根脉忠贞不渝。他的仕途生涯充满矛盾和异国情调,完全独树一帜,这也是一种标志,表明尽管英国存在反犹主义,但从政治角度来看,英国人能够毅然决然、从容不迫地战胜反犹主义。

---

① 威廉·乔治·本廷克(William George Bentinck,1802—1848),保守党政治家,因与迪斯雷利一起推翻皮尔的《谷物法》而闻名。

第 26 章 《群魔》—瓦格纳—陀思妥耶夫斯基—吉尔伯特和沙利文

　　有了钱便有了时间,有了时间便有了闲暇,即便那些从前不得不整整一周都无休止劳作的阶层,现在也是如此了。首先享受到周六半天假"福利"的是职业和商业阶层。到1850年代,英国北方的纺织厂往往周六下午2点便歇工了。(1853年,伯明翰机械制造厂给工人周六下午放假,也许便是首开此方面先河之举吧。)时间、闲暇和金钱的结合促进了休闲活动的发展,备受欢迎的消遣方式层出不穷,人们靠它们来打发刚刚获得的空余时间。赛马场人气飙升——1850年代,赛事日历上平添了62项新赛事,到1860年代,又增加了99项,1870年代,再度增加了54项。铁路的发展,加上闲暇时间的增多,使这一切成为可能。

　　足球竞赛规则于1859年正式确立,足球成为英国全民性体育运动,把大学生和公学男生与很多组建起早期足球俱乐部的小教堂、工会和工人协会都串联了起来。英格兰足球总会于1863年成立,到1868年,已有30家来自英格兰南部的俱乐部加入。英格兰北部的俱乐部则参加以谢菲尔德足球俱乐部为主体举办的足球赛事。伯明翰足球协会于1875年成立,兰开夏郡足球协会于1878年成立。许多这些足球俱乐部都有宗教来源,比如阿斯顿维拉足球俱乐部由阿斯顿维拉卫斯理教堂组建,博尔顿基督教堂也拥有一支足球队,1877年更名为博尔顿流浪者足球俱乐部。有商业头脑的人则大力兴建体育场,在体育场入口的十字转门旁收取入场费,还与铁路公司签订合作协议,设置主客场循环比赛,赚得盆满钵满。到1870年代末,涌入谢菲尔德的布拉莫巷球场(该处也举办板球赛事)看球的观众达1万人。在这十年间,周六赛事中,能吸引七八百名观众的俱乐部已有不少,还有30多家甚至能吸引高达

2 000至 5 000 观众。

喜欢其他聚众娱乐的人,则不妨选择购物,它如今已成为一种消遣方式,不再是单单去买点日用品或杂货之类的了。威廉·怀特利①最初在韦克菲尔德一家布店当伙计,1851 年他为了看万国工业博览会,第一次来到伦敦。之后他开始单干,开了一家男装店;到 1867 年,店里已售卖着丝绸、亚麻布、窗帘、服饰珠宝、皮草、伞具和仿真花等多种商品。1870 年代,怀特利迎来了生意扩张的黄金期,他那家位于韦斯特伯恩格罗夫街的大百货商场为伦敦不断扩张的城区提供服务。怀特利手下的伙计约翰·巴克②有一天竟然提出请求想跟他合伙做买卖。怀特利没同意,不过给巴克开出了 1 000 英镑的年薪,这对布店伙计来说简直是个天文数字了。不料巴克拒绝了他的好意,辞职单干,在肯辛顿商业大街开了一家百货公司并大获成功。这些大商场虽然在所有权和运营方式上各不相同,却都存续至今,成功诀窍很大程度上在于它们雄踞于新建郊区和老旧城区的接合部。许多其他大商家也纷纷效仿,瞄准这一原则建立商场,从中大赚特赚,比如詹姆斯·马歇尔(马歇尔-斯内尔格罗夫百货公司创始人之一)和威廉·埃德加(斯旺-埃德加百货公司创始人之一),

威廉·怀特利

他们在郊区大发横财后,又把商场迁到伦敦市中心。1879 年,马歇尔-斯内尔格罗夫百货公司大楼在牛津街和维尔街拐角处拔地而起,取代了原先那排五花八门、煞是好看的乔治王朝风格的房屋和店铺。该大厦仿照巴黎建筑风格,试图暗示人们:凡光顾此处体验新款成衣的中产阶级顾客,与光顾法国首都富丽堂皇豪宅的富姐富妹们一样,都是有品位的上等人。

购物、足球赛和赛马随着为消费者量身打造的休闲活动的到来而蓬勃发展,艺术活动也不甘落后。1870 年代,一场非凡的音乐复兴在英国掀起高潮,音乐会和歌剧遍地开花。在这场音乐复兴的推动下,1880 年,伦敦市政厅音乐戏剧学院成立,1883 年,王家音乐学院建立。这两个学院里有两位教授值得一

---

① 威廉·怀特利(William Whiteley,1831—1907),英国企业家,怀特利百货公司创始人。

② 约翰·巴克(John Barker,1840—1914),英国百货公司老板,著名零售商。

提，他们是查尔斯·帕里①和查尔斯·维利尔斯·斯坦福②。

在埃尔加③出名之前，帕里和斯坦福是英国最出色的作曲家。虽然这么做不太厚道，但我们还是得指出如下事实：就在这几位开始试着创作学徒作品时，威尔第④正在创作歌剧《唐·卡洛》（1867 年），勃拉姆斯⑤正在创作《德意志安魂曲》（1868 年），还在 1876 年、1877 年、1883 年和 1885 年创作了四部著名交响乐；同时期的音乐作品还包括柴可夫斯基⑥的《叶甫盖尼·奥涅金》（1879 年）和李斯特神甫⑦的《匈牙利狂想曲》（1846 年至 1885 年）。工业革命之后数十年里，英国的教堂、大学和中小学里弥漫着不重艺术的庸俗风气，致使英国音乐陷入濒临灭亡的窘境，全靠着寥寥几个英雄一样的人物才设法使管弦乐和合唱音乐在英国幸存了下来。《丹尼尔·德龙达》⑧这部精彩的小说捕捉到 1870 年代英国维多利亚时代上层阶级的许多微妙之处，其中就包括对音乐的庸俗看法，认为音乐仅仅只是一种消遣而已。小说里的格温德伦打算靠当歌手来谋生，作曲家兼指挥家克莱斯纳迫不得已向她道出了令其大失所望的事实。"从客厅立场来看——你又是吟呀又是唱呀——你的才华都已施展出来了。但是我亲爱的小姐，你得把这一切抛诸脑后才行。何谓卓越，你还尚未搞懂。"

1870 年代，有一位最超卓的音乐家莅临伦敦，帕里和乔治·艾略特都参与了他的造访之旅。1877 年 5 月，怀特利在伦敦贝斯沃特新开的百货商店里，来了两位特殊的客人——理查德·瓦格纳及其陪同者卡里克列娅·丹罗

---

① 查尔斯·帕里（Charles Parry，1848—1918），英国作曲家、音乐教师、历史学家。
② 查尔斯·维利尔斯·斯坦福（Charles Villiers Stanford，1852—1924），爱尔兰作曲家、音乐教师、指挥家。
③ 爱德华·埃尔加（Edward Elgar，1857—1934），英国作曲家。
④ 朱塞佩·威尔第（Giuseppe Verdi，1813—1901），意大利歌剧作曲家。
⑤ 约翰内斯·勃拉姆斯（Johannes Brahms，1833—1897），德国浪漫主义作曲家。
⑥ 彼得·柴可夫斯基（Peter Tchaikovsky，1840—1893），俄罗斯浪漫乐派作曲家。
⑦ 弗朗茨·李斯特（Franz Liszt，1811—1886），匈牙利作曲家、钢琴家、指挥家、浪漫主义大师，1865 年加入圣方济修会，接受神职。
⑧ 乔治·艾略特的小说，1876 年出版。

伊特①。混在那些彬彬有礼的郊区顾客中的瓦格纳，真可谓格格不入。卡里克列娅帮瓦格纳给他的女儿们挑选连衣裙，他还给儿子们买了一匹木马，并将其命名为"格雷恩"，源自《尼伯龙根的指环》里布伦希尔德的神驹坐骑。爱德华·丹罗伊特是一位住在伦敦的德裔美国人，一位钢琴大师，正是他把格里格②、李斯特和柴可夫斯基的音乐作品介绍给英国观众，并主办了伦敦瓦格纳音乐节。

每每囊中羞涩之时，瓦格纳便会造访伦敦。1855 年，他早期创作的、更通俗易懂的"音乐会版歌剧"大受追捧，不过，他对这里的人对他的赞美方式并不总是感到满意。英国人对梅耶贝尔③和门德尔松情有独钟，让这位 1850 年写出了咄咄逼人的《音乐中的犹太性》一文的作者倍感沮丧。比如，当时首屈一指的音乐评论家乔治·霍加斯④（73 岁时身板依旧硬朗，活到 87 岁才去世）想要拍瓦格纳的马屁，竟然随口说道：一场改编自《罗恩格林》⑤的"精彩集锦"音乐会表演，"配以舞美动作及歌剧院的附属设施……简直就像贾科莫·梅耶贝尔本人创作的音乐一样迷人了。"

时隔 22 年，瓦格纳再度造访伦敦。当时他那狂暴骚动的艺术和个人生涯已在欧洲人的想象里烙下了深深的印记。他的颠覆性创新的地位和不容商量地自视为天才的做法，不出所料遭到了《笨拙杂志》的庸俗嘲弄——"相当长一段时间以来，鄙人已习惯只凭一根手指便在手风琴上演奏三部曲了［即《尼伯龙根的指环》套曲］，自然也渴望在阿尔伯特音乐厅听一听 200 人的大乐队演奏它"云云。《每日电讯报》主编是犹太人，自然这份报纸对瓦格纳也不会有什么好感。"不论人们赋予瓦格纳先生何等荣誉——也不论他依靠天赋赢得的功绩有多么了不起——我们可不能对该大师的人格生出什么错误的

---

① 卡里克列娅·丹罗伊特（Chariclea Dannreuther，1844—1923），德国钢琴家和作曲家爱德华·丹罗伊特（Edward Dannreuther，1844—1905）的妻子，从 1863 年起在英国定居。

② 爱德华·格里格（Edvard Grieg，1843—1907），挪威作曲家、钢琴家。

③ 贾科莫·梅耶贝尔（Giacomo Meyerbeer，1791—1864），犹太裔德国歌剧作曲家，其歌剧《胡格诺教徒》遭到瓦格纳的批判。

④ 乔治·霍加斯（George Hogarth，1783—1870），苏格兰律师、报纸编辑、音乐评论家、音乐学家，沃尔特·司各特爵士的朋友，查尔斯·狄更斯的岳父。

⑤ 瓦格纳创作的三幕浪漫歌剧。

情感来。"爱德华·丹罗伊特(他的夫人便是曾陪着瓦格纳去怀特利百货商店买木马的卡里克列娅)陪同这位大人物去了一趟南肯辛顿博物馆的烤肉馆。

在那儿,一边啃着排骨,一边啜饮一品脱的巴斯啤酒,他打开话匣子,讲起了一个又一个故事⋯⋯关于德国犹太人,用的是他们特有的行话。有位外国年轻人,显然是个画家,坐在对面桌,看着听着,一声不吭。没一会儿,那年轻人的脸就开始抽搐——看得出,他正费力想让自己表现如常。可随后那张脸就抽搐得不行了——就在瓦格纳的又一段长篇大论要讲完还没讲完的当儿,那位年轻人抓起帽子,拂袖而去。

音乐评论家弗朗西斯·惠弗①无意间听到了乔治·艾略特和柯西玛·瓦格纳的谈话——正如艾略特一向的那种独特可爱的坦率风格——"您丈夫不待见犹太人,而我丈夫就是个犹太人。"(这其实是个玩笑话,刘易斯并不是犹太人。)不过对于瓦格纳的反犹主义,刘易斯和乔治·艾略特似乎毫不反感。在瓦格纳为期一个月的伦敦之旅中,他俩与瓦格纳夫妇起码见过好几次面,还不止一次拉上丹罗伊特夫妇共进六人晚餐,显然与柯西玛和理查德·瓦格纳相处得相当不错。鼎鼎大名的"亲犹分子"威尔士亲王也曾莅临音乐会,瓦格纳夫妇还在王宫(温莎城堡)受到维多利亚女王接见。在音乐会上,瓦格纳亲自登场指挥,水平显然不如瓦格纳音乐的超级阐释者汉斯·里希特②。指挥《唐怀瑟》选段时,瓦格纳手里的指挥棒彻底让节奏乱了套,里希特重返指挥台时,观众们"几乎哄堂大笑地"表示欢迎。

理查德·瓦格纳

然而,里希特的英语水平与瓦格纳一样差,在社交场合中,他的话有时实在令人费解。有一回,里希特和夫人应邀与比尔夫妇共进晚餐,不过露面的只有里希特。有人问他的夫人为何没来,他回答,"她正躺着呢;只要不躺着,她就使诈(schwin-

---

① 弗朗西斯·惠弗(Francis Hueffer,1843—1889),德裔英国音乐作家、音乐评论家、剧作家,普法战争前夕在英国定居。

② 汉斯·里希特(Hans Richter,1843—1916),奥匈帝国指挥家,指挥了瓦格纳的很多作品。

dles)"——主人根本没有领会"schwindlen"一词在德语里是"头晕"的意思,自然也就被弄得困惑不已。

刘易斯说,瓦格纳的音乐"是我们仍然无法理解的语言"。而刘易斯与那位超卓的女小说家的和谐、安静、温文尔雅的相处关系,同样让柯西玛·瓦格纳困惑不已。她曾跟人说,"他们畅游在永恒宁静的大海中,不过,我们一清二楚,在宁静的大海中就像在惊涛骇浪的大海里一样,处处潜伏着鲨鱼和害物。"

当然,这是对刘易斯和乔治·艾略特两人"婚姻"的误解。不过,作为对一个同时期景象的概览,瓦格纳的伦敦之旅又如何呢?瓦格纳夫妇登上汽船,沿泰晤士河顺流而下,途经温赖特神父为改善沃平的穷人生活而努力不已的港口码头区。夫妇俩发现这里的"工业景象震撼人心"。瓦格纳说,"这是阿鲁贝利西①的梦想成真了——尼福尔海姆②,统治世界、活动、劳作,四处弥漫着蒸汽和浓雾的压迫感。"这一年,亨利·詹姆斯也踏上了同样的行程,并记录道:

> 就像英国文明中诸多未受典雅或优雅陶染的方面一样,它也得以表现出某种格外的严肃。从此种理智的角度来看,被污染的河流、杂乱的驳船、死气沉沉的仓库、邋遢脏臭的人群和污浊的空气,都变得极富暗示性。听起来可能相当荒谬,但所有这些脏污的细节却会让你想到整个大英帝国的财富和力量;一种形而上的堂皇笼罩着这整个场景。

1870年代最令人忧心的小说当属特罗洛普的《如今世道》,之所以令人忧心,是因为和蔼可亲、风趣幽默的安东尼·特罗洛普(之前写的都是乡间八卦和大教堂的宿怨争斗之类趣事)在这部作品中描绘了这样一个英国:一个被彻底庸俗化的国度,这里灵魂已被出卖给财神,拜金主义主宰一切。小说里的金融大亨奥古斯塔斯·麦尔墨特是个大骗子,口碑不错,其实全都扎根于腐败和欺诈。这个角色日后成为一个经久不衰的恶人象征。在伦敦,奥古斯塔斯·麦尔墨特这种人无处无时不在,倍受政客的顶礼膜拜和社会各界的阿

---

① 北欧神话中尼伯龙根侏儒,《众神的黄昏》中一人物。
② 北欧神话中的"雾之国",终年浓雾笼罩,被称为"死人之国"。

谀奉承,但是一旦真相大白,所有乐于享受他慷慨施舍的人都会转而对其欺诈行径怒不可遏。麦尔墨特(与狄更斯的《小杜丽》中莫多尔先生属于同类)以自杀了断了一生。特罗洛普的传记作者詹姆斯·波普-亨尼西①曾引用美国学者波尔希默斯教授②的话,指出特罗洛普看到了马克思和恩格斯所看到的那则真理——"在这个世界里,人与人之间除了赤裸裸的利己主义和冷酷无情的金钱交易外,再也没有其他纽带了,"这个世界"已将个人尊严贬低到价值交换的水平",创造出"公然的、无耻的、直接的、露骨的剥削"。波尔希默斯教授指出,只不过卡尔·马克思是乐观主义者,而晚年的特罗洛普却满怀悲观忧郁的情绪。

《如今世道》一年之后,拜罗伊特节日剧院开张,瓦格纳《尼伯龙根的指环》首次完成完整演出。正如萧伯纳 1898 年在《完美的瓦格纳崇拜者》里提醒的,"《尼伯龙根的指环》——连同其中的众神、巨人和侏儒以及水泽仙女和女武神,还有如愿帽、指环、神剑和神奇宝藏——是一部今日的戏剧,而非一出久远的古代神话剧。在 19 世纪下半叶前,这部音乐剧不可能写完,因为它所铺陈的事件只是到那时才完成。"

萧伯纳正确地洞察到侏儒阿鲁贝利希的本质,将其视为资本主义的化身:他通过攫取指环来积聚权力,强逼尼伯龙根人为他采金。"如今,无论在哪个文明国度,你都能亲眼看见这一过程,亿万民众在贫病中辛苦劳作,为我们的'阿鲁贝利希们'累积更多财富,除了不时要承受痛不欲生的病痛和宿命的早亡之外,一无所获。"

萧伯纳把《尼伯龙根的指环》视为一则关于"终遭失败"的寓言。瓦格纳在 35 岁时首次草创出"诸神的黄昏"的乐剧脚本。"1876 年,完成为第一届拜罗伊特音乐节演出的《尼伯龙根的指环》总谱时,他已步入花甲之年。难怪早已丧失了往日的那种掌控力,今非昔比了。"另一些人则认为——在我看来更有道理——《诸神的黄昏》的结尾暗示的是对政治的超越。"《诸神的黄昏》所传达的要旨是,倘若诸英雄功亏一篑……遭受惨败,一切功绩也会随之而去,

---

① 詹姆斯·波普-亨尼西(James Pope-Hennessy,1916—1974),英国传记作家、游记作家。

② 罗伯特·波尔希默斯(Robert Polhemus,1935—2014),美国文学史家。

他们的整个世界也会灰飞烟灭,而大自然却为生命力的再度更新作好准备。"实际上,令人惊讶的是,对音乐有着超常敏锐鉴赏力的萧伯纳却对全曲这一美妙的终结充耳不闻——"大自然,莱茵河再度从死去的英雄手中夺回了指环,再没有任何力量能夺走它。和平来自大自然……"

出版过北欧神话诗体版《伏尔松格的希格尔德传说与尼伯龙根人之覆灭》(1876年)的威廉·莫里斯,竟然对瓦格纳的意图产生了极大的误解,这也是非常令人奇怪的事。莫里斯见到这位大作曲家,伸出了一只蓝晶晶的手(当时他正在做染料试验)与瓦格纳握手。莫里斯认为《尼伯龙根的指环》只不过是《尼伯龙根之歌》的"滑稽剧版"而已。"将如此一个巨大的世界性主题置于一座歌剧院的煤气灯下表演,简直是亵渎:最具洛可可式浮夸风和堕落至极的艺术形式——一位沙褐色头发的德国男高音对着希格尔德难以言喻的悲哀飙着高音,对这种糟糕的创意我无话可说,甚至最简单的词也表达不出!"

莫里斯最出色的传记作家菲奥娜·麦卡锡①指出,"莫里斯对瓦格纳的贬低臭名昭著,表现了他最顽固、最狭隘的一面,"说得不错,不过她还应添上"最无知的"一词。显然,一个认为瓦格纳的歌剧是在"飙高音"的人,肯定连这位作曲家乐剧里的一个和弦都没有听过。如果把这个人领到拜罗伊特,让他耐着性子把《尼伯龙根的指环》从头到尾听一遍,看看他的反应,一定很有意思:他的态度也许会产生惊天的逆转。

无论对于象征和象征物进行多么精致的分析,我们还是不可能穷尽一部作品的寓意。观看瓦格纳乐剧的观众沉浸在一种本身就非常深刻的体验中,说阿鲁贝利希就是大资本家的化身,或者说洛基②和沃坦③与阿鲁贝利希交朋友,象征着教会和法律接受了资本的力量,这些阐释对一部世界性的艺术作品而言,未免过于狭隘具体了。不过,萧伯纳关于瓦格纳的这部杰作植根于时代的评论堪称到位。《尼伯龙根的指环》最后一部所暗示的,是一种普遍

---

① 菲奥娜·麦卡锡(Fiona MacCarthy,1940—2020),英国传记作家和文化历史学家。
② 沃坦的结义兄弟,为诡计之神。
③ 北欧神话里的众神之王。

的崩塌——诸神正奔向自我毁灭。伴随"19 世纪的风暴云"(约翰·罗斯金语①)的日益集聚,我们在这一时期的许多伟大艺术品中都能感觉到灾难正在迫近。

费奥多尔·米哈伊洛维奇·陀思妥耶夫斯基比迪斯雷利早几个月去世。与瓦格纳一样,陀思妥耶夫斯基也认为人类状况是不安、黑暗、恶魔般的。《群魔》刚出版时,读过这部创作于 1871 年至 1872 年的小说的人,也许认为它不过是一部闹剧,讲的是一群住在边远小镇的自由主义者被一个控制欲超强的疯子——一个虚无主义者——控制。对我们来说,在《群魔》出版 130 年后的今天重读这本书,它仍像最初出版时一样滑稽有趣,同时我们会发现,它具有不可思议的预言色彩。事实上,它所描写的正是即将到来的未来。

与瓦格纳的歌剧一样,陀思妥耶夫斯基的小说也被"上帝之死"深深困扰着,这是人类道德和想象力的终极灾难。他相信,只有拜倒在耶稣脚下和接受俄国东正教,才可能消除对这一可怖事实的认知。俄罗斯民族,信仰上帝的人民,仍然可能通过忠诚于神秘的基督来拯救世界。

想象 1862 年的一次伦敦之行中,这位卓越的天才漫步伦敦街头的情景,我们可能会觉得有点奇特吧。就像许多去过维多利亚时代英国的游客(包括当时的国外游客,也包括书写这一时期历史的"时间旅行者们"),陀思妥耶夫斯基注意到云集于干草市场②上的妓女群体。"这里有老妪,这里有令你驻足惊叹的美人。世界之大,若论女人之妖娆多样,英伦美女可谓天下无双……"

看看但丁·加布里埃尔·罗塞蒂的油画,我们便会相信这种描述了。在一家赌场里,陀思妥耶夫斯基撞见了一个女孩,"我停下步履,刹那间呆若木鸡;世间竟有此等绝色尤物,此生首见。一眼瞥去,她同样忧伤不已。"在伦敦人的面庞上,陀思妥耶夫斯基看见的正是威廉·布莱克所谓的"悲苦之印

---

① "19 世纪的风暴云",1884 年 2 月 4 日,罗斯金在伦敦学院发表有关环境的讲演,根据对半个世纪来英国环境污染状况的观察描述了从 1831 年到 1871 年间英国出现的异常环境状况。

② 位于伦敦西区,属于戏院区。

痕"。① 陀氏把英国工人阶级称为"白种黑奴",伦敦东区的苦力"在杜松子酒
和纵情放浪之中寻求救赎",这令他忧郁满怀。

> 你在这里看到的甚至不再是某一民族,而是一种系统性、听天由命
> 的意识丧失,这种丧失实际上受到了鼓励。瞧瞧这些社会贱民,你会觉
> 得,得熬过好久的时日,那种预言才会在他们身上应验,他们才能手持棕
> 榈枝,穿上白袍;他们得长久地向全能者的宝座呼求:耶和华啊,这要到
> 几时呢?

仔细思忖,我们会发现,陀思妥耶夫斯基提出的现代欧洲生活痼疾的解决方
案,与共产党人的方案可谓天差地别;不过很多人仍注意到了,陀氏 1862 年对
英国穷人状况的观察所得出的结论,与 1844 年恩格斯得出的其实颇为相似。

1881 年陀氏去世时,距离恩格斯发表关于"英国工人阶级状况"的报告,
已过去近 40 年。英国和整个世界都发生了翻天覆地的变化。美国在一场大
内战中四分五裂,造成巨大的生命损失,以解放黑奴为己任的总统也被刺身
亡。同样,解放农奴的俄国沙皇②也未能逃脱这种厄运。

亚历山大二世的运气还算不错,几次针对他的暗杀企图都没有得逞。
1881 年 3 月 1 日,阅兵式结束后返程途中,恐怖分子朝他乘坐的马车扔了一
枚炸弹,貌似这次暗杀又流产了。沙皇下了马车,站在街上问手下怎么回事,
恰在此时,又一枚炸弹飞来,他被致命地炸伤。回宫后,这位开明和蔼的老人
便亡故了,享年 63 岁。

这起谋杀引起的反响远远超出了俄国的边界。陀氏预言过的无政府状
态极可能将横行于世。"倘若不再信仰上帝,人类便无法存在,"这是《群魔》
中无政府主义者基里洛夫③抛出的观点,遂成为整部小说最具戏剧性的一幕
场景。

19 世纪末期的社会痼疾从根本上讲既非政治的也非经济的,尽管后来的

---

① 出现在布莱克的《伦敦》一诗中。
② 亚历山大二世(Alexander II,1818—1881),俄罗斯帝国第 12 任皇帝,1855—1881
年在位。
③《群魔》里一人物,信奉"人神"思想,将自杀视为最高理想和成为"人神"必经之路。

历史学家可能会作出这类阐释。人们注视着这个自维多利亚女王登基以来——已过去了 40 余年！——西方资本主义所带来的世界，意识到有些事情已经出了严重的差池。就像许多天才一样，陀思妥耶夫斯基也能够同时包容许多互相矛盾的观念，因此他的洞见总显得非常有趣。就他自身而言，陀氏是一个完全现代的、进步的思想家，比如他曾给予乔治·亨利·刘易斯①的《普通人生生理学》好评，曾经读过达尔文的著作和关于达尔文的评论，也涉猎过约翰·斯图尔特·密尔的政治思想和逻辑体系理论。另一方面，在钻研这些伟人的著作时，他感到一切都分崩离析了，中心无法维系。罗斯金和卡莱尔也阐述过类似的现象。彻底世俗化了的特罗洛普在《如今世道》里也是如此，不过他"对贫富之间的巨大差距只字不提"，一门心思关注虚荣，关注富人生活的全然的苟且偷生。

格莱斯顿在暴风肆虐的中洛锡安高沼地上咆哮，瓦格纳在新近落成的拜罗伊特节日剧院凝视着诸神的城堡在烈焰中崩塌，悲观厌世的特罗洛普在伦敦俱乐部里胡涂乱写、一气之间一命归西，陀思妥耶夫斯基一边咯血一边把《新约》塞到儿子手中——这些人是完全不同的个体。然而，几乎在同一历史时刻，他们都被类似的忧虑所困扰。这就好似在一群叽叽喳喳的陌生人中间，一切突然安静下来的那种令人不安的时刻；抑或，一阵突如其来的寒意，与其说是冷风，不如说是精神上的寒意，袭上心头，让人不禁发出西方人那种迷信的惊呼："有人踩上我的坟头了。"

喜歌剧剧院的经理理查德·多伊利·卡特②谈好了租赁条件，1877 年 11 月，喜歌剧演出在距离河岸街不远的这家剧院拉开了帷幕。伦敦音乐节完美谢幕后，瓦格纳早早返回了德国，所以没赶上吉尔伯特和沙利文的喜歌剧《巫师》。

---

① 乔治·亨利·刘易斯（George Henry Lewes，1817—1878），英国哲学家、文学、戏剧评论家。

② 理查德·多伊利·卡特（Richard D'Oyly Carte，1844—1901），英国人才经纪人、戏剧导演、作曲家、酒店经营者。

吉尔伯特和沙利文首部轰动一时的力作①《陪审团的判决》曾于 1875 年 3 月 25 日至 12 月 18 日在王家剧院上演并大获成功。《泰晤士报》评论员指出，"就像在伟大的瓦格纳歌剧中一样，韵文和音乐仿佛都是在同一个大脑中同时生成的。"音乐崇高庄严，剧情荒唐无稽。不过，虽说有点奇特，但它似乎清晰地展现出观众身处的现实世界。来看歌剧首演的观众们回到街头之后，无论是迷醉还是厌恶，脑子里都塞满了这出表演，挥之不去。更重要的是，对于粉丝们来说——至今仍有数百万之众——欣赏吉尔伯特和沙利文作品的经历，甚至改变了观众们眼中的世界。

说到这些歌剧似乎是在同一个大脑中同时生成的，这里面还有点令人感伤之处，或者说有点悲喜剧的色彩。亚瑟·沙利文（1842—1900）的父亲在桑赫斯特王家军事学院军乐队担任过指挥（以前当过单簧管手和音乐教师），沙利文从王家礼拜堂唱诗班的小男孩和伦敦大学王家音乐学院的优等生，一路成长为严肃而有远大抱负的音乐家和作曲家。他曾在莱比锡音乐学院求学，倘若不是与理查德·多伊利·卡特和威廉·施文克·吉尔伯特（1836—1911）厮混在一起，他可能只会成为 19 世纪一位不入流的音乐家，只有庸俗歌曲爱好者才会知道他是最流行的英文歌曲之一《失落的和弦》的曲作者，也只有常去教堂的人才会知道他是非常煽情的《信徒精兵歌》（《圣格特鲁德》，1871 作）的作曲者。不过他没有沉沦于这种命运，而是注定要名利双收——只要英语尚存，他便将永远以"吉尔伯特和沙利文"的名称为世人所知。

吉尔伯特是个糟糕的律师，对于刻薄的滑稽剧怀有古怪的嗜好，谁也想不到他竟然会跟沙利文展开合作。假如非得找出与这两人类似的一对，可以想想门德尔松和狄更斯合作的组合。

《陪审团的判决》里的被告被控犯有维多利亚时代那种老掉牙的笑话——"言而无信"——的罪过。这使吉尔伯特能够沉溺于两个重大主题：嘲讽英国法律的外在形式（戴着假发的法官和意见摇摆不定的陪审团，这些确实很滑稽）和女人不可抗拒的衰老。在他创作的歌剧里，这些笑话每部都会

---

① 1871 年上演过一次，模仿奥芬巴赫的喜歌剧风格，取名为《泰斯庇斯，或诸神变老》，结果遭遇惨败。——作者注

出现。在《陪审团的判决》里,法官大人本人回顾了身为年轻律师时的苦日子:

> 可我没几天就腻烦了三等舱的旅行,
>
> 腻烦了那只有面包和白水的正餐;
>
> 于是我就爱上了一个有钱律师的那位
>
> 又老又丑的令爱。

这位律师爸爸因女儿有望出嫁而激动不已,给法官加油打气:

> "阁下没几天就会瞅惯她的长相,"他说,
>
> "你会发觉你寻到个棒极了的好姑娘!
>
> "暮色中,她的背影多姿婀娜,
>
> "很可能被误看成四十三岁芳龄!"

这种笑话的不同版本,在现代人看来纯属刻薄伤人,却贯穿了吉尔伯特的全部作品,从《日本天皇》(1885 年)里"科科"①的唱段:

> 我护着它,铺展我的羽翼,
>
> 特啦啦,
>
> 一个超级不耐看的老东西,
>
> 特啦啦,
>
> 长着一张滑稽搞怪的老脸

　　到《耐心》②(1881 年)里简③的唱段:

> 细细的腰肢一日粗过一日,
>
> 走形渐渐弄坏了苗条的身姿,
>
> 固然裤带铆劲儿地勒紧,
>
> 曼妙的身材却越长越宽!
>
> 如今肥过了往昔从前,

---

　　① "科科"(Ko-Ko),一位穷裁缝,却被授予行刑官一职;跟云云订婚,最终与天皇之子成为眷属。

　　② 喜歌剧,原名为《耐心,或班索恩的新娘》。

　　③ 《耐心》剧中角色,得了相思病的中年女性。

> 赘肉依然疯长个没完——
>
> 岁月流转,不久的来日,
>
> 肥到连我自己都扛不住!

沙利文把这些歌词写得和谐优美,使它们看起来更加滑稽。

然而,无论现代的假正经们对吉尔伯特有多么深恶痛绝,无论音乐界的假内行们有多么愚蠢地鄙视沙利文,不过,如果我们想了解维多利亚时代晚期的风韵,最好还是得通过这两位。表面看来,他们不过在搞"纯粹的娱乐"而已,但他们与伟大的艺术共享着一种让我们以特殊方式来看待他们的世界的能力。

正如吉尔伯特对女性非常刻薄的态度所表明的,他们看待世界的方式,我们未必乐于赞同。我们可以想象马克思主义者会怎样批判"萨沃伊歌剧"——1881 年理查德·多伊利·卡特在河岸街南侧建起萨沃伊剧院(英国首家使用电灯照明的剧院)以来,这部歌剧作品开始为人所知。马克思主义者也许会说,那些涌入那个灯火通明的世界,被沙利文的曲调弄得神魂颠倒,被吉尔伯特的滑稽剧和俏皮话逗乐的观众,是被一种真正的鸦片,一种比宗教更有力的东西所麻醉了。在"萨沃伊歌剧"中,法律制度、议会、军队和社会阶级制度都成了嘲讽的对象,不过,这种嘲讽基本上不会令人不安,总的来说,它激发起人们对所嘲讽对象的喜爱而非厌恶。看完了展现司法制度的荒谬和腐败的《陪审团的判决》、走出剧院的观众,没有哪位会想捣毁甚或彻底改革法律制度。事实上,恰恰相反。

> 法官:虽说你步履艰难地往家挪,
>
> 你宣称我捍卫的律法是胡扯,
>
> 可我是一个美的评判者。
>
> 众人:而且还是个好法官!

看完《巫师》走出剧院的观众,也没有哪位想去颠覆教会。

> 现在到了我们主人喝茶的点儿了——
>
> 现在到了狂吃小圆面包的点儿了——
>
> 现在到了吃松糕和吐司的点儿了——
>
> 现在到了吃艳美的萨利伦甜饼的点儿了!

上面这一曲是整部歌剧里唯一一位牧师达利医生在欢快的合唱里的唱段。这里没有危险,没有真正的讽刺,只有对城郊居民的慰藉之语。在吉尔伯特和沙利文喜歌剧的熏陶中"长大"的任何人——我虚构出的马克思主义者也许会这么说——会认为英国荒谬、腐败、制度不完善,不过,这非但没有使我们希望改革这一制度,自上而下对其实施彻底清洗,反而使我们对最垂死的、最无理的弊端产生了怜爱之情。

> 所以,尽管贵族院拒绝伸出
>
> 其立法之手,
>
> 尽管高贵的治国之才
>
> 对于搞不懂的事态
>
> 也不想心痒痒地插上一手,
>
> 可大不列颠的光芒将像乔治王时代一般,
>
> 光辉岁月,灿烂无边!

这种露骨的滑稽表演,实际上诉说着来看 1882 年喜歌剧《伊奥兰斯,或贵族与仙女》的第一批观众中绝大多数自由党和保守党成员们的政治信条。

　　这是女性教育的伟大时代,女子高等教育学院纷纷建立。1865 年,位于纽约州波基浦西市的瓦萨女子学院发布招生简章,"旨在为年轻女性实现年轻男性靠大学所能实现的那些目标而奋斗。"尽管反对声一浪高过一浪,英国还是实施了类似举措,包括 1875 年成立伦敦女子医学院;1879 年在萨里郡的埃格姆镇成立王家霍洛威学院;牛津和剑桥大学也开始招录女生。1871 年,纽纳姆学院成为剑桥大学的下属学院,不过,女性当时必须参加单独考试,还被认为没有能力学习拉丁语和希腊语。1880 年,英裔美国人夏洛特·斯科特[①]进入剑桥大学格顿学院[②]学习,并被准许与男生一起参加数学考试。她

---

　　① 夏洛特·斯科特(Charlotte Scott,1858—1931),英国数学家,曾就读于剑桥大学,但不被允许获得学位;剑桥大学毕业后,她成为美国宾夕法尼亚州布林莫尔女子学院第一任数学系主任。

　　② 剑桥大学 31 个学院成员之一,成立于 1869 年,也是英国第一所寄宿制女子学院。

获得了第八名,如果是男生,就会被授予"数学学位考试第八名"的荣誉称号。由于不准授予女生学位,所以斯科特没有获得学位。当那位"数学学位考试第八名"的男生名字在剑桥大学评议会被宣读出来时,一帮剽悍的女性主义者们齐声高喊:"格顿的斯科特!格顿的斯科特!"

回忆这些往事总让人感慨万千。当然,对于吉尔伯特和沙利文的粉丝们来说,女性接受高等教育的想法却是很可笑的,正如1884年首演的喜歌剧《艾达公主》——吉尔伯特和沙利文戏拟丁尼生的《公主》之作①——中坚称的:

> 数学表现,女人一马当先:
>
> 那个鼠肚鸡肠的书呆子依然坚信
>
> 二加二等于四!哎呀,我们可以证明,
>
> 我们女人,家务活的苦工——
>
> 二加二等于五——或等于三或等于七;
>
> 或等于二十五,如果情况需要!

作为英国人性格和生活态度的普遍表达,"吉尔伯特和沙利文热"也有不利的一面,它让大部分本应更认真地展开思考的民众只顾吃吃傻笑了。毫无疑问,女性主义的发展(女性教育权和选举权的扩大)停滞了几十年,只是因为太多人,无论男女,将其视为笑谈而不屑一顾。

此外,对许多事情,英国人从此都习惯于将其纳入吉尔伯特式的滑稽荒唐喜剧来理解。对于庸俗公众而言,还有什么比詹姆斯·麦克尼尔·惠斯勒——美国唯美主义者、画家、《树敌雅术》(1890)的作者——与约翰·罗斯金(1877年,他开始出现精神错乱前兆,这位令人敬爱的伟大先知最终也将因此而死)之间的官司更令人心满意足的呢?罗斯金去格罗夫纳画廊看了惠斯勒的画展,并在他的下一部极具特色的连载作品《劳工书简》——"致劳动阶级和其他人的系列公开信"(一部意识流作品,其中出现了他最出色的一些段落)——当中,写下了一番致命的评论:"在此之前,对伦敦佬的厚颜无耻,我

---

① 长篇无韵体叙事诗,艾达公主为实现男女平等,拒绝与幼时订有婚约的王子完婚,在远离男人的世界创办了一所女子大学,禁止男人进入,最终意识到只有两性共同努力才能解决妇女权益问题。

已经见多识广了;可万万没有料到,一个自命不凡的蠢家伙向公众脸上泼了一罐子颜料,竟还索要 200 畿尼。"惠斯勒发起诉讼。审理这场官司的是约翰·赫德尔斯顿爵士[1],因拥有"一双最小巧的脚、一双保养得最妙的手以及伦敦最受青睐的太太"(圣奥尔本斯公爵[2]之女戴安娜·博克莱尔小姐[3])而闻名于世。这场审判简直是一场闹剧。可怜的伯恩-琼斯被要求作为罗斯金的证人出庭,因此与惠斯勒闹掰了。最终,陪审团裁定罗斯金犯有诽谤罪,判其支付惠斯勒 1 分钱的损害赔偿金。就连威廉·施文克·吉尔伯特也想不出比这更荒唐的情节了。然而,针对唯美主义者的喜歌剧《耐心》(在早期脚本里,它本打算嘲讽的是"崇礼派"神职人员)中,却流露出一种残酷的讥讽,在英国,这类讥讽每每演变为纯粹的霸凌。1881 年的这部喜歌剧中的唯美主义者漫步在皮卡迪利大街上,颇具中古风的手中持着一朵罂粟花或百合花,并表现出"对一个害羞的小土豆,或不太法式的法国豆的柏拉图式依恋"。[4] 14 年后,审判王尔德成了大批民众喜闻乐见的观赏性盛会。

同样,对于最受欢迎的"萨沃伊歌剧"《皮纳福号军舰》(1878 年),如果哪位观众绷着脸看完这部戏,不曾被"女王陛下海军之统帅"逗得乐不可支,那他也未免太过正经了。

> 约瑟夫爵士:如今一切陆居者,不论您是哪一个,
>
> 若想爬到事业巅,
>
> 若想灵魂不被绑死在衙门凳,
>
> 务请留神遵循此条黄金之法则——
>
> 身子死贴公案桌,永远别去海上闯,
>
> 这就能当上女王海军大统帅!

考察英国过去 200 年历史,我们就会知道,这种现象可谓司空见惯了:英国政

---

① 约翰·赫德尔斯顿(John Huddleston,1815—1890),英国法官。

② 威廉·博克莱尔(William Beauclerk,1801—1849),第 9 代圣奥尔本斯公爵,英国贵族、板球运动员。

③ 戴安娜·博克莱尔(Diana Beauclerk,1841—1905),约翰·沃尔特·赫德尔斯顿爵士的妻子。

④ 《耐心》里的角色班索恩的唱词内容。

治史上时不时地冒出对财政金融一窍不通的财政大臣，斗大的字不认识一箩筐的教育大臣。乔治·格罗史密斯①扮演的海军大臣，让《皮纳福号军舰》的早期观众们山呼海啸般叫好、大表认同，因为这个角色描述的就是迪斯雷利内阁的海军大臣本人，卫理公会连锁报刊代理商之子，"旱鸭子"威廉·亨利·史密斯②。事实上，这个颇具慈善家风采、卫斯理公会文法学校毕业的男孩，可能从未登上过明轮船，更别说战舰了，但他就是先荣登了海军大臣的宝座，随后在索尔兹伯里勋爵第二届政府里担任了战争大臣，参与了英国海军政策的重大转变。

长 285 英尺、宽 62 英尺的英国王家海军"蹂躏号"铁甲舰建于 1873 年，比史密斯当上海军大臣早了 4 年。它被描述为"一座漂浮的装甲城堡，外国舰炮伤不了它一根毫毛"。单单这个舰名就足以让人不寒而栗。在整个 19 世纪 70 年代末 80 年代初（迪斯雷利最后一届政府和格莱斯顿第二届政府之间），国内的沙文主义者一直在鼓动政府打造一支更大规模、更具摧毁力的海军。然而，无论是保守党人史密斯还是老皮尔派保守党人格莱斯顿，都本能地渴望削减开销，而非增加陆海军开支。不过由于形势的变化，加上英国的经济与不断扩张的帝国紧密相连这一重大政治现实，这种明智地控制财政支出的政策基本上不再可行了。1878 年至 1879 年，在英国面临战争恐慌的形势下，史密斯不得不考虑大力扩充海军。1884 年格莱斯顿当权之时，威廉·托马斯·斯特德发表了一系列危言耸听的文章（《海军及其补给基地的真相：了解真相者如是说》），促使政府开始重整军备计划。1885 年，英国财政部批准追加了 552.5 万英镑的议决金额，其中，"将拨款 310 万英镑用于建造 1 艘铁甲舰、5 艘装甲巡洋舰、10 艘装甲侦察舰和 30 艘鱼雷快艇。"

从战争史来看，一种武器或战舰发明出来，就不会只是当作摆设而不投入使用。因此，这种好战形势注定要导向"诸神的黄昏"式的大战。不过，这场战争并非发生在威廉·亨利·史密斯的有生之年，而是在《皮纳福号军舰》

---

① 乔治·格罗史密斯（George Grossmith，1847—1912），英国喜剧演员和歌手，曾在吉尔伯特和沙利文的轻歌剧原作中扮演过许多主要人物。

② 威廉·亨利·史密斯（William Henry Smith，1825—1891），英国政治家，1877 年任海军大臣。

首演之夜的许多观众的有生之年里爆发了。当然,除非是疯子,否则没有人会把吉尔伯特和沙利文当作导致扩充军备和列强对抗的罪魁祸首。不过,如果我们这样来理解这个问题,也许不算有失公允:一种催生出《皮纳福号军舰》并以其为纵情享乐盛宴的文化(吉尔伯特和沙利文的喜歌剧是 19 世纪七八十年代英国人创作的唯一令人难忘的音乐作品),想必不会做到严肃地自问,由一个其实面积很小的贸易岛国(尽管极其富饶、充满活力)来扮演世界主宰者、超级大国和"大帝国"的角色,究竟是否合适。这个"大帝国"存在的时间很短,却可谓带来无穷灾难;这就是为什么(尽管吉尔伯特和沙利文仍可以用滑稽笑话和适于口哨的曲调来取悦我们)这些喜歌剧本身,在当时的时代背景中看起来,颇有点尼禄在大火烧红的天空下拉着小提琴之意的缘故。

第27章　乡村教区—基尔沃特
—巴恩斯—哈代

　　对我而言,很难想象得出世间还有比维多利亚时代乡村牧师的生活方式更惬意的了。倘若有人非让我选择理想的活法,我会选择出生在1830年代,做个牧师之子,而且遗传了我牧师老爹超棒的牙齿。(牙科医学的进步无疑是20世纪人类才开始享有的为数不多、毫不含糊的福利之一。)我会尽量避开公学教育,因为我很"娇弱",而且,精通希腊语的我会去贝利奥尔学院念书,让本杰明·乔伊特做我的老师。(牛津运动者不会理我,但我被授予神职并获得教职后,我会对"崇礼派"怀有一种困惑而宽容的兴致,虽然无意效法他们的礼拜仪式。)在给大学本科生上了一小段时间(比如,五年)的课之后,某位同僚会把一位嗜书如命的俏妹子介绍给我,然后我们便结婚了。我会辞去教职,变成一位大学牧师,要是被分配了一座中世纪教堂,一所巨大的乔治时代建筑风格、通风良好的牧师住宅以及足以让我"养家糊口"的一片圣职领耕地就再好不过了。现在应该是1860年代了,我会在这里再待上40年,与好几代村民结为知己,给他们当教书先生、业余医生、社工和牧师。我妻子的头脑比我活络多了,她会与我俩生下的好几个孩子一起读法语、德语和意大利语,在女儿们考上圣休学院或萨默维尔学院时,她会开心得不得了。而我俩的儿子们,都和他们的父亲一样,是自行车发烧友、古玩收藏家、蝴蝶标本收藏家和植物学家,拉丁文是拿手好戏,都是威廉·莫里斯和乔治·萧伯纳的粉丝,不过他们会不会也和我一样当上牧师,这事还真不好说,因为我们都是怀疑论者,而我的孩子们会比他们的老爹更坦诚地表达出这种思想。也许在迪斯雷利过世时,身为乡村牧师、已近知天命之年的我,会凭借直觉感到,一场大戏已到了落幕时刻,"信仰的时代"——正如这座我每天在此高声诵读《公祷书》的古老中世纪建筑所体现的——已无可挽回地被摧毁了,至于毁灭它的力量,是资本主义,是达尔文主义,是铁路,是帝国主义,还是朦胧难辨的时代精神,谁又能说得清呢?

我从书架上取下弗朗西斯·基尔沃特牧师①——1865 年至 1872 年,在拉德诺郡的克莱罗教区担任副牧师;1872 年至 1876 年,生活在他父亲任牧师的威尔特郡的兰利伯勒尔教区;自 1877 年起,在赫里福德郡瓦伊河谷的布雷德沃丁教区担任牧师——的日记,仿佛看到刚才梦想中的那种维多利亚时代牧师的生活变成了现实。1879 年,基尔沃特结婚了,这可能就是他不再写日记(坦言了身为异性恋的他痛苦、得不到满足的心思)的原因。(真相我们永远不得而知;他结婚五周后便去世了。)在他的日记里,最吸引人的是随手记下的一些段落,而不是那些长篇大论,比如下面这段关于 1871 年“五月节”的:

> 早起,7 点吃早饭,我乘轻便小马车去车站赶 8 点的火车。5 月的清晨真可爱,美丽的河流、绿色的草地、树林、小山和繁花似锦的果园,真是妙不可言。在赫里福德,两个女人抬着一个“绿衣服的杰克”②在高镇到处展示。火车飞驰,相邻的车厢里,一个男人弹起竖琴,一位姑娘拉起小提琴。

或者,

> 1876 年 5 月 29 日
> 英格兰复辟纪念日,小孩们全都戴着橡树叶编的胸结挂饰来上学。

基尔沃特所勾画的英格兰和威尔士风物,属于尚未被汽车、砾石铺的马路、超市、工业化农场以及为普罗大众修建的休闲度假场所(连同随之兴建的度假别墅)——修养所、主题公园、科技园区、停车场和美其名曰“百汇”的火车站③——“摧毁”的时期。难怪 21 世纪的读者们会像沉浸在最令人愉悦的幻想中一样逃入基尔沃特的日记。不过,基尔沃特所描绘的世界实际上是极

---

① 罗伯特·弗朗西斯·基尔沃特(Robert Francis Kilvert,1840—1879),英国牧师,其日记折射出 19 世纪 70 年代的英国乡村生活,死后 50 多年才出版。
② 在英俗五朔节中,套上覆盖着青枝绿叶的木架跳舞的男子或男孩形象。
③ 指有大型停车设施的火车站。

度贫困的。

　　1872 年 1 月 9 日，星期二

　　去探望老人家卡洛琳·法默，读《路加福音七章》后半部分给她听。去那里的路上，我在小巷里碰见个叫乔治·威尔斯的小男孩。小家伙正要去住在"三枞树"下边公地拐角处的一位妇人家里讨点面包吃。男孩说他不知道妇人的名字，可她认识他的妈妈，常在他肚子饿时给他一点面包吃。他的妈妈是个跛子，教区也不给救济，平时卖些捞白菜的筦篱，供不起他晚饭。此时，一个仿佛来自另一个世界的小女孩脚步轻盈地从小巷里出来。她叫嘉莉·布里顿，一头靓丽卷发，红扑扑的小脸，披一件蓝斗篷，刚从镇上回来，从面包店为奶奶买回来一条烤面包。

　　1840 年代废除了《谷物法》①，激进的经济自由派相信这可以开辟一条坦途，迈向精英统治和经济富裕的辉煌时代。科布登是鼓吹废除《谷物法》的主将，很多英国城市都有他的雕像。很多工人俱乐部都被命名为"科布登俱乐部"。不少工业城市群里较为简陋的排屋也有了"科布登新月街区"或"科布登排屋"的雅号。

　　20 年后，英国的贫农总体上比以前任何时候更加贫困，而大地主阶级依然掌握着大部分农业用地。19 世纪以来，地价和地租固然有所下降，但到 1873 年，整个国家的一半土地仍然掌控在 4 217 人手中。

　　1860 年代，科布登大声疾呼，"如果我血气方刚，25 岁……就会建立一个'土地自由贸易联盟'，就像我们已经建立的'谷物自由贸易联盟'一样。"科布登和他的经济自由主义盟友们未能预见假如将农业仅仅视为另一种"工业"，会给土地带来怎样的后果。

伯特·弗朗西斯·基尔沃特

---

　　① 该法规定对廉价外国谷物的进口强制实施进口关税，以保护国内地主和农夫的利益。该法导致英国国内谷物价格昂贵，工人要求提高工资，外国也提高英国工业品进口税，从而损害了工业资产阶级的利益。1846 年，该法被废除，从而令资本成为英国的最高权力。关于该法的兴废和利弊，本书有多处讨论。

　　1860 年,美国铁路总里程达到约 3.8 万英里;1870 年,已达 5.32 万英里;1880 年,飙升到约 9.42 万英里。现如今,北美大草原上的谷物商们有能力把廉价谷物快速运到市场上售卖。跨大西洋的海运成本也降了下来。1873 年,从芝加哥到利物浦,1 吨谷物运费 3 英镑 7 先令;到 1884 年,骤降到 1 英镑 4 先令——单是水运,相当于每运送 1 夸特的谷物,运费便宜了 9 先令 9 便士。

　　为了应对这种威胁,几乎所有欧洲国家都开始对进口谷物征收关税——也就是,出台与《谷物法》极为类似的法令,而这正是罗伯特·皮尔爵士及其自由党朋友在 1846 年曾经满腔热情地极力设法要废除的。俄国——本身就是谷物出口大国,其大部分谷物与美国的谷物一样廉价倾销到英国——也对粮食开始征收进口税,德法也是如此。只有工业化的英国和比利时还选择相信科布登那种声名狼藉的教条,即国家之间的商业往来必然会带来进步。作为英国农业的最大宗适耕农作物,小麦价格从 1877 年的每夸特 56 先令 9 便士一路跌到 1878 年的 46 先令 5 便士。到 1885 年,英国小麦种植面积缩水了 100 万英亩。到 1880 年代,英国小麦进口的占比达到了荒谬的 65%,近 100 万农业工人弃耕而去,其中大多数人移居到国外,也有一些人拥入工业城市成为工人。

　　除了资本主义造成的毁灭性破坏,维多利亚时代晚期的英国农村还遭受了可怖的天灾。1865 年至 1866 年以及 1877 年,牛瘟病(牛疫)和牛肺疫肆虐,迫于严峻的形势,政府不得不对耕牛采取隔离措施,并向扑杀病牛的农户发放补偿金,以遏制疫情的蔓延。1878 年至 1882 年,绵绵雨季致使萨默塞特郡、北多塞特郡和林肯郡沼泽地区的羊肝吸虫病蔓延,这一时期,死亡羊只高达 400 万头。洪水致使许多耕种土地的农民倾家荡产。1881 年至 1883 年,口蹄疫横扫英国全境,疫情失控,牲畜大量死亡。

　　小麦和羊毛——自中世纪以来英格兰和威尔士经济持续繁荣的两大支柱产业——也落入了海外市场之手。不过,对 19 世纪最后几十年的农业萧条,我们既不应夸大其严重程度,也不应对其起因作简单化处理。在这些不景气的岁月里,农民依然劳作,不仅活了下来,收益也提高了。肉类、奶制品和蔬菜产量都有所增加,机械设备的引进提高了经济效率,为此很多树篱都被铲除了。这一时期的威尔特郡因此地貌大变,满眼望去一片平坦,跟如今相差无几。

但总的来说,农村贫困人口和农业工人却付出了极其可怕的代价。他们的生活一直举步维艰,在1870年代之后的光鲜富裕的新世界里,贫困的农村想必显得更加惨淡。1875年,亚伯勒伯爵①死了,生前囤积的雪茄卖出了850英镑,比他庄园里农业工人18年的总收入都要多。童工是穷人农业生活中不可或缺的一部分。沙夫茨伯里勋爵的社会改革虽然让工厂童工的生活逐步得到改善,但对农场童工收效甚微。1869年《农业童工和女工法》旨在纠正非法雇主虐待童工的行为,这些非法雇主强迫其控制的"农业帮"(人数从10人到100人不等,其中有些儿童只有6岁)充当廉价的流动劳力,捡石头、除草、拔萝卜、种土豆和锄地等等。这些"农业帮"里的生活是残酷的。小孩子经常挨打,而妇女们为了下地干活,只好给襁褓中的婴儿喂大烟片吃,并把婴儿存放在树篱墙里。新法规定,这类"农业帮"不得雇佣8岁以下儿童,但这并没有杜绝急需廉价或自由劳力的小农场主们雇佣6岁以下童工的现象。其中,有个叫乔治·爱德华兹②(后来升任下议院议员)的曾回忆说,他自6岁起便开始干活,周薪只有1先令。居住在凯尔特外缘地区③的贫困家庭的生活水准低得令人瞠目结舌:苏格兰高地的小农场佃农全年生活费只有可怜的8英镑。在南部,根本找不到活干,农场也没有被分割成小农地,因此,农业工人们没有其他的谋生之道,要么背井离乡,要么忍饥挨饿。

6年来,北德文郡哈尔伯顿教区的格德尔斯通牧师④凭一己之力把四五百位有家室的男人组织起来集体移民,从每天工作10个半小时、每周仅靠7到8先令勉强糊口的地区搬到这个国家比较富裕、能支付最低生活工资的城市、工厂和地区。这位善良的乡村牧师给《泰晤士报》写了一封信,把这些人的困境公之于众,他写道,"他们几乎所有事情都无法自行完成,要帮他们托运行李和订火车票,还得给这些朴实的旅客准备一张用清晰可辨的大字写好

---

① 查尔斯·佩勒姆(Charles Pelham,1835—1875),第3代亚伯勒伯爵。
② 乔治·爱德华兹(George Edwards,1850—1933),英国工会主义者、工党政治家。
③ 常用以指爱尔兰、苏格兰和威尔士。
④ 爱德华·格德尔斯通(Edward Girdlestone,1805—1884),英国牧师,因其在19世纪60年代末和70年代初为农民利益积极奔走,而被称为"农业劳动者之友"。

的便条,写上完整简单的说明事项。"尽管要去的地方只是肯特郡或英格兰北部,他们还是常常腼腆地询问他们是否还要"涉水渡河"。到 1881 年,尚在从事农业的劳动力比 1871 年减少了 92 250 人。

到 1901 年,英格兰和威尔士的男性农业工人减少了三分之一,曾经独领世界风骚的英国农业因为死抱着自由贸易的教条,已陷入崩溃。只是在 20 世纪的两次世界大战期间,孤立主义和保护主义不可避免地露头,政府才迫不得已再次把"自耕自种、粮食自给自足"视为头等重要的国事,使英国农业走上了复苏之路。即便如此——正如最近几十年来发生的不幸状况所表明的——这种复苏不过是一场"普遍性痛苦大戏里的一段小插曲"而已。如果不爆发另一场世界大战或者没有出现富有想象力的、废除了对《谷物法》的废除的英国政党,衰退还将持续。我们在本书中对迪斯雷利赞赏有加,但依然绕不开这个痛苦的话题,不得不指出,正是凭借为《谷物法》的雄辩和对罗伯特·皮尔爵士的攻击,他才一举成名,并让托利党陷入分裂。然而迪斯雷利担任首相后,以种植小麦为生的农民正遭受北美大草原谷物巨头的摧残时,他却并未伸出援手帮上一把。

因此,我在 19 世纪中后期成为一位乡村牧师的梦想,并不意味着能过上纯粹的田园牧歌式生活。真实的农村生活是充满苦涩和折磨的。不过,话虽如此,看到如下这张照片,有谁不想跻身其中呢? 它摄于 1882 年 10 月一个秋日,地点是在温特伯恩-卡姆教区[1]牧师住宅的花园。教区牧师坐在前景中,头戴一顶宽边铲形帽,身披黑袍,蓄着长长的白胡须。他就是多塞特郡诗人威廉·巴恩斯[2],簇拥在他身边的是女家眷和他的儿子威廉·迈尔斯·巴恩斯[3],也是一位牧师,头戴一顶宽边铲形帽,蓄着长长的胡须。人们都知道,在这个世界上,极端的苦难和贫穷不过人生常态罢了,但在这位老人用他家乡的多塞特郡方言创作的诗行里,有一种挽歌式的调子,一种对永不再来的生活方式的怅然之感:

---

① 多塞特郡一乡间小教区。

② 威廉·巴恩斯(William Barnes,1801—1886),英国博学家、作家、诗人、文献学者、牧师、数学家、雕刻艺术家和发明家。

③ 威廉·迈尔斯·巴恩斯(William Miles Barnes,1840—1916),英国牧师。

黯然神伤的时刻常常降临，
一位我们内心深处挚爱的人，
当须长久或永久
离我们远去之时：
而后，哦！多么令人心碎，
爱者的心必伤悲不已，
倾听身后他对那堕落之门的
最后诀别。

威廉·巴恩斯

另一位"威塞克斯"诗人，也是蒙受巴恩斯很多恩惠的人，在埃德蒙·戈斯①的陪同下，拜望了这位行将就木的老者。但见老者卧于床榻之上，身披猩红睡袍，"头戴一顶暗红色的四角形羊毛软帽"，浓密的胡须飘洒在胸前，"躺卧于白床之上，外罩红衣主教的红袍"。日后，这位来访者，也就是托马斯·哈代②，为好友巴恩斯的葬礼写了一首令人魂牵梦萦的诗（《最终的示意》）。哈代走出自己的宅邸"马克斯盖特"时，时间有点晚了，此刻，巴恩斯的榆木棺材正被拉上马路。夕阳西沉，透过昏暗的云层，一道橙黄色的阳光突然闪现在眼前。

凝神注视又注视，我晓得从青灰色的东方景象中
突然射出的那道光芒意味着什么——
它意味着西方被彼处的吾友之棺照亮，
从吾友的绿地转向大路，一路向前，
开启他最后的旅程——曾儿何时，他风华正茂，
多少次迈出那扇门，跋涉于大地之上！

---

① 埃德蒙·戈斯（Edmund Gosse，1849—1928），英国诗人、翻译家、文学史学家、批评家。

② 托马斯·哈代（Thomas Hardy，1840—1928），英国著名诗人、小说家，代表作《德伯家的苔丝》《无名的裘德》《还乡》《卡斯特桥市长》等。

如斯,在通往墓园的途中,他向我示意永诀,

恰似挥手作别。

托马斯·哈代是那些大文豪中的一员——卡莱尔和 20 世纪末的索尔仁尼琴也是——他们不仅创作了艺术杰作,而且他们似乎以其生命的朝圣之旅展示出所处时代本质的深刻真理。作为苏格兰人、俄罗斯人或英格兰人,他们没有一个是"典型的",无论"典型"一词意味着什么。事实上,他们都是"局外人"。然而,他们在生活和创作中都本能地紧跟着各自所处的社会。陀思妥耶夫斯基虽然有点疯疯癫癫,却也拥有这种品质,而托尔斯泰虽然痴迷于俄国和世界的现状,却不具备这种品质。我在此谈论的与其说是作家们各自的观点,毋宁说是他们选择所写之物、成为他们所是之人时那种别无选择的特征。二流作家只会模仿、矫揉造作、装腔作势,而这些诚实不渝的人却拥有马丁·路德的名言"我坚持我的立场,我别无选择"的品质。比如心怀沮丧和愤怒的卡莱尔和陀思妥耶夫斯基,纷纷识破了 19 世纪自由主义编织的谎言;而哈代,以隐晦而文雅的、乡土式的英国风格,用他那乡下人般永恒明亮的蓝色双眸锁定了一个更宏大的目标。"半个世纪以来,我追觅上帝如初,倘若他存在,我必定会寻见他。"

哈代的许多小说情节老套,但这并不重要,重要的是他有时能以"无比笨拙"的方式创作——"泪水是润湿双眸的通路";清晨或悬疑并不会令人不寒而栗,"只会使人感到通身寒冷"。哈代有一种真诚无欺的宏大格局,相比而言,其著作里的那点瑕疵便显得微不足道了。

身为石匠师傅的儿子,哈代出生于多塞特郡一个籍籍无名的教区,自出生起便对自家和邻家的贫寒景况了然于心。小时候,有一回,他把玩具木剑浸到新鲜的猪血里,挥舞着木剑在花园里四处蹦跳,边跳边喊,"要么自由贸易,要么流血!"与大多数人一样,哈代的父母也认为废除《谷物法》(哈代 6 岁时,该法被废除)会把有权势的人赶下宝座,并提升贫寒困苦者的地位;不过,从很小时候起,他便意识到用政治来阐释生活是行不通的。小哈代扮起了牧师,有模有样地在堂兄弟和祖母面前"布道"。当英国农业大萧条开始出现时,哈代已长大成人,在伦敦当一名实习建筑师——他对教会的兴趣转移到

了那些上帝栖居其间的石头和玻璃,而不是据说是上帝创立的圣职的崇拜上。正是在"修复"(恰当地说,应该叫"破坏")北康沃尔的圣朱利奥特教堂时,哈代邂逅了第一任妻子艾玛·吉福德①——她的叔父是一位副主教,曾对《名人录》的读者颇为得意地讲起过这段侄女的婚姻轶事。

《绿荫下》是哈代最成功的早期小说,这出莎翁风格的喜剧讲述了在同一个教堂唱诗班里的父母相遇相知的往事,不禁让人深情追忆起牛津运动之前的英国国教:那是一方独特的世界,一排排黄杨木教堂长椅、忙碌得气喘吁吁的教区执事,还有响彻教堂的由弦乐器而非管风琴奏出的音乐。然而,小说情节充斥着很多迂回曲折的反讽,再加上故事的整体基调,让读者丝毫不怀疑哈代的立场,即使在他写作早期也是如此(《绿荫下》于 1872 年 6 月出版)。哈代在 1870 年 10 月 30 日的日记中写道,"这是我母亲的奇想,也是我的奇想:一个身影伫立在我们家的厢式货车里,手臂高擎,想把我们从对有利可图的永恒前景的沉迷中解救出来。"

在这些伟大小说中——《远离尘嚣》《还乡》《卡斯特桥市长》《德伯家的苔丝》《无名的裘德》——我们都会遇到饱受艰难险阻的人们。一位评论家说,在哈代最受青睐的小说《苔丝》里,"除了与奶牛共度的几小时外,整部小说透不进一缕阳光。"一位主教一把火烧掉了《无名的裘德》(出版于 1895 年),哈代以此为由放弃了小说,转而专注于诗歌创作。这并不是说这部小说没有使他在家庭安宁(他那位虔诚尽责的夫人因为书中裘德和苏所谓的"缺德勾当"狠狠地遣责了他)和声誉方面付出高昂的代价。哈代非常看重阿西纳姆俱乐部②的会员身份,主教们常常光顾这里,在藏书室看报纸。(哈代于 1878 年当选为该俱乐部会员。)

哈代无疑是所有伟大英国小说家中最虔诚的一位,也是维多利亚时代所有伟大作家里最专注于精神性的。他始终或多或少自视为一位牧师。"一种屈从于宿命论的才智与以基督教精神和道德秩序主张为滋养的想象力之间

---

① 艾玛·吉福德(Emma Gifford,1840—1912),英国业余小说家、妇女参政论者。
② 位于伦敦,成立于 1824 年,属于私人会员制俱乐部,参加者多为知识分子。

的斗争,促使哈代走向诗歌创作,"——约翰·英尼斯·麦金托什·斯图尔特[1]评述得很妙,而且这种特质也许在诗歌的含蓄之语中比在陈述教义中表现得更明显,比如短诗《上帝的葬礼》和《上帝的一课》都充满了力量。还有下述无与伦比的诗歌,如《无法感受》《对镜》《一个雨夜》《古教堂里作画琐思碎想》《教堂传奇》《在曾经野餐的地方》《伦敦的妻》《我们坐在窗边》和《梅尔斯托克教堂的晚祷》,诸如此类,还有很多。哈代曾在第一次世界大战期间表示,"近来,关于'无神论者'一词引发了巨大的混乱,对此,胡说八道者不胜枚举。我相信,有位从未读过我作品的记者也给我扣上了这样一顶无神论的帽子。"(那位记者是吉尔伯特·基思·切斯特顿。)"如今,'上帝'一词含义多达 50 种,其实唯一合理的解释就是上帝乃是万物之因,无论那'因'本身到底又是何物……"

　　哈代是一位有尊严的见证者,他所描绘的,不仅是对教会事物的文化怀旧,尽管他深爱着这一切——而且正如《无名的裘德》所表现的,哈代固然钟情于古老的乡村教堂,同样也喜爱新的城市"崇礼派"教堂——还有唯有国家教会能提供的那种共同的精神生活。哈代始终希望教会能够坦率地开口探讨各种精神性问题,却失望地发现,教会未能与现代思想展开什么严肃的交流。因此,颇为恰当地,哈代最著名的作品并非在伟大的小说中表现的叔本华式不幸,亦非《上帝的葬礼》中那种近乎异想天开的东西,而是《牛群》中的真诚向往:

> 然而,我深思:
> 假若有人在圣诞前夜说出,
> "走吧,去我们童年时的常去之地,"
>
> "在那边小溪崖的附近,
> 去看牛群跪在孤独的农场,"
> 我就会带着真切的信念,
> 在昏暗之中与他同往。[2]

---

① 约翰·英尼斯·麦金托什·斯图尔特(John Innes Mackintosh Stewart,1906—1994),苏格兰小说家、学者、文学评论家。
② 本译文采自吴笛先生译本。

第 5 部
1880 年代

索尔兹伯里侯爵　　查尔斯·斯图尔特·帕内尔　　查尔斯·迪尔克　　查尔斯·戈登　　约翰·布朗　　安妮·贝赞特　　红衣主教曼宁

第 28 章　疯狂的十年

　　1880 年代,摄影技术飞速发展,这主要得益于干版的发明。该发明属于首创,自然是英国各类科研人员联手打造的。约瑟夫·斯旺爵士①的公司在 1870 年代末便已开始销售干板,著名品牌"依尔福"也于 1879 年问世。随着更小巧、更便携的相机日益增多,曝光可以在几秒钟内完成,相机也逐渐捕捉到不朽的瞬间,它们是早期摄影师使出浑身解数也无法做到的。工作在巴黎的英国摄影师埃德沃德·迈布里奇(原姓马格里奇)②发明了摄影枪,把几块微型玻璃板装在一个圆盘上,以便快速更换。迈布里奇得以拍下扇动翅膀的飞鸟,还有飞奔的马匹四蹄同时离地的奇观。他发明的"动物实验镜"成为移动摄影机的雏形,距离发明电影只有一步之遥。迈布里奇和其他发明者的开创性成果不久便由伊士曼③推向了商业市场,后者造出了便携盒式照相机,美其名曰"伊士曼一号"——广告语是,"你按下快门,剩下的交给我们!"

　　由于栩栩如生的真实瞬间得以被抓拍下来,1880 年代便以几十年前未曾有过的方式鲜活地呈现在我们面前。1887 年,在维多利亚女王登基 50 周年庆典上,女王的微笑瞬间被查尔斯·奈特④定格在照片上,如果要等朱丽亚·

---

① 约瑟夫·斯旺(Joseph Swan,1828—1914),英国物理学家、化学家、发明家。

② 埃德沃德·迈布里奇(Eadweard Muybridge,1830—1904),英国摄影师,在早期运动摄影研究和电影放映方面贡献卓著。

③ 乔治·伊士曼(George Eastman,1854—1932),美国企业家,创立伊士曼柯达公司。

④ 查尔斯·奈特(Charles Knight),英国宫廷摄影师,1853 年生,卒年不详;活跃期为 1875 至 1898 年。

玛格丽特·卡梅隆①、伊特恩·卡加②或大卫·奥克塔维厄斯·希尔③把火棉胶涂在玻璃板上，并笨拙不堪地调试好那些古怪的老玩意，这个微笑早就消失得无影无踪了。1880年代因此也成为我们能用眼睛看到的第一个"解冻"的十年，翻开它的每一页摄影记录，我们都好像既看到了现代世界觉醒的开端，又面对着一个行将消逝的世界：活像那种在铅棺材里躺了好几个世纪，据说一见光便灰飞烟灭的尸体。

我们因此有幸得以一睹牛津摄影师亨利·陶特④的照相馆外正在铺鹅卵石的人们；有幸得见老沙夫茨伯里勋爵跟一群1883年出生的衣衫褴褛男孩的合影（在这些孩子30岁时，战壕里将响起震耳欲聋的隆隆炮声）；有幸得见参加1884年校庆的牛津大学教师和乔伊特等一行人从贝利奥尔学院大厅出发向谢尔登剧院行进的场面；有幸得见皮卡迪利大街上卖杂志的老太太以及在利兹城的庞德斯短巷贫民窟里玩耍嬉戏的孩子；有幸得见（多亏了亨利·陶特）在克里克莱德小镇附近哈切兹的泰晤士河上举行的最后一场浸信会洗礼仪式；有幸得见公共马车沿摄政街踢嗒踢嗒地驶过和蒸汽火车缓缓驶入坦布里奇韦尔斯镇中央车站的场景；有幸得见在威斯敏斯特市米特和达芙酒吧外面征兵军士们在抽烟以及位于弓街的布莱恩特和梅火柴厂女工们在包装火柴。有幸得见富家女子们正从都柏林伊菲宫化装舞厅楼梯走下，男人们在沃姆伍德·斯克拉比斯监狱做着单调无比的苦工以及布莱顿寻欢作乐的人们正把游泳更衣车推到卵石海滩上的情景。这些面孔中，有些（好似笃信相机是侵害工具的亚马逊部落土著）似乎正将目光投向我们、投向未来，眼神里流露出对破坏他们生活里一切安宁美好的人的怀疑，而另一些人则似乎不仅看着我们，而且预测着我们的想法，估量着我们的心事。

我们看着这些照片里的影像，将其视为现实的象征或认为它们拥有新的真实性（不同于冰岛传奇小说或约书亚·雷诺兹爵士⑤画作中的那种真实

---

① 英国早期女摄影师，参见本书第21章对她的介绍。

② 伊特恩·卡加（Étienne Carjat，1828—1906），法国记者、漫画家、摄影师。

③ 大卫·奥克塔维厄斯·希尔（David Octavius Hill，1802—1870），苏格兰画家、摄影师、艺术活动家。

④ 亨利·陶特（Henry Taunt，1842—1922），英国摄影师、作家、出版商。

⑤ 约书亚·雷诺兹（Joshua Reynolds，1723—1792），英国画家，从事肖像画创作。

性），这一事实本身便已说明，我们与热衷于科学的维多利亚时代产生了深深共鸣，也认同那种相信表象与真实之间的差异可以由独立于人类心智的某种机器来加以区分的混乱的经验主义观点。相机成为仲裁者。人们相信，相机从不撒谎，这种观念本身不仅为骗子打开了方便之门，也使人们对真理的本质产生了极大疑惑。

1880 年 8 月 30 日至 9 月 15 日，在位于海伊小镇和阿伯加文尼镇之间黑山山脉里的兰托尼修道院①的一小块大黄地里，很多人——先是一些小男孩，随后是修道院院长大人（本笃会的伊格那丢牧师）②和其他成年人——一同目睹了"一个身披飘舞披风的无上威仪的神体形象"。这个形象巨大无比，在抵近人群时，身形又缩为常人大小，化为一个侧身俯向大黄地——如今被称为"神圣的棘丛"——的岿然不动的形象。所有目睹奇象的人都证实那是圣母玛利亚，而且被奇象笼罩的那些大黄叶也有了治病的奇效，譬如治好了一位英国国教修女腿上的脓肿病，毕竟，看到圣玛利亚在兰托尼修道院显灵的这些人并非罗马天主教徒，而是实实在在的英国国教教徒。当然，对圣母显灵一事持怀疑态度的也大有人在。玛丽·艾格尼丝修女认为，当地一位痴迷于摄影的铁路公司职员，平时爱搞恶作剧，这次，又是他动了手脚，在威尔士这块被雨水浸透的大黄地上投射了一幅"卢尔德显圣"③般的魔灯形象。一些人倾向于相信这种"解释"，而不是相信是那位修士及其同伴"看见了"其信仰想让他们看见的东西。

1882 年 1 月，一群有科学头脑的聪慧学者、公众人物、牧师和大学毕业生共同创立了心灵研究协会。在创始人当中，代表科学或起码是怀疑精神的成员有都柏林王家科学学院物理学教授威廉·巴雷特爵士④、剑桥大学哲学家

---

① 该修道院是伊格那丢牧师于 1869 年在威尔士一小村庄内建立，属英国国教修道院，距中世纪的兰托尼修道院不远。——作者注
② 约瑟夫·莱斯特·莱恩（Joseph Leycester Lyne，1837—1908），自称伊格那丢牧师，英国国教本笃会修士。
③ 1858 年，法国南部卢尔德小镇，14 岁的磨坊主女儿伯纳黛特-苏比鲁斯宣称自己看到了圣母显灵的形象。
④ 威廉·巴雷特（William Barrett，1844—1925），英国物理学家、超心理学家。

亨利·西季威克、威廉·亨利·迈尔斯①、埃德蒙·格尼②和弗兰克·波德莫尔③，代表唯灵论的有威廉·斯坦顿·摩西牧师④、莫雷尔·西奥博尔德⑤、乔治·维尔德医生⑥和道森·罗杰斯⑦。最后，该协会还吸纳了首相格莱斯顿和未来首相亚瑟·贝尔福、阿尔弗雷德·丁尼生勋爵、刘易斯·卡罗尔、约翰·阿丁顿·西蒙兹以及其他8位王家学会会员，包括阿尔弗雷德·拉塞尔·华莱士。

他们显然都相信可以通过科学来证实唯灵论是否真实可信，尽管他们似乎都不曾为这个事实烦神过：唯灵论本身也是在科学的时代诞生的，而且为其有效性提供了譬如灵魂照片等明显的科学"依据"。波士顿毕格罗兄弟—肯纳德珠宝公司的首席雕刻师威廉·霍华德·穆勒⑧是首位在火棉胶版上得到亡灵影像的业余摄影师，他尽管随后在纽约因为施展巫术、骗取不义之财而遭到起诉，最终还是被判无罪。那些拍摄并冲洗底片的人向我们信誓旦旦地保证，他们对绝大多数的灵魂照片（往往是模糊不清的幽灵徘徊在坐者的身后或身旁）绝对没有动过手脚，也没有玩弄骗人的把戏，因此怀疑者或者相信者都不能无视这些科学证据。

这个时代的特征似乎就是，试图通过一种毫不相干的思维过程来确认一种信仰，用科学来验证肉体的复活和生命的永生，其实这就像任命神秘主义者担任物理学教授一样毫无逻辑可言。然而，1880年代就是这样一个千奇百怪的混乱时代，决定爱尔兰或自由党的未来的，不是政治协商而是性丑闻。美学家从墙纸设计转向了社会再设计。那个时代最著名的一位无神论者后来也皈依了神智学。新闻业，这盏终极的玄幻之灯，首次郑重宣告自己不仅

---

① 威廉·亨利·迈尔斯（William Henry Myers，1843—1901），英国诗人、古典学家、语言学家，心灵研究协会创始人之一。

② 埃德蒙·格尼（Edmund Gurney，1847—1888），英国心理学家、超心理学家。

③ 弗兰克·波德莫尔（Frank Podmore，1856—1910），英国作家、费边社创始成员。

④ 威廉·斯坦顿·摩西（William Stainton Moses，1839—1892），英国牧师、灵媒。

⑤ 莫雷尔·西奥博尔德（Morell Theobald，1828—1908），英国唯灵论者。

⑥ 乔治·维尔德（George Wyld，1821—1906），苏格兰顺势疗法医生、通灵学者、神智学者。

⑦ 道森·罗杰斯（Dawson Rogers，1823—1910），英国记者、唯灵论者。

⑧ 威廉·霍华德·穆勒（William Howard Mumler，1832—1884），美国灵魂摄影师。

是新闻的传播者,而且是整个社会的道德明镜。

　　因篇幅有限,我们只能给出这一非凡十年的一系列快照。社会主义历史、欧美关系、媒体与性的关系、爱尔兰、大英帝国在非洲的扩张、印度生活、开膛手杰克系列谋杀案和女王登基 50 周年金禧庆典,反思这些事件时,令人震惊的在于,在它们当中,就像在某个大部头小说里一样,同一些人物会以不同的化身频频出现。在这十年中,人类的愿景及其调整走向了怪异和暴力:在这十年中,马克思逝世了,尼采出版了《查拉图斯特拉如是说》,社会主义渐渐滑入了骚乱和阴谋的泥淖,堪与陀思妥耶夫斯基的《群魔》相媲美;在这十年中,爱尔兰到处充斥着暗杀和爆炸,英国的帝国梦里则沾染了太多非洲人的鲜血。在这十年中,现代美国开启了与欧洲的新型关系,即将影响整个 20 世纪的世界格局。千百万大众的生活变得更舒适也更受限制,但更多人的生活则依然与祖辈们一样悲惨。与其说这是像奥登口中 20 世纪 30 年代的那种"卑鄙虚伪的十年",不如说,这是兴高采烈的十年,只不过这兴奋来自麻醉剂,也是痛苦地诚实的十年,政党和议会宁愿分裂,也不愿在真理观上达成妥协。这是疯狂不羁的十年,仿佛陀思妥耶夫斯基,虽然在这十年开初时便已去世,却始终阴魂不散。维多利亚女王登基之初,谁能预料到以其登基 50 周年庆典为巅峰的十年,会始于议会关于无神论的争吵和辩论,并终于伦敦东区令人作呕、无法侦破的系列谋杀案呢?

　　"发动革命的唯一途径便是从无神论开始,"《群魔》里的一位人物如是说道。社会改革家查尔斯·布拉德洛和开膛手杰克以各自的方式都呈现为陀思妥耶夫斯基式的显灵——都是虚拟与现实交织的形象。那些有耐心的人如果为自己设定了分清"表象和真实"的长期任务,那么,在 19 世纪这列疯狂的、失控的幽灵列车横冲直撞前进之际,这一任务便显得日益艰巨起来。

第 29 章　穷人的困境

　　1880 年代,穷人和富人之间的巨大沟壑,贫困人口的惊人数量及其不断恶化的状况和富裕阶层的日益繁荣之间的对比,都是无法回避的事实。化身为预言家的小说家列夫·尼古拉耶维奇·托尔斯泰,在莫斯科街头亲历了他本人及其阶级都难以回避的一种谴责。他曾在巴黎目睹了一个人被送上断头台,并认为哪怕仅仅充当这场暴行的看客,自己也等于犯下了共同谋杀罪。

　　　现在,以同样的方式,对于成千上万陷于饥寒交迫、落魄潦倒的人,我也不只用头脑或心灵,而是用整个生命感受到了——在我自己和成千上万的其他人饱食终日,牛排和鲟鱼一应俱全,马披上马衣,地板铺着地毯的时候——不管世间一切博学之人如何大谈这样做的必要性——在莫斯科,数十万穷困潦倒之人的存在,就是一种犯罪,绝非一次性的罪行,而是长期的犯罪;而我以我奢侈的生活,不仅默许了这种罪行,还参与了它。

这篇檄文①或当被视为托尔斯泰的最强力作,它呼吁人人都应恪守基督律法并放弃多余财富,有余衣者应舍衣给无衣者,地主应将财富与农民共享,房主应自担家务而非指望雇工代做,富裕阶级应对挣扎于困境里的穷人少一些榨取贪欲、多一些同理心。

　　1886 年,托尔斯泰预言道,假如对此不能有所作为,富人必遭可怖的报应。"民众倍受压迫,仇恨和蔑视的情绪日益高涨,富裕阶级的物质和道德力量正走向衰微。一切都靠欺骗,这种欺骗正耗尽一切,而且在这种致命的险

---

　　① 本段选自托翁《那么我们又该怎么办?》。

境中,富裕阶级并无可以依靠之物。"

31 年后,列宁抵达圣彼得堡芬兰火车站。没有比上述两位在思想上分歧更大的了。列宁认为,托尔斯泰的和平主义及其朴素的生活理念会严重阻碍暴力革命,而托尔斯泰则痛恨暴力,憎恨工业主义(可它却是马列主义者所认为的物质基础),认为对于欧洲问题应当诉诸本质上属于农业的方法来解决。他对货币和劳动之间关系的阐述(无疑是一切经济理论的出发点)只能在那种臆想出的小手工业和农业世界中才可能有效。

然而,这本著作却产生了巨大的影响,其标题《那么我们又该怎么办?》表达出 1880 年代欧洲人确实面临的一个难题。这个问题在整个欧洲都已显而易见:它的潜在危险,以及也许未被明言的道德丑陋。19 世纪 80 年代这十年也是政治小说勃兴的伟大十年,左拉的《萌芽》(1885 年)以无与伦比的笔触描绘了工人阶级、矿工遭受的苦难及其蕴涵的势不可挡的力量,这种力量驱使他们对资方采取罢工行动并诉诸暴力。漫步于伦敦街头的亨利·詹姆斯也为他的社会主义暴力革命小说《卡萨玛西玛公主》(1886 年)找到了创作素材。该小说的主人公自感被世界彻底排除在外。"他觉得,在这样的时刻,伦敦这个巨大、喧嚣、冷漠的世界似乎蜕变为一个庞大机构,嘲讽着他的家徒四壁和孱弱无力。"居住在约克郡富丽堂皇乡村别墅里的詹姆斯承认,在这些地方,一切财富和特权全部建立在"一片煤烟缭绕、污秽不堪的景象"之上。他预言道,"在英国,匈奴人和汪达尔人必将从巨大而苦难的黑暗深渊里(在民众中)现身……英国大部分地区已陷入了极端物质至上的泥淖,急需放血"(1886 年12 月 6 日)。

你要是没有胆量爬上公共马车穿越维多利亚时代晚期的城市贫民区,也可以选择读读乔治·西姆斯①的文章,它们结集为两本书《穷人是如何生活的》和《可怖的伦敦》;也可以读读公理会教友安德鲁·默恩斯②的小册子《伦敦被遗弃者的凄厉呐喊》;还可以读读查尔斯·布思撰写的翔实精准的社会学调查报告,他的多卷本著作《伦敦人民的生活与劳动》表明,伦敦呈现出的

---

① 乔治·西姆斯(George Sims,1847—1922),英国记者、诗人、戏剧家、小说家、生活家。

② 安德鲁·默恩斯(Andrew Mearns,1837—1925),英国公理会牧师,作家。

令人不安的一幕幕景象,丝毫不亚于莫斯科街头引起托尔斯泰道德愤怒的那些情景。肮脏污秽、拥挤不堪的生活环境,高得离谱的房租,不时散发恶臭的生活用水,在这种地方,东挪西借也几乎凑不足果腹的吃食,更不要说供孩子念书了,这些日常生活的耻辱细节都被写成文字,广为人知。

马克·帕蒂森①在 1884 年去世前不久,有人问,他觉得现代史上最意味深长的一种事实是什么,他毫不犹豫地回答:"乃是在我国全部人口中,有 500 万人除了周薪一无所有。"弗洛伦斯·南丁格尔曾在一张铅笔便条上潦草写道,"让劳动得到足以体现其价值的薪金,总是成本较低的一种选择……应该让劳动所得比偷窃所得要多些才对。可目前,劳动所得比偷窃更少。"1865 年,格莱斯顿在一封私信中指出,特权阶级千万要牢记,"我们必须治理好数以百万的难缠的劳动者;必须借助对其诉诸武力、施以欺骗,或以亲善手段来达此目的;最后一种已被尝试过,效果不错。"

然而,随着 1880 年代的推进,这种亲善手段逐渐失去作用,在爱尔兰和其他许多地区都出现了下述问题:仅仅扩大选举权或提供初等教育等做法,足以充任彻底解决劳动力市场动荡和不断增长的人口问题的激进措施吗? 偷工减料建起的房屋遍布伦敦市郊,在诸如人口从 1851 年的 1.9 万人陡增到 1880 年的 26.7 万人的西汉姆之类地方,投机建筑商匆忙盖起房屋。而在伦敦城区内,新建的大量办公楼、街道和铁路致使市中心人口从 1861 年的 113 387 人下降到 1881 年的 51 439 人。单单法灵顿街的修建便致使 4 万人流离失所。然而,伦敦市政工程委员会的一项调查发现,许多新建市郊空无一人,在托特纳姆、斯坦福德山、佩卡姆、巴特西和旺兹沃思偷工减料建造起来的街区,根本无人居住。这些地方未通地铁,失业者住不起。不管是干体力活的,还是做文书工作的,临时雇工们上班都得靠双腿,于是贝思纳尔格林等市中心周边地区人满为患。城市更新改造和劳工盲目迁移(不单伦敦城存在这类问题)都没有什么统一的计划。在英国,根本没有哪届政府或哪个政党能站出来承担为劳工提供住房的责任。"劳工们忍受着尘垢、污秽、腐臭、墙

---

　　① 马克·帕蒂森(Mark Pattison,1813—1884),英国作家、英国国教牧师,曾担任牛津大学林肯学院院长。

壁渗水、窗户漏风以及肮脏小棚屋里一切无可名状的恶心事；有人敢冒出一句牢骚话，马上便会被房主扫地出门，要知道，门口还站着一大帮租客急等着进来住呢，谁还敢挑三拣四。"此话出自乔治·西姆斯之口，他还说过，"在教化祖鲁人和改善埃及农民生活的间隙，英国政府抽空关照一下伦敦穷人，动动脑子，看看能否找到解决这种糟糕状况的办法，这点要求是否算得上过分呢？"

社会主义不在统治阶级的考虑之列。自由党高层内部展开的一系列辩论，最终还是落实在 1865 年格莱斯顿提出的几种选择上，也就是，为了治理穷人，富裕阶层应该诉诸武力和欺骗，还是采取亲善举措。即使约瑟夫·张伯伦和查尔斯·迪尔克爵士这样的少壮激进派——他们主张比老辉格党人或格莱斯顿派更激进的社会方案——至少在一些历史学家看来也是存心反对革命的——以"亲善"手段扼杀工人阶级的激愤和骚动。在这一点上，少壮激进派完全站到了索尔兹伯里勋爵一边，后者此时认识到，乔治·西姆斯、查尔斯·布思和其他人描述的那种社会状况不可能长期维系下去，否则迟早会造成社会大动荡，于是他开始关注住房问题。

动荡在所难免。整个 19 世纪中后期，好斗的工会可谓令人司空见惯，甚至在英国工会联盟正式成立（1868 年）和迪斯雷利的第二届首相任期内实施立法改革，规定不再将和平抗议示威自动视为具有犯罪图谋之举之前，罢工便已频频发生。

到 1880 年代初，马克思的社会主义思想开始在颇具影响力的读者当中传播。这一时期，萧伯纳读到了马克思著作的法译本。伊顿公学老毕业生亨利·海德门[①]也在 1870 年代从盐湖城返英途中，读到了法文版《资本论》。1881 年，海德门一手创办了社会民主联盟，并邀请海伦·泰勒（密尔的继女）[②]和比斯利教授[③]等激进派参加了该组织的筹备会。海德门绝不是存心

索尔兹伯里侯爵

---

① 亨利·海德门（Henry Hyndman，1842—1921），英国作家、政治家、改良主义者、社会党右翼领袖之一。

② 海伦·泰勒（Helen Taylor，1831—1907），英国女性主义者、作家、演员。

③ 爱德华·比斯利（Edward Beesly，1831—1915），英国实证论哲学家、工会活动家、历史学家、伦敦大学教授。

想要成为一个可笑的人。不过他不请自来地赶往马克思位于肯迪什镇的寓所,让后者十分不悦。而海德门的那副做派也让许多人一定吃惊不小:头戴丝绸大礼帽,身穿燕尾服,抓着一根银柄手杖,到哪里都是一身这样装扮的他,竟然大呼劳动者为"同志"。

1883 年 1 月,威廉·莫里斯加入社会民主联盟,这并非因为海德门魅力大,而只是因为这个组织是"英国唯一一个活跃着的社会主义组织"。由激进自由主义者转变为社会主义革命者的莫里斯,"甚至从未读过亚当·斯密的著作,也从未听说过李嘉图或卡尔·马克思。"莫里斯认识到,资本主义制度是造成生活全然不公的罪魁祸首,在很多方面,富人变得更富而穷人的生活却没有变好,这就是他思想转变的动力。莫里斯作出这种抉择,靠的不是深思熟虑而是感同身受,这倒更像是一种信仰的皈依,而不是理性的选择。此前,他甚至没听说过亨利·乔治①,这位对托尔斯泰产生过巨大影响的美国人曾极力鼓吹土地国有化,并于 1881 年来伦敦作过巡回演讲。莫里斯的转变实际上是听从内心召唤的结果。他跟好友乔治亚娜·伯恩-琼斯(画家爱德华·伯恩-琼斯的妻子)吐露过这件事:"亲爱的,你瞧,我也没办法。那些思想攫取了我的心,搅得我坐卧不宁,更何况我看不见任何其他值得我思考的东西……一个人总得转向希望,而我只看到一个方向——走上革命道路,其他一切方向都不复存在。而现在看起来至少,在社会腐败已达到彻底的时候,关于一种新秩序的明确概念已然产生……"

莫里斯在他的个人朝圣之旅中,将会展示出导致如下状况的一个关键原因:为何在第一次世界大战爆发之前,左派花了如此漫长的时间,才在英国演变为一股有效的政治力量;这个原因就是一种致命的小帮派倾向。反抗体制的心理与结成团队的要求是格格不入的。他们再自认为已归入一个普遍的团队,在实践中却总倾向于反对某些同志的行事方式。社会民主联盟注定在1880 年代中期出现分裂,1884 年 12 月 30 日,莫里斯和其他一些人另行组建了社会主义同盟(还吸纳了一位宪章派元老),三年后,社会主义同盟落入无政府主义者手中,这几位创建元老便又离开了它。

---

① 亨利·乔治(Henry George,1839—1897),美国政治经济学家、记者。

社会主义迟迟没有吸引英国公众(尤其是英国工人阶级),还有第二个原因。1945 年以来的英国人和克莱门特·艾德礼领导的工党政府认为,社会主义的本质是将秩序强加于人。讨厌社会主义的人指责它的官僚主义作风或庸懦无能,而希望社会主义让英国变得更好的人们,则盼望它在各级政府和行政部门,或在当地的、与生活直接相关的国有化医疗、教育、失业救济办理等事务层面实施更有效的管理。19 世纪的许多人认为,社会主义几乎等同于无政府主义,正如社会主义小说(《群魔》《萌芽》《卡萨玛西玛公主》《间谍》)里写的那样。

海德公园上演过几次"全武行",莫里斯也未置身事外。1886 年,莫里斯在特拉法尔加广场举行的一场失业者集会上(组织者是"托利党公平贸易协会")希望他的社会主义同盟保持克制,不过,同盟成员们却存心想煽动民众闹事。大约 8 000 人到 1 万人加入游行队伍,沿蓓尔美街向海德公园挺进,走过伦敦城的一座座宏伟无比的俱乐部大楼。失业者走到自由派改革俱乐部时,俱乐部雇员朝游行队伍投掷鞋子和指甲刷。游行者对俱乐部会员和雇员投以嘘声和嘲笑。他们拐到圣詹姆斯街街角时,怒火被点燃了。遭到卡尔顿俱乐部①托利党党徒的嘲弄后,游行者操起铁条,捡起铺路碎石,开始大肆打砸俱乐部的玻璃窗。骚乱爆发,愈演愈烈,游行者变成了暴徒,在皮卡迪利大街上横冲直撞,大肆打砸商店橱窗。在海德公园举行的另一场集会上,示威者在煽动性演讲的鼓动下穿过公园巷,进入北奥德利街和牛津街打砸商店橱窗,位于牛津街 449 号的莫里斯纺织公司展厅差点也要挨砸。

威廉·莫里斯设计生产的窗帘、墙纸和地毯成了中产阶级的抢手货,不过,莫里斯那些引出打砸事件的社会主义理想,可绝非他们所能欣赏。此后几天,整个伦敦仿佛陷入围攻战。

不过,从时间上讲,这种状况还是来得太早了。1880 年代初,马克思和莫里斯等人的社会主义思想在英国并没有得到广泛接受,还有三个原因。首先,正如托尔斯泰、左拉或莫里斯观察到的,欧洲穷人的状况确实糟糕透顶,却也有着关于财富和繁荣的整体增长的颇为复杂的迹象。最近有一种说法,"在 19 世纪第 2 个 25 年里,工人阶级的实际收入或工资也许有了大幅增长,

---

① 英国保守党总部所在地。

但这种增长被城市化、疾病、食物和可能出现的大强度劳动等其他因素抵消了。"确实,这并非口说无凭:1830 年至 1880 年,英国某些工业城镇居民的平均身高(这是营养和总体健康状况的明确指标)下降了。然而,跟这一令人沮丧的统计数字相矛盾地,有个不容置疑的事实:许多人觉得自己更富裕了,当然这不是就贸易下滑时的失业者或农业工人、从事建筑业或在码头工作的日工们而言的,不过许多人(甚至工人阶级)都认为,虽然身处险象环生的残酷环境,自我改善和提升的机会也比从名字可笑的外国人那里拣选来的虚无主义和其他观念更可取。爱德华·帕尔默·汤普森①曾指出,当莫里斯在 1883 年成为社会主义者时,英国踏上同样道路的大概不超过 200 人。正因为事后知道社会主义至关重要,我们才如此细心关注它最初的发展势头。其实在当时英国的政治生活中,它根本无关紧要。政府议事日程中还有更紧迫的大事:埃及危机、爱尔兰动荡和格莱斯顿第二届政府准备将选举权扩大到所有男性等等。1884 年《选举权法案》使选民人数从大约 300 万增加到 500 万。(直到 1918 年,所有人——也就是说所有男性——才取得选举权。)

这就引出了维多利亚时代晚期的英国人在作政治抉择时为何没有选择社会主义的第二个原因。如果第一个原因是大多数选民都有钱,根本不需要或不想要它,那么第二个原因就是一个双重的、相互矛盾的事实:在格莱斯顿第二届首相任期内自由党激进主义的力量。在诸如教育或扩大选举权等问题上,自由党激进派的力量十分强大,代表人物形形色色,比如查尔斯·布拉德洛和约瑟夫·张伯伦等。不过,正如后者的名字让我们想到的,激进主义的含义因人而异。张伯伦是商业和市政权力在大型工业城市中充满活力的化身,是积极进取的无神论者,依靠制造螺丝钉发家致富,随后在仕途上平步青云——从伯明翰市长,到内阁大臣,再到候任首相 就常规意义而言,他无论如何都算不上左派。格莱斯顿之所以在议会中占据多数席位,依靠的是老辉格党党徒、布拉德洛之类的城市激进分子、北方卫理公会教徒、张伯伦和"黄铜钉党"②;他们都不认同那种提倡爱尔兰地方自治的人,而格莱斯顿却以

---

① 爱德华·帕尔默·汤普森(Edward Palmer Thompson,1924—1993),英国历史学家、作家、社会主义者、和平活动家。
② 此处有调侃意味,张伯伦以制造螺丝钉发家,这里指跟他类似的那些实业资本家。

不可阻挡的步伐向后者一步步靠拢。陀思妥耶夫斯基在《群魔》中指出了许多欧洲人的恐惧,认为自由党人构成了赢弱不堪的"前线",无力阻止虚无主义—社会主义—无政府主义者攻入、打破和撕裂社会的行为。英国自由主义的故事却颇为怪异,格莱斯顿的议会对众多立场相互矛盾的团体的依赖,确实让许多人视为恶魔的一股力量进入了政治生活的最前沿,但它并非俄国的虚无主义,而是伯明翰的英爱统一主义—帝国主义。

　　然而,首先让我们思量一番重量级人物布拉德洛。他一没有家世显赫的自由派查尔斯·迪尔克的风光,二没有使伯明翰发生翻天覆地大变化的商人张伯伦的荣光。与狄更斯小说里的小人物相仿,查尔斯·布拉德洛出身卑微,父亲是律师事务所小职员,母亲是来自霍克斯顿的保姆,霍克斯顿如今是伦敦城市大道和肖尔迪奇之间的一个区,工人阶级和设计师的居所,不过1833 年布拉德洛降临人世时,它只是一座小村庄。布拉德洛天生就有英国古老优秀的政治传统的倔强,既有可能成为像西布索普上校之流的保守派,也可能成为像科贝特①之类的激进派。他大力倡导如下理念:允许小人物畅所欲言,穷人和富人在国家方针决策上同样有发言权。他是典型的英国新教徒:放任自己质疑一切既定权威,以至于沦为恶毒的无神论者。他也拥护共和政体。自1850 年代开始,他大力支持波兰民族主义者对抗俄国人、意大利民族主义者对抗奥地利人和教皇,以及爱尔兰民族主义者对抗英国人的正义事业。

　　布拉德洛还是狂热的马尔萨斯主义者,不过与托马斯·马尔萨斯牧师不同,他非常清楚将一切社会弊端都归咎于人口过剩的内在逻辑其实就是要提倡节育。1877 年,英国政府决定起诉那位出版了《哲学的果实》(该书大力鼓吹节育,作者是一位名叫查尔斯·诺尔顿②的美国医生)的英国出版商。布拉德洛和老友安妮·贝赞特——丈夫是个英国国教牧师,她从家里逃出,还是个无神论者——一道出版出了该书的新版本;一场荒谬的审判后,陪审团作出裁决:"本陪审团成员一致认为,此部存疑之作虽旨在败坏公共道德,然而,针对关于两位被告(布拉德洛和贝赞特)出版该作的任何不良动机的指控,本

---

　　① 威廉·科贝特(William Cobbet,1762—1835),英国政治活动家、政论家、记者、小资产阶级激进派代表人物,曾为英国政治制度民主化而斗争。
　　② 查尔斯·诺尔顿(Charles Knowlton,1800—1850),美国医生、作家、无神论者。

庭完全不予支持。"法庭判处两个人分别 6 个月监禁,罚金 200 英镑,不过上诉法院又以法律技术性细节存在瑕疵为由撤销了上述判决。

在 1880 年议会选举中,作为激进派候选人的布拉德洛竞选北安普顿郡的议席。他最终当选议员,自由党温和派亨利·拉布谢尔①获得了北安普顿郡的另一议席。如今,拉布谢尔或许算是一位臭名昭著的名人了,因为议会在1885 年就同性恋问题展开辩论时,他提交了《刑法修正案》并最终获得通过,该法规定:凡男同行为,无论何种形式均系非法。拉布谢尔提交这份提案,本意似乎是想要表明这种法律的荒谬性,不过它却当真获得了通过,并在 10 年后将奥斯卡·王尔德送进大狱。拉布谢尔之所以"大名鼎鼎",还因为他这句俏皮话,"格莱斯顿先生有没有锦囊妙计,我一点儿都不在意,不过,他总是唠叨'一切都是上帝安排的',这个我却从来不敢苟同。"尽管在家庭出身和观点上存在天壤之别,布拉德洛却视拉布谢尔为议会里的铁杆同盟。

1880 年,布拉德洛进入威斯敏斯特议会,拒绝现任议员入职前例行的法定宣誓。下议院议长亨利·布兰德子爵这个白痴,本可轻而易举地让布拉德洛作出正式声明而无须宣誓,只要事先警告布拉德洛他有可能因此遭到起诉即可,但布兰德没有这样做,反而将此事提交给下议院,下议院又将此事交由一个私人委员会定夺。在最疯狂的时候,布拉德洛甚至被依照中世纪的某条秘法囚禁在钟楼里。同时,保守党则得以大肆利用该事件,把大把大把的时间用于它的讨论,指责自由党政府就是一场激进无神论者的骗局,令议会里的爱尔兰议员和很多支持格莱斯顿的北方卫理公会杂货商们忧心忡忡。

从议会"舞台"的角度看,格莱斯顿把这台大戏演得精彩绝伦。他发表演讲(他仕途生涯中最伟大恢宏的演讲之一),厉声驳斥诸如伦道夫·丘吉尔勋爵②和亚瑟·詹姆斯·贝尔福③之流保守党少壮派煽动者。格莱斯顿把布拉德洛视为"议会一大绊脚石"。然而,布拉德洛每次在下议院败选,北安普顿

---

① 亨利·拉布谢尔(Henry Labouchere,1831—1912),英国政治家、作家、出版商、剧院老板。

② 伦道夫·丘吉尔(Randolph Churchill,1849—1895),英国保守党政治家,第 7 代马尔博罗公爵的第三子,温斯顿·丘吉尔的父亲。

③ 亚瑟·詹姆斯·贝尔福(Arthur James Balfour,1848—1930),英国保守党政治家,索尔兹伯里侯爵的外甥和政治继承人。

郡善良的人民总能把他重新选上。虽然为了让布拉德洛败选,红衣主教曼宁①在议会外奔走呼号,虽然大多数英国国教主教表示抵制,虽然他触发了托利党人的暴怒(伦道夫·丘吉尔说,布拉德洛是一位赢得了"一群乌合之众、败类和社会渣滓"支持的"煽动性的亵渎者"),布拉德洛最终还是对其所不信的上帝只作了正式声明,而没有宣誓。布拉德洛打赢了官司,阐明了立场,不过,从政治上看,这些在多大程度上对他最关心的穷人有所助益,倒是值得怀疑。

有人认为,能够最有效推动他们拯救穷苦人事业的是社会主义者或任何其他形式的暴力煽动,布拉德洛对这种说法却深恶痛绝。他认为,正是集体主义思想的散播才在爱尔兰引发了暴力,迫使英政府对爱尔兰再度实施高压政策,因此,选择社会主义道路必将导致无休止的暴力:"你们正一步步把穷人推入险境,"他对马克思主义者们说,"你们正在为政府实施的高压政策寻找口实,正试图把我的人民引入歧途,因此,我不许你们这么干。"1885 年,好友安妮·贝赞特加入社会主义者阵营,这对他而言无异于当头一棒。

从格莱斯顿第二届首相任期开始,爱尔兰局势始终是英国国内政治面临的主要问题。这一时期史学家们往往把爱尔兰和英格兰分开写,独立成章,这样显得既清晰又方便;不过,如此一来其实绕过了好几个问题,其中最主要的一个在于,"爱尔兰民族主义"与本章之前一直讨论的话题其实并无多大关联。假如卡文郡自耕农在过去 40 年里像某些伯明翰商人一样发了财,他们对大英帝国的热情想必不会比约瑟夫·张伯伦少。但由于爱尔兰自大饥荒以来历经的悲惨历史(宗教分歧、贫困、澳大利亚和美国爱尔兰人的反英活动),这一事业逐渐具备了民族主义性质,也变得和陀思妥耶夫斯基噩梦中的那种虚无主义者们一样暴力。此外,就实际具体的政治定义而言,它实在是含糊不已。对此,罗伯特·菲茨罗伊·福斯特②一针见血道:"帕内尔主义的政治结构令人眼花缭乱,不过,它从未对爱尔兰地方自治的内涵和外延作出什么真正的界定。"

---

① 即亨利·爱德华·曼宁(Henry Edward Manning,1808—1892),英国圣公会牧师,牛津运动派的主要教士之一,1868 年起任威斯敏斯特大主教,1875 年成为红衣主教。一生积极开办天主教学校和其他机构,致力于社会改革,在劳工运动中有一定影响。1889 年成功地调解了伦敦码头工人罢工事件。

② 罗伯特·菲茨罗伊·福斯特(Robert Fitzroy Foster,1949—),爱尔兰历史学家、学者,英国牛津大学赫特福德学院爱尔兰历史卡罗尔教授。

第 30 章　帕内尔的崛起

1880 年 1 月，一位《每日电讯报》(当时自由党的喉舌)记者走访了康尼马拉地区，埃姆拉格莫尔乡村教区的神父为他担任向导。途中这位弗兰纳里神父抬起手，指指路边由泥土、杂物和几件破烂家什堆成的一堆垃圾山。但见一缕细烟正从里面冒出。这垃圾堆里竟然住着一个被地主扫地出门的人。突然，一位怀抱婴儿、面容姣好的女人从这个地穴里钻出来，令记者目瞪口呆。他和神父继续沿海岸向前走，没多远，弗兰纳里神父又为这位来此走访的英国人找到一处小洞穴，洞口堵着一个捕虾笼，一缕细烟透过虾笼孔冒出来。

这类情形在当时的爱尔兰农村随处可见，戈尔韦郡、康尼马拉地区和梅奥郡巴利纳镇等地，小佃农缴纳不起高额地租，被迫背井离乡。单单经拉恩港逃往美国的佃农平均每周便有 200 位，还有数百佃农横渡爱尔兰海峡，投奔利物浦或格拉斯哥。

1879 年 8 月 21 日，目睹圣玛利亚、圣约瑟夫和使徒圣约翰在南梅奥郡诺克教堂南山墙上的显灵神迹的，就是这些贫苦的农民。或许正是这次显灵，"唤起了"第二年夏天的"兰托尼修道院显灵事件"。包括《每日电讯报》在内的一些方面认为，是某个捣蛋鬼用幻灯投射到教堂山墙上，炮制出了这些"显灵"，这一解释也被用于随后的"兰托尼修道院显灵事件"。不过日睹诺克教堂异象的人对事件的"显灵"性质也是言之凿凿，有个孩子竟然还一丝不苟地说出了使徒圣约翰手持福音书、圣母额眉间有一朵玫瑰以及天使翅膀上长着轻羽等等细节。不过，这类事件中结果最为独特的还要数"威尔士显灵事件"①——直到今天，当地都每年举办小型朝圣活动纪念它。灵象在一块大黄

---

① 也就是 1880 年的"兰托尼修道院显灵事件"，参见本书第 28 章。

地里显现,当地修士被逐出教门,只好到"无教会派"的一位"流浪主教"那里谋了个圣职。伊格那丢牧师(又名大卫·洪都)既算是个威尔士人,又是个民族主义者,然而这一事件在人人去教堂做礼拜的威尔士人当中并没有引发共鸣。威尔士在 19 世纪七八十年代饱经磨难,农民,尤其是无教会派农民,强烈反对向当地英国国教牧师缴纳什一税(威尔士教会仍隶属英国国教会。)

与爱尔兰和苏格兰不同,威尔士躲过了饥荒。它与上述两地不同的其他地方还在于,相当一部分威尔士人仍使用当地土语,他们还饱受地主欺凌和农业大萧条之苦,1887 年至 1888 年冬天,政府曾出动王家骠骑兵团镇压威尔士骚乱。虽然直到今天威尔士人仍对英格兰人充满不乏道理的怨恨,但是分离主义运动在威尔士没什么市场,没能促成什么威尔士自由邦或共和国。威尔士人留在联合王国内,用两种方式确保着自身的独特身份:一是靠文化和语言,二是在工人运动初具规模时选择支持左翼社会主义者的政治纲领。

爱尔兰则截然不同,在那里,"圣玛利亚自天而降,安慰和支持她急需援手的儿女。""目前爱尔兰的公众精神,"下议院议员兼历史学家威廉·约瑟夫·奥尼尔·当特①在 1859 年日记中写道,"是宗教精神而非政治精神。"跟波兰相仿,爱尔兰人也将虔诚和爱国主义混为一谈。老百姓纷纷赶去诺克教堂朝圣,指望治愈疾病、获得恩典,身心沦陷于某种奇异的,超越纯理性的氛围。爱尔兰有贫穷、饥饿和愤怒,有关于大饥荒的真实记录和民间故事,有芬尼亚社——一个盖尔人的兄弟会组织,名号采自中世纪传奇英雄芬恩·麦克库尔统帅的芬尼亚勇士;爱尔兰还有谋杀犯、职业化的不满现状者和无政府主义者。

背后得到美国资助的爱尔兰土地同盟的领导者迈克尔·达维特②,成为这段历史的关键人物。达维特出生于爱尔兰大饥荒时期,幼年便和父母被从梅奥郡一座小农场里赶出。一家人逃到兰开夏郡,达维特被迫到郡里一家工

---

① 威廉·约瑟夫·奥尼尔·当特(William Joseph O'Neill Daunt,1807—1894),爱尔兰裔英国政治家、作家,爱尔兰地方自治支持者。

② 迈克尔·达维特(Michael Davitt,1846—1906),爱尔兰民族主义者,芬尼亚社社员,致力于爱尔兰地方自治和土地改革,后改信社会主义思想。

厂做童工,11 岁时失去一条胳膊。不出所料,长大后他参与突袭切斯特城堡①行动,遭遇惨败,后因走私军火被投入达特穆尔监狱,遭受酷刑。由于只剩一条胳膊,他干不了在荒野上砸石头的苦力活,只好去拉车,像牲口一样被套在马车上。

"月光队长"②确实有陀思妥耶夫斯基式的"恐怖"劲儿。这是土地同盟的化名,意即一种警告:倘若佃农不遵从土地同盟针对地主采取的反叛态度,他们将会面临怎样的下场。烧麦垛、残害牛、点房子和烧谷仓等这些夜袭勾当都是"月光队长"干的。一旦佃农被地主驱离农场,任何敢接收该农场的人一律将"遭到隔离,就像对待老麻风病人一样"。

最先这样鲁莽蛮干的人为英语词汇家族增添了一个新词"联合抵制"。博伊考特上尉③接管了诺克村附近梅奥郡的一家农场,遭到被驱离家园的愤怒佃农的围攻,此后,他陷入孤立,佃农既不来给他打工也不跟他做买卖。阿尔斯特省的新教徒还组织了一支"远征队"赶来营救他。历史上首次"联合抵制"就此诞生。凡有叛徒者,"月光队长"便在其后门旁凿出墓穴,不过起初谋杀事件并未发生——注意,只是起初而已。

1882 年,爱尔兰总督考珀勋爵④和爱尔兰事务首席大臣威廉·福斯特⑤辞职,接替者分别是斯宾塞勋爵⑥(第 8 代德文郡公爵)和他的胞弟弗雷德里

---

① 1867 年 2 月 11 日,芬尼亚社社员对切斯特城堡发动突袭,目的是夺取英格兰切斯特城堡军火库武器弹药,将其运往爱尔兰,支持定于 3 月举行的起义。

② "月光队长"是"绿带会"对大地主提出警告时的化名;绿带会是 18 世纪末至 19 世纪初爱尔兰北部天主教农民的秘密结社,反抗英国地主的专横和暴力驱逐佃农做法。他们袭击地主庄园,杀死地主和管家。

③ 查尔斯·博伊考特(Charles Boycott,1832—1897),原在英国陆军服役,退役后到爱尔兰当土地管理人,受到当地农民排挤。其姓"Boycott"从此成为英语词汇,意为"联合抵制"。

④ 弗朗西斯·考珀(Francis Cowper,1834—1905),第 7 代考珀伯爵,英国自由党政治家,1880—1882 年任爱尔兰总督。

⑤ 威廉·福斯特(William Forster,1818—1886),英国自由党政治家、实业家、教育家,主张镇压爱尔兰土地同盟,绰号"大铅弹福斯特"。

⑥ 斯宾塞·卡文迪什(Spencer Cavendish,1833—1908),哈廷顿侯爵,第 8 代德文郡公爵,英国政治家。

克·卡文迪什勋爵。5 月 6 日,弗雷德里克及其助理大臣托马斯·亨利·伯
克①在都柏林凤凰公园散步,突然窜出一伙暗杀暴徒("不可战胜者"②),挥刀
捅刺,令他俩惨死在 12 英寸手术刀之下。这次暴行极其残暴、极度无耻,甚至
芬尼亚社社员也为之震惊。这个"不可战胜者"组织的头目是爱尔兰裔美国
人爱德华·麦卡弗里。谋杀始终是不可饶恕的,弗雷德里克勋爵这样一个和
蔼可亲的年轻人前脚刚到爱尔兰,后脚便死于非命,也提醒了政客们:他们在
爱尔兰要对付的可是比威尔士民族主义者更恐怖的东西。1881 年 1 月,芬尼
亚社社员安放在索尔福德(位于曼彻斯特)的一枚炸弹炸伤 3 人;同年 3 月,伦
敦市长官邸发现了一枚未引爆的炸弹,来年 5 月又发现一枚。1883 年,格拉
斯哥和伦敦发生过炸弹爆炸,1884 年,由于炸弹袭击威胁,伦敦四座火车站被
迫关闭,爱尔兰人还谋划炸毁伦敦桥,新开通的地铁也因受到炸弹袭击威胁
而关闭。

　　在这种无政府主义的暴力背景下,我们才能理解格莱斯顿先生对爱尔兰
地方自治的主张(在 1885 年大选后不久),以及查尔斯·斯图尔特·帕内尔③
非凡的政治生涯。

　　年轻的帕内尔来自威克洛郡埃文代尔一个新教地主家庭。日后他将于
1891 年 45 岁之际,在布莱顿死在妻子的怀里。帕内尔在政治生涯中过早的
惨败、陨落,令英格兰人和爱尔兰人都不免唏嘘万分;20 世纪末的我们,已经
在 30 余年的耻辱岁月中,眼睁睁看着在爱尔兰人的民意推动下,爱尔兰政府
被一代代政治家和权威人士当作,或者不如说直接沦为,一块烫手山芋。我
们这个时代的"爱尔兰问题",本质便是如何解决阿尔斯特省的归属,这就让
我们不免想到,帕内尔究竟有否预料到,他的爱尔兰自治计划,将会遭到阿尔
斯特省四个郡那些死硬派苏格兰新教徒的莫大抵制呢?

————————

　　① 托马斯·亨利·伯克(Thomas Henry Burke,1829—1882),爱尔兰公务员,在 1882
年凤凰公园谋杀案中被杀前,在爱尔兰任常务次官。
　　② 爱尔兰民族不可战胜者组织是爱尔兰共和兄弟会一分支,1881 至 1883 年这群暗
杀者活跃于都柏林。
　　③ 查尔斯·斯图尔特·帕内尔(Charles Stewart Parnell,1846—1891),又译巴涅尔,
爱尔兰民族主义政治家、爱尔兰自治党领袖,1875—1891 年任下议院议员,1882—1891 年
任爱尔兰议会党领袖。

我们永远不会知道这个答案了。爱尔兰历史和帕内尔的事迹,在 1880 年代曾是人们关注的焦点,如今回头再看,这位政治天才和他充满灵感的设想愈发令人铭心刻骨。他取得了双重的伟大成就。首先,作为他超凡的政治智慧和杰出的领袖魅力的结果(今天我们读到他的事迹时,依然钦佩不已),他说服了所有新旧爱尔兰民族主义者,将他们团结到他那面保守的、某些方面还有些模棱两可的爱尔兰地方自治大业的旗帜下——爱尔兰将拥有自己的议会,但仍隶属于大英帝国。

更具体的细节问题(警察部队谁来组建、法官谁来任命,能否有爱尔兰议会议员在威斯敏斯特议会里担任议员,如果英国对他国宣战,爱尔兰能否保持中立)从未得到彻底解决。爱尔兰人和英国自由党在这些问题上争论不休,甚至在地方自治的可能行将消失时也是如此。关键在于,甚至达维特之类"土地同盟成员"也力挺帕内尔。1880 年代,不仅威斯敏斯特议会里的"爱尔兰议会党"①,整个爱尔兰民族事实上都团结在帕内尔周围。今后,爱尔兰舞台上不管再冒出什么人物,纵然手腕高明,对追随者而言魅力无穷,这种形势都再也不可能出现了。

查尔斯·斯图尔特·帕内尔

我们这里无法陈述这个阶段的全部历史,只能请大家注意这一点:几乎是电光石火之间,帕内尔及其爱尔兰议会党已从被囚禁的不法之徒地位,走到了离"绥靖爱尔兰"(正是格莱斯顿梦寐以求的夙愿)仅一步之遥的妙界。正如有人指出的,1884 年至 1885 年,"一年多来,以如今看来难以置信的方式,先是索尔兹伯里和伦道夫·丘吉尔,后是格莱斯顿和约翰·莫利,政客们纷纷投入帕内尔麾下,这位爱尔兰无冕之王已然成了英国政坛的独裁者。"

坚守革命立场的帕内尔慑服了"月光队长"行动的策划者、美国的亡命徒死党以及潜在的炸弹制造者们,靠的不是做戏,而是对爱尔兰《土地法》(格莱斯顿于 1881 年颁布)名副其实的激

---

① 爱尔兰议会党(Irish Parliamentary Party),常称为爱尔兰党或地方自治党,由民族主义党领导人艾萨克·布特(Isaac Butt)于 1874 年创立,取代了地方自治联盟,成为爱尔兰民族主义议员(下议院议员)组成的官方议会政党。

进态度。不过他觉得这还不够,应该采取进一步行动,结果他因为煽动爱尔兰佃农无视该法且私自扣留地租而遭逮捕,被关入凯勒梅堡监狱。这里或许有必要请读者们回想一下前文提及的地主土地所有制把爱尔兰人民逼入穴居人般惨境的事实。1870 年代末,粮食接连大丰收,英国农业工人因此遭受毁灭性打击,爱尔兰则也因此面临再度爆发大饥荒的危险。帕内尔反对《爱尔兰土地法》和地主土地所有制,并非为了赢得芬尼亚社社员的支持而装腔作势,而是当真动用政治力量展开了全力对抗,地主土地所有制之所以终于被摧毁,帕内尔这份努力正是主要原因之一,虽然他本人到头来还是在政治落败中黯然离世了。自由党政府将他关进大牢,反而助了他一臂之力,此后爱尔兰人开始不再介意帕内尔的信新教地主的身份,转而开始信赖他。

无论在格莱斯顿第二任首相任期(1880—1885)期间,还是 1885 年大选后在索尔兹伯里领导少数党政府短暂掌权期间(1885 年 6 月至 1886 年初),帕内尔总是保持着权力的平衡,部分原因是他的政治手腕高明,部分原因是他的选举运势好。1880 年大选后,自由党为 354 席,保守党为 238 席,爱尔兰自治党为 65 席;1885 年大选后,爱尔兰议会党为 86 席,自由党为 335 席,保守党为 249 席。

然而,正是在 1885 年底的大选中,帕内尔最杰出的"政绩"被"泄露"给了公众。这个"政绩"便是,他把格莱斯顿本人改造成功了,让后者彻底接受了爱尔兰地方自治设想。"泄漏"是以一种独特且异乎寻常的方式完成的:格莱斯顿的儿子赫伯特(也是他的秘书)在圣诞节前跟几家报社编辑和《国家通讯社》私下透露了父亲态度发生逆转一事。

这次泄密的目的,或许在于及时取悦爱尔兰选民,把奉行高压政策(逼迫佃农要么缴纳地租,要么滚到树篱里栖身)的托利党人踢出议会。这无疑是一着险棋,不过,格莱斯顿也由此开启了政治生涯里最大胆、最高贵的一个阶段。我们或许会认为格莱斯顿苛刻无情,身为经济自由派却一毛不拔,做了四届首相却任由英国穷人在贫民窟里自生自灭;貌似虔诚健谈,却妄图以一连数小时的"话疗"让妓女们"从良",之后又操起皮由兹博士恩赐的皮鞭抽打他自己;他的外交政策则要么是摆道德姿态做做样子,要么是迫于形势别无选择;长话短说,我们大概与格莱斯顿的许多同时代人一样,对他颇为反感。

不过,单就爱尔兰政策来说,他确实比之前之后的任何英国领导人都更开明。1930 年,乔治五世国王对首相拉姆齐·麦克唐纳感慨:"我们真愚蠢,如果当初接受了格莱斯顿的《爱尔兰自治法案》该多好。如此一来,帝国便不会像现在这样让爱尔兰自由邦弄得麻烦不断、四分五裂了。"

确实,帕内尔—格莱斯顿对阿尔斯特省问题(至今仍是个棘手难题)的构想,从未被付诸实施;假如帕内尔的个人命运能够逆转,这个貌似永世无法破解的死结或许早已得到解决了。

格莱斯顿的大转折让他本人所在政党(英国自由党)陷入混乱。他在己方阵营内的死敌——他不幸严重低估的约瑟夫·张伯伦(来自伯明翰的"闪电侠哈利")——没多久便孤身出走,从自由党激进派转而加入索尔兹伯里勋爵的第三任内阁,充任起持狂热沙文主义的殖民地大臣。其他几个老牌的自由党党徒,比如最有名的后来成为第 8 代德文郡公爵的哈廷顿勋爵,也纷纷脱离自由党,并作为自由党统一派在爱尔兰问题上与托利党结盟。

在对 1880 年代的考察接近尾声时,本书还将在回顾这十年的各种事件时回到这段历史。爱尔兰地方自治究竟有否可能成功施行,这在爱尔兰人和不列颠人心中,始终是一个令人无比痛苦纠结的"假如"问题。多少死亡,多少苦难,都是本有可能得到避免的啊!

1885 年至 1886 年,帕内尔权势日隆。40 岁的他让整个爱尔兰和英格兰所有声名显赫的政治家都站到了他一边。不过,他与党内议员奥谢上尉①分居的太太有染。此事只有几个知情者。此时春风得意的帕内尔,非常奇怪地并没有从查尔斯·迪尔克爵士因离婚丑闻而深陷窘境的前车之鉴中吸取教训。迪尔克爵士也曾是充满政治天赋的下议院议员,一位在各方面都被视为格莱斯顿的未来继任者的激进派人士。

迪尔克(1843—1911)曾是即将离任的格莱斯顿内阁里最年轻的成员。他很富有,是报业家族的继承人,他们家族经营的并非那种靠登载耸人听闻

---

① 威廉·奥谢(William O'Shea),爱尔兰军人、下议院议员,帕内尔的情妇凯瑟琳·奥谢的前夫。

内容而发横财的报纸（日后将他的绯闻透露给猥琐的公众，并导致他的毁灭的，正是这类小报），而是当时风靡的各种高雅期刊，包括早已绝版的《雅典娜神殿》杂志和神奇地幸存到今天的《备忘和查询》杂志。作为一位切尔西的有钱年轻人，迪尔克博览群书，游历四方，认识"每个人"。他临死前写道，"自 1850 年以来一直到死，我认识了所有值得认识的人，"与他相识或者被他打动的人可以列成一份举世无双的名单——从威尔士亲王到红衣主教曼宁，从俾斯麦到乔治·艾略特。在迪尔克身上，总让人感觉有一股彻骨的寒意，甚至是某种虚空——他和帕内尔实在是截然不同的两种人。

格莱斯顿再度当上首相时，迪尔克和他的得力政治盟友张伯伦联手向这位老翁发出最后通牒——除非两人一起入主内阁，否则休想让他们在格莱斯顿手下工作。一番妥协商量后，最终两人接受了折中方案，约瑟夫·张伯伦当上贸易委员会主席，而地方政府委员会于 1882 年改组后由迪尔克担任主席。另外，迪尔克的多年好友伊米莉亚·帕蒂森①——比丈夫（牛津大学林肯学院脾气暴躁的老院长）②年轻得多——如今成了寡妇，她答应迪尔克，一旦从印度回来就与他结婚。

然而，就在 1885 年 7 月 19 日星期天，迪尔克收到让他五雷轰顶的消息：弗吉妮娅·克劳福德太太③（他的寡居弟妹的亲姐姐④）对丈夫坦白说，婚后她和迪尔克一直是情人。克劳福德先生提起离婚诉讼，并把迪尔克追加为共同被告。

1886 年 2 月 12 日星期五，"克劳福德诉克劳福德太太与迪尔克"一案开庭，法官巴特大人担任主审。这位博学的法官并未采信克劳福德太太指控迪尔克的令人相当毛骨悚然的证词，不过，还是下达了离婚判决书。实际上，法

---

①　伊米莉亚·斯特朗（Emilia Strong，1840—1904），即迪尔克夫人，英国作家、艺术历史学家、女性主义者、工联主义者。

②　马克·帕蒂森（Mark Pattison，1813—1884），英国作家、英国国教牧师，曾任牛津大学林肯学院院长。

③　弗吉妮娅·克劳福德（Virginia Crawford，1862—1948），出嫁前叫弗吉妮娅·史密斯，英国天主教妇女参政论者、女性主义者、记者和作家。

④　迪尔克的胞弟阿什顿·迪尔克（Ashton Dilke，1850—1883）的妻子玛格丽特·史密斯是弗吉妮娅·克劳福德的妹妹。

官似乎也采信了迪尔克否认跟克劳福德太太有染的说法,正如罗伊·詹金斯[1]在迪尔克传记里写的,"判决结果似乎倾向于认定克劳福德太太和迪尔克犯有通奸罪,不过似乎又表明迪尔克并未与她有所苟且。"

查尔斯·迪尔克

克劳福德太太无疑在法庭上说了谎。她在离婚案听证会上也谎话连篇。次年7月,迪尔克向"女王代诉人"出示证据并竭力为自己洗脱罪名时,克劳福德太太再次撒谎。(1886年夏,法庭对"克劳福德夫人离婚案"作出最终裁定,迪尔克未能为自己洗刷清白。)

弗吉妮娅·克劳福德提出的耸人听闻证词——指控迪尔克跟一位叫范妮·格雷的女佣长期保持不正当关系,还说服范妮和克劳福德太太与他搞过"三人行"——只是整个肮脏勾当中令人费解的"亮点"之一。弗吉妮娅17岁时嫁给牛津大学林肯学院法学教授唐纳德·克劳福德[2]。克劳福德和帕蒂森是同事。帕蒂森太太(未来的迪尔克夫人)伊米莉亚并不了解弗吉妮娅的家族跟迪尔克之间的关系。弗吉妮娅向丈夫克劳福德宣称迪尔克是自己的情人时,她其实正跟一位名叫福斯特的上尉保持着不正当关系。无论她对迪尔克的指控是真是假,她为何竟然不惜陷入丑闻,而在公众面前发出这些指控?

红衣主教曼宁也介入了该事件。身为迪尔克的政治盟友和其社交圈内的好友,曼宁听到了这位深陷困境的政治家的肺腑之言。曼宁坚信迪尔克无罪,照常跟他交往,按理假如曼宁觉得迪尔克在庭上说了谎,是不会跟他来往的。(帕内尔的通奸丑闻被公之于众之后,曼宁在帕内尔的垮台中起了决定性作用,他坚定地指出,被列为离婚案共同被告者的人绝无可能再充任政党领袖。)

不过同时,曼宁也是克劳福德太太的蓝颜知己,并最终成为她的忏悔牧师,让她入了罗马天主教会。克劳福德太太生活照旧,继续干着她那份无可指

---

① 罗伊·詹金斯(Roy Jenkins,1920—2003),英国政治家、作家,曾写过《查尔斯·迪尔克爵士:维多利亚时代的一个悲剧》。
② 唐纳德·克劳福德(Donald Crawford,1837—1919),英国自由党议员。

责的社会工作，当着工党党员，一直活到 20 世纪才撒手人寰。如果说她的指控确实是谎言，那她从未良心发现地撤回过它们，哪怕在遗书里也对此只字未提。也许，事情的关键在于，克劳福德太太发现，迪尔克跟她的母亲①也有暧昧往来。

对于自由党高层错综复杂的政治阴谋和维多利亚时代后期伦敦上流社会的龌龊内情，罗伊·詹金斯写迪尔克传记时可谓得心应手，不过，一碰到这位年轻女子，叙述一下陷入了混乱的漩涡。从书中的叙述——无疑是对该案和维多利亚时代英国政治生活的最佳描述之一——来看，令人困惑的弗吉妮娅依然是个难解之谜。

有些情况比较明了。弗吉妮娅意欲继续与福斯特上尉的恋情，因此没有向丈夫坦白此人。相反，她捏造出迪尔克一事。迪尔克纵然百般辩称跟弗吉妮娅毫无瓜葛，但他俩貌似确实有点关系，虽然其中某些情节（比如三人行）要么是杜撰的，要么是如詹金斯所言，是挪借过来的，其实主角是福斯特上尉（而非迪尔克）。她或许因为夫妻关系已经无法忍受，所以对丈夫含糊其词地作了坦白，却做梦也没有想到律师接下来会发起可怖的交叉问讯。

因此，这个案子之神秘（它始终摆脱不了这种色彩），部分来自这位闷闷不乐的年轻女人的神秘动机。不过，这一切之外，还存在着一个要素，它让此案不再只是一桩让人浮想联翩的性丑闻。这两起法律案件的"曝光"——比起对迪尔克的指控，可能更重要的是它们所揭示的上流人士的那些特殊癖好——令常去这些人家里享用晚宴的做客爱好者、纯真无邪的亨利·詹姆斯无比震惊，以至于写出了两部讲述天真之情和腐朽堕落之对比的绝妙作品：《尴尬年代》和《梅奇知道什么》。不过大多数人可不像这位纯真的光棍小说家一样天真无邪。他们很清楚现任政府中的墨尔本子爵和帕麦斯顿勋爵的真实生活；因此，离婚法庭上散播出并在《蓓尔美街报》上疯狂转载的各种艳事究竟是否属实，其实并不如这个更重要的问题引人关注：何以这事会被揭出来？可以说，1885 年夏天，伦敦许多显赫人物都涉足于各种风流韵事，倘若公之于世，件件都是丑闻。这其中为什么偏偏迪尔克运气如此不佳？

---

① 也就是迪尔克的胞弟阿什顿的岳母埃伦·史密斯。

答案是：我们并不知道他有否卷入这类事，也无法证明有什么针对他的政治阴谋。不过前任巡官布彻的证词从未引起关注。弗吉妮娅·克劳福德向丈夫坦白的前两天，去了约瑟夫·张伯伦在伦敦的家里，此事恰好被一位警探(巡官布彻)注意到了。张伯伦跟弗吉妮娅·克劳福德此前素不相识。张伯伦从未跟自己的激进派密友迪尔克提到过此事。当有人向张伯伦问及这次拜访时，后者含糊其词。

我们知道，当时英国政坛，能与张伯伦一决雌雄，有望当上激进派领袖乃至成为格莱斯顿继任者的，只有迪尔克。我们也知道，迪尔克对爱尔兰地方自治已经持有普遍同情的立场，再过 5 个月，格莱斯顿也将透露出对爱尔兰地方自治的认同。日后为了抵制这一自治设想而脱离自由党的张伯伦，在一切尚未开始的那个夏天，也许会无比希望令这一设想胎死腹中吧？张伯伦，还是其他任何人，有否为了政治目的(也有一些人推测罗斯伯里是整个阴谋的策动者)而蓄意炮制出这个迪尔克丑闻，真相我们大概永远不得而知了。可以肯定的仅仅在于，迪尔克一案表明，一个人的政治生涯确实可以被一桩离婚案丑闻彻底葬送。有外遇是一码事，它被捅给媒体则完全是另一码事。这一事件势必让那些知道帕内尔和凯瑟琳·奥谢关系的人找到了一种强有力的武器，也为所谓新闻媒体的威力提供了一把邪恶的助推。媒体和"倒帕派"政客为了把爱尔兰地方自治扼杀在襁褓之中，是不惜动用任何可能手段的。"爱尔兰问题"到底是什么？仔细审视的话，我们会发现，它不就是"贫困问题"的另一种说法吗？它无非就是：是否应该准许一小撮地主继续榨干数以百万计的爱尔兰男人、女人和孩子；是否应该允许英国议会继续给那些没钱付房租的人安上罪名。在联合王国国旗的遮掩下，政客和公众固然可以掩盖这个问题的本质，将它矫饰为一个关于爱国者、正派人士和"炸药党"、迷信教徒之间的对抗的问题，然而，现实形势之显而易见、血腥残忍的不公——爱尔兰疲弱贫穷，而他们的大领主却富足强大——固然可以被解释为天然如此，甚至被装扮成某种政治美德，其丑陋的道德本质却频频返回，不断骚扰着我们。

第 31 章　第四等级—喀土穆的戈登—"巴比伦的少女献祭"

　　维多利亚时代的人给世人留下了诸多遗产,其中最诡诞不经的非通俗报刊莫属;这种遗产进而拓展到广播和电视新闻业,它们基本上都是由"新新闻主义"发展而来。自从人类在洞穴岩壁上动手描绘林林总总的生产生活及所关注之事,或者为破解困惑/化解恐惧而构想出神话传说以来,人类观察、记录和讲述周遭世界故事的方式已发生巨变。自古典时代之后,历史学家和编年史家一直试图将虚构叙事和接近史实的真正叙事区分开来,尽管这种区分在许多文化中似乎并不被看得特别重要。

　　对"新闻"的需求(每周或每天对世界的即时印象)是在印刷术发明后一个世纪左右时间里演变而来的,不过,英国新闻业的伟大时代无疑出现在 19 世纪。当时,地方日报泛滥成灾,除地方报纸杂志外,伦敦许多报纸也都面向全国读者发行。其中,3 便士一份的《泰晤士报》在约翰·撒迪厄斯·德莱恩①的编辑下一骑绝尘。还有其他许多 1 便士一份的日报,包括《每日电讯报》《每日新闻报》《每日纪事报》《晨邮报》和《标准报》。1880 年代的史话有很多,其中之一就是(作为格莱斯顿的爱尔兰政策的直接后果)许多本来是自由派的报纸,譬如《每日电讯报》和《晨邮报》,最后都转而变成保守派报纸。

　　当时跟现在差不多,厚颜无耻的政客总是用报纸"披露"自己的观点立场,以向内阁或议会里的对手施压。当查尔斯·迪尔克爵士意识到他的内阁同僚正朝对爱尔兰实施高压政策迈进时,他把这一苗头披露给他那位百依百

---

　　① 约翰·撒迪厄斯·德莱恩(John Thaddeus Delane,1817—1879),英国《泰晤士报》编辑,任职达 36 年,为该报扩大影响立下汗马功劳。

顺的编辑《每日新闻报》的希尔①。"结果,《每日新闻报》在第二天早上登出一篇文章,粉碎了福斯特的计划,"正如迪尔克所言。张伯伦常常经由《标准报》的编辑埃斯科特②把政府机密透露给报社。威廉·爱德华·福斯特本人(现任爱尔兰事务首席大臣)也跟《泰晤士报》的编辑时不时附耳低语,吐露机密。我们前文已经领略过格莱斯顿假借儿子之口,把自己对爱尔兰地方自治改弦更张的立场泄露给报社的着数。在格莱斯顿第二届首相任职期间,约翰·莫利曾是《蓓尔美街报》的编辑;他日后将在格莱斯顿第三届政府中当上爱尔兰事务首席大臣,并成为格莱斯顿传记的作者。这位莫利曾用尚未改掉的新闻人腔调对迪尔克表示,"倘若每周我能跟您见上三次面,每次十分钟,该多好。"

莫利(1838—1923)是维多利亚时代自由主义的杰出倡导者之一,我们就算对这个自由主义信条忍不住发笑,也无法否认莫利在事业生涯中给人留下的深刻的知识分子印象。这位来自英格兰北部布莱克本的医生之子求学于牛津大学林肯学院,多少因为校长马克·帕蒂森(帕蒂森在公众面前总是谨慎地绝口不提自己的宗教幻灭感)的榜样作用,年轻的莫利弄清了自己不信教的事实。牛津大学本科生当时还得学习英国国教《三十九条信纲》。莫利在牛津大学文学士学位第一次考试(入学五个学期后举行的拉丁语和希腊语考试)中获得第二名,但他选择只拿了普通学士学位,而不是留下来,以他不相信的"三位一体"之名接受荣誉学位。知识分子的诚实和顽固的不可知论使莫利在接下来几年里一直过着贫困生活,不过,这也成为他余生最显著的性格特征。

"报刊编辑"莫利恰好赶上了19世纪期刊文学的鼎盛时期:当时的投稿者包括乔治·艾略特、密尔、赫胥黎、马修·阿诺德、莱斯利·斯蒂芬③、沃尔特·白芝浩、乔治·梅瑞狄斯和罗伯特·塞西尔(晋封为第3代索尔兹伯里侯爵前后)以及其他名人。莫利在《双周评论》杂志做了15年的编辑,其间刊载

---

① 弗兰克·希尔(Frank Hill,1830—1910),英国记者、报刊编辑,1869年任《每日新闻报》编辑,任职达17年。

② 托马斯·埃斯科特(Thomas Escott,1844—1924),英国记者、编辑。

③ 莱斯利·斯蒂芬(Leslie Stephen,1832—1904),英国作家、批评家、历史学家、传记作家、登山家,弗吉尼亚·伍尔夫的父亲。

了上述名人的许多著作,时不时为某些重量级的文章(如赫胥黎的《生命的物质基础》等)留出版面。在做编辑之余,莫利也对法国启蒙思想家搞过专门研究,撰写过卢梭和伏尔泰的研究著作,还出版了两本简短的伯克①评传。

借助《双周评论》和赫顿②担任主编的自由派喉舌《旁观者》,或《威斯敏斯特评论报》等报刊,维多利亚时代中上层阶级得以反复琢磨新闻、科学、宗教、文学以及自己在世界上的位置等等问题。这类"高等报刊"向后世展示了他们的世故和道德。然而,一种马修·阿诺德所谓的"新新闻主义"正在发展壮大,其最有力的倡导者是威廉·托马斯·斯特德③,《蓓尔美街报》时任主编莫利的副手。据说,在被格莱斯顿任命为爱尔兰事务大臣后,莫利宣布,"就连斯特德这种家伙,我都能让他消停了三年,我看不出我怎么就治理不了爱尔兰。"这正是预言小说《群魔》里陀思妥耶夫斯基会安排自由派省长冯·连布克说出的那类蠢话;莫利,以及其他英国人,显然都不再可能"统治"爱尔兰。而他那种明智的启蒙思想也无法遏制"新新闻主义"九头蛇的迸发,后者实则一匹机器怪兽,由可怕的双涡轮增压发动机所驱动:一是煽情,二是卫道。

如果有访客从另一个时代穿越到我们的 21 世纪文化中,他们估计一开始都无法理解我们的"大众通俗新闻"——好色淫荡、自以为是、恶意满怀、空洞浮夸——除非他能追根溯源地找到主要流行于 19 世纪英格兰北部的那些不信国教者的传统。狄更斯在《荒凉山庄》中便嘲讽过恰德班德先生④这类畸形人的所谓清教徒良知。这种传统到了下一代人,则演化为将一种祷告会、皈依体验等等活动所能引发的狂热和激情拙劣地移植到世俗领域的做法。正如有人绝妙点评的,"在一个科学、文学和商业都取得了林林总总成就的时代,上帝的选民与世俗现实之间想要建立起关联,几乎只有靠赚钱了;为了调整这种在自我和这个复杂时代之间的不平衡关系,他们又给自个儿加上了'自以为是'的砝码。"

---

① 埃德蒙·伯克(Edmund Burke,1729—1797),爱尔兰哲学家、作家、演说家、政治理论家。

② 理查德·赫顿(Richard Hutton,1826—1897),英国编辑、记者,对宗教兴趣颇浓。

③ 威廉·托马斯·斯特德(William Thomas Stead,1849—1912),英国记者、编辑和出版商,创立著名期刊《评论之评论》,曾任《蓓尔美街报》编辑。

④ 《荒凉山庄》中一人物,巧言令色的伪君子。

斯特德的老家在约克郡,父亲是一位公理会牧师。"我在如此家庭氛围里出生、长大,"他曾如是写道:

> 在那里,生命永远被视为通向来世的门廊;在那里,一切物事只要冒出浪费时间的苗头,也就是以"分期付款的方式"去生活的,都被视为邪恶之事……因此,在我们英格兰北部的牧师住宅里,凡是浪费时间的娱乐活动一概被严令禁止……我年轻时,在各种浪费时间的娱乐中,有三件事,其诱惑力实在高妙,令人难以抵制诱惑,因而酿成了种种致命后果,特别引人注目。第一件是看戏,剧院被视为"魔鬼的教堂";第二件是"玩纸牌",纸牌被视为"魔鬼的祈祷书";第三件是读小说,小说被视为"魔鬼的《圣经》",小说的庸俗魅力与人们诵读的上帝之道之间,展开了一场罪恶的竞争。"小说读来劲了,《圣经》就会被撇到一边去"变成一种信条,从人类经验上看,毕竟可以找到很多理由来证明这种信条是对的。

斯特德及其开创的新闻事业,将会为数量日益增长的中下层非国教徒们提供一种绝妙的替代品,将"魔鬼的戏院""魔鬼的祈祷书"取而代之。他将会重新定义这个世界,将它描述为一种新的文学形式的惊悚背景,这种新文学之令人心醉神迷,将不逊于魔鬼般的流动图书车上满满当当的那些小说。

至于格莱斯顿,这位对这个阶级有着超乎寻常吸引力的人物,他将会在一系列令人眼花缭乱的事件中领教这个阶级的嗜好——他们擅长将自己推入道德义愤的疯狂——这种义愤在"保加利亚暴行事件"里对格莱斯顿这位元老而言倒是大有神益的,在"迪尔克通奸事件"里却令他颇为难堪;而在"帕内尔事件"里,则直接导致了灾难性的政治后果。

斯特德22岁当上了《北方回声报》的编辑,这是一份出版地为达灵顿的日报,他在那里一直待到1880年。他在1876年撰写的关于保加利亚暴行的文章引起了格莱斯顿的关注,并起到了至关重要的作用:它们让格莱斯顿意识到,如今存在着一类"选民",他们的超政治的道德立场并非坚定不移。格莱斯顿承诺将土耳其人踢出保加利亚——"我希望他们的警察们和省长们,千夫长们和百夫长们,上校们和将军们,有一个算一个,卷起他们的铺盖卷赶紧从被他们玷污和亵渎的大区里滚出去"——斯特德曾为此欢呼雀跃。不过,到了 1880 年,格莱斯顿当上首相后,根本没能就柏林会议出炉的有关保加利亚条款重新谈判,结果保加利亚惨遭肢解,一分为三,有两个地区被置于土耳其的魔爪下。然而,《北方回声报》的读者们几乎无人在意此事,因为他们的关注点早已转到其他更刺激的事情上了。

1880 年,斯特德在时任伦敦《蓓尔美街报》编辑的莫利手下打杂,1883 年 8 月,斯特德升任编辑。从此,他信奉并努力推动的新闻业将成为现代世界反观自身的一种重要视角。这种视角建立在"三方联盟"基础之上:一方是热爱站队的狂热公众;一方是不断检验和驾驭公众意见的政治阶层,他们像冲浪者们一样玩弄着公众意见之浪;再一方,则是把上述两方面联系起来的"渠道"——美其名曰记者。关于斯特德,有人指出,"自 1880 年以来英国发生的一切事情都未能逃脱这位极度狂热、富于创见并乐善好施的大名人的影响。"作出这评价的是哈廷顿勋爵的私人秘书雷吉·布雷特(后来的伊舍勋爵)①。布雷特把杰基·费希尔②引荐给斯特德,这次会面的成果是促成了"关于海军真相"的系列文章。

1882 年到 1883 年之间,雷吉·布雷特关注起埃及和苏丹。一如既往地,内阁在帝国事务上分歧不断,特别是对埃及问题,鹰派人物印度事务大臣(哈廷顿)、贸易委员会主席(张伯伦)和海军大臣(诺斯布鲁克)③力推干涉主义政策;贵格会教徒与和平主义者约翰·布莱特(兰开斯特公爵领地事务大臣)则对此坚决反对。格莱斯顿的态度则主要是担心动用公共资金,他始终认为购买苏伊士运河股份风险太大,不值得冒险。不过,正如弗雷德里克·哈里森④指出的,1880 年至 1885 年,格莱斯顿政府对埃及事件作出种种应对时,迪斯雷利的墓穴里一准会传出幽灵般的嘲笑声。

---

① 雷吉·布雷特(Reggie Brett,1852—1930),第 2 代伊舍子爵,英国历史学家、自由党政治家、朝臣。

② 约翰·费希尔(John Fisher,1841—1920),第 1 代费希尔男爵,俗称杰基,英国海军上将,因改革王家海军而闻名。

③ 托马斯·乔治·巴林(Thomas George Baring,1826—1904),第 1 代诺斯布鲁克伯爵,英国自由党政治家,曾任印度总督和海军大臣。

④ 弗雷德里克·哈里森(Frederic Harrison,1831—1923),英国法学家、历史学家。

在中洛锡安竞选运动①中,格莱斯顿一直在谴责"比肯斯菲尔德②主义",反对英国介入埃及事务,尽管如此,他也不得不承认英国的商业利益与埃及和苏伊士运河休戚与共。埃及的商品44%从英国进口,80%出口到英国。无论从商业往来还是战略地位来看,这条运河都是通往印度的咽喉要道。当时埃及政治局势很不稳定,双重统治制度(埃及总督③和英法两国派驻此地的顾问联合统治埃及)也不大管用。当埃及局势变得复杂时,法国出于对本国政治的考虑,并没有表现出坚持欧洲干预的坚定态度。1879年,埃及军队发生哗变,随即1881年爆发了奥拉比-帕夏上校④领导的起义,许多法国自由派人士认为这些都是合法的民族主义表现。法国撤回了舰队,留下英国舰队在亚历山大港水域单独巡逻。1882年夏,亚历山大港发生暴乱,6月11日,50位欧洲人被杀,60人受伤。格莱斯顿情非所愿地派遣由加尼特·沃尔斯利爵士⑤率领的军队去镇压。这场战役大合英国公众的胃口,自沃尔斯利将第一近卫骑兵旅的指挥权交给亚瑟王子康诺特公爵⑥以来更是如此。"当得知我亲爱的宝贝亚瑟真的要去打仗时,我都快崩溃了,"女王在日记中写道。"这简直就是一场噩梦。"

结果,英军大胜;此役规模不大,却是女王在位期间打得最漂亮的战役之一。沃尔斯利将军统帅着被称为"沃尔斯利军团"的彪悍勇士们,包括雷德弗斯·布勒(从蜜月中赶来参战)⑦、威廉·巴特勒⑧和休·麦卡尔蒙特⑨以及其

---

① 格莱斯顿在1874年下台后,为重返政坛,1879年在苏格兰中洛锡安郡发表系列竞选演说,此举为他1880年当选首相起到关键作用。

② 指迪斯雷利。

③ 穆罕默德·阿里(Muharomad Ali,1769—1849),埃及近代政治家,奥斯曼帝国驻埃及总督,穆罕默德·阿里王朝创立者。

④ 艾哈迈德·乌拉比(Ahmed Urabi,1841—1911),亦称奥拉比-帕夏,埃及军官,抗英领袖。

⑤ 加内特·沃尔斯利(Garnet Wolseley,1833—1913),第1代沃尔斯利子爵,英国陆军元帅,后任英军总司令。

⑥ 亚瑟·阿尔伯特(Arthur Albert,1850—1942),亚瑟王子,康诺特和斯特拉森公爵,维多利亚女王三儿子。

⑦ 雷德弗斯·布勒(Redvers Buller,1839—1908),英国陆军将军,久经沙场的老将。

⑧ 威廉·巴特勒(William Butler,1838—1910),爱尔兰军官、作家、冒险家、陆军中将。

⑨ 休·麦卡尔蒙特(Hugh McCalmont,1845—1924),爱尔兰少将、政治家、马术师。

他人,他们曾在 1873 至 1874 年的阿散蒂战争中一显身手。卡德威尔领导并实施的陆军改革取得了成效:英国海军先对亚历山大港展开轰炸,之后配备 61 门大炮及军用物资的 17 401 名英军士兵被成功船运上岸。约翰·布莱特辞去内阁要职,不过此时无人关注这事。沃尔斯利率军一路向西穿越沙漠,在扎加齐格以东约 16 英里的甜水运河附近一座村庄与奥拉比-帕夏率领的埃军展开激战,该村名为泰尔·阿尔·克比尔,位于铁路线旁边。沃尔斯利认为埃军建筑的防御工事将是一块"难啃的骨头",不过,事实证明这场军事行动完美极了。是役,"伤亡者名单"如下:英军士兵阵亡 57 人,受伤 382 人,失踪 30 人,伤亡者中有一半是苏格兰高地人。9 月 18 日,沃尔斯利进驻开罗,并收到女王来函——"这辈子所能读到的最冰冷的文字。"

格莱斯顿内阁打算尽快撤军。不过,这成了历史上一个经典实例,说明了西方大国插手国外的无政府乱局是多么轻而易举,而要它们从中再全身而退又将是多么艰难。在接下来的 40 年里,由英国政府或驻外领事作出的承诺多达 66 项,坚称英军将从埃及撤军。但不知何故,始终没有出现合适的时机,英军一直驻扎在埃及,直到 1956 年被纳赛尔总统驱逐出境。

1883 年 9 月,艾弗林·巴林少校①——此前在印度担任过三年总督政务委员会财务委员——被召回伦敦并受封爵士,随即被派往埃及担任英国驻埃代表及总领事。在这个位置上,他将一待就是 23 年。格莱斯顿这位最不可能做出这类事的人竟然吞并了埃及。不过,他并不乐见于自己殖民主义者,更别说帝国主义者的身份。他几乎完全不曾领会迪尔克所描述的那种情绪,"我们下议院对埃及虎视眈眈。他们一门心思地想杀人,只是不知道杀谁好。"

巴林动身去埃及的动机无疑是令人钦佩的:"引领埃及人民走出破产惨境,使其具备偿付能力,然后,走向繁荣,从奥斯曼帝国派驻此地的埃及总督的暴政下解放出来,匡扶英国正义,摒弃打着欧洲文明虚假旗号的东方统治策略,转向以基督教道德准则为基础的真正的西方文明。"呜呼,这位良善的自由党银行家立刻面临着显然无法通过合理手段解决的危险了。一位曾是

---

① 艾弗林·巴林(Evelyn Baring,1841—1917),第 1 代克罗默伯爵,英国政治家、外交家、殖民地行政官员。

奴隶贩子、名叫穆罕默德·艾哈迈德的埃及政府官员宣称,自己就是马赫迪("以正确方式提供神的引导的人")①。此人在苏丹科尔多凡省发动叛乱。埃及总督调遣1万士兵,由威廉·希克斯将军②担任指挥:此人虽然骁勇,可惜巧妇难为无米之炊,手下的1万埃军没有军饷,斗志全无。马赫迪在科尔多凡省首府乌拜伊德建立了据点,这是一座拥有10万居民的坚固堡垒,许多兵士的武器只有棍棒,却仿佛神灵护体一般彪悍无比。马赫迪起义军打了一系列漂亮的伏击战,并在奸诈老道的向导带领下将希克斯-帕夏率领的大军诱入密林峡谷,一举歼灭了希克斯率领的1万埃军。

这就是巴林出任英国驻开罗总领事时面对的局势。

驻守在乌拜伊德的英军向马赫迪缴械投降时,查理·乔治·戈登将军③——日后他将成为英国人视角中苏丹战争的悲剧英雄——正在耶路撒冷。希克斯阵亡的噩耗传来时,戈登已在巴勒斯坦逗留了10个月,蜗居在耶路撒冷城西3英里处的小村庄隐基林④。他带着《圣经》在耶路撒冷城四处闲逛,相信自己已找到耶稣受难处髑髅地的确切位置,并且认为"花园冢"就是耶稣的复活地。这个地方看起来仿佛出自维多利亚儿童绘本《圣经故事》里的水彩插画,无怪乎至今仍能吸引新教朝圣者络绎不绝前来朝觐。

戈登、格莱斯顿和马赫迪均深信不疑的"天意",总是神秘莫测的。逗留耶路撒冷期间,戈登从报纸上获悉了苏丹的一系列事件,并赞同允许苏丹独立,由当地统治者治理的做法。"上帝统治着那里,上帝决定一切,我相信终结苏丹战乱也将终结奴隶制。"然而,戈登和格莱斯顿都不曾料到的是,马赫迪在1885年年中寿终正寝,人们因此与他领导的起义所可能引发的危机擦肩而过了。

戈登似乎注定在别处赢得荣耀。客居耶路撒冷时,比利时国王邀请他担

---

① 穆罕默德·艾哈迈德·马赫迪(Muhammad Ahmad Mahdi,1844—1885),1881年称伊斯兰教救世主马赫迪,苏丹马赫迪起义领袖,反对英埃统治,领导人民起义。

② 威廉·希克斯(William Hicks,1830—1883),英军上校,又称希克斯-帕夏,后在埃军服役,在远征马赫迪起义军战斗中阵亡。

③ 查理·乔治·戈登(Charles George Gordon,1833—1885),维多利亚时代的英国上将,被称为"中国的戈登"和"喀土穆的戈登"。

④ 隐基林(Ain Karim),位于耶路撒冷郊区,施洗者圣约翰出生地。

任刚果总督。戈登资格老,功勋卓著,曾担任苏丹总督——在幸福安宁的前马赫迪时代统治着几乎没有欧洲驻军的苏丹——还在中国打败了发动太平天国起义的"天王"(由此得了"中国的戈登"的诨名)。

然而,要求格莱斯顿政府对苏丹局势采取行动的压力越来越大。在开罗,为巴林出谋划策的英国将军们(斯蒂芬森将军①、伊夫林·伍德爵士②和贝克将军③)一致认为埃及政府已无力控制苏丹,必须撤出苏丹的埃及驻军。这项任务就算能完成也是困难重重。在喀土穆受到马赫迪威胁的埃及人和英国人(包括平民和军人)总数 6 000 人。怎样把这么多人转移到安全之处呢? 成千的男人、女人和孩子在无水的大漠里行进,任由狂热的敌人摆布,想到这一幕就令人不寒而栗。在由保加利亚暴行引发的恐怖情绪中得以上台的政府,绝不会看不到这一点。

希克斯殒命苏丹的噩耗传到英国时,一位福克斯通王家工兵部队上校想起来,20 年前,他曾目睹了狂热的中国军团在一名年轻英国军官的军事天赋和战术面前土崩瓦解。爱德华兹上校写信给时任王家工兵部队防御工事监察长的安德鲁·克拉克爵士将军④,"有能力解决这个棘手难题的只有一个人——查理·戈登。"克拉克把爱德华兹上校的意思转告给好友财政大臣,后者又转告给外交大臣格兰维尔勋爵。12 月 1 日星期日,格莱斯顿给尚在开罗的巴林发去电报,"查理·戈登将军若有意奔赴埃及,对阁下或埃及政府是否有益? 若有益,将有多大益处?"

认为"中国的戈登"将会力挽狂澜的主张越来越有说服力。人们一度相信,内阁中的哈廷顿"党"刻意安排了戈登和斯特德会面,策划人则是对斯特德的能量深信不疑的雷吉·布雷特。不过,事实上起作用的更多的是机缘巧合,或者说是上帝的旨意,而并非人为的谋划。戈登已接受了刚果总督一职。哈廷顿和格兰维尔就"一位已接受委任的英军军官是否可以在不辞军职、继

---

① 弗雷德里克·斯蒂芬森(Frederick Stephenson,1821—1911),英国将军。

② 亨利·伊夫林·伍德(Henry Evelyn Wood,1838—1919),英国军人,曾任陆军元帅。

③ 瓦伦丁·贝克(Valentine Baker,1827—1887),亦称贝克-帕夏,英国军人。

④ 安德鲁·克拉克(Andrew Clarke,1824—1902),英国军人、海峡殖民地总督、工程师。

续领取退役金的前提下合法接受这一职位"展开了讨论。哈廷顿要是真希望拉拢戈登来解决苏丹困局,应该不会私下写信给内阁同僚,探讨戈登前往刚果一事的吧。后来,戈登被派往苏丹时,哈廷顿还是表示了支持,不过这是两度改变主意后的结果。

戈登前往布鲁塞尔,接受了利奥波德国王提供的刚果总督一职,并写信辞去英军军职。第二天,即 1884 年 1 月 8 日,戈登下榻于南安普顿姐姐家里。他正和老友王家骑兵卫队布罗克赫斯特上尉①聊天,一位蓄胡子的矮个男人来访。

"劳驾,能拜见戈登将军吗?""在下便是。"这段在大门口展开的简短对话,恰好体现了戈登的奇怪之处。亲自开门迎接来访者,而不是等仆人替他做这事,我们时代还有多少将军会这么做呢? 对于这两人而言,这都是一个神启的时刻。来访者斯特德"知道面前站着上帝最彪悍的捍卫者之一"。戈登一开始不愿谈论苏丹,不过,一旦开始这个话题,他便滔滔不绝起来。他认为英国政府的疏散政策根本行不通,并跟斯特德解释了原因。"你要么彻底向马赫迪投降,要么誓死捍卫喀土穆。"

在斯特德离开前,戈登送给他一本《效法基督》。第二天,"'中国的戈登'将进驻苏丹"登上了《蓓尔美街报》的头条:

> 派一军团远征喀土穆并不可行,若要解决喀土穆困局,派一人足矣,昔日类似的难题最终得以解决的事实屡屡证明:一整军团莽夫都抵不上此一人。为何不派"中国的戈登"全权进驻喀土穆,令其绝对掌控该地,与马赫迪交涉,以解当地驻军之困,尽其所能将身陷苏丹残局的我国军民拯救出来呢?

格莱斯顿政府采纳了这个建议。这是格莱斯顿整个政治生涯里犯下的最具灾难性的失误,它基于两个根本错误之上。首先,他无法决定"喀土穆的戈登"的派驻身份是作为军事顾问还是另行遣派的行政长官(尽管戈登非常希望他能够确定这一点)。其次,直到大势已去时,格莱斯顿才指示内阁派军增

---

① 约翰·布罗克赫斯特(John Brocklehurst,1852—1921),英国军人、朝臣、自由党政治家。

援戈登。这两项决策的失误,加上格莱斯顿的犹豫不决,致使形势变得更糟。戈登动身前往喀土穆后,政府变卦了。1 月,格莱斯顿的儿子赫伯特①曾明确保证,英国不会将这场危机交由他人处理。2 月 19 日,哈廷顿厚颜无耻地改了口风:"我主张,对苏丹西部、南部或东部驻军,我们均不负增援或解救之责。"

　　内阁在是否向"喀土穆的戈登"派遣救援部队问题上摇摆不定。当"沃尔斯利军团"在将军加尼特·约瑟夫·沃尔斯利爵士指挥下最后开拔之际,他们要打的这场战役比战胜阿拉比的泰尔·阿尔·克比尔战役艰难得多。1885 年 1 月,赫伯特·斯图尔特爵士②率领的一支英军在距离库尔提 45 英里的阿布克莱亚遭 1 万敌军偷袭——"这是英军在苏丹打过的最野蛮、最血腥的战斗,"温斯顿·丘吉尔后来评价道。伯纳比上校③和其他 8 名军官以及 65 名其他职级人员殒命沙场。斯图尔特受了致命伤。此时,喀土穆已陷入包围,查尔斯·威尔逊爵士④,一位身经百战,却只是参谋而非指挥官的人,接到尼罗河汽轮发来的戈登战报:英国人在喀土穆街头濒临死亡,亟待救援。威尔逊耽搁了三天,对戈登而言,这也是决定他最终命运的三天。

　　52 岁生日的前两天,凌晨 3 点 30 分,戈登将军点燃香烟,给威尔逊发去上述电报。清晨 5 时,他整装完毕,身着白制服,腰悬长剑,手握左轮手枪。喀土穆大街上,敌军的喊杀声彻夜回响。戈登踱到通往总督府会议厅楼梯的顶端。一大群挥舞长矛的敌军站在楼梯脚下。为首名叫沙欣的苏丹勇士手持长矛逼近。戈登被沙欣刺中,耸了耸肩,猝然转身,另一支长矛刺穿了后背。他跌倒在地,敌人一拥而上。此时是 1885 年 1 月 26 日

查尔斯·戈登

---

　　① 赫伯特·格莱斯顿(Herbert Gladstone,1854—1930),英国政治家,格莱斯顿之子。

　　② 赫伯特·斯图尔特(Herbert Stewart,1843—1885),英国少将。

　　③ 弗雷德里克·伯纳比(Frederick Burnaby,1842—1885),英国陆军上校,陆军情报官,在阿布克莱亚战役中阵亡。

　　④ 查尔斯·威尔逊(Charles Wilson,1836—1905),英国少将、地理学家、考古学家。

清晨 5 点 30 分整。①

上述场景出自乔伊②之手,该油画如今藏于利兹城市美术馆。这幅画作的复制品数不胜数。我想必是在挂有《戈登将军的背水一战》油画的教室里上有生以来第一堂历史课的最后一代英国人了。这幅画作是基督教文明的象征,面对无政府主义的野蛮,它坚忍自若。矛盾的是,这也是一幅展现白人至上威权的油画,尽管画中描绘的是一位身材相当矮小的白人即将被一大帮黑人刺倒而亡。戈登高踞台阶顶端,攻击者从下方涌来,这一安排在一定程度上强化了这种白人的至高无上地位。但更重要的是,他代表着直面这种凶残的无政府主义所必需的东西:镇定自律,一种只有英国人才能带给世人的品质。这就是这幅力作所要传达的信息:它为英国不仅在苏丹,而且在世界任何其他当地居民缺乏自律或克制、无法按西北欧的做法行事的地方的出现提供了理由。

当我们凝视着这幅感染力依然不减当年的画像时,也不应忽视戈登本人的超凡魅力。戈登绝对不是军官们人见人爱的将军。(一些优秀之士在解放喀土穆的行军途中被杀害,包括颇受士兵爱戴的厄尔将军③,不过,雷德弗斯·布勒对戈登却不屑一顾——他说"那厮还没骆驼管用呢"。)但有一点别忘了,戈登抵达喀土穆时,受到了成千上万当地居民的热烈欢迎,他们视他为"天父"和"苏丹王"。"我来此地,"他宣布,"是为铲除苏丹之恶,我不带一兵一卒,上帝与我同在。除却正义,我不用任何武器。"冷嘲热讽未必就能直指真相,不过确实,就在基钦纳将军在恩图曼征服伊斯兰教托钵僧时,利顿·斯特雷奇④巴望着"对 2 万阿拉伯人实施大屠杀,以极力偿还大英帝国的损失,其实,这也成了伊夫林·巴林爵士晋升贵族的重要一环"。这些恐怖事件均不容否认,此外,我们可以发现,它们是新一代帝国主义的无情和老一代对于

①　其实,刺死戈登的那位勇士根本不晓得戈登何许人也。此前,马赫迪曾下令活捉戈登。不过这个细节没有对戈登在英国国内瞬间赢得偶像级地位造成丝毫影响。——作者注

②　乔治·威廉·乔伊(George William Joy,1844—1925),爱尔兰裔英国画家。

③　威廉·厄尔(William Earle,1833—1885),英军少将,在阿布克莱亚战役中阵亡。

④　贾尔斯·利顿·斯特雷奇(Giles Lytton Strachey,1880—1932),英国作家、批评家、传记作家,著有《维多利亚女王传》和《维多利亚时代名人传》等。

干涉的模糊态度共同导致的后果。

戈登之死至今仍被视为殉道壮举。如果它被用来为后来的暴行辩护,那不是戈登的错。如果说,乔治·威廉·乔伊的油画表现出的是一种激情而非殉道壮举,那他并不是唯一这样做的画家。曾将《效法基督》送给斯特德的戈登,被同时代的人视为几乎就是基督一样的人物。人们每年在戈登的忌日都会举行专门的布道会纪念他。1898年,里彭大教堂主教威廉·博伊德·卡朋特①在桑德林汉姆教区教堂布道时这样评价戈登,"他的英名是对所有人的一种召唤,让他们对邪恶更无畏,对人更无私,对上帝更真诚。"此前一年,塞特福德主教在桑德林汉姆教堂布道时则疾呼:"教友们啊,我们认识像他这样的人,他是勇敢和温情的完美结合,从往昔到现在始终如此。"

上帝之勇士,

丁尼生赞颂他道,

> 人类之友,并非在此尘寰,
> 而是客死于遥远荒凉的苏丹,
> 可在一切人心中,你赢得了永生,只因他们知晓,
> 你朴素、高贵,世间无人匹敌。

在对戈登那次别开生面的"采访"中,斯特德注意到的正是这种品质。格莱斯顿完全没有把握住公众的情绪,而维多利亚女王却始终对之洞若观火。"抛开人道不论,就政府和国家的荣誉而言,我们也绝不可对他弃之不顾,"女王曾敦促格莱斯顿立即派军解围,切勿贻误战机。戈登被杀后,女王给格兰维尔、哈廷顿和格莱斯顿发去了明码电报——以便让新闻界人士知晓女王心急如焚的激愤之情——"喀土穆传来的噩耗是可怕的,如果早点行动,这一切原本可以避免,便可以挽救很多宝贵的生命,一想到这个,就令人不寒而栗。"

格莱斯顿无疑对戈登冷酷无情,也无法理解戈登命丧喀土穆为何引发这么多人关注,这些正是格莱斯顿失去控制局面能力的征兆。戈登命丧他乡的

---

① 威廉·博伊德·卡朋特(William Boyd Carpenter,1841—1918),英国国教会牧师,里彭主教,女王的荣誉牧师。

噩耗传到伦敦五天后,格莱斯顿便前往剧院,这一无动于衷的丑态瞬间激起了众怒。"在格莱斯顿漫长的仕途生涯里,再找不到第二件事比这更不得人心的了。"事实上,正是这件事,而并非对爱尔兰问题的态度,充任了他沦为孤家寡人的开端,也成为1885年他大选惨败的主因。不过当然,戈登殒命异国不到半年,《蓓尔美街报》已把这位喀土穆大英雄忘到九霄云外,转而关注起更刺激的事件了。

显然,斯特德认为他的新闻生涯里最难能可贵的在于揭开了儿童卖淫的黑幕,撰写了题为《现代巴比伦的少女献祭》的系列报道。

约瑟芬·巴特勒①是切尔滕纳姆学院副院长乔治·巴特勒②的夫人。1864年,她的小女儿伊娃不幸离世(跌下楼梯而亡),丧亲之痛反而成了她投身公益事业的动力。巴特勒夫人始终没能彻底恢复健康,然而,她下决心走出痛苦阴霾,向他人伸出援手。("除此之外,我没有明确想法,也没有制定具体的计划,唯一的心愿是深入到人类苦难的深处,对受苦的人说:'我懂。我也吃过苦。'")

她开始探访利物浦济贫院。(为远离切尔滕纳姆,免得触景生情,夫妻俩搬到了利物浦,丈夫乔治此前已升任利物浦学院校长。)约瑟芬·巴特勒坐在济贫院的妇女中间,和她们一起扯麻絮,逐渐了解了工人阶级妇女的处境,尤其对《传染病法》感到愤怒。1870年,负责调查《传染病法》(1864年、1868年和1869年)实施状况的王家委员会发布报告称,嫖妓行为是"一种自然冲动下的不定期放纵行为"。法律规定,男人嫖娼是"出自天性"的行为,而提供性服务的妓女则是邪恶的。为了让这种制度化的卖淫理由有效,《传染病法》规定,法律有权对妇女任意拘捕,并强制医检。

> 为了应对乱局、治疗疾病,人们不时尝试控制或压制的手段。这两项措施都只针对据称是妓女的妇女,而且没有人试图对付数量更庞大的

---

① 约瑟芬·巴特勒(Josephine Butler,1828—1906),娘家姓格雷,英国女性主义者、社会改革家。

② 乔治·巴特勒(George Butler,1819—1890),英国牧师、校长。

与她们厮混在一起的男人(即便只是因为他们数量更多),而这些男人对整个社会来说是一类更大的危险来源。

约瑟芬·巴特勒揭露弊端,引起了公众注意。她的勇气怎么夸赞都不为过。"正派的女人"不会在大庭广众前谈论性、谈论性病,更不会提及男人在立法时的双重标准问题。在1870年科尔切斯特市举行的递补选举中,巴特勒夫人发表演说支持"废除派"(他们挑战《传染病法》的狂热支持者、托利党人亨利·斯托克斯爵士①),她下榻的酒店遭到围攻,窗户被砸烂。不过,斯托克斯以500票之差败选——"鸟已被击毙,"约瑟芬·巴特勒收到的电报如此传递了这则消息。为审查《传染病法》,政府成立了一个王家委员会,密尔提供了重要证据,强调这是事关公民基本自由的问题。在巴特勒夫人和众位友人多年奔走之后,《传染病》系列法案终于在1886年被废止。

有趣的是,《传染病》系列法案尽管确实是在格莱斯顿一手经办下废除的,但多年来他却并非巴特勒夫人的盟友。巴特勒夫人的激进言行常让他感到遗憾。去世前,他在一本小册子里承认道,"我一生之不幸在于,每每原则问题迫在眉睫了,我才注意到它,往往为时已晚!"不过就《传染病法》而言,虽说废除它已经有些迟了,毕竟不算"太晚"。《传染病》的系列法案确实被废止了,不过,一位以帮助妓女从良为天职的男人,竟然对关于合法妓院的这种立法所涉及的重大道德问题视而不见,实在也是蹊跷。《传染病法》规定,在驻军城镇,为遏制疾病传播,妓院被纳入政府管控,医生为妓女做定期体检。在街上发现的任何女人都有可能遭警方逮捕,被迫接受侵入式医学检查,不管她是否妓女。

在为废除《传染病法》而奔走的过程中,约瑟芬·巴特勒在英国和国外发现了很多滥用权力现象。1874年,她在调查法国管控体系的弊端时遇到了警察扫黄缉捕队队长、臭名昭著的勒库尔先生②,此人相信自国家出台监管政策以来,巴黎妓女数量大幅飙升的罪魁祸首是巴黎公社运动和"卖弄风骚的女

---

① 亨利·斯托克斯(Henry Storks,1811—1874),英国军人、中将、殖民地总督。

② 查尔斯·杰罗姆·勒库尔(Charles Jerome Lecour,1823—1900),著有《伦敦和巴黎的卖淫,1789—1870》。

人"。约瑟芬·巴特勒还在布鲁塞尔发现了英国儿童和年轻女子被诱拐到比利时卖入妓院的丑闻。这些令她万分震惊,于是,她找到斯特德透露黑幕:在伦敦街头花钱便能买到一个供性虐的儿童,而在列日,有人对约瑟芬透露,"一车车女孩被源源不断运到比利时。"

在对这档子事情有独钟的英国清教徒眼里,这是绝妙的"新闻题材"。然而,用他们的行话讲,这个故事要想成立,首先得有一位真实的男人花钱买下一个真实的雏妓,其次,这人必须乐意承认自己的这种行为。在这方面,谁能与我们的北方斗士威廉·托马斯·斯特德匹敌呢?

约瑟芬·巴特勒

1885 年 7 月第一个星期,《蓓尔美街报》的读者接到提醒,勿买 7 月 6 日这期报纸,因为上面登载的内容会令人倍感不适。即便没有这些诱导,新闻标题《现代巴比伦的少女献祭》已经出卖了内容——关于贩卖或侵犯儿童、处女拉皮条、贩卖少女国际贸易以及她们遭受的非人罪恶等等。诸如"违背少女意志的胁迫"和"为诱惑而交付"等头版标题囊括了这类新闻一直以来的所有特征。也就是说,一方面宣称谴责它描述的内容,另一方面却诱引读者阅读这些内容。斯特德记述了这样一位牧师:他定期到妓院分发基督教读物,但也定期饱受少女的色情诱惑之苦。不管这位可敬的先生是否存在,这位牧师都成了斯特德及其读者的标志:总是堂而皇之地在他无法抗拒的不三不四的地方徘徊。

斯特德声称在 1885 年德比赛马日当天目睹了一桩交易,有人付了 5 英镑从一位母亲手里买走了一个女孩。事实上,这场所谓买卖是伪造出来的①。女孩真名叫莉莎·阿姆斯特朗。她被带到马里波恩里森格罗夫的一家妓院,被安排躺在四柱床上,丽贝卡·贾勒特②(如今是救世军组织庇护下的退职妓女)给她施用了氯仿麻醉剂。此刻,我们这位道德高贵的清教徒编辑斯特德现身了,手擎香槟酒,指间夹着雪茄,扮成"卖春嫖客"的浪荡模样。斯特德付

---

① 事实是,该行动是斯特德一手策划的,目的是为调查英国少女被买卖——儿童卖淫——的内幕。

② 丽贝卡·贾勒特(Rebecca Jarrett,1846—1928),英国女子,约瑟芬·巴特勒的好友,曾做过妓女和老鸨,协助过斯特德调查儿童卖淫状况。

了钱,莉莎先是被匆匆送往巴黎救世军的临时收容所,随后被送到法国南部德龙省,最后被送回温布尔顿小镇斯特德的家中。不过,斯特德的热忱调研之旅已僭越了法律,莉莎那位未曾参与此事的父亲提起了绑架案起诉。审判期间,法庭查明丽贝卡·贾勒特原来是约瑟芬·巴特勒的女佣,而且整个事件是精心导演出来的。乔治·萧伯纳这样描述斯特德:

> 当时,我是他主编的《蓓尔美街报》撰稿人之一,但由于我的专长是文艺而他是个十足的市侩,我俩素无往来。除了在报社里干点政治新闻工作,他就是个笨蛋。我给他写过几封有关政治的信,他很明智地承认这些信"是为了给他上一课才写的",但又宣称除了他本人外,别人是没资格教他的。

> 我们支持他那篇《现代巴比伦的少女献祭》文章,结果发现莉莎·阿姆斯特朗案子是他事先策划的骗人把戏。从此,这一点明显无疑了:他显然是个不愿与人共事的家伙,也没有谁愿跟他共事。

这场骗局把丽贝卡·贾勒特送进了监狱,其他涉嫌参与者被释放——唯独斯特德被判入狱三个月。此后每年,每逢入狱周年纪念日,斯特德都会穿上囚服,穿着印有簇形标记的上衣和裤子,戴着印有囚号的囚牌,穿过滑铁卢大桥走向办公室,引得路人纷纷侧目。这一举动就像他当初被判入狱一样,是为了探索某种更高层次的真理而进入幻想国度的一场远征。事实上,他虽然入狱第一天穿着囚衣,但他犯的是"一级轻刑罪",在余下刑期里可以穿自己的衣服。

童年时代把小说当成"魔鬼圣经"的传统,也影响了后来的思维习惯,以至于报社编辑们似乎都有点觉得真伪之间的界限是模糊不清、难以分辨的。礼拜堂留下的遗产还包括:义愤的光芒,和上帝的选民们想到人类同胞犯下的那些令人嫉羡的罪恶时所会产生的报复意识。比如说,斯特德便对查尔斯·迪尔克爵士所谓的通奸行为颇为着迷,甚至还把克劳福德太太安排在《蓓尔美街报》报社工作,大概是巴望着这位太太日常办公时会从嘴里溜出几句关于那段情色经历的坦白话吧,可惜她把这些话只留给了红衣主教曼宁。

斯特德其实不是坏人。不过他属于一种更危险的类型:一个道德上的蠢货,明明干着坏事,却自以为是勇敢之举,只因为它们引起了轰动效应。正是他和同行们规定了现代新闻那种不严肃的本质,也就是,那种特有的道德愚蠢,其不严肃的本质连它们的实践者们自己也不曾意识到。他们只是四下散布痛苦和尴尬之事,却并未撼动多少现实的弊端。1886 年废除《传染病法》,更应归功于詹姆斯·斯坦斯菲尔德[①]而不是斯特德。斯坦斯菲尔德曾在格莱斯顿第一届政府担任内阁大臣,后来放弃高官厚禄,从后座议员转变为"只关注单一问题"的活动家。他对巴特勒夫人的倡议深深认同。巴特勒夫人和斯坦斯菲尔德才是真正令少女两性关系和婚姻问题的"承诺年龄"得以提高的人,他们所起的影响比斯特德要大得多。

正如萧伯纳暗示的,在莉莎·阿姆斯特朗骗局曝光后,斯特德并未捞到期望的赞誉,转而创办了所谓"评论之评论"之类东西。他数度试图重振那类耸人听闻的老把戏,有些倒也卖得不错——尤其是 1892 年的《如果基督来到芝加哥》,斯特德在该文中"指名道姓谩骂并羞辱"妓院老板们。此后几年,他越来越痴迷唯灵论,而且与他对头条热门新闻的热爱颇为相称地,他不是死在自家床上,而是在 1912 年随着"泰坦尼克号"葬身大海。人们最后一次见到他时,他正竭力协助妇女儿童们上救生艇。

话虽如此,我们还得补充说明几句。正如对于斯特德的诸多评述一样,上述叙述未必完全正确。究竟何时才算是人们最后见到他的时刻,这一点还不好说。在他本人随着横渡大西洋的豪华客轮沉到冰冷的大西洋底之后,斯特德据说又开始显灵了,他在那些坚信看到了他的人面前出现,而且不止一次。1912 年 5 月 3 日,斯特德借罗斯西港的灵媒科茨太太之口宣称,他颇为欣慰自己和"泰坦尼克号"上那么多人一起祈祷,并协助他们逃生。他信誓旦旦地保证,目前在灵界,他身边有不少老友。在伦敦,哈珀太太和罗伯特·金先生也亲眼见证了他的出现。他借助当时流行的"自动书写"传来信息说,自去世以来,他并未丧失作为《现代巴比伦的少女献祭》和《如果基督来到芝加哥》等畅销新闻的创作者的那种新闻工作者的激情。"多谢关注! ——人间有'无线电报'了啊——咄咄怪事,咄咄怪事!"斯特德显灵的地方并非只在英

---

① 詹姆斯·斯坦斯菲尔德(James Stansfeld,1820—1898),英国政治家、社会改革家。

国老家,还漂洋过海现身于墨尔本港和托莱多港。其中最令人瞩目的或许是斯特德溺亡约一年后,在泰晤士河畔金斯顿显灵时,威廉·沃克先生拍下的斯特德"灵异照"。还有一张"灵异照"更匪夷所思,照片显示斯特德站在一位名叫科利的副主教肩膀后朝前方窥视。头戴方形学位帽的副主教目不转睛盯着摄像机,显然没意识到斯特德就在身后盘桓。而照片中的斯特德一脸急切生动的表情,仿佛恰好充任着强有力的证据,向我们展示着所谓的"第四等级"的那种不甘寂寞、唯恐天下不乱的个性特点。

第 32 章　1880 年代末的政治状况

1885 年 6 月到 1886 年 8 月,英国政治生活这出大戏可谓错综复杂,只有对"议会轮盘赌"上瘾的赌徒也许才会对它兴趣盎然。然而,这危机四伏的十几个月所造成的总体影响始终回荡于英国政治生活中,一直延续到第二次世界大战爆发,甚或延续到了二战后。

大致情形如下。格莱斯顿的第二届首相任期一开始便被许多问题困扰着——"布拉德洛事件"耗去了议会的许多个小时,还有不容小觑的爱尔兰危机、埃及和苏丹殖民地以及国内扩大选举权问题——到 1885 年夏天,终于陷入了绝境。爱尔兰问题致使内阁陷入严重分歧。表面看来,格莱斯顿政府倒台是因为准备对啤酒和烈酒课税的预算方案。然而这其实是个相对次要的问题,陷入支离破碎窘境的自由党试图以此来掩盖它因为爱尔兰问题而出现了不可调和分歧的事实。当所谓的"影子财政大臣"迈克尔·希克斯-比奇爵士①提出预算修正案时,76 位自由党议员投了弃权票。议会中爱尔兰议会党议员却给格莱斯顿投了赞成票,使他在下议院以 264 票对 252 票的微弱优势获胜。但这种警示却很明确,格莱斯顿——尚未彻底决定支持爱尔兰地方自治,仍在竭力把自由党团结起来——辞职了。

格莱斯顿为此去奥斯本宫觐见女王,而女王甚至没有留他共进午餐。甚至,在这场双方都认为是格莱斯顿 55 年政治生涯里的最后一次觐见中,女王对他的离任连一句惋惜的话都没说。傍晚时分,乘渡轮穿越索伦特海峡踏上返家之途时,格莱斯顿沉浸在罗伯特·路易斯·史蒂文森刚出版的小说《绑架》中,因此并未感到多少委屈。

---

① 迈克尔·希克斯-比奇(Michael Hicks Beach,1837—1916),英国保守党政治家。

1885 年 6 月 24 日,保守党组建了少数派政府,然而他们清楚这届政府也维持不了多久。前一年,议会投票决定增加 200 万人选举权,这肯定对自由党有利。这些烦琐程序——确定新选民姓名和地址以及重新划分新选区等等——会持续到当年 11 月。不出所料地,自由党在 1885 年 12 月大选中再度获胜。此时,一种深刻的矛盾已经隐隐露头。自由党激进派领袖张伯伦尚在自吹自擂,"民有、民治的政府……终于得到了有效保障,"并坚信伟大的民主改革计划行将展开,包括废除上议院和君主制。但随着选举慢慢接近尾声,张伯伦的老东家格莱斯顿却突然卷入了"霍瓦登堡泄密事件",泄露了致力推动爱尔兰地方自治的意愿——这让张伯伦和相当一部分的自由党人(老辉格党人和新激进派)感到深恶痛绝。1885 年 12 月大选结束,自由党获得 334 个议席,保守党 250 席,爱尔兰议会党 86 席。爱尔兰问题明显使自由党阵营内部产生了严重分裂,格莱斯顿再也无法在 1886 年议会里获得足够选票来确保爱尔兰地方自治了。1886 年 3 月,他把《爱尔兰自治法案》提交给内阁审议,张伯伦和特里维廉辞职了。该法案在下议院进行了表决,以 30 票之差遭到否决——341 票反对,311 票赞成。张伯伦给老上司投了反对票并改换了阵营,此举令他的仕途生涯和英国政治本身都取得了非凡的成就。短命的第三届格莱斯顿政府宣布辞职;1886 年 8 月,索尔兹伯里登上首相宝座,一直干到 1892 年夏天任期结束为止。

125 年之后回过头看,有个问题始终令我们为之动容:1884 年议会选举改革,究竟带来了多少真正的政治变革? 在尚未有《人民代表法》的年代,4 376 916 位(相比之前的 2 618 453)成年男性获得了选举权,这是否显著改变了英国未来几十年的治理方式呢? 相信议会制度的人可能会把英国历史视为一段向着自由不断演进的历史,随着一次次的大选,越来越多的人——首先是城市男性,其次是整个工人阶级(男性),再次是所有成年男性和女性——获得了权利。然而,他们在获得权利后又做了些什么呢? 在大多数情况下,被选出的代表不过是延续了将他们安置在那里的制度罢了。自从威廉·亨利·史密斯在喜剧《皮纳福号军舰》里成为"女王之海军大帅"以来,英国议会绝大多数议员都以他为标杆——

鄙人一贯响应我党号召把选票投，

鄙人从未冒过一己之私之念头。

如果工人阶级占人口大多数，那么在 20 世纪前，这种所谓的民主制度却几乎没有工人阶级成员，这究竟是怎么回事呢？1884 年的《改革法案》是朝向民主迈出的一步，还是只是一条准许 4 376 916 位男性选民参加民主选举并对在诸多基本领域都有着相同政治目标的两位政党候选人加以选择的立法呢？是否正因为爱尔兰地方自治问题轻轻松松就能把自由党搞分裂了，所以它才是唯一能使从政阶级产生严重分裂的问题，并且也是唯一——由于爱尔兰议会党议员的团结一致——使得在投票箱里投下的一票就可能对政客们管理公共生活的方式产生显著影响的问题呢？

我们已经看到，格莱斯顿对成千上万英国人描述了冰山上瑟瑟发抖的可怜保加利亚人，令人一掬同情之泪，却没有采取任何措施来撼动柏林会议所确立的条款；他一面厉声谴责比肯斯菲尔德主义及其沙文主义信条，一面却毅然决然地让伊夫林·巴林爵士①当上了埃及的实际统治者。就啤酒和烈酒的关税问题，托利党啤酒酿造商固然与主张绝对禁酒的不信英国国教者们展开争斗，但比起两党所面临的那些我们从事后之见来看属于首要问题的政治问题相比，它只是件次要小事。1886 年，贸易陷入萧条，伦敦发生暴乱②。政治阶级根本没有把海德门、马克思或莫里斯等人的社会主义思想放在心上。我们可以看到，妇女的社会地位问题引申自约瑟芬·巴特勒和詹姆斯·斯坦斯菲尔德勇敢提出的关于《传染病法》及其改革的局部争论。我们可以看到，这场戏剧性事件所提出的女性主义问题直接推动了女性教育的发展和为女性与男性同样接受大学教育而进行的非同寻常的斗争。在英国，只有伦敦大学允许女性参加考试并获得学位。在剑桥大学格顿学院和纽纳姆学院，牛津大学玛格丽特夫人学堂（建于 1878 年）、萨默维尔学院（建于 1879 年）、圣休学院（建于 1886 年）和圣希尔达学院（建于 1893 年）的女生人数不多，但意义重

---

① 伊夫林·巴林（Evelyn Baring，1841—1917），英国政治家、外交家、殖民统治者。参见本书第 31 章对埃及事件的介绍。

② 参见本书第 36 章相关论述。

大。由于这些地方的存在,各阶层女性的实际生活方式最终都发生了改变。这绝非只是几张格顿学院女学生划着八人赛艇的古怪老照片的问题;这是对女性在职业和智识上的赋权。

那些认为议会是具有严肃政治功能的机构的人可能会吃惊地发现,直到 1919 年首位女性才进入议会,而男女议员比例在 21 世纪仍旧严重失调。不过,这只是变革动力来自议会之外的众多问题之一。在推动英国变革方面,女子学院、工会、教会、非议会的政治团体基层组织和战时海陆空部队里举行的集会,都远比 1945 年以前的任何政党都要有效。议会的职能是维护从政阶级的权力,而后者实际上指的是富人阶层。

在《改革法案》出台 27 年后,一位幻灭的激进派议员希莱尔·贝洛克①写了一篇关于政党制度的精彩分析文章。

> 罗密欧爱朱丽叶并不奇怪,尽管一位是蒙塔古家族的,一位是凯普莱特家族的。然而,如果我们还发现凯普莱特夫人在血统上属于蒙塔古家族,蒙塔古夫人和老凯普莱特是第一代表姐妹,茂丘西奥既是凯普莱特的侄甥辈又是蒙塔古的平辈姻亲,帕里斯伯爵与父母家两边都沾亲带故,提伯尔是罗密欧的叔叔的继子,为罗密欧和朱丽叶证婚的劳伦斯神父是朱丽叶的舅父,也是罗密欧的表叔,那么我们大概会得出以下结论:这两大家族的所谓世仇无非就是为了给维罗纳城居民提供戏剧性的消遣娱乐罢了。

这篇发表于 1911 年的文章可谓一针见血,对于从 1880 年到第一次世界大战之间的任何时段参加乡村别墅派对的宾客名单的分析都足以证明它所言不虚。

"冒昧地有违白芝浩先生的意见,"大卫·康纳汀爵士②在其权威著作《英国贵族衰落史》中写道,"维多利亚中期下议院的精神和实质是贵族的,而非

---

① 希莱尔·贝洛克(Hilaire Belloc,1870—1953),法裔英国作家、诗人、历史学家、政治活动家。

② 大卫·康纳汀(David Cannadine,1950—),英国历史学家。

财阀的。"正如康纳汀继而指出的,1880 年,下议院共有 652 名议员,其中贵族、从男爵、乡绅或上述人等的近亲属占据了 394 位,而这种情况在 1884 年后略有改变。(在 1910 年的议会选举中,双方最年轻的候选人也都是贵族子弟)。不过,所谓财阀政治和贵族政治之间的差异的提法,有些容易引起误解的浪漫色彩。维多利亚时代的贵族大概都自以为此二者间有着天壤之别。其实,贵族长盛不衰的秘诀在于其极强的适应性,在于不断吸纳新贵族和新富豪的强大能力。普鲁斯特小说里的德·夏吕斯男爵这类风流势利小人可能认为贵族都是占有诸多古老贵族盾章的人,血统可追溯到加洛林王朝时代,其实维多利亚时代的贵族却很可能正在明智地向"家族公共储池"里注入资金呢。农业陷入萧条、地租和农场经营收入锐减,这些都使得钱变得重要,也让新富豪购买地产成为可能。新富豪用不了几年就成了贵族。《缙绅录》也许能为我们透露真相:比如出生于 1844 年的第 5 代哈罗比伯爵在 1887 年娶了尊贵的女爵士埃塞尔·史密斯,她的母亲艾米莉早在 1891 年被晋封为汉布尔登子爵夫人。深厚的贵族血统为埃塞尔的第二段婚姻增添了几分贵族气息。后来,通过埃塞尔,子爵爵位传给了第二段婚姻中的头胎子①。这便是上文我们提到的"老朋友"威廉·亨利·史密斯,靠经营车站书摊起家,但在当时,正如他激发出的真正的吉尔伯特式人物一样,他时而担任英国海军大臣,时而担任第一财政大臣,时而是五港同盟的沃登领主。

不仅巴林、格林、马奇班克斯和罗斯柴尔德等银行家族全部获得了贵族身份,到 1880 年代,各行各业也都涌现出新贵族。阿克赖特②的合伙人杰迪戴亚·斯特拉特③,本是贫穷的纺织工,碰巧发明了革命性的珍妮纺纱机。1856 年,他的孙子爱德华·斯特拉特④晋封为第 1 代贝尔珀男爵。爱德华的

---

① 威廉·弗雷德里克·丹弗斯·史密斯(William Frederick Danvers Smith,1868—1928),第 2 代汉布尔登子爵。

② 理查德·阿克赖特(Richard Arkwright,1732—1792),英国纺织工业家、发明家,发明了水力纺纱机。

③ 杰迪戴亚·斯特拉特(Jedediah Strutt,1726—1797),英国纺织工、袜商、发明家。

④ 爱德华·斯特拉特(Edward Strutt,1801—1880),英国辉格党政治家。

儿子①娶了第 2 代莱斯特伯爵②的女儿③。他的曾孙女④嫁给了第 16 代诺福克公爵⑤。到了 1890 年代，"企业和商业家族获得的贵族头衔占比 25％，而且比例仍然在不断上升"；在格莱斯顿或索尔兹伯里的首相任期内，哈迪（铁器）、格斯特（钢铁）、伊顿（丝绸）、阿姆斯特朗（工程）、布拉西（铁路）以及三个啤酒家族——吉尼斯、奥尔索普和巴斯——都登上了贵族显位。从 1886 年到 1914 年，诞生了 200 个新贵族家族。

"仰赖上帝，而非财富"是威廉·亨利·史密斯家族（亦称"汉布尔登子爵们"）制定的家训。然而，其实财富帮了他们大忙，而经营文具和卖杂志可比侍弄薄田和养羊赚钱多。

1883 年，为扩大选举权奔走的张伯伦谴责了第 3 代索尔兹伯里侯爵：

> 索尔兹伯里勋爵自诩为某个阶级——其本人所属阶级——的代言人，此阶级既不辛苦劳作也不纺纱织线；他们（正如索尔兹伯里勋爵本人一样）的财富全靠过去岁月里作为朝臣为国王服务而捞得；从那以后，哪怕是呼呼大睡，这财富也在不断增加、累积，他们诉诸的手段就是对他人取得的一切劳动成果课以更多的税收，而后者却为增加国家的总体财富以及促进国家的总体繁荣付出了辛勤的劳作和劳动。

张伯伦宣称，对贵族而言，本次选举将是"要么修正他们，要么终结他们"的一场斗争。不过，很快他就干起掮客勾当，一面跟哈廷顿勋爵等辉格党人达成妥协，一面又跟索尔兹伯里勋爵等保守党人开展交易（他将在索尔兹伯里第三届内阁担任殖民大臣）。我们必须认识到，张伯伦是将权力和金钱等同的，这样才能读懂他反复无常的政治生涯。爱上张伯伦并为他的激进思想着迷的比阿特丽斯·波特，她父亲正是靠铁路发家致富的英国第一代百万富翁。

---

① 亨利·斯特拉特（Henry Strutt，1840—1914），第 2 代贝尔珀男爵，英国商人、朝臣、政治家。

② 托马斯·威廉·柯克（Thomas William Coke，1822—1909），英国贵族。

③ 玛格丽特·柯克夫人（Lady Margaret Coke，1852—1922）。

④ 拉维尼娅·菲查伦-霍华德（Lavinia Fitzalan-Howard，1916—1995），娘家姓斯特拉特，英国贵族。

⑤ 伯纳德·菲查伦-霍华德（Bernard Fitzalan-Howard，1908—1975），英国贵族和政治家。

她渴望找到某种信条,并相信1880年代早中期的张伯伦激进主义便是她一直追寻的目标。同时她也颇为精明地发现,伯明翰的几个商业大家族,"肯里克家族和张伯伦家族,主宰着伯明翰的贵族政治和财阀统治。在社会地位、财富和文化方面,他们远远凌驾于城镇居民之上,然而他们一生都是伟大的公民,积极参与着、引领着城镇的市政、政治和教育生活。"

四年后的1888年11月,两度丧偶的张伯伦再婚了,这让比阿特丽斯悲痛欲绝。张伯伦举办婚礼的前一天,她到威斯敏斯特教堂为这对新婚夫妇祈祷——"我愿,良妇之爱会让他宽厚醇和,赐他以慰藉"——第二天,她评述道:

> 我想,这段婚姻将决定他作为政治家的命运。他肯定会跑到托利党阵营里去的。他的人生已经朝那个方向发展了:仇恨昔日同僚,认同眼下所交往的耽于享乐、颇有魅力的"英国绅士阶层"……他那位名媛新妇在"上流社会"的魅力,会帮助他拉近与贵族阶层关系的。况且,她出身于美国贵族家庭,与新兴国家的贵族一样,其品味和偏见,也许比古老国度贵族的贵族味更浓。

这个判断可谓一针见血,几乎可以视为真相,与亨利·詹姆斯的小说并驾齐驱了。19世纪的最后20年,詹姆斯以小说记录了新旧两个世界的交汇:通常都是一位天真的美国佬(一般都是某位富有的女继承人)直到最后关头才恍然大悟:欧洲佬原来在道德上表里不一。詹姆斯尽管写作非常细致,不过他许多享誉世界的小说都和《鸭子杰米玛·帕德尔的故事》①一样寓意简单:母鸭不明白为何蓄着长胡子的狐狸绅士让她回来,自备调料和洋葱,进到他的那个沾满鸭羽的巢穴。《一位女士的画像》(1881)女主人公伊莎贝尔·阿切尔遇到的"狐狸"是吉尔伯特·奥斯蒙德,缺德的梅尔夫人成了奥斯蒙德的同谋和怂恿者。不过,从《一位女士的画像》到《金碗》(1904),情节有了一些变化,也许恰好是对当时政治现实的折射。伊莎贝尔·阿切尔钻进了梅尔和奥斯蒙德布下的圈套,而玛吉·弗弗却显得更有生机一些。最终,还是玛吉的老爹亚当·弗弗的巨额财富再次表明,财富要比意大利王子的头衔更具

---

① 作者为海伦·比阿特丽斯·波特(Helen Beatrix Potter,1866—1943),英国作家、插画家、自然科学家、环保主义者,代表作《彼得兔的故事》。

有吸引力。这位老人得以迫使背信弃义的第二任老婆夏洛特与他一起返回美国，从而让女儿玛吉把她的王子留在欧洲——这恰好预示着美元在欧洲旧世界秩序里的强大威力——《金碗》出版仅仅 15 年之后，伍德罗·威尔逊总统便将充分展示出这种威力。

　　有趣的是，与张伯伦一样，伦道夫·丘吉尔勋爵——1880 年代冉冉升起的另一颗政治新星——也娶了一位美国女子。张伯伦的结婚对象是玛丽·恩迪科特①，美国战争部长的女儿，时年 24 岁。伦道夫·丘吉尔娶的则是珍妮·杰罗姆②，一位倒不那么像亨利·詹姆斯的小说角色，而是更像是来自伊迪丝·华顿小说的人物。她在位于麦迪逊广场的豪宅长大。1873 年，他们在英国王家考兹赛舟会上相遇，不到一周就订了婚。在儿子温斯顿·丘吉尔眼里，母亲珍妮是"一位仙女般的公主，光彩照人，拥有无尽的财富和权力"，不过这段婚姻并不幸福。热爱母亲的小男孩温斯顿·斯宾塞·丘吉尔在哈罗公学念书时，伦敦到处都是珍妮和伦道夫的绯闻和夫妻关系岌岌可危的传言。

　　时光荏苒，如今我们已很难理解为什么伦道夫·丘吉尔勋爵的政治举动会令同时代的人如此关注。伦道夫长了一双蛤蟆眼，五短身材，举止粗鲁，一副职业政客的典型尊容。例如，他曾领导托利党在下议院攻击布拉德洛，对议会准许无神论者进入议会一事表现出狂热的基督徒式震惊，却私下里跟妻子坦白，他认为"一切宗教分歧其实毫无意义"。在家里，他嘲笑"身穿白色法衣的牧师的乏味布道"，而在公众面前，他说话的口气却好像布拉德洛如果像他一样当上议员，天就会塌下来似的。

　　当有人提到少壮派伦道夫·丘吉尔有望当上保守党领袖时，格莱斯顿惊呼道，"愿上帝禁止任何伟大的英国政党由姓丘吉尔的领导！""自第 1 代马尔博罗公爵约翰·丘吉尔③以来，丘吉尔家族就没有出过有道德、有原则的货

---

　　① 玛丽·恩迪科特(Mary Endicott，1864—1957)，张伯伦的第三任妻子。
　　② 珍妮·杰罗姆(Jennie Jerome，1854—1921)，美国金融巨头之女，后成为英国社会名流，温斯顿·丘吉尔的母亲。
　　③ 约翰·丘吉尔将军(General John Churchill，1650—1722)，英国军人、政治家，其职业生涯跨越了五个君主统治时期。

色。"伦道夫所谓的"第四党"①究竟为何，难以说清，其成员包括伦道夫·丘吉尔、约翰·埃尔登·戈斯特②和亨利·德拉蒙德·沃尔夫爵士③，偶尔还有亚瑟·贝尔福。戈斯特认为这是"民主托利党崛起的标志，也是迪斯雷利一直以来的梦想"。有些人认为伦道夫勋爵似乎是不慎跌入错误的党派并被困于其中的自由党党徒——这是温斯顿·斯宾塞·丘吉尔对父亲的圣徒式④歌功颂德的主题。伦道夫还发表过一些更为古怪的观点，或许是最后致使他在1895年1月45岁之际便撒手人寰的那场恶疾所致。他会一阵狂躁，过后又兴高采烈，演讲变得语无伦次（对从前擅长以雄辩口才征服下议院的英才而言，这实在是不幸的命运）。接着他瘫痪了。据说，他得了梅毒病——也许这是真相。酒精中毒这种家族遗传病显然也起到了雪上加霜之效。不过，除这些之外伦道夫还患有另一种病症：脑瘤，或多发性硬化病。1886年12月，被威廉·亨利·史密斯（时任陆军大臣）质疑自己缩减国防预算开支的做法时，身为少年英才的伦道夫便直接辞去了索尔兹伯里政府财政大臣的职务，或许原因之一也在于他当时感觉身体已经非常不适。这个财政预算的细节从未向公众披露过，所以伦道夫辞职的真正原因，我们始终不得而知，而伴随着他的仕途生涯的民主托利党的迅速崛起，也旋即默默无闻地草草收场了。

---

① 1880至1885年，英国保守党激进派，该派要求改革保守党组织，使其具有更多自由的托利党民主精神，以伦道夫为首。

② 埃尔登·戈斯特（Eldon Gorst，1835—1916），英国律师、政治家。

③ 亨利·德拉蒙德·沃尔夫（Henry Drummond Wolff，1830—1908），英国外交家、保守党政治家。

④ 丘吉尔曾为父亲立传《他父亲的儿子：伦道夫·丘吉尔勋爵传》，1906年由麦克米伦出版公司出版。

第 33 章　挺进非洲

1885 年 10 月,英国人在威斯敏斯特教堂为第 7 代沙夫茨伯里伯爵举办了葬礼,法国人举行了大选,美国人用炸药清除了 14 吨岩石,在纽约港开凿出一条被称为"地狱之门"的隧道,一场热带风暴横扫意大利南部,一匹名为"玩笑"的赛马在"俄国皇储赛马会"和剑桥郡赛马会上取得连胜。与这些同时,在东非维多利亚湖北部的马赛族人村,一位 38 岁的英国人正躺在一座小茅屋里。他有个记录每月纪事的袖珍日记本,其上用很小的字体写道,"如在囚牢,第八日。没有一点儿消息,我能活下来,全靠《诗篇·第三十篇》赐予我无穷的力量。昨夜,一只鬣狗在附近哀号,想必是闻到了病人身上所散发出的朽味,但愿它还不至于太快地得到我。"

虽然到头来他并不是被鬣狗吃掉的,但詹姆斯·汉宁顿①的信心却有点不合时宜。作为新创立的赤道东部非洲教区的新任祝圣主教,汉宁顿来到此地时,兴致勃勃,满怀善意。他在蒙巴萨登岸,在弗里尔镇建立教区总部,又向西推进,穿越这块他以为属于"自己"的教区土地。主教率领的随从多达 226 位,扰乱了马赛族人的生活。这群基督徒频频遭受当地人的袭击,还要承受恶劣天气和疾病肆虐之苦。10 月,在克瓦-桑杜②,汉宁顿将随行人员压缩到 50 人,率领他们继续朝维多利亚湖进发,5 天内走了 170 英里。毫无疑问,这是一次英勇的长途跋涉——首先徒步行进了 400 多英里,把十字架安插在乞力马扎罗山上,然后沿商贾曾经走过的商路跋涉——从蒙巴萨取道纳瓦沙湖和巴林戈湖,穿越泰塔山区,最后到达乌干达。然而,刚刚登基不久的姆旺

---

① 詹姆斯·汉宁顿(James Hannington,1847—1885),英国国教传教士和殉道者,东非首位英国国教主教。
② 位于肯尼亚西部,现今的穆米亚斯镇。

加（年轻的干达人国王）发现，白人沿着这条路线推进无疑会威胁到他的统治。汉宁顿主教一行人随即遭到包围，被制服、逮捕。在袖珍日记里，汉宁顿改写了《诗篇》，"我若不信在活人之地得见耶和华的恩惠，便早已丧胆了。要等候耶和华！当壮胆，坚固你的心。再重复一遍，要等候耶和华。"10 月 28 日，汉宁顿主教询问看守为何外面的鼓声和呐喊声比平日更响，随即被告知他及同伴们即将被解往乌干达。然而，没等开拔，汉宁顿一行人便被马赛族人包围了。蓄着大胡子的年轻主教汉宁顿直视着眼前这群刽子手们的眼睛，请他们回去禀告姆旺加国王，自己已用性命买下了通往乌干达的道路。然后，汉宁顿指了指自己的那把此时正挥舞在一位马赛族战士手中的枪。枪响了，正如汉宁顿的好友道森牧师①所形容的，"那个伟大高贵的灵魂从其破碎的肉身里一跃而出，带着无比的喜悦奔赴上帝之所。"接着，马赛族人挥动长矛对汉宁顿主教同行的 50 人大开杀戒，只留下了 4 位，其余均被刺死。

汉宁顿被乌干达基督徒尊为殉教者。他并非最后一位在乌干达遭遇暴力而丧命的英国国教殉道者，在我们的时代，伊迪·阿明总统②在这方面也没少出力。1971 年至 1979 年的乌干达大屠杀造成无数生灵涂炭，大主教贾纳尼·鲁温③便是其中一位受害者。

赢得不朽殉道者桂冠的汉宁顿自然是他那个时代人的代表，一种典型的新人：年轻、精力充沛、信心十足；明显属于张伯伦的世界，而不是墨尔本子爵的世界。与坎特伯雷大主教本森和许多新选民相仿，汉宁顿也来自下层中产阶级，他父亲在布莱顿经营一座仓库。汉宁顿从 15 岁到 21 岁一直在仓库工作。该家族最初都是非国教徒，在 1867 年加入了英国国教会，当时汉宁顿 20 岁。此后，他才有资格进入牛津大学读书，26 岁时勉强拿到学位。29 岁时他当了牧师，因此其牧师生涯只有短短 9 年，几乎都在国外为"英国海外传道会"服务。

---

① 埃德温·道森（Edwin Dawson，1849—1925），爱丁堡圣托马斯教堂牧师。

② 伊迪·阿明·乌米（Idi Amin Oumee，1925—2003），乌干达军官，1971—1979 年任乌干达第三任总统，军事独裁者。

③ 贾纳尼·鲁温（Janani Luwum，1922—1977），1974—1977 年任乌干达教会大主教，非洲现代教会最有影响力的领袖之一。

　　研究"英国海外传道会"的一位活跃的历史学家指出,"对非洲的争夺令每个人,从最卑微的非洲农民到当时的政治家索尔兹伯里勋爵和俾斯麦亲王,都感到困惑。"在 1886 年 5 月的一次演讲中,索尔兹伯里曾经表示,当他 1880 年离开外交部时,"非洲无人关注,"但 5 年后他重返外交部时,"为了在对非洲的瓜分中分一杯羹,欧洲列强几乎吵翻了天。我也不知道到底是什么导致了这种突然的巨变。"

　　展开伟大传教之旅的汉宁顿,显然想象着自己正为非洲人带去救赎、上帝之道,以及随之而来的不可估量的好处、贸易机会和他认为的文明。姆旺加国王及其马赛族战士则也许把这位年轻主教率领的传道队伍视为了正在进军而来的现代世界的化身。面对着以不可阻挡之势前进的 19 世纪的姆旺加国王,心情估计堪比一心想保留古老信仰,以 18 世纪前的传统农耕生活自给自足的爱尔兰自耕农,统治着一个禁用时钟的陈旧帝国的奥斯曼苏丹,渴望牢牢抓紧世俗权力和地产的身为欧洲最古老、最持久的君主政体守护者的教皇,咬着新式弹药纸筒时内心恐慌不已的印度士兵,以及抗击俄军入侵的波兰贵族和发现自己的

詹姆斯·汉宁顿

家园被英军吞并的德兰士瓦布尔人农民。表面上,这涉及的是领土的征服。然而事实上不止于此。在维多利亚时代,"对非洲的争夺"(1884 年 9 月《泰晤士报》自创的新闻用语)相当于 20 世纪超级大国之间的外太空之争,它与边沁主义控制人类团体和社会的欲望一脉相承,与系统化、分类和博物馆化的科学欲望一脉相承。换言之,给某物贴上标签并给它起一个拉丁名字,意味着探究它,理解它,控制它。

　　在整个英国工业革命期间,非洲始终桀骜不驯地盘踞在世界中央,拒绝外来归类、渗透和了解。对维多利亚时代的人而言,传教士兼探险家的守护神大卫·利文斯通①及其"圣保罗"(美国记者亨利·莫尔顿·斯坦利②)的非

<hr>

　　① 大卫·利文斯通(David Livingstone,1813—1873),英国探险家、医生、传教士、维多利亚瀑布和马拉维湖的发现者。
　　② 亨利·莫尔顿·斯坦利(Henry Morton Stanley,1841—1904),威尔士裔美国探险家,军人、记者、作家、政治家,曾深入中非搜索大卫·利文斯通。

凡意义就在于他们探索过白人从未涉足过的地方,并始终秉承着科学精神。1873年5月,利文斯通在伊拉拉县的一座村庄里死去,那里是非洲大陆的中心。人们将他的遗体制成干尸,运回英国,安葬在"国家英烈祠"——威斯敏斯特教堂。与其他许多探险家和传教士一样,在斯坦利(他是私生子,亲生父母讲的是威尔士语,他在登比城附近的圣阿萨夫济贫院里长大,17岁时去了美国)眼中,非洲象征着他们个人"奋斗目标"中的未知领域。他在威斯敏斯特教堂利文斯通的墓前立下誓言,"如果这是天意,我将成为下一个献身地理科学的殉道者,或者如果我能够幸免于难,我将会不仅破解那条大河①整个流域的秘密,还将弄清楚伯顿②、斯皮克③以及格兰特④在探险中所留下的全部疑问和未竟问题。"

"对非洲的争夺"并不是什么蓄意的阴谋。这种争夺的发生是由其所处时代的性质决定的。对旅行家和探险家而言,有些人是出于内心的骚动和科学好奇心,以及乐于助人和散布文明之光的愿望,另一些人则是为了追逐商业利益和满足征服欲。不过,如前所述,这些探险事件都发生在欧洲民族主义上升时期。利文斯通深入刚果腹地,在探险之旅中发现了一个食人恶俗、奴隶制和猖獗的滥交横行的不同世界,而这一切陋习正召唤着文明人去废除、去处置、去反对它们。比利时国王利奥波德二世⑤是最先说出这一想法的人,"比利时必须拥有殖民地",但没过多久,其他欧洲列强也像他一样,想要"分到一片这美味的蛋糕"。《泰晤士报》认为,中部非洲是一块"无比富饶"的宝地,只等着某位"极富进取心"资本家的莅临。然而,一旦踏上非洲土地,即便某些贪婪至极的欧洲人也觉得如鲠在喉,开始不仅想要掠夺,也想改善改善非洲人的状况了。

没有人敢说非洲在21世纪面临的后殖民问题并非源自19世纪欧洲征服

---

① 指尼罗河。

② 理查德·伯顿(Richard Burton,1821—1890),英国探险家、学者和军人。

③ 约翰·斯皮克(John Speke,1827—1864),英国探险家、英属印军军官,曾三次入非洲探险。

④ 詹姆斯·格兰特(James Grant,1827—1892),苏格兰探险家、军人。

⑤ 利奥波德二世(Leopold II,1835—1909),比利时国王,1865—1909年在位,创建刚果自由邦,强征当地人劳动,造成大批刚果人死亡。

者的这种"关注"。参照欧洲版图,在没有地图的部落土地上人为划定边界,蓄意破坏非洲民族的传统社会政治结构,西方通商活动的盘剥,这一切都造成并恶化了后殖民的问题。不过,眼睁睁看着东非可可种植园里的童工遭受奴役、女性惨遭割礼或者艾滋病四处肆虐的惨状,有哪个西方观察家能摆脱维多利亚时代仁慈传教士的那种"改善"并"教化"非洲大陆人民的冲动呢?联合国和英联邦都坚称要在新兴的非洲国家继续履行民主道德的责任。他们在这个问题上投入的热诚让人不禁想起早期传教士在非洲倡导一夫一妻制的(尽管收效甚微的)巨大努力。

论及大英帝国开展的实验及其影响,我们谁都不能说是与己无关。同时,对于探索非洲、绘制非洲地图和瓜分非洲时欧洲列强的行动之迅猛,我们也不能不惊叹不已。其中,法国侵占的殖民地的面积最大,法属刚果比德国在非洲的殖民地面积总和还要大。1890 年,索尔兹伯里和俾斯麦与其他欧洲列强达成协议并绘制了"非洲地图"——英意共管俯瞰印度洋的索马里兰[①],而索马里兰殖民地依次毗邻英属东非(肯尼亚)、德属东非(坦噶尼喀)和葡属莫桑比克殖民地。其实,真正尚未被瓜分的地区位于非洲南部,在那里,英国人不顾布尔人的独立意愿,强行吞并布尔人的领土,以至于在 20 世纪末引发了一场重大的战争。同时,法国占领了刚果的一大片地区,吞并了突尼斯和阿尔及利亚,将西非的大片领土变成了法属西非殖民地,相形之下相邻的德属喀麦隆殖民地和葡属安哥拉殖民地看上去小得可怜。

大英帝国最具活力的历史学家之一詹姆斯·劳伦斯[②]曾经正确地指出,19 世纪八九十年代,争夺非洲的行动包含两个方面:一方面是德·布拉柴[③]、索尔兹伯里或俾斯麦钻研地图的外交游戏。另一方面则是"更为活跃的商业活动,个人冒险进入几乎不为人知的敌对地区,诱骗或强迫当地居民接受新主人和新法律"。

---

① 索北部归英,南部归意。

② 埃德温·詹姆斯·劳伦斯(Edwin James Lawrence,1943—),英国历史学家、作家,著有《烈日帝国:非洲霸权的百年争夺史》等。

③ 皮埃尔·德·布拉柴(Pierre de Brazza,1852—1905),法籍意大利探险家,刚果共和国首都布拉柴维尔的创建者。

在这些个体中,杰出服务勋章获得者①弗雷德里克·卢加德②(后来的第1代卢加德男爵)是一位最不寻常的人物。大英帝国搞的整个殖民实验——从最初一批传教士兼探险家,到两次世界大战,再到非洲变革的开端——都是在卢加德有生之年开展的。在他死后的20年里,凡是经过他协助殖民和管理的国家(尼日利亚、肯尼亚和乌干达)全部赢得了独立。

卢加德是毕业于桑德赫斯特王家军官学校的职业军人,父母都是传教士。他的父亲在东印度公司马德拉斯分部担任高级牧师,卢加德则早年在印度服役,在那里养成了猎杀大型猎物的嗜好。他身材修长匀称,蓄着浓密的大胡子,"在那个在热带地区作战的大兵但凡有点追求都必然蓄须的年代,卢加德这副模样也是格外引人注目的。"后来,他爱上了一位名叫克莱蒂的漂亮离异女人。在缅甸参战之际,他听说克莱蒂在勒克瑙乘坐的马车翻了,生命危在旦夕。他赶忙返回印度,发现克莱蒂坐船回了伦敦,追到伦敦时,卢加德震惊地发现克莱蒂跟另一个男人搞在了一起。这事成了他一生的转折点。他放弃了宗教信仰,精疲力尽,沮丧无比。于是,他离开驻印英军,投身到致力于传教的非洲大湖公司,在尼亚萨湖③沿岸与当地的奴隶贩子们作战。这些奴隶贩子基本上都是阿拉伯人和斯瓦希里人,他们时常突袭尼亚萨兰④。卢加德战绩平平,并在1888年身负重伤。

1889年,卢加德返回英国后不久,接受了不列颠东非公司委派的任务:远赴乌干达建立殖民新业务,并沿萨巴基河开辟一条从蒙巴萨通向内陆的新航线。1885年,姆旺加国王谋杀了汉宁顿主教,部分原因是为了取悦已经占领都城门戈的穆斯林奴隶贩子们,此后,姆旺加受到了法国非洲传教会的影响。当时,乌干达濒临内战的边缘,穆斯林、天主教徒和新教徒之间一直争执不休,而且代表保守势力的异教徒、巫术信徒、印度人麻吸食者以及一夫多妻制热衷者在整个乌干达大行其道。起初,卢加德向亲英的新教徒(瓦-英格

---

① "DSO",优秀军人勋章(Distinguished Service Order),英国与英联邦成员国用以奖励在军事任务中有功军职人员而设置的勋章。
② 弗雷德里克·卢加德(Frederick Lugard,1858—1945),英国军人、探险家、殖民官员,首创"双重统治"殖民制度,主要利用土著酋长实行间接统治。
③ 现称马拉维湖,位于东非大裂谷最南面,非洲第三大湖泊。
④ 今马拉维,曾沦为英殖民地。

莱扎派)①发出呼吁,却发现似乎法国天主教传教士比瓦-班吉派(或称异教徒)对英国人的敌意更深。那边的法国主教赫斯阁下"在与你交谈时,根本不看你的脸"。返回英国后,卢加德试图寻求住在卡多根街的罗马天主教以马忤斯主教②的帮助,他与这位主教"交情不赖",但主教不愿出山。卢加德无法理解诺福克公爵竟然声援法国的传教士,后者公开支持将乌干达拱手交于德国人的做法。

速战速决地,卢加德让姆旺加签署了一项条约,批准英国东非公司插手乌干达事务。随后,他开始了冒险之旅,翻越鲁文佐里山脉,抵达阿尔伯特湖湖畔,在那里招募了 600 名苏丹士兵,之后返回都城门戈。回来后,他发现(此时已是 1892 年)天主教徒和新教徒打了起来,天主教狂徒袭击了他的坎帕拉总部。卢加德有两挺马克沁重机枪,虽说有些破旧,不过,靠着这两挺机枪,他保住了坎帕拉总部。在所谓的门戈战役结束后大约一周,国王逃往"避世岛"(布林古格韦岛)避难。卢加德紧追不舍,用马克沁重机枪朝水中的一大群男人、女人和孩子扫射。"一帮妇女和儿童随着我们一同逃离。中弹倒下者无数! 我们很快逃到岛上,子弹再也打不到我们了。那一幕真的太惨了! 只有几条独木舟,三四千人全部跳到水里,紧紧抓住独木舟;那一幕场景真让人肝肠寸断。尖叫声那么凄厉! 炮火连天! 溺水死亡者惨不忍睹。"这段文字刊载于英国海外传道会的《情报》上。

卢加德留下的大量"日记"里并没有记录这一暴行,在著作《我们东非帝国的崛起》中,他驳斥了"即便没有数千,起码也有数百人被杀"的说法。据他估计,岛上约有 25 人死亡,溺亡者不到 60 人。在大屠杀发生前两周,他写道:

> 我们大可以倾听各方的声音,遵从我们的理性和信念的教导来选择信仰……如果传教士宣扬仁爱,仁爱,仁爱,"不怀恶念,恒久忍耐,且怀有仁慈"——我相信传教士将为开拓非洲作出更大的贡献,而不是在减少天主教、新教和伊斯兰教之间细枝末节的差异上下功夫。同时,也可

---

① 瓦-英格莱扎派属基督教新教,受英国非洲传教会支持,吸纳当地人皈依此派;相对应的是瓦-法兰萨派,属于天主教,受法国非洲传教会支持,吸纳当地人皈依此派。

② 詹姆斯·莱尔德·帕特森(James Laird Patterson,1822—1902),英格兰和威尔士天主教会的英国罗马天主教主教,也是名义上的"以马忤斯主教"。

以向他们传播文明——培养他们的自尊。

在别的场合,他也说过,"非洲,尤其是乌干达,其祸根便是枪炮,"并且"这个贫穷国家的祸根就在于每个国民都是骗子,人们永远无法了解事情的真相"。

几乎可以肯定的是卢加德并未参与那场暴行,据称,暴行结束时,有5万天主教徒被迫卖身为奴,其昔日所在的大教堂和几所学校都被损毁。卢加德在漫长的殖民统治生涯里,曾担任英国驻尼日利亚高级专员(1900—1907)和香港总督(1907—1911)等职,并再度担任了尼日利亚总督,他始终相信"双重统治"制度,通过该制度,土著民族得以保持传统,并为未来的进步提供最佳基础。到了晚年,卢加德开始认识到非洲自治既是必然的,又是可行的。他认为,采取军事干预手段的基本理由就是为了解放奴隶。他特别痛恨奉行"将全部困难都压在当地统治者肩上"的那种"踊跃而莽撞的"反奴隶制政策,认为那是道义上的懦弱之举,倒不如那种"从一开始就规定由我们自己来实施这些措施"的冷漠的甚至倒退的政策。他的理想是在非洲殖民地上建立一种"自我发展"的政治制度,除了适时匡正时弊,欧洲人干预得越少越好。在这一点上,卢加德对帝国在非洲殖民地所担当的角色的理解与塞西尔·罗得斯截然不同,罗得斯依靠钻石大发横财,并在1884年至1885年发起首次军事—政治政变,吞并了贝专纳。罗得斯实实在在地梦想着从开普殖民地到开罗贯通起大英帝国的完整领土链,不过关于这一梦想及其后果,我们稍晚些再谈。

第 34 章　吉卜林的印度

　　欧洲白人面对非洲人或印度人时充满种族优越感的自信,堪称维多利亚时代最令人震惊的情感之一。关于种族的刻板虚假印象和拯救灵魂的狂热,有时会在同一个人身上共生,催生出那种可怕的、混杂的帝国主义动机。带着《圣经》和自信独闯喀土穆的戈登,深入刚果未知腹地的利文斯通,带领 50 位脚夫直面姆旺加国王的愤怒勇士的汉宁顿主教,这些故事里都展现出一种原始的、体能上平等的斗争,而在其中白人比黑人的优越之处在于道德感。事实上,帝国的扩张发生在科技飞速发展时期。新发明改变了欧洲和大英帝国的世界:改变了贸易模式,打破了国家内部和国家之间的正常政治关系模式,创造了一个全球性的经济和科技世界,对于这个世界,政治家们还尚未充分理解。

　　科技在大英帝国历史中扮演着至关重要的作用。正如我们之前提到过的:英军的电报机在平息 1857 至 1858 年爆发的印度兵变中发挥了重要作用。与此同时,斯皮克和伯顿动身去寻找尼罗河的源头,利文斯通出发去探索赞比西河。浅水汽船在远征探险中至关重要。开始破解非洲之谜的旅行之后,利文斯通出版了一本畅销书来宣传这个过程。依靠蒸汽动力印刷技术,利文斯通得以印出 7 万册《南非传教旅行考察记》。在这种新式印刷术发明前,一本书能卖出个万把册已算奇迹。

　　由于铁路和蒸汽轮船的出现,旅途耗时如今已经大大缩短。儒勒·凡尔纳小说里的虚构人物菲利亚·福格在 80 天内环游了世界,1889 年至 1890 年,美国记者伊丽莎白·科克伦只用了 72 天多一点时间便环游了全球。在这个时代,世界被划分为 24 个时区,相邻时区相差 1 小时,因为从技术上看,此时已经可以做到像莎翁《暴风雨》里的爱丽儿那样"周游地球"了。钢取代了铁,成为造锅炉、建船体的首选材料,钢铁制造的专用船舶能够漂洋过海运送冻肉和石油等重要的物资。

符腾堡的戈特利布·戴姆勒(1834—1900)新近研发出了以石油为燃料的双缸发动机。1885 年,他又发明了表面汽化器,就在他致力于设计高转速立式发动机的同时,曼海姆的卡尔·本茨(1844—1929)正在研制首辆汽车(他设计的四轮汽车于 1893 年制造完成),不过,要说发明内燃发动机所酿就的功与过,还得由戴姆勒去承担。

约瑟夫·斯旺从 1840 年代末便已经对旧式白炽灯和弧光灯的原理了如指掌,他于 1878 年 12 月 18 日向世人展示了首个碳丝白炽电灯。前文我们提到过,让威廉·阿姆斯特朗爵士的宅邸亮起电灯的就是斯旺。1881 年,英国下议院用上了白炽电灯;1884 年,剑桥大学彼得学院成为率先效仿该项新技术的大学机构。

同时,德国物理学家海因里希·赫兹(1857—1894)正在研发无线电报。奥利弗·洛奇爵士(1851—1940)率先使用电感线圈来调谐电谐振器并于 1897 年对该装置作了改进,而意大利人伽利尔摩·马可尼(1874—1937)几乎马上利用了这项发明所蕴含的潜在商机。此前,亚历山大·格拉汉姆·贝尔(1847—1922)在德国物理学家赫尔曼·赫尔姆霍茨(1821—1894)的研究成果基础上经过反复试验发明了电话。1879 年,首台电话交换机在伦敦建成。

1883 年,威廉·勒巴隆·詹尼(1832—1907)接手了为芝加哥家庭保险公司建造一座十层办公大厦(现已拆除)的任务,这座大楼须能防火,采光也要好。该建筑的下层结构采用锻铁柱和锻铁梁建造。法国人古斯塔夫·埃菲尔(1832—1923)在为 1889 年巴黎世界博览会设计的一座 985 英尺高的铁塔中也使用了锻铁,铁塔下面的圬工桥墩建在 50 英尺深的巨大混凝土坑里,使用机械升降机可以到达该建筑顶端。(詹尼在建造芝加哥家庭保险公司大厦的上部楼层时使用的是贝色麦钢。)

如今,无论是姆旺加国王、土耳其苏丹王们,还是蓄着长胡子、熟谙某种日渐灭失的多塞特郡民间方言的多塞特郡威廉·巴恩斯牧师[①]的世界,都将

---

① 威廉·巴恩斯(William Barnes,1801—1886),英国博学家、作家、诗人、文献学者、牧师、数学家、雕刻艺术家和发明家。参见本书第 27 章对他的介绍。

被一个以石油为燃料、以钢梁为架构、由电话连通、被电灯点亮的世界彻底取代。

"诅咒资本主义根本无济于事。创造我们的世界的,并非资本主义,而是机器。"如果可以宣称军备竞赛失控只是因为科学技术失控了,而不是政客们有意如此,那我们也可以说大英帝国的扩张原本就是技术革命的一个部分。既然汽船和铁路可以在以前无法想象的时间内完成长途旅行,电报进步,机枪发展,那么拥有这些技术的人自然会觉得必须找机会使用它们。不掌握这些技术的文化则无法抵御马克沁机枪、电报、铁路和钢铁巨轮的入侵。对此,一种看法是,技术先进的文化是占主导地位的,甚或(正如维多利亚时代的人大多认同的)是优越的。不过也有一种看法认为,"控制"概念本身不过是一种父权制的错觉而已。如果我们在本书第四部开篇引用陀思妥耶夫斯基的《群魔》并视之为预言性著作的观点是正确的,那么,1880 年代的许多技术进步都可以理解为一场朝向谋杀、纵火和混乱的盲目进军。1879 年,阿尔弗雷德·诺贝尔(1833—1896)发明了用 92% 的硝化甘油和 8% 的胶棉混合制成的甘油炸药。起初生产难度很大,但到了 1884 年,由于使用了可溶性硝化棉(并非胶棉),人们得以开始大规模生产。人类如今拥有了规模空前的爆破采石场、矿山和水坝的能力,同时也不可逆转地朝完全毁灭自己的能力迈进了一步。

拉迪亚德·吉卜林(1865—1936),技术革命时代的吟游诗人,是一位最本能地感受到并以最直接的智慧理解了技术与帝国力量之间联系的艺术家。他的勃朗宁式戏剧独白诗《麦克安德鲁的赞美诗》(无比恢宏,甚至勃朗宁也无法写出)假借一位苏格兰老轮机工程师之口道出了古怪的想法:

> 从耦合器法兰盘到主轴导轨,我都看见了您的手,上帝啊——
> 命运就在那根连接杆上大步前进。

而在《国王》里,诗人看到"传奇"本尊(那位大多数诗人都暗示我们已从世间消失了的"少年神")正培养着 9 点 15 分的火车:

> 他的手放在了控制杆之上,

> 他的油罐抚慰了焦躁不安的曲柄，
>
> 他的哨声唤醒了白雪覆盖的山冈，
>
> 他的雾笛刺破了臭气熏天的河岸；
>
> 在码头、在海洋、在工厂、在矿山，
>
> 那位鲁莽的少年神辛苦劳作依然！

吉卜林是第一个承认"帝国扩张很性感"的作家。无论大英帝国的政治或经济动机是什么，它的存在和发展扩展了许多人的世界，让他们接触到与自己不同的种族和文化。那位普通士兵兼讲述人在返回伦敦后曾经约会过"50 位女仆"，她们给他带来的快乐加一起都不及那位坐在"曼德勒城""古老毛淡棉宝塔"旁的"缅甸姑娘"：

> 薄雾笼罩着稻田，夕阳缓缓西落，
>
> 她操起她那把小班卓琴，唱起了"库拉-洛洛"！
>
> 她的手臂搭在我的肩头，她的面颊紧贴着我的面颊，
>
> 那时，我们时常眺望着轮船和正在码放着柚木的大象。①

吉卜林是文学史上名声最复杂的人之一。只有愚钝的读者才会认识不到吉卜林在短篇小说方面的出色才华——诗人克雷格·雷恩②评价道，他是"我们最伟大的"……"我们最伟大的方言和个人化语言实践者。"除非自命不凡者或势利的知识分子，否则很难想象有谁会对吉卜林大量诗作的价值视而不见。然而，但凡有点批判精神的读者，即便对吉卜林迷恋不已，估计也不大会赞同《白人的负担》中的观点，诗中描述道：

> 你们这些新近被俘获的、郁郁寡欢的民族，
>
> 一半是恶魔，一半是孩童。

（暗指美国征服菲律宾。）当吉卜林首度在世人面前展现才华时，他被视为外

---

① 节选自吉卜林的诗《曼德勒》。

② 克雷格·雷恩（Craig Raine，1944—　），英国诗人、评论家、"火星派"诗歌著名代表。

国种①，而非帝国主义者。《山里的平凡故事》里那些早期的精彩故事开辟了一个许多捍卫英属印度统治的顽固分子们可能想要隐藏的新世界。在几十篇无与伦比的小短文中，吉卜林描绘了印度北部山中避暑之地的故事，反映出英国上流社会的蠢事和琐事、放浪形骸的通奸调情，以及印度本身不断散发出的想象的和性的诱惑。"正是这位新小说家的非凡的叙事魔力，"埃德蒙·戈斯②写道，"才再度唤醒了我们内心的好奇、神秘和浪漫的原始情感。吉卜林不愧是描摹可怖而迷人的新式'偷窥'的大师，我们簇拥在他周围，央求着他让我们'再瞟上一眼'。"

在吉卜林创作的早期短篇小说当中，最恐怖的也许就是《越界》了。小说中一个叫特雷加戈的英国人沿着城市（也许是拉合尔城）一条黑暗狭窄的排水沟闲逛，突然格栅窗后幽暗的房间里传出"一串银铃般清脆的轻笑声"，他想看看究竟是谁。她正是年方 15 岁的小寡妇小柏色萨，于是，他操起她的土语唱起了《哈戴尔情歌》③，向她求爱。

> 白天，特雷加戈拼命地忙完日常的办公工作，要么就穿上礼服去拜访山中避暑之地的淑女们，他心里盘算着，如果她们知道可怜的小柏色萨，她们还会跟他好上多久。晚上，整个城市一片静寂，他穿上了那件臭气熏天的布卡罩袍出门闲逛，穿过"吉萨米吉贫民窟"，快步转进位于熟睡的牛群和挡墙之间的"阿米尔纳特排水沟"，最后走到了柏色萨的家，此时，他听见那位老妇人深沉而平稳的呼吸，她睡在杜尔加·查兰分给外甥女居住的那个空荡荡的小房间门外。

特雷加戈爱上了小柏色萨，她坚信他会娶自己；然而，当他俩私通的流言蜚语传开后，特雷加戈回到之前攀爬过的窗棂旁，结果发现，他那位年轻的爱人"正对着月光伸出双臂。双手的手腕被砍断了……"接下来，特雷加戈所知道的是，窗栅栏里突然戳出一把刀来，扎进他的腹股沟。此处描述强烈地暗

---

① 吉卜林生于印度，以印度自然风光、奇异习俗为背景，以浓郁的浪漫主义色彩将旅居印度的英国各类侨民的生活和精神状态予以呈现。

② 埃德蒙·戈斯（Edmund Gosse，1849—1928），英国诗人、作家、文学史家、文学评论家。

③ 该诗是吉卜林创作的。

示道,他受了将使他丧失性能力的伤。

如果说这是吉卜林写过的最黑暗的故事,那么在他的所有作品中都流露出一种非常强烈的矛盾心理:白人比印度人优越。一位不知名姓的中尉自杀了,因为他觉得自己因女人和债务(《被弃》)而蒙羞,其实问题主要在于他没搞懂这一点,"在印度,尤其不能太较真——正午的太阳除外。恶习和酗酒固然会杀死人,工作繁重不堪和精力耗费过多一样会让人搭上小命。"当然,这是一种多重的嘲讽,而且正如吉卜林的很多故事里一样,这种嘲讽颇为残酷。叙述者和协助埋葬那家伙的少校透露道,中尉的死因是霍乱。本来,他们打算把死者的一缕头发寄回他的老家去,但"由于种种原因,我们找不到一缕适合邮寄的头发"(死者的头被枪轰掉了)。他们寄回了一缕少校的头发,一边狂饮威士忌,一边给那个家伙的老娘写信,"说那家伙如何美德多多,堪称典范,在部队里深受爱戴……绝无虚言,您知道——而且他死时没受一点儿苦。"

《吉姆》是吉卜林关于印度生活最成功、最不朽的作品,是他离开印度很久以后创作的(1901年),金博尔·奥哈拉的父亲是一名爱尔兰中士,属于有色人种,而母亲(据推断)是一个保姆,属于欧亚混血;金博尔与一位西藏喇嘛交上了朋友,随他前往贝拿勒斯城和那条能够洗刷罪恶的河流朝圣。喇嘛是个对事物持有严肃态度的人,而与此形成对比的英国情报人员则试图劝说吉姆当间谍。吉姆和西藏朋友遇到的最令人难忘、最感人、最现实的人物全都是印度人——印度教徒、穆斯林和锡克教徒。

在铁路书摊售卖的冒险故事中的这部杰作里,间谍们仿佛栩栩如生。这个故事让人觉得,吉卜林也许在想象中看到了他那发达的政治头脑未必能看到的东西:英国对印度的殖民统治有朝一日必然终结。在这部小说里,每个人都想当然地认为这种统治是天经地义的。书里没有提到什么印度民族主义者。然而,印度的文化丰富性、地理多样性、色彩、灯光和气味,在小说里显得鲜活无比:比任何暂时的政治制度都要强大。

从永恒的视角来看,60年并不算长。在吉姆居住的拉合尔城一定有很多孩子活着看到了英国统治的终结。拉合尔城不再是吉卜林时代的印度城市了,它与旁遮普的大部分地区一样,如今已并入巴基斯坦版图。1947年,西里尔·拉德克里夫爵士和蒙巴顿勋爵匆匆策划了一场领土分治方案,约400万锡克教徒发现自己的家园被粗暴地一分为二。（拉合尔城的锡克教徒基本被清除了，而在"印方"一侧的阿姆利则的穆斯林也遭到了这种命运。）等待他们的是流亡、移民和屠杀，至少 50 万人死于非命。

如果读者是欧洲人，知道了这一层，也许会较为理解维多利亚时代一些人的观点，他们认为帝国制度是确保多元文化繁荣昌盛的唯一基础。现代印度历史学家的观点或许是正确的：英国对印度的殖民统治建立在白人种族优越论的基础上，比如外交大臣乔治·戈登勋爵①写给埃尔金勋爵（印度总督，其父亲在 1890 年代也担任过印度总督）的信便可视为佐证，"听闻，印度教徒和伊斯兰教徒在西北部和旁遮普地区的摩擦不断升级，我深表遗憾。真令人左右为难。思想和行动的统一在政治上是很危险的，思想的分歧和冲突对管理而言则又是非常麻烦的。当然两者当中，后者风险较小，尽管它把焦虑和责任全部压在了冲突地的管理者身上。"换句话说，我们可以认为英国实行的是分而治之的政策。毫无疑问，行政长官们确实与乔治·戈登勋爵持有同样的想法，不过他们有否故意煽动锡克教徒、伊斯兰教徒和印度教徒之间的分裂，还是难以定论的。在小说《吉姆》中，每个人都认同多元文化，也认同英国对印度的殖民统治。在过去的半个世纪里，印度和巴基斯坦也并没有为世人展示出什么相互容忍的完美模式。

英国人对英属印度而起的冲突，其实与印度的敌对利益集团关系不大，而是更多地源自自由党和保守党之间的分歧。1880 年，格莱斯顿用里彭勋爵取代利顿勋爵②担任印度总督之后，便不再有保守党担任的总督，直 19 世纪末才有所改变。自由党总督总是试图满足印度人的"正当愿望"。"正当愿望"一词出自考特尼·伊尔伯特爵士③之口，他的司法改革——准许印度高级法官和地方法官在乡村地区审判欧洲人——引发了抗议风潮。里彭作出让步：为了向种族主义者妥协，他批准增加了一项条款，规定在此类案件中，白

---

① 乔治·汉密尔顿-戈登（George Hamilton-Gordon，1784—1860），英国政治家、外交家、地主。

② 爱德华·利顿（Edward Lytton，1831—1891），英国政治家、保守党政治家、诗人。

③ 考特尼·伊尔伯特（Courtenay Ilbert，1841—1924），英国律师、公务员，印度总督法律顾问。

人被告有权要求陪审团中有一半是欧洲人。

自由党总督还支持印度发展职业人士阶层。1857 至 1887 年,大约 6 万印度人进入大学。1882 年,加尔各答大学 1 712 名毕业生当中,有三分之一人进入政府部门,更多人则当上了律师。进入印度国民大会的人大多数是印度教徒。

事后看来,自治显然是必然的结果。从某些方面来说,寇松勋爵①是所有总督中最杰出的一位,他于 1899 年上任,原本是个最彻头彻尾的帝国主义者,坚信"通过印度斯坦帝国……世界的主宰权会牢牢地掌握在英国人民的手中"。然而,寇松在 40 岁之际,几乎一到印度就察觉到"英国人正变得无精打采,只顾着想家。他们的心根本就不在这个国度"。

寇松是为数不多的对印度语言、传说、建筑和考古有着深厚造诣的总督之一。1900 年,在英国王家亚洲学会的一次演讲中,他将自己的角色之一界定为印度历史的守护者。"像我等之种族,虽身为外国人,但从某种意义上说,比敌对种族的后裔或敌对信仰的信徒更适合以一种冷静和公正的热情来保护不同历史时代的遗迹。"我们完全能够理解印度人对这种屈尊俯就语气的厌恶,但印度文物工作者确实有理由感激寇松曾经保存和保护了这么多的印度古迹——包括一些大胆的创新,比如接管了自 1727 年以来一直是一位印度商人私产的佛陀成正觉之地菩提伽耶,将它交还给佛教徒。寇松对古老的印度文物、建筑、哲学和文学的嗜好和品位,就像吉卜林笔下的缪斯女神一样,既具有帝国主义者的傲慢,又具有文化上的谦逊。寇松在很大程度上屈服于伟大的亚洲历史,并且似乎本能地觉察到,大英帝国的野心永远不具备主宰它的能力,或者更重要的,主宰它的意志。

在英属印度时期自由党"右翼"批评家看来,詹姆斯·菲茨詹姆斯·斯蒂芬爵士②撰写的报刊文章非常令人满意。1883 年,斯蒂芬爵士有过一句名言:英国对印度的殖民统治"并非基于双方的共识而是基于单方的征服"。显

---

① 乔治·寇松(George Curzon,1859—1925),英国保守党政治家,1899—1905 年任印度总督。

② 詹姆斯·菲茨詹姆斯·斯蒂芬(James Fitzjames Stephen,1829—1894),英国律师、法官、作家、哲学家、驻印官员。

然,在经历了 1857 至 1858 年的恐怖创伤后,这在一定程度上来说是正确的。

　　到了 1860 年代中期,兵变后的英属印军改革将印度武装部队中欧洲人的比例提高到一半左右。然而,所有人想必都清楚,在另一个层面上,英属印军和印度行政参事会却都是按照共识原则运作的。1860 年代,英属印军中有 12 万印度人和 6 万欧洲人,而奉行精打细算、自由放任政策的英国政府长期以来一直试图缩减这些人数。一旦印度民族主义成为哪怕只是半严肃的议题,英国对印度的殖民统治就无法长久地维系下去了。正如几乎所有现代历史学家乐于指出的,无论用何种标准来衡量,英国统治者都是种族主义的,毫无疑问也是急于在经济上对对方加以剥削的,然而,一旦缺乏共识,英国人施行铁腕统治的意愿便失去了力量。1919 年 4 月 13 日,戴尔将军①在阿姆利则血腥屠杀抗议者(致使 379 人死亡,1 200 人受伤)并随即发布戒严令一事,堪称一种耻辱,英国统治者再也没有从中恢复过来,重拾之前那种半合法性的、标榜体面和正义的自我评价。早在印度独立之前 30 年,阿姆利则惨案便决定了英属印度的命运。不过,今天的我们甚至可以嗅到帝国野心在更早时候便已散发出的朽坏气息:早在维多利亚女王统治的最后几十年里。

---

　　① 雷金纳德·戴尔(Reginald Dyer,1864—1927),英国军人、英属印军军官,阿姆利则惨案发生时任准将。

第 35 章　金禧庆典—文士

　　不过，在 1887 年 6 月，女王登基 50 周年金禧庆典在伦敦举行之际，成群的看客眼中的大英帝国却仿佛只是一场可观的盛大表演。6 月 21 日，女王乘马车驶向威斯敏斯特教堂参加感恩仪式，一支印度骑兵卫队在女王座驾前方开道，每位骑兵归国前都在温莎城堡获授一枚特殊勋章。对于这些出席金禧庆典、身着锦衣华服的印度诸土邦王公们，群众投以热烈欢呼。卡奇土邦大王镶有钻石和红宝石的头巾在日光之下熠熠生辉，尤其引人注目。印多尔土邦霍尔卡家族大君也身披锦罗玉衣。莫尔比土邦塔克尔殿下的那匹高贵的阿拉伯马配着精美绝伦的金银马饰和马鞍，想必也让看客们叹为观止。事实上，来自殖民地的王子和君王们，比如利姆布迪土邦塔库尔阁下，库奇-比哈尔土邦大君夫妇，或者夏威夷卡皮欧拉尼王后和女儿利留卡拉尼公主之类显贵，在风头上完全碾压了参加盛会的欧洲王室成员（男人蓄胡须、身着制服，女人们大多衣装平平、一脸沧桑），后者乘坐四轮敞篷马车慢跑过众人的眼前时，想必看起来都无甚特点。

　　在披着镀金肩饰、肩带飘舞、制服加身、佩戴头盔、缠着头巾的达官显宦当中，有一位可谓鹤立鸡群。她就是身着黑缎礼服、头戴白色花边软帽的维多利亚女王本人。很多人也许会注意到女王的丰满，或许前一天的午宴（那才是她真正的登基周年纪念日）也为此作出了不小贡献。午宴包括王家浓汤、牛柳通心粉、童子鸡、鹿肉排、龙虾、童子鸭、果冻和杏仁米蛋糕，绝对是汉诺威王室的重口味风格。

　　威斯敏斯特教堂感恩仪式的一位亲历者回忆道，女王衣装素朴，非常得体——"她是所有前来参加大典的王室成员的母亲、岳母—婆母及祖母，她就在那里，一位小老太太，来到教堂感恩上帝让她统治自己的臣民这么多年。"

之前她乘马车穿过都柏林街道时,也得到过这类评论,人群中一位妇人惊叹道,"真的,女王就是个跟咱们没啥两样的老太太哟。"

事实上,她并不止是如此。被恩准觐见女王的人得以亲眼见证她的个人魅力和不俗风骨,"既腼腆又谦逊……然而,贵为女王,她其实既不腼腆也不谦逊,并毫不犹豫地捍卫己见。"不过,公众则难以对她形成这类认识,因为过去 25 年里大部分时间,她都过着隐居生活,把政府划拨给她的 40 万英镑国家元首薪金存了起来,很少抛头露面。记者和以"追踪"王室成员行踪为癖好的家伙们往往会认定某些王室成员为"受欢迎的""身染丑闻的"之类,但其实未必掌握了多少信息,他们对女王就更一无所知了。即便那些被认为能够见到女王的人,比如第 3 代索尔兹伯里侯爵,在真正遇到女王时,也会发现她的性格完全出乎意料。

行进在队列中的女王子女、孙辈和姻亲们,则是既不以美貌闻名,也谈不上有出色的美德。人们普遍认为,在威斯敏斯特教堂里令人印象最深刻的人物当属娶了长公主维姬为妻的德国皇储(弗里茨)。他身穿胸甲、头戴银盔,和维姬从诺伍德的一家旅馆来到庆典现场,他们待在那里是为了在巴尔莫勒尔城堡的消暑避夏作准备。此前,他们还去了哈利街,到莫雷尔·麦肯齐医生那里问诊,后者确认弗里茨患了喉癌(于 1888 年去世)。他们的长子威利(未来的德皇威廉二世)出生时便遭受创伤——左臂萎缩,后来右耳也失聪了。他还患有家族遗传性疯癫病。威利与父母的关系可谓痛苦无比。情绪失控时,他的恐英症便会发作,有一回他割伤了自己,竟然希望借此机会把身体里的每一滴英国血都流掉。听说弗雷德里克·卡文迪什勋爵①被刺杀时,威利表示这是"今天听到的最好消息",维多利亚女王也被他(至少在恐英症发作最剧烈时)称为"一个老巫婆"。那些为加拿大总督罗恩侯爵②光临威斯敏斯特教堂而欢呼雀跃的人,可能会奇怪为何他的妻子路易丝公主没能给他生下一位继承人。原因或许在于路易丝公主爱上了雕刻家埃德加·勃姆(一个

---

① 弗雷德里克·卡文迪什(Frederick Cavendish,1836—1882),英国自由党政治家,于 1882 年 5 月被任命为爱尔兰事务首席大臣,在都柏林凤凰公园被刺杀。参见本书第 30 章。

② 约翰·坎贝尔(John Campbell,1845—1914),英国贵族,第 9 代阿盖尔公爵,1878—1883 年任加拿大总督,路易丝公主的丈夫。

结实的大块头,据说在他暴毙后,为了把他从王室情妇的身上拽起,甚至动用了绞车),也或许在于罗恩侯爵是一个滥交的同性恋(在被流放到"伐木工之地"前,他在海德公园与卫兵们频频幽会)。威尔士亲王是可耻的通奸的代名词,可怜的利奥波德王子是一位血友病患者,爱丽丝公主(在女王登基50周年时,已过世10年)和比阿特丽斯公主也都是血友病基因携带者——长公主也难逃此噩运(他们把该疾病传播到欧洲大多数王室)。这可不是什么"跟咱们没啥两样的老太太":这是一个由医学和心理方面的奇怪现象组成的非凡的母系社会。

女王性格中最古怪,也最吸引我的一点在于,她会特别宠幸个别仆人。来自苏格兰高地的男仆约翰·布朗①与王室主子保持着亲密的关系,甚至引发了流言蜚语。有人竟然还出版了一本恶言诽谤的小册子叫作《约翰·布朗夫人》。见到他俩在一起的侍臣,无一不对布朗那副盛气凌人的架势大为光火。布朗"不仅对别的仆从恣意妄为",而且对王室侍从官、御医之类的人也常常粗俗无礼。不过弗雷德里克·庞森比②(女王的私人秘书③的儿子,他本人也长期担任王室仆从)作出了颇为精辟的推论,"在女王对忠仆的关注里,究竟是否掺杂一点全然无意识的感觉,我说不上来,但根据我后来听到的情况判断……我深信,即使这种感觉确实存在,也是双方完全没有意识到的,他俩之间的关系归根结蒂不过是主子和忠仆的关系罢了。"王宫里的人渐渐习惯了女王采用布朗的语言风格的做法。有一回,罗克斯堡公爵夫人和斯托普福德夫人(一位寝宫女侍)闹僵了,女王的私人医生詹姆斯·里德爵士④对女王暗示说公爵夫人也许会前来拜见。"哦,不,别来,"女王惊叫道。"她要是来了,只会带给我布朗所说的沸水和火刑的。"

---

① 约翰·布朗(John Brown,1826—1883),苏格兰人、私人随从,维多利亚女王宠臣,曾做过阿尔伯特亲王的仆人。
② 弗雷德里克·庞森比(Frederick Ponsonby,1867—1935),英国军人、朝臣。
③ 亨利·庞森比(Henry Ponsonby,1825—1895),英国军人、少将、王室宫廷官员,曾任维多利亚女王的私人秘书。
④ 詹姆斯·里德(James Reid,1849—1923),英国医生,曾为三位英国君主——维多利亚女王、爱德华七世国王和乔治五世——担任私人医生。

在我们这个时代,也许只有与仍然雇佣仆人的老太太们有过深交的人才能体会到他俩之间的交情有多深。女王虽然还有一个同母异父的姐姐,实际上相当于父母的独生女。女王在孤独中长大,感受不到母爱,却要成为君临天下的君主。此外,她继承了典型的汉诺威王朝对继承人的厌恶,又因为天意弄人,年纪轻轻就守了寡。她在父母和长子那里找不到情感的慰藉,也找不到诸如可靠、顺从和对她心血来潮的喜爱等更深层的慰藉。她把仆人当作知心至交来对待,这并不奇怪。

约翰·布朗

1883 年,布朗去世,女王悲痛欲绝;将近 18 年后,她在临终时仍对布朗念念不忘。曾几何时,女王的眼中只有他,其他仆人都得靠边站,不过,如今有一个人现身了,"为了他"——用她的私人医生的话说——"女王好像昏了头"。

1887 年 6 月底,她第一次招来了两个印度仆人——一个胖乎乎、笑眯眯的小青年穆罕默德·布克什以及时年 24 岁的阿卜杜勒·卡里姆①,他们都是"侍餐男仆"(侍者)。他们被招来的目的是负责侍餐,但没过多久,女王便要求自己的秘书研习印地语词汇了。女王说,"我正要学一点印度斯坦语,以便与仆人交流。我对那里的语言和人民很感兴趣。"

在奥斯本宫待了几个月后,女王因为 50 周年登基庆典的几次公共活动而疲惫不堪,于是像往常一样把行宫搬到巴尔莫勒尔堡,并给王室侍从官、少将托马斯·丹尼希爵士②下达重要指示:

> 穆罕默德·布克什和阿卜杜勒·卡里姆早上在门外侍餐时应当穿上深蓝色的新裹裙,午餐时应当戴上他们喜欢用的印度人缠头巾并扎上腰带,只要不是金色的即可。晚上侍餐时须穿上红裹裙,戴金色和白色的穆斯林缠头巾(或印度人的缠头巾)并扎上腰带。如果天气潮湿或寒冷,早餐应当在寝宫内进行,他们二人应当随时侍餐。在白天尚未变短

① 穆罕默德·阿卜杜勒·卡里姆(Mohammed Abdul Karim,1863—1909),印度人,维多利亚女王随从,在女王统治的最后 14 年里担任女王仆人。

② 托马斯·丹尼希(Thomas Dennehy,1829—1915),爱尔兰人,在巴黎接受教育,曾任女王和爱德华七世的侍从官。

时,我习惯在马车里吃茶点,他俩可能得在我出门之前或进来之时多等候一会儿。在我出门之前,他俩最好再多等半个小时,且应当在楼上候着,闻听铃响再来服侍。搬箱子、拿信件之类的出来进去的事情,应当让他俩来做,切勿招呼女仆……

诸如此类,一连数页。

语言纯正癖者会饶有兴趣地注意到,女王在此用的是"午餐"而不是"午宴",而且当她琢磨着两位身着华服的新仆时,显然非常兴奋,把以"朕"自称的礼仪都抛到九霄云外了。

阿卜杜勒·卡里姆很快博得了女王的恩宠。显然,他魅力无限,而且他还是个"溜须拍马、恭维逢迎"的高手,正如迪斯雷利指出的,这是谄媚王室的先决条件。令其他侍臣震惊不已的是,阿卜杜勒竟然搬进约翰·布朗曾经住过的房间了,在女王眼中,那里不啻为一方神圣不可侵犯的圣地。卡里姆向女王陛下保证说,自己的父亲是印军中的一位总医官,他来当侍餐仆人是极为不妥的。没过多久,卡里姆便被授予"文士"哈菲兹·阿卜杜勒·卡里姆(女王御前印度秘书)的头衔。年轻的弗里德里克·庞森比(亨利爵士的儿子、现为王室内务府成员)被派往印度去查证那位"总医官"是否确有其人。结果,他发现"文士"之父乃是阿格拉监狱的一位狱医。闻听报告后,女王对庞森比大发雷霆,说他找错了人。此后一年,庞森比再也没有收到女王共进晚餐的邀请。

1889 年夏天,女王发现自己的一枚披肩胸针不见了,这是黑森大公赠送的礼物。侍臣们随即展开调查,发现是"文士"的妹夫胡尔米特·阿里偷去了。女王的衣侍塔克夫人前往温莎城珠宝商瓦格兰那里取回了这枚胸针,后者证实,他为此付给了胡尔米特 6 英镑。面对确凿证据,女王反而对塔克夫人暴跳如雷。倘若阿尔伯特亲王依然健在,也会因为那种狂怒的架势而胆战心惊。"这就是你们英国人所谓的公道!"她大吼道,随即命令衣侍吩咐下去,一切人等——包括巴尔莫勒尔堡管家和男仆兰金等一切人——谁也不准把这件丢脸的事情透露给任何人。

可惜的是,历史学家和传记作者们似乎认同的是宫廷里对"文士"的势利和种族主义态度；甚至我们不得不说，朗福德伯爵夫人①在作品中甚至暗示着，让印度人当王室仆从，这做法本身就很荒唐。女王虽然经常表现得疯狂又愚蠢，但她也能意识到，像"文士"这样能干又讨人欢喜的人，如果他说出了自己出身卑微的真相，就会一事无成。女王再度恢复了傲慢而正统的"朕"的自称，恳请转告亨利·庞森比爵士，说"他竭力证实可怜又善良的'文士'出身卑微，此举着实令人发指，在英国这样一个国度着实不合时宜……朕就知道有两位大主教的父亲一位是屠夫，一位是杂货商"。

确实，她并未意识到，在印度教徒与穆斯林之间关系紧张之际（何曾有过不紧张的时候？），接受一位穆斯林提出的关于处理印度事务的建议的危险。也许她发现穆斯林道德素朴、经文简明，与克莱斯教堂②长老会简朴的信仰之间颇为相似，而她始终更偏爱后者而不是英国国教。女王的想法可不全是疯狂的。索尔兹伯里对于他应当派"文士"的年轻朋友拉菲丁·艾哈迈德先生③去君士坦丁堡当大使馆随员的想法嗤之以鼻。但其实在奥斯曼帝国首都若能有一位穆斯林来代表英国发声，将是非常明智的。维多利亚女王关于不仅要找几个裹头巾的仆人来做做姿态，而且要有真正的印度家仆的想法，与伊丽莎白二世女王形成了鲜明对比，后者在英国据说已成为一个多种族、多文化的国度之后，也从未雇佣过任何有亚裔或非裔加勒比背景的人来当秘书、王室侍从官或者宫侍。

女王登基50周年的金禧庆典就这样过去了——海德公园举办了一场3万人参加的儿童大派对，斯皮特黑德港举行了舰队检阅仪式，来自英格兰、苏格兰和威尔士各地以及大英帝国全境的祝福者们或挥舞彩旗，或发来贺电，或唱起赞歌，纷纷向他们的君主致敬。如果你读过女王在日记里，以可以理解的得意之情亲笔写下的记述，那么，你确实有可能合情合理地相信，1887年是在幸福的光芒中落下帷幕的，人们过着平静、繁荣的日子，忠君爱国，整个帝国（借用一位现代政治家的说法）"悠然自得"。其实真相远非如此。

---

① 伊丽莎白·帕克南（Frank Pakenham，1906—2002），第7代朗福德伯爵的夫人，英国历史学家。
② 克莱斯柯克教堂（Crathie Kirk church），位于苏格兰境内一教区小教堂，在巴尔莫勒尔堡附近。
③ 拉菲丁·艾哈迈德（Rafiuddin Ahmed，1865—1954），印度穆斯林律师、记者、政治家。

第 36 章　码头工人大罢工

1887 年 5 月，女王莅临伦敦东区，她向首相描述说听到了"一种可怕的喧闹声"（对女王来说它是新鲜事物），她相信那就是起哄的"嘘声"。索尔兹伯里"闻听此事后极为难过"，不过，他安慰君王说，"在伦敦，最劣等的粗鲁货比英伦三岛的其他大城市都多，因为一文不值、疲惫不堪、身无分文的渣滓自然都涌到了伦敦。"他认为，发出"嘘声"的几乎肯定都是社会主义者或爱尔兰人——"此类人怨恨满腹，表达愤怒时全然不分场合。"

在议会制度中，唯一可能代表穷人利益、对抗索尔兹伯里勋爵观念的政治团体就是自由党激进派了。然而，他们的领袖约瑟夫·张伯伦在爱尔兰问题上把格莱斯顿搞下了台，自己也将加入索尔兹伯里的内阁。由于自由党的分裂，维多利亚时代余下的大部分时间一直是保守党执政。

切身的重大利益在政治制度中得不到维护时，人们就会走上街头。在格莱斯顿政府时期，出现了一个新词，用以描述经济萧条所造成的可怕影响——"失业"；该词对于我们之前描述过的农村状况——爱尔兰满目疮痍，英格兰一小部分地区也是如此——极为妥帖。那些被描述为"一文不值、疲惫不堪、身无分文的渣滓"的人，确实不顾一切地前往城市去找生路，而即便在庆贺女王登基的金禧之年，他们也并非总能得其所愿地找到活干。1886 年和 1887 年之交的那个冬天，几乎每天都有马克思主义者组织的示威游行，衣衫褴褛的人们纷纷走出伦敦东区，上街示威。

在秋天，他们往往聚集在特拉法尔加广场上——用威廉·莫里斯的话说，这里是"全伦敦举行露天集会最方便的地方"。不过，这里同时也危险地靠近着白厅尽头的威斯敏斯特议会大厦或林荫大道尽头的白金汉宫。索尔兹伯里指示新上任的伦敦警察局局长镇压示威游行。索尔兹伯里亲自提议在特拉法尔加广场的四周安装上栅栏，"当然还须安装大门"，一旦事态严重，便可以把闹事者们圈进围栏。

11 月 13 日礼拜天（即将赢得"流血的星期日"的阴森绰号），激进派联合会宣布举行示威，抗议政府在爱尔兰实施的高压政策，并要求释放议员威廉·奥布莱恩①。社会主义者和警方双方事先都制定了行动方案。示威者分成许多不同的团体，从四面八方一起涌入广场，试图打乱警方的部署。一队人马由莫里斯和安妮·贝赞特率领，从克拉肯韦尔绿地向广场进发。另一队从霍本街区出发，在查林十字站与激进派议员、作家罗伯特·坎宁安·格雷厄姆②和工联主义者约翰·伯恩斯③率领的人马汇合。其他人则设法从柏孟塞和德特福德出发，在威斯敏斯特桥遭遇了骑警，造成 26 人重伤，伤者被送往泰晤士河对岸的圣托马斯医院救治。示威者们没有料到，警方事先得到密探的密报，早已包围了特拉法尔加广场，在方圆大约四分之一英里的范围内设置了警戒线，在他们的身后，王家近卫骑兵团的两个中队士兵整装待命，端着雪亮的刺刀。游行者一旦越过警方划定的战略要冲，便会遭到包围，任其蹂躏。据《泰晤士报》报道，"军警或骑马或步行，闯入人群，不分青红皂白，四面出击，致使游行队伍大乱。我目睹了好几起警察殴打游行者并致其头面部受伤的事件。大多数情况下，被打者的伤口汩汩流血，那一幕惨象确实令人毛骨悚然。"

部分问题在于，示威者以为只要自己组织起来了，就可以与配合默契的军队和警察对抗，这根本是天方夜谭。他们如果能像甘地在南非倡导的那样（一定程度上受到了托尔斯泰和平主义著作的启发），对警察采取非暴力不合作的方式，效果也许还会好些。

警察人数众多——约 2 000 人，背后有 400 名全副武装的大兵撑腰——

---

① 威廉·奥布莱恩（William O'Brien，1852—1928），爱尔兰民族主义者、社会革命家、政治家、报纸出版商、记者、下议院议员。

② 罗伯特·坎宁安·格雷厄姆（Robert Cunninghame Graham，1852—1936），苏格兰政治家、作家、记者、自由党议员，英国议会第一位社会主义成员，苏格兰工党和苏格兰民族党创始人。

③ 约翰·伯恩斯（John Burns，1858—1943），英国工联主义者、政治家、自由党议员、社会主义者。

不费一枪一弹就驱散了1万名游行者，后者中许多人遭到殴打。坎宁安·格雷厄姆和伯恩斯遭受毒打后被捕，随即被投入大牢，监禁6周。接下来的星期天，一小撮人试图在海德公园再度游行。此时在特拉法尔加广场正南的诺森伯兰大街，一位名叫阿尔弗雷德·林内尔的年轻法院书记员被警察撞倒在地，随即死亡。就林内尔之死是否骑警坐骑踢伤所致，司法争论持续了数周，林内尔的遗体随后被送去安葬。人们决定把12月18日举行的葬礼升格为一场示威。

安妮·贝赞特

这场示威由安妮·贝赞特精心策划。伴随着选自宗教清唱剧《扫罗》的肃穆的《死亡进行曲》，50位持杖者（参加过宪章运动的元老）走在棺木前方，棺木上刻有铭文"被弑于特拉法尔加广场"。送葬队伍从苏豪区出发，簇拥着一辆由4匹马拉的敞篷灵车和6位扶灵者——威廉·莫里斯、坎宁安·格雷厄姆、威廉·托马斯·斯特德、赫伯特·巴罗斯①、弗兰克·史密斯和安妮·贝赞特。通往麦尔安德路的道路两旁站满了前来送行的人们（据贝赞特夫人估计，约有10万），直到下午4点半，送葬队伍才抵达墓地。基督教社会主义领袖斯图尔特·黑德勒姆牧师②主持葬礼仪式时，天几乎黑了，又下起了雨。借着灯笼的微光，牧师在众人面前发表演说，致了悼词。艾琳娜·马克思③也许会触景生情，意识到一个奇怪的现象：1883年3月，她父亲在海格特公墓下葬时，前来海格特聆听恩格斯念悼词的可只有可怜的一小撮人。然而，一位闻所未闻的小职员的葬礼却有数百人参加，这也表明了这场斗争的重要性。威廉·莫里斯评述道：

那里躺着一位无特定党派之人——一两周前，还默默无闻，可能只

---

　　① 赫伯特·巴罗斯（Herbert Burrows，1845—1922），英国社会主义活动家，安妮·贝赞特的好友。

　　② 斯图尔特·黑德勒姆（Stewart Headlam，1847—1924），英国国教会牧师、基督教社会主义倡导者，在19世纪最后几十年经常卷入论战。

　　③ 珍妮·艾琳娜·马克思（Jenny Eleanor Marx，1855—1898），社会主义活动家、作家、文学翻译家，马克思的女儿。

有寥寥几个人认得他……他们的弟兄躺在那里——让他们永远铭记他是他们的弟兄、他们的友人……躺在那里的他们的友人曾饱尝生活的艰辛，却惨遭横事；倘若社会制度与现在不同，那么这个人也许会过上愉快而美好的幸福生活……

莫里斯的赞美诗《死亡之歌》由马尔科姆·劳森①谱曲，它虽算不上莫里斯最成功的作品，不过，它的副歌却向"富人"传递出如下讯息：

他们残杀的必定并非一人，并非一人，并非数千，

而是人人，倘若他们想制造暗无天日的黑夜。

在接下来的半个世纪里，如何完成或阻止革命，将成为主要的政治考量内容。在英国的左翼人士当中，最初的争论是在那些意欲诉诸革命手段来寻求纯粹的政治补偿的人（莫里斯、艾琳娜·马克思和海德门以各自不同的方式）和那些倡导渐进主义（费边主义）的人——先是萧伯纳，最终是比阿特丽斯·韦伯（娘家姓波特）和悉尼·韦伯——之间展开的。然而，在阅读费边派的著作时，我们自然会得出这样的结论：这些人与 19 世纪初专横跋扈的边沁主义者一样，根本不信任工人阶级；这些人野心勃勃，不仅想改善社会状况，还想提升下层阶级的素质。萧伯纳曾嘲讽说英国社会民主联盟无非就是宪章运动的"还魂"罢了；而后者其实大可以回敬道，他萧伯纳自己也不过就是蓄着长胡子的杰里米·边沁而已。至于比阿特丽斯·波特（既不能叫她韦伯夫人，也不能认为她是一位成熟的社会主义者），她只不过是码头区和伦敦东区新犹太移民血汗工厂里穷人生活的密切记录者和观察者罢了，她也不相信工人阶级有能力组织起来。

接下来几年发生的事情证明她错了。"这次罢工，"比阿特丽斯在日记里记述了 1889 年伦敦码头工人大罢工事件，"对我个人而言非常有趣，不管它是证明了还是驳斥了，总之都修正了我对于'码头生活'的泛泛之言。当然，对我来说，伦敦东区的'劳工团结一致'是一种新思路。"

劳工组织赢得的首批胜利之一发生在伦敦东区布莱恩特-梅火柴工厂。

---

① 马尔科姆·劳森（Malcolm Lawson，1847—1918），英国作曲家。

1860 年代,黄磷火柴市场行情一片大好,布莱恩特-梅火柴工厂在原有厂房上加盖了一层楼,结果破坏了通风系统。厂房里磷烟弥漫,许多劳工(几乎都是女性)患上了"磷毒性颌骨坏死病",这是一种骨癌或皮肤癌的恶疾。工人的工作时间很长,夏天从早上 6 点半一直到下午 6 点,冬天从早上 8 点开始工作。凡迟到者,扣除半天工资。乱扔火柴、闲聊或短短的两次用餐时间外上厕所也会被罚款。工人在厂房里就餐,难免会吸入磷粉,牙齿腐坏司空见惯,负责拔牙的是工头,而且往往在工人们非常不情愿的情况下强迫他们拔掉坏牙。薪金采用计件制,女工周薪为 5 或 9 先令——很多女工 6 岁便开始干活了。一个拼命干活的成年工可以赚到 11 到 13 先令。这家工厂的恶劣工作条件能够引起关注,得归功于安妮·贝赞特。然而,她的三位"线人"很快暴露并遭解雇。1888 年 7 月底,安妮·贝赞特宣布成立"火柴工联盟"。他们举行了罢工,不到 3 周,雇主便被迫答应了他们的大部分诉求——缩短工时、提高工资和改善工作条件。

1889 年 3 月,大不列颠和爱尔兰煤气工人与杂工全国工会成立。1889 年,为改善贝克顿煤气厂恶劣的工作条件,他们举行罢工,由此他们创造了历史:逼迫雇主作出让步,让他们成为享受八小时工作制的首批工人。

在阴暗寒冷的冬季,煤气工人们很忙,但在夏季,取暖和照明用的煤气量骤减,工人会遭到解雇。类似的问题也困扰着伦敦码头工人。在 1889 年夏末举行罢工后,劳资关系从此彻底改变。和平地组织起来的劳工的力量已经得到证明,成为一则刻骨铭心的经验。这出"好戏"的成功,很大程度上源于这个事实:正如我们所见,伦敦港口码头区恰好夸张又深刻地展现出了资本主义制度造成的反差和不公。部分归功于查尔斯·布思的社会调查(《伦敦人民的生活与劳动》,而比阿特丽斯·波特也为此研究作出了一部分贡献),部分则归功于影像资料证据,以及本书第 24 章提到的、与牧师们一起工作过的那些人的回忆录,我们才得以详尽了解了在这个世界上最富有的城市中心,最贫穷的人们的生活状况。从世界各地驶入伦敦码头的巨轮给船主以及从中获利的投资者和商人们带来了巨额财富,而卸货的却是可怜的计件工人。贸易萧条时,工人们得不到任何报酬。薪酬任意变化。8 月,罢工开始,要求将时薪提高到 6 便士。

1880 年代末英国政治生活中发生的三件大事——爱尔兰、工会里劳工组织的增长和帝国主义——同时并举，我们无法将它们彼此剥离。三者之间的关系可谓盘根错节。帝国主义者将海外帝国当作惹是生非者的终极倾倒场，也是解决国内人口过剩而引发的饥饿和不满的最佳方案。（塞西尔·罗得斯认为"帝国"若不存在，英国早已爆发内战了。）然而，爱尔兰人的独立渴望削弱了英国的力量和团结。如果威斯敏斯特政府连一个小小的联合王国都团结不了，何谈维系一个横跨世界的大帝国呢？事实上它当然做不到这些。在几十年内发生的、厄运连连的"争夺非洲"事件，催生出一场英国既无法掌控又担负不起高昂费用的"帝国实验"。令人意外的仅仅在于，这场帝国实验竟然持续了六七十年才土崩瓦解。帝国经济要运转，只能依赖对国内外市场和劳工展开大肆剥削的制度。比如在印度，兰开夏郡棉纺织厂生产的粗制滥造的棉织品或伯明翰钢铁厂制造的劣质金属制品被一个人为创造的"市场"买走，而英国本土的纺织工和金属加工工人则为出口廉价的产品而挥汗劳作。

无论从何种意义上讲，这一切的归宿都是伦敦码头；那些穷到只能接受微薄工资的人——码头装卸工——绝大多数都是爱尔兰人，也并非偶然。此次罢工的领导者本·蒂利特①本人就是出生于英国的爱尔兰裔流动劳工，他身材瘦小，却有着慷慨激昂的演讲天赋。比阿特丽斯·韦伯说他长着一张"宗教狂热者"的脸孔。

对蒂利特来说，发起罢工轻而易举；难题在于要说服之前没有团结或工会纪律传统的大约 3 万罢工者，在与董事们拉扯纠纷的时期，尽管没有薪水收入也要坚持罢工下去。（这场罢工最终持续了整整 5 周，其间有些罢工者几乎饿死，尽管好心人设立了施粥所，而且救助资金从各处筹集而来，甚至有来自遥远的澳大利亚的捐款。）

单凭蒂利特一己之力，不可能领导如此一场声势浩大的运动。这场罢工

---

① 本杰明·蒂利特（Benjamin Tillett，1860—1943），英国社会主义者、工会领袖、政治家。

很大程度上要得益于威尔·索恩①、汤姆·曼②和约翰·伯恩斯（都曾是英国社会民主联盟成员）的帮助。索恩是英国煤气工人协会的领袖，能够为蒂利特提供领导罢工的成功经验。汤姆·曼也曾伸出援手，在这个团体里，只有他始终是一位马克思主义者，并于1920年成为不列颠共产党的创始人之一。

不过，从某些方面来说，在罢工领袖当中实力最强的当属在"流血的星期日"中被逮捕过的约翰·伯恩斯。他父亲是苏格兰人，在伯恩斯很小的时候就去世了。伯恩斯在南朗伯斯区的贫困中长大，父母一共生养了八个孩子。1901年，伯恩斯第二次当选议员时，在下议院演讲中声明，"我是洗衣妇的儿子，对此，我并不羞于启齿。我的两个姊妹都当过洗衣店的熨衣工，现在这家洗衣店还在为下议院议员洗熨衣服呢。"伯恩斯是一位工程师，不过，他不仅书生气十足，还是一个如饥似渴的藏书家以及手不释卷的书迷。他童年时代有一段回忆，那是在母亲带着全家搬到巴特西之时。一天，伯恩斯穿过泰晤士河，走在切尔西夏纳步道上，碰见了一位老人，老者穿着方格纹长裤，身披圆领长披风，头戴宽檐帽。突然一阵风刮来，把老人的帽子吹跑了，伯恩斯赶去捡起帽子递给老人。"忒谢谢你啦，小宝贝儿，"老人说。一位目睹了这一幕的警员告诉伯恩斯，"赶紧回家跟你爹娘说吧，你帮伟人托马斯·卡莱尔捡了帽子。"

伯恩斯十几岁时就当上了轮机长，像康拉德小说里的人物一样，航行于西非海岸。有一回，为了营救一位不慎坠海的厨子，伯恩斯跳入海中，在事后的休养期间，他读到约翰·斯图尔特·密尔的《政治经济学原理》。其中，论述共产主义的那一章促使他转变为社会主义者。

1880年代中期，伯恩斯回到伦敦。他成了一位积极活跃的工联主义者、思想敏锐的演说家，主张成人普选，倡导8小时工作制，支持爱尔兰享有独立立法权，拥护将宣战权和议和权完全交由全体人民民主投票表决。伯恩斯为伦敦码头工人罢工的成功作出了两项重大贡献。一是（如今已经成为一位头

---

① 威廉·索恩（William Thorne，1857—1946），英国工联主义者、活动家，第一批工党议员之一。

② 即托马斯·曼（Thomas Mann，1856—1941），英国工联主义者、英国早期劳工运动领袖和先驱人物。

戴白草帽、蓄着黑胡子的备受瞩目的大人物的他)组织了穿越伦敦金融城的示威游行。大概自玛丽·都铎统治时期以来,伦敦金融城还从未出现过如此多的横幅、彩车和大车,那架势就好像在上演一出基督圣体节神迹剧似的。不过,出现的并不是什么宗教大场面,而是高举着杆顶上挂的煤筐的运煤工人和社会民主同盟成员——鲜艳的横幅上书:"只要公义,慈善滚蛋"——以及成千上万的追随者。二是他在演讲中坚持以下立场:工作场所应当设立罢工纠察队,对于拒不参加罢工而继续做工者和工贼,应当加以诅咒和体罚。这种恫吓非常奏效。1905 年,伯恩斯在亨利·坎贝尔·班纳曼爵士①的自由党内阁里谋了个职位,于是被视为工人运动的叛徒,但作为首位当上内阁大臣的工人,他在英国历史上自然占有一席之地。当码头主管和伦敦城的老板们听他演讲时,他们可未必意识到这是一位未来的内阁大臣、一位饱学之士,他们眼中的这位演说家,活生生就是一位革命者。

假如码头主管们将冷酷无情进行到底,到冬天罢工也许就会被挫败。至关重要的是,罢工者必须在当权派里找到一个能够通过谈判来解决问题的盟友。如果迪斯雷利依然健在,并目睹了这场来自"可见的天堂"②的大罢工,肯定会对这帮工人(其中许多是爱尔兰人)的选择会心一乐。这个人便是查尔斯·迪尔克的昔日心腹、格莱斯顿和爱尔兰主教之间的牵线人、布拉德洛的死敌、人见人厌的"教皇无谬说"的拥护者,与迪斯雷利小说中的"红衣主教格兰迪森"毫无二致的亨利·爱德华·曼宁(总之,这位红衣主教事事都爱插上一杠子)。曼宁和议员悉尼·巴克斯顿是罢工者以及码头主管双方都信赖的人。罢工五周后,工人得到了时薪 6 便士(加班可得 8 便士)的待遇,帝国最繁忙、最富有的首都的最大港口再度开放并正常运转。船工与驳船工联合会(属于格林尼治分会)在展开的丝绸上绣上了曼宁的形象作为旗帜,它就算在某座天主教堂里,看上去也不会不相宜的。

值得注意的是,曼宁居然不仅成为普世教会的"亲王",而且成了一位颇为投入的社会激进分子。其实,曼宁是维多利亚时代少数几个认识到真正社

---

① 亨利·坎贝尔·班纳曼(Henry Campbell Bannerman,1836—1908),英国政治家、自由党政治家,1905—1908 年任英国首相,1899—1908 年任自由党领袖。

② 指伦敦。

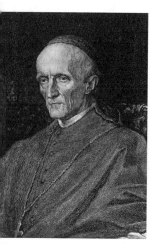

红衣主教曼宁

会问题的伟大公众人物之一,仅次于哈罗公学的老毕业生沙夫茨伯里伯爵。毫无疑问,部分原因在于,正如他对威廉·莫里斯说的,他肩上担着"伦敦最贫苦民众的重担"——这些爱尔兰难民被地主阶级的高压政策驱赶到此,为了生活,只能靠偶尔打零工过活。在皈依英国天主教之后,曼宁变成了激进分子,他向迪尔克吐露,如果自己不是"红衣大主教,肯定会在威斯敏斯特议会替激进派仗义执言"。迪尔克补充说,曼宁的迷人性格自有其矛盾之处,"虽然在社会问题上表现得非常激进,但骨子里却是一位残暴的沙文主义者。"

作为天主教徒,曼宁将必胜信念和关怀社会集于一身,他是教皇主张的极端倡导者,又从未忽视基督教的宗旨——福音派对穷人的基本承诺。他捍卫"教皇无谬说",又为教皇拥有世俗权力的主张辩护,自然赢得了庇护九世的青睐。教皇大人临终前曾对这位英国红衣大主教说:"别了,最亲爱的人。"1878年,佩契当选为新教皇,史称利奥十三世①,曼宁对他一无所知。有传言称,佩契比前任教皇更加"开明",与他相处并不难。政治上,教皇制度面临的最大问题是,是否承认自身已经丧失了世俗权力,并能够接受新创建的意大利王国。"意大利人似乎认为,教皇已经公然舍弃了他的原则,放弃了统治权。在欧洲,教皇和革命者之间的和解将使革命党在每个欧洲国家赢得胜利。"而罗马教廷立场坚定,拒绝承认意大利国王的合法地位,致使意大利天主教徒陷入了两难窘境,他们要么接受新的现实政治,要么忠于教会。如果他们参加投票选举或去当公务员,就相当于自动把自己革出了教门。曼宁马上意识到事态的荒谬性,并立即修正了"教皇拥有绝对权力"的论调或"教皇至上"的立场。曼宁和其他三位红衣主教一道,敦促教皇不要禁止天主教徒去参加议会选举,并劝说教皇放弃诉诸武力夺回世俗权力的幻想。

曼宁对教皇权力看法的改变表明其政治立场始终在变——就像在爱尔兰问题上那样。他最终选择支持爱尔兰地方自治。真正有意思的一点在于,

---

① 文森佐·焦阿基诺·佩契(Vincenzo Gioacchino Pecci,1810—1903),首位资产阶级教皇。

他无比坚定地认为自己属于欧洲天主教内部极具远见的极少数团体,这个团体——无论教皇怎样看待民主选举——都全心全意支持劳动人民的事业。

这些问题在新教世界和英国似乎无关紧要。托马斯·希尔·格林①的著作才是对哲学界、对下一代人的社会理论起了更大作用的因素。

格林关注的许多问题都和马克思和约翰·斯图尔特·密尔一样。三位思想家同样面对着 19 世纪工业资本家市场社会的现实,市场资本主义造成的分裂、社会不平等和不公正。但在当时的英国背景中,三位哲学家中格林的影响最大,这一点在汉弗莱·沃德夫人②关于格林的小说中展露无遗。在 19 世纪英国最畅销的小说之一《罗伯特·埃尔斯米尔》中,格林充任了亨利·格雷的原型。这部小说描述了一位年轻牧师,他失去了传统基督教信仰,却在格雷/格林为穷人伸张社会正义的倡导中,找到了新的信仰。英国数十位重要人物的世界观也都受到格林的影响,其中包括未来的自由党首相赫伯特·亨利·阿斯奎斯。如今,你仍然可以在同情社会平等主义的期刊上发现对格林思想的引用。他被视为对英国工党产生重要影响的人物之一。

托马斯·希尔·格林

格林是拉格比公学和乔伊特任院长的贝利奥尔学院孕育出的硕果,英年早逝的他成为新自由主义的圣人,代表了整整一代人的世界观。在欧洲的教会和国家分裂,以及 19 世纪后期英国(文化优势与当今的美国实力相当)的影响力中,我们都可以看出格林思想的力度和重要性。

他与马克思的不同之处在于对资本主义恐怖史的独特剖析以及所提出的解决方案。格林写道,"一个人财富的增加并不一定意味着另一个人财富的减少。"尽管他时而也会自我矛盾,但他坚持认为:只要社会以无私为旨向,市场本身就是合法的。马克思则认为,一个人财富的增加确实会使无产阶级

---

　　①　托马斯·希尔·格林(Thomas Hill Green, 1836—1882),英国政治思想家、哲学家、伦理学家,新自由主义政治思想先驱。

　　②　玛丽·沃德(Mary Ward, 1851—1920),英国小说家、社会改良派,致力于改善穷人的教育,托马斯·阿诺德的孙女。

的财富减少。格林甚至相信,"无产阶级出卖大量劳动给大资本家,但自己并不一定因此而不能成为小一点的资本家。"很难想象马克思会认同这个。

格林希望公平公正地分配财富,保护工人阶级免受剥削,使他们过上美好有尊严的生活。他与马克思的唯物主义和密尔的改良功利主义划清了界限。实际上,格林的形而上学体系完全不同于密尔,他对密尔所基于的经验主义作出了有力批驳。

格林启迪了整整一代在哲学领域被称为"唯心主义者"的英美哲学家——并非因为他们是普通意义上的"唯心主义",而是因为他们的理论关注的是人类心智如何形成对真理的概念和对世界的印象。密尔之类的经验主义者认为,接受自然世界印象的心智本身就是自然世界的一部分。然而,经验主义者永远无法解释以下的悖论:一个仅仅是它所思考事物的一部分的心智,如何能够思考它自身。与康德一样,托马斯·希尔·格林认为"知性造就自然"。没有思想的活动,人类便无法思考自然。格林的最伟大导师是黑格尔。事实很清楚,在19世纪最初几十年里,这位伟大的德国形而上学家的影响在其祖国流传开来,随后在世纪末流传到英语国家。马克思是在与黑格尔的历史哲学作斗争的过程中成长起来的。英国唯心主义的鼎盛时期(1880—1930)是在对黑格尔的伦理学和形而上学重新定义和重新探索当中到来的。

矛盾的是,黑格尔在德国的政治影响实际上是保守的,而在英国,经格林改造之后,它却成为政治和社会变革的灵感来源。工人教育协会,最终升格为布里斯托大学的布里斯托学院,大型工业城市里工人阶级居住区"布道所"和"社区福利服务之家"的发展,尽管既非基督教性质,亦非社会主义的,却都延续了像弗·丹·莫理斯这种早期基督教社会主义者的工作。女性教育的发展也很大程度上得益于作为女性高等教育协会委员会成员的格林。如果维多利亚时代英国的政治全由议会来定夺,大有可能早就引发了内战或革命。然而,一方面通过工会,一方面通过工人阶级内部或为其服务的独立活动,社会变革得以潜移默化、和平开展,而无须动用换了别的文化大有可能要诉诸的断头台或囚车。所谓新信仰①,就是变革,就是正义,就是公平。而托马斯·希尔·格林正充任了这种新信仰的先知角色。

---

① 格林信奉新黑格尔主义,创立英国新自由主义政治思想。

第 37 章　谋杀的红线

　　18 世纪，伦敦到处都是穷人。如果一个人有幸与加里克①或约翰生博士一同穿越考文特花园或走到舰队街，一路会撞见紧挨着富人宅邸，充斥着犯罪、贫穷和疾病的短街小巷。曼宁知道，威斯敏斯特周边住满穷人，伦敦市中心依然非常贫困。然而，在维多利亚时代，伦敦一直按照着资产阶级革命时期所建立和实施的社会等级制度来予以划分。贝尔格拉维亚区和梅费尔区等上流住宅区都安装了大门，以防不良分子闯入。这里是花花世界，商厦密布，戏院林立，灯红酒绿，对于伦敦其他地区来说，"西区"成了人间神话。若想光顾这个世界，就得"往西"走。与之相对的"东区"，也就是早期的村庄和郊区（霍克斯顿、哈克尼、肖尔迪奇、斯特普尼和贝斯纳尔格林）则是人满为患，对于生活在另一半伦敦的人来说同样充满神秘。这是救世军试图为上帝赢得的世界，也是托马斯·希尔·格林和汤因比②的信徒们想要追求的民主世界：一个严酷的、砖垒的、低洼的、浸泡在杜松子酒里的世界，在那里，煤气灯照亮的音乐厅和烟雾氤氲的小巷孕育出了"神话"。丹·雷诺③和玛丽·劳埃德④在这里开启了演艺生涯，开膛手杰克潜伏在这里，夏洛克·福尔摩斯先生不时在这里走下四轮马车，有时还是在精心乔装打扮之后。

---

　　① 大卫·加里克（David Garrick，1717—1779），英国演员、剧作家、剧院经理，塞缪尔·约翰生博士的门徒兼好友。

　　② 阿诺德·汤因比（Arnold Toynbee，1852—1883），英国经济史学家，首创"工业革命"叫法，其研究集中于经济史和政治经济学。

　　③ 乔治·怀尔德·加尔文（George Wild Galvin，1860—1904），丹·雷诺是其艺名，英国音乐厅喜剧演员、音乐剧演员。

　　④ 玛蒂尔达·伍德（Matilda Wood，1870—1922），玛丽·劳埃德是其艺名，英国音乐厅歌手、喜剧演员、音乐剧演员。

音乐厅从酒馆发展而来。到了 1850 年代，许多酒馆里都设有音乐沙龙，颇受欢迎，也惹得好事之徒要求他们须有戏剧演出执照——可以表演通俗音乐，但禁演莎翁戏剧。这对如饥似渴的"歌厅"老主顾们倒不是问题，他们大晚上心急火燎地跑出门可不是为了《一报还一报》。

梅休认为，伦敦东区的剧院"吸引了大批居民，通过纯洁的消遣，使其变得举止得体，安分守己，不再捣乱或者祸害别人"。他赞同在白教堂路的埃芬厄姆剧院举行的焰火表演——"身披薄纱的美少女像阿佛洛狄特女神一样从海上升起，在舞台和人工天堂之间的阳光中坐下，全场掌声雷动。"（该剧院于 1879 年被烧毁，后来又重建了一座上演意第绪语戏剧的新剧院，吸引了大批新涌入的俄罗斯和波兰难民。）

然而，"不入流的小戏院"里的情况则不同，这里上演着一系列"形形色色"的戏码，观众席里挤满少年犯小偷和反扒便衣警察。一个 14 岁男孩一边跳着"激情四射却有失体统的舞蹈"，一边唱着一首"全部意义就在于每一节末尾处都带有某个污秽字眼的歌儿"，就连见多识广、宠辱不惊的梅休也为之感到无地自容。观众倒对这首歌喜欢极了，嘶吼着要再来几首，于是，又唱了一首名为《菠萝摇滚》、押韵极易自行模仿的歌儿。"年轻的观众听得津津有味，眨眼间就弄懂了歌中的下流意味，这一幕真是太恐怖了。"

音乐厅的发展正是为了吸引拥有这类爱好的观众，不过，最出色的表演者——从玛丽·劳埃德到 20 世纪中叶的马克斯·米勒①（最后一位杰出的歌厅艺术家）——都会使用不带脏字的双关语，而不是让梅休坐立不安的这些露骨的淫词浪语。

1870 年 2 月 12 日，玛丽·劳埃德出生在霍克斯顿贫民窟的普拉姆贝尔街 36 号，原名玛蒂尔达·爱丽丝·维多利亚·伍德。她生活在一个贫穷的大家庭。父亲约翰·伍德为意大利商人做仿真花，周薪 30 先令，还在贝斯纳尔格林的"王家之鹰酒馆"——因为儿歌《砰！去追黄鼠狼》②（"往往来来的城市

---

① 托马斯·亨利·萨金特（Thomas Henry Sargent，1894—1963），艺名马克斯·米勒，英国喜剧演员、单人喜剧演员。

② 《砰！去追黄鼠狼》（"Pop Goes the Weasel"），著名英国儿歌，流行于 19 世纪 50 年代末。

道路上,那只鹰进进出出。")而颇负盛名——当兼职服务员。在这里,14 岁的玛蒂尔达·伍德改名为贝拉·德尔马尔,登台小试牛刀,立即大获成功。于是,她继续在老街的福斯塔夫音乐厅表演,后来,一位叫乔治·贝尔蒙特的歌厅经理发现她颇具表演才华,于是,她被柏孟塞区的一家大歌厅雇佣。16 岁时,她开始巡演,周薪 10 英镑,没多久便涨到 600 英镑。

玛丽于 1922 年去世,同年,T. S. 艾略特出版了《荒原》。"虽说我一直钦佩玛丽·劳埃德的天赋,"艾略特写道,"但它的独特性并非是我一直欣赏的;我从未意识到她的过世会带给我这么大的震撼。玛丽·劳埃德是她所处时代英国最出类拔萃的音乐厅艺术家,也是最受青睐的。"

玛丽生活坎坷。她是个酒鬼。她的第三任丈夫是一位骑师,经常对她实施家庭暴力,在真正结婚之前,他们曾假扮夫妻,试图在纽约港登岸时遭逮捕。她的一生,从最初的贫困潦倒到晚年的酗酒悲剧,总是毫不在意自己的安危,这往往是天才艺术家和普通有才华者的不同之处。从她起身高歌《我爱的男孩在顶层楼座》的那一刻起,这位长着龅牙、头发稀疏、长相怪异的女孩就能令愤世嫉俗的酒鬼们兴奋不已,部分原因一定也在于她这种不顾一切、毫无所谓的气质。

除了释放低俗的幽默,她还为观众带去一种反思,让他们得以窥见自身丑陋不堪的生活。这是一种凝视深渊的幽默。她最著名的几首歌都涉及破产、酗酒和遗弃。《我老爹说跟着马车走》(属于 20 世纪而非维多利亚时代的歌了)唱的是被逐出家园者把几件可怜的家当堆到马车上,喝得醉醺醺的惨状。

> 我老爹说,跟着马车走,
> 别在路上磨磨蹭蹭;
> 马车开啦,塞满了家当,载我回家,
> 我跟着那只公红雀,一路向前——可我
> 磨磨蹭蹭,蹭蹭磨磨,
> 迷失了方向,不知流浪到何方。
> 假如我找不到回家的路,

> 谁会把这张旧铁床儿来安放？

在下面的歌中,玛丽·劳埃德的幽默机智表现得淋漓尽致：

> 上礼拜六的晚上,在"克伦威尔阿姆斯酒吧"外边,
>
> 我成了一座克伦威尔漫游过一番的废墟。

对于人猛性子烈、愤世嫉俗的伦敦人来说,这真是幽默味十足。

丹·雷诺原名乔治·加尔文,1885 年 10 月 5 日,在麦尔安德福雷斯特音乐厅首次以成人演员身份登台演出,实际上,他从 3 岁起便登台了("小乔治,天才童星,柔术兼杂技演员")。他的幽默要比玛丽·劳埃德的更奇幻。"从未有人指责过他粗俗。"他有一首疯狂的歌,蕴涵着某种近乎布莱克式的神秘,唱的是一只黄蜂爱上了一枚白煮蛋——

> 可是这枚白煮蛋就是一声不吭,
>
> 白煮蛋,
>
> 白煮蛋,
>
> 这只黄蜂可真是一条蠢虫,死乞白赖缠着人家,
>
> 你说你对一枚白煮蛋,怎能得回应！

丹·雷诺是一位大名鼎鼎的哑妇扮演者,以近乎疯狂的精力投入角色塑造之中。他在扮演"鹅妈妈"时突然疯了。43 岁时,他已然身心俱疲,海报上宣传的是,"他是世间最逗乐的人。"玛丽·劳埃德问道,"你瞧见过他的眼睛吗？世间最悲伤的一双。那就是丹尼逗大家开心大笑的原因。因为如果我们没有笑,我们就会哭得死去活来。我坚信这就是真正的喜剧,你懂的。它就像哭一样。"

我们如今仍然能够听得到丹·雷诺的录音,但最棒的还是看他在舞台上的表演。当外国游客询问英国有哪些特色东西值得一看时,马克斯·比尔博姆①首先会领着他们去看伦敦塔或威斯敏斯特教堂,然后去音乐厅看"大红大

---

① 亨利·马西米兰·比尔博姆(Henry Maximilian Beerbohm,1872—1956),英国散文家、剧评家、打油诗作者、漫画家,曾侨居意大利 20 年左右。

紫的赫伯特·坎贝尔①及其声名不朽、身材矮小、机敏过人的老搭档丹·

雷诺"。

赫伯特·坎贝尔

音乐厅能够吸引中产阶级的原因之一,在于它纯粹的娱乐性。从谢里丹去世到奥斯卡·王尔德(注意:这两位都是爱尔兰人)出现之间,英文戏剧没有一部称得上有趣或者上乘,所以许多中产阶级戏迷乐颠颠地涌入戏院去看小蒂奇②、玛丽·劳埃德或丹·雷诺的表演,也就不足为奇了。他们是卓越的演员,是一流艺术家。不过,像马克斯·比尔博姆或 T. S. 艾略特这个阶层的人频频光顾音乐厅,则多少还有点求刺激的成分——体验体验粗俗。其性质类似于那种乘出租马车或四轮马车到"贫民窟"教堂感受特殊的崇拜仪式的做法。

深入伦敦东区的人会发现,这里确实是世界上最粗陋、最具异国情调的港市之一,是一个多种族、多文化的巨大杂糅体。由于不久前涌入了成千上万的俄裔和波兰裔犹太人,在白教堂区的许多街道上,根本没人说英语。在白教堂路和商业路上的犹太人商店和餐馆里,人们说的是意第绪语。在距离泰晤士河不远的莱姆豪斯和西印度码头路,到处都是中国人和印度水手。那会儿,美国人丹尼尔·柯万③去拉特克里夫(现位于斯特普尼)观光,被"白天鹅酒馆"里的景象惊呆了。这地方被当地人叫作"帕迪④的天鹅":

> 也许是伦敦最可怖的藏污纳垢之地。这里,罪恶和堕落攀上了无以
> 企及的高度,围墙之内,唯一可听闻的是上气不接下气、呕哑嘲哳的小提
> 琴声,应和着醉鬼水手们的喧嚣骚动。这是一家不起眼的舞厅,设有配
> 备玻璃酒杯的酒吧间,地板龌龊不堪,许多来自不同国家、不同肤色的女

---

① 赫伯特·坎贝尔(Herbert Campbell,1844—1904),原名赫伯特·爱德华·斯托里,英国音乐厅喜剧演员、音乐剧演员、滑稽剧演员。

② 哈里·雷尔夫(Harry Relph,1867—1928),艺名小蒂奇,英国音乐厅喜剧演员、舞蹈演员,身高 137 厘米。

③ 丹尼尔·柯万(Daniel Kirwan,1891—1939),爱尔兰裔美国记者,著有《宫殿与茅舍;或,伦敦生活之诸阶段》。

④ 对爱尔兰人的歧视性称呼。

人,应和着一种令人恶心至极的地狱般的杂曲小调,抱着丹麦佬、美国佬、瑞典佬、西班牙佬、俄国佬、黑鬼佬、中国佬、马来佬、意大利佬和葡萄牙佬翩翩起舞。

外国侨民充满异域风情的魅惑,"藏污纳垢之地"令人有点毛骨悚然的暴力恐怖潜质,想到这么"一大群女人"唾手可得而起的廉价冲动,妓女这个概念引发的男性的自我厌憎以及由此而生的厌女思想——所有这些要素都能在对于开膛手杰克系列谋杀案的变态迷恋中找到。从 1888 年 8 月 31 日到 11 月 9 日,十多周里,5 名妇女惨遭割喉,这系列发生在"恐怖之秋"的事件吊起了所谓的"开膛手学家们"的胃口,引出了无数相关的电影、书籍和揣测。其中两起,受害者的器官被割走,手法娴熟毒辣,足以证明凶手起码掌握解剖学的基本知识。谋杀案变得越来越惨绝人寰,最终以在 11 月 9 日上演的"血腥的肢解狂欢"(玛丽·简·凯莉被杀)达到高潮。这是唯一一起室内杀人案,其他几起都发生在昏暗小巷。5 位受害者——玛丽·安·尼科尔斯(42 岁)、安妮·查普曼(47 岁)、伊丽莎白·史泰德(45 岁)、凯瑟琳·艾道斯(43 岁)和玛丽·凯莉(25 岁)——都是已婚女人。她们一共生有 21 个孩子。她们都是妓女。

这无疑进一步激起了痴迷于该系列谋杀案的人的兴致。"开膛手学家们"脑洞大开,猜测这些妓女是被哈利街一位医生杀死的,或是为死于梅毒的爱子报仇雪恨,或是出于宗教狂热。阴谋论者们猜测,杀手出自王室(克拉伦斯公爵的嫌疑最大)①,或者是由索尔兹伯里勋爵亲自组建的阴谋集团实施的。不过,这些悬案最令人兴奋的在于被害妇女本身的特殊职业。

这种兴奋部分源自那种相信维多利亚时代对于性总是要么保守无比要么禁止提及的陈腐观念。持有这种观念的人,或者那些认为维多利亚时代的人保守到给椅子腿都要穿上裙子的人,不妨一读 1890 年前后由布鲁塞尔出版商奥古斯特·布兰卡特②自费出版的匿名情色小说《我的隐秘生活》。这本书

---

① 克拉伦斯公爵(Duke of Clarence,1864—1892),阿尔伯特·维克托王子,爱德华七世与亚历山德拉皇后的长子。

② 奥古斯特·布兰卡特(Auguste Brancart,1851—1894?),比利时色情文学出版商。

并未揭示什么维多利亚时代中产阶级的真实生活,却疯狂地记述了一位自称沃尔特的已婚男子的大约 1 500 段风流韵事,囊括了几乎所有色情幻想。最近有人指出,"沃尔特"就是亨利·斯宾塞·阿什比①,此人是工艺美术设计师兼教师查尔斯·阿什比②的爱书狂父亲。埃里克·科恩③在一篇阐述这一推想的精彩书评里说:

> 《我的隐秘生活》……尽管经常描写的是兴致正酣和花样迭出的性行为,然而,说到底,最令人恶心的不是性关系而是权力关系。沃尔特是一位绅士;口袋里总揣着几个先令和几个半克朗硬币,若想搞定特别难对付的处女,甚至偶尔还得揣上几畿尼金币。所有的门洞都向他敞开,虽然偶尔还得诉诸一点暴力才能进入,不过,他的良知却是清醒的……"谁统治谁?"列宁在另一种语境中追问道,"谁做了什么,对谁做的?"

这些谋杀案至今仍旧令人愉悦地充任着娱乐的主题,它们与其说揭示了 19 世纪的社会状况,不如说更多地揭示的是写书的、买书的或蜂拥进入影院的人们的心理。

系列谋杀案一直未能侦破。有些人猜测开膛手自杀了,或猜测他是酒后杀人的酒鬼,后来戒了酒;我相信,他们与其他人一样,说得都在理。

白教堂系列谋杀案就像最恐怖的侦探小说一样见诸报端,嫌疑人被逮捕又被释放,警方还收到了自称"杰克"本人的信——"我给你们寄去半个肾,我从一女的身上弄下来的,给你们留的,另一半我煎着吃了,味道真不赖。"人们各猜各的,都想给出自己的高见。在系列谋杀案中最令人发指的玛丽·凯莉谋杀案过后,暴怒的女王给索尔兹伯里勋爵写信,非常高明地指出,"最近发生的这起最灭绝人性的谋杀案表明,绝对有必要对此采取果断行动。所有警局必须通宵达旦工作,我们的侦探必须提高破案效率。这绝非他们应有的表现。"

问题是,尽管白教堂系列谋杀案瞬间赢得了神话般的地位,但当局只能依靠《福尔摩斯探案集》里的警督雷斯垂德和警探葛莱森一样的现实的警察来完成侦破任务。可这事得福尔摩斯本人出手才行。[①]事实上,就在第一起白教堂谋杀案发生的前一个月——1888 年 7 月——《血字的研究》(小说史上最伟大的侦探首度亮相)首次结集出版,作者是一位名叫亚瑟·柯南·道尔(1859—1930)的年轻医生,这些小说第一次发表,是在上一年度的《比顿圣诞年刊》上。

夏洛克·福尔摩斯绝对是他那个时代的思想家,他对事物本质的看法与英国唯心主义哲学家弗朗西斯·赫伯特·布拉德雷[②]和托马斯·希尔·格林完全一致。

> 一个逻辑学家无须亲眼见到或听说过大西洋或尼亚加拉大瀑布,也能推断出它们存在的可能性。因此,整个生活就是一条巨大的链条,只要见到其中一环,整个链条的情况就可以推想出来了。推断分析的科学与其他技艺一样,只有经过长期耐心的钻研才能掌握,而有限的生命却不给我们凡人足够长的时间来完善这门科学。

常识丰富的华生医生在杂志上读到这篇文章时,惊呼道:"一派胡言,不可言喻!"他无法相信,正如文章所言,"从一个人的指甲、衣袖、靴子、裤子的膝盖部位、食指和拇指上的老茧、表情、衣袖——诸如此类的东西,哪一样都能明白无误地显露出他的职业。"

---

① 1965 年 12 月,英国广播公司播出了 L. W. 贝利的《未提及的案中案》,其中指出,当整个警方都在想方设法侦破白教堂谋杀案时,他们并没有去征求福尔摩斯的意见。贝利免不了会这样作出推断,这位掌握解剖学基本知识以及患有所谓厌女症的福尔摩斯就是开膛手——这是一个许多听众都认为可耻的观点,其实,福尔摩斯魅力的本质就在于他的美德。参见:科林·威尔逊和罗宾·奥德尔的《开膛手杰克:总结与结论》,矮脚鸡图书公司,1987 年,第 191 页。——作者注

② 弗朗西斯·赫伯特·布拉德雷(Francis Herbert Bradley,1846—1924),英国哲学家,英国新黑格尔主义的领袖人物。

不用说,此文作者正是将会跟华生一起住在贝克街221B号的那位先生。很快,此人一展身手,隔街只瞥了一眼就"推断"出人行道上的某位行人是一位退役海军中士。一见到华生,他就用所谓的科学方法推断出,华生曾在阿富汗负过伤。在后来的小说《四签名》里,福尔摩斯一番话激怒了华生:"华生的兄弟原本前途无量;不过,却没能抓住大好的机会,有段时间贫困潦倒,尽管偶尔也兴旺发达过,但不过昙花一现而已,最后酗酒而亡。"这一切都是通过观察华生死去兄弟的金表,注意到表壳的磨损程度和表壳上细微刻下的当铺编号而推断出来的。

维多利亚女王统治后期最伟大的一个人物竟然是一个小说里的角色,这似乎合情合理。第一部小说《血字的研究》的成功,一定程度上源于它笨拙的结构。小说讲的是一起发生在伦敦的谋杀案,与摩门教有关,而小说的后半部分——一段解释犯罪缘由的冗长倒叙——由贝克街转到了犹他州和圣徒之国。读到主人公出走美国的那一段,我们就像他的老友一样痛苦不堪;在跟随主人公回到单身公寓和那位业余大侦探身边后,我们又会欢欣鼓舞起来,哪位读者不是如此呢?

福尔摩斯的形象是通过几个故事渐渐丰满起来的。在《血字的研究》中,我们发现他在实验室里,而在《海滨杂志》上刊载的那些短篇小说(以《福尔摩斯冒险史》为名结集再版,是全集里最出色的)中,他似乎再也没有回到实验室。在《血字的研究》里,福尔摩斯不希望自己的大脑被与职业无关的基本常识所干扰。他说,他对卡莱尔的作品(可是,他还不断地引用卡莱尔的话)一无所知,还说对哥白尼的天文学理论一窍不通,这更是不大可能。在后来的小说中,福尔摩斯成了博学大师。("视野开阔……是我们职业的必备要素之一"——《恐怖谷》。)在《血字的研究》中,华生驳斥了福尔摩斯"吸毒成瘾"的说法,因为"他一生恪守节制和清洁的理念",根本不可能有此类念头。但是在后来的故事中,我们发现福尔摩斯沦为经常上大烟馆的瘾君子。

尽管存在种种矛盾之处,福尔摩斯还是以真实无比的形象出现在我们的面前。T. S. 艾略特说,"一提起他,我们就情不自禁地幻想他存在着。"

关于福尔摩斯在其创造者心目中的演变历程的著述有很多。他的演绎方法很大程度上借鉴了爱丁堡大学医学院的外科医生约瑟夫·贝尔①的类似技巧,当时,道尔还是该医学院的学生;福尔摩斯与华生的关系一定程度上源于约翰生和博斯韦尔。但他也是他那个时代的典型人物。就像那些把自己的聪明才智化为科技奇迹(电报、自行车、电力和电话)的伟大科学家们一样,福尔摩斯把智慧与日常观察结合起来。当他的伟大思想再也派不上用场时,他转向了注射器和针头,就像他大受欢迎的这十年本身一样,他走向了颓唐失意:

> 从今以后,我离不了可卡因了。不做智力工作,我就活不下去。此外,活着还有什么意义呢?此时,不妨临窗伫立远眺。这样一个沉闷、凄凉、徒劳无益的世界可曾有过?凝视着那一团黄雾如何沿着街道盘旋而下,飘过那些暗褐色的房屋。世间还有什么比这更无可救药的无聊和卑俗呢?医生啊,倘若毫无用武之地,才华有何用呢?

就像经验主义哲学家密尔一样,华生从来看不出内在的关联或哲学家们所谓的关系,除非它们得到外部的解释。而福尔摩斯却借助以相信唯心主义的"内在关系"为前提的归纳法来发现现实的本质。他是最具现代性的哲学家,但他(请允许我们再次指出)又只能在一个庸俗而古怪的世界里运作:在伦敦浓雾笼罩的庭院和街道上。在这里,真实的白教堂谋杀案向我们揭示出"那一条贯穿于平淡无奇的生活纠葛中的,谋杀的红线"。

---

① 约瑟夫·贝尔(Joseph Bell,1837—1911),苏格兰人,英国王家医学科学院院士、治安法官、爱丁堡大学医学院医生兼讲师。

第 38 章　帕内尔的覆灭

　　1887 年 3 月,索尔兹伯里勋爵那位头脑灵便的外甥亚瑟·贝尔福接替希克斯·比奇[①]当上了爱尔兰事务大臣,随即便面对着所谓的"战役计划"[②]问题,这个计划号召爱尔兰各地佃农组织起来,以集体力量来对付地主。帕内尔私下并不赞成这个"战役计划"。虽然土地问题对他来说事关重大——关于如何让爱尔兰农民有地种、有饭吃,不至于陷入不堪忍受的贫困的根本问题——但他始终惦记着那个更远大的政治抱负,它正因《爱尔兰土地法》的骚动而受到削弱。贝尔福实则其舅舅的走狗,不过,这条野心勃勃的走狗却迫不及待地想一展实力,爱尔兰局势成为他的抓手。贝尔福本是一位热切的业余哲学家,一个心甘情愿被红颜知己埃尔科夫人[③]性虐的单身汉,在剑桥大学念书时便有了"克拉拉""虎百合"和"漂亮范妮"之类绰号。贝尔福的情感和内心生活始终是个谜团,每当我们读到他与玛丽·凯瑟琳·利特尔顿[④]的通灵故事时更会如此觉得:他 23 岁时差点与玛丽订婚,只可惜后者 1885 年圣枝主日便撒手人寰,年仅 25 岁。此后 55 年里,贝尔福总跟他和玛丽的共同朋友(塔尔博特夫妇)一起过圣枝主日。通灵爱好者们相信,玛丽和贝尔福的弟弟

---

　　① 迈克尔·希克斯·比奇(Michael Hicks Beach,1837—1916),英国保守党政治家,曾任财政大臣、爱尔兰事务大臣等职。
　　② "战役计划"指在 1886—1891 年由爱尔兰政治家在爱尔兰实施的策略,保障佃农利益,反对外居地主和盘剥佃农的地主。
　　③ 玛丽·康斯坦斯·查特里斯(Mary Constance Charteris,1862—1937),娘家姓温德姆,1883—1914 年称埃尔科夫人,英国社交名媛,"灵魂派"俱乐部创始成员。
　　④ 玛丽·凯瑟琳·利特尔顿(Mary Catherine Lyttelton,1850—1875),英国贵族、保守党政治家乔治·利特尔顿之女。

弗兰克①为纪念那个可怕的圣枝主日，常常用圣枝或圣枝的比喻来与这位保守党政治家"沟通"。根据灵媒在精神恍惚中发表的大量谵语记录，我们可以发现玛丽·利特尔顿对贝尔福念念不忘，这些谵语记录如今仍然保存在英国心灵研究协会。根据记录，直到1929年，还有位灵媒抚摩着贝尔福的手表示，玛丽正在发言说，"请转告他，是他给了我快乐。"在爱尔兰，人们干脆给他起了个"血腥贝尔福"的绰号。

贝尔福双管齐下，一边对佃农作出一些让步，一边却推出了一部比以往严厉得多的新《刑法》（1887年《刑法与诉讼法案》）。联合抵制、抗拒驱逐、恐吓和合谋之类罪行都将遭到比之前更重的处罚。嫌疑人哪怕尚未犯下上述罪行，都可以直接被拘留、审问。被告可以移至异地受审。最高刑期为六个月苦役。

索尔兹伯里甚至希望出台更严厉的措施。爱尔兰可是大英帝国向世人一显其治理身手的试金石。"倘若治理不了爱尔兰，英国何德何能去教导苏丹王们对于亚美尼亚或马其顿的治理之道呢？"

1881年，索尔兹伯里在《季度评论》上发文，"洗劫，洗劫，纯粹的洗劫，这就是土地同盟纠集起那些不满之徒的神圣之道。"一旦政府在"土地饥渴"面前缴械投降，将来就不会屈服于"住房饥渴""统一公债饥渴"甚或"银餐具饥渴"吗？索尔兹伯里本人并不是一位万恶的大地主。在经济不景气的时候，他把英国境内2万英亩土地的地租全免了。（他曾对好友感慨："如果只有统一公债该多好啊！"）他对爱尔兰人和"那些恶徒对于枪杀债权人的'友善之举'的痴迷"深恶痛绝，又充满着愤世嫉俗的悲观情绪，这些都影响了他的爱尔兰政策。1872年他写道，"乐观的政治观点认为，每一种政治弊端都有补救的办法。但是与此恰恰相反的观点难道就不合理吗？爱尔兰人对我们的仇恨是无药可解的，这种可能难道就不存在吗？"

解决相互仇恨的办法之一是分道扬镳，不过，由于那些我们已经知悉的帝国主义理由，索尔兹伯里不愿意考虑爱尔兰地方自治。他是个精明的政治

---

① 即弗朗西斯·梅特兰·贝尔福（Francis Maitland Balfour，1851—1882），英国生物学家。

家,能够看出爱尔兰议会党和爱尔兰"问题"之间的所谓"团结"实际上颇为脆弱甚至虚假。爱尔兰的土地骚乱和个体农人的困难处境并不等同于政治独立的理想,芬尼亚民族主义与帕内尔的地方自治思想,有着本质上的不同,此外帕内尔和他的一些追随者之间的分歧都有可以利用之处。在这个爱尔兰政治史中的"帕内尔主义"时代,所有问题都集中在一位极具魅力的人物帕内尔身上,他凭借高超的政治手腕和个人魅力,成功地把形形色色的有抱负的爱尔兰民族主义者、爱尔兰自由主义者和本身也是一种联盟组合的英国自由党联合了起来。托利党只要做到消灭帕内尔,就等于在很大程度上分裂了敌人。这并不会让爱尔兰问题消失,只会使其变成完全无法解决的难题,而这正是索尔兹伯里的理想。

所以,贝尔福以资深议员的独有淡定,看着他那颇具争议的《刑法》在下议院获得通过时,《泰晤士报》刊登了据称是帕内尔写的、对凤凰公园的弗雷德里克·卡文迪什勋爵及其次官伯克谋杀案的凶手表示宽恕的信件副本。先前就有对帕内尔的各种诋毁——他与爱尔兰民族主义者勾勾搭搭,相当于与杀人犯沆瀣一气——经过《泰晤士报》的"爆料",更加坐实了对帕内尔的这些怀疑。帕内尔随即谴责这些信件是"十恶不赦的赤裸裸的伪造"。索尔兹伯里和贝尔福对此也一定有过怀疑。像帕内尔这样文化修养超绝的人怎么会把信中的"犹豫"一词写错呢? 但出于自己的利益着想,他们乐于相信这信是真的。《刑法》落实为法律,反对者戏称之为"金禧年高压法案"。索尔兹伯里哀叹,"这鬼天气实在热得我受不了,不晓得这帮爱尔兰群魔何时会放我走。"

1887 年 9 月,下议院议员威廉·奥布莱恩案①开庭——根据新法案,这位与芝加哥的爱尔兰人来往甚密的民族主义者遭到起诉,罪名是煽动佃户反抗地主,并联合抵制搬进先前遭地主驱逐者的农场的人——与此同时,奥布莱恩的议会同僚、另一位民族主义者约翰·狄龙②向聚集在科克郡米切尔斯敦

---

① 威廉·奥布莱恩(William O'Brien,1852—1928),爱尔兰民族主义者、爱尔兰政治家、作家、下议院议员。

② 约翰·狄龙(John Dillon,1851—1927),爱尔兰政治家,任下议院议员超过 35 年,爱尔兰议会党最后一位领袖。

的 8 000 名听众发表演说;随后爆发群殴,警察飞奔而至,眼看要被集会的人群击退时,一些警察开枪了。一男子毙命,数人受伤。

时年 33 岁的爱尔兰检察总长顾问爱德华·卡森(1854—1935)对"漂亮范妮"贝尔福宣布,"正是在米切尔斯敦才使我们确信,我们终于逮到了一个男人。"其他人却不以为然。法医陪审团查明,有人蓄意谋杀了郡督察以及其他 5 名警察。5 个月后,都柏林王座法庭以技术存在瑕疵为由撤销了上述判决。政府中的保守党统一派准备全力以赴采取措施的意图昭然若揭。金禧年的秋天,格莱斯顿在英国的一场集会上宣称,"我曾讲过,现在再次重申,'请记住米切尔斯敦!'"索尔兹伯里却不以为然。某次他去牛津大学,发现 3 英尺高的海报上赫然写着——"索尔兹伯里勋爵即将莅临。请记住米切尔斯敦",他对此倒颇为高兴。在贝尔福根据《刑法》规定把那位古怪诗人关入大牢后,索尔兹伯里对贝尔福说,"你把威尔弗里德·布朗特①抓起来,我真替你感到欣慰。"他告诉外甥,这一年,"大大提升了你的声望和影响力。"

只可惜,索尔兹伯里和贝尔福高兴得太早了,帕内尔坚持要求议会成立一个特别委员会来调查《泰晤士报》犯下的伪造罪。帕内尔还因为该报刊载的"帕内尔主义与犯罪"系列文章将其告上法庭。法庭查明,他是清白的。所有诬告信系均出自一个自作聪明的造假犯理查德·皮戈特②之手(脑子虽算活络,但距离会拼写"犹豫"一词还是差了一点)。皮戈特在证人席上认了罪,大概是因为羞愧难当,随即逃到马德里,在那里来了个自我了断。

这样一来,1889 年至 1890 年,帕内尔享有着前所未有的声望,空前绝后地赢得了公众的支持。议会特别委员会也已证实他光明磊落。皮戈特的造假丑闻尘埃落定,帕内尔再度现身下议院时,包括格莱斯顿在内的全体支持地方自治派的成员起身鼓掌,掌声持续了数分钟。帕内尔发现自己成了爱尔兰和英格兰公众的双料英雄。甚至在统一派的报纸上也有人指出,如果爱尔兰政府——也就是专瞅伦敦政府眼色行事的都柏林傀儡政府——希望让这

---

① 威尔弗里德·布朗特(Wilfrid Blunt,1840—1922),英国诗人、作家,在保护阿拉伯马血统方面发挥了重要作用。

② 理查德·皮戈特(Richard Pigott,1835—1889),爱尔兰记者,以伪造帕内尔涉嫌谋杀英国政府高级代表的证据而闻名,帕内尔以诽谤起诉成功,皮戈特开枪自杀。

种高压制度尽可能显得令人可憎的话,只要按照如今的做法继续行事即可。

可惜,帕内尔的风光不过昙花一现。1889 年平安夜,戈尔韦郡议员威廉·奥谢上尉提起离婚诉讼,并追加帕内尔为共同被告。差不多一年后,即 1890 年 11 月,离婚案终于迎来宣判的时刻,尽管奥谢上尉显然在说谎,说自己的太太与帕内尔有染一事让他震惊不已,还说只是在提起离婚诉讼之前不久才听说他俩有奸情,不过,该案的核心事实却并无异议。帕内尔和奥谢上尉的太太确系情人关系。

格莱斯顿多年前就知道这件事,而且在与爱尔兰议会党谈判时,常把奥谢夫人当作联络人。索尔兹伯里内阁曾乐于利用"迪尔克离婚案"和"皮戈特信件造假丑闻"来捞取政治资本,想到这一层,人们不免生疑,他们是否设法买通了奥谢上尉来把帕内尔搞垮。别忘了,十年来,奥谢上尉早就知道帕内尔与他的妻子有染,几乎算得上这事的一个同案犯了。他的妻子生下了三个孩子,全是帕内尔的后代。

整个事件始末有很多值得注意的地方,但如今它已成传说,很难剖析清楚了。从 1890 年 1 月到 11 月近一整年时间里,爱尔兰议会党一直焦灼不宁地等待着审判结果。帕内尔向铁杆支持者迈克尔·达维特打包票说,"他必会以清白之身再度屹立于世人面前。"要么这是纯粹的谎言,要么我们可以推想帕内尔的意思是自己没有违背正人君子之道;他没有对奥谢有所隐瞒。爱尔兰和英格兰媒体可不想当哑巴,在整个事件期间,人们有足够的时间意识到它可能造成的影响。然而,几乎所有爱尔兰公共团体、爱尔兰议员,以及天主教主教,都对帕内尔始终忠诚不减,对其领导力信心满满。当我们考虑到爱尔兰人(直到我们这一代)对这些问题始终极端刻板的态度,他们表现出的忠诚和政治上的成熟就显得更加非同寻常了。

危机发生在 1890 年 11 月中旬,奥谢太太在庭审中亲口承认对丈夫不忠。爱尔兰议会党领导人帕内尔竟然被依法定性为一位通奸犯。

就政治而言,重要的在于这个结果将使爱尔兰地方自治大业丢掉大批"支持票"。有多少自由党议员会因此改变在爱尔兰问题上的立场?有多少爱尔兰议员会因此蠢蠢欲动,建立起"倒帕派"?爱尔兰选区的选民为此会受到怎样的影响?

"奥谢上尉离婚诉讼案"开审后不到一周,红衣主教曼宁便敦促格莱斯顿与帕内尔撇清关系,更重要的是,他还向爱尔兰主教们提议,帕内尔的政治生涯断送在即,他们应当"坦率及时地申明立场,这才是最稳妥的"。"我们一直行动迟缓,"这位都柏林大主教给一位爱尔兰主教发电报督促道,"以为我党会果断行动。"

不过,尽管与许多爱尔兰人一样,威廉·巴特勒·叶芝认为:

> 制造悲剧故事的是
>
> 政党和主教神父……①

但是事实并非如此。至少从时间上看,最早表明不再支持帕内尔的是英国自由党。11月22日,恰好在谢菲尔德召开了自由党全国代表大会,威廉·哈考会后传递出消息:与会的北方杂货商和戴银表链的卫理公会市议员们纷纷表示无法容忍与通奸犯领导的爱尔兰地方自治者们合作了。此后,格莱斯顿写了一封信(该信随后登报)给约翰·莫利,表达了自由党的观点,指出如果帕内尔继续当领袖,势必会使爱尔兰地方自治事业的未来"几近化为泡影"。与此同时,达维特也发文抱怨天主教主教们在这个问题上始终不表态。

该事件的重头戏发生在再度召开英国议会时。爱尔兰议员在第15号委员会会议室举行会议,讨论批准帕内尔担任爱尔兰议会党的下一届领袖。鉴于近期的情况,这个会议不过是走走过场而已。在苦挨了一周后,45位党员退出委员会会议,帕内尔仅存28位追随者。英国新闻联合社用如下评论概括了当时的形势:"老爱尔兰议会党已不复存在。"

就在投票结果对他不利之际,帕内尔远赴爱尔兰,为他的一位候选人能够在基尔肯尼补选中获胜加油助威。这位候选人还是挺出众的,有个选区甚至连教区神父也对他表示支持,不过到头来他还是以2比1的结果落选。

就在选举结果公布前不久,一直在爱尔兰访问的莫利前往霍瓦登堡拜望格莱斯顿,发现这位80岁老人正患着感冒。他"上身穿了一件精纺短上衣,肩上搭着黑披肩,苍白的脸上皱纹纵横,活脱脱一位来自远古的陌生人。从莫

---

① 本译文采自傅浩《叶芝抒情诗选》。

利口中得知帕内尔仍在鏖战后,格莱斯顿'被激昂的激情所点燃'——'嗬,他们都疯了吗? 他们全都精神错乱了吗?'"。

他们接着聊爱尔兰,格莱斯顿问,历史上可曾有过像目前爱尔兰这种让人揪心的状况。莫利说有,在佛罗伦萨、比萨或其他意大利城市,法国皇帝兵临城下的时候。格莱斯顿则觉得是"耶路撒冷围攻战"的时候,提多将军率领罗马军团正向该城进发,而犹太人却陷于分裂,派别林立。随后,两人共进午餐,莫利说约瑟夫·德·迈斯特①注意到,在天真无邪的原始时代,病死的人们往往连病名都不知道。格莱斯顿则指出,"荷马从来不提疾病。"莫利说,"在《荷马史诗》中,寿终正寝的人并不多。"格莱斯顿旋即引用了奥德修斯在冥府遇见母亲时的话,莫利说"pothos"这个希腊词"太温柔了,无法翻译"。格莱斯顿说可以译为"热望",并引用了贺拉斯的名句:"为至爱者悲痛,岂有克制或节度呢?"

你能想象出当今西方世界还有哪位政治家会与人作如此交流吗? 他们一同蹀进图书馆,过了一会儿,莫利发现老人已经在那本"破旧的《奥德赛》"里找到了奥德修斯在冥府遇见母亲时说的那番话。"换成荷马的伙伴们,"这位自由党领袖评论道,"肯定会完全是另一种表现,上周就会在委员会会议室里把那事情迅速了断了。"

格莱斯顿虽然基本属于近代人物,但其实他正像"荷马的伙伴们"一样,是我们的世界已经遥不可及的古人了。

帕内尔不乏勇气,但虚荣心到底还在作祟。爱尔兰议员临阵倒戈令他震惊,于是又参加了两场艰苦的补选,指望能证明自己。结果,在 4 月的北斯莱戈郡和 7 月的卡洛郡,他两次蒙羞,遭遇惨败。1890 年 6 月,他娶了凯瑟琳·奥谢,这一冒失之举最终踩到了天主教主教们的红线,他们本来一直打算对帕内尔的新教信仰和不信教做法睁一只眼闭一只眼来着。第二年,一位神父对米斯郡教众宣布,"你们必须选择要么做帕内尔派,要么当天主教徒。"接下来几年里,就这一看法的对错之争,在爱尔兰家庭和酒吧里都引发了喧闹,正

---

　　① 约瑟夫·德·迈斯特(Joseph de Maistre,1753—1821),法国哲学家、作家、外交家,君主主义者。

如乔伊斯在《一个青年艺术家的画像》里描写的那样。

帕内尔本人已精疲力竭。1890 年 9 月 27 日，饱受风湿病折磨的他冒雨在一场集会上发表了演说。他拖着重病之躯回到英国，在布莱顿城与爱妻团聚，并于 10 月 6 日死在她怀中。就像荷马的伙伴们一样，他已成为一位神话英雄，正如乔伊斯所呈现的，以及叶芝所写的那样：

> 没有人分担我们的罪责；当我们吞噬他的心之时，
>
> 我们也没有在一个缤纷的舞台上扮演任何角色。

时至今日，我们读到帕内尔的往事，仍能强烈地感受到，他比任何参与了他倒台"悲剧"的人都要伟大。这是一位具有史诗般历史地位的人物，他的覆灭不仅是一场个人的悲剧，也是一场巨大的国家灾难。

第 6 部
1890 年代

W.B.叶芝　　　　　奥布里·比亚兹莱　　　弗朗西丝·格雷厄姆　　　奥斯卡·王尔德　　　阿尔弗雷德·　　　比阿特丽斯·韦伯　　　塞西尔·罗得斯

爱德华·豪斯曼

第 39 章　维多利亚时代的丧葬习俗

在我们这个时代，英国人对丧葬之事讳莫如深，然而 19 世纪的英国人却痴迷于殡葬装饰；1890 年代成为"维多利亚时代葬礼的黄金时期"。从遗存下来的老照片看，最精致的葬礼仪式——其奢华程度在现在看来不亚于国家元首的葬礼——不过是一场寻常的杂货商或医生的葬礼而已。运送灵柩的往往是一辆玻璃马车，堆满海量鲜花，用黑貂皮和黑纱裹得密不透风。四到六匹马，黑色羽饰加身，每走一步，黑羽上下跳动，引领着送葬队伍；走在队伍前方的是雇来的送葬人，裹着黑披肩，高顶丝绸帽上披着黑布帘，这一幕奇观看得现代人毛骨悚然：中世纪西班牙也搞不出比这更惊悚的场景了。马车拉着棺材，后面跟着送葬者，身穿崭新的黑色"行头"：斜纹黑绸衣、高顶丝绸帽、黑手套和软帽——所有这一切都彰显着送葬者的富裕程度，彰显着他们（自认为）在资本主义的阶级制度中爬得有多高。葬礼越是成为社会地位的象征，反过来就越成为一门赚钱的大生意，大城市许多开殡仪馆的人靠这一行当大发横财。

平民家庭尚不惜血本操办花销不菲的葬礼，公众人物的葬礼就更是铺张奢靡至极了。19 世纪中叶惠灵顿公爵的葬礼便给人们留下了深刻的印象。1892 年 1 月 21 日星期四红衣主教曼宁的葬礼则吸引了更多民众，也许是伦敦有史以来参加人数最多的一场葬礼了。这位英国历史上罗马天主教的最卓越推动者——吸引了上百万的直接追随者和信徒，并受到上千万人的尊敬——并没有在生前等到伦敦建成一座他那个宗教的大教堂。筹建一座天主教堂恰恰成了曼宁一生最糟糕的事业，为此他得了"红衣主教格兰迪森"（《罗退尔》中的人物）的绰号。起先，他把此事委托给姻亲亨利·克拉顿①，后者耗去 6 年光

---

① 亨利·克拉顿（Henry Clutton，1819—1893），英国建筑师兼设计师。

阴设计出一个哥特式建筑群,结果发现曼宁根本没有筹到盖教堂的钱。1880
年代,约克郡一位土财主塔顿·赛克斯爵士①提议,如果他们聘请冯·赫斯特
尔男爵(Baron von Herstel)做建筑师,他愿意出钱建教堂。结果男爵于1884
年去世了,曼宁建造大教堂的事又化为泡影。最后他的继任者们终于在20世
纪完成了它。

　　曼宁的天才在于他富有人情味,组织能力超群。他并非知识分子。"我
一向认为曼宁的行动能力,我指的是在管控人的方面,能把他的思维能力甩
出好几条街,"格莱斯顿写到这位老友时,语气里透出几分傲慢——但这不是
说曼宁头脑不敏锐或者不够用。曼宁具有真正政治家的快速应变能力——
比如意大利王国建立后,他立刻意识到,教皇应当抛弃声索世俗权力的主张。
一向聪慧的曼宁毕业于贝利奥尔学院,与晚辈托马斯·希尔·格林②有个共
同点,即拥有极其罕见的实用智慧,无论在对迪尔克案对个人及政治的影响
的分析中,还是在对伦敦码头工人大罢工提出的解决方案中,他均表现出这
种智慧。曼宁的贝利奥尔学院校友希莱尔·贝洛克③(其信奉女性主义和
一神论思想的母亲贝茜·帕克斯④深深折服于曼宁的人格,因而与《罗
退尔》里的女人们一样皈依了天主教)认为曼宁是他所处时代的最伟大
人物。

　　　　无人垂听的耶稣基督的贫者,

　　　　太久地恳求您为他们复仇,

贝洛克在一首关于伦敦穷人的诗中如此写道。曼宁代表的正是这些穷人,而
且他这样做,绝无为自己出风头的想法。他是一位十足的绅士,因而足以明
了,罗马天主教在英国全然不是绅士们的宗教。在这个程度上讲,没有谁比

---

① 塔顿·赛克斯(Tatton Sykes,1826—1913),英国地主、赛马驯养师、教堂建造者。
② 托马斯·希尔·格林(Thomas Hill Green,1836—1882),英国政治思想家、哲学
家、伦理学家,新自由主义政治思想先驱,在维多利亚时代影响极大。参见本书第36章
介绍。
③ 约瑟夫·希莱尔·贝洛克(Joseph Hilaire Belloc,1870—1953),法裔英国作家、历
史学家、演说家、诗人、水手、讽刺作家、军人、政治活动家。
④ 贝茜·帕克斯(Bessie Parkes),即伊丽莎白·雷纳·贝洛克,娘家姓帕克斯,
英国女性主义者、诗人、散文家、记者。

他更像红衣主教格兰迪森的了，而由于《罗退尔》而滋生的那类自以为是的幻想——最引人瞩目的当属伊夫林·沃的《故园风雨后》——想必会让曼宁觉得厌恶。曼宁皈依天主教的早年，如果有他所属的阶级的人来拜会他，他总会为自己的服装深表歉意——也就是如今甚至新教牧师也穿的"教士领"长袍。然而，一旦抛开了狭隘的自我意识，他便得以心情大好，宣称，"如果没有皈依天主教，我就永远不可能为英国人民像去年他们称赞我的那样为他们工作了。英国国教会把我绑得死死的。"

曼宁被逐出英国国教跟政治有关，这一点也许确实是事实。1850 年 10 月，"油嘴山姆"威尔伯福斯主教痛苦地写道，"如果曼宁脱离我们而去，那是因为他对'我们作为天主教会的正统一脉'的信仰被扼杀了——而且，导致这个结果的想必主要是约翰·罗素勋爵。"这位苍白严肃的、变成罗马天主教"亲王"和高级教士的维多利亚时代早期前教区牧师，受到了一个与 1890 年代城市化、工业化、政治化的伦敦多么遥远的世界的欢迎啊！当然，这一定是因为人们认识到，曼宁是少数敢于脱离统治集团的当权派人物之一，是真正地被自己所渴望追求的原则打动的人。"若无上帝，便无法可依，便只有无法无天的人的意志；若无法律，人际之间的道德纽带和凝聚力也无法存在。"通过与码头工人的雇主们（曼宁说，"我一生中布道无数，像如此死不悔改的会众，我头一回遇到。"）商讨工人的罢工问题，他以实际行动践行了他当作政治口号的阿奎那名言的真义——"王乃国之仆，而非国乃王之仆。"曼宁在本次罢工中独当一面，积极斡旋，在维多利亚时代无人能及，甚至沙夫茨伯里勋爵也无法与他比拟：他真的做到了敦促当权派们承担起责任，最终为被统治者赢得了胜利，尽管是有限的胜利。

在圣母无玷之心堂，也就是骑士桥中部的那座模仿罗马风格的教堂里，奏过庄严的安魂曲后，16 位主教护送他们的红衣主教走向墓地。许多伦敦人从未见过这种景象——数百位身穿中世纪长袍的神甫、修士和托钵修士齐唱庄严的《格里高利圣咏》，列队走向肯萨尔绿野。透过售卖电灯灯罩或最新款骑行度假装备的商店橱窗，你可以窥见这些高诵圣咏的托钵修士——就像吉本 100 年前在古罗马主神殿废墟里看到的那种身影。然而，伴随着这些中世纪形象而来的是英国历史上的全新人物：跟在殡仪车后面的有全国联盟、联合王国联盟①、伦敦工会、码头工人协会、装卸工人联合协会、行业与劳工工会联合会、独立禁酒会和普世教联运动等协会的会员们。如果这些人早半个世纪现身于拉文顿奇切斯特副主教的草坪，去迎接新教教徒身份的曼宁②，那么在曼宁那会儿的教区居民们看来，会是多么奇怪的事啊！眼下，这支属于未来的送葬队伍缓缓前行，正把这位维多利亚时代的旧人送向墓地。4 英里的送葬之路，每走一步都很艰难，人行道两旁挤满了人。有些地方人实在太多，送葬队伍不得不暂停下来。

在那个 1 月的苍茫黄昏里，他们终于抵达肯萨尔绿野。伯明翰主教做了最后祷告，侍祭们举起手中的小蜡烛，在闪烁的柔光中，唱诗班齐唱《求主垂怜祷告曲》。曼宁安息于天主教墓地，与怀斯曼③和克里米亚战争的女英雄玛丽·西科尔为邻。当烛光送葬队伍渐渐散去，一些哀悼者可能会把目光转向旁边开阔的肯萨尔绿野公墓，他们也许会涌起一个想法：曼宁安息在这片因为维多利亚时代伦敦急剧膨胀的人口而打造的墓地边④，倒是颇为合适的呢——这一块圈地里，埋满了他同时代的形形色色人物。在那里，在维多利亚时代的商人和白手起家者的坟墓当中，有一座非常坚固的灰色陵墓，墓碑上刻有"纪念苏塞克斯公爵、奥古斯塔斯·弗雷德里克王子殿下，获嘉德勋章"⑤：这就是那位在婚姻中放弃女儿成为女王的叔父。⑥（这位弗雷德里克对兄长威廉四世在温莎城堡的圣乔治礼拜堂草草举行的葬礼感到极为震惊，所以要求自己死后被葬在新建的公共墓地里。）这里安眠着陆军医务部监察长詹姆斯·米兰达·巴里，1865 年，人们为此人穿寿衣时发现这竟然是一位

---

① 1853 年在曼彻斯特建立的组织，旨在禁止联合王国的酒类贸易。

② 1851 年，曼宁改宗成为天主教徒。

③ 尼古拉斯·怀斯曼（Nicholas Wiseman，1802—1865），英国罗马天主教威斯敏斯特大主教。

④ 圣玛丽天主教公墓恰好毗邻肯萨尔绿野公墓。——作者注

⑤ 奥古斯塔斯·弗雷德里克王子（Prince Augustus Frederick，1773—1843），苏塞克斯公爵。

⑥ 1792 年，他违反"1772 年王家婚姻法案"，与奥古斯塔·默里结婚，1794 年被宣布婚姻无效；1831 年，他再次违反法案，与塞西莉亚·安德伍德结婚。

女士。安东尼·特罗洛普、威尔基·柯林斯①和威廉·梅克比斯·萨克雷也长眠在这里。1897 年，钢丝杂技演员查尔斯·布隆丹②也将安息于此，与1859 年葬于此处的伊桑巴德·金德姆·布鲁内尔③相伴。这里是米莱斯④、利·亨特⑤、威廉·马尔雷迪⑥和克鲁克香克⑦的安息之所。宪章运动的煽动大师费格斯·奥康纳、出版商约翰·默里、大英博物馆设计者罗伯特·斯默克⑧和雕塑家约翰·吉布森⑨也在此安眠。令人相当遗憾的是，曼宁并没有在这里一劳永逸地安顿下来，20 世纪他被移葬到新修建的天主教大教堂里，以威斯敏斯特总教区总主教的身份，与他那些相形之下不大起眼的继任者们葬在了一处。须知，曼宁属于那种维多利亚时代的贵族和怪人，他可绝不仅仅只是一个教会人物。

说到肯萨尔绿野公墓，它是英国的首座公墓（而非教堂墓地），建造灵感来自乔治·弗雷德里克·卡登⑩，此人被欧洲新建的公墓，尤其是巴黎拉雪兹神父公墓深深打动。最初，卡登尝试利用樱草花山，聘请托马斯·威尔逊在山上设计了一个类似巨型金字塔的公墓，可容纳 500 万具尸体。不过，到头来他于 1831 年在肯萨尔绿野成立了公墓总公司。很快，诺伍德（1837 年）、海格特（1839 年）、南海德、艾博妮公园、布朗普顿（1840 年）和陶尔哈姆莱茨区

① 威廉·威尔基·柯林斯（William Wilkie Collins，1824—1889），英国维多利亚时代著名小说家、剧作家，代表作《月亮宝石》《白衣女子》。

② 查尔斯·布隆丹（Charles Blondin，1824—1897），法国走钢丝演员、杂技演员，死于英国。

③ 伊桑巴德·金德姆·布鲁内尔（Isambard Kingdom Brunel，1806—1859），英国土木工程师。

④ 约翰·米莱斯爵士（John Millais，1829—1896），英国画家、插画家，拉斐尔前派兄弟会创始人之一。

⑤ 詹姆斯·利·亨特（James Leigh Hunt，1784—1859），英国评论家、散文家、诗人。

⑥ 威廉·马尔雷迪（William Mulready，1786—1863），爱尔兰风俗画画家。

⑦ 乔治·克鲁克香克（George Cruikshank，1792—1878），英国插图画家、漫画家。

⑧ 罗伯特·斯默克（Robert Smirke，1780—1867），英国建筑师，希腊复兴建筑领导者之一。

⑨ 约翰·吉布森（John Gibson，1790—1866），威尔士新古典主义雕塑家。

⑩ 乔治·弗雷德里克·卡登（George Frederick Carden，1798—1874），英国律师、杂志编辑、商人，英国花园墓地运动先驱，肯萨尔绿野公墓奠基人。

(1841年)都建立了公墓。起初的习俗是,如果选择不将死者安葬在教堂墓地,那么家属得向教区神职人员支付从1先令6便士到5先令不等的补偿费才行。然而,事实是,无论生前还是死后,一个人都逃脱不了马尔萨斯原理的控制。传统的教堂墓地再也没有埋葬死人的空地了,而且新建的公墓——当然也为不效忠国教者提供葬身之所——很快也满了。

解决方案倒是现成的,况且还很明智:在这拥挤不堪、疾病肆虐的世界里,尸体应当被火化掉,而非刨泥入土;但总有人出于情感、神学,甚至法律上的缘由而反对这样做。

1874年1月,亨利·汤普森爵士①在《现代评论》上发表了一篇文章,成为最早提出以火葬代替土葬想法的人之一。多才多艺的汤普森是伦敦大学学院医院杰出的外科医生,学识渊博,富于爱心。他兴趣广泛,包括搜集中国青花瓷。他还关注我们所谓的预防医学和与医学有关的社会问题。城市墓地拥挤不堪,成为城市规划者面临的一个主要问题。汤普森在《现代评论》上提醒读者,那种认为"埋葬是永恒安息的开始"的观念是错误的。"安息!不,片刻也得不到安息!在那具纹丝不动的躯壳里,从来没有像此刻这般活跃过。万千变化已悄然展开。无数种力量开始攻击逝者……无休无止的自然力此刻正在全力运作。"汤普森绘声绘色地详尽描述了尸体的腐烂过程,并建议用炼炉来处理遗体,这样做既廉价又卫生。沉迷于举办奢华葬礼以炫耀社会地位的一代人根本看不上这种廉价的方式。遗体终将会消解于泥土之中的事实,并没有打消罗马天主教的陈规陋见:火葬即使不能真正阻止身体的复活,起码也会对复活产生干扰。(这一信条在1963年得到逆转,当时过世的天主教徒首次被准许火化。)许多其他基督教徒也有类似疑虑,而且警方担心,比如在投毒案中,火化会销毁极其重要的法医证据。然而,汤普森并没有气馁,他与一人群朋友一道组建了火葬协会,其中包括《笨拙杂志》的政治漫画家、《爱丽丝漫游奇境记》插图画家约翰·坦尼尔爵士。

虽然火葬习俗被接受的速度慢了点,但它作为处置遗体的最有效手段,无疑已经渗入公众意识。当英国板球队于1882年在国际板球锦标赛中惨败

---

① 亨利·汤普森(Henry Thompson,1820—1904),英国外科医生、博学家。

给澳大利亚队后,到手的并不是"英国的好运之棺",而是"骨灰"。①（这个笑话最早出现在《体育时报》上——"深情缅怀英国板球,它于 1882 年 8 月 29 日在椭圆形球场上去世,受到大批知交好友的深切悼念。愿它安息。注意:遗体将火化,骨灰将运往澳大利亚。"）

为了建造第一座火化炉,火葬协会提出了建筑场地申请,最终在萨里郡沃金"伦敦大墓地和国家陵墓公司"旁边找到一处。（他们原本想在该地设计一个绝对华丽的现代墓地,建有一条殡葬铁路,还打算在沃金建一座宏伟的墓地模样的哥特风格车站,由悉尼·斯默克②设计,但一直没有建成。）

火葬是否合法仍然是一个悬而未决的问题。当多塞特郡布兰德福德的哈纳姆上尉在一家私人建造的火化炉中把妻子和母亲（应她们本人生前的请求）火化掉时,人们认为他违反了法律,不过当时的内政大臣却对此不以为然。

1884 年,一位剽悍的威尔士人采取了一项行动,该行动最终明确了火化做法的法律实质。时年 83 岁的威廉·普赖斯③是一位直言不讳的激进派、医师、狂热的威尔士民族主义者和德鲁伊教教徒。当他 5 个月大的儿子——他为孩子施洗并将他命名为耶稣·格里斯特——不幸夭折后,他把男婴的尸体放到一个汽油桶里,拎到兰特里森特镇一座山的半山腰,放一把火烧掉了。他因焚烧而非埋葬尸体的普通法罪行而被起诉,此案于 1884 年 2 月 12 日星期二在加的夫格拉摩根郡巡回法庭,交由斯蒂芬法官大人④审理。法官裁定,"焚烧而非埋葬遗体者,除非其焚烧行为在普通法上妨害了公众利益,否则不构成犯罪。"

此举开了先河之后,1885 年 3 月,火葬协会在沃金进行了第一次火葬。1885 年仅有 3 起火葬,1886 年为 10 起,1892 年为 103 起。即使到了 1914 年这个欧洲史上的动荡之年,火葬也只有 1 222 起,在死亡总数为 51.6 万人中占比仅为 0.2%。巨大的公墓作为爱德华时代和维多利亚时代留下的遗产,

---

① 1882 年 9 月 2 日创立"骨灰杯"。
② 悉尼·斯默克(Sydney Smirke,1797—1877),英国建筑师。
③ 威廉·普赖斯(William Price,1800—1893),威尔士医生,以支持威尔士民族主义、宪章主义和参与新德鲁伊教宗教运动而闻名。
④ 詹姆斯·斯蒂芬(James Stephen,1829—1894),英国律师、法官、作家、哲学家。

至今依然与我们同在:每一座英国大城市都有些凄凉的郊区,如今满目疮痍,荆棘丛生,到处散落着我们这个时代的碎石杂物,这些绵延数英里的潮湿墓穴、沉陷的墓石、剥落的天使石像以及难以辨认字迹的墓碑,都是早已被遗忘了的维多利亚时代数百万人的不朽纪念碑。

按照大多数公墓的标准来看,曼宁在被教友们迁走之前曾安息于其畔,他的许多同时代名人也在此比邻而卧的肯萨尔绿野公墓,绝对属于公墓中美丽典雅的典范了。曼宁最初被安葬时,这里想必仍是一个充满魅力的所在,那会儿,死去的富人们享受着奢侈的下葬仪式,以每座 6 畿尼的高价占据一个地下墓穴。这里曾是伦敦的名胜之一。如果有人穿越到 1890 年代去那里观光,想必会发现自己与维多利亚时代早期的人之间那种明显的差异。我们每每难以准确界定某一特定时期的精神。对于 1890 年代的时代精神,人们作出了各种概括——但在这十年间,谁敢说奥斯卡·王尔德和奥布里·比亚兹莱①就比《小人物日记》②里所嘲讽的中下层阶级查尔斯·普特尔和嘉莉·普特尔更"典型"呢?谁敢说塞西尔·罗得斯就是比大卫·劳合·乔治或基尔·哈迪更具代表性的 1890 年代人物呢?

不过,一方面我们认识到对这个年代予以笼统定性的危险,另一方面,我们还是能够看出,在 19 世纪最后几年,某些方面与当今世界还是有着明显不同的:而且还是一些在日后的历史解读中显得颇为意味深长的不同。比起下定义,也许笼统定性反倒又妥当些了——尽管正如费多尔·丘特切夫③所说,"一切表达出来的思想都是谎言",但我们还是可以发现一些趋势,它们可以表明,1890 年代的思潮有着过渡性的属性,它们结束了维多利亚时代的旧世界,展望起现代的新世界。我们不妨把它们归结为三个领域:形而上学的、英国国内政治的和世界秩序的。

形而上学这个词似乎人见人烦,但是好像也很难为我想讨论的第一个范

---

① 奥布里·比亚兹莱(Aubrey Beardsley,1872—1898),英国插画家、作家。

② 英国喜剧演员、作家、作曲家乔治·格罗斯史密斯(George Grossmith,1848—1912)和弟弟威登(Weedon,1852—1919)于 1892 年创作的一部喜剧小说。

③ 费多尔·丘特切夫(Fedor Tyutchev,1803—1873),俄国诗人、外交家。

畴找到更好的叫法：我想用它来指代的，是人们看待事物本质的方式——他们认为这个世界是什么，他们是谁，他们在这个世界上正在做什么。对这个问题显然几乎不可能给出明确的回答。但是如果不首先对引导着特定个人和社会的那种形而上学有所理解，那么对这些个人和社会的讨论其实是毫无意义的。缺乏了这种形而上学的理解，历史将无非只是一系列事件，或者只是关于这些场合所穿服装的罗列而已。要想理解我们祖先写过或讲过的话，理解他们创造或接受过的社会形态，首先必须理解他们是如何看待现实本身的。而 1890 年代人们对现实的认识——艺术家、诗人、宗教和哲学的许多观点——可以说在 19 世纪末都已经有所变化了。

其次，由于我们主要关注的是维多利亚时代的英国，因此如果不首先审视 1890 年代这一过渡时期的政治形势，那么对这个年代的任何生动描绘都毫无意义。这是贵族政府走向终结的开端。这种产生了从利物浦勋爵到索尔兹伯里勋爵的一系列贵族首相（还有两位过着地主贵族生活的伟大平民首相格莱斯顿和迪斯雷利）的制度，遭遇了自由派——1880 年代以张伯伦和迪尔克为代表，1890 年代以年轻的大卫·劳合·乔治为代表——的根本性挑战。然而，在变革的过程中，旧贵族制度会被消除多少？渐进主义或费边社会主义者在改变社会结构方面会取得多大成功？为什么社会主义在一些欧洲国家取得了成功而在英国没有？针对这十年，这些都是不禁让人联想到的问题：在这十年里，反动势力似乎在很大程度上取得了胜利；在这十年里，诸如 1893 年独立工党在布拉德福德成立等事件不断发生——它们对后来的发展而言至关重要——却几乎没有侵扰到贵族统治的政治世界的表面繁荣。

上述两个问题与第三个问题"世界秩序"，也就是 19 世纪末 20 世纪初的世界格局，息息相关。欧洲列强奉行的敌对的民族主义——事后看来，它们以不可阻挡之势走向了第一次世界大战的灾难深渊——在当时那些乐于参与武力恫吓的人眼中可能无非只是在炫耀武力。那些在平民百姓眼中似乎强大无比的将军、君王、军火制造商和政治家们，以后世之见来看，其实都像那种一手举着汽油，一手攥着火柴，在干草堆上玩"争夺城堡主"游戏的蠢小孩一般可笑。这部分的历史大多不在本书的探讨范围内，不过，本书已经对新帝国主义有大量讨论。在"争夺非洲"、大英帝国版图从印度扩张到缅甸和马来亚,甚至更遥远的中国、巴布亚岛和波利尼西亚,以及欧洲国家殖民世界的狂潮过后,帝国主义思想成为新世界秩序的核心事实。从后见之明的角度而言,帝国主义思想和欧洲奉行的民族沙文主义一样,其必然的脆弱本质可谓昭然若揭,炫耀武力则不可避免地将把相关的被统治者和统治者们,以及其他人,全都引向不可阻挡的灾难。然而当时的人并不如此以为,尽管在女王统治接近尾声之际,英国在南非卷入的帝国主义战争,已经迫使那些即便是最顽固的帝国主义预言家们,也开始对未来展开了扪心自问的思考。

第 40 章　表象与真实

在维多利亚时代,最奇诡的精神之旅之一,想必属于安妮·贝赞特①,这位时年 27 岁的牧师之妻,勇敢地逃离了恶夫以及她不再信仰的宗教。她一度面临着失去孩子的危险(不过,1873 年 10 月 25 日签订的分居协议使她获得了女儿梅布尔的监护权)。因为无神论信仰和政治激进主义姿态,她无可避免地遭受了贫困和社会排挤。

安妮与查尔斯·布拉德洛②成为好友和合作者,后者是英国世俗协会③的领袖。由于倡导节育、传播《哲学的果实》④(实际上是一本关于如何节育的小册子),安妮曾遭逮捕、审判和定罪,不过上诉后被免除了监禁。她渐渐远离了布拉德洛的世俗激进主义,转而支持社会主义。促成这一转变是爱德华·埃夫林⑤,医生、演员和马克思主义者。不过,风流男子埃夫林转而追求艾琳娜·马克思,安妮得以从他的魔爪下逃脱。安妮在埃夫林和萧伯纳等社会主义者的圈子里可谓出尽风头。正如我们在 1887 年 11 月"流血的星期日"报道中看到的,她是一位浑身是胆的鼓动家和卓越的公众演说家。不过,有

① 安妮·贝赞特(Annie Besant,1847—1933),娘家姓伍德,英国社会主义者、神智学者、妇女权利活动家、作家、演说家、教育家、慈善家。

② 查尔斯·布拉德洛(Charles Bradlaugh,1833—1891),英国政治活动家、自由思想者、政治激进主义者、无神论者。参见本书第 29 章对他的介绍。

③ 英国世俗协会(National Secular Society),布拉德洛于 1866 年创立,宣扬无神论和政教分离。

④ 查尔斯·诺尔顿(Charles Knowlton, 1800—1850),美国医生、作家、无神论者,著有《哲学的果实,或已婚年轻人的私人伴侣》,1891 年贝赞特和布拉德洛将其在英国重印。

⑤ 爱德华·埃夫林(Edward Aveling,1849—1898),英国工人活动家、社会主义者、生物学讲师,社会主义联盟和独立工党创始成员,艾琳娜·马克思的伴侣。

一点需要补充一下。安妮在威廉·托马斯·斯特德①的身上短暂地找到了父亲的形象。她承认,无神论给她带来安宁,使她摆脱了因为上帝之不公所造成的痛苦,但也使她成为"没有天父"的孩子。

爱德华·埃夫林

如此一位人物,该何去何从呢? 本质上具有宗教倾向的女人又岂止安妮一个,比阿特丽斯·波特②也是如此,在 1892 年与悉尼·韦伯③结婚后,她一心扑在了社会主义上。她和丈夫日后成为英国劳工运动史中的关键人物。当然,安妮·贝赞特所选择的道路是萧伯纳和韦伯夫妇所不屑的,但它同样具有启发性,也能反映出那个时代的特征。

1889 年 1 月,斯特德带安妮去拜谒了神智学协会创始人布拉瓦茨基夫人④,当时这位大圣贤正在伦敦访问。这位肥胖的、长着一对青蛙眼的俄罗斯贵族(1878 年加入美国国籍)侃侃而谈地讲述着自己的周游之旅。"绝无特别需要记录之物,绝无神秘论之字眼,绝无神秘之处;只是一位饱经世故的女人与来客闲聊而已。"但就在他们起身告辞之际,布拉瓦茨基夫人带着一种"渴望的悸动"开了腔,"哦,我亲爱的贝赞特夫人,但愿您能成为我们当中的一员。"安妮突然心生一种压倒一切的冲动,想俯身去吻布拉瓦茨基夫人,但她忍住了,道别而去。几个月后,安妮·贝赞特便确认了人生使命,找到了决定为之毕生奋斗的事业。1889 年 4 月,她同意连任费边社执行委员,并仍旧与萧伯纳和韦伯夫妇等世俗人物为伍,但她的目光已投向了遥远的神秘东方。就像吉卜林的诗《曼德勒》里的英国士兵一样,她仿佛也听到了佛寺钟声的召唤。参加老战友查尔斯·布拉德洛的葬礼时,安妮已戴上布拉瓦茨基夫人的戒指——秘

---

① 威廉·托马斯·斯特德(William Thomas Stead,1849—1912),英国报纸编辑、新闻调查先驱,任《蓓尔美街报》编辑期间,发表一系列极具影响力文章,最著名当属《现代巴比伦的少女献祭》。参见本书第 31 章对他的介绍。

② 玛莎·比阿特丽斯·韦伯(Martha Beatrice Webb,1858—1943),娘家姓波特,英国社会学家、经济学家、社会主义者、劳工史学家、社会改革家。

③ 悉尼·韦伯(Sidney Webb,1859—1947),英国社会主义者、经济学家和改革家,与比阿特丽斯共同创建了伦敦经济学院。

④ 海伦娜·布拉瓦茨基(Helena Blavatsky,1831—1891),通称"布拉瓦茨基夫人",俄国神智学家、作家、哲学家,1875 年创立神智学协会。

传力量的象征——成为神智学的卓越先知之一。（参加布拉德洛葬礼的人中，有一位印度年轻人是安妮的朋友，名叫莫罕达斯·卡拉姆昌德·甘地①。他曾到安妮位于圣约翰伍德的寓所拜访布拉瓦茨基夫人。）

直到如今，布拉瓦茨基夫人仍饱受奚落，其资历也屡遭质疑。她声称自己曾单枪匹马在西藏山区漂泊七年，由此开悟，获得秘传启蒙。事实上，即使在 1903 年至 1904 年的荣赫鹏②远征后，除了极少数旅行者，所有人都是禁止入藏的，一个白人女性旅行者要想入藏并非易事。此外，布拉瓦茨基夫人非常胖，爬楼梯都费劲，这也是人们对她自称的翻越喜马拉雅群山寻求智慧之旅持有怀疑的另一个原因。

不过，海伦娜·布拉瓦茨基通过神智学，说出了埋藏在许多人灵魂深处的渴望：相信一切信仰皆为同一。确实，19 世纪是一个怀疑的时代，也是一个信仰的时代。旧《圣经》被抛开之际，新《圣经》正在酝酿中。1827 年，承蒙一位名叫"莫罗尼"的天使指引，新英格兰青年劳工约瑟夫·史密斯③有幸找到了刻有"新福音"（《摩门经》）的黄金字版。1875 年，玛丽·贝克·埃迪④出版了《科学与健康》，后更名为《科学与健康暨解经之钥》，它成为新宗教，所谓的"基督教科学派"的核心文献，宣布疾病甚至邪恶本身均乃虚幻。1877 年，布拉瓦茨基出版了《揭开伊西斯的面纱》，据说是借以无形的圣灵之手写成的。该大部头力作长达 50 万字，谴责了达尔文和赫胥黎的科学唯物主义，又阐释了该教的主要教义，即唯一的总智慧，并宣称科学不与宗教为敌，宗教差异纯属人为等等。"一切宗教在灵魂深处都道出了同样的真言"，凡是心怀此念之人已然抵近了神智学妙境。彼得·华盛顿⑤在《布拉瓦茨基夫人的狒狒》一书

---

① 莫罕达斯·卡拉姆昌德·甘地（Mohandas Karamchand Gandhi，1869—1948），尊称"圣雄甘地"，印度民族解放运动领导人、国大党领袖。

② 弗朗西斯·扬哈斯本（Francis Younghusband，1863—1942），即荣赫鹏，英国陆军军官、探险家、外交家、作家，1903—1904 年，在寇松示意下，率领一支英国探险队赴西藏，目的是建立英国在西藏的霸权。

③ 小约瑟夫·史密斯（Joseph Smith Jr.，1805—1844），美国宗教领袖、摩门教创始人，领导"后期圣徒运动"。

④ 玛丽·贝克·埃迪（Mary Baker Eddy，1821—1910），美国宗教领袖、作家、基督教科学派创始人，1908 年创立《基督教科学箴言报》等宗教杂志。

⑤ 彼得·华盛顿（Peter Washington，1948—），英国编辑，《人人文库》总编辑。

中以略带不屑的口吻说,神智学所吸引的,是那些:

> 自修者、廉价小报、每周百科、夜校、公开讲座、工人职教机构、辩论
> 协会、流行经典图书室、社会主义者社团和艺术社——这是一个热情高
> 涨的世界,在这里,罗斯金和爱德华·卡彭特①的读者可以提升自己;在
> 这里,中产阶级的空想家们可以襄助前者提升;在这里,天体主义者和饮
> 食改革家可以与四海同胞以及神秘智慧携手同行。

布拉瓦茨基夫人的大胡子死党亨利·奥尔科特②成为安妮的神智学亲密
盟友之一。奥尔科特是一位农夫,来自俄亥俄州,在联邦军队担任过通信官。
他出身于新泽西的高贵世家,自称清教徒后裔。布拉瓦茨基夫人宣称古埃及
卢克索王朝的诸位隐秘大师前来造访自己的灵魂,而奥尔科特则宣称造访自
己灵魂的是来自印度的圣者。据说一位缠琥珀色头巾、身披白色长袍、来自
喜马拉雅山的棕肤陌生人曾把手搁在这位昔日美国上校身上,预言他将会为
人类做出一番伟大事业。安妮·贝赞特在 1893 年正是在奥尔科特的帮助下
访问了印度,由此获得神启,改变了一生。在那里,安妮发现了新神秘主义信
条的吸引力,由此改变了昔日的激进自我。锡兰的英国官员认为神智学颇具
煽动性。它质疑的是欧洲人在那里的存在的一大基础:基督教的优越性。奥
尔科特和布拉瓦茨基夫人在科伦坡实际上从事的是类似佛教的活动。奥尔
科特趿拉着一双凉鞋,裹着缠腰布。如今科伦坡有一条街还叫"奥尔科特
街"。就在白人种族把帝国主义强加给埃及和亚洲的时期,也有一些西方人
拜倒在东方智慧之下。甘地虽然婉拒了安妮·贝赞特的精神教诲,却领会到
她这种姿态中的政治含义,对她支持印度民族主义运动表示欢迎。

安妮·贝赞特的一生,展示出一个女人从社会主义到神智学的心路历
程,不过这并非一种独一无二的人生。在许多方面,她其实只是折射出了她
背后的时代之潮——1870 年代是蒙冤受屈的女性主义者;1880 年代成了政

---

① 爱德华·卡彭特(Edward Carpenter,1844—1929),英国空想社会主义者、诗人、哲
学家、文选编辑,争取同性恋权利及监狱改革的早期活动家,倡导素食,反对活体解剖。
② 亨利·奥尔科特(Henry Olcott, 约 1830—1907),美国陆军军官、记者、律师、神智
学会创始人之一及首任主席。

治活动家;1890 年代转而探索神秘,追求某种"更伟大的整体"。

　　威廉·巴特勒·叶芝和安妮·贝赞特有一些重叠的交往圈。他在令人难忘的《自传》里描述过"自动书写"解放思想的奇效。叶芝也见过布拉瓦茨基夫人。他并没有特别认真地对待她("有点像个上了年纪的爱尔兰农妇,颇为幽默、大胆"),对她自称是早已过世的印度或埃及"大师"的代言人的说法也表示怀疑,不过他并不蔑视对"心灵研究和神秘主义哲学"的追求。他把这种追求视为对父亲(一位慈爱的画家)和对尊奉约翰·斯图尔特·密尔、信仰"大众科学"的上一代人的反抗。叶芝在大英博物馆的阅览室里,曾经邂逅一个男人,并视之为一个顿悟的时刻:"三十六七岁模样,身穿棕色棉绒大衣,面容憔悴坚毅,体格矫健;一个传奇人物,我似乎之前对他有所耳闻,对他所搞的研究也略知一二"。此人正是《揭开卡巴拉①的面纱》的作者利德尔·马瑟斯②。1887 年,马瑟斯把叶芝介绍给"赫尔墨斯学徒会"社团,这位爱尔兰大诗人在夏洛特街的一间画室里入会后,发现同伴们都是些炼金术士、通灵者、亨利·柏格森的读者、象征学学者和幻想家。魔法、东方智慧和神秘卡巴拉,这些和爱尔兰的政治和叶芝的交友经历一样,都促成了他非凡的诗歌成就:在后期诗歌中,叶芝对这些元素加以运用,恰似他笔下那些在拜占庭帝国打造"黄金和黄金珐琅彩"的古希腊金匠们。

　　　　文明如此团团围箍

1935 年,叶芝在一首诗中如是写道;但从某种意义上说,它却是一则发自 1890 年代的宣言:

　　　　文明如此团团围箍,服膺

　　　　一条定理,统摄于多层次幻觉

　　　　和平之假象;但人生一命

　　　　惟思想,而纵使恐惧他不退却

------

　　① 又称"希伯来神秘哲学",是基督教产生前在犹太教内部发展起来的一整套神秘主义学说。

　　② 塞缪尔·利德尔·马瑟斯(Samuel Liddell Mathers,1854—1918),英国神秘学家、"金色曙光秘术修道会"创始人之一。

> 继续掠夺，一代代无休无止，
>
> 掠夺，躁进，摧毁，直到他
>
> 终于来到现实世间之荒芜……①

1890 年代是叶芝的学徒期。这一阶段虽然他开始研究印度和爱尔兰神话，但他的象征主义手法是后来才发展起来的。对他来说，作为诗人，这十年是创作抒情诗的十年，是混迹于"韵客俱乐部"②的十年，也是他称为"悲剧一代"的同时代人的十年。"我认识的人里有 12 个自杀了，"深陷中年疯狂的亚瑟·西蒙斯③回顾自己身为前辈的那十年，如此总结。那个时期的作家和艺术家们过着匆忙而鲁莽的生活。欧内斯特·道森④（他们中最出色的抒情诗人之一——"我渴望更疯狂的音乐，更烈的烈酒"）32 岁死于肺痨；莱昂内尔·约翰逊⑤，酒鬼，死于中风时年仅 35 岁。约翰·戴维森⑥ 52 岁自杀；奥斯卡·王尔德，因入狱和流放名誉扫地，死时年仅 46 岁；奥布里·比亚兹莱⑦ 26 岁去世。1890 年代文坛的那些没那么出名的人物就更是如此了：演员和诗人威廉·西奥多·彼得斯⑧饿死在巴黎；休伯特·克兰坎索普⑨自沉于泰晤士河；亨利·哈兰⑩，《黄皮书》杂志⑪编辑，43 岁死于肺痨；弗朗西斯·汤普森⑫，

---

① 本译文采用杨牧译本，该诗英文标题为"Meru"，杨牧译为《灭忽》。

② 或译为"骚人会社"，由伦敦男性诗人构成的一团体，1890 年由叶芝和欧内斯特·莱斯（Ernest Rhys，1859—1946，英国作家）创立，最初是纯娱乐乐俱乐部，1892 和 1894 年出版了诗集。

③ 亚瑟·西蒙斯（Arthur Symons，1865—1945），英国诗人、评论家、杂志编辑。

④ 欧内斯特·道森（Ernest Dowson，1867—1900），英国诗人、小说家、短篇小说作家。

⑤ 莱昂内尔·约翰逊（Lionel Johnson，1867—1902），英国诗人、散文家、评论家。

⑥ 约翰·戴维森（John Davidson，1857—1909），苏格兰诗人、剧作家、小说家及翻译家。

⑦ 奥布里·比亚兹莱（Aubrey Beardsley，1872—1898），英国插画家、作家，唯美主义代表人物之一。

⑧ 威廉·西奥多·彼得斯（William Theodore Peters，1862—1904），美国诗人、演员，与 1890 年代颓废派来往密切，欧内斯特·道森的好友。

⑨ 休伯特·克兰坎索普（Hubert Crankanthorpe），生卒不详，英国短篇小说作家，颓废派情色作家。

⑩ 亨利·哈兰（Henry Harland，1861—1905），美国小说家、编辑，1889 年来到伦敦，跟颓废派有往来。

⑪ 英国文学季刊，1894 年创刊于伦敦，1897 年停刊。

⑫ 弗朗西斯·汤普森（Francis Thompson，1859—1907），英国诗人、天主教神秘主义者。

"日日夜夜"都在逃离"天堂猎犬"①的追捕,同样死于肺痨,年仅 48 岁。水彩画家和洛可可式扇面画家查尔斯·康德②41 岁死在精神病院。

亚瑟·西蒙斯从巴黎回来后,向"韵客俱乐部"诸位老友们宣布:"我们只在意印象",这句话可以说为颓废派的精神气质下了定义。叶芝为我们记录下了这群人的不少典型片段。莱昂内尔·约翰逊在克利福德会馆房间里的一幕最令人难忘:墙上糊着牛皮纸,门窗和书柜上都罩着灰灯芯绒布帘;墙上挂着红衣主教纽曼肖像,还有一张西米恩·所罗门③的宗教画,西米恩是罗塞蒂—史文朋圈子里的成员,后来因为同性恋猥亵罪东窗事发而遭逮捕,便被自命清高的他们从圈子里踢出了。叶芝在傍晚5 时去见约翰逊,但后者从来没有在晚上 7 点前起过床,别人吃晚餐时他吃早餐,夜里他读神学和写抒情诗,并且大量饮酒。"至于生活嘛,"他懒洋洋地开了腔,套用维利耶·德·利尔-阿达姆④的话,"仆人们会替我等代劳的。"

W.B.叶芝

约翰逊恰好是一位绅士,不过后人不应该根据他这句荒唐话而想当然地以为颓废派仅限于那些雇得起仆人的人。它的魅力在于提供一种自我再造的机会,让你自如地将世界变成你想要的样子。因此,它实际上分外吸引那些囊中羞涩、雇不起很多仆人、生活因为小资产阶级的半贫困窘态而严重受限的人。亚瑟·梅琴⑤或弗雷德里克·罗尔夫⑥本应与普特尔先生⑦一样享

————————

　　① 《天堂猎犬》是汤普森写的一首 182 行的诗歌,诗人将天主比喻成天堂里一条高贵猎犬,以神性恩典追逐人类游荡的灵魂。

　　② 查尔斯·康德(Charles Conder,1868—1909),英国画家、平版画家、设计师。

　　③ 西米恩·所罗门(Simeon Solomon,1840—1905),英国拉斐尔前派画家,以描绘犹太人生活和同性欲望而闻名。

　　④ 维利耶·德·利尔-阿达姆(Villiers de l'Isle-Adam,1838—1889),法国象征主义作家、诗人、剧作家。

　　⑤ 亚瑟·梅琴(Arthur Machen)是亚瑟·卢埃林·琼斯(Arthur Llewellyn Jones,1863—1947)的笔名,英国小说家,著有小说《大潘神》。

　　⑥ 弗雷德里克·罗尔夫(Frederick Rolfe,1860—1913),常被称为"柯佛男爵",英国作家、艺术家、摄影师,性格古怪。

　　⑦ 乔治和威登·格罗史密斯兄弟俩(George and Weedon Grossmith)创作的喜剧小说《小人物日记》中的主人公,伦敦金融城中产阶级职员,极端自负,不招待见。

有盛名。梅琴那些关于神秘论世界的奇特故事，罗尔夫那种奇妙的幻想之作（先是幻想自己成了教皇，参见 1904 年小说《哈德良七世》，一部天才之作，又幻想在威尼斯追求一位男孩，参见其遗著《对整体的欲望和追求》），无疑分别都是对他们所栖居其中的肮脏现实世界的令人钦佩的反抗。就像吉卜林笔下牵念着曼德勒城的"缅甸女孩"的"英国士兵"，他们这些"坎普风"十足的作品，也以阳光明媚或熏香萦绕的梦境来化解郊区生活地狱般的平庸无聊。罗尔夫的父亲是个钢琴制造商，罗尔夫本人先是当了教师，随后开始了非凡的生涯，成为一位准牧师、失败的神学院学生、大骗子、蹭吃蹭喝的顽劣之徒，这种经历使得他顺理成章地决定把自己打造成"柯佛男爵"，一位穷困潦倒的神圣罗马帝国贵族。

莱昂内尔·约翰逊酒后把自己锁在卧室里，躲避那些把"柯佛男爵"带到威尼斯黑暗街道上的恶魔，后者追求一切，尤其追求着年轻的贡多拉船夫们。约翰逊的祖父是一位准男爵（将军亨利·约翰逊爵士），父亲威廉·约翰逊上尉是一位步兵军官，约翰逊本人先在温彻斯特公学念书，又到牛津大学新学院深造。在那里，他开始失眠，一位医生高明地建议他以酗酒来予以治疗。在牛津大学，他受到沃尔特·佩特的影响，后者从 1864 年起在牛津大学布雷齐诺斯学院当研究员。

叶芝告诉我们，"如果说罗塞蒂对我们是潜意识里的影响，或许也是最强大的一股影响，那么我们转向佩特，则是刻意去那里寻求我们的哲学的。"这种哲学，简单来说，就是"为艺术而艺术"。1936 年，叶芝着手编纂《牛津现代诗选》，开篇便引用了一段佩特的散文，他把它分成几行，酷似诗行。

> 她比她安坐于其间的岩石更古老：
>
> 好似吸血鬼，
>
> 她已然死过多少回，
>
> 洞悉坟墓的奥秘……

听到这些"语画"般的文字被读出来时，未必所有人脑海都会立刻浮现出列奥纳多·达·芬奇的名画《蒙娜丽莎》。不过，对于 19 世纪最后 25 年的年轻一代来说，佩特的《文艺复兴史研究》(1873 年)——上文这段"蒙娜丽莎"的赞词便出自于此——以及他的历史小说《享乐主义者马里乌斯》(1885 年出版,背景是马可·奥勒留时代)却充满了革命性。它们是现代的开端。它们帮助整整一代人摒弃了边沁、密尔和功利主义信条,转而接受"想象造就了世界"的观念。正如那些蔑视、反对佩特的批评者所指出的,这一观念也意味着,道德(如果说人们还肯相信道德的话)无非是我们可以一边前行一边编造出来的东西。难怪年轻人对佩特的学说趋之若鹜。佩特将宗教视为纯粹的美学,而唯美主义便是他的宗教。难怪那些畏惧这会毁掉自己生活的佩特信徒,如莱昂内尔·约翰逊或稍年长的杰勒德·曼利·霍普金斯[1],到头来都转而投入了一种宗教持戒的生活。全盘接受佩特理论的人则会不能自拔地沉迷其中。奥斯卡·王尔德第一次见到叶芝时告诉后者,佩特的《文艺复兴史研究》是他的"黄金之书",须臾不可离身,"但它恰似一朵颓废之花:在写完的那一刻,最后一声号角便已吹竭。"

如果说佩特是 1890 年代的教父,这个时代最早熟的孩子和最出色的视觉天才则非奥布里·比亚兹莱[2]莫属。比亚兹莱与好友亨利·哈兰共同创办了这个时代的《圣经》——艺术季刊《黄皮书》杂志。比亚兹莱抱着一捆素描画跑到位于富勒姆的伯恩-琼斯画室,年长的大画家对时年 18 岁的比亚兹莱说,"上苍已赐予了你成为一位伟大的艺术家所需的一切天资。劝人从事艺术职业,我很少或从来没有做过,但对于你,我只好破例了。"惠斯勒原本与比亚兹莱的关系非常紧张,但他 1896 年看到比亚兹莱给蒲柏的《夺发记》所配的巧妙绝伦的插图时,立即慷慨地承认,"奥布里,我犯下了一个天大的错误,你是一位伟大的大艺术家",这句赞美之语令比亚兹莱这位罹患肺病的天才潸然泪下。

艺术史学家能够看得出比亚兹莱作品所受的影响——这处有威廉·莫里斯的痕迹,那处有日本浮世绘版画的踪影云云。然而,比亚兹莱的线描作品不只是插图,它们定义了那个时代。比如他为《黄皮书》杂志设计的封面,

---

[1] 杰勒德·曼利·霍普金斯(Gerard Manley Hopkins,1844—1889),英国诗人、耶稣会神父,牛津大学念书期间,佩特当过他的老师。

[2] 奥布里·比亚兹莱(Aubrey Beardsley,1872—1898),维多利亚时代最伟大的英国插画艺术家之一。

一位半东方风韵、穿绸裹缎的艺伎,深夜在灯火通明的书摊边聚精会神地阅读,而一位年迈的小丑透过商店橱窗愤怒而疑惑地盯着她。这幅正方形画作一半是黑色,书籍、商店橱窗和灯笼则借助反白显得格外明亮。画中的女人是新女性和情色力量的象征。比亚兹莱的直白坦率令男女读者都颇为情动,令同代人感到"震惊":一定程度上说,比亚兹莱的声望正有赖于这种震惊感。对《黄皮书》失去兴趣后,他创办了新期刊《萨沃伊》①,封面上画的是约翰牛的形象,象征着虚张声势的英国人,那种勃起之状煞是显眼。为《吕西斯忒拉忒》②绘制的插图中,女人丰乳肥臀。这些插图捕捉到了原始作品里蕴含的情色力量,并有意对平庸的郊区生活嗤之以鼻。

奥布里·比亚兹莱

比亚兹莱并不只有这些小小的调侃,他是一位伟大的艺术家。英国艺术家里似乎没哪位在构图上能与他媲美的。在他的妙手下,每一张正方形或长方形白纸都可以是一场黑白图形的排布实验。而且正如一切伟大的艺术,凡是汲取了这些线描作品精髓的人都会从此脱胎换骨。在比亚兹莱之后,"现代艺术"再也无法给我们多大的意外了,毕加索、达达主义者乃至 20 世纪的超现实主义都是如此。这些里面都有比亚兹莱的影子。不过,比亚兹莱更是洞察到他所处时代的疲惫苍老的灵魂。他为尤维纳利斯③的第六首讽刺诗《浴后归来的梅萨利娜》④做的插图令人叹为观止。妇人安置在画作左边,右边全为精心绘制的扶栏所占,展现出比亚兹莱无可挑剔的空间感。不过这远不止是一幅插图。肺病缠身的他已奄奄一息,这个命苦的小伙子(先前已放弃了英国国教高教会派,转而皈依了罗马天主教)给出版商史密瑟斯⑤写信,"亲爱的朋友,请把《吕西斯忒拉忒》所有的插图草稿和我画得很差的线描画都销毁吧……苍天在上,把所有情色插图都销毁吧。临终之人的痛苦恳

---

① 原为季刊,后改为月刊,1896 年 1 月出版创刊号。
② 古希腊喜剧作家阿里斯托芬的喜剧。
③ 尤维纳利斯(Juvenal,约 60—约 140),亦译朱文纳尔,古罗马讽刺诗人。
④ 古罗马国王克劳狄一世第三个妻子,以放荡著名。
⑤ 伦纳德·史密瑟斯(Leonard Smithers,1861—1907),伦敦出版商,与颓废主义运动往来密切。

求。"幸好,史密瑟斯这位"颓废派"的出版商没有听从好友的恳求。也许,史密瑟斯就像走进一座工艺美术运动影响下建造的 1890 年代教堂如切尔西斯隆街的圣三一堂的我们一样意识到了,那个时代的宗教其实不乏一丝颓废色彩,而比亚兹莱的颓废派插图其实也自有几分宗教内涵。

我们离开比亚兹莱的波希米亚世界,比如苏豪区餐馆或他与姐姐梅布尔①合住的公寓,转向所谓"灵魂派"团体居住的伦敦乡间别墅时,也会有着同样的感受。

索尔兹伯里勋爵无精打采的外甥亚瑟·贝尔福(将于 1902 年 7 月 12 日出任保守党首相)感觉自己是一个肤浅、轻浮之辈,并刻意如此自我提醒。1920 年代末,他告诉侄女布兰奇·达格代尔②,自己年轻时曾经认真进行哲学写作和哲学思考。这种活动"是我防范轻浮感的有力保障"。贝尔福的哲学如今几乎已经无人问津了,不过人气尚在的克莱夫·斯特普尔斯·刘易斯③在著作中,尤其是《返璞归真》和《奇迹》中,提供了部分源自贝尔福《信仰之基础》的内容。读一读这几段著名的摘录,我们就可以粗略地了解贝尔福的哲学立场:沮丧、怀疑。他那部书名颇为混乱的著作《哲学质疑辩》也能够证实我们的这一印象。不过,贝尔福怀疑的并非宗教,而是科学唯物主义的自命不凡。出自《信仰之基础》的上述著名段落,描述的并非贝尔福本人眼中的世界,而是他的哲学对手眼中的世界。然而,贝尔福当时这段散文如此有力,由不得我们不意识到,它描述的正是贝尔福的乡村别墅外的夜晚世界,那种大风凛冽、混沌不堪,如果他所珍视的保守党上层知识分子的一切(包括英国国教会)都被涤除的话,世界所将陷入的黑暗:

> 人,就自然科学本身所能教导我们的而言,不再是宇宙的终极因,不再是天降的万世继承人。他的存在本身纯属偶然,他的历史只是一颗最

---

① 梅布尔·比亚兹莱(Mabel Beardsley,1871—1916),英国女演员,奥布里·比亚兹莱的姐姐,叶芝的朋友。

② 布兰奇·达格代尔(Blanche Dugdale,1880—1948),英国作家,犹太复国主义者。

③ 克莱夫·斯特普尔斯·刘易斯(Clive Staples Lewis,1898—1963),威尔士裔英国作家、诗人、护教家及世俗神学家。

卑劣的行星存续期间的一段短促、稍纵即逝的插曲。在诸多成因的综合作用中,究竟何种原因最初将一种死去的有机化合物转变为人类的活的祖先,迄今为止,科学确实对此一无所知。以此为开端,饥馑、疾病和自相残杀横行人世,万物之灵的得力看护者们在历经千辛万苦后已逐渐进化为一个种族,其良知足以觉知到自身的卑鄙,其智慧足以认识自身的微不足道,这就足够了。回顾过去,我们就会发现,人类的历史是一部血泪史,一部无可救药、误入歧途的历史,一部疯狂造反的历史,一部愚蠢的默许的历史,一部充斥着虚妄抱负的历史。我们预测未来并认识到,一段时间以后——与个体生命相比,这段时间很长,但与我们所研究的时间划分相比,确实很短——我们所处的宇宙能量将会衰减,太阳的光辉将会黯淡,地球潮汐停止,活跃度变低,将不再容忍曾一度扰乱其安宁的种族了。人类必将坠入深渊,一切思想必将灭亡。

对于维多利亚时代科学所暗示出的黑暗、无神的宇宙,佩特的解决之道自然是生活在神话和艺术中。正是在艺术创造中,人类才能保有尊严。但对于索尔兹伯里勋爵的这位外甥来说,这还远远不够:贝尔福英勇地试图为不相信达尔文暗示的虚无主义、不相信无神宇宙的存在,也就是说,为相信一个依照律法和上帝旨意所建立的教会和国家,而创造一个理性的理由。在那位伟大的首相(贝尔福的舅舅)在世的时候,哈特菲尔德①的宗教气氛确实很浓厚。格莱斯顿喜欢在索尔兹伯里勋爵天天来此祈祷的哈特菲尔德小教堂里的感觉,认为那里感觉"真心实意"——意思是"虔诚的",而不是铃鼓喧闹的现代感。贝尔福的一位传记作家把第3代索尔兹伯里侯爵的儿女们描述为"狂热的英国国教徒"。

贝尔福虽然是英国国教教徒②,但绝谈不上狂热。他的那个"团伙"(被戏称为"灵魂派")具有完全不同的精神特质。他们都是贵族,强烈反对其贵族同僚们的庸俗习气。乔治·纳撒尼尔·寇松在东西方语言、建筑和艺术上造诣颇深,成为印度总督后,这些才华都潇洒地施展了出来。其他"灵魂派"分

---

① 索尔兹伯里勋爵的生卒之地。
② 贝尔福在福音派宗教氛围中长大,其信仰较为模糊,倾向于基督教神秘主义。

子包括第 8 代拉特兰公爵夫人①维奥莱特,在《名人录》的词条中,她用仅仅一个词"艺术家"来描述自己——她 9 岁的儿子安息于哈顿庄园,墓上的雕像出自她之手,证明她确实配得上这个定义。还有一位"灵魂派"成员是维奥莱特的情人哈里·考斯特②,一位极其英俊的不知名诗人。威尔弗里德·斯科恩·布伦特③是这个圈子里最年长的,成就斐然,下笔无情,日记里全是真假难辨的上流社会生活八卦,让历史学家困惑不已。他是一位狂热的阿拉伯文化专家(他妻子画过他一身阿拉伯服装的肖像),也支持爱尔兰民族主义(为此蹲过监狱)。他有一座大宅,名曰"云屋"(如今成了一家闻名遐迩的治疗中心),是委托菲利普·韦伯④设计建造的,当时斥资 8 万英镑。"云屋"时常高朋满座,布伦特有时只好在草坪上搭起阿拉伯帐篷。⑤ 布伦特创办的"克拉比俱乐部"整整 20 位会员同时前来做客时,他的妻子安妮夫人(拜伦的孙女)只能安排客人们三人同住一间。这幢大宅可谓富丽堂皇——设计师韦伯的杰作,用青砂岩建造,室内以白色为主,墙上地上点缀着莫里斯公司制造的色彩斑斓的挂毯和地毯。毫无疑问,这里会让人想起《波因顿的珍藏品》⑥中的亨利·詹姆斯和玛德琳·温德姆⑦的豪宅,后者是布伦特的表嫂,也是小说中格雷斯夫人的部分原型。"整幢豪宅全部饰以护墙板,一片糊墙纸都不曾用。"

其他的"灵魂派"之家还包括梅尔斯庄园,美人弗朗西丝·格雷厄姆⑧嫁

① 玛丽昂·维奥莱特·曼纳斯(Marion Violet Manners,1856—1937),娘家姓林赛,英国艺术家、贵妇,拉特兰公爵亨利·曼纳斯之妻。
② 即亨利·卡斯特(Henry Cust,1861—1917),英国政治家、编辑、议员,花花公子。
③ 威尔弗里德·斯科恩·布伦特(Wilfrid Scawen Blunt,1840—1922),英国诗人、作家,携妻在中东旅行,带回阿拉伯马在克拉比庄园阿拉伯种马场进行繁育,也是反帝国主义人士。
④ 菲利普·韦伯(Philip Webb,1831—1915),英国建筑师、设计师,以设计乡村住宅闻名,复兴本土设计,人称工艺美术运动之父。
⑤ 文中表述疑有误,这座"云屋"的主人是珀西·温德姆,布伦特的表哥(Percy Wyndham,1835—1911),英国军人、保守党政治家、收藏家、"灵魂派"最初成员之一,在威尔特郡东诺伊尔造了"云屋"。
⑥ 亨利·詹姆斯 1897 年出版的小说。
⑦ 玛德琳·卡罗琳·坎贝尔(Madeline Caroline Campbell,1835—1920),珀西·温德姆的妻子。
⑧ 弗朗西丝·简·霍纳(Frances Jane Horner,1854—1940),霍纳夫人,娘家姓格雷厄姆,"灵魂派"成员、艺术赞助人。

弗朗西丝·格雷厄姆

给了庄园主约翰·霍纳①，她是伯恩-琼斯许多油画的主角。据说，"梅尔斯"一词来自儿歌《小杰克·霍纳》②中杰克·霍纳挖出的一颗"梅子"，以前这里是格拉斯顿伯里修道院长们的避暑别墅。（自 16 世纪宗教改革以来，梅尔斯庄园一直是霍纳家族的世袭宅邸。）还有一座"灵魂派"之家是格洛斯特郡的斯坦威庄园，这是一座詹姆士一世风格的顶级豪宅，在嫁给埃尔科子爵雨果·查特里斯③后，玛丽·温德姆④成为此处的女主人，并与贝尔福保持了一辈子的"爱之友谊"。另一座"灵魂派"之家是梅登黑德附近的塔普洛庄园，建筑远不如梅尔斯庄园漂亮，但睿智的"灵魂派"分子们也在这里展开了愉快的交流。女主人是德斯伯勒夫人⑤，一张空灵而忧郁的面庞。"在塔普洛庄园，即使只是早餐，也比其他地方的香槟晚餐热闹得多。"

伯恩-琼斯被弗朗西丝·霍纳夫人迷得神魂颠倒，但捕捉到"灵魂派"精髓的却是画家萨金特⑥，他在 1900 年绘制的巨幅肖像油画《温德姆姐妹》——埃尔科夫人、坦南特夫人和阿迪恩夫人——中，描绘了一个拥有巨大特权、逍遥自在的世界，一个才华横溢的世界。这让叶芝不禁回想起他的爱尔兰贵族好友的极其类似的世界，发现乡村别墅生活确实能为少数聪慧善良的人提供一种非常特殊的机会，让他们能够过上精神生活，远离日常生活。如此一来，虽然这些人没能创造出与柏拉图比肩的哲学大作或者不逊于亚历山大·蒲柏

---

① 约翰·霍纳(John Horner，1842—1927)，英国律师，其家族世代住在梅尔斯庄园，跟"灵魂派"往来密切。

②《小杰克·霍纳》(Little Jack Horner)是 18 世纪儿歌，首次完整记录于童谣集《鹅妈妈童谣集》里；儿歌如下：霍纳小杰克／坐在墙角边／开吃圣诞派／拇指探进去，／挖出一颗梅，／洋洋得意说："找咋这么乖！"

③ 雨果·查特里斯(Hugo Charteris，1857—1937)，1883—1914 年间称埃尔科爵士，苏格兰保守党政治家。

④ 玛丽·康斯坦斯·查特里斯(Mary Constance Charteris，1862—1937)娘家姓温德姆，珀西·温德姆的大女儿，人称埃尔科夫人，"灵魂派"成员。

⑤ 即埃塞尔·费恩(Ethel Fane，1867—1952)，英国运动家、政治家威廉·格伦费尔(William Grenfell，1855—1945，第 1 代德斯伯勒男爵)的妻子，与"灵魂派"往来密切。

⑥ 约翰·辛格·萨金特(John Singer Sargent，1856—1925)，美国画家，生于佛罗伦萨，受印象派影响，因其画作再现了爱德华七世时代的奢华，被誉为那个时代肖像画领军人物。

的惹人妒羡的名诗,但很难想象还有哪个历史时期能够有比这种生活方式更配得上高雅的称号了。叶芝相信,如果摧毁了它,他这一代人也便摧毁了永无复归之日的美好——

> 假如平坦的草坪和铺石甬路——
> 在其中穿着拖鞋的"沉思"发现
> 安逸,"童年"为感官找到了快乐——
> 以我们的暴烈夺去伟大如何?①

与叶芝同时代的爱尔兰老乡王尔德,虽然不属于"灵魂派",却时不时来凑热闹。王尔德能够物色到来客中最乏味无趣的家伙,并"像变戏法般地使他变成一个机灵鬼"。德斯伯勒夫人对此钦佩不已。王尔德到内政大臣赫伯特·阿斯奎斯(他与"灵魂派"的非凡人物玛格丽特·坦南特②结婚已经八年)家里做过客,这个事实难免令人觉得怪异。曾几何时,阿斯奎斯临桌而坐,细品着王尔德的机智风趣。然而接下来,作为内政大臣的阿斯奎斯将负责对王尔德提起刑事指控,并将其投入大牢。

叶芝提醒我们,奥斯卡·王尔德"讨厌波希米亚人",在富豪的宅邸里才更快活。王尔德曾对叶芝说,"奥莉芙·施赖纳③住在伦敦东区,因为那里是人们唯一不戴面具的地方,但我告诉她,我住在伦敦西区,因为除了面具,我一无所爱。"

王尔德的面具后面隐藏着什么,谁也猜不透。(有一次,亚瑟·贝尔福问起他的宗教信仰,王尔德答道:"我想我没有。我是爱尔兰新教徒。")面具本身,即王尔德展现给世人的人格面具,却其实是人人都一目了然的,所以,对于那种宣称王尔德戏剧隐藏着同性恋隐喻的自作聪明的现代阐释,我们持有保留态度——比如宣称《不可儿戏》④便隐藏着这种隐喻。让工尔德同时代的

---

① 该诗标题为《内战期间的沉思》,译文采自傅浩《叶芝抒情诗选》。

② 艾玛·玛格丽特·阿斯奎斯(Emma Margaret Asquith,1864—1945),娘家姓坦南特,英国社交名媛、作家、才女,阿斯奎斯之妻。

③ 奥莉芙·施赖纳(Olive Schreiner,1855—1920),南非作家、反战活动家、知识分子;著有小说《非洲农场的故事》。

④ 在戏剧《不可儿戏》中,邦伯里是阿尔杰农虚构的有病的城郊朋友,阿尔杰农诡称去探望病友,其实是为了逃避社交活动。

人震惊的,并不是偷偷摸摸的做派——他绝非这种人——反倒是他那种暴露狂般的坦率。稳重成熟的弗兰克·哈里斯①无意中听到王尔德向一对极像同性恋的青年描述古希腊奥林匹克运动员的身体魅力,不免大吃一惊。1891年,王尔德参加"克拉比俱乐部"聚会,他的牛津大学校友寇松被邀请扮演"魔鬼代言人"②一角。当时圈内有个习惯的玩法,一位成员推荐一位新成员入会,然后另一个成员反对;寇松便遵守游戏规则,并非存心冒犯地对王尔德加以挖苦。据威尔弗里德·斯科恩·布伦特回忆,寇松知道王尔德的"所有小毛病,以惊人的胆量和技巧挖苦耍戏王尔德。可怜的奥斯卡坐在椅子上无可奈何地陪着笑脸,笨拙地缩成一团……令人难忘的是,两年后,当奥斯卡在真正的法庭上受审时,他的自我辩护与那天晚上在克拉比俱乐部里结结巴巴的即兴戏言完全一样"。

奥斯卡·王尔德

在书信集《自深深处》——奥斯卡·王尔德在雷丁监狱写给阿尔弗雷德·道格拉斯勋爵③的华丽长信集——的最后一段,王尔德发表了一些充满时代特征的总结性言辞,在布拉瓦茨基夫人的神秘著作中,在唯心主义者的哲学沉思中,或在"灵魂派"分子的往来书信中,我们其实都能读到它们:"时间与空间,延续与拓展,都只是思想的偶然条件。想象可以超越这些,在一个理想存在的自由境界里运行。事物也是一样,本质上讲,我们要它们怎样它们就是怎样。"随后,王尔德施展颠倒常理的惯用本事,道出了一个非凡的预言——"摆在我面前的是我的过往。我必须使世人以不同的眼光看待它,使上帝以不同的眼光看待它。"

撇开上帝不说,我们可以发现,王尔德在实现其野心方面取得了显著的成功。在他一生中,他被视为无与伦比的才子,一支妙笔写出了几出欢乐的

---

① 弗兰克·哈里斯(Frank Harris,1855—1931),王尔德的好友,爱尔兰裔美国人,编辑、小说家、记者、出版人,与当时许多名人关系很好。

② 即"故意唱反调的人"。

③ 阿尔弗雷德·道格拉斯(Alfred Douglas,1870—1945),英国诗人、新闻记者,以王尔德的同性爱人身份闻名。

戏剧和一部杰作《认真的重要性》。至于他那些童话故事、流露真相的《道林·格雷的画像》和不太成功的抒情诗,估计只有铁杆粉丝才会乐意细读。至于他的私生活,他自己早就选择将其公之于世了。维多利亚时代的人确实比我们迂腐守旧一些。不过我们也可以说,他们其实是选择保守必须保守的秘密,以便保证理智文明的生活:换句话说,有些事私下说了或做了并无大碍,但一旦公开,性质就变了。王尔德令人费解地决定在法庭上也要自我暴露的做法,使得英国同性恋者们压力重重,其中许多人在王尔德案二审后便逃往国外了。王尔德被勒令到大马尔伯勒街治安法庭出庭受审的当天,他的大名在伦敦报摊到处可见。一位好友评论道,"你终于家喻户晓了。""没错,"王尔德大笑道,"现在谁都休想假装没听说过我的大名了。"他很勇敢,但是两次审判并没有起到多大作用,仅仅给公众留下了这样的印象:存在着一个不可告人的同性恋地下世界,那里发生了相当龌龊的事情,受害者往往是未成年男孩。

维多利亚时代的人犯下了粗陋的道德错误,把王尔德当罪犯对待,不过我们这一代人犯下的更不可思议的错误则是,把王尔德视为"性解放"的殉道者和伟大的思想家。

毫无疑问,王尔德的审判和定罪对他的时代产生了深远的影响。它并不见得会改变维多利亚时代的人对同性恋者,或爱尔兰人,或监狱制度,或娼妓,或有产阶级与无产阶级之间关系的看法。人们探究王尔德审判的重大意义时每每会提到以上这类方面,然而这些其实只是一层理性的外衣而已,它们所掩盖着的这个事件,当时却是以别的方式令人困扰的。一方面,它让认为王尔德无罪的人心烦意乱,这里面包括王尔德最亲密的朋友(他妻子想必也算一个)。另一方面,它让人感到了那种情非所愿地目睹了人类不端行为时——比如在餐馆里邻桌的争吵,或者窗外街角的斗殴——的极度不适(你如果读了庭审笔录,会发现你依然会感受到这种不适)。显然这是一个不会让什么人感到愉快的事件。

1895 年 2 月 18 日,昆斯伯里侯爵①——贵族,暴脾气,只能勉强维持别人

---

① 第 9 代昆斯伯里侯爵约翰·肖尔托·道格拉斯(John Sholto Douglas,1844—1900),苏格兰贵族、无神论者,创立了现代拳击规则"昆斯伯里拳击基本规则"。

眼中所谓的精神正常——造访了王尔德常常光顾的阿尔比马尔俱乐部，在门口留下一张拜帖，上书："致奥斯卡·王尔德——装腔作势的鸡奸客"。

这种举动完全符合"血腥侯爵"（王尔德给他起的外号）[①]的做派。他的长子弗朗西斯，即德拉姆兰里格勋爵[②]，担任过格莱斯顿的外交大臣罗斯伯里勋爵的私人秘书。1893年，罗斯伯里勋爵建议提拔这位年轻人，让他担任女王的王室侍从官，但这样一来就得赐予他英国贵族爵位[③]。当时，苏格兰贵族进入英国上议院当议员，首先得在他们当中进行内部选举。当得知德拉姆兰里格勋爵斩获了英国贵族爵位、有权安坐于上议院时，昆斯伯里勃然大怒。昆斯伯里本人不幸未被贵族同僚们选上，后者的理由颇为合理：作为无神论者，昆斯伯里拒绝向女王宣誓效忠，还把无神论小册子扔在议会的红色皮长椅上，弄得人人讨厌他。

惹得昆斯伯里大动肝火的原因，是儿子得到了晋升，他自己却失败了。此外，他还从弗朗西斯和罗斯伯里的关系中嗅出了同性恋的味道。昆斯伯里

揪住罗斯伯里不放，追到了洪堡，在那里，他因身体欠佳而鸣金收兵了，不过留下狠话，要在外交大臣下榻的酒店台阶上用马鞭抽他。也许是为了平息谣言，可怜又沮丧的弗朗西斯向一位将军的女儿求婚。此举并没有平息昆斯伯里的愤怒。"你这么做就是让婚姻制度沦为笑柄，"他气急败坏地斥责道。1894年10月18日，在萨默塞特郡奎恩托克庄园的一次狩猎聚会中，人们发现弗朗西斯死了。他头埋在棘丛中，胸前搁着一杆双筒猎枪。医生告诉陪审团，弗朗西斯的死是朝嘴里开枪所致，但验尸官却将其定性为"意外死亡"，并断定在弗朗西斯正爬上树篱、准备与猎友汇合时，不幸枪走火了，令他出乎意料地失去了生命。

这位年轻人的死让一桩大有嚼头的丑闻从公众的视野里消

阿尔弗雷德·道格拉斯

---

① "斯卡利特侯爵"（Scarlet Marquis），斯卡利特（Scarlet，血腥、血红）具有贬义，让人联想到面红耳赤、罪孽深重、淫荡、猩红热病等。

② 弗朗西斯·道格拉斯（Francis Douglas，1867—1894），德拉姆兰里格子爵，苏格兰贵族、自由党政治家。

③ 1893年6月，弗朗西斯授封凯尔黑德男爵，该爵位属于联合王国贵族。

失了。至于弗朗西斯和罗斯伯里勋爵独处时究竟做了什么,也成了千古之谜。不过,人们普遍认为他们关系密切,鉴于二人的秉性,这种看法也并非空穴来风。1894 年 3 月,也就是枪击事件发生前 6 个月,格莱斯顿辞去首相职务,由罗斯伯里勋爵接任。即便在我们今天相对宽松的社会气氛中,一位首相把显然是庸才且非常年轻的秘书提升为英国贵族,这事也足以令人浮想联翩。

弗朗西斯·道格拉斯

正是在这桩未曾扩大的丑闻(罗斯伯里勋爵和弗朗西斯之间)的背景下,昆斯伯里抨击起那桩切切实实的丑闻:弗朗西斯的弟弟阿尔弗雷德·道格拉斯勋爵和著名剧作家兼唯美主义者奥斯卡·王尔德之间不恰当的情谊。这宿命的一对邂逅于1891 年,当时阿尔弗雷德勋爵(人称波西)22 岁,王尔德 38 岁。莱昂内尔·约翰逊领着这个年轻人到王尔德的泰特街寓所喝茶,两人一见如故,很快陷入对彼此的迷恋。信函、便笺和五花八门的礼物雪片般落在这位美少年身上。

在那封从狱中写给阿尔弗雷德·道格拉斯,并被王尔德的挚友罗伯特·罗斯[1]命名为《自深深处》的长信中,王尔德明言,即使在对波西最迷醉的爱中,内心也会涌起深深的厌倦。这个年轻人需要没完没了的玩乐:骑车度假、度高尔夫假日、宴饮聚会、过夜生活。对忙于创作的艺术家来说,这些分心的事情一定很折磨人。谣言四起。敲诈者趁火打劫,偷走了王尔德写给道格拉斯的一些措辞颇为出格的信件。于是怒火中烧的昆斯伯里侯爵把一张拜帖留在了王尔德经常光顾的俱乐部门外。

王尔德犯了一个不可思议的错误,以诽谤罪起诉昆斯伯里侯爵。时代最受欢迎的剧作家起诉一位活得最"绚烂多姿"的贵族! 这自然是一件万众瞩目的大事了,而两位当事人似乎也恰好颇为乐于引起这种关注。在庭审时,昆斯伯里的辩护律师爱德华·亨利·卡森[2]自然会收集证据,向世人揭示王

---

① 罗伯特·罗斯(Robert Ross,1869—1918),加拿大裔英国记者、艺术评论家、艺术品经销商,王尔德的忠贞密友,其遗稿管理人。

② 爱德华·亨利·卡森(Edward Henry Carson,1854—1935),爱尔兰统一党政治家、律师和法官,曾是王尔德的好友,诉讼案发生后试图为王尔德说情,未果。

尔德的生活本质。王尔德写给波西的情书自然会被当庭宣读,年轻的男妓们也会被传唤出庭作证。在这种情况下,当时任何一个陪审团都不可能作出什么有利于原告王尔德的裁决。而王尔德的表现几乎就是主动在证明被告辩护律师的举证。卡森向王尔德询问沃尔特·格兰杰①(道格拉斯在牛津大学念书时的男仆)一事:

> "你吻过他吗?"
>
> "哦,天哪,从来没有! 那个男孩的长相实属稀松平常。他,很抱歉,奇丑无比。"

"王尔德状告昆斯伯里侯爵诽谤案"的一审法庭上,王尔德脱口而出的答辩词可谓妙语如珠,堪比他写的那些戏剧台词。

> "冰镇香槟酒这种饮品是我的最爱——恰与我的医嘱南辕北辙。"
>
> 卡森:"勿受医嘱之扰,先生!"
>
> "我从未遵守,"王尔德愉悦地答道,引得旁听席上一阵哄堂大笑。

不出所料,王尔德状告昆斯伯里侯爵诽谤一案败诉了,他本人因触犯《刑法修正案》(1885 年)而被捕也只是个时间问题。地方法官给王尔德预留出了出逃的时间。当时《认真的重要性》还在圣詹姆斯剧院上演,剧院经理②劝他出国。王尔德又说了一句聪明的玩笑话,"每个人都想让我出国。我刚刚才出过。一个人不可能一直出国,除非他是传教士或旅行推销员,不过这两个行当其实都是一回事。"

波西甚至严厉指责萧伯纳和弗兰克·哈里斯,两个人都劝王尔德逃跑——"你们劝他逃跑,根本不配做奥斯卡的朋友。"

对于王尔德决定留在英国接受审判的鲁莽做法,有多种解释。当然,最有可能的是因为波西希望他如此,而王尔德对波西百依百顺,此所谓"爱之疯狂"。最终王尔德因有伤风化罪而被判入狱,服两年苦役。实际上这位"坎普

---

① 一位小男仆,时年 16 岁。

② 乔治·亚历山大(George Alexander, 1858—1918),英国戏剧演员和制作人、剧院经理。

风"十足、重情重义的男人甘愿受苦的真正原因是为了保护他的好友。

1889 年,警察突击搜查了苏豪区以北克利夫兰街 19 号的一家男同性妓院,许多贵族牵涉其中,包括格拉夫顿公爵的儿子尤斯顿伯爵①,还有克拉伦斯公爵(威尔士亲王长子)的侍从亚瑟·萨默塞特勋爵②。索尔兹伯里勋爵在国王十字车站会见了维多利亚十字勋章获得者、朝臣戴顿·普罗宾爵士③,透露说大麻烦要来了④。博福特公爵的三儿子亚瑟勋爵得以及时潜逃国外,逃避了惩罚。

时任首相竟然参与密谋,让一位潜在犯罪者逃脱了法律制裁,这事非同小可。不过,索尔兹伯里在上议院若无其事地把整个事件给搪塞过去了。他向议会承认,他与戴顿·普罗宾爵士"进行过一次非正式的会见,对此我毫无准备,也认为无关紧要,故此未作记录。火车随后很快开动"。他刚一落座,便被那些贵族同僚的欢呼声淹没了。

19 世纪的许多公共丑闻表明,维多利亚时代的人和我们一样对这类事津津乐道。不过,他们也许比我们更清楚自己的所作所为会造成的破坏性后果。

在私生活方面每每循规蹈矩的爱尔兰民众,对奥谢太太的离婚丑闻本是选择不予关注的,反而是英国清教徒发起的"倒帕行动"最终毁灭了帕内尔。时至今日,还有一些人认为,对王尔德的审判也是如此,就是为了让"又一个爱尔兰人"名誉扫地。然而,所有证据都表明,王尔德纯属自作自受。对当时的许多清教徒,甚至今天的一些清教徒而言,审判中作为证据呈现的一些细节想必都是令人触目惊心的——尤其是萨沃伊旅馆那张污迹斑斑的床单。读到这些笔录的现代读者们也许会视王尔德为一位同性恋的殉道者,然而维多利亚时代的人却会认为,王尔德的真正罪过是他那种令人震惊的毫不遮掩

---

① 亨利·菲茨罗伊(Henry FitzRoy,1848—1912),尤斯顿伯爵,第 7 代格拉夫顿公爵奥古斯都·菲茨罗伊的长子和法定继承人。

② 亚瑟·萨默塞特(Arthur Somerset,1851—1926),威尔士亲王的马厩主管,王家骑兵卫队少校,第 8 代博福特公爵的儿子。

③ 戴顿·普罗宾(Dighton Probyn,1833—1924),朝臣、陆军军官,获维多利亚十字勋章。

④ 因为这次会面,索尔兹伯里勋爵被指通过戴顿·普罗宾给亚瑟·萨默塞特通风报信,让他赶快潜逃国外。

态度。"事物,从本质上讲,就是我们要它们怎样它们就是怎样"——王尔德在狱中给波西长信中的这句名言,恰好被他自己身体力行地验证了。事实上,没有一定程度的虚伪,不把表象与真实之间的界限加以一定的模糊化,社会是无法正常运转的。

我们的先辈——而且直到近代也是如此——以"情色偏好"为由起诉一些男性,并对仅仅属于个人秉性的私事定罪,对大多数 21 世纪的读者来说,这不仅是一种道德上的冒犯,而且是完全令人费解的。不过,其实维多利亚时代的人也这么认为。

> 噢,那位手铐缚住双腕的年轻罪者是谁?
> 他们怨声连连、挥舞铁拳,他所犯何罪?
> 此刻,他何以面露如此神色,良心难安?
> 噢,他只是头发颜色不对而被送往牢监。
>
> 如今他手扯棉絮把船缝填补、双脚将踏车踩踏,
> 在波特兰岛采石场与采石工们共熬严冬和盛夏,
> 假如在苦役之余,他尚有片刻的闲暇休憩,
> 必定因为自己的发色而去诅咒创造他的上帝。①

当然,阿尔弗雷德·爱德华·豪斯曼②当时没敢发表这些关于王尔德遭受审判的诗行。在那个抒情诗的黄金时代,他的首部诗集《什罗普郡少年》出版时,所有英语读者都意识到一颗诗坛新星已现身苍穹;相比之下,西蒙斯、约翰逊、戴维森、弗朗西斯·汤普森和所有其他"1890 年代"的诗人似乎都黯然失色。

豪斯曼的诗歌是一道宣言,反对"自然,无情无知的自然",反对"神的律法和人的律法"。

---

① 本诗节选自阿尔弗雷德·豪斯曼的诗歌《噢,那位年轻罪人是哪位》。

② 阿尔弗雷德·爱德华·豪斯曼(Alfred Edward Housman,1859—1936),英国学者、诗人,曾在剑桥大学攻读古希腊、罗马文学,1892 年被聘为伦敦大学学院拉丁文教授。著有诗集《什罗普郡少年》(1896)、《最后的诗》(1922)。还校勘罗马诗人马尼利乌斯和尤维纳利斯的诗集。

神之律法，人之律法，

他也许且能够遵守那道旨意；

而我却不：让神和人

为其自定金科玉律，勿为我定。①

这些浑然天成、内涵丰富的抒情诗，深埋着亵渎神明和性挫折之苦的内容，无异于一些早晚要爆发的定时炸弹；然而——这才是重要的，不仅仅对于豪斯曼而言，也对于深深喜爱豪斯曼的整体英国人而言——它们持有的是一种非常保守谨慎的态度。他所赞美的那些什罗普郡的虚构人物，自耕农和士兵们，仿佛出自哈代的小说，他们并未参与基尔·哈迪的劳工运动。豪斯曼歌唱生活的苦难，歌唱那种难以言喻的痛苦情感，但他并不想颠覆社会。

阿尔弗雷德·爱德华·豪斯曼

街上响起整齐的步伐，

我们都拥出道旁，

一个红袍兵掉转头来，

掉转头把我望望。

汉子，我们从没有碰过，

天同天是那样远；

地同地又隔这么多路，

我们不像能再会面；

你我心头想的些什么，

哪里能立下说了；

不过不管你醒醉死活，

当兵的，我望你好。②

---

① 选自豪斯曼诗歌《神之律法，人之律法》。

② 该诗选自诗集《什罗普郡少年》第22首，译文采自周煦良译本《西罗普郡少年》。

　　1896 年秋，坎特伯雷大主教爱德华·怀特·本森偕妻子玛丽①前往霍瓦登堡，与格莱斯顿夫妇同住。教区教堂晨祷开始，人们听到本森大主教呼吸急促、很不规则。开始做主祷时，他已陷入昏迷。众人把他抬回霍瓦登堡，让他平躺在格莱斯顿书房的沙发上（格莱斯顿曾在这张沙发上花费大把时间研读荷马、但丁和神学著作），然而此时本森大主教已辞世了。后来，人们为本森穿上他平时的法衣——大主教"看起来威严而又强壮"。

　　本森家族的事例告诉我们，在审视维多利亚时代晚期场景时，如果把表象与真实混为一谈，将是非常危险的。我们很难找到一位比本森大主教"更权威"的人物了——担任过拉格比公学校长，在调任坎特伯雷座堂大主教前，先后担任惠灵顿公学校长和特鲁罗教区第一任主教。他可以说是英国国教式虔诚的先驱，创建了"九道日课和圣诞颂歌庆典"，成为英国全国性核心仪式之一；他的儿子亚瑟②与父亲一样优秀，担任过伊顿公学校长，后担任剑桥大学莫德林学院院长，并成为另一种全民性传统的缔造者：非官方的国歌《希望与荣耀之地》③的歌词便出自他手。然而，整个本森家族都与"传统"背道而驰。大主教的六个儿女之一，弗雷德（爱德华·弗雷德里克·本森④），是一位格外多产的喜剧小说家，他在小说《多多》里讽刺了"灵魂派"，在《戴维·布莱兹》中剖析了男学童的同性恋心理，并在"马普和露西娅系列小说"中创作了一系列极具"坎普风"的经典之作。他写了很多回忆录，包括《我们曾是》和《母亲》（记述了母亲从父亲去世直到 1918 年间的日常生活），披露了大量隐私。不过，本森家族最有意思的一点在于，他们内心所受的折磨，绝大多数都是难以说清、无法分析的。玛丽·西格威克 12 岁时，未来的大主教爱德华·

---

　　① 玛丽·本森（Mary Benson，1841—1918），娘家姓西格威克，本森的妻子；格莱斯顿评价她是"欧洲最聪慧的女人"。

　　② 亚瑟·克里斯托弗·本森（Arthur Christopher Benson，1862—1925），英国散文家、诗人、学者。

　　③ 英国没有正式国歌，通常用作国歌的包括以下歌曲：《希望与荣耀之地》《耶路撒冷》《祖国我向你立誓》《世间总有英格兰》。在英国国内，唯一具有国歌地位的歌曲是《天佑吾王》。参见本书姊妹篇《维多利亚时代之后》对本森为《希望与荣耀之地》作词一事的介绍。

　　④ 爱德华·弗雷德里克·本森（Edward Frederic Benson，1867—1940），英国小说家、传记作家及短篇小说作家。

怀特·本森便向她求婚了。她在新婚之夜的日记里写道,"整整 7 年,他压抑了天性,现在最终得到了我! 这个毫无爱心、幼稚、软弱、反复无常的小孩子! 噢,上帝呀,可怜可怜他吧!······而我,深知自己并未产生本该有的那些感受,多么痛苦啊!"

在第六个孩子(休①)出生之后,本森夫妇分居了一段时间,玛丽经历了一次精神崩溃。正如弗雷德所披露的,在康复后,她发现自己"与一切高智商的女性一样,也对同性产生了强烈的情感依恋"。前任大主教②的女儿露西·泰特③长得又高又壮,相比之下,玛丽显得又瘦又小。这位露西不仅与玛丽的家人欢愉地同处一室,还与玛丽同床共枕。"露西与我母亲同睡在那张维多利亚时代的大床上,在这张床上,她的 6 个孩子都是在我的父亲担任惠灵顿公学校长期间出生的。"埃塞尔·史密斯④也是一位出众的知己。

本森夫妇生养的儿女中,马丁⑤在 17 岁时死于某种未知疾病。大儿子死后,父亲陷入深度抑郁,很可能也因此失去了信仰。内莉⑥在 26 岁时突然死于白喉。全家人都深陷最重度的抑郁,只有通过心身调整才能得到缓解。亚瑟写了大量日记,倾诉对男孩和年轻男子的迷恋,以及职场上的不满和争斗,不过,他的性格是如此压抑,以至于我们不能用所谓的"情色偏好"来解释它。对于这样一位人物,两性行为根本无从谈起,他那位抑郁的妹妹玛吉⑦或皈依了罗马天主教的弟弟休也是如此——休是"柯佛男爵"的好友,著有一些恐怖

---

① 罗伯特·休·本森(Robert Hugh Benson,1871—1914),英国国教牧师,1903 年加入罗马天主教会,他是多产小说家,作品包括历史小说、恐怖与科幻小说、童话、戏剧、护教学以及宗教作品。

② 阿奇博尔德·泰特(Archibald Tait,1811—1882),坎特伯雷大主教、神学家。

③ 露西·泰特(Lucy Tait,1856—1938),一生未婚,与玛丽·本森保持同性关系达 30 年。

④ 埃塞尔·史密斯(Ethel Smyth,1858—1944),英国女性运动主将、音乐家、作曲家,1885 年与玛丽·本森成为同性恋人,后分手;她比玛丽小 17 岁。

⑤ 马丁·怀特·本森(Martin White Benson,1860—1878),长子,因学业优异而被寄予厚望的神童。

⑥ 玛丽·埃莉诺·本森(Mary Eleanor Benson,1863—1890),英国社会工作者、作家,人称内莉。

⑦ 玛格丽特·本森(Margaret Benson,1865—1916),人称玛吉,英国业余埃及古物学家,晚年被送进精神病院。

的历史传奇小说,譬如《来吧,绞架! 来吧,绞绳!》①。

这真是一种不可思议的契合,亨利·詹姆斯的《螺丝在拧紧》(1898 年出版)的创作灵感源于本森大主教给他讲的一则轶事,说的是死于雇主家里的一些"恶"仆的"鬼魂",他们之所以现身于雇主的房中,据说就是想"缠住"雇主家的孩子。从许多方面来讲,它是詹姆斯所有短篇小说中最精湛、最具启发性和最恐怖的一部。主人的前男仆、死鬼彼得·昆特在现任家庭女教师②和主人的侄子侄女③的身上"干了他想干的事",成为被禁止的病态性欲的恐怖象征。

评论家对这部小说各执一词。譬如,埃德蒙·威尔逊④认为这部小说是"关于"那位家庭女教师本人的性压抑的:鬼魂只是幻觉,是神经症的产物。不过,有一点确定无疑,即亨利·詹姆斯本人就是想让读者觉得这些鬼魂是真实存在的,借以吓唬读者:"我对自己说,就是要使读者的总体视角产生强烈的不安……还有读者本人的亲身经历,本人的想象……这些将为他提供足够多的细节。让他联想到邪恶,让他自己去想……"

我们可以换一种说法:

> 我接触实在的方式是经由一个有限的孔隙。我无法直接触及实在,除非经由感受到的"此物",而且我们的直接交流和沟通得以发生都是经由一个小小的孔隙。超出感受到的"此物"的每个事物,虽然并非不那么真实,都是我们在这一中心强烈地感觉到的共同本质的扩展。因此,最终,要想认知"整体",我们必须依赖我们个体的经验和感觉。

上述话语出自这一时期最重要、最具影响力的英国哲学家弗朗西斯·赫伯特·布拉德雷,他曾与亨利·詹姆斯的哥哥、哲学家威廉·詹姆斯有过书信

---

① 《来吧,绞架! 来吧,绞绳!》,故事发生在天主教徒遭迫害的伊丽莎白一世时代,讲述一对年轻恋人,放弃幸福生活,选择面临监禁和殉道,以彰显神之旨意。

② 该小说中的杰赛尔小姐。

③ 最终,主人的小侄子迈尔斯死了,小侄女弗洛拉发了疯。

④ 埃德蒙·威尔逊(Edmund Wilson,1895—1972),美国作家、文学评论家,其文学批评深受马克思和弗洛伊德的影响。

往来并当面切磋过,后者的"实用主义哲学"与英国"唯心主义哲学"学派存在着分歧。我们很容易把《螺丝在拧紧》看作这一讨论的产物,因为,很明显,把那位家庭女教师的想象看成妄想(埃德蒙·威尔逊便是如此)不仅使小说失去了恐怖感,也失去了精髓。唯心主义者不否认事物的外部实在。他们的目的是要证明:恕我等冒昧,洛克大人,您的说法——人类的心智是一块白板,感觉投射其上,就像幻灯片显示在屏幕上一样——是错的。相反,人类心智(更多的是,我们的感知能力)会进行编辑,并在某种程度上创造出我们所看到的东西。一个陈述或命题在何种意义上可能是完全真实的,人类心智在多大程度上能够摆脱主观性,这些都是"唯心主义"要解决的问题。最基本的问题(区分命题真伪的标准可靠吗?),一定是首要的问题。如果这样的标准不存在,那么我们还是别去碰数学、科学或历史为妙。我们大多数人,即使是哲学家,也都认识到我们可以区分所谓的真实陈述和虚假陈述,但我们这样做的形而上学理由比有常识的外行所认为的要复杂得多。

对本书而言,这类高深莫测的主题超出了讨论范围,为它们找到定论就更不可能了。但很明显,它们的重要性并不是昙花一现,非哲学家们也不能等闲视之。从叙事的角度来看,1890 年代哲学史上的重大事件是乔治·爱德华·摩尔①和伯特兰·罗素②如何与唯心主义决裂,并采用"现实主义"哲学:他们如何逃离其所谓的"温床",并为分析哲学学派奠定基础。

罗素念本科时,导师麦克塔加特③告诉他,布拉德雷的《表象与真实》"道出了关于形而上学主题所能道出的一切"。到了 1900 年,罗素已经彻底抛弃了唯心主义信仰,在《数学原理》中,他采纳了一种近乎柏拉图式的神秘主义观念,坚信数学的真实或真理几乎独立于人类心智。1903 年,摩尔发表了一篇有影响力且标题颇为自信的文章《对唯心主义的驳斥》,它"被普遍认为是

---

① 乔治·爱德华·摩尔(George Edward Moore, 1873—1958),英国哲学家,与伯特兰·罗素一同被认为是分析哲学主要创始人,主要贡献为后设伦理学,著有《伦理学原理》。

② 伯特兰·阿瑟·威廉·罗素(Bertrand Arthur William Russell,1872—1970),英国哲学家、数学家、逻辑学家、历史学家、文学家,分析哲学的主要创始人,世界和平运动的倡导者和组织者,主要作品有《西方哲学史》《哲学问题》《心的分析》《物的分析》等。

③ 约翰·麦克塔加特·埃利斯·麦克塔加特(John McTaggart Ellis McTaggart,1866—1925),英国哲学家、新黑格尔主义者,就职于剑桥大学三一学院。

对唯心主义的致命一击"。

摩尔是布鲁姆斯伯里派的教父,或更确切地说是非神—教父,而罗素则是一位颇具影响力的学院派哲学家,在其漫长的后半生里,也是一位人气超高的舆论领袖和记者,我们从中可以看出,英国黑格尔学派抛弃了这两个原则,绝不单纯是学术方面的事情。

黑格尔学派的形而上学建立在这样一种信念的基础上:真理是一个统一体。总的来说,他们属于非有神论者,但他们苦心而成的学术著作却带有一种准宗教的色彩,尤其是当你接受麦克塔加特的宗教定义的时候,它是"一种基于我们自身与整个宇宙之间和谐的信念之上的情感"。我们从罗素的许多自传体作品中不难看出,他认为这种"和谐"的概念固然令人欣慰,但出于知识上的考虑,他觉得不得不拒绝它。因此,在其职业生涯中,他对大量客观现实(逻辑或数学真理)的信仰以及他在自由之爱、儿童教育或战争与和平的问题上完全非理性、往往是自相矛盾的观点之间存在着严重的脱节。1897年,罗素非常坦诚地承认了这个事实:

> 芸芸众生绝不在我的关怀之列;不过,作为一个纯粹的知性问题,我愿意为他们效劳,找到某种人人得以幸福的秘籍。我不会为他们牺牲自己,虽然他们的不幸有时(约略三个月一次)让我颇感不适,并使我在心智上萌生为他们寻找出路的渴望。就情感而言,我在情感上相信民主,尽管我认为没有理由这么做。

我们在此尽可能地远离了托马斯·希尔·格林的"入世"哲学,这种哲学在20世纪仍然不乏像科林伍德①这种有影响力的追随者。到那时,维特根斯坦其实已经把罗素关于数学基础的观点驳倒了,而罗素与之时有往来的分析哲学流派对他始终是敬而远之。

罗素是个不折不扣的维多利亚时代的人。他是由祖父母约翰·罗素伯爵夫妇抚养长大的。彭布罗克山庄是他祖父母的府邸,内阁在此作出入侵克里米亚的决定时,罗素就住在这里。这位贵族子弟的教父是约翰·斯图尔

---

① 罗宾·科林伍德(Robin Collingwood,1889—1943),英国哲学家、历史学家、美学家、表现主义美学代表,其中《艺术原理》体现了唯心主义哲学思想。

特·密尔,他还曾与格莱斯顿共进晚餐(这是小伯特兰童年时期最有趣的一段插曲),作为一位斗嘴大师、反战示威者和资深电视评论员,他一直活到 20世纪中叶之后。"三种激情,虽然朴素却压倒一切,左右了我一生,"他在自传开篇便宣称:"渴望爱情,求知不殆,对人类的苦难情难自禁的悲悯。"据他本人讲,这种悲悯心实际上是时有时无的。到了 1890 年代末,他的哲学之旅使这种悲悯变得不值一哂,甚至非常离谱。罗素在伦理和逻辑真理的要求之间的这种脱节也对整个后世产生了巨大影响,他才是 1890 年代名副其实的颓废派。

第 41 章　乌托邦：贵族政治的衰落

　　1893 年 10 月 7 日，《乌托邦股份有限公司》在萨沃伊剧院首演，共上演了 245 场。这标志着吉尔伯特和沙利文在一场广为人知的争执过后的握手言和。① 这部喜歌剧并没有像他们的其他作品那样一演再演，或许是因为沙利文并未真正进入创作状态：他写的配乐配不大上妙趣横生的情节，后者讲的是一座名曰"乌托邦"的南方岛屿决定向"狂浪巨波侵袭不到的一群小岛"学习，采纳后者的宪法和政治体制。

> 哦，愿吾等能效法其一切英明绝伦，
>
> 仿效其美德、其仁善；
>
> 愿吾等能将其议会之特点
>
> 潜移默化为吾等之习惯！
>
> 经由此举，时光流转，终有一天
>
> 吾等必能让吾国全境旧貌换新颜——
>
> 大不列颠乃君主制登峰造极之典范，
>
> 有人（并非全部）认为它还包括爱尔兰。

乌托邦国的国民把自己变成了一家股份有限公司，深信通过这种商业形式，他们可以方便地缔造出一个民主国度。他们相信，只要制定无事生非的法律，改善便指日可待。他们是一个"有炸药佐助的专制国家"——他们的国王一旦行为失检，就会遭到两位"贤人"举报，并被"公共爆破手"炸死。他们不知道的是，其实他们已经是一个完美国度了，没有犯罪，没有疾病，监狱也已

---

　　① 1890 年，吉尔伯特跟卡特产生经济纠纷，沙利文站在卡特一边，跟吉尔伯特闹掰了，后经人调解，1891 年末重归于好。

出租给"工人阶级,当作样板公寓用"了:就像 1893 年许多人试图说服自己的,他们相信,英国在这些领域乃是应该效仿的楷模。

看完这部讽刺喜歌剧后返回城郊家中的观众们,想必心里深信着维多利亚时代晚期政局的美妙非凡。执着于证明"表象与真实"之间的暧昧关系的布拉德雷教授,大有可能对 1884 年新成立选区的选举会颇为满意,或者对议会大厦议员(以及全体选民)都公正地、实事求是地代表着爱尔兰、英格兰、苏格兰和威尔士的大约 3 800 万人民的事实感到放心。

1884 年《改革法案》又进一步增强了议会民主制的可能性。此时选民已增至大约 500 万人,包括农业工人和城市工人阶级。神机妙算的索尔兹伯里勋爵与自由党就选区边界问题进行了谈判,消除了这个问题对他的威胁,他所领导的政党仍把控着议会,他所属的阶级仍驾驭着他的政党。1880 年代后期,激进分子和社会主义者在议会选举中有所进展,但郊区仍掌握在保守党手中。自由党因爱尔兰地方自治而陷入分裂,这对统一派非常有利,比如格莱斯顿于 1894 年辞去了首相职务,由自由党统一派分子罗斯伯里勋爵①接任。第二年 6 月,索尔兹伯里勋爵组建了政府,保守党在接下来十年独霸政坛。

成立于 1893 年的独立工党似乎令人颇抱希望,但它在选举中表现不佳。建党元勋之一的菲利普·斯诺登②认为,该党的成立"是 19 世纪最重大的政治事件"。三位独立工党候选人——约翰·伯恩斯、基尔·哈迪和詹姆斯·哈夫洛克·威尔逊——在 1892 年选举中以独立社会党人身份参选并赢得了议席,然而 1895 年三人以独立工党候选人身份参选,却落选了,失去了议席。选举中,曾经身穿工作服、头戴粗呢帽、脚蹬长靴入席下议院的独立工党领袖哈迪,在西汉姆区被保守党候选人击败。独立工党共推选了 28 位候选人,社会民主联盟共推选了 4 位候选人。他们全部落选了。

当然,工党有朝一日(在自由党于一战时期瓦解后)将会成为英国政坛的

① 阿奇博尔德·普里姆罗斯(Archibald Primrose,1847—1929),第 5 代罗斯伯里伯爵,自由党政治家,1894—1895 年任首相。
② 菲利普·斯诺登(Philip Snowden,1864—1937),第 1 代斯诺登子爵,工党政治家,1924、1929—1931 年任财政大臣。

"左翼党派"。1924 年,拉姆齐·麦克唐纳和斯诺登两位独立工党的元老,竟然组建了工党政府,令他们自己也颇为意外,因为此时他俩早已抛开了社会主义,身为财政大臣的斯诺登已是力推减税政策的自由贸易主义者,不再是那种 1890 年代头戴粗呢帽、身穿家织土布衣的左派理论家,反倒与后来的撒切尔夫人的保守派们更为相似了。麦克唐纳担任首相的那些年,经济陷入大萧条,举步维艰,然而这位来自苏格兰东北部的私生子、昔日的农场工人,削减了失业救济金,与保守党合作组建了国民政府。独立工党的成立固然令人瞩目,但视之为一个世纪以来"最重大的政治事件",这个说法却颇为令人怀疑了:毕竟这个世纪里,出现了三次重大的议会选举权改革,三次大规模战争(还有无数小规模战争),大英帝国获得了史无前例的扩张,大卫·劳合·乔治开始了议会生涯。

社会主义未能在英国站稳脚跟,这才算得上是一件重要的事。至于贵族阶级的力量,或者索尔兹伯里勋爵任首相期间这个阶级展现出的明显实力——或许实际上并没有那么重要。对于 1890 年代的政治气候,任何简单化笼统化阐释都无异于歪曲事实。自从 1884 年《改革法案》出台以来,英国便不再是贵族阶级统治的国家了吗?它由此成为真正的民主国家了吗?这种政治制度能代表穷人、工人阶级和下层中产阶级吗?自由党因爱尔兰自治问题陷入分裂以来,它遭遇了些什么呢?

索尔兹伯里勋爵统治下的英国显然并非什么"乌托邦股份有限公司"。从许多方面来看,它都更像是个深陷危机的国家:至少可以说,这位登峰造极的保守党要人设法维持着平静表象,然而,一旦他下台后,"哪管它洪水滔天"。

在 1926 年出版的《我的学徒生活》中,比阿特丽斯·韦伯用 19 世纪最后 25 年中的日记和翔实记录,回答了"我为什么成为一位社会主义者"的问题。她和丈夫悉尼·韦伯都跻身英国工人运动最卓越的缔造者和倡导者之列,所以这个问题并非只是针对她个人而言,而是有着更为普遍的意义。这也不仅仅涉及一位聪慧的富家千金为缓解因为父亲的财富而起的负罪感而变成了左翼分子的过程。她的回答,实际上是一位见多识广的政治家对 19 世纪问题展开的剖析,为此她还提出了在她看来最合理的一种解决方案。这一切又因为她的性格——天生的保守性、本质上的宗教性以及一丝不苟的态度而显得更有意思。正是这样一位女士,年轻时与老赫伯特·斯宾塞成为挚友,痛苦地抛弃了基督教信仰,始终如一地"寻找信条",还经历了与约瑟夫·张伯伦痛苦的爱情,并与表兄查尔斯·布思一道对穷人的生活展开实地调查,从而成为欧洲最见多识广的社会观察家之一。

1880年代末,比阿特丽斯(当时还姓波特)逐渐与工会组织和合作运动(始于1844年兰开夏郡小城罗奇代尔)①有了往来。28位被誉为"罗奇代尔先锋"的法兰绒织布工,每人拿出一部分工资,以批发价购买食品杂货。加入合作社的人越多,供应商品的范围就越广,价格也越低。这进而发展成一个全国性组织"英国合作社",它为社员开设百货商店、办理简单的银行业务,而且由于秉承非营利原则,它还会按照贡献比例,每年给社员返还红利(或"分成")。

在比阿特丽斯·波特看来,合作运动不只是一幅社会主义社会的理想蓝图。实际上,合作运动作为一种显而易见的客观事实,证明了一条关于价值的经济学真理,它极大改变了先前李嘉图或马克思所推崇的经济理论。李嘉图和马克思坚信的信条是"劳动是价值的源泉"。而英国的"社会主义梦"则主要是围绕着罗伯特·欧文②的思想展开的,相信工人可以用"自治工厂"来消除资本家导致的不公和罪恶。工业革命夺去了英国五分之四人口的谋生工具和劳动产品。动力织布机毁掉了家庭织布工。"自治工厂"则可以将机器和车间的共同所有权交到工人手中。

然而,正如比阿特丽斯·波特所看到的,这里存在着一种颠覆,工业产品本身被赋予了某种神话般的"价值",不再是只有在被人们需要时才具有价值。合作运动将社员视为消费者,而非艰辛劳作、创造价值的尼伯龙根人。"从消费端组织工业生产,从一开始便将其置于'为使用而生产'而非'为利润

---

① 合作运动是依照合作制设想所实行的社会实践,以欧文进行合作公社的大胆试验为标志;1844年,28位失业纺织工人创立了日用品消费合作社——"罗奇代尔公平先锋社",世界上第一个合作社。

② 罗伯特·欧文(Robert Owen,1771 1858),威尔士空想社会主义者、企业家、慈善家、现代人事管理之父、人本管理的先驱。

而生产'的基础上,置于作为消费者而非生产者的工人的控制和指导下,这就是'罗奇代尔先锋'取得的重大发现和实践成果。"

如果能够按照合作社模式来构建整个社会,采用强制性征税制来取代"合作社"社员的自愿捐款制,就有可能解决贫困问题、提供公共服务。

"人不可能单靠面包存活";即便资产阶级政府也不情愿地意识到,如果没有一些"社会主义"——如全民共享、税收买单的公共教育、公共卫生、公共公园和扶助老弱者的公共服务,以及为非自愿失业者提供的补贴——那么私有财产制是经不起暴力革命冲击的,虽然他们认识到这一点未免太迟了,种族劣化已经发生。

比阿特丽斯·韦伯

于是,她确立了理想。她放弃了漫无目标的激进主义,果断地(同时也是借助于婚姻)投身于费边社会主义,不仅找到了为之奋斗的目标,也找到了实现目标的最佳途径。1898 年,夫妇俩创建了伦敦经济学院①,一所秉承这种崭新信条的学院。《新政治家与国家》充任了学院传播新信条的喉舌,第一期便订出 2 500 份,很快成为英语世界最具影响力的左翼期刊之一。和《乌托邦股份有限公司》里的岛民一样,韦伯夫妇也是渐进主义者。他们希望摒弃更狂热的左翼言辞和策略,代之以对"应许之地"的缓慢趋近。不过,两者目标完全一致——通过逐渐增加"集体主义"的分量,把"资本主义丛林"从个人主义的残忍蹂躏中拯救出来。

工人运动的力量并不只在于"工人"与"知识分子"联盟。这种所谓友谊在欧洲大陆所有革命或民主运动中都司空见惯了。英国劳工联盟真正的根基是这一观念:其基本思路,也就是合作运动,是工人阶级自己创造的。因此,讲究"个人神话"的工党与马克思主义政党存在着天壤之别。共产主义者从马恩圣典中汲取智慧。而费边主义运动中的韦伯夫人,却把自己皈依社会主义之举归功于"罗奇代尔的先锋们"(尽管她是以一种隐晦的屈尊俯就态度

---

① 伦敦政治经济学院 1895 年由韦伯夫妇及萧伯纳等人创立于伦敦;宗旨是通过改良,发展社会主义事业,辅助费边社达到实现务实的社会建设的目的。

宣布此事的,认为他们未必明白他们自己的经济或政治影响力)。

人们在描述早期有组织的"议会社会主义"①时往往采用的是宗教术语,不过并无嘲讽之意。1893 年,独立工党在布拉德福德成立。赢得西汉姆区议席的基尔·哈迪主持了首次会议,并当选为首任领导人。萧伯纳也赶来参会,从一开始就摆出一副费边社社员屈尊纡贵的态度,想要接管该党的领导权;恩格斯也发来热情的贺电。不过,这次会议,以及 1890 年代许多工党会议,其实都充满着小礼拜堂里的那种气氛。

布拉德福德是英国北方重要的毛纺织工业城市,也曾是 19 世纪中叶非国教复兴势力发展最强劲的地区之一。霍顿巷公理会教堂巍然耸立,俨然成为这座非国教势力强劲的城市的伟大象征。它被称为"不信国教者的圣殿",布拉德福德市早期的许多市长和大部分市议员都来自这个教会。然而,到了1890 年代,这些中产阶级名流或是搬到郊区,或是迁到更安宁古朴的伊尔克利和哈罗盖特等偏远住宅区。为了彰显他们的高贵出身,那些保留宗教信仰的人纷纷皈依了英国国教。那座"非国教大教堂"也逐渐衰落,根据 19 世纪末当地一家报纸的报道,它"濒临灭亡——没有会众,没有值得一提的主日学校,没有牧师"。

戴着"阿尔伯特"牌大银怀表——垂下的表链在剪裁考究的精纺毛料上形成一个完美的弧度——的市长大人、市议员、小商人、店主、制造商和大商人,都是格莱斯顿的天生拥戴者,他们缔造了这样一个政治世界,其"普遍论调……是一种过于餍足、自鸣得意的自由主义。地方小报忙着鼓吹自饥饿的40 年代以来生活水平的大改善,不断赞美当初废除《谷物法》之英明"。

新创立的工党对这类人毫无吸引力。对工党的许多信徒而言,它填补了某种近似早期公理会教徒、浸礼会教徒和卫理公会各派教徒也曾感受过的"宗教饥渴"。工党的各种政治会议都近似于宗教复兴运动风格,几乎无异于

---

① 国际工人运动中一种机会主义思潮,否认无产阶级革命对推翻资本主义制度的作用,迷信议会斗争,认为无产阶级及其政党只要在议会中取得多数席位便能实现从资本主义到社会主义的和平转变。

用新词填进了旧日的宗教颂歌。詹姆斯·利·乔恩斯①在独立工党成立元年发表了《怎么,嗨!伙计们》:

> 我们共和国,人人皆有权
>
> 把劳作和玩乐尽享,
>
> 有权藐视恼人的忧烦,
>
> 有权赶跑绝望——
>
> 赶跑贫寒,我的好伙伴,
>
> 凭抗争,凭干劲,凭奋斗:
>
> 生活若不美满,
>
> 要议会和国家有何用?

应和着传统歌曲《老英格兰国旗》的旋律,他们唱的是《老英格兰穷人》:

> 让他们自吹自擂,直到面红耳热,
>
> 吹嘘自己宰制着大海大洋,
>
> 对那面老英格兰国旗,
>
> 我有话要讲;
>
> 传说它漂荡在自由之上,却将拼命
>
> 劳作、收入微薄的英国苦力卷入漩涡,
>
> 逼他们爬入乞丐与自杀者的墓穴——
>
> 呜呼,老英格兰穷人。

歌词大意简洁明了、令人震惊——1894 年《劳工年鉴》(该年鉴成本价为 1 先令,旨在为由费边社、独立工党、劳工教会②、社会民主联盟和“一切进步运动组织”所组建的“民族主义—社会主义联盟”服务)中提供了更清楚的阐释:“在这个国家,我们的收支极度失衡,3 600 万人口中,周薪超过 3 英镑的只有150 万人,超过一半的国民总收入‘仅属于’区区几千人。”哈迪本人在《与罢工

---

① 詹姆斯·利·乔恩斯(James Leigh Joynes,1854—1893),英国作家、诗人、社会主义活动家。

② 劳工教会,旨在表现劳工运动的宗教信仰组织,有基督教社会主义或神学社会主义色彩,首个劳工教会 1891 年创立于曼彻斯特。

的苏格兰矿工的谈话》中也表达了同样的观点——"为什么区区 50 个矿主竟然有权令 7 万名矿工挨饿、屈服?"

在选举角逐中,工党候选人有两大对手。第一种是自由党人。工党在成立后的头二三十年里,一直未能改掉这个想法:实现彻底变革的最佳途径是与自由党结盟。许多早期社会主义领袖如约翰·伯恩斯等,都支持工党与自由党结成联盟,原因部分在于这似乎是攫取政治权力(而非惊天动地的英雄气概的内在满足)的唯一可行途径,部分则在于他们信不过一些力挺独立工党的左翼极端分子。在"新工党"出现前,这种双重困境始终困扰着工党,贯穿于该党一个多世纪的漫长历史。因此,他们总是不得不说服选民,当选为下议院议员的自由党人和保守党人"都是富人——地主、工厂主和律师——他们都不是社会主义者。他们正从现行体制中攫取财富,所以他们希望这种制度能够万古如斯"。

约翰·莫利在他所在的泰恩河畔纽卡斯尔选区遭到了社会主义者最恶毒的言语攻击。来自工程师联合会伍利奇分部的弗雷德·哈米尔①站出来反对他,并指出,独立工党应当对抗的另一大死敌是来自工人阶级的怀疑或冷漠。1893 年,他对纽卡斯尔的听众发表演讲:

> 你们的头号宿敌是那位贫穷、懈怠、麻木、冷漠、懒惰和怯懦的工人,他不会支持那些正倾尽所能改善他的处境,并将他从绝望的阴沟中拯救出来的人。(掌声)工党的解放目标是可以实现的,但只能通过下议院中货真价实的工党代表来达成,它独立于任何党派、派系、小集团或阶级。(掌声)太久了! 工友们,你们被当作人肉机器来使的日子太久了;上议院现议员里昂·普莱费尔爵士②可谓一语中的。他说,"工人阶级的子弟往往发育不良、产出低下,因为国家在人口稠密地区并未为那里的人们创造出人类健康发展所需的必要条件。如果这些小孩子是猪崽、牛犊或

① 弗雷德里克·哈米尔(Frederick Hammill,1856—1901),英国工会运动活动家、独立工党联合创始人。

② 里昂·普莱费尔(Lyon Playfair,1818—1898),英国科学家、自由党政治家,1873—1874 年任邮政大臣。

羊羔，人们一定每天都在下议院例会中询问下议院副议长这些动物是否有异常死亡的状况，但人类幼童的安康却无人在意。在一个自由国度里，有销售价值的畜牲比人得到了更多的关照。"这就是当下英国的实情，因此我们准备用真正的自由、平等和经济自由来取而代之。现在还有哪位觉得独立工党实现这一目标是多此一举呢？

没有人会质疑社会主义者们所指出的这种苦难和不公的现实。英国各地的工会和合作社发展得如火如荼，工人阶级纷纷加入这场运动，然而人数远远没有达到弗雷德·哈米尔及其同志们的期望。吉尔伯特·基思·切斯特顿对狄更斯的《远大前程》作过精彩的政治解读，对逆来顺受的穷人乔·葛吉瑞与特拉布裁缝店神气活现的小伙计展开原型分析："一种是完全放弃自身权利主张的穷人，另一种是完全依靠讽刺武器主张自身权利的穷人。"他指出，这种讽刺是真正的武器——"正如枪炮和街垒之于法国民众，讽刺正是英国民众的武器……这是他们让富人倍感不爽的法子，而且他们用得名正言顺。即使他们砍不掉暴君的头颅，起码有时也能够让暴君发一阵子疯。"

特拉布裁缝店的小伙计是一个打杂的小工，皮普第一次去那里是为了做套衣服，以便迎合关于"远大前程"的幻想，狄更斯最伟大的小说《远大前程》也正是由此得名的。后来，当皮普回到镇上时，裁缝店的小伙计却沿街追赶他，先是假装对皮普表现出的尊严畏惧不已，随后便模仿起皮普的走路姿态。总之，对那些自命不凡的所谓更强的人，他打心底里不愿意承认。

碰巧的是，1890 年代以来，英国政坛出现了一位最出色的"裁缝店的小伙计"①。论滑稽挖苦，甚至迪斯雷利都要对他甘拜下风。不过这位威尔士的煽动家兼喜剧天才（我们到本章末尾外再详细讲他）却没有加入工党。

至于工党，其缔造者，以及头 20 年里最杰出的政治灵感来源，则是詹姆斯·基尔·哈迪。他是拉纳克郡农庄女仆的私生子，8 岁开始在格拉斯哥一家印刷厂做工，10 岁成为煤矿童工。23 岁前，他一直在煤矿里当矿工，后来

---

① 这里指的是后文的大卫·劳合·乔治。

通过积极投身工联主义事业①而进入政坛。工党始终是个矛盾的结合体，其中发生的一些咄咄怪事恰好与哈迪本人的古怪性格不谋而合。哈迪看起来不大像一位老派工人阶级成员，倒是一副波希米亚人做派，常戴一顶夏洛克·福尔摩斯式猎鹿帽，再不然就戴着他第一次进入下议院时的那顶路人皆知的布帽。在夏天的几个月里，他得寸进尺，其他议员和枢密院议员大人们照旧穿黑色长礼服，佩戴硬高领时，他会穿一件"日式长衫"（想必类似和服），光脚来去。他这种做法倒是跟保守党的首相有点类似：索尔兹伯里勋爵虽然没有穿长袍凉鞋，但也经常一反其他议员穿深色礼服的做法，穿着宽松的粗花呢大衣。

与穿衣打扮一样，哈迪的思想动向也颇为奇特。他忽而自称马克思的高足，宣称在这位德国革命家的著作中发现了一种安静的渐进主义，一种逐渐发展的社会主义信仰，令理论派马克思主义者们吃惊不已。他曾以大无畏的勇气坚称工党必须保持独立，不要与哪怕最具同情心的自由党人接触，1890年代初，他还诋毁和攻击过莫利等自由党要人，而到了1890年代末，他却在布尔战争问题上与莫利和自由党—工党党徒们②达成了共识。他最初是一位狂热的工会活动家，后来却与工会分道扬镳，1890年代末，他甚至把伦敦码头工人大罢工中的英雄本·蒂利特③称为"那个猥琐的小伪君子"。他有时宣称社会主义是一场真正的"阶级斗争"，有时又表示社会主义是一种团结各阶级为共同目标而奋斗的信仰。自然，在他领导独立工党的最初十年里，党员的数量大量减少。（从1895年的10 720人锐减到1900年的6 084人，与此同时，该党所吸引的对象已日益转为那些中产阶级了。）

不过，我们无法否认这个事实：基尔·哈迪成功地进入威斯敏斯特宫，当上了议员。这位在矿坑里劳作了13年的人，如今端坐在绿皮长椅上，与那些（依然雄风不减的）上层阶级的保守党和自由党议员们并肩而行。1906年，自

---

① 即"工会主义"，19世纪中叶工人运动中一种资产阶级改良主义思潮，鼓吹阶级合作，反对工人进行任何形式的政治斗争。

② 指19世纪末支持工会运动的英国自由党党员。

③ 本杰明·蒂利特（Benjamin Tillett，1860—1943），英国社会主义者、政治家、新工联运动领袖，1887年建立码头工人工会，成为后来一些码头工人罢工的领袖。参见本书第36章。

由党在大选中获得压倒性胜利,保守党不仅失去了议席,在政治舞台上也黯然失势,工党才得以在议会中有所作为。(在那年的大选中,工党获得了29个议席,得以在自由党分崩离析之际,开始显得有点像一个另类的激进党。)1890年代,哈迪认为自己在下议院所扮演的只是一个预言性的、象征性的角色,这个看法非常明智。他发现社会主义"更像是一件感情之事,而非智力之事";这位蓄着大胡子、酷似马克思的哈迪喜欢宣称,早在读到《共产主义宣言》之前,他就从罗伯特・彭斯①的民谣里得知了他所谓的那种社会主义:那些"四海皆兄弟"的主旨,以及对富人或"卫道士"的极度怀疑。

实际上,哈迪在下议院的高光时刻,确实是对得起罗伯特・彭斯的。1894年6月,在格拉摩根郡东部西尔弗尼德村的阿尔比恩煤矿,251位成年矿工和童工在一次瓦斯爆炸中丧命。仅在过去的三年里,就有1 000多位矿工在瓦斯爆炸中丧生。在西尔弗尼德村矿难的爆炸声中,约克公爵夫妇之子、未来的国王爱德华八世诞生了。下议院提出了一项动议,祝贺王子殿下喜得贵子。在其他议员和枢密院议员一番番阿谀奉承的道贺过后,哈迪起身道,"对我来说,这个国家的明日之君是真货还是赝品,都无关紧要。"随后,他利用在议会中发表言论的特权,旁敲侧击地罗列了威尔士亲王和其他王室成员那些不雅事件。就是这位威尔士亲王——新出生的小王孙的爷爷——在伦敦拥有"一些由最肮脏的贫民窟所凑成"的房产,年租金高达6万英镑。哈迪暗示道,那一道让威尔士亲王私生活无处遁形的"夺目白光"极有可能"把威尔士亲王一生所干的龌龊事全都抖搂出来,而那些事情本该被重重遮掩才对"。随后,哈迪话锋一转,说回了那位刚出生的婴儿——这个孩子,也就是日后的温莎公爵②,在被流放期间,在回忆录中追忆了这一事件——哈迪说,"自童年起,这个小男孩就将被一群马屁精和阿谀奉承之徒团团包围。""政府能浪费时间讨论如此微不足道的小事,却腾不出工夫为那些威尔士山谷里冰冷僵硬的遇难者的家属们议决一下,表示一点哀悼和慰问。"

哈迪的这次议会演说饱受诟病。甚至一位同情他的现代传记作家都指

---

① 罗伯特・彭斯(Robert Burns,1759—1796),苏格兰抒情诗人。

② 爱德华八世登基后,婚姻引发了宪政危机,全国上下反对他迎娶辛普森夫人,于是他选择退位,流亡法国;1937年,头衔改为温莎公爵。

出,哈迪每每任由自己的激情淹没了政治本能。不过,如果连激情都无法让一位政治家说出真相(即便在下议院这类不大适合讲实话的场合),那么英国政治中的激进运动究竟目的为何,未免令人疑惑了。虽然很多议员同僚想必都对他的唐突失礼的讲演感到遗憾,但他们当中的一些人也一定从哈迪的声音中听到了未来,开始怀疑这种如此不民主、如此不公平的贵族制度还能撑多久。阿尔比恩煤矿的矿难为英国于 1897 年出台的首部《工伤赔偿法》铺平了道路。该法终结了 1837 年(维多利亚登基那年)首次制定的"共同雇佣原则"①——即使雇主存在过失,工人的工伤事故也得不到赔偿。在女王登基的钻石禧年,这项霸王条款终于被废除了。这是"维多利亚时代价值观"的生动展示:一方面,我们看到资本主义制度的残暴,它拒绝赋予工人这项明显的基本人权;另一方面,我们又能看到维多利亚时代自我批评和自我变革的救赎能力。

在普鲁斯特的《追忆似水年华》中令人难忘的片段之一,是在小说末卷,我们发现盖尔芒特公爵夫人不是别人,正是小说开始时我们的老友维尔杜林夫人。这位把装腔作势之态推到极致的攀高枝者,这位与"一小撮"多半毫不起眼的友人们往来的女人,已经跻身高等贵族之列。正如我们看到的,维多利亚时代的英国也有许多此类加官晋爵、一步登天的人。正是这个通过工业革命以及 1832 年、1867 年和 1884 年的议会《改革法案》,把贵族赶下权力宝座的阶级,他们自己变成百万富翁之后,发现再也没有比攫取土地更称心快意的事情了,此外,既然拥有了土地,下一步便是将旧地主阶级的风范、千金和爵位一并收入囊中了。1886 年至 1914 年,政府赐封的新爵位多达 246 个。除了王室成员或贵族阶级内部的晋升外,有 200 人系首次进入贵族阶层,其中约 70 人是从商业和工业阶层中崛起的新贵。1866 年至 1867 年,索尔兹伯里勋爵曾为捍卫地主阶级的利益进行过艰苦的斗争,但他很快发现这一事业已无力回天,保守主义从此将江河日下。在短暂的第一届首相任期里,他让啤

---

① 1837 年,英国普通法院审理涉及工伤事故诉讼时所创设的规则,即使雇员能证明雇主存在过失,雇主还可提出各种抗辩理由,主要有三项,共同雇佣、共同过失及自甘风险;此举有利于雇主。

酒商亨利·奥尔索普①成为第 1 代辛德利普男爵。在第二届首相任期内,他又保举下面三个人晋升为男爵:吉尼斯②晋封为第 1 代伊维弗男爵,丝绸商人伊顿③晋封为奇莱斯莫尔男爵,羊毛精梳机制造商塞缪尔·坎利夫-利斯特④晋封为马萨姆男爵。

在这个贵族生活的"小阳春"时期,在第一次世界大战爆发之前的 30 年里,英国贵族阶层可说是施展出了达尔文式的自我适应、自我修正以图生存的本事。通过这些策略,他们筹集资金来维系贵族制度。例如,依靠发明羊毛精梳机而大发横财的坎利夫-利斯特,成为约克郡的大地主,于 1882 年斥资45.7 万英镑买下斯温顿庄园,并于 1886 年斥资 31 万英镑买下艾尔斯伯里侯爵⑤的庄园。最后,在主宅耶尔瓦克斯修院安下家时,他共拥有大约 3.4 万英亩土地。

然而,实业家、造船商和啤酒制造商(他们在爱德华七世时期的议会中被冠以"啤酒贵族"的恶名)能够买到土地,意味着其他人因为贫困所逼而出卖了土地。

女王登基以来,英国发生了根本性的深刻变化,有两类人在社会和政治意义上都注定灭亡:老辉格党贵族和乡绅。辉格党人的观念(得到了所有支持 1832 年《改革法案》的大贵族的支持)是,他们是在为民而治。代议制民主,虽然在相当程度上遭到调整,依然令辉格党原则⑥的理念寿终正寝了。由于自 1884 年以来实行的投票制度是建立在"单议席单票制"⑦基础上的,也由于

---

① 亨利·奥尔索普(Henry Allsopp,1811—1887),英国啤酒商人、保守党政治家。

② 爱德华·吉尼斯(Edward Guinness,1847—1927),爱尔兰啤酒商人、啤酒大亨、慈善家。

③ 亨利·威廉·伊顿(Henry William Eaton, 1816—1891),英国商人、保守党政治家、艺术收藏家。

④ 塞缪尔·坎利夫-利斯特(Samuel Cunlife-Lister,1815—1906),英国发明家、实业家,发明利斯特羊毛精梳机。

⑤ 欧内斯特·布鲁德内尔-布鲁斯(Ernest Brudenell-Bruce,1811—1886),第 3 代艾尔斯伯里侯爵,英国朝臣、政治家。

⑥ 又称辉格党教义,一种政治哲学,辉格党主要政策立场:议会至高无上、对新教非国教徒的宽容以及反对罗马天主教徒成为英国国王。

⑦ 或称"领先者当选制"及"简单多数票获胜制",一种常见投票制,每选区只有一个议席,以多数制决定胜负。

选民人数仍然相当少，所以新崛起的政治阶层尽管绝无征询普罗大众的意见的意愿，却大可从辉格党人那里借用所谓"代表"的便利伪装。即使到了现在，他们还在玩弄着这个把戏。然而，以受过教育的贵族为基础的"辉格党原则"理念，则注定会因为选举权的扩大而灰飞烟灭。

辉格党人不相信民治政府。他们属于精英阶层，依靠继承、传统、等级、财产和阅历等方面的优势，维护着自身在治国、分配任免权和管控改革等方面的特权。在危机时刻，他们与"人民"同舟共济，把"人民"从"普罗大众"中剥离出来，这一区分意味着"普罗大众"的意见无关紧要，除非"普罗大众"蜕变为危及国家事务的因素。但是，如果"人民"即将与"普罗大众"合二为一，如果"群众"即将在利益和不同群体的代表制的废墟上冉冉升起，那么"辉格党的原则"便注定要失败。它是英国政治生活中的一种极其特殊的存在，在民主氛围中，它充其量只能是一种脆弱的怪物。

哈廷顿侯爵（即"哈蒂·塔蒂"）是"最后的辉格党人"，于 1891 年 12 月继承爵位，成为第 8 代德文郡公爵。他在格莱斯顿的自由党中沦为一位"精神流亡者"，在自由党因爱尔兰地方自治问题而分裂之后，他加入索尔兹伯里勋爵的内阁，担任枢密院议长。然而，"城郊住户的保守主义"①与昔日北方工厂主和非国教喧嚣派②所信奉的自由主义一样，与这位大公爵的世界相距甚远。贵人多忘事——有一次，他独自一人到赛马俱乐部吃饭，竟然忘了之前邀请国王到他家进餐的事情——他说，"我有六座宅邸，唯独钟爱纽马克特镇③的那座。"他感到最荣幸的一次任命是担任英国赛马会大总管，最自豪的一刻则是他的赛马贝尔菲比于 1877 年在"一千畿尼大赛"④中拔得头筹（获得 4 750

---

① 城郊型保守主义与城市型保守主义相对，是维多利亚时代晚期保守党的特征，强调受人尊敬、自力更生、等级森严、家族化的传统保守主义。

② "喧嚣派"指英国唯信仰论者，产生于共和国时期，信仰泛神论，求助于对基督的内心体验，否认《圣经》权威，排斥一切教会、牧师和宗教仪式。

③ 纽马克特镇位于萨福克郡，纽马克特赛马场是英国赛马运动中心，英国赛马会总部所在地。

④ 英国五项古典马赛之一，1814 年首赛；属于纽马克特春季赛马会，在罗利英里赛马场进行，赛程 1 英里，限 3 岁母马参加。

英镑巨额奖金)。

那些年可谓赛马俱乐部的光辉岁月,威斯敏斯特公爵①的传奇赛马本德·奥尔赢得了德比战,而且这匹种马的儿子奥蒙德也同样出类拔萃。②1892 年,第 8 代德文郡公爵迎娶了他苦恋了多年的情妇曼彻斯特公爵夫人露易丝③(她出生于德国,是汉诺威王朝冯·阿尔滕伯爵的女儿)。自 1811 年那位闻名遐迩的乔治亚娜④过世以来,德文郡公爵家族终于又出了一位像样的当家公爵夫人。1897 年,为庆祝女王登基 60 周年钻石庆典,公爵夫妇在伦敦德文郡公爵府举办了 一场盛大舞会:这是那一年所有娱乐活动中最盛大奢华、最非凡的一次,贵胄精英和众多王室成员身穿古往今来的各国宫廷盛装前来捧场。

公爵本人扮成查理五世皇帝⑤,公爵夫人扮成帕米拉女王⑥。威尔士亲王穿上了马耳他骑士团大头领⑦的大帅服出席,把西班牙金羊毛骑士团勋章借给了公爵;普勒斯的亨利王妃⑧扮成示巴女王⑨,由四个黑人小男孩托着裙摆;乔·张伯伦⑩扮成小皮特⑪的模样,而阿斯奎斯,从某种意义上讲,倒是先

---

① 休·卢普斯·格罗夫纳(Hugh Lupus Grosvenor,1825—1899),第 1 代威斯敏斯特公爵,英国地主、政治家、赛马主;一生有两大癖好:地产和赛马。

② 伊顿庄园某位美国大富翁访客询问是否花钱便可买下这匹冠军马,威斯敏斯特公爵答曰:"要想买下我的本德·奥尔,在伟大的美利坚合众国,目前没人出得起这笔钱。"——作者注

③ 路易丝·卡文迪什(Louisa Cavendish,1832—1911),第 7 代曼彻斯特公爵的遗孀,英国贵族交际花。

④ 乔治亚娜·卡文迪什(Georgiana Cavendish,1757—1806),第 5 代德文郡公爵威廉·卡文迪许的第一任妻子,英国社会名流、时尚偶像、作家和活动家,以其个人魅力、政治影响力、美貌、风流、社交和赌博而闻名。

⑤ 查理五世(Charles V,1500—1558),神圣罗马帝国皇帝、西班牙国王。

⑥ 泽诺比亚(Zenobia,Queen of Palmyra,约 240—约 274),3 世纪时罗马殖民地帕米拉帝国(今叙利亚)女王,约 267—272 年在位。

⑦ 骑士团出现于十字军东征期间,罗马教皇组织了三大僧侣骑士团——医院骑士团、圣殿骑士团和条顿骑士团——其中,最早的是医院骑士团,也被称为马耳他骑士团。

⑧ 玛丽·奥利维亚(Mary Olivia,1873—1943),英国社交美人,丈夫是王子扬·亨利克十五世(Jan Henryk XV,1861—1938),来自欧洲最富有贵族家族之一。

⑨ 《旧约》中的一位阿拉伯半岛女王。

⑩ 即约瑟夫·张伯伦。

⑪ 小威廉·皮特(William Pitt the Younger,1759—1806),英国政治家,曾两度出任英国首相。

知先觉地，穿上了 17 世纪圆颅党的骑服赶来赴会，不过并未自称大护国公奥利弗·克伦威尔。日后，正是在他担任首相期间，上议院的特权被大大削弱了（在 1909 年财政预算案造成了一场旷日持久的宪政危机之后）。（从此上议院贵族实际上完全丧失了否决下议院通过的立法的权力。）

在 21 世纪的人看来，这场化装舞会的照片（也许是因为那些煞费苦心的过气行头）确实像是在劫难逃的旧秩序的象征：但就像人们对英国的政治真相可能产生的几乎所有印象一样，也只说对了一半。抛开巨大的财富不谈，英国上层贵族给人留下深刻印象的是其惊人的耐力。几乎整个 20 世纪，世袭贵族保住了在英国议会上议院的权力，即生来便是立法者的特权。在其他任何一个欧洲国家，这种政治制度都是无法想象的。

如果说，辉格党在新秩序中是政治上的输家，那么他们当中的很多人在经济上却并非如此。在政治和经济地位上损失最大的是乡绅阶层，英国诸郡中的传统托利党人。

1931 年，路易斯·伯恩斯坦·纳米尔[①]写道，"经仔细调查就会发现，从美国进口小麦对英国下议院结构所造成的影响比当初出台两项《改革法案》更严重。"

在前工业化时期的英国，乡绅是国家的有效管理者。他们的土地为占人口大多数的农业劳动者提供了就业机会。他们参与教区教堂的宗教活动，象征着在地方一级层面上教会和国家之间牢不可破的联盟。在乡绅的土地上偷猎或打兔子的偷猎者将会受到治安法官的起诉，而担任治安法官的也正是这位乡绅本人。地方政府由不用经过选举的乡绅管理着，而下议院那些贵族之外的议席也被这些地主阶级牢牢掌握在手中。然而，由于废除《谷物法》、发生农业危机，农民离开土地，地租和谷物价格下跌，乡绅的地位受到了严重威胁。

迪斯雷利称颂那种理想类型的立法者为，"一位出身商业世家的英国绅士，经营着自己的产业，与各阶层同胞交往甚厚，时而一同驰骋在狩猎场上，

---

① 路易斯·伯恩斯坦·纳米尔（Lewis Bernstein Namier, 1888—1960），波兰裔犹太人，英国历史学家。

时而一道奔驰在铁路线上,不矫揉造作,不招摇过市,以祖先为荣。"这位出生于伦敦的中产阶级文学家,对自己选区之内的世家望族如数家珍,曾欣然拜望了"布里克希尔庄园的庞斯福特-邓科姆男爵家族……斯托克格罗夫庄园的汉默上校、奇切利庄园的切斯特家族、利斯科姆庄园的洛维特家族和利林斯顿-德雷尔的德雷尔家族以及其他许多家族"。他们都属于他所赞颂的那种理想类型,他们中许多人"比很多德意志邦国的国君都要伟大,但在伦敦上流社会却籍籍无名"。在迪斯雷利去世后的半个世纪里,上述家族当中没有一位成员出现在伯克①的《伯克地绅名录》中。从诺曼征服时期到迪斯雷利首相任职时期,世代居住在同一座庄园宅第里,料理着同一块土地的乡绅阶层,如今却面临着毁灭的厄运。一位拥有 5 万英亩土地的乡绅,几乎可以肯定也会在伦敦拥有房产,从中他可以获得租金;或者他也会开设煤矿,或者在伦敦金融城有投资。而一位拥有 1 000 到 3 000 英亩土地的小乡绅(1883 年,他们大体上共同拥有着 12.4％的英国土地)要想维持生计,就不得不变卖他主要的,有时是唯一的固定资产:土地本身。

1882 年,查尔斯·米尔恩斯·加斯克尔②在《19 世纪》③中为读者剖析了乡绅们的困境——"他丢弃了鹿群,遣散了仆人;他正在登租房广告,建议来这开一家文法学校或疯人院;他正在廉价变卖祖上的财产,正与离他最近的木材商洽谈出售树木事宜……他已经一次性缩减了他的三四个主要农场的规模,手头现有 800 英亩土地。"

从此以后,对英国国民生活中某种神圣庄严的古老传统的致命一击,就往往出自保守党政府之手了。索尔兹伯里勋爵任命查尔斯·汤姆森·里奇④担任地方政府委员会主席,后者也是《1888 年地方政府法》的制定者。里奇的

---

① 约翰·伯克(John Burke,1786—1848),爱尔兰系谱学家,《伯克贵族名谱》一书的最初出版商;《伯克地绅名录》是其姊妹篇,列出没有头衔的贵族及没有世袭头衔的地绅望族。

② 查尔斯·米尔恩斯·加斯克尔(Charles Milnes Gaskell,1842—1919),英国律师、自由党政治家。

③ 1877 年由詹姆斯·诺尔斯(James Knowles)创办的英国文学月刊,被视为"19 世纪最后 25 年里最重要、最杰出的严肃思想月刊之一"。

④ 查尔斯·汤姆森·里奇(Charles Thomson Ritchie,1838—1906),第 1 代邓迪的里奇男爵,英国商人、保守党政治家。

父亲是来自邓迪市的商人,一位黄麻加工商;里奇本人在兄弟中排行第四,是一位银行家。他即将升任内政大臣和财政大臣。里奇提出的《地方政府法》让索尔兹伯里"很反感",不过,后者并未阻止它通过。索尔兹伯里掉下的只是"鳄鱼的眼泪"。最终,自私和贪婪战胜了这位具有混合型人格的首相性格中的那种迷人的英国国教式悲观主义。说到底,关于塞西尔家族和其他大贵族,最重要的一个事实就是他们比其他任何人都富有。索尔兹伯里抛弃了古老的托利党乡绅阶级,与新贵阶层打得火热,可谓合情合理。英国是一个富人的俱乐部,有着伯明翰激进分子的"经济头脑"。自然,迫于形势,它也得搞"现代化"。于是,62 个郡议会便建立起来。自治市与诸郡分道扬镳。伦敦郡议会接管了伦敦的行政管理权。在乡下,大部分乡绅被选入里奇制定的官僚体制中的那些新地方议会、委员会和理事会;但与此同时,某些东西也丧失了。正如格莱斯顿所说,公众对目前的郡当局满怀信心:它们的职责不仅"履行得不错,而且能够做到秉公无私、高明远识和厉行节约"。里奇把原属于季审法庭的几乎所有关乎郡内民生的行政管理权都转给了郡议会:地方财政管理、郡内建筑和桥梁的修建、疯人院的物资供给和管理、感化院和技工学校的创建和运营、《动物防疫法》的执行、主干道管理、酒类销售许可证的发放和警务权等等。

从此以后,乡村地方当局便名存实亡了。乡绅经过经济置换,离开了土地,在自己的祖籍地,已经成为政治上多余的人。里奇的立法改革走向了官僚制度,并导致了深层次的不稳定。曼宁认为它是 1833 年以来最激进的改制,无疑宣告着古老英格兰的终结。在女王的少女时代,这个国家总体上处于农业社会,在地方层面施行着乡绅们的家长式管理,在国家层面则施行贵族管理制;如今,英国已然是一个工业国家,在国家层面由财阀掌控,在地方层面,则由官僚们把持。

在失去了租金、地位和政治权力之后,小地主们最终再度遭受暴击:自由党财政大臣威廉·哈考特爵士① 1894 年引入了遗产税制度。对于以土地为

---

① 威廉·哈考特(William Harcourt,1827—1904),英国律师、记者、自由党政治家,曾在格莱斯顿内阁任内政大臣和财政大臣。

主要财富来源的人来说,这项措施意味着他们所继承的产业将不得不遭到削减或被分割得支离破碎。

所有这些旨在捣毁旧地主阶级的权力和稳定地位的措施,都是在这个阶级以及主要仰赖它的贵族阶级仍旧掌权时实施的。

不过,我们不应夸大它造成的损害,也不应当认为这一切仅仅发生在 19 世纪最后十年里。在许多地方,还要等到自由党 1909 年和 1910 年推出的激进财政预算,①以及第一次世界大战之后,我们刚才所描述的这场英国生活革命才算真正完成。维多利亚时代晚期的英国,仍有着大量乡绅。在许多教区,他们就像在西布索普上校②时期一样因循守旧、无处不在;在乡绅阶级上层当中,仍有一些人富可敌国,比如索尔兹伯里第三任内阁中的地方政府委员会主席亨利·查普林③。正如他的绰号"乡绅",他正是一位"乡绅中的乡绅"。

1862 年,成年后的查普林继承了林肯郡 2.5 万英亩的地产以及诺丁汉郡和约克郡的地产。当时,他的地租总收益每年高达 9 万英镑。30 年后,他决定出售他的乡间祖宅——布兰克尼宅邸④。他曾是布兰克尼狩猎俱乐部的老板。⑤ 他的儿女们"从幼年时就接受严苛的家教,对待骑马和狩猎,要像对待宗教一样来思考、谈论、梦想。'他日常使用的书斋'里只有《圣经》、赛马日程和议会指南"。在他陷入经济困难之前的快乐日子里,他纵情吃喝、慷慨好客,不仅在布兰克尼宅邸,而且在林肯市的宅邸伯格什礼拜堂里也大摆宴席,像君王一样款待来客。这位本质上属于 18 世纪的人物,简直就像是直接从菲尔丁的小说里走出来的角色似的。但是他活到了"汽车时代"。他厌恶这些精巧的铁玩意儿,几乎就像厌恶"城郊住宅"或"民主型保守主义"一样,他认为后一个词自相矛盾,关于这一点他似乎并没有说错。然而,作为地方政府

---

① 1909 年,劳合·乔治提出"人民预算案",矛头直指上议院保守党贵族。

② 查尔斯·西布索普(Charles Sibthorp,1783—1855),英国极端保守派政治家、议员。

③ 亨利·查普林(Henry Chaplin,1840—1923),第 1 代查普林子爵,英国地主、赛马场场主、保守党政治家,1868—1916 年在下议院任职。

④ 该宅邸建于 17 世纪 90 年代,建于历史久远的布兰克尼地产上,18 世纪上半叶被查普林家族买下,直到 1897 年卖掉。

⑤ 英国著名猎狐队之一,总部设在林肯郡布兰克尼村。

委员会主席，正是他大力促成了这项让他们免于被社会革命者取而代之的法案。1896 年“自行车热”风靡英国期间，很多名流在巴特西公园里骑自行车，“查普林却只是站在人行道上看热闹。”他注定要目睹比汽车或自行车更糟糕的东西。在离开人世之前，他见证了自己所属的阶级被遗产税、低地租、农业萧条和农业所得税所摧毁，又在第一次世界大战中几乎消亡殆尽。在英国，战争纪念碑差不多村村都有，上面镌刻着当地贵族大人物和乡绅或至少他们的一个儿子的名字，他们全都殒命于法国或弗兰德斯战场。“战争……永远改变了英国的贵族阶层……关于他们的子弟在战争中的阵亡比例远高于其他阶层的观点，绝非一种傲慢的错觉。事实就是如此……自玫瑰战争以来，英国贵族从未遭受过像在第一次世界大战期间那样重大的损失。”

　　查普林身穿长礼服而非锁子甲，头戴丝绸大礼帽而非头盔，不过他和他的同僚们更像是玫瑰战争中鏖战的甲士们，而不是那些从战壕里返家、吹着《迪克西》口哨①的南方佬或者期望妻子能够参加民主投票的人。第一次世界大战过于恐怖，不啻没顶之灾，所以我们每每用“小阳春”和“漫长的午后”来比喻英国一直苦撑到 1914 年萨拉热窝刺杀事件噩耗传来的那一刻的旧日政权。不过，维多利亚时代乡绅灭亡的事实提醒我们，实情并非如此。早在女王驾崩前，旧秩序就已陷入不可逆转的颓势。查普林的林肯郡老乡丁尼生在《洛克斯利田庄——60 年后》②中回到了他在 1842 年诗歌中写过的、虚构的林肯郡庄园。在 1842 年的那首诗中，年轻人用扬抑格诗句来哀叹那位已经嫁给当地乡绅的貌美如花的表妹艾米。

　　　　不是一家人，不进一家门；你与乡巴佬配对交欢。③

重返洛克斯利田庄时，在已然一位白发苍苍老人的作者眼中，那位“乡巴佬”已经成了往昔美好生活的化身，他：

---

　　① 与北方佬扬基相对，迪克西指美国南部诸州及人民；《迪克西》是南北战争时期的南方邦联非正式军歌。

　　②《洛克斯利田庄——60 年后》创作于 1886 年，是《洛克斯利田庄》续篇，描述工业化英国如何未能达到 1842 年时的期望；《洛克斯利田庄》讲述一遭拒的求爱者回到童年的家，感慨万千；诗中庄园原型是斯塔福德郡洛克斯利庄园，托马斯·金纳斯利（Thomas Kynnersley，1839—1874，议员）的前乡村宅邸。

　　③ 该诗行选自《洛克斯利田庄》。

> 甘当穷人之仆,盖村舍、建学堂、排干沼泽地。

这首诗是对现代世界的讽喻怨刺,罗列着这个国家江河日下的惨况以及充斥于城市的邪恶和不公——

> 蔓延过穷人大杂院中拥挤不堪的乱伦之榻。

诗人哀叹:

> 可悲的古老纹章,可悲的古老历史,可悲的古老诗歌,
>
> 如是,在这场吞没古老政治常识的庸俗洪流中灰飞烟灭。①

  这确实是一个平民的时代,似乎就是为了证明这一点,1896 年 5 月 4 日,一位名叫阿尔弗雷德·哈姆斯沃斯②的爱尔兰后生创办了一份名为《每日邮报》的新报。该报的版面设计别具一格,把世界新闻压缩成简报。第一期销量达 397 215 份,远超预期,为解燃眉之急,还不得不从两家晚报社租了几台印刷机。哈姆斯沃斯与才华横溢的编辑肯尼迪·琼斯③合作,为公众奉上了一份人人喜闻乐见的报纸,栏目五花八门,包括罪案实录、足球赛、赛马和板球。索尔兹伯里勋爵给哈姆斯沃斯发去一封贺电,不过私下里对后者这个投机把戏嗤之以鼻。这位首相评论道,萨克雷的小说《潘登尼斯》催生出了一份报纸④,是"绅士办的,给绅士看的";而《每日邮报》这份小报则是,"勤杂工办的,给勤杂工看的。"

  索尔兹伯里勋爵其实深知大英帝国早已非同往昔,勤杂工到处都是,否则以他敏锐的政治判断力,怎会违背所有的贵族本能去追求"城郊型保守主义"呢。此外,这些勤杂工个个都有太太,由此又引得阿尔弗雷德·哈姆斯沃斯于 1903 年创办了《每日镜报》,该报社的员工全是女性,读者也一样。

---

① 以上数句诗行选自《洛克斯利田庄——60 年后》。

② 阿尔弗雷德·哈姆斯沃斯(Alfred Harmswort,1865—1922),第 1 代诺斯克利夫子爵,即北岩爵士,英国报业巨头,英国现代新闻事业奠基人,通俗新闻早期创建者。

③ 威廉·肯尼迪·琼斯(William Kennedy Jones,1865—1921),英国记者、编辑、商人、报社经理、议员。

④ 即晚报《蓓尔美街报》,由乔治·默里·史密斯于 1865 年在伦敦创办,首任编辑是弗雷德里克·格林伍德,报名采用萨克雷在小说《潘登尼斯》中虚构的一份报纸名。

哈姆斯沃斯家族——阿尔弗雷德的弟弟哈罗德①也是报社老板，他从哥哥手里买下了《每日镜报》，并一度拥有《泰晤士报》——的例子表明，想用卡尔·马克思或悉尼·韦伯和比阿特丽斯·韦伯认可的术语来定义社会和政治变革的本质，并非易事。捣毁贵族世界及其普遍认同的服从风气的，并非工会或码头罢工工人，而是那些一英亩一英亩、一平方英里一平方英里土地上神气活现、自给自足的郊区居民，他们无忧无虑地度过一生，一辈子也许都没见过一个乡绅或贵族，更不用说对他们脱帽致敬了。昔日农业时代，农民甚至小自耕农（哈姆斯沃斯一家便属于该阶级）都依赖地主，就像城市无产阶级依赖大大小小的工厂主一样。曾几何时，哈姆斯沃斯一家离开爱尔兰和耕种其上的田地，做起小买卖，在伦敦过起穷要面子、勉强糊口的生活，时刻面临破产威胁（父亲是酒鬼），不过，却不再归属于什么人了。总之，阿尔弗雷德·哈姆斯沃斯（1918年获封诺斯克利夫子爵）和哈罗德·哈姆斯沃斯（1919年获封罗瑟米尔子爵）走上了一条专门取悦平民夫妻"凯莉·普特和查尔斯·普特"的康庄大道，还促使人们注意到这个事实：对于广大小资产阶级，政客们如今只能巴结而不是耍威风了。

多愁善感的罗斯金式人物，或者老牌保守党人，可能会对"现代"唉声叹气，而哈姆斯沃斯兄弟却赞美着它，甚至可以夸张地说，在某种程度上创造了它。《每日邮报》与它的老板一样痴迷于"速度"，赞美着摩托车，对"汽车驾驶"也充满热情。

一方面，哈姆斯沃斯兄弟自命为一对正兴奋地告诉成千上万读者"平民的时代"已经来临的郊区居民。另一方面，就像后来许多报社老板一样，他俩都是自大狂、醉心于权力的疯子，心狠手辣、傲睨一世，俨然成了小独裁者。1919年，诺斯克利夫勋爵大发雷霆的一幕正好被美国《纽约时报》战地记者碰上了，只见勋爵对着电话嘶吼："你把月亮怎么了？……我说的是月亮！——月亮！有人把月亮挪地方了……给我听好了，要是谁敢再动一下，就是天王老子，也得给我滚蛋！"原来，天气预报被移到另一个版面了。

---

① 哈罗德·哈姆斯沃斯（Harold Harmsworth，1868—1940），英国报业巨头之一，联合报业有限公司老板。

这个新的政治世界确实给人月亮被移动、一切乱了套之感。选举制度的平衡、凝聚力的缺乏或政治上的不成熟，也许在一定程度上解释了为什么城市工人阶级不愿更多地团结起来支持独立工党了。不管怎么说，他们中的许多人都是支持索尔兹伯里勋爵的死硬沙文主义者。辉格党和老派的托利党要么已成昨日往事，要么即将淡出历史。爱尔兰是个例外，在那里，帕内尔的垮台使地方自治大业遭受重创，而自治事业哪怕一点点的成功可能，都反而加强了信仰新教的北爱尔兰统一派的反对力量，爱尔兰各政党正渐渐与本该作为其天然选区的地方失去联系。这一地区为一种新型政治敞开了大门，其基础并非什么明确的利益，而是一种随时准备审时度势、顺势而为的适应能力。

在帕内尔倒台后，最让人津津乐道的一位政治人物，无疑是将于1916年接替阿斯奎斯出任首相的大卫·劳合·乔治。担任财政大臣期间，乔治推出激进财政预算案——实施社会福利制度和发放养老金等一系列措施——使工人阶级受益良多，这使他远胜在工党有机会掌权之前只知花言巧语蒙骗工人的基尔·哈迪，或者本有机会为工人办些实事，却因为无能而浪费了大好时机的拉姆齐·麦克唐纳。

梅纳德·凯恩斯对劳合·乔治的描述是：一位嘲讽战时首相的聪明的年轻人，他领导的政党在1918年和平降临之际四分五裂。这个评价诙谐幽默且一针见血；不过，凯恩斯也只说对了一半——"对于我们时代这位非凡的大人物，这个海妖，这位长有山羊脚的吟游诗人，这个来自远古凯尔特女巫出没、妖术横行的魔法森林并穿越到我们时代的半人半妖的来客，我怎样描述才能够向与他素昧平生的读者传达对他的准确印象呢？……劳合·乔治植根于虚无，空空如也，欲壑难填；他依靠攫取周遭环境里的一切为生、为食。"

实际上，劳合·乔治并非植根于虚无。他所根植之处，也许连经济学天才凯恩斯都难以理解：维多利亚时代的北威尔士。从某种意义上说，劳合·乔治的政治命运是由格莱斯顿执迷于"绥靖爱尔兰"的使命所决定的，因为正是如此众多的英国自由党党徒投奔到了统一派（以及帝国主义者）事业当中，才迫使格莱斯顿的自由主义来到了英国这片属于凯尔特人的边缘地区，并令苏格兰人、威尔士人和爱尔兰人得到了原本不可能获得的重视。在帕内尔垮台后,凯尔特人的边缘地区所扮演的角色并非只是在辉格党人和激进派之间的都市大联盟之上增添一道亮丽的乡村美景:它已成为自由党的核心地带。爱尔兰应该走自己的路,这已是大势所趋。在苏格兰,激进派的支持对象在自由党和新成立的独立工党之间不停地转换,而在威尔士,这种转换也一样在上演,只是速度有所放缓。(基尔·哈迪在西汉姆地区选举失利后,被选为南威尔士梅瑟蒂德菲尔矿区选区的议员候选人。)

大卫·劳合·乔治的母语是威尔士语,仕途生涯刚起步时,他实际上是个威尔士民族主义者,或者至少是威尔士地方自治的鼓吹者。不过他生活的威尔士与凹地山谷遍布的南威尔士截然不同。他出身于寒门,并在贫困中长大,却继承了与吟游诗人一脉相承的教师、传教士、梦想家和满口豪言壮语的传统。大卫·劳合·乔治自有独到之处,得以不断超越自己的出身。

他实际上于 1863 年 1 月 17 日出生在英格兰的曼彻斯特。他的父亲当过教师,后来放弃了这一职业,转而务农去了。大卫 17 个月大时,父亲去世。此后,大卫和尚在襁褓中的弟弟在母亲和舅舅的抚养下长大,舅舅是个小鞋匠,也是拉纳斯蒂姆杜伊村浸信会教堂的台柱子。

威尔士的社会等级制度并不像工业化的英格兰那么森严。一个聪明、识文断字的鞋匠固然贫穷,但不算是社会最底层的人。唯心主义哲学家亨利·琼斯爵士①——英国科学院院士、荣誉勋爵和格拉斯哥大学教授——便出身于登比郡兰盖尔纽村一个鞋匠家庭,虽然 12 岁时辍学,却在学习氛围浓厚的世界里长大。劳合·乔治在当地一所教会学校接受了良好的教育。在政治生涯早期,他关注的是教会什一税这种看起来仅仅属于教会的问题。威尔士的(英国国教)教会并没有像 1859 年爱尔兰教会那样被解散,所有当地农民和住户仍必须向牧师缴纳什一税。与爱尔兰一样,在威尔士,英国国教同样令人怨声载道。表面上看,这是一个去浸信会教堂做礼拜的鞋匠或挤奶工是否应该掏腰包供养英国国教教区牧师的小问题,实际上,它却包含着一个更大的问题:国家对弱小民族和平头百姓的控制权问题。

从本质上讲,这正是劳合·乔治一辈子也没有成为社会主义者的原因。

---

① 亨利·琼斯(Henry Jones,1852—1922),威尔士哲学家、学者。

他认为,国家是推动个人命运的力量,而非教会、工厂主或地主等家长式存在的替代品。1906 年,已是成熟政治家的劳合·乔治在伯明翰演说时指出,约瑟夫·张伯伦的关税改革①"把富人的观剧镜对准了穷人的苦难。一旦你这么做了,人类的内心便自然会有足够的善意"。

这简直就是狄更斯的措辞。劳合·乔治的本性中确实有着强烈的狄更斯特质——活力超凡、爱做白日梦、骨子里慈悲为怀。他认为,1906 年自由党大选取得重大胜利,正是为穷人干点实事而无须采用独立工党所倡导的集体主义解决方案的大好时机:

> 对自由党人,我有话要说——我可以告诉他们是什么让这场独立工党运动在这个国度成为一股横扫一切的强大力量——横扫一切,包括自由主义。如果诸位在任期结束时发现,在改善人民的社会状况,在消除这片闪耀着财富之光的土地上的全国性贫民窟恶化状况以及比比皆是的穷困和赤贫方面,本届议会敷衍塞责、碌碌无为……那么,这片土地上必然会出现一种呼吁创建一个全新政党的真切呼声,而在座的诸位(本次讲演在彭林代德赖斯小镇)中许多人必然会加入这场呼吁。

这就是伟大的劳合·乔治的观点,此时他即将升任财政大臣,并将最终成为首相。正如格莱斯顿年轻时便声名鹊起一样,大卫·劳合·乔治同样少年得志,早年便完成了社会和政治意义上的崛起,不过他的这种成功,与前者又是那样截然有别。

1892 年 9 月 13 日,格莱斯顿站在斯诺登山怪石嶙峋的山坡上,在蒙蒙细雨中拍了一张精彩的照片。这位"元老"此行的目的,名义上是为了开辟一条小径,实则是为了稳定威尔士选民,表明他会在土地、什一税和当地教会的独立性等重大问题上倾听选民们的心声。劳合·乔治的弟弟威廉②倍感惊讶地发现,格莱斯顿身板硬朗,竟然身手敏捷地爬到岩石上对人群发表演讲。在前一天举行的晚宴上,作为卡纳封选区的议员,年仅 29 岁的大卫·劳合·乔

---

① 1903—1906 年间,张伯伦发起英国关税改革运动,主张建立保护性关税,这从根本上否定了自由贸易的原则。

② 威廉·乔治(William George,1865—1967),英国律师、公众人物。

治已经见到了这位"元老"。"这位来自昔日世界的伟人"语调深沉、充满活力,虽然谈的只是诸如"波纹铁皮屋顶的盖法"这种枯燥乏味的话题,依然令劳合·乔治倍感震撼。

如果说劳合·乔治看到的是一位声如洪钟的鹤发老者,那么格莱斯顿则看到的是一位热切、幽默的后生,长着明亮的蓝眼睛和乌黑的头发,发音悦耳动听。如果格莱斯顿知道劳合·乔治是一位高超绝伦的猎艳高手,还能预见到这位已婚且最终生养了五个(合法)婚生子女的身为父亲的人会厚颜无耻地利用这种吸引力,那他想必就不会如此认同乔治了吧。(某次,劳合·乔治在一家旅馆办了一场私人晚宴,应邀的来客都是通常被认为的他在公共政治领域中的敌对者。其中,一位叫奥斯瓦尔德·莫斯利爵士①的说,"'如果这次聚会被捅出去,屋顶肯定会被掀翻的。'劳合·乔治,双颊酒窝闪动,高深莫测地答道:'放心吧,我的宝贝儿,如果过去 40 年里我在这家旅馆里所做的都泄露了出去,你知道我早就该被踢出政坛不知多少次了。'")

从一开始,大卫·劳合·乔治就对自己的命数抱有拿破仑式的自信。18岁时,也就是在他取得律师资格的 3 年前,他第一次去伦敦参加中级律师资格考试。那天是星期六,他参观了空无一人的下议院。他在 1881 年 11 月 12 日的日记中写道,"我只能说,我是以一种类似于征服者威廉拜见忏悔者爱德华时那种把英格兰视为他未来领地的心态来凝视议会的。"在写给未婚妻玛格丽特·欧文②的信中(大约 1886 年),他的措辞坦率得让人不寒而栗。"我的终极理想就是出人头地。为此理想,我不惜牺牲一切——除了我笃信的诚实之外。纵使爱情挡路,我也决意将它推入我的奎师那神③战车的巨轮下。"不能说她并未从中得到警告,不过,这个苦命的女人终究还是低估了他的风流成性。如果卡莱尔还健在,看到了劳合·乔治之毫无诚信毫无节操,一定会感到震惊;不过,他也想必会对这位来自克里基厄斯小镇的律师雄心勃勃地

---

① 奥斯瓦尔德·莫斯利(Oswald Mosley,1896—1980),英国政治家,20 世纪 20 年代成为议员,1932 年创立英国法西斯联盟,1942 年被取缔。

② 玛格丽特·劳合·乔治(Margaret Lloyd George,1864—1941)娘家姓欧文,威尔士慈善家,1919 年英国最早任命的七名女地方治安官之一。

③ 印度教中的神灵,印度教徒每年举行仪式祭神,该神像被置于一巨大战车上。

成为一群乌合之众的领袖的自信和成功感到刻骨铭心。了解了劳合·乔治的阳刚气度之后,当人们想到罗斯伯里勋爵及其在上下两院的自由党统一派的追随者们明显的软弱无能,每每会忍不住往"隐喻"方面浮想联翩了(虽然赫伯特·阿斯奎斯也是一位深藏不露的猎艳高手和"人妻杀手",在这方面与劳合·乔治势均力敌)。

如果活动领域局限于国内政治,大卫·劳合·乔治似乎是没有多少用武之地的。1895年,自由党在大选中被击败,在野时间长达10年。索尔兹伯里勋爵及其政府很少关注威尔士人及其当地的事务。劳合·乔治之所以得以应运崛起,是因为充任了一个更广泛的政治主题的代言人。

在南非,为了攫取金伯利城的钻石,英国吞并了奥兰治自由邦以东的西格里夸兰殖民地。随后,德兰士瓦共和国南部的威特沃特斯兰德山脉也发现了黄金,居住在该地的一批外国人(英国侨民)对布尔人的传统生活方式开始构成威胁。德兰士瓦共和国总统保罗·克留格尔拒绝了英国侨民们要求得到政治权利的诉求。

1895年12月,开普殖民地总督、少壮派塞西尔·罗得斯竭力策划了一场约翰内斯堡英国侨民的起义,而开普殖民地特许公司警察部队下属的一支别动队将会配合本次行动,这支别动队由罗得斯的好友詹姆逊医生①指挥。索尔兹伯里勋爵政府里的新任殖民大臣约瑟夫·张伯伦事先就知道这项鲁莽的非法计划。然而,"詹姆逊袭击事件"最终遭到了可耻的惨败。詹姆逊医生率领的部队推进得太快,与幕后的策划人罗得斯失去了联系;英国侨民并没有发动暴动。结果,罗得斯失去了权力,他试图在布尔人和英国人之间建立相互信任的如意算盘也落空了。

英帝国主义者沦为笑柄,世界上的其他国家也不禁对它冷嘲热讽起来。一个目睹过英国人数十年来一直干涉本地内政(在强制推行英语的威尔士学堂里,讲威尔士语的学童必须穿上背面印有一个大大字母"W"的校服)的威尔士人,自然不免也有幸灾乐祸之感。布尔人多为新教徒和山区农民,不如威

---

① 利安德·詹姆逊(Leander Jameson,1853—1917),苏格兰人,殖民政治家,时任英国南非公司下属马塔贝莱兰殖民地行政长官。

尔士人活跃，不过两者之间还是有着不少共同之处的。1896 年 11 月 28 日，劳合·乔治在珀纳斯的一次演讲中对听众宣布，"南非，一个弹丸小国，其军队规模至多相当于一个普通德意志公国，竟然能够挑战大英帝国的权力。"此时，在维多利亚女王统治的末期，所有英国人都把目光转向了南非。

第 42 章　布尔战争

第一次世界大战期间,罗伯特·贝登堡勋爵①这位童子军运动创始人、梅富根守城战(1899 年 10 月 14 日—1900 年 5 月 17 日)的大英雄、世袭贵族、男子汉浩然正气之栋梁,正饱受失眠和头疼之苦。他到哈利街看病,F. D. S. 杰克逊医生建议他写梦境日记。杰克逊并非精神分析师,但他清楚,好人贝登堡得的是心病。

1917 年 4 月 3 日,贝登堡梦见自己在一个乡下小镇里盯着商店橱窗。几个男人站在他身边。"我左手边那位,不用看就知道是个当兵的,使劲儿往我身上靠。我掉开脸,突然发觉他把手伸进我口袋里……我想使出点柔术制服他,不过最后伸出胳膊搂住他的脖子,给人感觉好像我俩是铁哥们似的,就这样逼迫他一起走向警察局……隔着他的外套,我能感觉到里面没穿什么衣服,胸口还有个肿块,于是我为他感到很难过。"

1919 年,在他的第三个也是最后一个孩子出生两年后,贝登堡开始与太太分床睡,此后头疼便没再犯过。

塞西尔·罗得斯②从不隐瞒自己喜欢男仆和男下属陪伴的事实。一位秘书回忆说,在罗得斯担任开普殖民地总督时,"每天下午,他总把我叫到他办公室,陪他一起处理私信。于是,每天下午和他在一起待上半小时一小时成了我最大的乐趣。罗得斯非常和蔼可亲。他让我把椅子拉得很近,紧挨他

---

① 罗伯特·贝登堡(Robert Baden-Powell,1857—1941),英国陆军军官、作家、童子军运动创始人。

② 塞西尔·罗得斯(Cecil John Rhodes,1853—1902),英国政治家、商人,罗得西亚的殖民者,罗得西亚即以他的名字命名。他靠剥削南非的自然资源获得大量财富。

坐,常搂住我的肩膀……"罗得斯或许和内维尔·皮克林①关系最亲密。他们住在一处,内维尔死时,罗得斯伤心不已。

一些人看来,贝登堡或者塞西尔·罗得斯的内心似乎是"不言而喻的"。弗兰克·哈里斯②喜欢谈论罗得斯的"情色癖好",宣称它们"与奥斯卡·王尔德有一拼",不过他并没有切实的证据,而且他也承认,尽管他乐此不疲地传播这类谣言,其实对它们也只是半信半疑。

当然,在大英帝国男子气概十足的世界里,五大洲的所有种族和体型各异的大兵和仆从都汇聚一堂,什么行为都有可能发生。比如基钦纳勋爵③的一位传记作者就宣布,"并未发现"关于他的"情色癖好"的证据。另一本基钦纳传记则探讨了基钦纳和寇松勋爵④的关系,将寇松对女人的重度痴迷和基钦纳的不同"取向"加以对比。这位传记作者引用了"一位 1914 至 1918 年战争之前与寇松活跃于同一个社交圈里的女士"的话,该女士说她想找一位年轻男士结婚,而寇松对她表示,他对女人毫无兴趣了,因为基钦纳勋爵已把他"引入"了另一种爱好。

如果我们把整个大英帝国解释为一种对性的压抑,或者对性的缺乏同情,也许便会比较容易理解那些帝国主义者们。我们不妨认为,在王尔德蒙受奇耻大辱的那一刻,罗得斯、基钦纳、贝登堡,还有其他许多男子汉气概十足、饱经风霜⑤的"帝国之子们",也在事业即将达到巅峰之际功亏一篑了。帝国都是具有男性特征的,它们之所以出现,大概与雄性激素分泌过量不乏关系。罗马帝国的历任大帝中,唯独克劳狄一世因为对女人的不同寻常兴趣而遭到耻笑。其他罗马皇帝都喜好同性,尤其是美少年。亚历山大大帝的帝国和鼎盛期的奥斯曼帝国也是如此。这些并非偶然现象。

---

① 内维尔·皮克林(Neville Pickering,1857—1886),罗得斯的私人秘书、同居者。

② 弗兰克·哈里斯(Frank Harris,1855—1931),爱尔兰裔美国人、编辑、小说家、记者、出版商,结交了当时很多名人。

③ 霍雷肖·基钦纳(Horatio Kitchener,1850—1916),爱尔兰裔英国高级军官、殖民地行政官。

④ 乔治·寇松(George Curzon,1859—1925),英国保守党政治家,1899—1905 年任印度总督。参见本书姊妹篇《维多利亚时代之后》中对他的介绍。

⑤ 19 世纪,英国有个传统,男婴穿白色长裙,蹒跚学步时,长裙会变短;长成男孩后,穿短裤;童年中期,改穿马裤;青春期,穿长裤。——作者注

不过,现在我们得面对大英帝国里这个麻烦的问题了。我们现代人回顾历史时,每每觉得能够笃定地看出之前的各种错误。比如对同性恋的压制,在早已熟悉了心理疗法、"谈话疗法"和宣泄疗法的下一代人看来,已经显得可悲、毫无必要。

在英国军队中,第一位行伍出身、晋升高级军官的人是赫克托尔·麦克唐纳爵士①。身为苏格兰佃农之子,麦克唐纳是五兄弟中最小的一个,17岁时加入戈登高地人步兵团。他作为普通士兵参加了1879年的英阿战争,在跟随将军弗雷德里克·斯雷·罗伯茨伯爵(1832—1914)进军喀布尔时,他赢得了"好战的麦克"的绰号。归国途中,他又参加了第一次布尔战争,亲历了英军在马朱巴山战役中的惨败。随后在19世纪八九十年代之交时,他跟随基钦纳再次踏上远征苏丹之旅,担任旅长,颇受爱戴。他拥有"非凡的军事指挥天赋"。"好战的麦克"凯旋回国后,成了备受追捧的大英雄,成为维多利亚女王的侍从武官。在第二次布尔战争期间,他出任少将,并被晋封为爵士。战后他被派往锡兰担任驻岛将军,但此时,有人对他发起了"极其无礼的指控"。他动身去伦敦向陆军部进行自我申辩,然而尚未回到祖国,便在巴黎的雷吉娜旅馆饮弹自尽,时年49岁。

我们很多人都会觉得这个故事比那位乐于出名的王尔德的悲剧更不幸。当有人禀告乔治五世说某人是同性恋时,国王曾经毫无冒犯之意地评论道,"我想,那种人肯定会开枪自尽的吧",没想到竟然一语成谶。

我们知道帝国主义的男子汉气概崇拜与情感的压抑共存,也许我们便会因此觉得,我们颇为了解帝国主义者们了,以至于能够"发掘"出一连串隐秘的同性恋者来。比如约瑟夫·鲁德亚德·吉卜林,蓄着浓密唇髭、戴着圆眼镜;尽管他是在19和20世纪之交的时候采用这种装扮的,但我们依然会觉得他颇富20世纪七八十年代的同性恋风格。有人觉得他就是一位同性恋,也就毫不奇怪了。

对吉卜林是同性恋的说法,大多数评论家和传记作家都会嗤之以鼻吧。不过,从某种意义上说,深究此事并无意义,因为对于一个现代人来说,比起

---

① 赫克托尔·麦克唐纳(Hector MacDonald,1853—1903),英国军人、少将。

大英帝国鼎盛时期的隐秘历史,倒是它那些堂而皇之地公开的历史更令人难以接受。这个时期盛行着厚颜无耻的、不容商量的父权气概,相信男女两性可以平等地统治世界的新一代人会发现这一点根本匪夷所思。1890 年代,甚至争取妇女选举权的运动也偃旗息鼓了。像汉弗莱·沃德夫人①和悉尼·韦伯夫人这些聪慧女性居然也公开表示,女性不应享有选举权。

这是一个令人窒息、男权主宰一切的世界。陆军、海军、行政机构、议会两院都由男性把持。拓疆辟土的帝国冒险家,担负治理职责的地方大员和总督,整个帝国都掌控在男性手中。这就是当时的事实,我们有必要反复强调这一点。不要以为通过琢磨他们的语言和文字,我们便已经洞穿了吉卜林或贝登堡的同性恋心理,完全了解了他们。我们更应该好好地看看他们所处世界的男权化程度。吉卜林和贝登堡是朋友。梅富根守城战打响的那一年,吉卜林出版了关于公学生活的经典力作《斯托基公司》。("在印度,斯托基之流遍地都是——来自切尔滕纳姆、黑利伯瑞和马尔伯勒公学的家伙——我们对他们一无所知,不过,当一场脸红脖子粗的真正大吵开始时,出其不意的'惊喜'便会接踵而至。")翻翻吉卜林的小说,你就能够看出贝登堡在第二次布尔战争后创立的童子军运动的由来,"夏天,凡是像样的男孩都会在公学后面的弗兹希尔村小山上搭起帐篷——树桩、树根和多刺灌木丛当中的小小藏身之所。"从某种意义上说,"在 1890 年代末,是吉卜林造就了贝登堡,"后来吉卜林还为童子军运动写了几首歌词,最著名的便是那首"所有巡逻队员们,注意!"。②

吉卜林讲了一句能噎死人的大实话:大帝国的缔造者,就是那些"三柱门旁穿法兰绒套装的蠢货,和球门前满身泥泞的白痴";而亚瑟·克里斯托弗·本森③(《希望与光荣的土地》作者)的说法则比较客气:那些"衣冠楚楚、彬彬有礼,富于理性,充满男子气概的男孩子们,他们对事物的看法千篇一律,从

① 玛丽·沃德(Mary Ward,1851—1920)、英国小说家、批评家,托马斯·阿诺德的孙女;丈夫是汉弗莱·沃德。

②《童子军巡逻歌》,1913 年。

③ 亚瑟·克里斯托弗·本森(Arthur Christopher Benson,1862—1925),英国散文家、诗人、作家、学者。

事着千篇一律的活动,对于任何对书籍、艺术或音乐感兴趣的怪人,他们会报以礼貌的一笑"。

大英帝国的天真无邪,部分意义上在于这种庸俗的男孩气质,而那些没有赶上经历后殖民时代的罪恶和焦虑感的年轻人,在乔治·阿尔弗雷德·亨蒂①的学童奇闻或稍晚些的约翰·巴肯②冒险故事中所能感受到的魅力,部分意义上也正在于这种庸俗的男孩气质。

在这类奇闻逸事小说中,赖德·哈格德③《所罗门王的宝藏》(1885 年)算得上是相当激动人心的一部。这是一部经典寻宝小说。小说主人公艾伦·夸特梅因,是一位在非洲猎杀大型猎物的猎人兼探险家。小说第一页便向读者保证,本小说纯属娱乐——"此刻,我在德班,躺在床上,左腿疼痛难忍。自打那头该死的狮子缠上了我之后,我就惹上了这桩闹心事……"读者无须提心吊胆,接下来的故事与姑娘们或娘娘腔们一点也不挨边——"我对天发誓,本小说从头到尾找不到一条'衬裙'。"冒险之旅开启了,欧洲人凭借着一位葡萄牙探险家留下的 16 世纪旧地图和一封信,出发去寻找所罗门国王遗失的宝藏。探险队里有个家伙——他名字的本意是"好男人",真是恰如其分——爱上了一位非洲女子。这位女子则恰逢其时地死去并留下遗言,"务必转告我的主人邦万——我爱他,告诉他,我欢欣赴死,因为我知道跟我这样的人在一起只会拖累他的,太阳与黑暗成不了亲,白人跟黑人也不可能配对。"

原来,非洲向导厄姆宝帕才是库库纳王国的真正国王伊格诺希。他们历经了惊心动魄的冒险之旅——找到了非凡的宝藏,险些永远困死在冰冻的石笋中间——之后,这位国王得出了致命的结论:

> "如今,我终于懂了,"伊格诺希目光如炬,痛苦地说,"你们爱这些光闪闪的石头,甚于爱我,你们的好友。石头,你们拿到手了;如今,你们要

---

① 乔治·阿尔弗雷德·亨蒂(George Alfred Henty,1832—1902),英国小说家、战地记者,主要成就在于历史冒险小说。

② 约翰·巴肯(John Buchan,1875—1940),英国小说家、历史学家、统一派政治家,曾任加拿大总督,著有《三十九级台阶》。

③ 亨利·赖德·哈格德(Henry Rider Haggard,1856—1925),英国小说家,擅写非洲冒险故事。

到纳塔尔省去,蹚过奔涌的黑水,卖掉石头,发财致富,这是每个白人梦寐以求的。白石因你们而受诅,寻找白石者也必受诅咒。凡踏入死亡之地寻找白石者,必死无疑。我说完了。白人们,你们可以走了。"

在评述哈格德的神话般杰作《她》时,维克托·索顿·普里切特爵士①造出了一个绝妙的说法。E. M. 福斯特②说过,小说家是把水桶丢进潜意识里打捞,普里切特的说法则是,哈格德"用一个真空泵抽出了公众的全部欲望"。对于《她》这部出色的作品来说,也许如此吧,不过《所罗门王的宝藏》可不是这么回事。

这部巨著出版时,身为萨福克郡乡绅之子的作者哈格德只有 29 岁。这是第一部非洲题材的英文流行小说。"对非洲的争夺"正如火如荼之际,哈格德讲了一群剽悍的英国绅士勇敢地深入当代非洲和失落的神秘古代文明的故事,让奉行沙文主义的公众们激动不已。不过这不只是一个探险故事。所罗门王的宝藏仍旧封存在山中,但夸特梅因和好朋友们千方百计从山里爬了出来,口袋里塞满足以让他们过上一辈子富裕生活的宝石。

这部小说巧妙地综合了探险者的英雄主义、驱使其冒险进入黑暗大陆的贪婪,以及对于自身文化优于非洲文化的信念。从这个意义上讲,我们便理解了为什么詹姆斯·肯尼思·史蒂芬③会把哈格德和那位"未曾加冕的帝国主义桂冠诗人"④相提并论。吉卜林越来越多地待在非洲(南非),不仅喜欢那里的风景和气候,还喜欢那里白人的态度。他要为女王登基的钻石禧年写一首伟大的赞歌《退场赞美诗》,并相信征服"无法无天的劣等种族"是大不列颠责任的一部分。也就是——借用他又一个已经成为英语成语的说法——"白人的责任"。

吉卜林和他这一代人的许多理想,都由一位靠经营钻石而大发横财的年

---

① 维克托·索顿·普里切特(Victor Sawdon Pritchett,1900—1997),英国作家、文学评论家。
② 爱德华·摩根·福斯特(Edward Morgan Forster,1879—1970),英国小说家、批评家、剧作家。
③ 詹姆斯·肯尼思·史蒂芬(James Kenneth Stephen,1859—1892),英国诗人。
④ 诗人 T. S. 艾略特认为约瑟夫·鲁德亚德·吉卜林是一个没有加冕的桂冠诗人,一个被冷落的名人。

轻人实现了。吉卜林被引见给他时，这位蓄着八字胡、矮墩墩的早衰之徒问道，"您的梦想是什么？"吉卜林答曰："您就是我的梦想之一。"

1870 年，时年 17 岁的塞西尔·罗得斯，这位赫特福德郡的牧师之子，首度乘船驶往非洲东海岸。两个伟大的非洲国家——北罗得西亚和南罗得西亚（如今的赞比亚和津巴布韦）将以他的名字命名。不管他是否真的曾经按住非洲地图说，"全部属于英国，这是我的梦想"——另一种说法是："全部标红"——他想必相信，在一方理想的世界里，英国将不仅主宰这块"黑暗大陆"，还将称霸全球。在他年轻时写的《自白书》里，罗得斯甚至梦想有朝一日美国也能重返大英帝国怀抱。诚然，"要是没有来自爱尔兰和德国的劣等侨民"，这个伟大的国度就会更有价值了。"如果美国仍是我国的殖民地……将会有数百万甚至更多英国人生活在那里……只因我们是世界上最优等的种族，我们在世界上安居的地方越多，对整个人类就越有利。"

也许我们可以毫不夸张地讲，如今像罗得斯这么想的人，在这座星球上差不多都已成历史了。当然，有些人为了标新立异或只为了取乐，会假装成英帝国主义者，尽管帝国只剩下圣赫勒拿岛、直布罗陀或英国人口中的福克兰群岛等寥寥几座海礁前哨，要像罗得斯一样发梦，哪怕只是做做姿态，也并非易事了。同样，也会有不少人，不仅限于英国人或白人，也许会希望公正地看待大英帝国。他们可能会说，"诚然，帝国缔造者们的态度，在现代人看来都是颇为敏感的话题；而且确实发生了一些不愉快的事；不过，大英帝国给其治下的几乎所有国家都既带去了不好的东西，也带去了好东西。有些国家确实因为英国人出于善意而带去的教育制度、铁路交通或行政管理而受益良多。"这些观点足以让我们同时代的许多人感到震惊，不过它们与罗得斯"英国将接管全世界"的近乎神秘的想法依然相去甚远。亚瑟·克里斯托弗·本森写过一首著名颂歌——"你的疆域被开拓，宽而益广！上帝成就你的伟业，使你坚而益强！"如今，在王家阿尔伯特音乐厅举行的年度逍遥音乐节的"最后一夜"音乐会上，人们总会带着几分讥讽将其吼唱出来，然而一度它曾被肃穆地演唱着。这几句歌词曾经充任了两代英国人恪守的信条，左右着英国政府的外交政策和英国公众的基本态度，一直持续到 1945 年。

那些目睹了 1980 年 8 月哈拉雷市中心（旧称"索尔兹伯里"，南罗得西亚首都）罗得斯雕像被拆除的人们，和后殖民时代的英国人一样，很难理解罗得斯和他那一代人，而且罗得斯和他的帝国愿景尽管曾经颇得大多数人青睐，同时代的人中也有不少对此表示谴责的。"罗得斯没有给这个世界带来一丁点原则。他只有一台仓促行事、设计精当的机器，去传播他自己都尚未把握的原则。他所谓的理想不过是达尔文主义的残渣余孽，早已不仅是一潭死水，而且五毒俱全。"这是吉尔伯特·基思·切斯特顿的原话。比阿特丽斯·韦伯认为战争不可避免，但战争真正爆发时，她将其归咎于"英国政策中格莱斯顿式的基督教感伤主义与罗得斯和詹姆逊的无赖行径的不可思议的媾和"。

塞西尔·罗得斯

令赖德·哈格德兴致益然的钻石，从 1866 年开始在阿非利卡人的农场里陆续被发现。1870 年至 1880 年，荷兰殖民者世代耕种的乡野上挖掘出了价值连城的大号宝石。自然，人们为了这些钻石和它们的发现地的所有权展开争斗。1870 年，来到此处开展河流淘钻的人已达 5 000 之众。1871 年，塞西尔·罗得斯从他哥哥在纳塔尔的棉花农场来到此处的钻石矿区。在矿上（以英国殖民地事务大臣金伯利的名字命名）站稳脚跟几个月后，罗得斯与一个叫查尔斯·拉德①的人成为合伙人。1873 年，他们的一台制冰机投入使用。1874 年，他们从英国进口了重型抽水机，跋山涉水 600 英里，用牛车从开普殖民地运到此地。他们与矿上签订了合同，负责整个矿井的抽水工作。到 1887 年，罗得斯创办的戴比尔斯矿业公司已经完全控制了巨大的戴比尔斯矿，没多久，金伯利矿山也被他收入囊中。

这些不义之财或经"豪赌"赚来的钱，数量之大令人瞠目结舌。1886 年，有传言说在比勒陀利亚附近，阿非利卡人称作白水山脉的地方发现了金矿。事实上那里的金矿石品质很差，但金伯利的钻石巨头们以雄厚的实力，投资购买重型机械，一直挖到地下 2 500 英尺处，开采出了高纯度的黄金。1892 年，罗得斯在此处建立了南非统一金矿公司。

---

① 查尔斯·拉德（Charles Rudd，1844—1916），塞西尔·罗得斯的主要商业伙伴。

罗得斯和拉德想开发位于马塔贝莱兰的潜在金矿,于是去找洛本古拉国王①商讨签订所谓的《拉德租约》。他们同意每月向国王及其继承人支付 100 英镑,并提供 1 000 支马蒂尼-亨利后装线膛步枪和子弹以及一艘蒸汽动力炮艇,以此换来了国王领地内所有矿产的开发权。

把 1870 年的南部非洲旧图跟 1895 年——这一年,在英国政府和王室的支持下,罗得斯吞并了马绍纳兰和马塔贝莱兰以及现在的赞比亚和津巴布韦全境——的新图加以比较,罗得斯的成就便一清二楚了。最臭名昭著的是,罗得斯还盯上了贝专纳②的阿非利卡人领地,1895 年底,詹姆逊在该地发动了突袭,结果遭遇惨败。罗得斯的殖民生涯由此开始走向终结,他被迫辞去开普殖民地总督一职。不过,这并未对罗得斯在国内的政治前途和声誉造成丝毫损害。公众依然大张旗鼓地力挺詹姆逊。新任殖民地大臣约瑟夫·张伯伦鼓动罗得斯去侵吞罗得西亚更多的领土,并朝霸占整个南非的目标迈进。此时,身为 1652 年第一次来到开普半岛的荷兰殖民者后裔的布尔人,开始担心起这些他们叫作"外来者"或"外侨"的人,就并不奇怪了。

1830 年代,阿非利卡人曾经大规模地迁出开普殖民地。大约 1 万人奔往德兰士瓦寻求独立生活。参加过这次"大迁徙"的人被尊称为"先民",即开拓者。其中一位先民——1835 年,10 岁的他与父母一同离开开普殖民地——后来成为德兰士瓦共和国令人生畏的总统:斯特凡努斯·约翰内斯·保罗·克留格尔,一位身材高大的怪人,长着一双肿泡眼,蓄着连鬓络腮大胡子,驼背,带有一副虔诚的忧郁神情,在一些照片里惊人地酷似索尔兹伯里勋爵本人。不过,索尔兹伯里属于英国国教高教会派,以愤世嫉俗态度和轻率无礼言行惹恼了本森大主教,而克留格尔却是一位"深浸派"③狂热信徒,属于三个"南非归正教会"里最顽固的一派。他对《圣经》谙熟于心,笃信《圣经》中的每个字。英国于 1877 年吞并德兰士瓦之举,令他备受打击,长久以来都希望谋

---

① 洛本古拉国王(King Lobengula,1836—1894),津巴布韦马塔贝勒王国国王,抗击英国殖民者的民族英雄。

② 博茨瓦纳独立前旧称;1885 年,英国建立"贝专纳保护地",博茨瓦纳成为英国殖民地。

③ 属南非归正会,归正会是基督教新教加尔文宗教会的统称。

求阿非利卡人的独立。

白水山脉发现金子，一定让克留格尔想到了《圣经》里的神赐场景；当约翰内斯堡这块小小的采矿营地一跃成为一座多国人杂居的城镇时（"堪称南非稀树草原上的道奇城①）），克留格尔也许也因此想到了《圣经》里的其他比喻。到 1898 年，德兰士瓦金矿黄金年产值已高达 1 500 万英镑。1899 年，产值还将达到 2 000 万英镑，据保守估算，黄金储量价值高达 7 亿英镑。一位英国大臣说，这里已成为"地球上最值钱的地点"。15 年里，最初的几排帐篷变成了一座拥有 5 万欧洲居民的城市。随后，矿山被统一管理。个人淘金热已成往事，这里开始了工业化生产。在富裕白人居住的富人区，有煤气灯照明的宽阔大马路、豪宅、剧场、旅店、夜店和妓院。在贫穷的工业腹地，则生活着 8.8 万非洲人，环境极为恶劣，伤寒和肺炎流行，人们喝着往往会致命的自酿烈酒，以此为唯一能超脱生存苦难的麻醉剂。约翰内斯堡生活着布尔人、犹太人，以及黑人和棕色人种，却让人莫名觉得这是一个英国城市，无论是极度萧条的贫民窟，还是环境宜人的住宅区，都有着英国名称："安德森街""专员街"，如此等等。

这就难怪克留格尔和他的政府都希望对这些侵入者和闯入者课以重税，尽可能减少流入他人之手的财富了：也难怪克留格尔想要剥夺这些外来者的政治权利如选举权了。英国人则渴望成为黄金和钻石的唯一主人，将整个南非纳入大英帝国米字旗下。

布尔战争便是为此而爆发的。1895 年的"詹姆逊突袭"是一次莽撞非法的军事行动，元凶被煞有其事地关了起来，羁押在王家霍洛威监狱。然而，罗得斯和詹姆逊虽然粗鲁莽撞，但他们的目的其实和张伯伦与索尔兹伯里的一样，只不过后两者打算通过谈判或征服来达成它：得到约翰内斯堡。正如罗得斯 1895 年给阿尔弗雷德·拜特②的密信中所言，此乃"一个妙策，它可以让英国雄霸非洲，独占整个非洲大陆"。

---

① 道奇城位于美国堪萨斯州，西部铁路枢纽，"牛仔之城"，西部最狂野小城。
② 阿尔弗雷德·拜特（Alfred Beit，1853—1906），犹太裔德国人，罗得斯合作伙伴，南非金矿和钻石巨头。

吉卜林所说的"三柱门旁穿法兰绒套装的蠢货"中,应该没有多少是当代哲学学者吧;不过这也许并不妨碍人们将唯心主义理论套用到大英帝国上:各处实乃"同源一体"。恰好许多唯心主义哲学家确实都是帝国大业的狂热捍卫者。

大英帝国仍在壮大,或人们模模糊糊感觉它仍在发展时,在世界各地小小的丢面子或丢领土事件便都是可以忽略不计的。但矛盾的是,一旦罗得斯决定,大英帝国不仅应当主宰世界部分地区,而且应当主宰整个世界,那么这里那里的一些最不起眼的叛乱或兵变,便一概被视为对"整体"的威胁了。这也许多多少少解释了为什么大英帝国这架机器在达到顶峰时反而变得愈加无情。这里,不妨比较一下戈登于1884年在喀土穆参加的战役与基钦纳于1898年参加的战役。格莱斯顿政府派戈登去喀土穆,不是带兵去打仗的,而是去当总督的,而且指示戈登:一旦苏丹马赫迪起义军风头变猛,须见机行事,及时撤离。然而,由张伯伦担任殖民地大臣的索尔兹伯里联合政府却已经完全是另一种心态了。赫伯特·基钦纳爵士无视英国驻开罗总领事克罗默勋爵的劝告,只想重新征服苏丹。

如果基钦纳在苏丹发动的战争发生在当下,想必国际法庭会出面干预,他也将被传唤到海牙,被指控以战争罪和种族灭绝罪。然而在当时的英国公众眼中,他却是征服喀土穆的大英雄。对手用步枪、刺刀和长矛作战,基钦纳的军队则装备了机关枪,双方士兵的悬殊伤亡可想而知。阿特巴拉战役中,基钦纳率领的军队有125名白人和443名黑人战死,在哈里发指挥的军队中则有2 000人战死,另有2 000人被俘。

第二次苏丹战争①是一场新帝国主义的经典之战。基于奴隶制的哈里发政治制度自然是残暴的。而到了所谓"最好的世界"里,这些奴隶们可以皈依西方自由,变成自由贸易和板球运动推崇者,这也自然是无人怀疑的。然而新情况是,帝国不仅时刻准备战斗,而且时刻准备消灭敌人了。在恩图曼战

---

① 1881至1899年的一场殖民战争,最初在马赫迪苏丹与埃及之间进行,后英国加入埃及一方与苏丹作战;又称马赫迪战争(起义)或英埃战争。

役中,对手只有 2 挺机关枪,基钦纳却有 55 挺。基钦纳的部队用汽轮和火车来投送,幸好如此,因为他们配发的军靴根本没法穿,刚一运来,靴子就散架了。(本次战役中,基钦纳军队中许多士兵是赤着脚行军的。)1898 年 9 月 2 日晚,基钦纳感谢"上帝让他以英军伤亡如此少的代价赢得了胜利"。是役,英军共有 23 人阵亡,434 人受伤,而对手阵亡总数高达惊人的 1.1 万人,另有 1.6 万人被俘,其中许多都是伤兵。

不过,如果你认为欧洲人总是所向披靡,或者在所有帝国战争中都拥有彻底的装备优势,那就大错特错了。1896 年,孟尼利克二世①的军队装备了超过 1.4 万支前膛枪和同样数量的步枪,在阿杜瓦战役中把 3 万意大利军队打得落花流水。阿姆斯特朗和其他靠着军火贸易变成百万富翁的人,对于武器销售的地域限制政策可谓知之甚少。1899 年,保罗·克留格尔的布尔人共和国拥有 31 挺机关枪,62 950 支步枪,6 000 支左轮手枪以及足以打一场旷日持久战役的大量弹药。

他们还得到了另一种类型的天助:英国方面的军需官、军火供应商等人十足的无能,以及人类总是倾向于犯错的本能。关于战争的真实情况,不妨参考亨利·纽伯特爵士②的描述:"加特林机枪哑火,上校阵亡。"

布尔战争爆发的最初几个月里,英国方面充分表现出这种背运和无能。而布尔人则足智多谋,对庞大的军火库使用得驾轻就熟,作战骁勇。这一切终于令基钦纳在恩图曼战役中暴露出他的冷血本性。

1897 年,张伯伦任命阿尔弗雷德·米尔纳爵士③为英国驻南非高级专员。米尔纳是一位记者——曾在斯特德和莫利手下担任《蓓尔美街报》副主编——当过律师,属于自由党党徒,毕业于贝利奥尔学院。在这个世界上,再也找不到比他更迥异于克留格尔的人了——后者在 1898 年大选中以压倒性多数再度当选为布尔共和国总统。

---

① 孟尼利克二世(Menelik Ⅱ,1844—1913),现代埃塞俄比亚国家缔造者及民族英雄,第一次意大利和埃塞俄比亚战争中埃军的组织者和领导者。
② 亨利·纽伯特(Henry Newbolt,1862—1938),英国诗人、小说家、历史学家。
③ 阿尔弗雷德·米尔纳(Alfred Milner,1854—1925),英国政治家、殖民地行政长官。

克留格尔和米尔纳举行了谈判,讨论外侨在南非的地位问题。布尔人的立场逐渐强硬,英国高级专员也愈加恼火。米尔纳每次(遵照英国内阁指示)对克留格尔作一点让步,克留格尔这位头戴大礼帽的老头就会得寸进尺,比如又提出希望禁止印度人移民约翰内斯堡。争论就此展开,一边是精明的老滑头米尔纳,一边是顽固严肃的南非老先民;这场争端名义上是关于"外国人"在约翰内斯堡的选举权或居留许可,实际上,所有人都看出它其实事关重大。

克留格尔挫败了"詹姆逊突袭"后,1896 年 1 月 3 日,德皇威廉二世本人给德兰士瓦总统发去贺电:"衷心祝贺,在并未请求强大友邦增援之不利形势下,您,同您的人民一道,仅仅凭借自身力量抗击了闯入贵国、搅乱和平的群寇,成功重建和平,捍卫了国家独立,使其免遭外侮之侵略。"到战争最终爆发时,约 1 600 名志愿者组成"外籍军团"与克留格尔并肩作战,其中有爱尔兰人、美国人、德国人、斯堪的纳维亚人、法国人、荷兰人和俄罗斯人。(其中不乏欧洲贵族,包括斯腾伯格伯爵以及由两位哥萨克仆从陪同的第比利斯的巴格拉季昂王子。)同样具有象征意义的是,英国人也向帝国境内的其他国家招募志愿兵——一个由斯特拉思科纳勋爵领头,澳大利亚人、新西兰人和印度人组成的加拿大军团。这将是一场对其他国家展现大英帝国实力的战争。

正因为此,米尔纳发觉"克留格尔主义"必须被遏止。正因为此,纳塔尔殖民地总督(一个南非裔英国人)在克留格尔再度当选总统时给他发去了贺信,便被米尔纳冠以"叛徒"之名。也正因为此,米尔纳在发给威斯敏斯特政府的一份著名备忘录中如此高调宣称:

> 干预理由是压倒性的……成千上万的英国臣民长期遭受奴役,无疑饱受冤屈,民怨沸腾,眼巴巴地指望女王陛下的政府能够出面匡扶正义,这一幕景象确实在不断削弱我大不列颠帝国的影响力,损害我大英帝国的声誉,也大大降低了我大英帝国臣民心中对英国政府的爱戴之心。

到 1899 年 9 月,英国在南非的驻军由 1.2 万陡增至 2 万人,战争已成定局。奥兰治自由邦公然与德兰士瓦共和国结盟,并于 10 月 11 日对英宣战。

布尔人士兵连统一的军服都没有。美国报社记者霍华德·希莱加斯①评论道：

> 将布尔人武装称为"军队"并不妥帖，相当于给"军队"一词增添了毫无根据的弹性，因为该词与欧美人惯用称呼武装部队的那个名称只存在一个共同点。布尔人军队确实使用枪支弹药作战，但毫无军纪，无军事训练，无战斗队形，无作战规程，甚至无部队点名程序。

一位克龙斯塔德民团的队长坚持晨间点名和步枪检查，遭到该团民兵的投诉，上司命令道：今后不许再干此类骚扰手下的蠢事。

然而，在战争的最初阶段，布尔人军队占尽了优势。他们对自己的国家了如指掌，但最近才抵达开普殖民地的 2 万英军和征召来的 1 万印度兵想必做不到这个。战争初期，布军人数大大超过了英军。布军有 5 万骑兵以及足够 8 万士兵使用的弹药。布军的射手百发百中，况且他们的克虏伯大炮也优于英军的武器。

起初，布尔人军队挺进纳塔尔北部，大败英军。到 10 月底，朱伯特②统帅的布军在莱迪史密斯之战中智胜乔治·怀特爵士③，英军被困于莱迪史密斯城，直到 1900 年 2 月 28 日才得以解围。开普殖民地最北端、与奥兰治自由邦西部接壤的金伯利城也遭围困，梅富根城也是如此。三支英军主力因此全部被牵制。此时，布军其实拥有一个千载难逢的良机，可以继续推进，直接攻占开普敦。布军要是如此行动，一定会逼迫英国人坐下来谈判。然而，布军一心想夺取港口城市德班，获得出海口，犯了战略性错误，给了英军以喘息机会。10 月底，强大的援军在驻南非英军总司令雷德弗斯·布勒爵士④率领下登陆开普敦。

布勒是个蠢材，他最初的军事行动造成了英军的巨大伤亡。12 月，英军

---

① 霍华德·希莱加斯（Howard Hillegas，1872—1918），美国报社记者、报纸编辑，曾作为《纽约世界报》记者到南非报道第二次布尔战争。

② 皮埃特·朱伯特（Piet Joubert，1834—1900），南非军人、政治家，曾任布尔军总司令。

③ 乔治·怀特（George White，1835—1912），英国军人、陆军元帅。

④ 雷德弗斯·布勒（Redvers Buller，1839—1908），英国将军，获维多利亚十字勋章。

遭遇了"黑色七天",陆军中将威廉·福布斯·加塔克爵士①率领的英军在斯托姆贝赫被击败;一天后,即 12 月 3 日,第 3 代梅休因男爵②在马赫斯方丹被克龙耶将军③打得落花流水;四天后,布勒率军赶来,试图一解莱迪史密斯城之困,在科伦索被路易斯·博塔④指挥的布军击溃。罗伯茨勋爵的唯一儿子也战死沙场。布勒此后再也无心恋战。他向莱迪史密斯城守将怀特中将传信,建议守城英军缴械投降,并把这个馊主意电告了伦敦内阁。

结果,布勒丢了乌纱帽,内阁任命英国陆军总司令罗伯茨为驻南非英军总司令,基钦纳为参谋长。罗伯茨时年 67 岁,三年前才卸任了英驻印度武装部队总司令一职。1900 年 1 月 10 日,罗伯茨和基钦纳抵达开普敦。

罗伯茨给布勒下了死命令,在援军抵达前须按兵不动,但布勒想一雪前耻,妄图抓住这最后的、唯一的时机,打一场漂亮的翻身仗。1 月 24 日,致使英军遭受惨败的斯皮恩山战役打响了,时年 24 岁的随军记者温斯顿·伦纳德·斯宾塞·丘吉尔目睹了这场血战。双方将士浴血鏖战,英军伤亡 1 200人;英军遭到了自克里米亚战争爆发以来最惨烈的失败之一。翌日清晨,布尔人拍下战场上英军阵亡士兵的惨照,并刊登在报纸上。英国举国上下一片哗然。

亚瑟·贝尔福试图跟女王谈及这场战役的惨败,却遭到训斥,"劳驾阁下长点心吧,在本宫里绝无沮丧之徒;我们并不关心失败;这种可能性根本不存在。"

在罗伯茨的指挥下,英军扭转了布勒导致的灾难性局面。1900 年,莱迪史密斯城和梅富根城之围得以成功解除,英军占领了布隆方丹、约翰内斯堡和比勒陀利亚——到 1900 年 10 月——正式吞并了德兰士瓦。罗伯茨凯旋归国,11 月 29 日,基钦纳接任了驻南非英军总司令一职。

人们大概以为战争差不多就这样结束了。实际状况恰恰相反,这场可怖

---

① 威廉·福布斯·加塔克(William Forbes Gatacre,1843—1906),英国将军,主要在印度和非洲作战。

② 保罗·梅休因(Paul Methuen,1845—1932),英国将军。

③ 皮埃特·克龙耶(Pieter Cronjé,1836—1911),南非布尔人将军。

④ 路易斯·博塔(Louis Botha,1862—1919),南非军人、政治家。

的战争又打了 18 个月,布军转入游击战,机智灵活地与英军周旋,基钦纳则采取铁腕手段予以无情反击。基钦纳实施的坚壁清野战略分两步走,首先是建立一条用预制构件建造的碉堡链——用石头垒成,顶部覆盖着波纹铁板——从卡普穆尔登延伸到科马蒂普特,作为瞭望哨,保护铁路线免受布尔民兵的攻击。其次是扫荡。英军将布尔人的妇女儿童与男人强行分离,分别赶入集中营关押。英军烧毁或炸毁了布尔人的农场。他们还放火烧掉庄稼,屠杀牲畜。布尔人数百万的马、牛和羊被射杀。为了把布尔人圈进集中营,英军建造了长达 3 000 英里的带刺铁丝网围栏,每隔几百码建有一座碉堡用以监视。

从那时起,英军在战争中的职能变成了搜罗平民和牲畜。1901 年初,陆军中校艾伦比①麾下的 1 500 名士兵成为参与德兰士瓦"围赶"行动的八大纵队之一。3 个月后,他"战绩"斐然——布尔人 32 人被击毙,36 人被俘,154 人投降;英军缴获大炮 5 门,四轮运货马车 118 辆,二轮运货马车 55 辆,子弹 28 911 发,步枪 273 支,马 904 匹,骡子 87 头,驮货的牛 485 头,非驮货的家牛 3 260 头,羊 12 380 只。此外,他还把约 400 名妇女儿童关入集中营。

作为"南非妇女和儿童救助基金会"代表团的一员,埃米莉·霍布豪斯②前往南非,她将集中营里布尔难民的惨状公之于众,引发了关注。在军方管理集中营期间(直到 1901 年 11 月),难民的死亡率为 344‰,到 1902 年 5 月降至 20‰。这些难民家庭,没有衣服被褥,没有锅碗瓢盆,没有可用的洁净水,更缺医少药。小孩子往往只能躺在光秃秃的泥地上,忍受烈日曝晒。1901 年 10 月,关押在这些集中营里的布尔人有 8 万人——11 月飙升到 117 871 人。20 177 位难民死亡,其中大多数是儿童。

对于给南非人造成的灾难,基钦纳似乎满不在乎。像许多酷爱将痛苦强加给自己的人类同胞,或者许多天性中神秘地缺乏同情心的人一样,此人也是一个狂热的动物迷。在塞浦路斯

埃米莉·霍布豪斯

---

① 埃德蒙·艾伦比(Edmund Allenby,1861—1936),英国军官、殖民地行政官。

② 埃米莉·霍布豪斯(Emily Hobhouse,1860—1926),英国女改革家、反战活动家、和平主义者、社会工作者,因在南非从事人道主义事业而受到布尔人的崇敬,被当地人称为"爱的天使"。

时,他养过一只宠物熊。在战场上,他能与军马和军用骆驼眨眼间"打成一片"。不过,他主要倾情于狗。在折磨够了南非人后,这个残忍的混蛋——无疑有足够证据证明这个名词用于他是恰如其分的——把四条可卡犬宠上了天,它们个个都有大名,分别叫"开火""嘭""偏了"和"去死"。在印度时,他还前所未有地买了一座宅子:"我的狗们得有个地方住。"

这位英国陆军大元帅并没有给阿非利卡人的妇女儿童提供此类庇护所,而是把他们扔在高韦尔德草原正午的大太阳底下曝晒,任其要么饿死,要么染上痢疾和伤寒而亡。照片中,南非集中营里的孩子们骨瘦如柴,与贝尔根·贝尔森集中营里的囚犯们毫无二致。这些照片成了南非战争的无声注脚。1902 年 5 月 31 日,英布双方在弗里尼欣城签订和约 6 天后,英国议会嘉奖基钦纳 5 万英镑,授予他功绩勋章,加封他为子爵。

回荡着马尔萨斯的恐怖警告的维多利亚时代,始于在英国本土创建的济贫院,终于一场其实只是为了争夺黄金与钻石的混战。这场战争耗费了大英帝国 2.22 亿英镑,造成 5 774 名英军阵亡,22 829 人受伤,更有无数布尔人丧命。然而这却是一场备受拥戴的战争。梅富根城和莱迪史密斯城的解围,引发了一场"全民狂欢"。战歌昂扬回荡。英国的巨额战争开支也得到了可观的回报。以 2.22 亿英镑的代价,英国控制了"地球上最值钱的地点"。不过,正像道德寓言里通常的叙述一样,英国攫取了钻石和黄金,同时也失去了某些东西。这个民族,在维多利亚时代开始时,他们建造了济贫院,在维多利亚时代结束时,他们则建造了集中营。他们也许得到了整个世界,但他们丧失了荣誉和灵魂。

第43章　诀　别

维多利亚女王宫廷里的生活从来都谈不上令人兴奋，随着女王步入晚年更幽深晦暗的深渊，这里的气氛变得更加单调乏味，简直让随身侍从们难以忍受。冬天，在奥斯本宫，百无聊赖的侍从们找来红色台球，试着在雪地里打起高尔夫："当然没办法在果岭上打。我们大量合作⋯⋯还打了好几场曲棍球。"

不过还是有些轻松时刻的，比如当休伯特·帕里①终于被封为爵士时。"他简直就是个裂开怪，"弗雷德里克·庞森比②评论道。

> 他告诉我，他刚刚自己试着排练了一回，穿着天鹅绒裤子下跪，结果裤裆裂开了。准备一道受勋的其他几个人惊慌不已，喋喋不休的，其中有一位更是忧心忡忡，不停地跟我说到他的名字。不过，休伯特·帕里本人却一点也不在乎，一边朝女王的房间走，一边大笑不止，编排着笑话⋯⋯真遗憾，他并不打算留下来吃晚饭，我敢说，女王陛下不喜欢他才怪呢。

平时与女王共进晚餐的人就那么几个：往往只有比阿特丽斯公主，偶尔会有路易丝公主（侍从官们戏称她们为"衬裙们"），外加一两位近臣。老太太酷爱用金制餐具进餐——她早餐时盛王室煮蛋的蛋杯也是金的——她一贯保持着汉诺威王室的贪婪风格。女王的侍女玛丽·马利特认为，"如果她能坚持节食，只吃'本格尔氏食物'[宝宝专用]和鸡肉就好了，但她就好烤牛肉和冰激凌那一口！你还能指望什么呢？詹姆斯爵士[里德——宫廷御医]终

---

① 查尔斯·休伯特·帕里（Charles Hubert Parry，1848—1918），英国作曲家、音乐教师、历史学家，1898 年授封下级勋位爵士。
② 弗雷德里克·庞森比（Frederick Ponsonby，1867—1935），英国朝臣。

于说服女王尝尝'本格尔氏食物',结果她喜欢上这个了,不过令里德恐惧的是,女王并不是用它来代替其他食物,而是把它又添进了现有的美食中……自然了,像昨晚[1900年7月25日]那样一大份巧克力冰激凌狼吞虎咽下肚后,又吃两个杏子,再喝杯冰水,消化不良魔鬼不戳她的胃才怪呢。"

在这最后的衰朽阶段,女王眼睛昏花,总爱发牢骚,一会儿说奥斯本宫的房间太暗(在她看来如此),一会儿说现代墨水太淡。她照旧一丝不苟地监管国事,审阅大臣们呈送的公文。她步入生命的最后时日之际,因病重无法起身审阅公义,才过去一周,亚瑟·贝尔福便"吃惊地发现公文箱里已堆积如山了,他说这说明女王平时真是日理万机"。

女王尤为关注布尔战争的战况,并珍藏了一本塞满阵亡军官遗照的相册——对于那些不得不给阵亡军官的遗孀们致函索要他们生前照片的侍从官们来说,这是一项相当痛苦的任务。编排了这本相册一年后,女王不再继续此事,表示翻看这些照片太让人伤心。

女王私人秘书的儿子、年轻的弗雷德里克·庞森比一心想去南非参战,他把这个想法透露给维多利亚公主(威尔士亲王的女儿)[1],公主随即告诉母亲[2],她的母亲又告诉了女王。"陛下吃惊得哑口无言,派格兰特太太赶过去查证此事。陛下说你轻飘飘一句话就足以击垮她,还说她哪怕只是暂时答应都会活不下去。"

实际上,女王最后一次参加官方活动是在1901年1月14日星期一,接见了从南非归来的罗伯茨勋爵[3]。她坐在轮椅上,十分虚弱。她授予罗伯茨伯爵爵位,由于他唯一的儿子在战争中以身殉国,女王恩准他把爵位传给女儿。(女王本人一位心爱的外孙也殒命战争:克里斯蒂安·维克多王子——海伦娜公主的儿子——在比勒陀利亚死于伤寒。)另外,她还加封"我们的马尾"[4]

---

① 维多利亚·亚历山德拉·玛丽(Victoria Alexandra Mary,1868—1935),威尔士亲王女儿,终身未婚。

② 亚历山德拉(Alexandra,1844—1925),丹麦国王克里斯蒂安九世女儿,爱德华王子的妻子。

③ 弗雷德里克·罗伯茨(Frederick Roberts,1832—1914),第1代罗伯茨伯爵,英国陆军元帅,著名将军。

④ "马尾"是弗雷德里克·罗伯茨的绰号。

为嘉德骑士。

此次露面后不久，女王的健康便每况愈下。1月16日星期三，女王的私人医生里德20年来第一次看见她卧床不起：她躺了一整天，只在傍晚6点更衣时起来一次。接下来几天，里德和朝臣们开始提醒那些与女王关系最亲密的人，女王已时日不多。需告知政府。没人记得召集登基会议或新君主宣誓登基的烦琐程序了。温彻斯特主教兰德尔·戴维森①被召到女王的卧榻旁。威尔士亲王接到马尔巴罗府的电话，赶忙动身前往怀特岛。

远在柏林的德皇②不顾"衬裙们"的劝告和愿望，接到消息后立即赶来探望外祖母。一到奥斯本宫，他便对"衬裙们"说道，"我的初衷并非是想抛头露面，如果你们认为我来此不妥，我便回伦敦去。我想在外祖母过世前见她老人家最后一面，但如果办不到，我也完全能理解。"德皇的良好风度给每个人都留下了深刻印象。在生命的最后两个半小时里，女王一直枕在德皇那只瘫痪的胳膊中，里德在另一侧扶着她。1901年1月22日傍晚6点30分，女王撒手人寰。

维多利亚女王临终时紧握着十字架，不过，就像许多其他方面一样，她的宗教信仰也是"别具一格的"。写于1897年12月9日并由里德严格执行的"秘密指示"坚持道，她须被安放于饰以数不尽数的饰物、堪与埃及法老媲美的灵枢内。戒指、手镯、吊坠盒、披肩、手帕和她最爱的阿尔伯特亲王石膏手模全都放入棺木。所有王室成员都赶来向遗体作最后告别（"绝无异味"）并瞻仰遗容——"那张脸宛若一尊秀美的大理石雕像，毫无一丝病态或老态迹象，全然一派'女王气度'"——到了里德医生把更多纪念品塞入棺木的时候了——阿尔伯特亲王的睡袍；并把约翰·布朗的照片和他的一绺用薄纸包着的头发塞入她的左手，里德巧妙地用亚历山德拉王后敬献的供花盖在上面。新国王还好心地恩准那位"文士"前来最后一次瞻仰这位印度女皇的遗容。最后终于盖上了棺盖。

到头来，女王安息在了她所挚爱的各种饰物中央。现在，这副娇小的身

---

①　兰德尔·戴维森（Randall Davidson，1848—1930），英国国教牧师，1903—1928年任坎特伯雷大主教；1895年任温彻斯特主教。

②　威廉二世（Wilhelm II，1859—1941），维多利亚女王的长女维姬的儿子。

躯即将开启向温莎城堡进发的庄严之旅，依照她的遗愿，将在那里举行一场军事葬礼。凯尔·哈迪对此颇有微词，质问为何这个国家在送别它的君主时非得拖枪带炮、大奏军乐、兴师动众。哈迪忘了这个女王从未忘记的事实：在君主立宪制共识的背后，实则隐藏着一股无情的力量。女王登基之初，她和王室成员被秘密带离伦敦，送往奥斯本宫，直到警察和军队平定了宪章派骚乱后才返回时，这种力量已蓄势待发——尽管尚未动用。而在她统治末期的"流血星期日"中，这种力量已经得到了无情而高效的使用。女王的军事葬礼正举行之际，送葬队伍奔向帕丁顿火车站，往弗罗格莫尔王家陵墓（女王在那里最终与阿尔伯特亲王合葬）进发时，南非战事正酣，强调了这样一个事实：正慢慢转变为议会民主制的维多利亚时代贵族统治，它那种看似温和的权力，是借武力来维系的。试问——想想看，在那个天寒地冻的 2 月，炮车载着棺木穿越寂静的街道，成千上万伦敦人正饱受贫病之苦——试问，他们为什么没有揭竿而起，为什么不曾发动暴乱，为什么没有像 1871 年的巴黎公社社员或 1917 年的布尔什维克一样铤而走险地造反呢？他们同样怨愤满腹，却选择了屈服，这个谜团的答案，部分便在于跟在送葬队伍后的军队和枪炮中。任何人都不会有片刻的怀疑，一旦民众出现风吹草动，忠诚的老索尔兹伯里和可亲的老"马尾"——如今已晋升伯爵并获嘉德骑士勋章——必将下令掉转枪口、扑向人群。

　　然而，关于维多利亚时代的人还有一个事实，它解释了女王的统治为什么会在崇敬和平静（至少国内如此）中落幕。从一开始，维多利亚时代的人就拥有了建设性的自我批评能力。那些反对布尔战争的人，或者对本阶段帝国的冒险行动有所怀疑的人，并没有被逼转入地下活动，也没有被噤声或监禁。灵活的劳合·乔治正是借助反战才得以功成名就。在回应保守党对他背信弃义的指责时，这位伟大的威尔士人①说，"力图使旗帜沦为一党谋私工具之人才是背叛这面旗帜的更大叛徒，比任何向旗帜开火之徒更甚。"对于劳合·乔治的机会主义——当然不是指他那些彻头彻尾的欺诈和龌龊腐败，至少后期的那些——我们必须给予充分考虑，不过，一个能容许出身于小鞋匠家庭

---

① 劳合·乔治出生于英格兰曼彻斯特，祖籍威尔士。

的人在不到 50 年时间里当上财政大臣的国家，应该不是完全专制的。为了扫除一切暴行——创建济贫院、压榨爱尔兰、肆无忌惮地在殖民战争中推行种族主义和大搞屠杀——就必须确定一种巨大的社会（以及技术）智谋和一种以开明的利己主义为指导的、代表统治阶级进行重组和整顿的意愿。

事后之见者能够轻而易举地指出上一代社会或国家的问题，一旦涉及自己的时代便哑口无言了。历经 20 世纪风风雨雨——其中，战争造成了数千万人的死亡和流离失所——的人，出于某种原因，很容易对自己一代人犯下的过失视而不见，反而谴责维多利亚时代的人，说他们发动的战争致使成百上千的人命丧黄泉。出于同样的原因，我们可以说在 1880 年利物浦的贫民窟里，一个爱尔兰工人阶层的家庭生活非常糟糕；但是，平心而论，这种生活糟不糟，要看与什么东西相比，又与谁相比。依照诸多现代标准衡量，19 世纪是一个残酷的时代。不过，从卡尔·马克思到拿破仑三世，从欧洲大陆逃到伦敦的难民们却向我们表明，尽管维多利亚时代的英国存在种种缺陷，但它比同时代的许多其他国家更温和，也更宽容。当我们为奥斯卡·王尔德在累丁监狱里罹患耳部感染而哭泣时，也许我们应当止住眼泪去想象一下，如果换在同一时期的那不勒斯监狱，王尔德能撑多久。在维多利亚时代，水手和士兵屡遭鞭刑，童工被迫在矿井里劳作；与此同时，这个时代也对这些弊端以及无数类似弊端进行着修正和废除。

维多利亚女王

在维多利亚时代伊始，狄更斯曾把"不列颠尼亚"比作童话故事里的老太太，她召唤形形色色的农场动物和农场居民给她的小猪加油打气，让它跳过栅栏。"我们的'国民小猪'想要跳过栅栏，还有得等呢；今晚，'不列颠尼亚'这个小老太婆算是回不了家啦。"①而在 1885 年，狄更斯又说了下面这番话，"在这个古老国度里，栖居着千百万民怨沸腾的劳苦大众，赋税繁重，文盲众多，处处贫民，恶棍横行。"如果他能活到 1901 年，会不会转而觉得，因为"忠诚、忍耐、心甘情愿的英国人"，或者因为他曾经忠诚地论及的那位王室女主人，小猪如今已越过栅栏了呢？

---

① 参见本书第 1 章。

炮车穿过海德公园驶向帕丁顿车站，国王爱德华七世、德皇威廉二世、希腊国王乔治一世和葡萄牙国王卡洛斯一世紧随其后。送葬的队伍中有罗马尼亚、希腊、丹麦、挪威、瑞典和暹罗的王储，以及代表意大利国王的奥斯塔公爵，代表沙皇的米哈伊尔·亚历山德罗维奇大公，代表奥地利皇帝的弗朗茨·斐迪南大公。几乎所有这些身着制服，头顶羽饰礼帽的大人物都统治着各自的国家，在那里，穷人的处境甚至不如维多利亚女王统治下的英国，在那里，政治异见被断然否决，在那里，科技和社会变革要比英国缓慢得多。几乎所有这些大人物（斯堪的纳维亚人除外）都镇压过本国的少数族裔，对其征服的亚非人民来说，他们都是残暴的殖民主子。

"唉！我最亲爱的乔治，"女王的表妹、施特雷利茨的奥古斯塔公主①在给剑桥公爵②的信中写道，"真是一场劫难！……焦虑，可怜的英国如今不得不将要经受的一切，多么恐怖！愿上帝保佑我们所有人。"未来几十年确实非常恐怖——第一次世界大战爆发、持续数十年的贫困和动荡、另一场导致数百万欧洲人丧命的世界大战的爆发以及所有的后殖民问题，都将降临到大英帝国的昔日领土上。即便如此，人们仍然会注意到，在这些漫长的恐怖年岁中，难民却纷纷从俄罗斯、德国、非洲和亚洲涌向伦敦，而不是朝相反方向流动。事实上，尽管维多利亚时代的人犯下了可怕的错误，但在女王去世后的半个世纪里，英国依然表现出社会较为稳定、军事和政治较为强大以及相对仁慈的态势，这在很大程度上要归功于维多利亚时代的人。甚至也得在一定程度上归功于这位身材娇小、脸庞丰满的妇人——此刻她正躺在满载纪念品的棺木里，缓缓驶向最后的安息之地。

"永别了，我的至爱，"女王早已命人在弗罗格莫尔王家陵墓墓门上镌刻了这些文字，"永别了，我的至爱。在此地，我终将与你一同安息，与你在基督内一同复活。"那将是一场只属于她一个人的旅程了。在开放日里拜谒这座

---

① 剑桥公主奥古斯塔（Princess Augusta of Cambridge，1822—1916），剑桥公爵的女儿，嫁给梅克伦堡-施特雷利茨大公弗雷德里克·威廉（Frederick William of Mecklenburg-Strelitz，1819—1904）。

② 阿道弗斯·弗雷德里克（Adolphus Frederick，1774—1850），剑桥公爵，乔治三世第七子。

陵墓时,有趣的一点在于,人们总会觉得自己是闯入者。还是让我们在这位
"小老太太"离开她位于岛上的家宅去往那场盛大的公葬之前,就跟她道别吧。

炮车从奥斯本宫驶出,沿东考斯的约克大道行进;这些郊区住宅的居民,
其祖父母尚无选举权,而他们自己如今在议会民主中占有一席之地,多少都
有一点存款,还有一辆自行车。在邮局对面的三一码头,棺木被送上"阿尔伯
塔号轮船",40 面沉闷军鼓隆隆低回。王室成员及其随从登上"维多利亚-阿
尔伯特号"王家游艇,穿越索伦特海峡上空湛蓝的冬日冷气,踏上了驶往朴次
茅斯港的短途海上航程。他们驶过一条 8 英里长的钢铁航道,在这条航道上,
外国战舰与英国舰队汇合,彼此间隔两个半链宽,前后相距约 1 500 英尺。他
们从"澳大利亚号"战舰旁驶过,在"坎珀当号""尊严号""特拉法尔加号""尼
罗河号"和"本鲍号"战舰之间驶过,这些战舰的名称不禁使人想起一个早已
消逝的、与如今这些铁灰色厚重高大的船体完全不可同日而语的海军时代。
这里还有这样一些舰船,它们在接下来阴云密布的岁月里,还将继续相安无
事 13 年——法国的"杜普伊·德·勒梅号"、葡萄牙的"多姆卡洛一世号"、日
本的"初濑号"战舰,以及四艘高耸着巨大灰色桅杆、飘扬着红白黑三色舰旗
的德国装甲舰,它们吨位惊人、规模巨大,令其他舰船黯然失色。